Estamos en el esfuerzo...
por acercar más la justicia federal al ciudadano

* por tener a los mejores jueces y magistrados federales

* por garantizar una justicia pronta e imparcial

* por contar con más juzgados y tribunales federales

ADELANTE

judicatura federal
PODER JUDICIAL DE LA FEDERACION

RECCION GENERAL DE COMUNICACION SOCIAL Av. Insurgentes Sur 2417, 1er. Piso Col. San Angel, C.P. 01000 Tels. 54 90 82 00 y 01, INTERNET: www.cjf.gob.mx

Entrar al IMSS
es cuestión de una tecla.

A través del **software EDI** su empresa puede estar en red con el **IMSS** para presentar los movimientos afiliatorios de:

 Reingreso.

Modificación de salario.

Baja.

Con **EDI** usted tiene disponibilidad de acceso total. ya que puede realizar sus trámites las **24 horas** de los **365 días del año.** Todo esto de manera oportuna y confiable. ya que sus datos son procesados inmediatamente para que su empresa ahorre tiempo y dinero sólo con mover un dedo.

> **Esto es "IMSS desde su empresa"**

Para mayor información contacte con la Subdelegación que le corresponde o comuníquese al 01 800 905 96 00.

IMSS
SEGURIDAD Y SOLIDARIDAD SOCIAL

Una lectura indispensable para entender la historia contemporánea de México

SERGIO AGUAYO QUEZADA

EL PANTEÓN DE LOS MITOS

Estados Unidos y el nacionalismo mexicano

grijalbo

Sergio Aguayo

En *El panteón de los mitos*, Sergio Aguayo confronta al discurso nacionalista mexicano posterior al fin de la Segunda Guerra Mundial con su prueba más difícil —la relación con un Estados Unidos obsesionado por la guerra fría— para concluir que, si el nacionalismo mexicano aún tiene sentido, debe encontrar la forma de volver a conectarse con sus bases sociales, única manera de recuperar la autenticidad.

LORENZO MEYER

Sergio Aguayo es uno de los analistas políticos más objetivos que he conocido en México, y uno de los más destacados actores de la sociedad de su país. Su nuevo libro, *El panteón de los mitos*, será una herramienta indispensable para entender cómo Estados Unidos está cambiando su forma de ver a México, y para vislumbrar las consecuencias de este proceso para ambos países.

ANDRÉS OPPENHEIMER

Sólo Sergio Aguayo —pionero en la investigación sobre Estados Unidos y en la enseñanza del tema en México— puede ofrecer la primera evaluación panorámica de cómo las élites estadounidenses perciben a sus vecinos del sur... Aguayo expone la tesis de que Estados Unidos, a través del apoyo de sus élites política y cultural, ha contribuido significativamente a la permanencia del modelo político de México.

RODERIC AI CAMP

GRIJALBO MONDADORI
www.grijalbo.com.mx

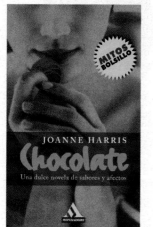

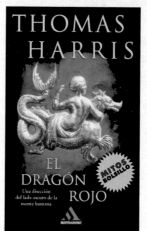

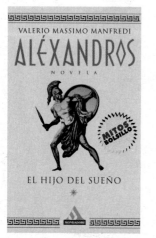
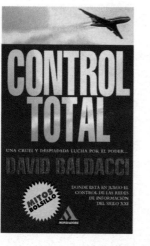

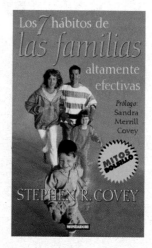

Sinder·H

COMISIÓN NACIONAL DE LOS
DERECHOS HUMANOS
MÉXICO

Sistema Nacional de Información Jurídica
en Derechos Humanos

EL SISTEMA NACIONAL DE INFORMACIÓN JURÍDICA EN DERECHOS HUMANOS, SINDERH, QUE REALIZA LA CNDH EN COORDINACIÓN CON UNIVERSIDADES Y ORGANISMOS PÚBLICOS DEFENSORES DE DERECHOS HUMANOS, PONDRÁ A DISPOSICIÓN DE LOS INTERESADOS UN ACERVO SIN PRECEDENTE EN NUESTRO PAÍS. ESTE ACERVO ESTARÁ A DISPOSICIÓN DEL PÚBLICO EN EL AÑO 2001. PARTE DEL MISMO PUEDE SER CONSULTADO EN LA DIRECCIÓN ELECTRÓNICA:

http://www.cndh.org.mx

❖ Acervo legislativo federal y estatal en temas de Derechos Humanos.

❖ Fundamento de hechos violatorios de Derechos Humanos: jurisprudencia, tratados internacionales y legislación federal y estatal.

❖ Recomendaciones de la CNDH.

❖ Interpretaciones de la Suprema Corte de Justicia de la Nación y de los Tribunales Colegiados de Circuito a la Constitución Política de los Estados Unidos Mexicanos.

❖ Tratados internacionales suscritos y ratificados por México en materia de Derechos Humanos.

❖ Catálogo de la biblioteca.

Estamos para defender a la sociedad

Literatura Mondadori

LO MEJOR
DE LAS
NUEVAS VOCES

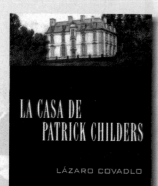

GRIJALBO MONDADORI

ESCUELA AUTONOMA DE MUSICA, A.C.
" David Soulé Zendejas "

CURSOS ESPECIALES
FORMACION Y EDUCACION

SENSIBILIZACION PRENATAL
PARA EMBARAZOS DE 2 A 8 MESES

ESTIMULACION MUSICAL TEMPRANA
A PARTIR DE 45 DIAS

PSICO-MOTRICIDAD MUSICAL
DE 1 A 2.5 AÑOS

SENSIBILIZACION MUSICAL DOWN
A PARTIR DE 3 AÑOS

MATERNAL "A"	MATERNAL "B"	PRE-INFANTIL
de 2.5 a 4 años	de 4 a 6 años	de 6 a 7 años
INFANTIL "A"	INFANTIL "B"	JUVENIL
de 7 a 9 años	de 9 a 12 años	de 13 a 16 años

ADULTOS SIN LIMITE DE EDAD
CICLOS PARA ADULTOS

CICLO INICIAL   **MEDIO SUPERIOR**   **LICENCIATURA**

LICENCIATURAS
* PIANO *CANTO *GUITARRA
VIOLIN *VIOLA *V-CELLO
CONTRABAJO *FLAUTA DULCE
FLAUTA *CLARINETE
TROMPETA *TROMBON
*SAXOFON
COMPOSICION *DIRECCION
ETC.

TALLERES
OPERA
COROS
LATINOAMERICANO
JAZZ
IMPROVISACION
ETC.

TALLERES POP
GUITARRA ELECTRICA
BAJO ELECTRICO
BATERIA *TECLADO
ORGANO *ARMONICA
GUITARRA ACUSTICA POP
MANDOLINA
ARMONIA MODERNA, ETC.

Horarios: Regulares de Lunes a Viernes
Sabatinos, dominicales e intensivos

INTERPRETACION MUSICAL *DOCENCIA MUSICAL *DIRECCION DE ORQUESTA
Y CORO *COMPOSICION *PROFESOR DE ENSEÑANZA ESCOLAR

Puebla Nº 385, Col. Roma
Tels. 5286-9470 5553-4778 Fax. 5211-0116
www.intersky.com/eam

ORGULLOSAMENTE UNAM

UNAM2000
Grande
por su
gente
Fuerte
por su
espíritu

Universidad La Salle Cancún

Tel. y Fax : (98) 86 22 01 al 07

Universidad La Salle Cuernavaca

Tel. (73) 11 55 25

Fax: (73) 11 35 28

Universidad La Salle Guadalajara

Tel. (3) 826 69 94

Fax: (3) 826 93 93

Universidad La Salle Morelia

Tel. (43) 17 04 87

Fax: (43) 17 05 07

Universidad La Salle Noroeste

Tel. (641) 493 19

Fax: (641) 496 34

Universidad La Salle Pachuca

Tel. (771) 300 61 y 807 76

Fax: (771) 376 58

Instituto Superior de Ciencia y Tecnología de la Laguna

(ISCYTAC)

Tel. y Fax: (17) 50 20 49

Centro de Estudios Superiores La Salle

(CESLAS)

Tel. (8) 347 59 49, 358 51 71

Fax: (8) 347 59 40

Universidad De la Salle Bajío

Tel. (47) 17 17 40 y 17 17 07

Universidad La Salle

Unidad Joaquin Cordero y Buen Rostro

Tel. (015) 591 11 58

UNIVERSIDAD LA SALLE

Universidad La Salle México

Tel. 57280500, ext. 1060

http://www.ulsa.edu.mx

Instituciones Lasallistas
DE EDUCACIÓN SUPERIOR

La democracia la construimos los ciudadanos.

Por eso, recuerda

EL VOTO ES TU MEJOR VOZ.

INSTITUTO FEDERAL ELECTORAL
CAPACITACIÓN ELECTORAL Y EDUCACIÓN CÍVICA

México cuenta contigo para que tú puedas contar con el México que quieres.

EL VOTO ES LIBRE Y SECRETO.

Los Hechos hacen al buen Gobierno

ZACATECAS
GOBIERNO DEL ESTADO
1998 - 2004

Paso a Paso Zacatecas cambia

Oaxaca MEXICO

vive tus sentidos
con Sentido

http://oaxaca.gob.mx/sedetur   OAXACA 1999   2004 OAXACA   tel. (9) 5 16 01 23 y 5 16 48 28
Gobierno Constitucional del Estado de Oaxaca
Secretaría de Desarrollo Turístico

6° COLOQUIO
ORGANIZACION DE LAS CIUDADES PATRIMONIO MUNDIAL
PUEBLA MEXICO 2001

Puebla de los Angeles,
síntesis de dos culturas,
diálogo de la nacionalidad
que a 470 años de distancia,
se ostenta ante el mundo con orgullo
como Ciudad Patrimonio Mundial.

470
aniversario
Fundación de Puebla

O C P M

www.**ayuntamiento**.puebla.gob.mx
Dirección General de Comunicación Social

El Almanaque
Mexicano

Un compendio exhaustivo sobre México
en un lenguaje accesible y claro

EL ALMANAQUE MEXICANO

Un compendio exhaustivo sobre México
en un lenguaje accesible y claro

EDITADO POR EL
DR. SERGIO AGUAYO QUEZADA

CON LA COLABORACIÓN DE
MARÍA YOLANDA ARGÜELLO Y ALEJANDRO CABELLO

El Almanaque Mexicano es una producción de:
Hechos Confiables, S.A. de C.V., Editorial Grijalbo, S.A. de C.V. (Grijalbo-
Mondadori) y Comunicación e Información, S.A. de C.V. (*Proceso*)

EDITOR
Sergio Aguayo Quezada

DIRECCIÓN EDITORIAL
Consuelo Sáizar

COORDINACIÓN EDITORIAL
HECHOS CONFIABLES, S.A. DE C.V.
María Yolanda Argüello Mendoza
y Alejandro Cabello Alcérreca

PRODUCCIÓN EDITORIAL
LETRA IMAGEN, COMUNICACIÓN, S.A. DE C.V.
Iconografía: Enrique Martínez Limón, Rodrigo Sanvicente,
Connie Acero y César Martínez A.
Lectura y corrección: Gabriel Breña Valle
Fotografía: Carlos Hahn, Dante Bucio, Rodrigo Sanvicente,
Miguel Castillo, Michael Calderwood, Boris de Swan y Omar
Cabrera A.
Imagen digital: Omar Cabrera A.

DISEÑO GRÁFICO
SALAMANDRA DISEÑADORES, S.C.
Yolanda Ramírez, Maricarmen Razo,
Antonio León y Alberto Valencia.

PUBLICIDAD
COMUNICACIÓN E INFORMACIÓN, S.A. DE C.V. (*Proceso*)

PRODUCCIÓN
EDITORIAL GRIJALBO, S.A. DE C.V.

Fecha de cierre de la edición: agosto del 2000.

D.R. © 2000 por Editorial Grijalbo, S.A. de C.V.
    (Grijalbo Mondadori)
    Homero 544
    Chapultepec-Morales
    Delegación Miguel Hidalgo
    11570 México, D.F.
    www.grijalbo.com.mx

D.R. © 2000 por Hechos Confiables, S.A. de C.V.
    Popotla 96-1
    Tizapán San Ángel
    01090 México, D.F.
    Tels.: 5681-2832 y 5681-2833
    Fax: 5683-9375
    Correo electrónico: info@hechosconfiables.com.mx

ISBN: 970-05-1265-7

Impreso en México

INTRODUCCIÓN

Cualquier actividad requiere de información confiable y de fácil acceso. *El Almanaque Mexicano* llena un hueco que había en la literatura y reúne, en un solo volumen, las cifras y los acontecimientos necesarios para entender a México. Se trata de un país fascinante por su complejidad y contrastes. En su territorio ocurre la mayor parte de los climas del mundo, se hablan docenas de lenguas y se encuentra una gran biodiversidad. También hay pobreza, conflictos y una compleja historia. A la energía a favor del cambio expresada en las elecciones del 2 de julio del 2000, se contrapone la fuerza del narcotráfico y de la delincuencia.

No se pretende realzar lo negro, pero tampoco pintar a México de rosa. El empeño es sencillo y difícil: bosquejar, con precisión y claridad, las múltiples tonalidades del país sistematizando, para ello, los hechos más confiables. La información no se amontona sin ton ni son; el texto, los cuadros, las gráficas y mapas tienen un marco, una secuencia y un orden lógico. El trabajo se inició seleccionando los temas que debían abordarse, y cada uno se estudió con una hipótesis de trabajo que orientó la búsqueda y organización de la información. El proceso se apoyó en la asesoría y el respaldo de especialistas en diversas disciplinas. (☞ Reconocimientos) El lenguaje es claro, directo y sintético y el diseño es atractivo. En cada una de estas etapas se pensó, siempre, en el lector.

El Almanaque es de fácil manejo y puede consultarse de dos maneras. El interesado en un *tema* debe consultar el índice que aparece en las páginas iniciales. Quién tenga una *pregunta* específica deberá ir al índice analítico y onomástico que aparece al final. Cada cuadro lleva las fuentes utilizadas y se reúne en una sección la bibliografía utilizada.

Pese al cuidado no se trata, todavía, de un trabajo que agote todos los temas y es posible que se hayan filtrado errores. Algunos son imputables a los autores, otros a la dificultad de acceder a la información o a las imprecisiones de las fuentes. Un ejemplo extremo (y muy ilustrativo) es el tamaño del territorio nacional. En una publicación auspiciada por la Secretaría de Gobernación se asegura que las islas de México "se aproximan a los seis mil kilómetros cuadrados". Sin embargo, el Instituto Nacional de Geografía y Estadística (INEGI) asegura en una publicación de 1998 que las islas abarcan 5,127 km², (en una publicación del mismo año el INEGI cambió su metodología y dio como cifra 5,133.4 km²). [1]

---

[1] Las cifras proceden, respectivamente, de: Víctor Alfonso Maldonado, 1993, *Islas, silentes centinelas de los mares mexicanos*, México, Secretaría de Gobernación; INEGI, 1998, *Agenda estadística de los Estados Unidos Mexicanos 98*, INEGI, México; INEGI, 1998, *Anuario estadístico de los Estados Unidos Mexicanos 1997*, INEGI, México.

Pese a problemas como éste, confiamos en que la calidad de la información y la sencillez para acceder a ella convertirán a *El Almanaque Mexicano* en una obra de consulta cotidiana para investigadores, funcionarios, periodistas, estudiantes y todo el que quiera entender a un México en constante transformación. Cualquier carencia se irá corrigiendo porque inmediatamente después de enviar a prensa este volumen se inició el trabajo de actualización, renovación y ampliación que mejorarán el *Almanaque* del próximo año. En este esfuerzo permanente necesitamos las correcciones o sugerencias de los lectores. Su participación ayudará al objetivo de este proyecto, entender mejor a México.

Dr. Sergio Aguayo Quezada
Profesor Investigador del Centro de Estudios Internacionales
El Colegio de México

Sugerencias y comentarios:
Hechos Confiables, S.A. de C.V.
Popotla 96-1
Tizapán San Angel
01090 México, D.F.
correo electrónico:
info@hechosconfiables.com.mx

Reconocimientos

El *Almanaque* fue posible por la participación de diversas personas.

María Yolanda Argüello Mendoza, egresada de la maestría en Comunicación de la UNAM, fue la encargada de dirigir y coordinar el equipo de investigación y documentación de los apartados de esta obra. En esta tarea contó con la colaboración de Alejandro Cabello Alcérreca, licenciado en Comunicación. El trabajo realizado por ambos ha sido fundamental en la realización de este proyecto. En la investigación y verificación de datos también participaron con empeño y dedicación Sergio Arredondo Méndez, María Dolores León Gómez y Oscar Becerra Pérez. Colaboraron además Doris Arnez Torrez y Joaquín Zárate Barrón. A todos ellos mi reconocimiento.

Algunos temas fueron encargados a especialistas:

La autora de la parte sobre *Medio ambiente* es la licenciada Adriana Oropeza Lliteras, Coordinadora del Programa Interdisciplinario de Medio Ambiente del Instituto Tecnológico Autónomo de México (ITAM). El autor de la sección sobre el *Agua* fue el licenciado Salvador Quintero Mosqueda de la Comisión Nacional del Agua.

El *Conflicto en Chiapas* fue investigado por la licenciada Adriana Estrada Ochoa bajo la supervisión de la maestra Helena Hofbauer Balmori de FUNDAR, Centro de Análisis e Investigación.

La sección sobre *Sindicatos* fue elaborada por la doctora Graciela Bensusán de la Universidad Autónoma Metropolitana-Xochimilco (UAM) y por la licenciada Landy Sánchez de la Facultad Latinoamericana de Ciencias Sociales (FLACSO), sede México.

La información sobre ONG fue reunida por Marinho Raúl Cárdenas Zúñiga y Pablo Pineda Jovel, estudiantes de El Colegio Mexiquense.

Los presupuestos de la federación fue preparado por la licenciada Claudia Vinay Rojas bajo la supervisión de la maestra Helena Hofbauer Balmori, ambas de FUNDAR, Centro de Análisis e Investigación.

El *Tratado de Libre Comercio de América del Norte* fue escrito por la licenciada Nury Galindo Marquina.

El *Tratado de Libre Comercio con la Unión Europea* lo preparó la maestra Marcela Szymansky Chávez de la Universidad Emory de Atlanta, Georgia.

Otros especialistas colaboraron revisando textos y/o sugiriendo formas de mejorarlos. Por su generosidad y dedicación también permitieron corregir errores en hechos e interpretaciones.

Geografía, doctora Atlántida Coll-Hurtado del Instituto de Geografía de la UNAM.

Medio ambiente, doctor José Luis Lezama de El Colegio de México.

Lenguas y Pueblos indígenas, doctora Dora Pellicer del Instituto Nacional de Antropología e Historia.

Religiones en México, maestro Rodolfo Casillas de la Facultad Latinoamericana de Ciencias Sociales (FLACSO), sede México.

Educación, doctor Pablo Latapí Sarre del Centro de Estudios sobre la Universidad de la UNAM.

Pareja y sexualidad, Salud y SIDA, doctor Mario Bronfman del Instituto Nacional de Salud Pública de la Secretaría de Salud.

Mujeres, las doctoras Luz Elena Gutiérrez de Velasco y Orlandina de Oliveira de El Colegio de México y la licenciada Laura Salinas del Programa Nacional de la Mujer.

Fuerzas Armadas, general de división (retirado) Luis Garfias Magaña y maestro Raúl Benítez Manaut del Centro de Investigaciones Interdisciplinarias en Ciencias y Humanidades de la UNAM.

Narcóticos, doctor Jorge Chabat del Centro de Investigación y Docencia Económicas (CIDE).

Criminalidad, doctor Arturo Alvarado de El Colegio de México.

Economía, doctor Miguel García Reyes de El Colegio de México y Eduardo López, analista de la Petroleum Finance Company de Washington, D.C.

Sector privado, actuario Clemente Cabello.

Transporte y comunicaciones, licenciada Gabriela Barrios de Juristel y doctor Gabriel Székely de El Colegio de México.

Poder Judicial, doctor Miguel Sarre del Instituto Tecnológico Autónomo de México.

Derechos humanos, doctora Gloria Ramírez, Facultad de Ciencias Políticas y Sociales de la UNAM.

Entidades federativas, licenciado Sergio Ramírez Gómez del Instituto para el Desarrollo Técnico de las Haciendas Públicas (Indetec) de Guadalajara y doctor Enrique Calderón Alzati de la Fundación Rosenblueth.

Directorio de embajadas y consulados, licenciado Oscar Ramírez Suárez, Director General de Comunicación Social de la Secretaría de Relaciones Exteriores.

La *producción editorial* fue responsabilidad de Enrique Martínez Limón de Letra Imagen, Comunicación y el *diseño gráfico* de Yolanda Ramírez y Maricarmen Razo de Salamandra Diseñadores. Por su responsabilidad y entrega la obra se terminó en el plazo establecido.

Un trabajo de esta magnitud hubiera sido imposible sin el concurso de Gian Carlo Corte, Ariel Rosales y Fernando Navarro de Grijalbo-Mondadori y de Rafael Rodríguez Castañeda de *Proceso.* Desde un primer momento entendieron que, independientemente de consideraciones empresariales, México necesitaba un *Almanaque* de este tipo. Durante el largo proceso de gestación y elaboración, Gerardo Gally, fungió como asesor en diversos aspectos. El mérito de la dirección editorial del proyecto corresponde a Consuelo Sáizar que fue resolviendo los muchos problemas y obstáculos que se fueron presentando. Su entusiasmo y firmeza lograron que confluyeran las diferentes empresas y estilos de trabajo.

Ninguno de ellos es, por supuesto, responsable del contenido. Éste corresponde al editor que concibió el proyecto, supervisó y/o participó en la investigación, redactó y/o afinó el estilo para darle unidad al texto y decidió qué entraba y qué salía.

S.A.Q.

CONTENIDO

INTRODUCCIÓN
RECONOCIMIENTOS
MÉXICO EN CIFRAS

I. BASE FÍSICA

GEOGRAFÍA **19**
Climas **21**
Regiones naturales **23**
Ríos y lagos **24**
Islas **27**
Relieve **27**
Aspectos geológicos **29**
Sismos **30**
Volcanes y erupciones **31**
Huracanes **31**

Zonas declaradas Patrimonio de
la Humanidad **33**

MEDIO AMBIENTE **34**
México: cuerno de la
abundancia **34**
Usos y abusos de
los recursos **36**
Agua **40**
Políticas oficiales **42**

II. HISTORIA Y SOCIEDAD

HISTORIA **45**
Fechas conmemorativas **45**
Cronología **46**

POBLACIÓN **60**
Población total y tendencias
demográficas **60**
Estructura por edad y sexo **63**
Distribución geográfica **63**
Población rural y urbana **65**
Migraciones al norte y
a Estados Unidos **67**
Población en el siglo XXI **67**

PUEBLOS INDÍGENAS **68**
Demografía **68**
Desarrollo social **70**
Migración **72**
Situación jurídica **72**

LENGUAS **74**
Español **74**
Evolución del español **75**
Lenguas indígenas **75**
Lenguajes Braille y de señas **76**

RELIGIONES EN MÉXICO **78**
Introducción y estadísticas **78**
El catolicismo **80**
Religiones no católicas
en México **84**

EDUCACIÓN **90**
Sistema educativo nacional **90**
Gasto en educación **90**
Principales indicadores
educativos **92**
Características por tipo y nivel **93**
Educación privada **102**
Otros tipos y modalidades de
educación **102**

SALUD **104**
Sistema Nacional de Salud **104**
Medicina privada **106**
Condiciones de la salud en
México **107**

EL SÍNDROME DE
INMUNODEFICIENCIA ADQUIRIDA
(SIDA) **112**
Definición y origen **112**
Transmisión y detección **112**
Tratamiento y prevención **114**
El SIDA en el mundo **114**
El SIDA en México **115**
Migración y SIDA **117**

MUJERES **118**
Demografía **118**
Educación **119**
Mercado de trabajo **119**
Violencia contra las mujeres **121**

Pareja y sexualidad **124**
Iniciación **124**
Comportamiento sexual
a partir de la adolescencia
y hasta los 49 años **125**
Nupcialidad **125**
Fecundidad **126**

Métodos anticonceptivos **126**
Aborto **129**
Prostitución **130**
Homosexuales y lesbianas **130**
Enfermedades de transmisión
sexual **131**

III. Seguridad e Inseguridad

Fuerzas armadas **133**
Secretaría de la Defensa
Nacional (SDN) **133**
Fuerza Aérea Mexicana (FAM) **138**
Estado Mayor Presidencial
(EMP) **140**
Secretaría de Marina (SM) **141**
Relaciones con
Estados Unidos **144**

Servicios de inteligencia **146**

Principales corporaciones
policiacas **148**
Policía Federal Preventiva
(PFP) **148**
Procuraduría General de la
República (PGR) **149**
Procuraduría General de Justicia
del Distrito Federal (PGJDF) **151**
Secretaría de Seguridad Pública
del Distrito Federal (SSP) **152**

Conflicto en Chiapas
y las otras guerrillas **154**
Negociaciones **155**
Costos sociales **156**
El Ejército Zapatista de Liberación
Nacional (EZLN) **156**
El sector oficial **157**

Grupos paramilitares **158**
La Comisión Nacional de
Derechos Humanos (CNDH) **158**
El factor religioso **159**
Órganos de mediación **159**
Elecciones **160**
Las otras guerrillas **161**

Narcóticos **162**
Producción **163**
Tráfico **163**
Combate al narcotráfico **164**
Consumo **165**

Criminalidad **168**
Crecimiento **168**
Percepción de la inseguridad **168**
Fuero federal **169**
Delitos del fuero común **170**
Criminalidad en el Distrito
Federal **171**
La seguridad privada **172**

Tráfico de armas **174**
Decomisos de armas por otros
delitos **174**
Mercado negro de armas de
fuego **175**
Procedencia de las armas que
ingresan a México **175**

IV. Economía, Infraestructura y Comunicaciones

Economía **177**
Antecedentes históricos **177**
Sectores económicos **182**
Sector externo **193**
Desarrollo, calidad
de vida y distribución
del ingreso **198**

Transporte
y Comunicaciones **202**
Indicadores principales **202**
Transporte **203**
Comunicaciones **212**
Internet **222**

SECTOR PRIVADO **226**
Participación económica **226**
Organizaciones empresariales **228**

SINDICATOS **232**
Introducción **232**

Estructura organizativa **232**
Agremiación sindical **233**
Tasa de sindicalización **235**
Tipos de sindicato y sus
estrategias **236**

V. POLÍTICA, GOBIERNO Y TRANSICIÓN DEMOCRÁTICA

ELECCIONES, PARTIDOS Y
AGRUPACIONES POLÍTICAS EN
MÉXICO **241**
Estadísticas principales **242**
Leyes electorales **243**
Instituto Federal Electoral **244**
Partidos políticos **244**
Agrupaciones políticas
nacionales **247**
Financiamiento a los partidos
políticos y a las APN **247**

ELECCIONES DEL 2000 **248**
El Instituto Federal Electoral **248**
Los partidos políticos **250**
La elección presidencial **251**
Las elecciones para diputado **254**
Las elecciones para senadores **256**
Elecciones locales
concurrentes **258**
Distribución del poder político en
México **259**
Observadores electorales **263**

PODER EJECUTIVO **264**
La Presidencia
de la República **264**
Administración pública
federal **266**

PODER LEGISLATIVO **278**
Reseña histórica **278**

Integración del congreso **279**
Facultades del congreso **279**
Sesiones **280**
Organización y funcionamiento
del Congreso **280**
Evaluación de la LVII
legislatura **281**

PODER JUDICIAL **284**
Evolución **284**
Competencia **284**
Eficiencia del Poder Judicial **292**

LOS PRESUPUESTOS DE LA
FEDERACIÓN **294**
Egresos **294**
Ingresos **298**

DERECHOS HUMANOS **300**
Organismos públicos **300**
Comisión Nacional de Derechos
Humanos (CNDH) **300**
Comisiones estatales **304**
Comisión de Derechos Humanos
(ONU) **307**
Comisión Interamericana de
Derechos Humanos (CIDH) **307**
Amnistía Internacional **308**
Human Rights Watch **309**

LAS ORGANIZACIONES NO
GUBERNAMENTALES (ONG) **310**

VI. LAS 32 ENTIDADES FEDERATIVAS

AGUASCALIENTES **314**
BAJA CALIFORNIA **316**
BAJA CALIFORNIA SUR **318**
CAMPECHE **320**
COAHUILA **322**
COLIMA **324**

CHIAPAS **326**
CHIHUAHUA **328**
DISTRITO FEDERAL **330**
DURANGO **334**
GUANAJUATO **336**
GUERRERO **338**

HIDALGO **340**

JALISCO **342**

MÉXICO **344**

MICHOACÁN **346**

MORELOS **348**

NAYARIT **350**

NUEVO LEÓN **352**

OAXACA **354**

PUEBLA **356**

QUERÉTARO **358**

QUINTANA ROO **360**

SAN LUIS POTOSÍ **362**

SINALOA **364**

SONORA **366**

TABASCO **368**

TAMAULIPAS **370**

TLAXCALA **372**

VERACRUZ **374**

YUCATÁN **376**

ZACATECAS **378**

VII. MÉXICO Y EL MUNDO

MIGRACIÓN DE MEXICANOS A ESTADOS UNIDOS **381**

Efectos económicos de la migración **383**

Los peligros de emigrar a Estados Unidos **384**

Migración y derechos humanos **384**

Programas de protección al migrante **385**

MEXICANOS EN ESTADOS UNIDOS Y CANADÁ; LA DOBLE NACIONALIDAD **388**

Demografía **388**

Educación **389**

Economía **390**

Política **390**

Sentimientos antimexicanos **391**

Mexicanos en Canadá **391**

Doble nacionalidad 61

El voto de los mexicanos en el extranjero 393

EL TRATADO DE LIBRE COMERCIO DE AMÉRICA DEL NORTE **394**

Antecedentes **394**

Las negociaciones **394**

Objetivos y disposiciones institucionales **395**

Una visión agregada **396**

Comercio e inversión extranjera directa por sectores de la economía **397**

Empleo y migración **400**

Indicadores de competitividad **402**

Conclusión **403**

EL TRATADO DE LIBRE COMERCIO CON LA UNIÓN EUROPEA **404**

Las razones del acuerdo **404**

El contenido del acuerdo **405**

La democracia y los derechos humanos **405**

Los resultados de la negociación comercial **406**

DIRECTORIO DE EMBAJADAS DE MÉXICO **410**

DIRECTORIO DE EMBAJADAS ACREDITADAS EN MÉXICO **412**

ORGANISMOS INTERNACIONALES EN MÉXICO **414**

CONSULADOS GENERALES DE MÉXICO EN ESTADOS UNIDOS Y CANADÁ **416**

FUENTES CONSULTADAS **418**

ÍNDICE ANALÍTICO **422**

ÍNDICE ONOMÁSTICO **431**

MÉXICO EN CIFRAS

GEOGRAFÍA

DATOS GENERALES

CONCEPTO	2000
Superficie (km²)	1,964,375
Altitud máxima: Pico de Orizaba (msnm)	5,610
Longitud de los Litorales (km)	11,122
Longitud de la frontera con E.U.A. (km)	3,152
Zonas patrimonio de la humanidad	21
Áreas naturales protegidas	117

CLIMA POR ÁREA (%)

CALIENTE Y HÚMEDO	CALIENTE Y SECO	TEMPLADO	SECO	MUY SECO
4.8	23	23.1	28.3	20.8

- **4.8%** Caliente y húmedo
- **23%** Caliente y seco
- **23.1%** Templado
- **28.3%** Seco
- **20.8%** Muy seco

POBLACIÓN

DATOS GENERALES

CONCEPTO	2000
Total de habitantes (millones)	97.3
Capital: ciudad de México (millones)*	17.8
Tasa de crecimiento (1995-2000)	1.6%
Densidad (habitantes por km²)	50
Población urbana	74.68%
Población indígena (millones, 1997)	10.6
Población femenina	51.36%
Edad media a la primera unión	21.3
Hijos por mujer	2.48
Uso de anticonceptivos	69.4%

* Zona metropolitana.

ESTRUCTURA POR EDAD, 1997

EDAD	%	EDAD	%
0 a 14 años	35.5	30 a 64 años	36
15 a 29 años	29.9	65 a 79 años	3.5

EDAD	%	
0 a 14 años	35.5	
15 a 29 años	29.9	
30 a 64 años	36	
65 a 79 años	3.5	

RELIGIÓN

DATOS GENERALES

CONCEPTO	2000
Asociaciones religiosas	5,647
Inmuebles religiosos	89,526
Diócesis católicas	64
Arquidiócesis	14
Santos mexicanos	28
Población que acude semanalmente a servicios religiosos	55%

CREYENTES POR RELIGIÓN, 1997 (%)

CATÓLICA	PROTESTANTE O EVANGÉLICA	JUDAICA Y OTRAS	NINGUNA	NO ESPECIFICADA
89.13	7.01	0.69	2.94	0.11

- **89.13%** Católica
- **7.01%** Protestante o evangélica
- **0.69%** Judaica y otras
- **2.94%** Ninguna
- **0.11%** No especificada

EDUCACIÓN

DATOS GENERALES

CONCEPTO	2000
Gasto con respecto al PIB	5.54%
Población analfabeta	10%
Promedio de escolaridad (grados)	7.7
Alumnos en primaria (millones)	14.7
Alumnos en secundaria (millones)	5.3
Libros de texto gratuitos (millones)	157.7
Alumnos en educación superior (millones)	1.9

REZAGO EDUCATIVO EN POBLACIÓN MAYOR DE 15 AÑOS, 1998 (%)

ESTUDIOS BÁSICOS COMPLETOS	SIN PRIMARIA COMPLETA	SIN SECUNDARIA COMPLETA	ANALFABETA
42	20.4	28.5	10.5

- **42%** Estudios básicos completos
- **20.4%** Sin primaria completa
- **28.5%** Sin secundaria completa
- **10.5%** Analfabeta

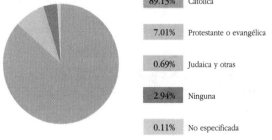

SALUD

DATOS GENERALES

INDICADORES	1999
Esperanza de vida al nacer (años)	74
Nacimientos (millones)	2.2
Tasa de mortalidad infantil	15.46
(por mil nacimientos)	
Defunciones	440,437
Muertes por accidentes (1997)	35,876
Muertes por sida	4,700
Suicidios (1998)	2,414

INFRAESTRUCTURA

Unidades médicas	17,634
Camas (por cada cien mil habitantes)	75.2
Médicos (por cada cien mil habitantes)	130.6
Enfermeras (por cada cien mil habitantes)	179.8
Población derechohabiente (millones)	54.3

PRINCIPALES CAUSAS DE MORTALIDAD, 1998 (%)

Aparato circulatorio	21.13	Cirrosis	5.20
Accidentes y violencia	12.13	Neumonía	4.94
Tumores malignos	11.82	Infecciones intestinales	1.44
Diabetes	8.56	Otras	34.78

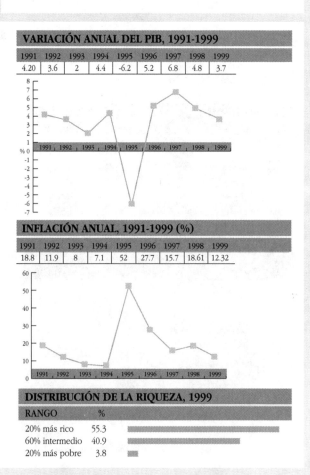

- 21.13% Aparato circulatorio
- 12.13% Accidentes y violencia
- 11.82% Tumores malignos
- 8.56% Diabetes
- 5.20% Cirrosis
- 4.94% Neumonía
- 1.44% Infecciones intestinales
- 34.78% Otras

FUERZAS ARMADAS

DATOS GENERALES

CONCEPTO	2000
Personal SDN (Ejército y Fuerza Aérea)	183,269
Presupuesto SDN (millones de pesos)	$20,400
Regiones militares	12
Personal del Estado Mayor Presidencial (EMP)	3,500 a 5,000
Presupuesto EMP (millones de pesos)	$749
Personal Secretaría de Marina	53,729
Presupuesto Marina (millones de pesos)	$7,971
Zonas navales	16

CRIMINALIDAD

DATOS GENERALES

CONCEPTO	1999
Delitos denunciados (millones, 1998)	1.37
Secuestros denunciados (1995-1999)	2,798
Delincuentes sentenciados (1997)	142,195
Policías preventivos en el país	319,600
Policías judiciales	24,069

ECONOMÍA

DATOS GENERALES

CONCEPTO	1999
PIB (miles de millones de pesos)	$4,622.8
Crecimiento del PIB	3.7%
PIB per cápita (dólares)	$4,915
Inflación	12.32%
Deuda externa (millones de dólares)	$161.1
Saldo cuenta corriente (millones de dólares)	-$14,012
Exportaciones (millones de dólares)	$136,703
Importaciones (millones de dólares)	$142,063

EXPORTACIONES E IMPORTACIONES, 1991-1999*

	EXPORTACIONES	IMPORTACIONES
1991	42,687.5	49,966.6
1992	46,195.6	62,129.4
1993	51,886.0	65,366.5
1994	60,882.2	79,745.9
1995	79,541.6	72,453.1
1996	95,999.7	89,468.8
1997	110,431.4	109,807.8
1998	117,459.6	125,373.1
1999	136,703.4	142,063.8

* (MILLONES DE DÓLARES)

CALIDAD DE VIDA E INGRESO

CONCEPTO	1999
Población que vive en pobreza	44 a 60%
Viviendas con electricidad (1995)	93.52%
Viviendas con agua entubada (1995)	87.0%
Viviendas con drenaje (1995)	76.7%
Viviendas con piso de tierra (1995)	15.40%
Tasa de desempleo abierto	2.5%

VARIACIÓN ANUAL DEL PIB, 1991-1999

1991	1992	1993	1994	1995	1996	1997	1998	1999
4.20	3.6	2	4.4	-6.2	5.2	6.8	4.8	3.7

INFLACIÓN ANUAL, 1991-1999 (%)

1991	1992	1993	1994	1995	1996	1997	1998	1999
18.8	11.9	8	7.1	52	27.7	15.7	18.61	12.32

DISTRIBUCIÓN DE LA RIQUEZA, 1999

RANGO	%
20% más rico	55.3
60% intermedio	40.9
20% más pobre	3.8

TRANSPORTE

DATOS GENERALES

CONCEPTO	1999
Carreteras (km, 1998)	365,119
Pasajeros en carreteras (millones)	3,033
Parque vehícular (millones)	14.49
Aeropuertos	84
Pasajeros aéreos (millones)	32.9
Vías férreas (km)	26,595
Puertos	108
Longitud de los muelles (km)	176.5

PARQUE VEHICULAR, 1998

CONCEPTO	%	CONCEPTO	%	CONCEPTO	%
Automóviles	67.7	Camiones de carga	31.5	Autobuses	0.8

CONCEPTO	%
Automóviles	67.7
Camionesde carga	31.5
Autobuses	0.8

COMUNICACIONES

DATOS GENERALES

CONCEPTO	1999
Líneas telefónicas alámbricas (millones)	10.5
Telefonía celular (millones de suscriptores)	7.73
Estaciones de radio	1,347
Estaciones de televisión	584
Medios (por cada mil habitantes)	
Televisores	193
Radios	266
Periódicos	113
Usuarios de internet	49.5
Gasto anual per cápita en libros (dólares)	6.8

CRECIMIENTO DE LA TELEFONÍA BÁSICA Y CELULAR, 1995-2000*

	1995	1996	1997	1998	1999	2000
Básica	8.8	8.8	9.2	9.9	10.7	11.4
Celular	0.68	1.02	1.7	3.3	7.73	10.3

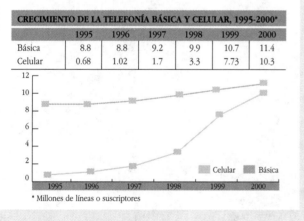

* Millones de líneas o suscriptores

ENTIDADES FEDERATIVAS

DATOS GENERALES

CONCEPTO	1999
Más grande: Chihuahua	12.6 (% de la superficie)
Más pequeña: Distrito Federal	0.1 (% de la superficie)
Más poblada: Estado de México	13.43 (millones)
Menos poblada: Baja California Sur	423 (miles)
Mayor población indígena: Oaxaca	1.93 (millones, 1997)
Menor población indígena: Aguascalientes	939 (1997)
Más alta escolaridad: Distrito Federal	10.2 (grados)
Más baja escolaridad: Oaxaca y Chiapas	5.7 (grados)
Mayor PIB per cápita: Campeche	$86.3 (miles de pesos, 1998)
Menor PIB per cápita: Oaxaca	$19.4 (miles de pesos, 1998)
Más médicos: Distrito Federal	270 (por cada 100,000 hab.)
Menos médicos: Estado de México	73.7 (por cada 100,000 hab.)
Más católicos: Zacatecas	97.4 (% de la población, 1997)
Menos católicos: Chiapas	66.1 (% de la población, 1997)

GOBIERNO Y POLÍTICA

DATOS GENERALES

CONCEPTO	2000
Entidades federativas	32
Municipios	2,443
Senadores	128
Diputados federales	500
Estados gobernados por el PRI	19
Estados gobernados por el PAN	7
Estados gobernados por el PRD	4
Estados gobernados por una coalición	2
Ciudadanos en el padrón electoral (millones)	59.58

POBLACIÓN GOBERNADA POR PARTIDO (ÁMBITO MUNICIPAL), 2000 (%)

PAN	PRI	PRD	OTROS
35.81	44.42	17.32	2.45

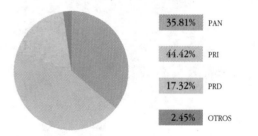

- 35.81% PAN
- 44.42% PRI
- 17.32% PRD
- 2.45% OTROS

MÉXICO Y EL MUNDO

DATOS GENERALES

CONCEPTO	2000
Mexicanos en Estados Unidos (millones)	20.65
Migrantes ilegales a Estados Unidos (millones, 1997)	2.7
Deportaciones de mexicanos (millones)	1.53
Muertes de migrantes ilegales (1996-2000)	982
Remesas enviadas por los migrantes (millones de dólares)	$5,910
Tratados de Libre Comercio firmados	8
Visitantes internacionales (millones)	10.06

I. BASE FÍSICA

ÍNDICE

CEOGRAFÍA

MEDIO AMBIENTE

GEOGRAFÍA

México (Estados Unidos Mexicanos) es una república democrática, representativa y federal dividida en 31 estados y un Distrito Federal, donde está la capital.

La superficie de la República mexicana tiene un área de 1,964,375 km² de los cuales 5,127 km² son islas. Por su tamaño México ocupa el lugar decimocuarto en el mundo y el quinto lugar en el hemisferio (después de Canadá, Estados Unidos, Brasil y Argentina).

ESTADOS UNIDOS MEXICANOS

DATOS PRINCIPALES	
SUPERFICIE	**1,964,375 km²**
Territorio continental	1,959,248 km²
Territorio de islas	5,127 km²
Límites internacionales del territorio continental	4,301 km
Estados Unidos de América	3,152 km
Guatemala	956 km
Belice	193 km
LONGITUD DE LA LÍNEA DE COSTA	**11,122 km**
Océano Pacífico	7,828 km
Golfo de México y Mar Caribe	3,292 km
ZONA ECONÓMICA EXCLUSIVA	**3,149,920 km²**
Océano Pacífico	2,320,380 km²
Golfo de México y Mar Caribe	829,540 km²

POSICIÓN GEOGRÁFICA

Latitudes extremas

Al norte: Monumento 206 límite México-EUA	32° 43' 06''
Al sur: desembocadura del río Suchiate	14° 32' 27''

Longitudes extremas

Oriente: Isla Mujeres, Q.R.	86° 42' 36''
Occidente: Isla Guadalupe, B.C.	118° 27' 24''

Fuente: INEGI, 1998a.

MÉXICO COMPARADO CON OTROS PAÍSES	
PAÍSES	**SUPERFICIE (km²)**
Rusia	17,075,400
Canadá	9,970,610
Estados Unidos	9,809,431
China	9,556,100
Brasil	8,511,996
Australia	7,682,300
India	3,203,975
Argentina	2,780,400
Kazajstán	2,717,300
Sudán	2,505,813
Arabia Saudita	2,149,690
México	**1,964,375**
Indonesia	1,948,732
Irán	1,638,057
Perú	1,285,216
Francia	547,026
España	504,750

Fuentes: *Rand McNally World Atlas*, 2000.

Pese a lo gigantesco de su mar territorial, México no tiene una vocación marina. Su flota mercante es de sólo 637 embarcaciones con capacidad de transportar más de 100 toneladas. Eso lo ubica en el lugar 31 del mundo; Japón es el primero con 8,922 barcos.

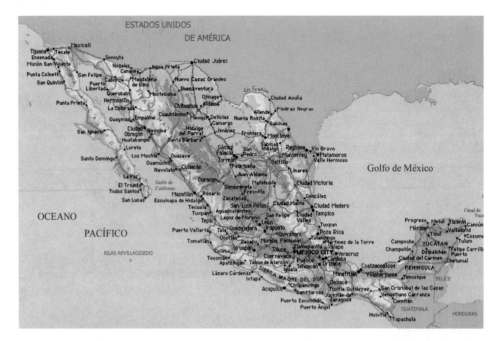

Al norte colinda con los Estados Unidos, al sur con Guatemala y Belice, al este con el Golfo de México y el Mar de las Antillas o Mar Caribe, y al oeste con el Océano Pacífico.

DIVISIÓN POLÍTICA: CAPITALES, ALTITUD Y SUPERFICIE APROXIMADA

ENTIDAD FEDERATIVA	CAPITAL	ALTITUD (msnm)	SUPERFICIE (km²)
Estados Unidos Mexicanos	Ciudad de México, D.F.	2,240	1,959,248
Aguascalientes	Aguascalientes	1,870	5,272
Baja California	Mexicali	10	71,505
Baja California Sur	La Paz	30	73,948
Campeche	Campeche	10	57,033
Coahuila	Saltillo	1,600	150,615
Colima	Colima	508	5,466
Chiapas	Tuxtla Gutiérrez	528	73,628
Chihuahua	Chihuahua	1,430	245,962
Distrito Federal		2,240	1,525
Durango	Durango	1,889	122,792
Guanajuato	Guanajuato	2,000	31,032
Guerrero	Chilpancingo	1,260	64,791
Hidalgo	Pachuca	2,380	20,664
Jalisco	Guadalajara	1,567	79,085
México	Toluca	2,680	21,419
Michoacán	Morelia	1,920	58,585
Morelos	Cuernavaca	1,560	4,961
Nayarit	Tepic	915	27,103
Nuevo León	Monterrey	538	64,742
Oaxaca	Oaxaca	1,550	93,147
Puebla	Puebla	2,162	34,155
Querétaro	Querétaro	1,820	12,114
Quintana Roo	Chetumal	10	39,201
San Luis Potosí	San Luis Potosí	1,877	63,778
Sinaloa	Culiacán	60	58,359
Sonora	Hermosillo	210	180,605
Tabasco	Villahermosa	10	24,612
Tamaulipas	Ciudad Victoria	321	79,686
Tlaxcala	Tlaxcala	2,252	4,052
Veracruz	Jalapa	1,427	72,005
Yucatán	Mérida	10	43,577
Zacatecas	Zacatecas	2,420	73,829

Fuente: INEGI, 1998a.

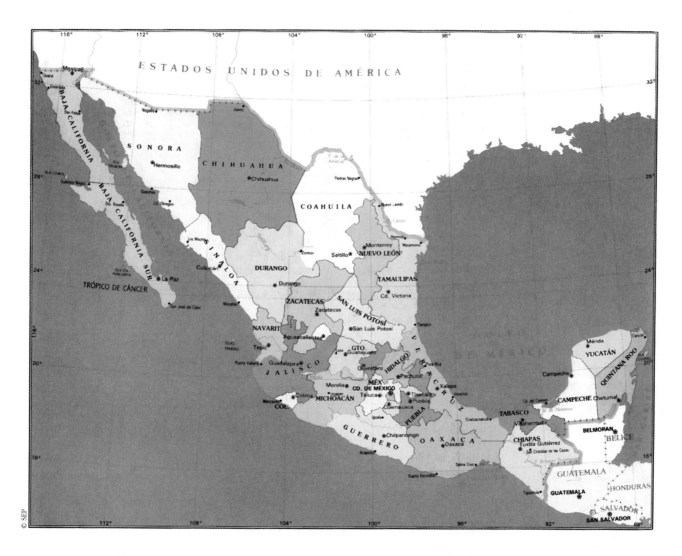

GRUPOS Y SUBGRUPOS DE CLIMAS DE MÉXICO

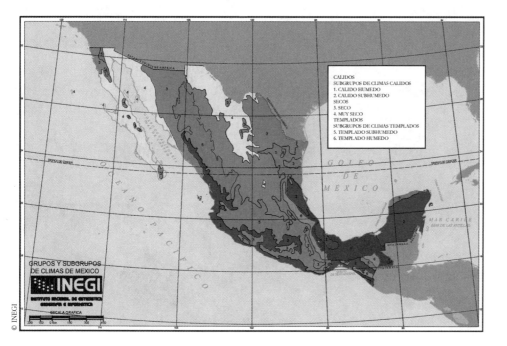

CALIDOS
SUBGRUPOS DE CLIMAS CALIDOS
1. CALIDO HUMEDO
2. CALIDO SUBHUMEDO
SECOS
3. SECO
4. MUY SECO
TEMPLADOS
SUBGRUPOS DE CLIMAS TEMPLADOS
5. TEMPLADO SUBHUMEDO
6. TEMPLADO HUMEDO

GRUPOS Y SUBGRUPOS
DE CLIMAS DE MEXICO

CLIMAS

La enorme variedad mexicana se expresa en sus climas: tiene la mayoría de los que existen en el planeta.

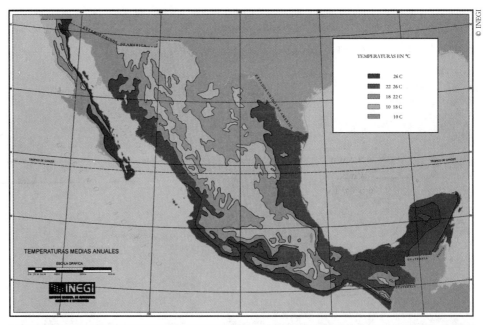

TEMPERATURAS MEDIAS ANUALES

TEMPERATURA MEDIA (˚C)

CAPITAL DEL ESTADO	ENERO	JULIO	PROMEDIO ANUAL
Villahermosa, Tab.	25.1	29.1	28.1
Mérida, Yuc.	22.9	27.3	25.9
La Paz, B.C.S.	17.9	28.9	23.6
Mexicali, B.C.	12.3	33.1	22.3
Monterrey, N.L.	14.9	28.1	22.2
Guadalajara, Jal.	15.6	20.6	19.4
Chihuahua, Chih.	9.8	25.3	18.4
Puebla, Pue.	13.8	17.1	16.6
San Luis Potosí, S.L.P.	12.7	18.0	16.5
Distrito Federal	12.9	16.0	15.6

Fuente: Servicio Meteorológico Nacional, http://www.cna.gob.mx/SMN.html

LAS LLUVIAS

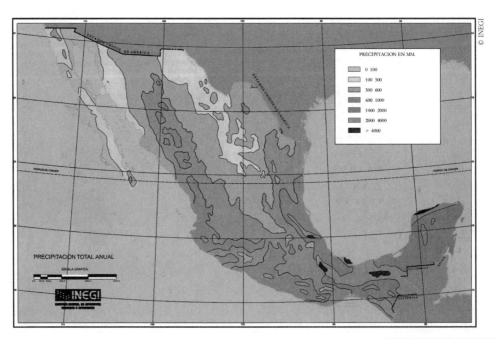

PRECIPITACIÓN TOTAL ANUAL

El Niño

Al nombrar este fenómeno meteorológico que se presenta periódicamente a finales de diciembre, en vísperas de Navidad, los pescadores peruanos hicieron referencia a Jesucristo como Niño Dios.

Relacionado con los vientos y su interacción con las corrientes marinas, "El Niño" se manifiesta como un calentamiento anormal que comienza frente a las costas occidentales sudamericanas. El fenómeno altera los patrones migratorios de los peces y provoca alteraciones climáticas que en primera instancia desatan lluvias torrenciales en las costas de Perú y Chile, para después, al desplazarse, inducir cambios similares en otras regiones del Pacífico y, con menor intensidad, en el resto del planeta. Paradójicamente, mientras en algunos lugares beneficia a los agricultores con las lluvias o a los pescadores con cardúmenes que de ordinario no llegarían a ellos, en otros les perjudica al alejar a los peces o bien al provocar lluvias excesivas e incluso al alterar el patrón normal de precipitaciones y causar así sequías. Por ejemplo, en 1997 "El Niño" provocó lluvias torrenciales en casi todo el litoral mexicano del Pacífico y hasta en California, pero no dejó caer una gota de agua en Sonora, donde habría sido muy bien recibida. "El Niño" se alterna con un fenómeno del mismo origen pero opuesto: en vez de calentamiento, hay enfriamiento. Le han llamado, por analogía, "La Niña".

REGIONES NATURALES

En México se pueden distinguir grandes regiones que agrupan paisajes y presentan elementos comunes por su geología, clima y flora.

PENÍNSULA DE BAJA CALIFORNIA, SIERRAS Y DESIERTOS DEL NOROESTE

El paisaje lo forma el eje montañoso que corre a lo largo de la misma península con extensos desiertos pedregosos y pequeñas zonas boscosas en las partes altas de las montañas. En la región noroeste de Sonora se ubica el desierto de Altar. Al pie de las sierras de Sonora y Sinaloa se localiza la Sierra Madre Occidental de la que la Tarahumara es la porción correspondiente a Chihuahua, con grandes llanuras costeras de clima semiárido. En éstas se han desarrollado importantes zonas de cultivo gracias a la construcción de sistemas de riego. Hacia la parte sur, en Sinaloa y Nayarit, el clima va de semidesértico a subtropical, lo que se refleja en la presencia de sabanas, selvas bajas espinosas y, más al sur, brotes de selvas medias.

ALTIPLANICIE MEXICANA

Su porción norte se caracteriza por áridos y extensos chaparrales y pastizales mezclados con nopaleras y agaves; también hay grandes espacios que se destinan a la ganadería. El paisaje se integra con montañas con formaciones rocosas modeladas por la erosión, principalmente en Chihuahua, Coahuila, Durango y Zacatecas. Hacia la porción meridional se ubica la denominada Meseta de Anáhuac. La región se caracteriza por amplias planicies y cuencas lacustres como Chapala, Yuriria y Cuitzeo. La más importante de ellas es la cuenca de México en la que aún pervive el lago de Xochimilco. Hay gran desarrollo por la diversidad de actividades agropecuarias y asentamientos urbanos e industriales. Se distinguen las ciudades de México, Guadalajara, Toluca y León, y los distritos de riego de los ríos Tula y Lerma.

VERTIENTE ORIENTAL Y LLANURAS COSTERAS DEL GOLFO

Es una zona de grandes contrastes por la Sierra Madre Oriental donde están las tres huastecas: potosina, tamaulipeca e hidalguense. El declive de esta vertiente, con muchos ríos, tiene cortes bruscos de pendientes hasta el nivel del mar, con cascadas y hondos cañones. Ofrece grandes contrastes que van desde bosques coníferos con neblinas casi todo el año, hasta selvas tropicales en las costas.

SISTEMA VOLCÁNICO TRANSVERSAL

Está formado por una serie de volcanes que se extienden a lo largo del paralelo 19° N y que van desde las islas Revillagigedo, en el Océano Pacífico, hasta la región de los Tuxtlas, Veracruz. En él se hallan los volcanes más altos de México.

DEPRESIONES Y SIERRAS DEL SUR

Al sur del sistema volcánico transversal se encuentra una importante depresión tectónica recorrida por el río Balsas, del que toma el nombre. A partir de esta depresión surge la Sierra Madre del Sur, en Guerrero y Oaxaca. El estado de Chiapas tiene una configuración fisiográfica compleja que cuenta con dos sistemas montañosos: la Sierra Madre de Chiapas y las montañas del norte de Chiapas separadas por una depresión recorrida por el río Usumacinta. Entre Chiapas y Oaxaca, así como entre Tabasco y Veracruz, se presenta una región de lomeríos bajos denominada Istmo de Tehuantepec que es la porción más estrecha del país (unos 215 km) entre el Atlántico y el Pacífico.

PLATAFORMA YUCATECA

Es una planicie carente de sierras; geológicamente está formada de superficies calcáreas sin escurrimientos superficiales por lo que el agua se infiltra y forma cenotes. La capa vegetal se forma con selvas bajas al norte y medianas al sur.

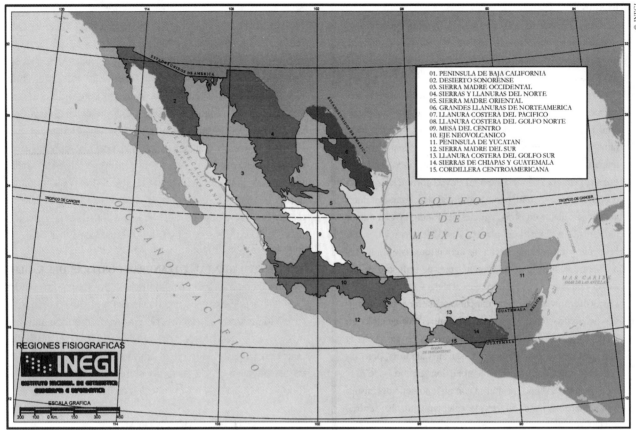

© INEGI

01. PENINSULA DE BAJA CALIFORNIA
02. DESIERTO SONORENSE
03. SIERRA MADRE OCCIDENTAL
04. SIERRAS Y LLANURAS DEL NORTE
05. SIERRA MADRE ORIENTAL
06. GRANDES LLANURAS DE NORTEAMERICA
07. LLANURA COSTERA DEL PACIFICO
08. LLANURA COSTERA DEL GOLFO NORTE
09. MESA DEL CENTRO
10. EJE NEOVOLCANICO
11. PENINSULA DE YUCATAN
12. SIERRA MADRE DEL SUR
13. LLANURA COSTERA DEL GOLFO SUR
14. SIERRAS DE CHIAPAS Y GUATEMALA
15. CORDILLERA CENTROAMERICANA

Los litorales de esta plataforma tienen lagunas (subterráneas o de superficie) interconectadas con el mar.

Los mágicos cenotes

Son depósitos de agua en el fondo de cavernas. El más famoso es el sagrado de Chichén Itzá, Yuc., donde en tiempos de sequía los mayas imploraban la ayuda de Chac, dios del agua, y arrojaban a doncellas, hombres y niños pues se creía que el cenote era la entrada al reino de esa divinidad. A las víctimas se les consideraba como embajadores de los hombres ante la deidad para pedirle a ésta la lluvia.

RÍOS Y LAGOS

En el territorio mexicano la ubicación de las Sierras Madres determina dos grandes vertientes hidrológicas exteriores: la oriental o del Atlántico (Golfo de México y Mar Caribe) y la occidental o del Pacífico. En las extensas planicies del interior no se dan escurrimientos hacia el mar por lo que se forman cuencas cerradas.

Entre las principales corrientes de la vertiente del Golfo está el Río Bravo que nace en las Montañas Rocallosas y tiene la mayor parte de su recorrido en Estados Unidos. A la mitad de su curso forma parte de la frontera entre México y Estados Unidos; y desemboca en el Golfo de México. En Estados Unidos se le llama Río Grande, nombre que ha dejado de utilizarse en México porque recuerda la guerra perdida con ese país.

El río Pánuco nace con el nombre de Moctezuma en la cuenca oriental de la Meseta de Anáhuac y desemboca en el Golfo en el puerto de Tampico.

El río Papaloapan nace de la unión del Tehuacán, que baja de las sierras de Puebla, y del Quiotepec que baja de la Sierra de Ixtlán; pasa por la Sierra Madre Oriental y recibe varios afluentes; desagua en el Golfo y en el puerto de Alvarado.

El Coatzacoalcos es caudaloso y se nutre con las aguas provenientes de las montañas del Istmo de Tehuantepec; nace en la Sierra Atravesada y desemboca en el puerto de Coatzacoalcos.

Los ríos Mezcalapa y Usumancinta nacen en Guatemala; el Grijalva, en Tabasco. Los tres riegan las llanuras de Tabasco, que son las más bajas del país. En su cauce se han construido grandes obras hidroeléctricas. El Usumacinta al desembocar se divide en tres corrientes pero conserva su nombre y sirve de frontera en su curso medio entre México y Guatemala.

En la vertiente del Pacífico está, en primer lugar, el río Balsas, esencial para la generación de energía eléctrica, cuya cuenca forma la depresión del mismo nombre. Desemboca en el Océano Pacífico con el nombre de río Zacatula.

El río Lerma es el más largo de México. Se origina al pie del Nevado de Toluca y en su cuenca se ubica la porción más poblada del país, a la que surte de riegos y energía eléctrica. Desagua en el Lago de Chapala, donde se origina el río Santiago que desemboca en el Pacífico cerca del puerto de San Blas.

Más al norte el río Mayo se forma de corrientes que se desplazan por barrancas hasta las sierras profundas; corre hasta la llanura costera y desemboca en la bahía de Santa Bárbara. En esta misma vertiente y con una de las cuencas más extensas de México, el río Yaqui baja de la Sierra Madre Occidental y serpentea hasta desembocar cerca del puerto de Guaymas.

PRINCIPALES RÍOS EN MÉXICO

RÍO	LONGITUD (km)*
VERTIENTE DEL ATLÁNTICO	
Bravo	2,001
Papaloapan	900
Grijalva-Usumacinta	750
Pánuco	600
Candelaria	402
Tamesí	353
Tonalá	325
VERTIENTE DEL PACÍFICO	
Colorado	2,730
Lerma-Santiago	965
Balsas	771
San Lorenzo	700
Verde	600
Yaqui	554
Mayo	450
VERTIENTES INTERIORES	
Nazas	560
Aguanaval	500
Río del Carmen	250

* Datos aproximados.

Fuente: Porrúa, 1995.

PRINCIPALES RÍOS EN MÉXICO

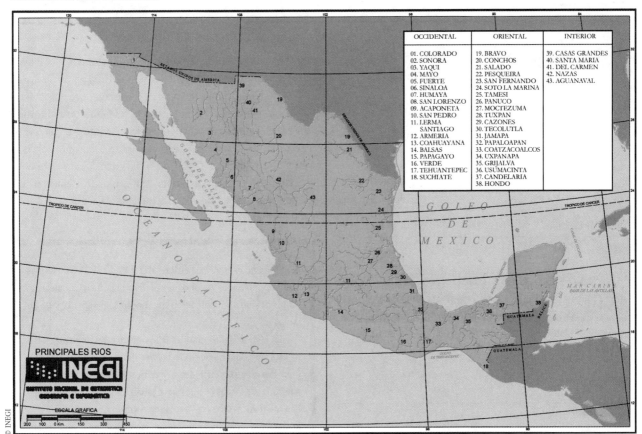

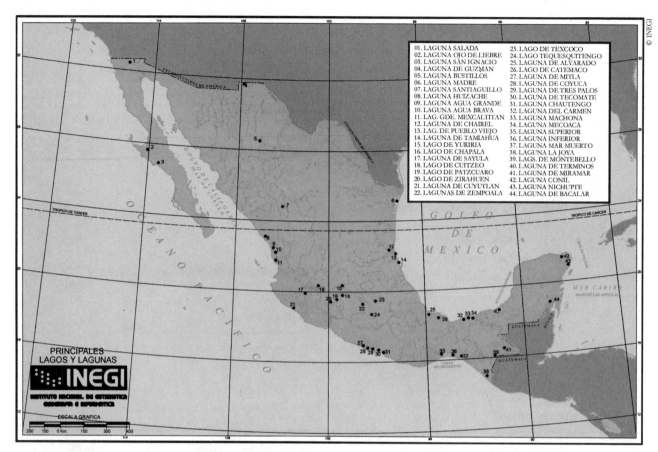

01. LAGUNA SALADA	23. LAGO DE TEXCOCO
02. LAGUNA OJO DE LIEBRE	24. LAGO TEQUESQUITENGO
03. LAGUNA SAN IGNACIO	25. LAGUNA DE ALVARADO
04. LAGUNA DE GUZMAN	26. LAGO DE CATEMACO
05. LAGUNA BUSTILLOS	27. LAGUNA DE MITLA
06. LAGUNA MADRE	28. LAGUNA DE COYUCA
07. LAGUNA SANTIAGUILLO	29. LAGUNA DE TRES PALOS
08. LAGUNA HUIZACHE	30. LAGUNA DE TECOMATE
09. LAGUNA AGUA GRANDE	31. LAGUNA CHAUTENGO
10. LAGUNA AGUA BRAVA	32. LAGUNA DEL CARMEN
11. LAG. GDE. MEXCALTITAN	33. LAGUNA MACHONA
12. LAGUNA DE CHAIREL	34. LAGUNA MECOACA
13. LAG. DE PUEBLO VIEJO	35. LAGUNA SUPERIOR
14. LAGUNA DE TAMIAHUA	36. LAGUNA INFERIOR
15. LAGO DE YURIRIA	37. LAGUNA MAR MUERTO
16. LAGO DE CHAPALA	38. LAGUNA LA JOYA
17. LAGUNA DE SAYULA	39. LAGS. DE MONTEBELLO
18. LAGO DE CUITZEO	40. LAGUNA DE TERMINOS
19. LAGO DE PATZCUARO	41. LAGUNA DE MIRAMAR
20. LAGO DE ZIRAHUEN	42. LAGUNA CONIL
21. LAGUNA DE CUYUTLAN	43. LAGUNA NICHUPTE
22. LAGUNAS DE ZEMPOALA	44. LAGUNA DE BACALAR

LOS RÍOS MÁS LARGOS EN EL MUNDO

RÍO	LONGITUD (km)
Nilo (África)	6,671
Amazonas (Sudamérica)	6,300
Yangtse o 'Chang Jiang (Asia)	6,276
Mississippi-Missouri (Norteamérica)	6,019
Ob'-Irtish (Asia)	5,411
Yenisei (Asia)	4,989
Huang-Ho ó Amarillo (Asia)	4,630
Amur (Asia)	4,416
Lena (Asia)	4,400
Congo (África)	4,374

Fuente: Hammond, 1996.

PRINCIPALES LAGOS EN MÉXICO

LAGO	ENTIDAD	CAPACIDAD (Millones de m³)*	PROFUNDIDAD (m)
Chapala	Jalisco	6,000	10
Cuitzeo	Michoacán y Guanajuato	1,000	3
Metztitlán	Hidalgo	700	3
Yuriria	Guanajuato	200	3

* Datos aproximados.
Fuente: Porrúa, 1995.

El río Colorado nace también en las Rocallosas y la mayor parte de su recorrido es en los Estados Unidos; en su curso bajo sirve como límite fronterizo, después llega hasta Baja California y Sonora, y desemboca en el Golfo de California.

Existen numerosas corrientes de agua que bajan de la Sierra Madre Occidental pero son pocas las que llegan a desembocar hasta el Golfo de California debido a que se evaporan o se infiltran. En la península de California no existen ríos de caudal permanente por las sequías.
(☞Medio ambiente)

En México el agua está enferma. El 90% de los ríos y lagunas está contaminado. Algunos ríos, como el Lerma, han alcanzado niveles de contaminación que hacen imposible la vida en sus aguas.

En el caso de los grandes lagos, además de presentar altos niveles de contaminación, ven cada día mermar más su volumen. Por ejemplo, en algunos sectores del lago de Chapala, en Jalisco, donde hace 35 años navegaban los pescadores y paseaban los turistas, hoy hay fraccionamientos y casas.

PRINCIPALES PRESAS DE MÉXICO

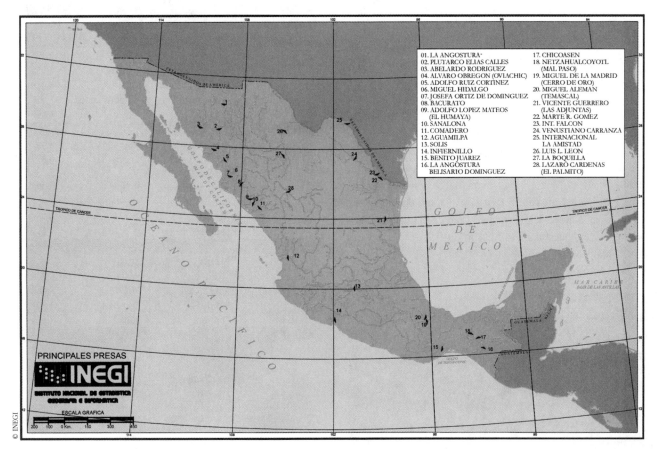

01. LA ANGOSTURA·	17. CHICOASEN
02. PLUTARCO ELIAS CALLES	18. NETZAHUALCOYOTL
03. ABELARDO RODRIGUEZ	(MAL PASO)
04. ALVARO OBREGON (OVIACHIC)	19. MIGUEL DE LA MADRID
05. ADOLFO RUIZ CORTINEZ	(CERRO DE ORO)
06. MIGUEL HIDALGO	20. MIGUEL ALEMAN
07. JOSEFA ORTIZ DE DOMINGUEZ	(TEMASCAL)
08. BACURATO	21. VICENTE GUERRERO
09. ADOLFO LOPEZ MATEOS	(LAS ADJUNTAS)
(EL HUMAYA)	22. MARTE R. GOMEZ
10. SANALONA	23. INT. FALCON
11. COMADERO	24. VENUSTIANO CARRANZA
12. AGUAMILPA	25. INTERNACIONAL
13. SOLIS	LA AMISTAD
14. INFIERNILLO	26. LUIS L. LEON
15. BENITO JUAREZ	27. LA BOQUILLA
16. LA ANGOSTURA	28. LAZARO CARDENAS
BELISARIO DOMINGUEZ	(EL PALMITO)

ISLAS

México tiene más de 200 islas, muchas de ellas deshabitadas. Las principales se encuentran en el Océano Pacífico, el Golfo de California y las costas de Sonora. La superficie total de las islas es de 5,127 km².

RELIEVE

México es como un triángulo invertido de forma alargada, que se estrecha en la parte denominada Istmo de Tehuantepec. De los extremos opuestos norte y sur de este cuerpo continental se desprenden dos penínsulas casi separadas del resto del territorio: Baja California, bañada por el Pacífico y

PRINCIPALES ISLAS DE MÉXICO

ISLA	ESTADO	UBICACIÓN	DIMENSIONES/KM
Tiburón	Sonora	Golfo de Baja California	52 de largo por 30 de ancho
María Madre	Nayarit	Océano Pacífico	22 de largo por 10 de ancho
Guadalupe	Baja California	Océano Pacífico	33 de largo por 10 de ancho
Socorro	Colima	Océano Pacífico	17 de diámetro (casi circular)
Benedicto	Colima	Océano Pacífico	5 de largo por 0.8 de ancho
Santa Rosa	Colima	Océano Pacífico	8 de largo por 3.2 de ancho
Roca Partida	Colima	Océano Pacífico	0.096 de largo por 0.048 de ancho
Sacrificios	Veracruz	Golfo de México	-------
Isla del Carmen	Campeche	Golfo de México	30 de largo por 7.5 de ancho
Cozumel	Quintana Roo	Mar Caribe	47 de largo por 15 de ancho
Isla Mujeres	Quintana Roo	Mar de las Antillas	6 de largo por 2 de ancho

Fuente: INEGI, 1998a y Porrúa, 1995.

el Golfo de California (Mar de Cortés), y la plataforma yucateca al extremo este, rodeada por las aguas del Golfo de México y el Mar de las Antillas.

El territorio mexicano ha tenido modificaciones topográficas por la actividad interna de la tierra. Estos movimientos han fracturado, levantado y hundido enormes capas de rocas de la corteza terrestre. Así, existen regiones con elevaciones superiores a 3,000 metros, grandes depresiones, hondas barrancas y amplias mesetas.

Las cadenas montañosas obedecen a plegamientos y manifestaciones volcánicas entre las que destacan la Sierra Madre Occidental y del Sur, la Sierra Madre Oriental y el Sistema Volcánico Transversal. Es en éste último donde se encuentran las mayores elevaciones: el Pico de Orizaba, el Popocatépetl, el Iztaccíhuatl, el Nevado de Toluca y el Nevado de Colima.

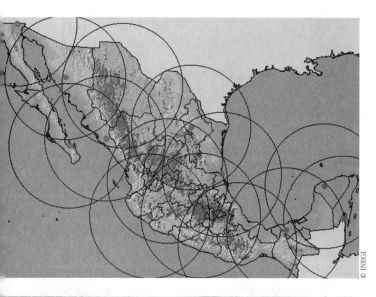

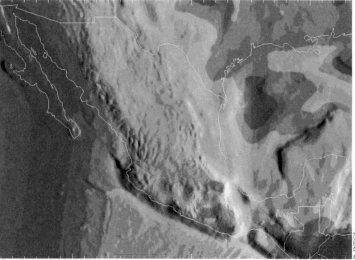

Red geodésica nacional activa y mapa geodésico de México.

LAS MAYORES ELEVACIONES EN EL MUNDO

CONTINENTE	NOMBRE	LUGAR	ALTITUD (msnm)
NORTEAMÉRICA			
	McKinley	Alaska, EUA	6,194
	Monte Logan	Canadá	5,951
	Pico de Orizaba	México	5,610
	Monte San Elías	Alaska-Canadá	5,489
	Popocatépetl	México	5,465
SUDAMÉRICA			
	Aconcagua	Argentina	6,959
	Nevado Ojos del Salado	Argentina	6,893
	Nevado Illimani	Bolivia	6,882
	Cerro Bonete	Argentina	6,872
	Nevado Huascarán	Perú	6,746
EUROPA			
	El'brus	Rusia	5,642
	Dykh-Tau	Rusia	5,204
	Shkahara	Rusia	5,068
	Mont Blanc	Francia-Italia	4,807
	Dufourspitze	Italia-Suiza	4,634
ASIA			
	Everest	China-Nepal	8,848
	K2	China-Pakistán	8,611
	Kanchenjunga	India-Nepal	8,598
	Makalu	China-Nepal	8,481
	Dhawlagiri	Nepal	8,172
ÁFRICA			
	Kilimanjaro	Tanzania	5,895
	Kirinyaga	Kenya	5,199
	Pico Margherita	Uganda-Zaire	5,109
	Ras Dashen Terara	Etiopía	4,620
	Monte Meru	Tanzania	4,565
OCEANÍA			
	Monte Wilhelm	Nueva Guinea	4,509
	Monte Giluwe	Nueva Guinea	4,368
	Monte Bangeta	Nueva Guinea	4,121
	Monte Victoria	Nueva Guinea	4,035
	Monte Cook	Nueva Zelandia	3,764
ANTÁRTIDA			
	Vinson Massif	Antártida	4,897
	Monte Kirkpatrick	Antártida	4,528
	Monte Markham	Antártida	4,282
	Monte Jackson	Antártida	4,190
	Monte Sidley	Antártida	4,181

Fuente: *Rand McNally World Atlas*, 2000.

En medio de las principales cadenas montañosas se encuentran dos grandes mesetas: la Altiplanicie Mexicana en la parte norte-centro y la Meseta de Anáhuac al sur. Las planicies bajas con menor extensión son las costeras del Golfo y del Pacífico que se incluyen en las vertientes exteriores de la Sierra Madre Oriental y Occidental respectivamente.

PRINCIPALES CUMBRES DE MÉXICO

NOMBRE	ENTIDAD	ALTITUD (msnm)
Pico de Orizaba (Ciltlaltépetl)	Veracruz y Puebla	5,610
Popocatépetl	Estado de México, Puebla y Morelos	5,500
Iztaccíhuatl	Estado de México y Puebla	5,220
Nevado de Toluca (Xinantécatl)	Estado de México	4,680
La Malinche	Tlaxcala y Puebla	4,420
Nevado de Colima	Jalisco	4,260
Cofre de Perote	Veracruz	4,250
El Mirador	Estado de México	4,120
Tacaná	Chiapas	4,080
Telapón	Estado de México	4,060
Ajusco	Distrito Federal	3,930
Jocotitlán	Estado de México	3,910
Tancítaro	Michoacán	3,860
Volcán de Fuego de Colima	Jalisco y Colima	3,820
Catedral	Estado de México	3,770
El Morro	Nuevo León	3,700
San Rafael	Coahuila	3,700
El Potosí	Nuevo León	3,700
Tláloc	Distrito Federal	3,690
San Andrés	Michoacán	3,600

Fuente: INEGI, 1998a.

El Citlaltépetl o Pico de Orizaba, la montaña más alta de México y la tercera de Norteamérica.

ASPECTOS GEOLÓGICOS

México tiene una gran variedad de rocas, estructuras y formaciones geológicas. Los principales yacimientos minerales se ubican en la Sierra Madre Occidental, las sierras de Zacatecas y el Sistema Volcánico Transversal. México destaca por ser el primer productor de plata en el mundo; tiene también un papel destacado en la producción de petróleo, plomo, azufre y gas natural; cuenta también con minas de cobre, zinc, hierro, oro, carbón, canteras de mármol, yacimientos de yeso, salinas y varios minerales más.

SUELOS DE MÉXICO

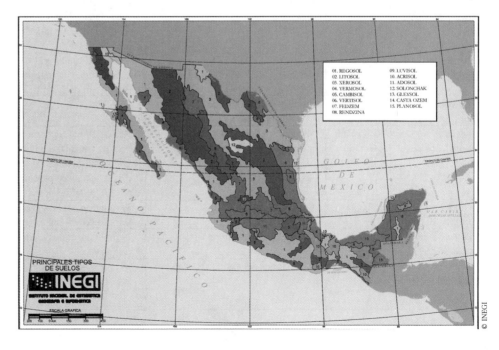

Sismos

México se halla en una de las zonas más sísmicas del mundo. Se ubica en un punto donde interactúan varias placas tectónicas importantes: Cocos, Pacífico, Norteamérica, Caribe y Rivera. En añadidura, en su territorio hay varios volcanes con cierto grado de actividad, aunque la mayor parte de los sismos que se registran cada año se deben a movimientos de acomodo de las placas tectónicas.

En términos físicos, el sismo del 19 de septiembre de 1985 ha sido el segundo más intenso del siglo XX en México y el que mayor número de muertes ha causado. En la historia contemporánea de México ese desastre adquirió una gran importancia política pues quedó vinculado con un momento de quiebre en la legitimidad del régimen y el punto de partida de una mayor presencia de la sociedad organizada.

PRINCIPALES SISMOS OCURRIDOS EN MÉXICO, 1900-1999

FECHA	ORIGEN DEL SISMO	POBLACIONES MÁS AFECTADAS	DAÑOS	MAGNITUD EN ESCALA RICHTER
Martes 19 de noviembre de 1912	Estado de México	Acambay y Timilpan, Méx. y México, D.F.	Deslizamiento de tierra; 202 muertos y varios heridos.	7.0
Domingo 4 de enero de 1920	Puebla y Veracruz	Cosautlán, Teocelo y Jalapa, Ver. y Patlanala y Chilchotla, Pue.	430 muertos y varios heridos.	6.5
Viernes 3 de junio de 1932	Jalisco y Colima	Manzanillo, Cuyutlán, Tecomán y Colima, Guadalajara, La Barca, Mazcota y Autlán, Jal.	300 muertos y 400 heridos.	8.2
Martes 15 de abril de 1941	Michoacán y Jalisco	Algunas poblaciones de Michoacán, Jalisco y Colima.	34 muertos. Destrucción de la Catedral de la ciudad de Colima.	7.9
Domingo 28 de julio de 1957	Guerrero	San Marcos y Chilpancingo, Gro., y México, D.F.	Destrucción de la Catedral de la ciudad de Colima; 90 muertos y 300 heridos.	7.7
Lunes 6 de julio de 1964	Guerrero y Michoacán	Ciudad Altamirano, Cutzamala y Coyuca de Catalán, Gro., y Tanganhuato y Huetámo, Mich.	40 muertos y 150 heridos; pérdidas materiales de consideración.	7.2
Martes 28 de agosto de 1973	Oaxaca y Veracruz	Poblaciones fronterizas de los estados de Puebla, Veracruz y Oaxaca	Derrumbes de casas y cuarteaduras serias en edificios; 527 muertos y 4,075 heridos; varios millones de pesos en pérdidas.	7.3
Miércoles 14 de marzo de 1979	Guerrero	Guerrero y México, D.F.	Un muerto; tres edificios de la Universidad Iberoamericana se colapsaron; 600 edificaciones dañadas.	7.6
Viernes 24 de octubre de 1980	Oaxaca y Puebla	Huajuapan de León, Oax. y poblaciones de los estados de Guerrero y Puebla.	30 muertos, mil heridos y 15 mil damnificados, la mayoría de Huajuapan de León.	7
Miércoles 15 de abril de 1981	Michoacán y Jalisco	Algunas poblaciones de Michoacán, Jalisco y Colima.	34 muertos.	7.9
Jueves 19 de septiembre de 1985	Michoacán y Guerrero	Michoacán, Colima, Guerrero, México, Jalisco, Morelos y México, D.F.	Más de 10 mil muertos, 40,750 heridos y 80,600 damnificados; 1,970 edificaciones colapsadas y 5,700 dañadas; pérdidas materiales por un billón de pesos.	8.1
Lunes 9 de octubre 1995	Colima	Colima y Jalisco.	39 muertos, un hotel colapsado en Manzanillo y 4 mil casas dañadas.	7.5
Martes 15 de junio de 1999	Oaxaca	Puebla, Oaxaca y Morelos.	19 muertos; daños a edificaciones coloniales.	6.7
Jueves 30 de septiembre de 1999	Oaxaca	Poblaciones del estado de Oaxaca.	16 muertos, 47 heridos y daños a más de tres mil viviendas.	7.4

Fuente: INEGI-Semarnap, 1999.

VOLCANES Y ERUPCIONES

En la República mexicana hay cientos de volcanes pero sólo algunos son considerados activos por haber tenido numerosos episodios eruptivos (poligenéticos). El más famoso es el Popocatépetl. Hay también algunos de los llamados monogenéticos (se activan por un periodo breve y después se apagan), como es el caso del Xitle, en el Valle de México.

Gran parte de estos dos tipos de volcanismo se encuentran en el Sistema Volcánico Transversal que se extiende de costa a costa cerca del paralelo 19° N. y pasa por Nayarit, Jalisco, Colima, Michoacán, Guanajuato, Querétaro, México, Hidalgo, Puebla, Veracruz y Distrito Federal. También hay volcanes activos en Veracruz, Chiapas y Baja California.

El Popocatépetl entra en actividad periódicamente. El ciclo actual lleva varios años. Hasta ahora, por fortuna, sólo ha hecho honor a su nombre ("Montaña que arroja humo"), sin provocar desastres.

El volcán Paricutín goza de fama mundial porque fueron filmadas algunas de sus etapas de surgimiento y evolución. Este material aportó grandes conocimientos a la vulcanología. Nació en un campo de cultivo en febrero de 1943. Los habitantes del rancho Paricutín vieron las grietas formadas por la actividad sísmica desde semanas antes. El día 20 salió lava, la cual formó en pocos días un gran cono volcánico. El volcán estuvo emitiendo lava hasta 1953. Para entonces ya tenía más de 100 metros de altura y había cubierto Paricutín y un poblado más grande: San Juan Parangaricutiro, del cual sólo pueden verse las torres de la iglesia que sobresalen del pedregal formado por la lava.

PRINCIPALES VOLCANES EN MÉXICO

VOLCÁN	UBICACIÓN
Tres Vírgenes	Baja California Sur
Bárcena	Islas Revillagigedo
Evermann	Islas Revillagigedo
Ceboruco	Nayarit
Sangangüey	Nayarit
La Primavera	Jalisco
Volcán de Colima	Colima
Paricutín	Michoacán
Jorullo	Michoacán
Xitle	Distrito Federal
Popocatépetl	México-Puebla
Los Humeros	Puebla-Veracruz
Pico de Orizaba	Puebla-Veracruz
San Martín Tuxtla	Veracruz
El Chichón	Chiapas
Tacaná	Chiapas

Fuente: INEGI-Semarnap, 1999.

HURACANES

En México, los huracanes han afectado, sobre todo, a Baja California Sur, Sinaloa, Michoacán, Guerrero, Quintana Roo y Tamaulipas.

En los océanos Pacífico y Atlántico hay seis regiones matrices o de generación de ciclones. Para México son relevantes cuatro:

Golfo de Tehuantepec: los surgidos durante la última semana de mayo tienden a viajar hacia el oeste alejándose del territorio nacional. Los generados de julio en adelante hacen una parábola hacia la costa del Pacífico y a veces penetran en tierra.

Sonda de Campeche: nacen los huracanes a partir de junio y golpean los estados de Veracruz y Tamaulipas.

Región oriental del Mar Caribe: sus huracanes aparecen desde julio y especialmente entre agosto y octubre. Éstos presentan gran intensidad, tienen un recorrido largo y afectan frecuentemente a las penínsulas de Yucatán y la Florida.

Región oriental del Atlántico: se originan en agosto y son de mayor potencia y recorrido. Casi siempre se dirigen al oeste, hacia el Mar Caribe, Yucatán, Tamaulipas y Veracruz, pero también tienden a girar hacia el norte afectando las costas de Estados Unidos.

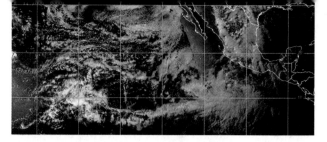

Las técnicas para rastrear y clasificar los diferentes fenómenos meteorológicos son cada día más sofisticadas. Esta vista corresponde a una imagen de satélite tomada el 6 de junio de 2000.

Huracán, ciclón o tifón son los términos que identifican a un mismo fenómeno meteorológico que se caracteriza por un viento muy fuerte que se origina en el mar, gira en forma de remolino llevando humedad en grandes cantidades y que al tocar tierra causa daños o desastres. Los huracanes se nombran de acuerdo a una lista elaborada por la Organización Meteorológica Mundial e incluye los nombres de mujeres y hombres que se asignan en orden alfabético.

Ciclón tropical es el nombre genérico que se le da a este viento huracanado y su evolución puede ser dividida en cuatro etapas: a) nacimiento (depresión tropical); b) desarrollo (tormenta tropical); c) madurez (huracán) y d) disipación (fase final). Es uno de los fenómenos más destructivos ya que la fuerza de los vientos lanza o derriba objetos y genera fuerte oleaje en los océanos; eleva el nivel del mar cerca de la costa hasta una altura superior a los 6 metros y las intensas lluvias provocan inundaciones y deslaves.

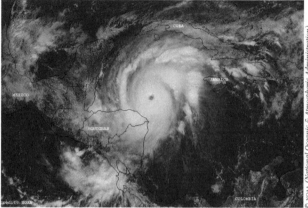

Vista del huracán Mitch en su momento de mayor intensidad.

PRINCIPALES HURACANES EN MÉXICO, 1955-1998

ENTIDAD	NOMBRE	VIENTOS MÁXIMOS (km/h)	ESCALA SHAFFIR-SIMPSON*	LUGAR DE IMPACTO	AÑO
PACÍFICO					
Sinaloa	Sin nombre	222	H4	Punta Prieta, Sin.	1957
Colima	Sin nombre	220	H4	Playa de Oro, Col.	1959
Baja California	Sin nombre	140	H1	San Carlos, B.C.	1959
Oaxaca	Estelle	140	H1	Puerto Escondido, Oax.	1960
Nayarit	Priscilla	110	T.T.2**	San Blas, Nay.	1971
Guerrero	Madeline	232	H4	Petacalco, Gro.	1976
Sonora	Liza	205	H3	Las Bocas, Son.	1976
Chiapas	Olivia	93	T.T.2	Puerto Arista, Chis.	1978
Baja California Sur	Kiko	185	H3	Los Barriles, B.C.S.	1989
Michoacán	Vigil	175	H2	Cahan, Mich.	1992
Jalisco	Calvin	167	H2	Puerto Vallarta, Jal.	1993
Oaxaca y Guerrero	Pauline	215	H4	Puerto Escondido, Oax.	1997
Sonora, Sinaloa	Isis	120	H1	Sur de la Península de Baja California	1998
ATLÁNTICO					
Campeche	Janet	240	H4	Sabancuy, Camp.	1955
Tamaulipas	Beulah	260	H5	Matamoros, Tamps.	1967
Quintana Roo	Gilberto	270	H5	Playa Carmen, Q.R.	1988
Yucatán	Gilberto	240	H4	X-Can, Yuc.	1988
Veracruz	Diana	158	H2	Tuxpan, Ver.	1990
Tabasco	Sin nombre	158	H2	Buena Vista, Tab.	1992
Quintana Roo, Chiapas, Tabasco, Yucatán y Campeche	Mitch	285	H5	Honduras y, en México, Chiapas.	1998

* Esta escala se basa en la intensidad absoluta de los huracanes y es utilizada en los países de América del Norte, el Caribe, Centroamérica y el norte de Sudamérica.

** T.T.: tormenta tropical.

Fuente: INEGI-Semarnap, 1999.

Zonas declaradas Patrimonio de la Humanidad

La *Convención sobre la protección del patrimonio cultural* fue adoptada en 1972 por la UNESCO para promover la protección y la preservación de los monumentos y áreas naturales más importantes del mundo. El patrimonio cultural comprende los monumentos, construcciones y sitios que tienen valor histórico, estético, arqueológico, científico, etnológico o antropológico. El patrimonio natural incluye las formaciones físicas, biológicas y geológicas excepcionales con hábitats de especies animales y vegetales amenazadas y lugares que tienen valor científico, de conservación o estético.

Actualmente 118 países pertenecen a la *Convención* y han sido reconocidos 630 sitios para su protección y preservación. De éstos, 480 son patrimonio cultural, 128 patrimonio natural y 22 mixtos.

México cuenta con conjuntos arqueológicos, áreas monumentales y espacios naturales a lo largo del territorio nacional que han sido reconocidos por la UNESCO a partir de 1987. Los sitios que forman parte del Patrimonio de la Humanidad son los siguientes:

Vista de la reserva de la biósfera de Sian Ka'an, en Quintana Roo.

ZONAS DECLARADAS PATRIMONIO DE LA HUMANIDAD

NATURAL

Reserva de la biosfera de Sian Ka'an, Quintana Roo.
Santuario ballenero de El Vizcaíno, Baja California.

CULTURAL

Conjunto arqueológico y Parque Nacional
de Palenque, Chiapas.
Centro histórico de la ciudad de México
y Xochimilco, Distrito Federal.
Conjunto arqueológico de Teotihuacan, Estado de México.
Centro histórico de Oaxaca y conjunto arqueológico
de Monte Albán, Oaxaca.
Centro histórico de la ciudad de Puebla, Puebla.
Centro histórico y minas de Guanajuato, Guanajuato.
Conjunto arqueológico de Chichén Itzá, Yucatán.
Centro histórico de Morelia, Michoacán.
Conjunto arqueológico de El Tajín, Veracruz.
Centro histórico de Zacatecas, Zacatecas.
Pinturas rupestres de la Sierra de San Francisco,
Baja California Sur.
Conventos del siglo XVI en las laderas del Popocatépetl,
Edo. de México, Morelos y Puebla.
Conjunto arqueológico de Uxmal, xYucatán.
Estado de México, Morelos y Puebla.
Monumentos históricos de la zona de Querétaro, Querétaro.
Hospicio Cabañas, Guadalajara, Jalisco.
Conjunto arqueológico de Paquimé, Casas Grandes, Chihuahua.
Monumentos históricos de la zona de Tlacotalpan, Veracruz.
Fuerte de Campeche, Campeche.
Conjunto arqueológico de Xochicalco, Morelos.

El observatorio de Chichén Itzá, zona arqueológica que ha sido declarada patrimonio cultural de la humanidad.

MEDIO AMBIENTE

La riqueza y biodiversidad mexicanas están amenazadas por la degradación del medio ambiente.
En este panorama la contaminación y escasez del agua pueden convertirse en una
de las principales amenazas a la seguridad nacional.

El espectacular crecimiento económico del siglo XX y los cambios estructurales a finales de éste se han visto empañados por la limitada capacidad para distribuir la riqueza y detener la degradación ambiental.

La evolución tecnológica creó la ilusión del crecimiento ilimitado. Sin embargo el deterioro de los ecosistemas puso en evidencia los límites de la tecnología, y de los sistemas políticos, y la prevalencia de los intereses económicos privados sobre el bienestar social. En la década de los años sesenta los accidentes industriales, los derrames de petróleo, los enormes volúmenes de emisiones contaminantes empezaron a causar insoslayables estragos en la salud de la población. Algunos grupos presentaban alteraciones neurológicas provocadas por el plomo, alteraciones renales debido a las sales de cadmio y efectos cancerígenos causados por el asbesto.

Consecuencia de ello fue que las agendas políticas incorporaron lo relativo al medio ambiente. En 1968, el Club de Roma publicó *Los límites del crecimiento* en donde afirmaba que de mantenerse las tendencias industriales y el ritmo de crecimiento poblacional, aumentaría la posibilidad de llegar a una situación de total escasez de los recursos naturales. En diciembre de 1969 la Asamblea General de la ONU tomó la resolución de organizar en junio de 1972 (Suecia) la Primera Conferencia Mundial sobre el Medio Ambiente. Sus objetivos fueron "identificar los mecanismos y pautas que los gobiernos y las organizaciones internacionales deberían seguir para proteger y mejorar el ambiente humano, así como para remediar y prevenir su deterioro".

Dieciocho años después, en 1987, se llevó a cabo la Cumbre Mundial sobre Medio Ambiente y Desarrollo. En su informe *Nuestro futuro común,* se dijo: "Vemos la posibilidad de una nueva era de crecimiento económico que ha de fundarse en políticas que sostengan y amplíen la base de recursos del medio ambiente; y creemos que ese crecimiento es absolutamente indispensable para aliviar la gran pobreza que sigue acentuándose en gran parte del mundo en desarrollo."

En esa reunión surgió la idea de que la humanidad puede lograr que el desarrollo sea sustentable, que asegure la "satisfacción de las necesidades del presente sin comprometer la capacidad de las futuras generaciones para satisfacer las propias". Esta concepción conlleva una restricción en el uso de los recursos naturales y la tecnología a partir de la "capacidad de carga" de los diferentes ecosistemas. Rees (1998) define este último concepto como la población máxima que puede mantenerse de manera indefinida en un hábitat dado sin que se deteriore la productividad del ecosistema. Estas ideas revolucionarían el concepto de desarrollo económico, pero están lejos de convertirse en realidad.

MÉXICO: CUERNO DE LA ABUNDANCIA

La latitud y las condiciones topográficas del territorio mexicano lo ubican en una zona de transición climática donde hay zonas muy áridas, grandes extensiones de humedales y tropicales, áreas templadas y frías. Además, las características geográficas, orográficas y geológicas generan una gran diversidad de condiciones ambientales que se manifiestan en una gran riqueza de suelos y una extraordinaria variedad de flora, comunidades vegetales y especies animales.

En la región norte domina la aridez de los desiertos, pero en el sur hay selvas altas, siempre verdes, con frondas a más de 40 m de altura y precipitaciones pluviales superiores a los 4,000 mm anuales. El país también cuenta con sabanas, palmares altos, popales, manglares, selvas caducifolias, matorrales, etc.

El término biodiversidad se utiliza para referirse al grado de abundancia de organismos distintos en un cierto ecosistema, bien terrestre o marino, y a los complejos ecológicos de los que forman parte; el término también comprende la variedad que ocurre dentro de cada especie.

A México se le incluye entre los doce países mega-

México es uno de los doce países considerados como megadiversos.

diversos (junto con Estados Unidos, Colombia, Ecuador, Perú, Brasil, Congo, Madagascar, Australia, India, China e Indonesia). En su territorio se localiza 10% del total de las especies del mundo, el mayor número de especies de reptiles, el segundo de mamíferos y el cuarto de anfibios y plantas de cualquier país. Una gran cantidad de estas especies son endémicas, es decir, se encuentran sólo en territorio mexicano.

El Fondo Mundial para la Naturaleza estableció una clasificación de cinco ecosistemas terrestres que fueron divididos en 11 hábitats subdivididos en 191 ecorregiones. Según esta clasificación, en México se distinguen los cinco tipos de ecosistemas (bosques tropicales de hoja ancha, bosques de coníferas y templados de hoja ancha, pastizales-sabanas y matorrales, formaciones xéricas y manglares), nueve de los once hábitats y 51 de las 191 ecorregiones. De esas 191 ecorregiones, 14 se han reconocido como prioritarias en el ámbito mundial.

Según la Secretaría del Medio Ambiente, Recursos Naturales y Pesca (Semarnap), en 1995 México ocupó el cuarto

lugar a nivel mundial en diversidad de especies forestales. De acuerdo al INEGI (1997) el país tiene un área forestal de 140.7 millones de hectáreas. De éstas, 56.5 millones son bosques y selvas, 58 millones de vegetación de zonas áridas, 4.1 millones son de vegetación hidrófila y halófila, y 22.1 millones son forestales con algún grado de perturbación y sin una cobertura arbórea o vegetal de importancia.

El volumen total de maderas en bosques y selvas es de 2,803.5 millones de metros cúbicos. A los bosques de coníferas y latifoliadas de clima templado y frío corresponden 1,831 millones de metros cúbicos. Esta riqueza maderera se reparte principalmente en cinco estados: Durango con 410.8 millones de metros cúbicos, Chihuahua con 266.1, Jalisco con 176.1, Michoacán con 157.2 y Guerrero con 152.2 millones. En cuanto a selvas, según el Inventario Nacional de Recursos Forestales de 1996 existían 634.4 millones de metros cúbicos de selvas altas y medianas que junto con los casi 235 y los 103 millones de selvas bajas y fragmentadas respectivamente, suman un total de 972.48 millones de metros cúbicos.

NÚMERO DE ESPECIES Y PORCENTAJE DE ENDEMISMOS PARA GRUPOS SELECCIONADOS, 1999

Grupo	Número de especies en México			
	TOTAL	%*	ENDÉMICAS	%**
Pteridofita	1,000	11	+190	19
Pinos	48	48	21	44
Agaváceas	217	75	146	67
Nolináceas	49	89	32	65
Cactáceas	900	45	715	79
Moluscos marinos	4,100	8	+920	22
Araneidos	2,506	7	1,759	70
Decápodos	1,410	14	+98	7
Himenópteros	2,625	8	194	7
Lepidópteros	2,610	8	200	8
Coleópteros	7,988	5	+2,087	26
Peces de agua dulce	506	6	163	32
Anfibios	290	7	174	60
Reptiles	704	11	368,368	52
Aves	1,054	11	111	11
Mamíferos	491	12	142	29

* Porcentaje en relación con el número de especies por grupo en el mundo.
** Porcentaje en relación con el total de especies mexicanas por grupo.

Fuente: Neyra, L y L. Durand, 1998.

México es también rico en ecosistemas marinos. La fisiografía del litoral mexicano está definida por las tres regiones que la conforman: el Océano Pacífico, el Golfo de México y el Mar Caribe. Podemos encontrar 46% de las familias de peces que se tienen registrados. Del total de especies que se pueden encontrar en los cuerpos de aguas nacionales, 506 son consideradas de agua dulce, 375 pertenecen a aguas continentales y el resto a oceánicas. Un gran porcentaje de estas especies son endémicas.

El aprovechamiento de los recursos pesqueros ha sido durante largo tiempo una actividad económica importante, y en los últimos años México se ha situado dentro de los 20 países con mayor producción pesquera en el mundo. La normatividad correspondiente identifica varios tipos de pesca: de fomento, didáctica, comercial, de consumo doméstico y deportivo-recreativa.

USOS Y ABUSOS DE LOS RECURSOS

DEGRADACIÓN DEL SUELO

En las últimas décadas el acelerado proceso de urbanización ha tenido serias repercusiones en el ambiente, especialmente en el uso y el aprovechamiento de los recursos. Entre sus efectos están el cambio en el uso del suelo, la redistribución y concentración geográfica de la población y el acelerado proceso de industrialización.

El cambio en el uso del suelo –para actividades agrícolas de gran escala, ganadería o fines industriales– afecta la composición, recuperación y productividad de los ecosistemas. Al ser desprovistos de su cubierta vegetal primigenia, los suelos sufren un proceso similar al de la desertización (desertificación) natural. Eso acelera el azolve de embalses y acorta su vida útil, incrementa los costos de mantenimiento o rehabilitación de la infraestructura hidráulica y de drenaje, aumenta los riesgos de inundaciones y de afectación a obras de infraestructura y vías de comunicación, y disminuye la recarga natural de acuíferos.

El suelo se ve afectado también por el abuso de fertilizantes y pesticidas químicos. Según estimaciones oficiales de 1997, el 3.1% del territorio nacional está afectado por la salinización (acumulación excesiva de sales), proceso que no sólo disminuye la productividad de los suelos sino que desencadena un proceso de destrucción del hábitat. Se estima que la fertilidad de los suelos ha disminuido drásticamente en 80% del territorio.

Las áreas forestales mexicanas alcanzan una superficie del orden de 140 millones de hectáreas.

SUPERFICIE DE TIERRA AFECTADA POR PROCESOS DE DEGRADACIÓN, 1997

REGIONES TERRESTRES	EROSIÓN HÍDRICA	EROSIÓN EÓLICA	DEGRADACIÓN QUÍMICA	DEGRADACIÓN FÍSICA	DEGRADACIÓN BIOLÓGICA	SALINIDAD	SODICIDAD	DEGRADACIÓN GLOBAL DE LA PROVINCIA
				Porcentaje de territorio afectado				
Plataforma yucateca	0	95	4	1	95	55	25	90
Planicie costera tabasqueña-chiapaneca	3	60	80	10	90	50	15	100
Planicie del sureste	7	90	85	1	100	20	1	100
Valle Nacional y meseta central de Chiapas	17	80	30	5	100	5	0	100
Sierra Madre del Sur	16	80	40	30	100	20	0	100
Grupos de los mames	0	60	45	0	100	0	0	100
Sudserranense	40	75	2	15	100	1	0	100
Eje neovolcánico	45	90	3	20	100	5	5	100
Planicies bajas de Tamaulipas	20	80	0	50	100	50	10	100
Planicie costera nororiental	30	90	0	50	100	35	20	100
Altiplanicie septentrional	80	90	0	10	80	20	17	100
Sierra Madre Occidental	70	100	1	15	80	5	0	100
Planicie costera noroccidental	55	10	4	40	100	30	25	100
Desierto de Sonora	95	100	0	30	50	44	50	95
Sierra de Baja California	80	90	0	0	0	0	0	100
Sierra de Baja California Sur	100	100	0	0	60	2	5	100
Total nacional	60	85	15	20	80	20	15	95

Fuente: Elaboración propia a partir de datos de INEGI, 1997.

DEFORESTACIÓN

Otra de las actividades que ha causado serios problemas ambientales es la tala inmoderada de bosques y selvas, con la consecuente destrucción de ecosistemas que daban algún tipo de servicio ambiental (bajo el término de "servicio del ambiente" se entienden las condiciones y procesos naturales de los ecosistemas por medio de los cuales el hombre obtiene algún tipo de beneficio). Cada año se pierden entre

VARIACIONES DE LA SUPERFICIE CUBIERTA DE BOSQUES NATURALES Y DE PLANTACIONES, 1950-1995

Periodo	Millones de hectáreas			
	VARIACIÓN DE LA SUPERFICIE DE BOSQUES	DEFORESTACIÓN TOTAL	DEFORESTACIÓN ANUAL	VARIACIÓN DE LA SUPERFICIE DE PLANTACIONES COMERCIALES
Original a 1950	98.0-77.8	20.2	-	na
1950-1970	77.8-67.8	10.0	0.5	nd
1970-1980	67.8-60.8	7.0	0.7	0.0085
1980-1990	60.8-56.8	4.0	0.4	0.0085
1990-1995	56.8-55.3	1.5	0.3	0.01

na: no aplicable.
nd: no disponible.
Fuente: Semarnap, 1999, estimaciones con base en: Secretaría de Agricultura y Recursos Hidráulicos, 1994.

© Carlos Hahn

El balance para el siglo XX indica que durante ese lapso se han perdido 45 millones de hectáreas de bosques y sólo se han recuperado 9 millones.

125 mil y 273 mil hectáreas de bosques y entre 189 mil y 500 mil hectáreas de selva. En el siglo XX en México desaparecieron 45 millones de hectáreas de bosques y tan solo se recuperó 20% de lo perdido.

RESIDUOS

La naturaleza es por definición cíclica: lo que para un grupo de seres vivos es un desperdicio, es alimento para otro. Todo residuo finalmente es reincorporado dentro del ecosistema. Hoy día, la atmósfera, los cuerpos de agua (ríos, mares, etc.) y los terrenos que han venido funcionando como tiraderos están a punto de llegar al límite en su capacidad de carga. En México las políticas públicas se han concentrado en la parte final del proceso, la recolección y concentración de residuos (el servicio municipal de limpia) y se ha descuidado el aspecto quizá más importante: la adopción de medidas que disminuyan la producción de residuos en su origen. En ningún momento se ha considerado modificar las conductas y situaciones que ocasionan la discrepancia entre

el costo privado que significa lograr tal disminución y el costo social que entraña el manejo y disposición de los volúmenes actuales de residuos.

En México en 1995 se generaban –según estimaciones de la OCDE (1998)– unos 330 kg anuales de residuos sólidos por persona. La cifra está muy por debajo de Canadá con 630 kg, y de Estados Unidos con 720 kg. Sin embargo, el valor de la producción de estos países es varias veces mayor, por lo cual es lógico que generen más residuos. Más aún, otras estadísticas muestran que el manejo de residuos que se hace en México es menos eficiente, porque un porcentaje mayor se envía a tiraderos y rellenos sanitarios, y sólo una pequeña cantidad se recicla o aprovecha como combustible.

VOLUMEN ESTIMADO DE GENERACIÓN DE RESIDUOS SÓLIDOS MUNICIPALES POR ZONA, 1994

ZONA	NÚMERO DE HABITANTES	TONELADAS ANUALES	PORCENTAJE A NIVEL NACIONAL
Fronteriza	5,424,020	1,932,403	6.56 %
Norte	18,231,339	6,041,387	20.50 %
Centro	43,364,686	12,721,546	43.16 %
Distrito Federal	9,092,053	4,232,652	14.36 %
Sudeste	14,353,185	4,544,451	15.42 %
Total	90,465,283	29,472,439	100.00%

Fuente: Sedesol, 1994.

RESIDUOS PELIGROSOS

En México, la industria manufacturera contribuye con 21.1% del PIB y 89% del total de las exportaciones. Esta actividad económica genera subproductos indeseables: residuos industriales que por sus características corrosivas, reactivas, explosivas, tóxicas, inflamables o biológico infecciosas (CRETIB) son considerados peligrosos por la Ley General de Equilibrio Ecológico y Protección al Ambiente (LGEEPA).

Se estima que la generación de residuos industriales peligrosos es de ocho millones de toneladas al año, de los cuales alrededor de 26% recibe un manejo adecuado (ello comprende la generación, recolección, almacenamiento, transporte, reuso, reciclaje, tratamiento y disposición final). Actualmente sólo funciona un confinamiento importante en Mina, Nuevo León, y están en estudio proyectos en Hidalgo, México y Puebla.

CAMBIO CLIMÁTICO

El proceso de industrialización en todo el mundo, cuyos inicios se remontan hasta el siglo XVIII, ha producido una enorme cantidad de emisiones que dañan las condiciones naturales del planeta. Destacan las que han alterado la capa de ozono en lo alto de la atmósfera y la acumulación de subproductos de la combustión que causan el llamado "efecto invernadero", por el cual la radiación infrarroja que refleja la

DISTRIBUCIÓN POR ESTADO DE LA INFRAESTRUCTURA PARA EL MANEJO DE RESIDUOS INDUSTRIALES PELIGROSOS, 2000

ENTIDAD FEDERATIVA	RECOLECCIÓN Y TRANSPORTE	ALMACENAMIENTO TEMPORAL	REUSO	RECICLAJE	TRATAMIENTO	INCINERACIÓN	CONFINAMIENTO	TOTAL DE EMPRESAS PARA MANEJO
				Número de autorizaciones				
Aguascalientes	2	1	0	1	1	0	0	5
Baja California	25	9	0	8	0	0	0	42
Baja California Sur	0	1	0	1	0	0	0	2
Campeche	0	0	0	0	1	0	0	1
Coahuila	12	0	0	5	1	0	0	18
Colima	0	1	0	2	0	0	0	3
Chiapas	0	1	0	0	0	0	0	1
Chihuahua	17	6	0	2	0	0	0	25
Distrito Federal	23	4	0	6	16	1	0	50
Durango	2	1	0	0	0	0	0	3
Guanajuato	4	3	0	3	3	0	0	13
Guerrero	1	0	0	2	0	0	0	3
Hidalgo	4	1	0	6	0	1	0	12
Jalisco	10	2	0	7	0	2	1	22
México	40	9	4	38	3	3	0	97
Michoacán	1	1	0	0	0	1	0	3
Morelos	4	1	0	11	0	2	0	8
Nayarit	1	1	0	0	0	0	0	2
Nuevo León	61	14	0	17	4	0	1	97
Oaxaca	1	0	0	1	0	0	0	2
Puebla	10	2	0	2	0	0	0	14
Querétaro	3	2	0	3	0	0	0	8
Quintana Roo	1	1	0	0	0	0	0	2
San Luis Potosí	3	1	0	3	0	0	0	7
Sinaloa	0	2	0	0	0	0	0	2
Sonora	3	2	0	3	0	0	0	8
Tabasco	5	2	0	1	6	0	0	14
Tamaulipas	16	8	0	1	4	0	0	29
Tlaxcala	3	1	0	2	0	1	0	7
Veracruz	8	2	0	3	1	0	0	14
Yucatán	2	3	0	1	0	0	0	6
Zacatecas	0	0	0	0	0	0	0	0
Total	262	82	4	119	40	11	2	520

Fuente: INE, 2000.

superficie del planeta queda atrapada dentro de la atmósfera en lugar de escapar al espacio sideral. Entre los efectos de estas emisiones está el cambio climático. Los análisis de los registros climáticos de los últimos 100 años muestran un incremento en la temperatura global del orden de 0.4 a 0.5°C.

Ante esta situación la Organización Meteorológica Mundial y el Programa de las Naciones Unidas para el Medio Ambiente constituyeron, en 1988, el Panel Intergubernamental sobre Cambio Climático (PICC), con el propósito de revisar el estado del conocimiento mundial en la materia y tomar medidas para tratar de aminorar los efectos.

Debido a que estas medidas afectarían el desarrollo económico de diferentes naciones y dado que dichos efectos y el grado de responsabilidad por el deterioro ambiental no se distribuyen uniformemente, durante la Conferencia de las Naciones Unidas sobre Medio Ambiente y Desarrollo que se llevó a cabo en Río de Janeiro en 1992 se firmó la Convención Marco de las Naciones Unidas sobre Cambio Climático que busca estabilizar las concentraciones de los llamados "gases de invernadero" en la atmósfera.

Los países signatarios de dicha convención pertenecientes al anexo I (países desarrollados) se comprometieron a reducir sus emisiones de gases de invernadero hasta situarlas en el 2000 a los niveles que tenía en 1990; asimismo, se comprometieron a brindar asesoría, apoyo técnico y financiero a los países en desarrollo. México y el resto de los países no pertenecientes al anexo I acordaron proteger el sistema climático para beneficio de la humanidad sobre una base de equidad y de acuerdo con sus responsabilidades y capacidades.

ZONAS URBANAS

Durante la segunda mitad del siglo XX, México vivió un intenso movimiento migratorio de las zonas rurales a las entonces incipientes ciudades. Actualmente la población urbana representa alrededor de 75% del total (la cifra exacta depende del punto donde se defina el límite entre urbano y rural). Estas grandes concentraciones de población han tenido un fuerte impacto ambiental por el modo como hacen uso de los recursos, y por la emisión concentrada y alta de gases y partículas derivadas, sobre todo, de la industria y el sistema de transporte.

Un resultado que sobresale es el de la zona metropolitana de la ciudad de México, una de las metrópolis más contaminadas del mundo. A partir de la década de los ochenta, cuando se presentaron alteraciones severas de las condiciones atmosféricas, empezaron a medirse con detenimiento los principales contaminantes. Esta medición se ha extendido a otras zonas metropolitanas del país, lo que permite conocer de manera más exacta el estado del ambiente.

© Carlos Hahn

La contaminación del aire en la zona metropolitana del Distrito Federal ha alcanzado niveles muy elevados. El principal contaminante (ozono) está estrechamente ligado con las emisiones de los vehículos automotores.

AGUA

Con 1,460 millones de kilómetros cúbicos y cubriendo 70% de la superficie, el agua es el recurso natural más abundante de la Tierra. Sin embargo, 97.5% de ese volumen es agua salada, inservible para consumo humano o actividades productivas ya que es muy costoso potabilizarla. Sólo 2.5% del agua terrestre es dulce, pero siete décimas partes se encuentran congeladas en polos y glaciares. En conclusión, las fuentes de agua no salina al alcance de la humanidad incluyen cuerpos superficiales (ríos y arroyos, lagos, lagunas y embalses artificiales), y mantos acuíferos del subsuelo constituidos por arena, grava o rocas porosas.

La fuente principal de agua es la lluvia, que proporciona aproximadamente 500 mil kilómetros cúbicos anuales al planeta; de éstos sólo 100 mil caen sobre la tierra. Seis décimas partes de dicha precipitación se evaporan y vuelven a la atmósfera; el resto permanece en la superficie o se infiltra al subsuelo y se acumula en los mantos acuíferos.

La precipitación pluvial media en México es de 777 mm al año. Eso equivale a un billón 570 mil millones de metros cúbicos de agua, de los cuales 71% se evapora en la atmósfera, 26% escurre por la superficie y 3% va al subsuelo para recargar acuíferos.

El agua dista de encontrarse uniformemente distribuida, geográfica o temporalmente. En las regiones que concentran 55% de la población y generan 60% del PIB anual, los escurrimientos corresponden sólo a una décima parte del total nacional. El agua es un recurso abundante en la zona sur del Golfo de México (24 mil m^3 anuales por habitante) y escaso en el centro y norte (2,500 m^3). De acuerdo al INEGI (1997) un bajacaliforniano dispone de unos 100 m^3 de agua por año, mientras que a un chiapaneco le corresponden unos 17,000 m^3. Ello eleva los costos de distribución porque exige llevar el líquido a los grandes centros urbanos.

Además de la desigualdad, el verdadero desafío reside en el hecho de que la disponibilidad per cápita de agua ha ido disminuyendo y continuará haciéndolo en el futuro.

ZONA METROPOLITANA	OZONO	PARTÍCULAS MENORES A 10 MICRONES (PM-10)	MONÓXIDO DE CARBONO (CO)	ÓXIDO DE NITRÓGENO (NO2)	BIÓXIDO DE AZUFRE (SO2)
de la Ciudad de México	272	136	111	115	72
de Guadalajara	198	176	124	168	24
de Monterrey	139	139	106	70	43
del Valle de Toluca	125	231	59	98	49
de Ciudad Juárez	149	129	141	-	-

MÁXIMOS ANUALES POR CONTAMINANTE SEGÚN EL ÍNDICE METROPOLITANO DE LA CALIDAD DEL AIRE (IMECA), 1999

Fuente: INE, 1999.

El suministro de agua a las grandes ciudades es cada día más complicado. En el caso del Distrito Federal, el déficit llega a 66% y el agua tiene que transportarse desde cuencas distantes.

DISPONIBILIDAD POR REGIÓN HIDROLÓGICA EN METROS CÚBICOS ANUALES

REGIÓN	M³
Golfo sur	24,600
Pacífico sur	14,200
Golfo centro	13,900
Yucatán	10,800
Pacífico norte	6,100
Golfo norte	5,100
Balsas	4,600
Noroeste	3,400
Baja California	1,700
Río Bravo	1,300
Lerma-Santiago	1,200
Centro norte	1,100
Valle de México	122

Fuente: Comisión Nacional del Agua, 1999.

DISPONIBILIDAD DE AGUA, 1955, 1999 Y 2025

1955	11,500 metros cúbicos anuales por habitante
1999	4,900 metros cúbicos anuales por habitante
2025	3,500 metros cúbicos anuales por habitante

Fuente: Comisión Nacional del Agua, 1999.

El Valle de México es un buen indicador de esta situación. Sólo 22% del agua que se consume se obtiene de la recarga natural del acuífero, 2% de los escurrimientos superficiales locales y 10% del reuso. El déficit de 66% del volumen consumido se ha "resuelto" sobreexplotando acuíferos e importando agua de otras cuencas, particularmente de los ríos Lerma y Cutzamala, que aportan respectivamente 9% y 20% del total utilizado.

CONSUMO EN EL VALLE DE MÉXICO, 1999

FUENTE	%
Pozos (recarga natural)	22%
Pozos (sobreexplotación)	37%
Reuso	10%
Manantiales y escurrimientos superficiales	2%
Cutzamala	20%
Lerma	9%

Fuente: Comisión Nacional del Agua, 1999.

CONTAMINACIÓN DEL AGUA

Prácticamente todos los cuerpos de agua superficiales importantes están contaminados en mayor o menor grado. Las cuencas de los ríos Tula-Moctezuma, San Juan y Balsas reciben 59% de las descargas de aguas residuales del país. Cuando provienen de usos industriales, contienen metales pesados y sustancias tóxicas; cuando son aguas urbanas abundan en materia orgánica, contaminación bacteriológica y tóxicos provenientes de fábricas conectadas al alcantarillado. Ni siquiera las que provienen de usos agrícolas dejan de contaminar, pues arrastran plaguicidas y fertilizantes. El problema ha alcanzado ya a 18 acuíferos subterráneos en el país, que presentan intrusión salina.

Nutrientes como el fósforo y el nitrógeno, provenientes de retornos agrícolas y descargas residuales domésticas o industriales, han infestado alrededor de 68 mil hectáreas en 268 cuerpos de agua, 10 mil km de canales y 14 mil km de drenes. Esto facilita el desarrollo de insectos y otros organismos transmisores de enfermedades, y provoca una pérdida excesiva de agua por evapotranspiración.

En México se cuenta con 459 acuíferos, de los cuales 80 están sobreexplotados, principalmente en las regiones norte y noroeste del país, y del Lerma-Balsas. Esta sobreexplotación ha provocado intrusión salina en los acuíferos San Quintín, Maneadero, San Vicente, San Rafael, San Telmo, Vicente Guerrero y Camalú, Baja California; Santo Domingo, San José del Cabo y La Paz, en Baja California Sur; Caborca, Hermosillo y Guaymas, en Sonora; así como en el puerto de Veracruz. Asimismo ha aumentado la concentración de sales en el valle de Guadiana, en Durango; el valle de Aguascalientes, y la Comarca Lagunera. Descargas residuales han contaminado los acuíferos localizados en los valles de Aguascalientes, San Luis Potosí, del Mezquital (Hidalgo), León, Celaya, Salamanca y Mérida.

Las descargas residuales de las urbes y sus industrias han propiciado que prácticamente todas las aguas superficiales del país estén contaminadas en algún grado.

POLÍTICAS OFICIALES

La política ambiental mexicana inició apenas hace dos décadas. En un principio la gestión se orientó a la salud pública y estuvo a cargo de la Secretaría de Salud. Durante los años ochenta se encomendó a la Secretaría de Desarrollo Urbano y Ecología y posteriormente, a la Secretaría de Desarrollo Social. Finalmente, en 1994 se creó la Secretaría del Medio Ambiente, Recursos Naturales y Pesca (Semarnap) que reunió al órgano normativo, al Instituto Nacional de Ecología (INE), al encargado del monitoreo y vigilancia y a la Procuraduría Federal de Protección al Ambiente. La Semarnap cuenta con organismos desconcentrados, siendo el más importante, por tamaño y participación presupuestaria, la Comisión Nacional del Agua (CNA).

Pese a las limitaciones hay avances. En 1988 se aprueba la LGEEPA, en la cual se reglamenta e indica la normatividad y los ordenamientos jurídicos correspondientes. Entre 1989 y 1994 se ha avanzado, entre otras medidas, en la aplicación

de normas a los desechos industriales, en el establecimiento de requisitos ambientales, en el diseño de sistemas de protección ambiental y en la implantación de un programa de control de las emisiones atmosféricas. En 1996 se refor-

Reserva ecológica en Quintana Roo.

ÁREAS NATURALES PROTEGIDAS EN MÉXICO, 1990-1999

CONCEPTO	1990	1991	1992	1993	1994	1995	1996	1997	1998	1999
Total de áreas protegidas	76	77	82	85	96	99	104	105	113	117
Parques nacionales	55	55	55	55	57	58	61	61	64	64
Hectáreas	750,782	750,782	750,782	750,782	1,136,788	1,148,899	1,371,141	1,371,141	1,397,225	1,395,953
Reserva de la biosfera	8	8	10	13	16	18	19	20	23	26
Hectáreas	4,443,077	4,443,077	4,807,658	6,470,112	7,240,698	7,552,876	7,697,236	8,080,803	8,761,039	9,163,276
Área de protección de recursos naturales	5	5	5	5	5	5	5	5	5	5
Hectáreas	117,906	117,906	117,906	117,906	117,906	117,906	117,906	117,906	117,906	117,906
Área de protección de flora y fauna	1	1	2	2	8	8	9	9	11	11
Hectáreas	37,302	37,302	49,487	49,487	1,567,612	1,567,612	1,660,502	1,660,502	1,667,717	1,667,717
Monumentos naturales	1	3	3	3	3	3	3	3	3	4
Hectáreas	6,045	13,023	13,023	13,023	13,023	13,023	13,023	13,023	13,023	14,099
Otras categorías[1]	7	7	7	7	7	7	7	7	7	7
Hectáreas	371,101	371,101	371,101	371,101	371,101	371,101	371,101	371,101	371,101	371,101
Porcentaje de la superficie nacional[2]	3	3	3	4	5	5	6	6	6	6
Total hectáreas	5,720,168	5,726,213	6,109,957	7,772,411	10,447,128	10,766,418	11,230,909	11,614,477	12,328,011	12,730,052

[1] Incorpora aquellas áreas incluidas en categorías de manejo que fueron derogadas conforme a las modificaciones a la LGEEPA del 13 de diciembre de 1996.

[2] Incluye áreas continentales y marinas sin desglosar. Base de cálculo: 1,964,375 km^2.

Fuente: Semarnap, 1999, en Zedillo, 1999, con datos actualizados en 1999 por la Unidad Coordinadora de Áreas Naturales Protegidas, Dirección Técnica de ANP, INE/Semarnap, 2000.

mó la ley con el objetivo de hacer más precisos los instrumentos ambientales e incorporar mejoras que permitieran incrementar el cumplimiento y el desempeño ambiental de los diferentes sectores. Sin embargo, todavía se carece de un cuerpo jurídico consistente.

De hecho, la Semarnap no ha logrado consolidar su presencia y cuenta con un escaso poder de negociación y representatividad dentro del gabinete. Esto se refleja en el presupuesto. El gasto programable para medio ambiente en el ejercicio fiscal del 2000 fue de alrededor de $11 mil millones de pesos. Sin embargo, una gran parte de ese presupuesto se dedica al manejo del agua a través de la CNA. En suma, la dependencia no cuenta con los recursos suficientes para cumplir con todas sus obligaciones.

Quizá una de las acciones que más impacto tendrá en el largo plazo es la reforma a los libros de texto oficiales que ya incorporaron las nociones básicas en torno al cuidado del medio ambiente, lo que ha sensibilizado a un amplio sector de la población.

Otras acciones buscan revertir los procesos de degradación. Una de ellas es la creación de áreas naturales protegidas (ANP), con el propósito de salvaguardar la diversidad genética y asegurar el aprovechamiento sustentable de los ecosistemas y sus elementos.

Las ANP se dividen en: reservas de la biosfera, reservas especiales de la biosfera, parques nacionales, monumentos naturales, parques marinos nacionales, áreas de protección de recursos naturales, áreas de protección de flora y fauna y acuáticas, parques urbanos y zonas sujetas a conservación ecológica.

Actualmente, el Sistema Nacional de Áreas Naturales Protegidas tiene 117 ANP que cubren 12.7 millones de hectáreas (cerca de 6.5% del territorio nacional). Un indicador que mide el interés de las autoridades en torno a las tareas de con-servación es el aumento en el presupuesto: en 1994 sólo se daban 3.5 millones de pesos para el manejo de las ANP; en 1999 se dedicaron 64.6 millones de pesos. Sin embargo, pese a los aumentos en extensión y presupuesto, los recursos humanos y financieros siguen siendo insuficientes.

Para compensar la pérdida de bosques, en 1995 se creó el Programa Nacional de Reforestación (Pronare). Su tarea es recuperar la cobertura vegetal natural y devolver a los ecosistemas perturbados las condiciones que existían previamente. Se trata de restablecer las condiciones asociadas a los beneficios que genera el ecosistema, tales como la cantidad y calidad de agua, la protección del suelo, la presencia de hábitats para flora y fauna, el mantenimiento equilibrado de gases en la atmósfera y el rescate de espacios para la recreación.

SUPERFICIE ADMINISTRADA DE BOSQUES, 1998

TIPOS DE VEGETACIÓN	SUPERFICIE TOTAL DE BOSQUES (HA)	SUPERFICIE DE BOSQUES PROTEGIDOS (HA)[1]
Bosque templado (coníferas y encinos)	32,343,012	96,814
Bosque mesófilo de montaña	1,771,112	131,564
Selva húmeda (selva perennifolia)	11,103,702	1,528,418
Selva subhúmeda (selva caducifolia)	24,812,943	528,267
Manglar	1,108,063	436,368
Vegetación de galería	124,311	3,418
Total	71,263,143	3,596,183
Porcentaje	100%	5.05%

[1] Estos datos sólo corresponden a las áreas naturales protegidas federales; excluye las estatales.

Fuente: Semarnap, con base en datos de INEGI, 1999.

II.HISTORIA Y SOCIEDAD

ÍNDICE

HISTORIA

POBLACIÓN

PUEBLOS INDÍGENAS

LENGUAS

RELIGIONES EN MÉXICO

EDUCACIÓN

SALUD

SIDA

MUJERES

PAREJA Y SEXUALIDAD

HISTORIA

Para comprender la larga y compleja historia mexicana es insuficiente el registro de lo dicho o hecho por los gobernantes. También deben incorporarse los sueños y luchas, los éxitos y fracasos de otros grupos o individuos.

FECHAS CONMEMORATIVAS

FECHAS CONMEMORATIVAS	
FECHA	**ACONTECIMIENTO**
ENERO	
21	Nacimiento de Ignacio Allende en 1779*
FEBRERO	
5	Promulgación de las Constituciones de 1857 y 1917 (*) (***)
14	Muerte de Vicente Guerrero en 1831**
19	Día del Ejército y Fuerza Aérea mexicanos*
22	Muerte de Francisco I. Madero y José Ma. Pino Suárez en 1913**
24	Día de la Bandera*
28	Muerte de Cuauhtémoc en 1525**
MARZO	
1	Proclamación del Plan de Ayutla en 1854*
18	Expropiación Petrolera en 1938*
21	Nacimiento de Benito Juárez en 1806 (*) (***)
26	Promulgación del Plan de Guadalupe en 1913*
ABRIL	
2	Aniversario de la toma de Puebla en 1867*
10	Muerte de Emiliano Zapata en 1919**
MAYO	
1	Día Internacional del Trabajo (*) (***)
5	Victoria sobre el ejército francés en la ciudad de Puebla en 1862 (*) (***)
8	Nacimiento de Miguel Hidalgo y Costilla en 1753*
15	Toma de Querétaro por Mariano Escobedo en 1867*
21	Muerte de Venustiano Carranza en 1920**
JUNIO	
1	Día de la Marina Nacional*
21	Victoria de las armas nacionales sobre el Imperio en 1867*

JULIO	
17	Muerte del Gral. Alvaro Obregón en 1928**
18	Muerte de Benito Juárez en 1872**
30	Muerte de Miguel Hidalgo y Costilla en 1811**
SEPTIEMBRE	
13	Muerte de los Niños Héroes de Chapultepec en 1847**
14	Incorporación de Chiapas al pacto federal en 1823*
15	Grito de la Independencia de México en 1810*
16	Iniciación de la lucha por la Independencia de México en 1810 (*) (***)
27	Consumación de la Independencia en 1821*
30	Nacimiento de José María Morelos y Pavón en 1765*
OCTUBRE	
7	Sacrificio de Belisario Domínguez en 1913**
12	Día de la Raza y Descubrimiento de América por Cristóbal Colón en 1492*
23	Día de la Aviación*
24	Día de las Naciones Unidas*
30	Nacimiento de Francisco I. Madero en 1873*
NOVIEMBRE	
6	Promulgación del Acta de la Independencia Nacional por el Congreso de Chilpancingo en 1813*
20	Inicio de la Revolución en 1910 (*) (***)
23	Día de la Armada de México*
DICIEMBRE	
22	Muerte de José María Morelos y Pavón en 1815**
29	Nacimiento de Venustiano Carranza en 1859*

* Bandera a toda asta.
** Bandera a media asta.
*** Día de descanso obligatorio para la administración pública federal.

Fuente: INEGI, 1998.

CALENDARIO PERPETUO DE 1801 A 2050

A) Años **B) Meses**

	1801-1900				1901-2000			2001-2050			E	F	M	A	M	J	J	A	S	O	N	D
01	29	57	85		25	53	81		09	37	4	0	0	3	5	1	3	6	2	4	0	2
02	30	58	86		26	54	82		10	38	5	1	1	4	6	2	4	0	3	5	1	3
03	31	59	87		27	55	83		11	39	6	2	2	5	0	3	5	1	4	6	2	4
04	32	60	88		28	56	84		12	40	0	3	4	0	2	5	0	3	6	1	4	6
05	33	61	89	01	29	57	85		13	41	2	5	5	1	3	6	1	4	0	2	5	0
06	34	62	90	02	30	58	86		14	42	3	6	6	2	4	0	2	5	1	3	6	1
07	35	63	91	03	31	59	87		15	43	4	0	0	3	5	1	3	6	2	4	0	2
08	36	64	92	04	32	60	88		16	44	5	1	2	5	0	3	5	1	4	6	2	4
09	37	65	93	05	33	61	89		17	45	0	3	3	6	1	4	6	2	5	0	3	5
10	38	66	94	06	34	62	90		18	46	1	4	4	0	2	5	0	3	6	1	4	6
11	39	67	95	07	35	63	91		19	47	2	5	5	1	3	6	1	4	0	2	5	0
12	40	68	96	08	36	64	92		20	48	3	6	0	3	5	1	3	6	2	4	0	2
13	41	69	97	09	37	65	93		21	49	5	1	1	4	6	2	4	0	3	5	1	3
14	42	70	98	10	38	66	94		22	50	6	2	2	5	0	3	5	1	4	6	2	4
15	43	71	99	11	39	67	95		23		0	3	3	6	1	4	6	2	5	0	3	5
16	44	72		12	40	68	96		24		1	4	5	1	3	6	1	4	0	2	5	0
17	45	73		13	41	69	97		25		3	6	6	2	4	0	2	5	1	3	6	1
18	46	74		14	42	70	98		26		4	0	0	3	5	1	3	6	2	4	0	2
19	47	75		15	43	71	99		27		5	1	1	4	6	2	4	0	3	5	1	3
20	48	76		16	44	72			28		6	2	3	6	1	4	6	2	5	0	3	5
21	49	77	00	17	45	73		01	29		1	4	4	0	2	5	0	3	6	1	4	6
22	50	78		18	46	74		02	30		2	5	5	1	3	6	1	4	0	2	5	0
23	51	79		19	47	75		03	31		3	6	6	2	4	0	2	5	1	3	6	1
24	52	80		20	48	76		04	32		4	0	1	4	6	2	4	0	3	5	1	3
25	53	81		21	49	77		05	33		6	2	2	5	0	3	5	1	4	6	2	4
26	54	82		22	50	78	00	06	34		0	3	3	6	1	4	6	2	5	0	3	5
27	55	83		23	51	79		07	35		1	4	4	0	2	5	0	3	6	1	4	6
28	56	84		24	52	80		08	36		2	5	6	2	4	0	2	5	1	3	6	1

C) Días de la semana

D	1	8	15	22	29	36
L	2	9	16	23	30	37
M	3	10	17	24	31	
M	4	11	18	25	32	
J	5	12	19	26	33	
V	6	13	20	27	34	
S	7	14	21	28	35	

Instrucciones para manejar las tablas: supongamos que se quiere localizar el día de la semana correspondiente al 25 de diciembre de 1958. Ubíquese el año (58) en la sección A (1901-2000); y siga la línea horizontal hasta la columna correspondiente a diciembre. Al número encontrado (1), súmese el de la fecha buscada (1 + 25 = 26); y localícese el número 26 en la sección C donde se verá que corresponde al jueves. El 25 de diciembre de 1958 fue jueves.

CRONOLOGÍA

ORÍGENES

La historia de México se inicia hace unos 70 mil años cuando hombres y mujeres procedentes de Siberia cruzan el estrecho de Bering a la búsqueda de caza. Estos grupos se expanden por América del Norte hacia las regiones meridionales, a un ritmo que se estima de unos 27 kilómetros por generación. Atraviesan Canadá y Estados Unidos hasta llegar a México; algunos continúan hasta América del Sur.

12000 a.C. Los restos del hombre de Tepexpan son los más antiguos que se han encontrado en México.

9000 a.C. Comienza la domesticación del maíz.

Representación del tránsito de los emigrantes asiáticos por el estrecho de Bering. Pintura del Museo Nacional de Antropología del INAH.

7000 a.C. Primeros indicios de sedentarismo y agricultura.

ÉPOCA PREHISPÁNICA

ÉPOCA PRECLÁSICA 1800-200 A.C.

Destacan grupos cuyas actividades eran la pesca, la recolección, la caza y una agricultura incipiente. Algunas aldeas se convirtieron en centros ceremoniales practicándose el culto a la fertilidad. Destaca la cultura olmeca con sus centros ceremoniales, La Venta, Tres Zapotes y San Lorenzo, cuya influencia se extiende por gran parte de Mesoamérica (este término, acuñado por Paul Kirchoff hacia 1943, considera que todo el desarrollo habido en lo que hoy son los estados del centro y sur de México, más Belice, El Salvador, Guatemala y partes de Honduras y Nicaragua, pertenece a una misma área cultural). Surgen nuevos asentamientos en tierras bajas mayas y se construyen basamentos en Monte Albán.

1820-200 a.C. Florecimiento de los olmecas.

1520-200 a.C. Culturas arcaicas en Copilco y Cuicuilco.

500 a.C. Inicios de Monte Albán. Se empiezan a poblar las tierras bajas mayas.

ÉPOCA CLÁSICA 200 A.C.-900 D.C.

Durante este periodo tienen su auge las ciudades estado gobernadas por castas teocráticas. La religión politeísta se convierte en núcleo integrador de todos los aspectos de la vida. Se da el máximo desarrollo de las civilizaciones prehispánicas y se consolidan las características propias de las culturas mesoamericanas en el arte, la cerámica, la escritura y el calendario. Destaca el esplendor y desarrollo de Teotihuacán, Monte Albán y Mitla (zapoteca), Tajín (totonaca), Uxmal, Palenque, Cobá, Bonampak y Yaxchilán (maya); Cacaxtla y Xochicalco sobresalen hacia el final.

200-150 a.C. Inicios de Teotihuacán.

100-800 d.C. Auge de la cultura maya.

200-500 d.C. Apogeo de Teotihuacán.

400-800. Gran desarrollo de Monte Albán.

800. Esplendor de Xochicalco.

ÉPOCA POSTCLÁSICA 900-1521

Gran crecimiento demográfico y empobrecimiento de los campesinos. La invasión de grupos nómadas provenientes del norte desata una crisis que se resuelve dos siglos después con la aparición de los regímenes militaristas y teocráticos. Se generalizan los cultos religiosos que demandaban sacrificios humanos. Aparece la metalurgia. En este periodo Mesoamérica alcanza su máxima extensión. La cultura tolteca logra un gran desarrollo en Tula y la mixteca en Mitla y Monte Albán.

1000. Plenitud de la cultura Tolteca en Tula.

1325. Fundación de México-Tenochtitlán.

"Atlantes" en el antiguo centro ceremonial de Tula, en el estado de Hidalgo.

1430. Los mexicas inician su expansión hasta constituirse en el poder más extendido por territorio mesoamericano.

1511. Los tripulantes de un navío español naufragan; son capturados por los mayas en Yucatán. Gonzalo Guerrero y Gerónimo de Aguilar estaban entre ellos; el primero se asimiló y llegó a combatir contra expediciones españolas; hacia 1520 el segundo se encuentra con Cortés y le sirve de intérprete.

1517. Expedición de Hernández de Córdoba por la costa de Yucatán.

1518. Juan de Grijalva navega a lo largo de la costa mexicana desde la isla de Cozumel hasta Cabo Roxo en la Laguna de Tamiahua. Queda impresionado por la extensión del territorio.

1519. Alfonso Álvarez Pineda viaja por la costa del Golfo de México desde Florida hasta el río Pánuco. Se estima que para ese año la población de Mesoamérica alcanzaba 25 millones de personas.

Febrero. Diego de Velázquez, gobernador de Cuba, envía a Hernán Cortés a la costa de Yucatán. En Tabasco Cortés conoce a la Malinche.

Abril. Cortés funda el primer poblado español, la Villa Rica de la Vera Cruz, cuyo ayuntamiento legitima la ruptura con Velázquez. Inicia la exploración tierra adentro.

Noviembre. Llegada de los españoles a Tenochtitlán. Moctezuma II los recibe, los aloja en el palacio de Axayácatl y los cubre de honores; pocos días después los españoles lo toman prisionero.

1520. Cortés se entera de que Pánfilo de Narváez desembarca en costas mexicanas con órdenes de sustituirlo, por lo que va a su encuentro para combatirlo y deja a Pedro de Alvarado encargado de Tenochtitlán. Éste permite la celebración de una fiesta religiosa en el Templo Mayor, que termina en una terrible matanza. Sitiados en su lugar de residencia, los españoles intentan escapar luego del regreso de Cortés, pero gran número muere en un hecho de armas conocido como La Noche Triste.

1521. Enero. Cuauhtémoc, último tlatoani, sube al poder. Mayo. Los españoles inician el sitio de Tenochtitlán, después de derrotar otros puntos fuertes de los mexicas en la periferia de la ciudad. Luego de 75 días, en agosto cae Tenochtitlán.

ÉPOCA COLONIAL 1521-1821

1522-1536. Serie de expediciones para afianzar y extender el dominio español: Cortés se dirige al Pánuco; Luis Marín a Oaxaca y Chiapas; Pedro de Alvarado conquista Guatemala; Gonzalo de Sandoval, la zona de Coatzacoalcos; Cristóbal de Olid, Zacatula y Michoacán; Nuño de Guzmán la zona noroeste que más tarde sería el reino de Nueva Galicia.

1522. Carlos V designa a Cortés Capitán General y Gobernador de la Nueva España.

1524. Inicia la conquista espiritual con la llegada de doce frailes franciscanos, entre ellos fray Toribio de Benavente *Motolinia* y fray Martín de Valencia.

1527. Carlos V ordena la creación de la Primera Audiencia que asume los poderes judiciales y gubernativos. Llega el primer obispo de México, fray Juan de Zumárraga, junto con el erudito franciscano fray Andrés de Olmos.

Fray Bartolomé de las Casas (México a través de los siglos).

1529. Arribo de fray Bernardino de Sahagún, fraile franciscano a quien debemos un estudio de la cultura mexica cuya riqueza no tiene paralelo.

1531. Llegada del obispo de Santo Domingo, Sebastián Ramírez de Fuenleal, como presidente de la Segunda Audiencia.

1535. Llegada del primer virrey, Antonio de Mendoza.

1539. Establecimiento de la primera imprenta.

1544. Promulgación de las Leyes Nuevas, cuya gradual puesta en práctica impediría la consolidación de los encomenderos como clase terrateniente en la Nueva España. Fray Bartolomé de las Casas es consagrado obispo de Chiapas.

1545. Epidemia que provoca miles de muertes en la Nueva España.

1553. Erección de la Real y Pontificia Universidad de México con cinco facultades, según cédula real de 1551.

1566. Prisión de Martín Cortés, acusado con un grupo de encomenderos de levantarse contra la corona.

1571. Arribo del primer inquisidor y establecimiento del Tribunal del Santo Oficio.

1572. Llegada de los primeros jesuitas.

1576-1579. Se presentan las peores epidemias en la Nueva España.

1624. Disturbios en la ciudad de México originados por el hambre.

1651. Nacimiento de sor Juana Inés de la Cruz, notable poetisa.

1660. Se inicia el levantamiento de los indios de Tehuantepec que abarcó más de 200 poblados. La autonomía india duró un año antes de que fuera aplastada.

1692. Motín en la ciudad de México, por la carestía en el precio del maíz. El palacio de los virreyes y el ayuntamiento son incendiados en una revuelta popular.

1712. Gran levantamiento de los indios tzeltales y tzotziles.

1765-1771. Desempeño de José de Gálvez como visitador general, lo que triplica las rentas públicas, fomenta el comercio y establece la división política de la cual deriva la actual por estados.

1767. Expulsión de los jesuitas por órdenes de Carlos III.

1778. Se establece en la ciudad de México la Academia de San Carlos.

1799. Conspiración de los Machetes en la ciudad de México encabezada por Pedro de la Portilla.

1808. Ante la invasión francesa de España, el Ayuntamiento de la ciudad de México declara ante el virrey Iturrigaray que la soberanía reside en el pueblo; eventualmente, el virrey será depuesto por su actitud ambigua ante esta pretensión.

1809. Aprehensión en Valladolid del capitán García Obeso, del teniente Mariano Michelena y del P. Vicente de Santa María, quienes pretendían formar una asamblea para gobernar al país a nombre de Fernando VII.

1810. Conspiración de Querétaro: los conjurados, con el apoyo del corregidor Miguel Domínguez y su esposa María Josefa Ortiz de Domínguez, se reunían para discutir la independencia de la Nueva España. A estas reuniones acudían Aldama y Allende, éste último informaba al cura Hidalgo.

El padre Hidalgo.

de las Tres Garantías es promulgado por Agustín de Iturbide. Sus postulados son: religión única, unión de todos los grupos sociales e independencia de México con monarquía constitucional.

Agosto. El tratado de Córdoba, que literalmente ratifica el Plan de Iguala, es firmado por el virrey Juan O'Donojú.

Septiembre. Consumación de la independencia con la entrada triunfal del Ejército Trigarante a la ciudad de México encabezado por Iturbide.

MÉXICO INDEPENDIENTE

Sello utilizado por Iturbide al coronarse emperador (México a través de los siglos).

1822-1823. Primer Imperio. Iturbide es coronado emperador con el nombre de Agustín I. En 1823 Antonio López de Santa Anna convoca a un proyecto republicano al que se unen antiguos combatientes insurgentes y borbonistas. Iturbide abdica y se exilia en Liorna, Italia. El antiguo reino de Guatemala opta por su separación e independencia.

1824. Se promulga la Constitución, que establece la república federal. El primer presidente es Guadalupe Victoria.

Septiembre. Comienzo de la guerra de Independencia. El cura Miguel Hidalgo y Costilla da el grito de independencia en Dolores, toma el estandarte de la Virgen de Guadalupe como bandera y es seguido por un improvisado ejército de campesinos.

1811. En la batalla de Puente de Calderón los insurgentes son derrotados. Los caudillos se dirigen al norte, pero en Acatita de Baján les tienden una emboscada. Días más tarde Hidalgo, Allende, Aldama y Abasolo son juzgados y a excepción de Abasolo, condenados a muerte.

José María Morelos continúa la lucha armada. En su primer campaña domina prácticamente todo el territorio del actual estado de Guerrero; a su lucha se unen Vicente Guerrero, los hermanos Galván y los Bravo.

1814. Constitución de Apatzingán, inspirada en la francesa de 1793 y la española de 1812. Es dada a conocer por el Congreso, pero jamás entra en vigor.

1815. José María Morelos y Pavón es capturado en Temazcala y trasladado a las cárceles de la Inquisición en la ciudad de México, para someterse a juicio. En diciembre es fusilado en San Cristóbal Ecatepec.

1816-1817. Continúa la lucha armada con Francisco Xavier Mina, Manuel Mier y Terán, Vicente Guerrero y José Antonio Torres.

1821. El Plan de Iguala o

Morelos, el libertador.

Vicente Guerrero (México a través de los siglos).

1829. El congreso determina que Vicente Guerrero sea presidente, luego de celebrarse las elecciones.

1836. El estado de Texas se declara independiente. España reconoce la independencia de México. Se promulga una nueva Constitución centralista (las siete leyes constitucionales); establece la religión católica como la única, el respeto a las garantías individuales, la inamovilidad del poder judicial, periodos presidenciales de ocho años y un cuarto poder moderador, llamado Supremo Poder Conservador.

1838-1839. Guerra de los Pasteles. Francia bloquea el puerto de Veracruz durante cinco meses.

1843. Se promulga la cuarta Constitución (segunda centralista) con el nombre de Bases de Organización Política de la República Mexicana; suprime el Supremo Poder Conservador y favorece al clero y al ejército.

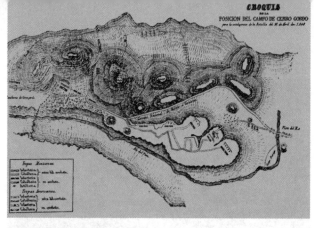

Croquis del campo de batalla de Cerro Gordo en 1847 (México a través de los siglos).

Vista del Paseo de Bucareli en 1857.

"Su Alteza Serenísima" Antonio López de Santa Ana (reproducido de Guía retrospectiva de la ciudad de México).

Juan Álvarez.

1846-1848. Con Antonio López de Santa Anna como presidente, inicia la guerra contra los Estados Unidos que termina con la firma del Tratado de Guadalupe, por el cual México entrega los territorios de Texas, Nuevo México, Arizona y California. Se desata la guerra de castas en Yucatán.

1854. Proclamación del Plan de Ayutla, que conduce a la caída definitiva de Santa Anna.

1855. Santa Anna abandona el país. Se convoca a un nuevo congreso constituyente. Comonfort asume la presidencia del país.

1856. Promulgación de la Ley Lerdo, primera de las llamadas Leyes de Reforma. Desamortiza los bienes del clero, lo que merma el poder de la Iglesia pero también propicia la acumulación de propiedades urbanas y rurales.

1857. Se promulga la Constitución; se elige como presidente a Ignacio Comonfort y como presidente de la Suprema Corte de Justicia a Benito Juárez. Se proclama el Plan de Tacubaya, encabezado por el general Félix Zuloaga, que desconoce la nueva Constitución. Ignacio Comonfort, buscando conciliar las partes, deroga la Constitución y escinde su propio partido.

1858-1861. Benito Juárez reclama para sí la presidencia, apoyándose en la Constitución. Dos gobiernos reclaman la legitimidad, el conservador, en la ciudad de México, y el liberal, en Veracruz; ambos bandos libran la Guerra de Tres Años.

1859. Desde Veracruz, los liberales promulgan las Leyes de Reforma que establecían la nacionalización de los bienes de la Iglesia; secularización de los cementerios y libertad de cultos; establecimiento del Registro Civil, y transformación del matrimonio en contrato civil.

1861. Triunfan los liberales. La severa crisis económica obliga a declarar una suspensión de pagos de la deuda pública. Las naciones acreedoras (Francia, Inglaterra y España) amena-

Miguel Miramón.

Ignacio Zaragoza, oriundo de Tejas, Coahuila, y jefe del ejército de la república que venció al ejército invasor francés el 5 de mayo de 1862, en la primera batalla formal.

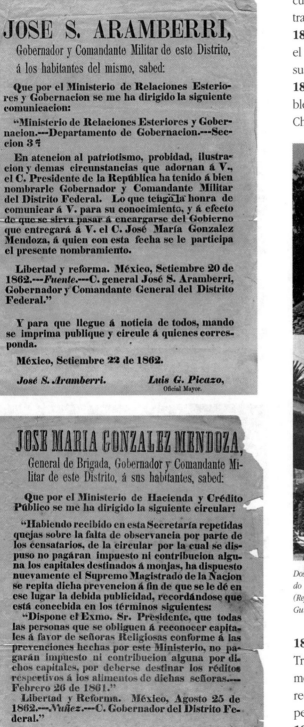

JOSE S. ARAMBERRI,

Gobernador y Comandante Militar de este Distrito, á los habitantes del mismo, sabed:

Que por el Ministerio de Relaciones Esteriores y Gobernacion se me ha dirigido la siguiente comunicacion:

"Ministerio de Relaciones Esteriores y Gobernacion.---Departamento de Gobernacion.---Seccion 3ª

En atencion al patriotismo, probidad, ilustracion y demas circunstancias que adornan á V., el C. Presidente de la República ha tenido á bien nombrarle Gobernador y Comandante Militar del Distrito Federal. Lo que tengo la honra de comunicar á V. para su conocimiento, y á efecto de que se sirva pasar á encargarse del Gobierno que entregará á V. el C. José María Gonzalez Mendoza, á quien con esta fecha se le participa el presente nombramiento.

Libertad y reforma. México, Setiembre 20 de 1862.---Fuente.---C. general José S. Aramberri, Gobernador y Comandante General del Distrito Federal."

Y para que llegue á noticia de todos, mando se imprima publique y circule á quienes corresponda.

México, Setiembre 22 de 1862.

José S. Aramberri.   *Luis G. Picazo,*
                              Oficial Mayor.

JOSE MARIA GONZALEZ MENDOZA,

General de Brigada, Gobernador y Comandante Militar de este Distrito, á sus habitantes, sabed:

Que por el Ministerio de Hacienda y Crédito Público se me ha dirigido la siguiente circular:

"Habiendo recibido en esta Secretaría repetidas quejas sobre la falta de observancia por parte de los censatarios, de la circular por la cual se dispuso no pagáran impuesto ni contribucion alguna los capitales destinados á monjas, ha dispuesto nuevamente el Supremo Magistrado de la Nacion se repita dicha prevencion á fin de que se le dé en ese lugar la debida publicidad, recordándose que está concebida en los términos siguientes:

"Dispone el Exmo. Sr. Presidente, que todas las personas que se obliguen á reconocer capitales á favor de señoras Religiosas conforme á las prevenciones hechas por este Ministerio, no pagarán impuesto ni contribucion alguna por dichos capitales, por deberse destinar los réditos respectivos á los alimentos de dichas señoras.----Febrero 26 de 1861."

Libertad y Reforma. México, Agosto 25 de 1862.---Nuñez.---C. Gobernador del Distrito Federal."

Y para que llegue á noticia de todos, mando se imprima publique y circule á quienes corresponda.

México, Agosto 31 de 1862.

J.ª M.ª G. Mendoza.   *Luis G. Picazo,*
                              Oficial mayor.

Manifiestos publicados por dos diferentes gobernadores militares del Distrito Federal, con un mes de diferencia, en 1862. (Documentos tenidos por inéditos. Colección particular.)

zan con invasión; firman los Tratados de La Soledad, por los cuales reconocen al gobierno liberal. Francia desconoce los tratados e invade México.

1862. Batalla de Puebla; el ejército francés es derrotado por el mexicano, al mando de Ignacio Zaragoza. Napoleón III sustituye al general Lorencez con el mariscal Forey.

1863. Forey toma Puebla. Juárez abandona la capital y establece su gobierno en San Luis Potosí, Saltillo, Monterrey, Chihuahua y finalmente, Paso del Norte (hoy Ciudad Juárez).

Dos vistas comparativas del Castillo de Chapultepec. La primera corresponde a 1865, cuando Maximiliano lo habitaba. La segunda, tomada desde el mismo punto, es de 1989. (Reproducidas de la obra La Ciudad de los Palacios: crónica de un patrimonio perdido, de Guillermo Tovar y de Teresa.)

1864. Segundo Imperio. Maximiliano de Habsburgo firma el Tratado de Miramar con Napoleón III, en el que se compromete a pagar los gastos de la intervención y reconoce la dirección de Francia en la política interna; es coronado emperador de México.

1866. Napoleón III inicia la retirada de tropas de la expedición de México, ante las tensiones entre Francia y Prusia.

1867. Sin el apoyo francés, Maximiliano quiere abdicar pero los conservadores lo convencen de permanecer. Se traslada el gobierno a Querétaro para enfrentar al ejército republicano. Los republicanos rompen el sitio por traición. Maximiliano es apresado, juzgado por traición y fusilado, junto con

Litografía de Casimiro Castro. En esta escena urbana, frente al hotel Iturbide, se aprecian oficiales franceses paseando por el centro de la ciudad de México en 1865.

Miramón y Mejía. Con la república restaurada, Juárez convoca a elecciones, reeligiéndose.

1870. Matilde Montoya inicia sus estudios en la Escuela Nacional de Obstetricia; siete años después obtendrá el título de médico cirujano, lo que la hace la primera profesionista de México.

1871. Porfirio Díaz proclama el Plan de la Noria contra Juárez, con el lema "no reelección".

1872. Muere Juárez. Sebastián Lerdo de Tejada asume interinamente la presidencia.

1873. El presidente Lerdo de Tejada emite un decreto que incorpora las Leyes de Reforma a la Constitución. Estallan rebeliones de protesta en Guanajuato y Jalisco.

1875. Queda formalmente constituida la Cámara de Senadores.

PORFIRISMO 1876-1910

1876-1877. Se proclama el Plan de Tuxtepec, para impedir la pretensión reeleccionista del presidente; Porfirio Díaz se adhiere y asume la dirección. Lerdo de Tejada triunfa en las elecciones, pero en 1877 se ve forzado a renunciar y exiliarse. Díaz se convierte en presidente provisional y más tarde, presidente electo.

Porfirio Díaz.

1880. Porfirio Díaz entrega el poder a Manuel González, presidente electo.

1884. El presidente establece el uso del sistema métrico decimal. Se elige a Porfirio Díaz sucesor de González.

1893. Para obtener el reconocimiento de Inglaterra, Díaz cede una parte del territorio mexicano que se incorpora a Belice.

1894. José Yves Limantour, secretario de Hacienda, logra por primera vez en la historia de México independiente, un superávit en el erario de más de dos millones de pesos.

1895. Se realiza el Primer Censo Nacional de Población que registra 12,632,427 habitantes. Se resuelve un problema fronterizo con Guatemala originado desde la consumación de la independencia.

1903. Se clausura la prensa opositora. Se crea la vicepresidencia de la República y se prolonga el mandato presidencial a seis años.

1904. Sexta reelección de Díaz.

Detalle de un diario del 3 de junio de 1906 que hizo referencia a la huelga de Cananea. (Reproducido de Porfirio, publicado por Editorial Clío).

1906. Huelgas obreras en Cananea y Atlixco.

Vista de Río Blanco en 1907. (Reproducido de Porfirio, publicado por Editorial Clío).

1907. Huelga y matanza de los huelguistas de Río Blanco.

1908. Entrevista Díaz-Creelman. Díaz declara que su sucesor legítimo debe surgir de la organización de los mexicanos en verdaderos partidos políticos, de una lucha electoral libre y abierta agregando que México estaba maduro para la democracia. Estas declaraciones provocan la creación de partidos políticos opositores.

1909. Se publica el libro *La sucesión presidencial en 1910* de Francisco I. Madero. Se funda en la ciudad de México el Club Central Antirreeleccionista y comienza a circular el periódico *El Antirreeleccionista*. Se entrevistan por primera vez en la historia los presidentes mexicano y estadounidense.

1910. Francisco I. Madero formula el Plan de San Luis Potosí que se sintetiza en la frase "Sufragio efectivo, no reelección".

LA REVOLUCIÓN

1911. Se firman los acuerdos de Ciudad Juárez en los que se establece la retirada del presidente Díaz y la constitución de un gobierno provisional encabezado por el secretario de Relaciones Exteriores, Francisco León de la Barra. En junio Madero llega triunfal a la ciudad de México. En octubre es electo presidente y en noviembre asume el cargo. Tres semanas después Emiliano Zapata se levanta en armas y promulga el Plan de Ayala que lleva por lema "Tierra y Libertad".

1913. Decena Trágica. Durante diez días combaten en la Ciudad de México tropas leales a Madero y tropas sediciosas. Victoriano Huerta traiciona a Madero y firma el pacto de la Ciudadela o de la Embajada. Madero y Pino Suárez son aprehendidos y obligados a renunciar; dos días

Venustiano Carranza, jefe del Ejército Constitucionalista.

después los asesinan. Venustiano Carranza se levanta en armas contra Huerta y proclama el Plan de Guadalupe, al que se unen Álvaro Obregón, Pablo González y Francisco Villa.

"Desfile" de las tropas zapatistas y villistas tras la ocupación en la ciudad de México.

1914. Invasión norteamericana a Veracruz. Huerta renuncia a la presidencia y sale del país. En agosto Venustiano Carranza es elegido jefe del Ejército Constitucionalista y asume el Poder Ejecutivo. En octubre-noviembre se lleva a cabo la Convención de Aguascalientes que nombra a Eulalio Gutiérrez presidente provisional. Carranza desconoce la Convención.

1915. Obregón, leal a Carranza, derrota en Celaya a Villa, leal a la Convención. En octubre Carranza es reconocido por el gobierno de Estados Unidos.

1916. Villa ataca el pueblo de Columbus, Estados Unidos.

Entra a territorio mexicano la llamada Expedición Punitiva estadounidense. En Chiapas, Yucatán y Tabasco se concede a la mujer igualdad jurídica para votar y ser elegidas a puestos públicos de elección popular.

1917. Se decreta la nueva Constitución; garantiza la jornada de ocho horas de trabajo y la libertad de enseñanza, suprime la figu-

Gral. Francisco Villa.

ra de la vicepresidencia y garantiza para la nación la propiedad originaria de aguas y suelos. Venustiano Carranza es elegido presidente constitucional para el periodo de 1916 a 1920.

Libelo publicado en 1919 que refutaba la legalidad de la Constitución de 1917 por supuestas violaciones a la de 1857. (Documento tenido por inédito. Colección particular.)

1919. Asesinan por órdenes del gobierno a Emiliano Zapata en la hacienda de San Juan Chinameca, Morelos.

1920. Se proclama el Plan de Agua Prieta que desconoce a Carranza como presidente. Obregón y Pablo González figu-

Emiliano Zapata, asesinado en 1919.

ran entre los sublevados. Carranza huye y es asesinado en Tlaxcalantongo, Puebla. Adolfo de la Huerta es nombrado presidente provisional y luego sustituido por Álvaro Obregón. Se inicia la reconstrucción nacional.

1921. Se crea la Secretaría de Educación Pública, a cargo de José Vasconcelos.

1923. Se firman los Tratados de Bucareli, que restablecen las relaciones diplomáticas con Estados Unidos. Francisco Villa es asesinado en Parral, Chihuahua.

1924. Se somete a la rebelión delahuertista contra el gobierno de Obregón.

MÉXICO CONTEMPORÁNEO

1925. Se decreta la constitución del Banco de México.

1926. Con Plutarco Elías Calles como presidente, empieza la Rebelión Cristera, debido a que el arzobispo de México declaró que el clero no reconocería y combatiría los artículos 3, 5, 27 y 130 de la Constitución.

1927. Francisco Serrano, candidato a la presidencia, y sus acompañantes son secuestrados en Cuernavaca y fusilados en el camino a México. El candidato antirreeleccionista Arnulfo R. Gómez es fusilado cerca de Teocelo, Veracruz. Dwight Morrow es nombrado embajador de Estados Unidos; llega a un entendimiento con Plutarco Elías Calles que normará las relaciones entre los dos países.

1928. Álvaro Obregón, presidente electo, es asesinado por José de León Toral. El congreso nombra presidente provisional a Emilio Portes Gil. Plutarco Elías Calles se convierte en "Jefe Máximo".

1929. Se forma desde el poder el Partido Nacional Revolucionario (actualmente Partido Revolucionario Institucional). Se negocia una solución al conflicto cristero. Elecciones irregulares y violentas en las que José Vasconcelos es derrotado.

1930. Pascual Ortiz Rubio se hace cargo de la presidencia.

1934-1937. Lázaro Cárdenas llega a la presidencia y decreta el reparto ejidal en la Comarca Lagunera y en Yucatán. Se lleva a cabo el Congreso de Unificación Campesina en el cual se constituye la Confederación de Trabajadores de México (CTM) presidida por Vicente Lombardo Toledano. Se nacionalizan todos los ferrocarriles y Calles es expulsado del país.

1938. Se decreta la expropiación de las empresas petroleras y se crea la Compañía Exportadora del Petróleo Nacional. La administración de los ferrocarriles es entregada al sindicato ferrocarrilero. En la Tercera Asamblea Nacional del PNR se cambia el nombre por el de Partido de la Revolución Mexicana (PRM).

1939. A la caída de la República española, el gobierno mexicano recibe a miles de españoles que huían del régimen de Francisco Franco. Se funda la Casa de España que en 1942 se transformaría en El Colegio de México. Se funda el Partido Acción Nacional (PAN) encabezado por Manuel Gómez Morín. Se establece en México una oficina del FBI estadounidense.

1940. El general Manuel Ávila Camacho es designado presidente electo y asume el poder.

1942. Estado de guerra entre México y las potencias del eje. Reaparece el Estado Mayor Presidencial.

1943. Se crea el Instituto Mexicano del Seguro Social (IMSS).

1946. El Partido de la Revolución Mexicana cambia su nombre a Partido Revolucionario Institucional (PRI). Los militares dan paso a los civiles con la elección de Miguel Alemán Valdés a la presidencia. En León, Guanajuato, efectivos militares reprimen a balazos a manifestantes que protestaban por el fraude electoral.

1947. Miguel Alemán ordena la creación de la Dirección Federal de Seguridad y las Guardias Presidenciales. El presidente de Estados Unidos Harry Truman visita México, y Alemán viaja a Estados Unidos.

1952-1958. Presidencia de Adolfo Ruiz Cortines. Se inicia la etapa económica conocida como el "desarrollo estabilizador".

1953. Las mujeres adquieren el derecho a votar y ser elegidas en todos los niveles administrativos.

1954. Tras un golpe de estado organizado por la Agencia Central de Inteligencia CIA, el presidente guatemalteco Jacobo Arbenz se asila en México. En diciembre viaja a París para dar una conferencia y no vuelve a ser admitido por el gobierno mexicano.

1956. Llega a Cuba un grupo de rebeldes organizados en México por Fidel Castro quien recibió el apoyo del gobierno mexicano iniciándose, así, una relación de estrecha amistad entre las autoridades mexicanas y los revolucionarios cubanos.

1958-1959. Huelga de ferrocarrileros y otros sindicatos. Encarcelamiento del líder ferrocarrillero Demetrio Vallejo.

1961. En un operativo organizado por el gobierno federal, el movimiento encabezado por el doctor Salvador Nava, que reclama limpieza electoral, es aplastado con violencia en San Luis Potosí y sus principales dirigentes son encarcelados.

1962. John F. Kennedy y su esposa Jacqueline visitan México donde los ovacionan un millón de mexicanos. Efectivos militares asesinan al líder campesino de Morelos, Rubén Jaramillo y a su familia. México respalda a Washington durante la crisis de los misiles que puso al mundo al borde de la guerra nuclear.

1964. El presidente francés Charles de Gaulle visita México y habla desde el balcón del Palacio Nacional a una multitud estimada en 225 mil personas: el primer jefe de Estado extranjero invitado a hacerlo. Gustavo Díaz Ordaz es elegido presidente en la etapa de mayor estabilidad y crecimiento económico. México no acata la decisión de la Organización de Estados Americanos (OEA), acordada en julio, de romper relaciones diplomáticas con Cuba. Estados Unidos devuelve a México el territorio de El Chamizal en El Paso (Texas).

1964-1965. Un movimiento nacional de huelga realizado por los médicos es desarticulado por el gobierno federal. Terminan los Tratados Braceros que regulaban la migración de trabajadores; ésta continuará en la clandestinidad y crecerá.

Escenas del 2 de octubre de 1968 en la plaza de las Tres Culturas.

1965. El 23 de septiembre un grupo de jóvenes ataca el cuartel militar de Ciudad Madero, Chihuahua. Es el inicio formal de la "guerra sucia" entre grupos insurgentes y las fuerzas de seguridad del Estado.

1967. Firma del Tratado de Tlatelolco en la ciudad de México, que busca proscribir en territorios latinoamericanos la fabricación o presencia de armas nucleares.

1968. En julio se inicia un movimiento estudiantil para protestar por la violencia del cuerpo de granaderos; el movimiento crece y el 2 de octubre, durante una manifestación en la plaza de las Tres Culturas en Tlatelolco, se lleva a cabo un operativo gubernamental para detenerlo, en el que murió un número todavía no determinado de civiles. Se celebra la XIX Olimpiada en México.

Huelga de los ferrocarrileros en 1958.

Frente y vuelta de la "Moneda Olímpica" producida por la Casa de Moneda en 1968 en ocasión de la XIX Olimpiada, celebrada en México.

1969. Sin informar al gobierno mexicano, el de Richard Nixon realiza la Operación Intercepción para obligar a México a cooperar más activamente en el combate a las drogas. Desde entonces, el narcotráfico forma parte central de la agenda bilateral.

Emblema de la Copa Mundial 1970, celebrada en México.

1970-1976. Luis Echeverría es presidente de México. Crece el papel del Estado en la economía; se da una relativa apertura política.

1970. Se celebra en México la Copa Mundial de Fútbol.

1971. Se crea el Consejo Nacional de Ciencia y Tecnología (Conacyt) que ha becado a decenas de miles de mexicanos, lo que fortalece la vida académica e influye en la apertura de México al mundo. El 10 de junio el grupo paramilitar "Los Halcones" disuelve con violencia una manifestación estudiantil en la ciudad de México; por el número de muertos, el regente capitalino se ve forzado a renunciar.

1973. Por el golpe de estado en Chile, el gobierno abre las puertas a miles de refugiados sudamericanos perseguidos por los gobiernos militares.

"Pueblos hermanos y siempre solidarios" fue la promesa de México a Salvador Allende, el presidente de Chile dirigente socialista que estableció el socialismo por la vía democrática y pacífica... esfuerzo truncado por un golpe militar particularmente sangriento.

1975. Se reforma el Código Civil para eliminar la desigualdad de trato entre los sexos, y se reconoce el derecho a la planificación familiar.

1976. En una maniobra orquestada por el gobierno, Julio Scherer es expulsado de la dirección de *Excélsior*, periódico que dio un gran impulso a la libertad de expresión. Con un grupo de colaboradores Scherer funda la revista *Proceso*. En septiembre el peso se devalúa más de 50%, luego de 22 años de estabilidad cambiaria; las señales de agotamiento de la etapa de prosperidad bautizada como "milagro mexicano" se hacen evidentes.

1977. Con la dirección de Manuel Becerra Acosta aparece *unomásuno,* un diario que se suma a la apertura democrática. Simultáneamente, periódicos de diversos estados siguen luchando por hacer efectiva la libertad de expresión; entre otros, *El Norte* (Monterrey), *El Diario de Yucatán, El Imparcial de Hermosillo, El Informador de Guadalajara, El Siglo de Torreón* y *El Dictamen* (Veracruz).

1978. Se realiza una reforma electoral que introduce la representación proporcional en la Cámara de Diputados; legaliza asimismo al Partido Comunista.

1979. Para huir de la violencia política en su país, llega un primer grupo de guatemaltecos a refugiarse en territorio chiapaneco. El éxodo continuaría durante una década. Las guerras centroamericanas desplazan a millones de personas, un porcentaje muy alto eligieron a México como residencia o como corredor para llegar a Estados Unidos. Primera visita del Papa Juan Pablo II a México.

1981. Una mujer ocupa por primera vez una secretaría de estado (Rosa Luz Alegría, en Turismo). La Sedena crea el Colegio de la Defensa Nacional y Marina, el Centro de Estudios Superiores de Mando y Seguridad Nacional, ambas instituciones van a convertirse en un espacio para el diálogo entre militares y otros sectores de la sociedad.

1982. El peso se devalúa varias veces en el año. El presidente José López Portillo nacionaliza la banca y establece el control cambiario. Miguel de la Madrid es electo presidente de México.

1982-1988. En cumplimiento con los compromisos adquiridos con las autoridades del Fondo Monetario Internacional y el Banco Mundial, la administración de De la Madrid empieza el cambio estructural de la economía mexicana.

Miguel de la Madrid.

1984. Aparecen instituciones que influirán en la democratización de México. Entre otras, *La Jornada*, la Academia Mexicana de Derechos Humanos y el Centro de Derechos

Humanos "Fray Francisco de Vittoria". Es asesinado el periodista Manuel Buendía por órdenes del director de la Dirección Federal de Seguridad (según la versión oficial). En el rancho El Búfalo de Chihuahua se descubre un cargamento de diez mil toneladas de mariguana lo que exhibe el grado de penetración del narcotráfico.

El terremoto de 1985, desastre nacional y parteaguas político.

1985. A consecuencia de lo anterior es asesinado en Guadalajara el agente antinarcóticos estadounidense Enrique Camarena, lo que lleva a fuertes tensiones con Estados Unidos. Al descubrirse la complicidad entre narcotraficantes y la Dirección Federal de Seguridad, el gobierno ordena la desaparición de ésta. Los fraudes electorales en Sonora y Nuevo León reciben una gran atención internacional. El 19 de septiembre un terremoto causa gran mortandad en la ciudad de México.

1986. Fuerte descenso en los precios internacionales del petróleo. El senador Jesse Helms organiza audiencias en Washington donde se critica fuertemente al gobierno de México. Ingreso de México al GATT (Acuerdo General sobre Tarifas y Aranceles). Firma de una Carta de Intención con el Fondo Monetario Internacional que compromete a México a profundizar en la reestructuración de la economía. Fraude electoral en Chihuahua.

1987. Expulsan del PRI a la Corriente Democrática, formada por Cuauhtémoc Cárdenas, Porfirio Muñoz Ledo e Ifigenia Martínez entre otros. Las fuerzas políticas de izquierda se unen en el Frente Democrático Nacional, coalición de partidos y organizaciones políticas, que apoyan la candidatura de Cuauhtémoc Cárdenas para las elecciones de 1988. El candidato del PAN es Manuel Clouthier. Se firma el primero de la larga serie de acuerdos antiinflacionarios conocidos como "Pacto".

1988. Carlos Salinas de Gortari, candidato del PRI, es elegido presidente en medio de grandes protestas por graves irregularidades en el proceso electoral. Su legitimidad queda en entredicho. El huracán *Gilberto* causa cuantiosos daños en la península de Yucatán.

1989. Ernesto Ruffo Appel, del PAN, es electo en Baja California, convirtiéndose en primer gobernador de oposición. El congreso de ese mismo estado nombra a José Luis Pérez Canchola

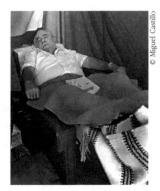

Manuel Clouthier, candidato del PAN a la presidencia de la República en 1988.

ombudsman estatal (es el primer caso que el presidente de un organismo público de derechos humanos es nombrado por el legislativo). Se funda el Partido de la Revolución Democrática (PRD). Por decreto presidencial se crea el Centro de Investigación y Seguridad Nacional (CISEN). Muere Manuel Clouthier, ex candidato presidencial del PAN, en un accidente automovilístico.

Cuauhtémoc Cárdenas y Porfirio Muñoz Ledo, dos de los dirigentes fundadores del Partido de la Revolución Democrática en 1989.

1989-1993. Las políticas económicas de Carlos Salinas aceleran la privatización de las empresas paraestatales y crean las condiciones para que se incremente la inversión extranjera.

1990. Por orden presidencial se crea la Comisión Nacional de Derechos Humanos (CNDH). Octavio Paz recibe el Premio Nobel de Literatura.

1991. El doctor Salvador Nava compite por la gubernatura de San Luis Potosí. Ante las irregularidades electorales organiza un movimiento de protesta que desemboca en la renuncia del gobernador electo Fausto Zapata (PRI). La Academia Mexicana de Derechos Humanos y el Centro Potosino de Derechos Humanos organizan la observación de esas elecciones lo que impulsa la aparición de un movimiento cívico a favor de las elecciones libres y confiables. En Guanajuato también hay fraude electoral y por las protestas del PAN el gobernador electo (Ramón Aguirre del PRI) renuncia, sustituyéndolo Carlos Medina Plascencia.

1992. Se da reconocimiento jurídico a las iglesias. En diciembre, los presidentes de México y Estados Unidos, junto con el primer ministro de Canadá, firman el Tratado de Libre Comercio de América del Norte, que entra en vigor el 1° de enero de 1994.

1993. El cardenal Juan José Posadas Ocampo es asesinado en el aeropuerto de Guadalajara por narcotraficantes. El Congreso de Estados Unidos aprueba el Tratado de Libre Comercio. Empieza a publicarse el diario *Reforma* en la ciudad de México.

Militantes del Ejército Zapatista de Liberación Nacional (EZLN) en 1994.

Ernesto Zedillo, Diego Fernández y Cuauhtémoc Cárdenas en la portada de una publicación de la Secretaría de Gobernación en 1994.

1994. El 1° de enero el Ejército Zapatista de Liberación Nacional se levanta en armas y ocupa poblaciones de Chiapas. Entre sus demandas: autonomía indígena, restitución de las tierras y establecimiento de un régimen democrático. En marzo Luis Donaldo Colosio, candidato del PRI a la presidencia, es asesinado en Tijuana. En abril México ingresa a la Organización para la Cooperación y el Desarrollo Económico. Se crea Alianza Cívica, movimiento cívico que organizó la observación de los comicios presidenciales. También observan la elección centenares de visitantes extranjeros; se generalizan las encuestas y se realiza el primer debate. El candidato sustituto del PRI, Ernesto Zedillo Ponce de León, gana las elecciones presidenciales en agosto. En septiembre es asesinado José Francisco Ruiz Massieu, secretario general del PRI. El gobierno de Estados Unidos empieza a cerrar la frontera para frenar la migración; ésta se desvía hacia zonas inhóspitas y crece el número de víctimas del fenómeno.

Luis Donaldo Colosio Murrieta, candidato del PRI a la presidencia de la república en 1994, asesinado en Tijuana, BC, el 23 de marzo de ese año.

1994-1995. "Error de diciembre". El presidente Zedillo enfrenta, casi de inmediato, una de las peores crisis financieras de México. El peso se devalúa en más del 50 por ciento. El presidente estadounidense Bill Clinton arma un paquete de rescate internacional (de 50 mil millones de dólares). El gobierno de Ernesto Zedillo pone en marcha medidas de austeridad con un fuerte costo social. Raúl Salinas de Gortari es detenido y su hermano Carlos se declara en efímera huelga de hambre, después de la cual abandona el país.

Carlos Salinas de Gortari al final de su administración. La foto se tomó en su oficina de Palacio Nacional.

Campaña electoral de 1994.

1995. Durante el gobierno de Rubén Figueroa en Guerrero, 17 campesinos son asesinados por la policía estatal en Aguas Blancas. La CNDH lanza una recomendación fuertemente reprobatoria y el periodista Ricardo Rocha transmite por televisión un vídeo que muestra la masacre.

1996. El congreso hace una reforma electoral que permite la creación de un instituto federal electoral autónomo. Alianza Cívica gana una demanda contra el presidente de la república para averiguar el monto de sus ingresos y la forma en que gasta la "Partida Secreta". La Comisión Interamericana de Derechos Humanos concluye que el Estado mexicano viola los derechos humanos del general brigadier José Francisco Gallardo y que éste debe ser puesto en libertad. En este caso juega un papel determinante la Comisión Mexicana de Promoción y Defensa de los Derechos Humanos.

1997. En las elecciones legislativas del 6 de julio, el PRI pierde por primera vez en su historia la mayoría absoluta en la cámara de diputados. Los principales partidos de oposición, PAN y PRD, consolidan su presencia en el Congreso de la Unión. Cuauhtémoc Cárdenas, candidato del PRD, gana la elección para jefe de gobierno del Distrito Federal. Se crea la Unión Nacional de Trabajadores (UNT) que se convierte en una alternativa al sindicalismo corporativo oficial. Muere el líder obrero Fidel Velázquez. El 22 de diciembre son asesinados por grupos paramilitares 45 indígenas de la etnia tzotzil en Acteal, Chiapas.

1998. Después de meses de polémica el PRI y el PAN aprueban en el congreso la conversión a deuda pública de los pasivos del Fondo Bancario para la Protección al Ahorro (Fobaproa). Inundaciones en el estado de Chiapas por el huracán *Mitch*.

1999. Cuarta visita del Papa Juan Pablo II a México en enero. Se crea la Policía Federal Preventiva. En abril estalla la huelga estudiantil en la Universidad Nacional Autónoma de México. En septiembre la Jefatura de Gobierno del Distrito Federal es ocupada por Rosario Robles tras la renuncia de Cuauhtémoc Cárdenas para competir en las elecciones presidenciales.

En octubre las lluvias que se abatieron en siete estados del país (Puebla, Veracruz, Hidalgo, Guerrero, Tabasco, Chiapas y Oaxaca) causaron más de 300 mil damnificados y 229 personas muertas. El 7 de noviembre el PRI realizó elecciones primarias para escoger al candidato para la elección presidencial; Francisco Labastida Ochoa resulta ganador. El congreso hace reformas legales y despide a la presidenta de la Comisión Nacional de Derechos Humanos, Mireille Roccatti. En medio de impugnaciones José Luis Soberanes se convierte en el primer *ombudsman* nacional elegido por el senado; su periodo, 1999-2004. El presupuesto de egresos de la federación tiene que ser corregido por presiones de partidos diferentes al PRI.

2000. Se elimina la Partida Secreta del presupuesto federal. El 6 de febrero miembros de la Policía Federal Preventiva entran a Ciudad Universitaria y aprehenden a estudiantes del Consejo General de Huelga. Se realiza el XII Censo General de Población y Vivienda que registra 97,361,711 habitantes. El 1º de julio entra en vigor la parte comercial del Tratado de Libre Comercio con la Unión Europea; incluye la Cláusula Democrática que obliga a las partes a respetar los derechos humanos y la democracia.

Vicente Fox, del PAN, durante la campaña electoral del 2000.

Campaña electoral del 2000.

Francisco Labastida, del PRI, durante la campaña electoral del 2000.

Cuauhtémoc Cárdenas, del PRD, durante la campaña electoral del 2000.

El PRI, después de 71 años, pierde las elecciones presidenciales el 2 de julio. Vicente Fox Quesada, candidato de la Alianza por el Cambio (integrada por el PAN y el Partido Verde Ecologista), es electo presidente de la república. El presidente Ernesto Zedillo reconoce la victoria. El PRD conserva la jefatura de gobierno en el Distrito Federal con Andrés Manuel López Obrador. Ningún partido logra la mayoría absoluta en las cámaras del Congreso. Las cifras macroeconómicas dan confianza sobre el futuro, aunque persiste la desigualdad en el ingreso y la pobreza. Se acelera la transición política.

POBLACIÓN

Durante el siglo XX la población mexicana se multiplicó por una caída en la mortalidad
debido a la red de protección social creada por el gobierno.
Otro gran cambio vino con las gigantescas migraciones del campo a la ciudad.

POBLACIÓN TOTAL Y TENDENCIAS DEMOGRÁFICAS

De acuerdo al XII Censo General de Población y Vivienda 2000 la población mexicana es de 97,361,711 habitantes: el lugar undécimo en el mundo. (☞ Mujeres, Pareja y sexualidad, Migración y Mexicanos en Estados Unidos y Canadá y la doble nacionalidad)

PAÍSES CON MAYOR POBLACIÓN, 1990-1999/2000			
PAÍS	1990	1995	1999/2000
China	1,155,300,000	1,221,500,000	1,266,800,000
India	834,700,000	935,700,000	998,100,000
Estados Unidos	249,100,000	263,000,000	276,200,000
Indonesia	179,500,000	193,800,000	209,300,000
Brasil	144,700,000	155,800,000	168,000,000
Pakistán	112,400,000	129,800,000	152,300,000
Rusia	147,900,000	148,100,000	147,200,000
Japón	123,500,000	125,200,000	126,500,000
Bangladesh	108,100,000	120,400,000	126,900,000
Nigeria	96,200,000	111,700,000	108,900,000
México	**81,300,000**	**91,200,000**	**97,361,711**
Alemania	79,400,000	81,600,000	82,200,000
Vietnam	66,200,000	74,500,000	78,700,000
Filipinas	61,500,000	70,300,000	74,500,000
Egipto	52,700,000	59,200,000	67,200,000
Irán	54,500,000	67,300,000	66,800,000
Turquía	56,100,000	61,600,000	65,500,000
Etiopía	52,300,000	58,200,000	61,100,000
Tailandia	55,800,000	59,400,000	60,900,000
Francia	56,700,000	58,200,000	58,900,000

Fuente: INEGI, 2000 y United Nations Population Fund, 1999.

Una de las características más importantes de la población mexicana ha sido su rápido crecimiento, que se estabilizará hasta mediados del siglo XXI. Entre 1900 y el año 2000 la población en México se multiplicó 7.2 veces, mientras la población mundial creció sólo 3.7 veces y la de los países más desarrollados apenas 2.2 veces. Este crecimiento presentó distintos ritmos: en los 50 primeros años del siglo XX la población se duplicó al pasar de 13.2 millones a 25.8; entre 1950 y 1970 creció a un ritmo más rápido y se duplicó en tan sólo 20 años. A partir de 1970 la tasa de crecimiento empezó a disminuir y la población tardó poco menos de 30 años en duplicarse.

EVOLUCIÓN DE LA POBLACIÓN NACIONAL, 1880-2050	
AÑO	POBLACIÓN (MILLONES)
1880	9.0
1893	11.99
1900	13.6
1910	15.16
1921	14.33
1930	16.55
1940	19.65
1950	25.79
1960	34.92
1970	48.22
1980	66.84
1990	81.24
1995	91.15
2000	97.4
2010	111.68
2020	121.76
2030	130.29
2050	131.57

Fuente: INEGI, 2000, 1999a y 1999b, y Conapo, 1998.

PRINCIPALES INDICADORES DEL INCREMENTO DEMOGRÁFICO, 1900-2000

Año	Población	Nacimientos por cada mil habitantes	Defunciones por cada mil habitantes	Crecimiento natural de la población por cada mil habitantes	Defunciones de menores de un año por cada mil nacimientos	Esperanza de vida (años)			Nacimientos por cada mil mujeres de 15 a 49 años
						TOTAL	HOMBRES	MUJERES	
1900	13,607,272	34	32.7	1.3	286.8				
1907	14,222,445	31.8	32.1	-0.3	320.8				
1921-1924	14,334,780		25.1						
1922		31.4	25.3	6.1	223.1				
1925-1929			25.5						
1930	16,552,722	49.5	26.7	22.8	131.6	36.9	36.1	37.5	198
1935-1939			23.3						
1940	19,652,552	44.3	22.8	21.5	124.5	41.5	40.4	42.5	196
1945-1949			17.8						
1950	25,791,017	45.6	16.1	29.3	101.3	49.7	48.1	51	192
1955-1959			12.2						
1960	34,923,129	46.1	11.5	34.6	73.8	58.9	57.6	60.3	200
1965-1967			9.4						
1965		44.3	9.4	34.9					
1968		43.4	9.6						199
1970	48,225,238	44.2	10.1	34.1	68.4	61.9	60	63.8	195
1979		36.3	6.3	30	56.8				159
1980	66,846,833	36.3	6.5	29.8	39.9	64.9	62.3	68.1	153
1981		34.3	6	28.3					150
1985		32.7	7.01	25.61	26.1	65.7	63.52	68.06	146
1990	81,249,645	33.77	5.2	28.5	23.9	67.2	64.84	69.57	126
1995	91,158,290	30.2	4.7	25.5	17.5	72.9	69.7	76.1	112
1997	93,716,332	28.79	4.6	20.2		74	71	77	106
2000	97,361,711								

Fuente: INEGI, 2000, 1999a y 1999b.

CRECIMIENTO MEDIO ANUAL DE LA POBLACIÓN, 1921-2050

PERIODO	%	
1921-1930	1.61	
1930-1940	1.73	
1940-1950	2.75	
1950-1970	3.17	
1970-1990	2.6	
1990-1995	2.1	
1995-2000	1.6	
2010	0.96	
2020	0.77	
2030	0.57	
2050	0.2	

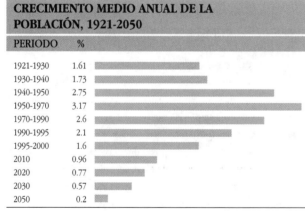

Fuente: INEGI, 1999a y 1999b, Conapo, 1998.

En los diez últimos años la población se incrementó en 16.1 millones de personas y la tasa de crecimiento fue de 1.85% anual. Desagregando esa tasa, entre 1990 y 1995 fue de 2.1% anual y entre 1995 y 2000, de 1.6 por ciento.

Este crecimiento se debe a la interacción de múltiples factores. El primero de ellos –que constituye un importante logro social– es la disminución en la tasa de mortalidad general e infantil por la mejora en los servicios de salud (más de 50% desde 1960). Se estima que en 1999 nacieron 2.2 millones de niños y se registraron 440 mil decesos, es decir, la población mexicana aumentó en 1,760,000 habitantes.

TASA DE MORTALIDAD INFANTIL, 1950-1995

PERIODO	DEFUNCIONES*
1950-1955	118.7
1955-1960	101.1
1960-1965	87.3
1965-1970	79.2
1970-1975	71.2
1975-1980	58.8
1980-1985	45.8
1985-1990	38.0
1990-1995	33.0

* Menores de un año de edad, por mil nacimientos. Conapo utiliza una tasa alternativa para diminuír el subregistro

Fuente: Conapo, 1998.

Con el descenso de la mortalidad la esperanza de vida se duplicó en los siete últimos decenios. En 1930, los hombres vivían, en promedio, 35 años, y las mujeres, 38; en 1999 la esperanza de vida era de 71 años para los hombres y 77 para las mujeres. Debe aclararse que hay diferencias entre las zonas urbanas y las rurales. La esperanza de vida en el Distrito Federal es de 72 años para los hombres y 77 para las mujeres, mientras en Chiapas es de 66 y 71 años, respectivamente.

NACIMIENTOS Y DEFUNCIONES EN 1999

UNIDAD DE TIEMPO	NACIMIENTOS	MUERTES	INCREMENTO NATURAL
Año	2,200,000	440,437	1,760,000
Mes	183,333	36,667	146,666
Día	6,027	1,205	4,822
Hora	251	50	201
Minuto	4	1	3

Fuente: Conapo, 1999.

ESPERANZA DE VIDA AL NACER POR SEXO, 1930-2050

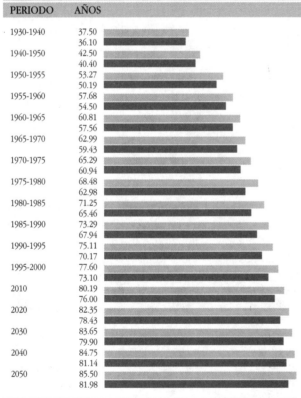

PERIODO	AÑOS
1930-1940	37.50
	36.10
1940-1950	42.50
	40.40
1950-1955	53.27
	50.19
1955-1960	57.68
	54.50
1960-1965	60.81
	57.56
1965-1970	62.99
	59.43
1970-1975	65.29
	60.94
1975-1980	68.48
	62.98
1980-1985	71.25
	65.46
1985-1990	73.29
	67.94
1990-1995	75.11
	70.17
1995-2000	77.60
	73.10
2010	80.19
	76.00
2020	82.35
	78.43
2030	83.65
	79.90
2040	84.75
	81.14
2050	85.50
	81.98

■ Mujeres   ■ Hombres

Fuente: Conapo, 1998.

En el crecimiento de la población también ha influido la evolución en los índices de natalidad. La fecundidad (promedio de número de hijos por mujer), alcanzó en 1962 un máximo histórico de siete hijos, que se tradujo en una tasa de crecimiento de la población de 3.46%, una de las más altas del mundo.

¿Por qué las mujeres viven más que los hombres?

Tanto en los países desarrollados como en la mayoría de los países subdesarrollados un hecho ampliamente documentado es que las mujeres viven más que los hombres. La longevidad femenina no es un fenómeno de los últimos años sino que ha venido ocurriendo por siglos. Al menos desde 1500 las mujeres vivían más. Sin embargo, en este siglo la brecha entre los sexos se ha ampliado.

No hay una razón definitiva que explique por qué las mujeres viven más; sin embargo, la evidencia disponible sugiere múltiples factores:

Los hombres -sobre todo entre 15 y 24 años de edad- son más propensos que las mujeres a morir por accidentes o violencia (la proporción es de tres a uno).

Enfermedades relacionadas con hábitos como el consumo del alcohol y tabaco matan a más hombres que mujeres.

Algunas enfermedades del corazón -principal causa de muerte- se observan en los hombres a edades más tempranas que en las mujeres.

La esperanza de vida de la mujer también se ha visto favorecida por las mejoras médicas que han reducido drásticamente las muertes perinatales.

Según algunos estudiosos del tema hay también factores evolutivos: los seres humanos, en comparación con otros animales, requieren de mucho tiempo para criar a sus hijos. La longevidad femenina viene de fuerzas genéticas que buscan prolongar el tiempo durante el cual la mujer puede tener y criar hijos e incluso ayudar con la crianza de sus nietos.

Algunos autores han señalado asimismo algunos mecanismos fisiológicos que pudieran tener un papel importante. Tal es el caso de la actividad metabólica, que es más intensa en los hombres que en las mujeres. Esto sugiere que los varones completan su ciclo biológico con mayor rapidez y, en consecuencia, son más proclives a fallas. Sin embargo este razonamiento es discutible por las notorias diferencias que ocurren según raza, clima, nutrición y otros factores primarios.

Los genes, a su vez, son causas directas o indirectas de fallas orgánicas que inciden en la mortalidad. La estructura de los cromosomas femeninos contribuye a que algunas enfermedades no se desarrollen. Este es otro punto en discusión, ya que en el genoma humano se presenta también el caso opuesto, esto es, características ligadas al sexo masculino que resultan en una morbilidad menor.

Que la vida de las mujeres sea más larga no significa necesariamente que sea de mayor calidad. Las mujeres padecen un mayor número de enfermedades crónicas no mortales.

Por otra parte, hay evidencias de que en los países desarrollados la brecha en la esperanza de vida ha comenzado a de-

> crecer, lo que algunos autores explican como un fenómeno resultante de la incorporación de la mujer a la vida económica y, en consecuencia, a grupos de riesgo que tradicionalmente eran considerados propios de los hombres.

Fuente: Thomas T. Perls y Ruth C. Fretts, en http://www.sciam.com.

Durante mucho tiempo las autoridades mexicanas se opusieron a tomar medidas para limitar el crecimiento de la población. Eso cambió a partir de los setenta cuando el gobierno puso en marcha un programa de planificación familiar exitoso que redujo la fecundidad hasta llegar a 2.5 hijos por mujer en 1999. De no haber cambiado la política demográfica el panorama poblacional del país sería muy distinto:

LOS QUE SOMOS Y LOS QUE HABRÍAMOS SIDO SIN LA DISMINUCIÓN DE LA FECUNDIDAD

CONCEPTO	ACTUALMENTE	SIN CAMBIOS
Población en 2000	97.4 millones	142.5 millones
Tasa de crecimiento 1995-2000	1.6%	4%
Nacimientos	4 por minuto	12 por minuto
Registros de nacimientos	2.2 millones al año	6.4 millones al año
Hijos por familia	2 a 3 en promedio	6 y 7 en promedio
Tiempo dedicado a la crianza por la madre	10 años	25 años

Fuente: Conapo, 1999 e INEGI, 2000.

El descenso en la fecundidad es diferente en los ámbitos rural y urbano: en el campo las mujeres tienen en promedio 1.2 más hijos que las que residen en las ciudades.

El ritmo de crecimiento de la población de México (1.6% anual) es inferior al promedio de los países menos desarrollados (2.4% anual); comparado con regiones de mayor desarrollo (0.3%), es ocho veces superior. En Italia el número de hijos por mujer es de 1.2, en México de 2.5. En Estados Unidos nacen 13.8 niños por cada mil habitantes; en México, 28.7.

ESTRUCTURA POR EDAD Y SEXO

Por el rápido crecimiento del pasado hay una población marcadamente joven. En 1997 la mitad de los habitantes de México tenían menos de 22 años. La pirámide de población es típica de los países en desarrollo que tienen una alta proporción de niños y jóvenes. La pirámide de población en los países desarrollados tiene una forma más cilíndrica y su base es más angosta. Sin embargo, esto ha ido cambiando. En

PIRAMIDE POBLACIONAL, ESTRUCTURA PORCENTUAL POR GRUPOS DE EDAD Y SEXO, 1997

HOMBRES 48.75	GRUPO DE EDAD	MUJERES 51.25
2.31	65 y más	2.63
1.14	60 a 64	1.30
1.31	55 a 59	1.49
1.65	50 a 54	1.71
2.00	45 a 49	2.19
2.43	40 a 44	2.69
3.05	35 a 39	3.35
3.29	30 a 34	3.76
3.07	25 a 29	4.37
4.74	20 a 24	5.10
5.30	15 a 19	5.41
5.83	10 a 14	5.73
5.99	5 a 9	5.88
5.81	0 a 4	5.62

Fuente: INEGI, 1999b

1970 la proporción de menores de 15 años era de 46.2%, en tanto que ahora es de 33.9 por ciento. La población en edad de trabajar aumentó de 48.1% a 61.5%, y la de personas de 65 años y más pasó de 3.7% en 1970 a 4.7% en 1999. (☞ Mujer)

Por lo que respecta al sexo, en el 2000 la población del país presenta una marcada tendencia al equilibrio: 47.4 millones de hombres (48.64%) y 50.0 millones de mujeres (51.36%); es decir, 95 hombres por cada 100 mujeres. Sin embargo, en los diversos grupos de edad, se registran diferencias que reflejan tanto la sobrenatalidad masculina como la mayor esperanza de vida de las mujeres. En la edad más joven es mayor la proporción de hombres, mientras que las mujeres superan a los hombres en la edad más avanzada.

Existen también diferencias por entidad federativa: Quintana Roo, Baja California y Baja California Sur son estados con más hombres que mujeres. El Distrito Federal, Guanajuato y Michoacán, son entidades con mayor presencia femenina (100 mujeres por 92 hombres). La migración también juega un papel en estas diferencias.

DISTRIBUCIÓN GEOGRÁFICA

En el 2000 la densidad promedio de población es de 50 habitantes por km², por debajo de países como Japón, la India e Inglaterra, donde hay entre 242 y 334 habitantes por km², pero arriba de Argentina, Canadá y Australia, que tienen menos de 15 habitantes por km².

Las diferencias por estado y región son notables: mientras Chihuahua, Sonora, Campeche y Durango tienen una densidad de 12 habitantes por km², el Distrito Federal, Morelos y el Estado de México la tienen de 5,634, 313 y 611 habitantes por km², respectivamente.

DENSIDAD DE POBLACIÓN POR ENTIDAD FEDERATIVA, 2000

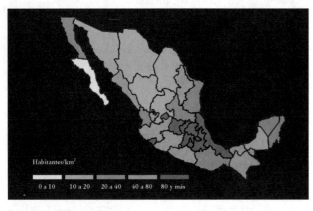

Habitantes/km²

0 a 10 | 10 a 20 | 20 a 40 | 40 a 80 | 80 y más

Fuente: INEGI, 1999a.

La porción norte (Baja California, Baja California Sur, Coahuila, Chihuahua, Durango, Nayarit, Nuevo León, San Luis Potosí, Sinaloa, Tamaulipas, Sonora y Zacatecas) comprende 62% del territorio. En ella reside 26% de la población y genera 30% del PIB del país.

COMPARACIÓN ENTRE POBLACIÓN Y SUPERFICIE, 2000

| POBLACIÓN | SUPERFICIE |

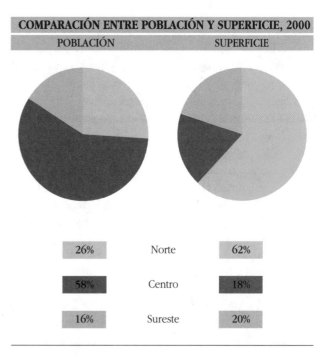

26%	Norte	62%
58%	Centro	18%
16%	Sureste	20%

Fuente: INEGI, 1999a.

PRINCIPALES INDICADORES DE DISTRIBUCIÓN Y CRECIMIENTO DE LA POBLACIÓN POR ENTIDAD FEDERATIVA, 1950-2000

Entidad federativa	Superficie		1950			1970			1990			2000			Crecimiento 1990-2000	
	KM²	%	POBLACIÓN	%	DENSIDAD	POBLACIÓN	%	DENSIDAD	POBLACIÓN	%	DENSIDAD	POBLACIÓN	%	DENSIDAD	HABITANTES	TASA
República Mexicana	1,953,162	100	25,779,254	100	13.1	48,225,238	100	24.5	81,249,645	100	41.6	97,361,711	100	50.00	16,112,066	1.80
Aguascalientes	5,197	0.27	188,075	0.73	29.1	338,142	0.7	60.5	719,659	0.89	138.5	943,506	1.0	179	223,847	2.83
Baja California	71,576	3.66	226,965	0.88	3.2	870,421	1.8	12.4	1,660,855	2.04	23.2	2,487,700	2.6	35	826,845	4.53
Baja California Sur	71,428	3.66	60,864	0.24	0.8	128,019	0.27	1.7	317,764	0.39	4.4	423,516	0.4	6	105,752	3.03
Campeche	56,798	2.91	122,098	0.47	2.4	251,566	0.52	4.9	535,185	0.66	9.4	689,656	0.7	12	154,471	2.62
Coahuila	149,511	7.65	720,619	2.79	4.8	1,114,956	2.31	7.4	1,972,340	2.43	13.2	2,295,808	2.4	15	323,468	1.49
Colima	5,433	0.28	112,321	0.44	21.6	241,153	0.5	44.2	428,510	0.53	78.9	540,679	0.6	99	112,169	2.38
Chiapas	73,724	3.77	907,026	3.52	12.2	1,569,053	3.25	21.2	3,210,496	3.95	43.5	3,920,515	4.0	53	710,019	2.01
Chihuahua	245,945	12.59	846,414	3.28	3.5	1,612,525	3.34	6.5	2,441,873	3.01	9.9	3,047,867	3.1	12	605,994	2.26
Distrito Federal	1,547	0.08	3,050,442	11.9	2,056.9	6,874,165	14.25	4,585.8	8,235,744	10.14	5,323.7	8,591,309	8.8	5,634	355,565	0.39
Durango	121,776	6.23	629,874	2.44	5.1	939,208	1.95	7.9	1,349,378	1.66	11.1	1,445,922	1.5	12	96,544	0.65
Guanajuato	30,768	1.58	1,328,712	5.15	43.5	2,270,370	4.71	74.2	3,982,593	4.90	129.4	4,656,761	4.8	150	674,168	1.54
Guerrero	64,586	3.31	919,386	3.56	14.3	1,597,360	3.31	25	2,620,637	3.23	40.6	3,075,083	3.2	47	454,446	1.58
Hidalgo	20,502	1.05	850,394	3.3	40.8	1,193,845	2.48	56.9	1,888,366	2.32	92.1	2,231,392	23	108	343,026	1.65
Jalisco	78,389	4.01	1,746,777	6.77	21.7	3,296,586	6.84	41.1	5,302,689	6.53	67.6	6,321,278	6.5	80	1,018,589	1.75
México	21,196	1.09	1,392,623	5.4	65	3,833,185	7.95	178.6	9,815,795	12.08	463.1	13,083,359	13.4	611	3,267,564	3.03
Michoacán	58,200	2.98	1,422,717	5.52	23.7	2,324,226	4.82	38.8	3,548,199	4.37	61.0	3,979,177	4.1	68	430,978	1.10
Morelos	4,968	2.98	272,842	1.06	55	616,119	1.28	124.7	1,195,059	1.47	240.6	1,552,878	1.6	313	357,819	2.72
Nayarit	26,908	1.38	290,124	1.12	10.6	544,031	1.13	19.7	824,643	1.01	30.6	919,739	0.9	34	95,096	1.05
Nuevo León	64,210	3.29	740,191	2.87	11.4	1,694,689	3.51	26.3	3,098,736	3.81	48.3	3,826,240	3.9	59	727,504	2.13
Oaxaca	93,136	4.77	1,421,313	5.51	15.1	2,015,424	4.18	21.1	3,019,560	3.72	32.4	3,432,180	3.5	37	412,620	1.24
Puebla	33,995	1.74	1,625,830	6.3	47.8	2,508,226	5.2	74	4,126,101	5.08	121.4	5,070,346	5.2	148	944,245	2.08
Querétaro	11,978	0.61	286,238	1.11	24.9	485,523	1.02	41.3	1,051,235	1.29	87.8	1,402,010	1.4	116	350,775	3.03
Quintana Roo	39,376	2.02	26,927	0.1	0.5	88,150	0.18	1.8	493,277	0.61	12.5	873,804	0.9	22	380,527	7.01
San Luis Potosí	63,038	3.23	856,066	3.32	13.5	1,281,996	2.66	20.4	2,003,187	2.47	31.8	2,296,363	2.4	36	293,176	1.33
Sinaloa	56,496	2.89	635,681	2.46	10.9	1,266,528	2.63	21.8	2,204,054	2.71	39.0	2,534,835	2.6	43	330,781	1.36
Sonora	180,833	9.26	510,607	1.98	2.8	1,098,720	2.28	5.9	1,823,606	2.24	10.1	2,213,370	2.3	12	389,764	1.94
Tabasco	24,578	1.26	362,716	1.41	14.3	768,327	1.59	31.2	1,501,744	1.85	61.1	1,889,367	1.9	77	387,623	2.35
Tamaulipas	78,932	4.04	718,167	2.78	9	1,456,858	3.02	18.3	2,249,581	2.77	28.5	2,747,114	2.8	34	497,533	2.01
Tlaxcala	4,037	0.21	284,551	1.1	70.7	420,638	0.87	107.5	761,277	0.94	188.6	961,912	1.0	237	200,635	2.40
Veracruz	71,735	3.67	2,040,231	7.91	28.4	3,815,422	7.91	52.4	6,228,239	7.67	86.8	6,901,111	7.1	96	672,872	0.98
Yucatán	43,257	2.21	516,899	2	13.4	758,355	1.57	19.3	1,362,940	1.68	31.5	1,655,707	1.7	38	292,767	1.95
Zacatecas	73,103	3.74	665,524	2.58	9.1	951,462	1.97	12.7	1,276,323	1.57	17.5	1,351,207	1.4	18	74,884	0.53

Fuente: INEGI, 2000, 1999a y 1999b.

La región central está formada por 13 entidades (Aguascalientes, Colima, Distrito Federal, Guanajuato, Hidalgo, Jalisco, México, Michoacán, Morelos, Puebla, Querétaro, Tlaxcala y Veracruz). Esta zona es la más pequeña (abarca solamente 18% del territorio), pero es lugar de residencia para 58% de la población y produce 60% del PIB.

La región sureste (Campeche, Chiapas, Guerrero, Oaxaca, Quintana Roo, Tabasco y Yucatán) abarca 20% del territorio. En ella vive 16% de la población y aporta 10% del PIB.

Según el Censo del 2000 el Estado de México es la entidad más poblada del país con 13.1 millones de habitantes (13.4% del total nacional). En contraste, el estado de Baja California Sur sólo tiene 424 mil habitantes.

En la última década las entidades que tuvieron mayor crecimiento en números absolutos fueron el Estado de México (3.3 millones), Jalisco (1.0 millones), Puebla (944 mil), Baja California (827 mil) y Nuevo León (728 mil). Estos cinco estados concentran 42.1% de los 16.1 millones de habitantes adicionales que tiene el país. En contraste, seis entidades registraron un crecimiento inferior a las 20 mil personas en promedio por año: Baja California Sur, Campeche, Colima, Durango, Nayarit y Zacatecas.

Las cinco entidades más dinámicas en su crecimiento demográfico (entre 2.6% y 7.0% anual) fueron: Quintana Roo, Baja California, Baja California Sur, Querétaro y el Estado de México.

En el 2000 México tiene 2,443 municipios. En 167 de éstos hay comunidades con 100 mil o más habitantes (135 tienen entre 100 y 500 mil; 21 tienen entre 500 mil y menos de un millón y once superan esa cifra). Los municipios o delegaciones más poblados del país son: Ecatepec, Nezahualcóyotl y Naucalpan en el Estado de México; las delegaciones Iztapalapa y Gustavo A. Madero en el Distrito Federal; Zapopan y Guadalajara en Jalisco; Tijuana y Mexicali en Baja California, seguidos por municipios de Puebla, Guanajuato, Chihuahua, Nuevo León, Sinaloa y Guerrero (uno por estado, en ese orden).

POBLACIÓN RURAL Y URBANA

La migración interna y el intenso proceso de urbanización han alterado la distribución de la población. En los últimos decenios un gran número de habitantes de zonas rurales y pequeñas poblaciones se ha desplazado a los grandes centros urbanos por la carencia de tierras, la falta de oportunidades económicas, la industrialización y el dinamismo de las ciudades.

Al inicio del siglo XX, el número de personas que vivían en localidades de 2,500 o más habitantes era tres de cada

La migración interna ha llevado a 75% de la población a vivir en ciudades de 2,500 o más habitantes. Entre las cuatro ciudades más pobladas acumulan 27 millones (28% del total). El resultado de tal migración no es siempre afortunado.

diez. En 1960 era de uno a uno y 30 años después se invirtió la distribución de 1900. En el año 2000, 75% de los habitantes viven en ese tipo de localidades.

El grado de urbanización varía entre las entidades federativas en función de factores socioeconómicos. Las más urbanizadas son el Distrito Federal, Nuevo León y Baja California, que tienen más de 91% de su población en zonas urbanizadas. En el extremo opuesto se encuentran Hidalgo, Chiapas y Oaxaca, con predominio de asentamientos rurales.

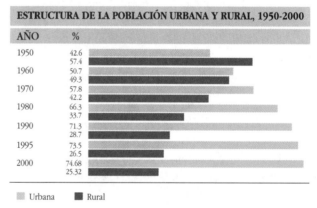

ESTRUCTURA DE LA POBLACIÓN URBANA Y RURAL, 1950-2000

AÑO	%
1950	42.6
	57.4
1960	50.7
	49.3
1970	57.8
	42.2
1980	66.3
	33.7
1990	71.3
	28.7
1995	73.5
	26.5
2000	74.68
	25.32

■ Urbana ■ Rural

Fuente: INEGI, 2000, 1999a y 1999b.

Las mayores concentraciones de población se dan en Guadalajara, Puebla, Monterrey, la conurbación de Toluca y, principalmente, la zona metropolitana de la ciudad de México. A pesar de que estas metrópolis ocupan escasamente un 2% del territorio nacional, en ellas reside cerca de 29.1% de la población nacional.

La zona metropolitana de la ciudad de México tiene una población 5 veces mayor a la de Guadalajara. Cabe señalar que los municipios conurbados del Estado de México representan 52% de la población y crecen a un ritmo de 2.4% en promedio al año, mientras que el conjunto de las 16 delegaciones del Distrito Federal sólo lo hacen en un 0.3 por ciento.

Destacan por su crecimiento demográfico cuatro zonas metropolitanas en las que la población aumenta con tasas superiores a 3.0 por ciento. Se trata de las ciudades de Zacatecas, Querétaro, Pachuca y Oaxaca, que concentran 1.9% de la población nacional.

PRINCIPALES CIUDADES DE MÉXICO, 1950-2000

CIUDAD	1950	1970	1990	1995	2000*
Zona Metropolitana de la ciudad de México	3,137,599	8,799,937	15,047,685	16,674,160	17,800,000
Guadalajara, Jal.	380,266	1,199,391	2,987,194	3,461,819	3,545,801
Monterrey, N.L.	375,040	1,246,181	2,603,709	3,022,268	3,110,457
Puebla, Pue.	234,603	546,430	1,330,476	1,561,558	1,844,957
Toluca, Méx.	52,968	114,079	904,062	1,080,081	1,019,197
Ciudad Juárez, Chih.	122,566	424,135	798,499	1,011,786	1,217,818
Tijuana, B.C.	65,364	340,583	747,381	991,592	1,212,232
León, Gto.	157,343	420,150	981,954	1,174,180	1,133,576
Torreón, Coah.	147,233	250,524	791,891	870,651	914,171
San Luis Potosí, S.L.P.	162,466	301,896	658,712	781,964	849,309

* Cifras preliminares.

Fuente: INEGI, 2000, 1999a y 1999b.

Con 17.8 millones de habitantes, la zona metropolitana de la ciudad de México es la segunda más poblada del mundo, sólo por debajo del corredor Tokio-Yokohama, en Japón, donde habitan 27.7 millones de personas. Le siguen las ciudades de Bombay, India, y de Sao Paulo, en Brasil, ambas con 17.5 millones de habitantes.

El Censo del 2000 cuantificó 21,948,060 viviendas, cantidad que supera en 5.7 millones a las existentes en 1990. El número de ocupantes por vivienda es de 4.4 personas (diez años atrás el promedio era de 5.0). El cambio se debe a la disminución de la natalidad. Las entidades que registran el mayor número de ocupantes por vivienda son Guanajuato, Tlaxcala, Chiapas, Puebla, Aguascalientes, Querétaro, Guerrero y San Luis Potosí; mientras que las que tienen menos habitantes por vivienda son Chihuahua, Distrito Federal, Baja California Sur y Tamaulipas.

Los mitos de las megalópolis mexicanas

Los habitantes y los medios de comunicación de la ciudad de México dicen con frecuencia que ésta es la ciudad más grande del mundo, a veces refiriéndose a su extensión y más frecuentemente a su población. No es raro que la gente hable de 22 o más millones de habitantes ni que se diga que la ciudad de México es la más extensa del orbe.

Según las cifras preliminares del Censo del 2000, la población del Distrito Federal es de 8.6 millones de habitantes. Si se consideran los municipios conurbados del Estado de México, llega a 17.8 millones de personas, cantidad todavía muy lejana de los míticos 22 o 25 o más millones que le atribuyen y distante por casi 10 millones de la conurbación de Tokio-Yokohama en Japón, donde hay 27.7 millones de habitantes. Según estas cifras, el área metropolitana de la ciudad de México pudiera ser la segunda más poblada del mundo, al

menos durante las horas de reposo, ya que en horas hábiles algunas ciudades de los Estados Unidos acumulan mayor población (el caso extremo sería Nueva York).

Con la extensión ocurre lo mismo. Entre los dos puntos más distantes del área conurbada de la ciudad de México (Nicolás Romero y Chalco) hay unos 68 km. El resto de las diagonales están por debajo de 50 km. Es una ciudad muy grande, sin duda, pero con una extensión menor que otras. Por ejemplo, el grupo de poblaciones conurbadas con la ciudad de Los Ángeles, en Estados Unidos, integran una región mucho más extensa que la zona metropolitana de la ciudad de México: entre San Bernardino y la costa median 110 km. La zona metropolitana de la ciudad de Tokio tiene al menos tres diagonales de más de 60 km. La ciudad de Nueva York tiene varias opciones de más de 100 km.

Desde luego, en todas esas mediciones hay un cierto grado de incertidumbre. Si la regla de conurbación se fijase como la secuencia evidente de los caseríos, sin prestar atención a límites municipales, cualquier viajero que se aproxime al Distrito Federal desde Querétaro, por la autopista, notará que a partir de Tepozotlán las áreas no pobladas son verdaderamente raras. Lo mismo le ocurrirá a quien viaje de México a Cuernavaca durante al menos 40 kilómetros. Los caseríos están ahí. Desde ese punto de vista, la diagonal mayor podría crecer hasta unos 75 km, es decir, todavía muy por debajo de las de otras ciudades.

En los casos de otras ciudades grandes de México, los mitos también menudean. No es raro escuchar entre los habitantes de Guadalajara que aseguren ser casi diez millones en la totalidad de su zona metropolitana, cuando en realidad son menos de cuatro millones. Algo similar ocurre con las ciudades de Monterrey y Puebla, cuyas poblaciones son de 3.2 y 1.8 millones de habitantes, respectivamente.

A los mitos de población y extensión suelen unirse los que se refieren a vehículos automotores, que son los más exagerados de todos. El congestionamiento frecuente de las vías urbanas de comunicación en las ciudades de México, Puebla, Guadalajara y Monterrey suele inducir a los habitantes de esas urbes a creer que el número de vehículos automotores en México es el mayor de todos o, en el más sobrio de los casos, lo imaginan mucho mayor de lo que es en realidad. Es grande, sí, quizá superior a cinco millones sumando los de esas cuatro ciudades, pero no es comparable con el de ciudades más grandes en países desarrollados. En la zona metropolitana de Los Ángeles, California, hay más vehículos automotores que vehículos de cualesquier tipos puedan haber en toda la República Mexicana y Centroamérica (incluyendo los de dos ruedas, con o sin motor).

MIGRACIONES AL NORTE Y A ESTADOS UNIDOS

Otro fenómeno demográfico es la migración hacia la frontera norte motivada por la búsqueda de mejores oportunidades de empleo. Ciudades como Tijuana, Mexicali, Juárez y Matamoros son las de mayor crecimiento en el país.

Finalmente, el tamaño, estructura y distribución de la población se han visto influidas por el flujo migratorio hacia el exterior, sobre todo a los Estados Unidos. Se considera que entre cuatro y ocho millones de mexicanos emigraron ilegalmente a aquel país entre 1970 y 1985. Esta migración ha sido señalada como una válvula de escape de algunos problemas económicos y sociales en México, aunque el análisis de su contribución real al ingreso nacional a partir de las remesas que cada año envían los trabajadores migratorios a sus hogares en México, aunado al del potencial de la fuerza de trabajo que representan esos migrantes y el peso específico que tiene en el país vecino, ha generado nuevos enfoques e ideas, por ejemplo, la urgencia de un tratado de migración entre los dos países.

CRECIMIENTO DE LAS CIUDADES MÁS IMPORTANTES DE LA FRONTERA NORTE, 1990-2000

ENTIDADES Y CIUDADES FRONTERIZAS	1990	1995	2000*	TASA 1990 2000
República Mexicana	81,249,645	91,158,290	97,361,711	1.80%
Ciudades fronterizas	3,889,578	4,764,698	5,305,000	3.31%
BAJA CALIFORNIA				
Mexicali	601,938	696,034	764,902	2.46%
Tijuana	747,381	991,592	1,212,232	5.65%
SONORA				
Nogales	107,936	133,491	159,103	4.31%
CHIHUAHUA				
Ciudad Juárez	798,499	1,011,786	1,217,818	4.77%
COAHUILA				
Piedras Negras	98,185	116,148	127,898	2.75%
TAMAULIPAS				
Matamoros	303,293	363,487	416,428	3.39%
Nuevo Laredo	219,468	275,060	310,227	3.76%
Reynosa	282,667	337,053	419,476	4.40%

* Cifras preliminares.

Fuente: INEGI-Semarnap, 1999 e INEGI, 2000.

POBLACIÓN EN EL SIGLO XXI

El Consejo Nacional de Población (Conapo) considera que la tasa de fecundidad y la mortalidad continuarán descendiendo hasta el año 2025. Esto se reflejará en la composición de la población por edades, porque habrá un envejecimiento de la misma y dará los siguientes resultados para los próximos 50 años. La edad mediana aumentará de 26 años en el 2000 a casi 37 años en el 2030. Mientras que la proporción de la población infantil y juvenil decrecerá, la población envejecida llegará a representar más de 25 por ciento. Este cambio tendrá un profundo impacto social, económico, político y cultural, puesto que una población activa cada vez menor deberá atender las necesidades de adultos mayores dependientes, a quienes deberán suministrarse los satisfactores básicos.

TASAS DE CRECIMIENTO E INDICADORES DE FECUNDIDAD Y MORTALIDAD, 1995-2050

	1995	2000	2010	2020	2030	2050
Población	91,158,290	97,361,711	111,683,885	121,766,331	130,295,760	131,576,077
Natalidad por mil habitantes	30.2	21.95	16.90	14.17	12.05	9.50
Mortalidad por mil habitantes	4.7	4.37	4.39	5.08	6.31	15.00
Crecimiento natural %	2.05	1.6	1.25	0.91	0.57	-0.20
Migración neta %	-0.32	-0.31	-0.29	-0.13	0.00	0.00
Crecimiento total %	1.73	1.45	0.96	0.77	0.57	-0.20
Tasa global de fecundidad	2.81	2.40	1.92	1.74	1.68	1.68
Esperanza de vida	72.96	74.42	76.89	78.34	79.25	83.74
Tasa de mortalidad infantil	29.0	23.8	16.9	13.3	10.4	7.1

Fuente: Conapo, 1999 e INEGI, 2000.

PUEBLOS INDÍGENAS

Estimar el tamaño de la población indígena antes de la llegada de los españoles se ha intentado en numerosas ocasiones. Las cantidades mencionadas varían entre 4.5 y 25 millones de personas. En el presente las estimaciones son más precisas pero siguen teniendo un grado importante de incertidumbre.

DEMOGRAFÍA

Durante el siglo XVI la población indígena padeció terrible mortandad, en su mayor parte debido a epidemias pero también a la conjunción de numerosos agentes como trabajo forzado, castigos corporales y exterminio de quienes se resistían a los conquistadores o como secuela de sublevaciones. A fines del siglo XVIII el censo de Revillagigedo registró 3,700,000 indígenas. De cada 100 habitantes sólo 18 eran descendientes de españoles y los otros indígenas o mestizos a los que se clasificaba como alguna de numerosas castas.

Sin embargo, la población indígena descendería dramáticamente en proporción durante los dos siglos siguientes. Al iniciarse la Guerra de Independencia representaba 60% del total; para 1910 ya sólo era 37 por ciento. Para 1997 los indígenas habían crecido numéricamente pero representaron una proporción aún menor (11% del total). El aumento numérico de los pueblos indígenas se debe a una tasa de crecimiento (2.7% anual) mayor a la nacional (2.0%), a las mejoras en medicina preventiva, a las campañas de vacunación y a la erradicación de enfermedades endémicas, ocurridas a pesar de su marginación.

Como quiera que sea, cualquier dato demográfico acerca de los indígenas es una estimación, pues no existe un criterio definitivo sobre cómo contarlos. Una forma de hacerlo es tomando en cuenta a todo aquel que se considera indígena; otra es de índole lingüística: quien habla una lengua indígena es indio.

Mulato con Española
MORISCO

Morisco con Española
CHINO

Chino con India
SALTAPATRÁS

Saltapatrás con Mulata
LOBO

Lobo con China
GÍBARO

Gíbaro con Mulata
ALBARRAZADO

Albarrazado con Negra
CAMBUJO

Cambujo con India
ZAMBAYGO

POBLACIÓN TOTAL Y POBLACIÓN QUE SE CONSIDERA INDÍGENA (HABLE O NO UNA LENGUA INDÍGENA) POR ENTIDAD FEDERATIVA, 1990-1997

Estado	1990			1995			1997
	POBLACIÓN TOTAL	POBLACIÓN INDÍGENA ESTIMADA	%	POBLACIÓN TOTAL	POBLACIÓN INDÍGENA ESTIMADA	%	POBLACIÓN INDÍGENA ESTIMADA
Aguascalientes	719,659	771	0.11	862,720	890	0.10	939
Baja California	1,660,855	32,824	1.98	2,112,140	37,874	1.79	39,975
Baja California Sur	317,764	3,372	1.06	375,494	3,891	1.04	4,107
Campeche	535,185	135,960	25.40	642,516	156,877	24.42	165,581
Coahuila	1,972,340	4,514	0.23	2,173,775	5,208	0.24	5,497
Colima	428,510	1,826	0.43	488,028	2,107	0.43	2,224
Chiapas	3,210,496	1,129,826	35.19	3,065,100	1,303,644	42.53	1,375,976
Chihuahua	2,441,873	106,136	4.35	2,793,537	122,465	4.38	129,259
Distrito Federal	8,235,744	134,120	1.63	8,489,007	154,754	1.82	163,340
Durango	1,349,378	25,796	1.91	1,431,748	29,765	2.08	31,416
Guanajuato	3,982,593	15,579	0.39	4,406,568	17,976	0.41	18,973
Guerrero	2,620,637	449,968	17.17	2,916,567	519,193	17.80	548,001
Hidalgo	1,888,366	498,447	26.40	2,112,473	575,131	27.23	607,042
Jalisco	5,302,689	30,767	0.58	5,991,176	35,500	0.59	37,470
México	9,815,795	484,279	4.93	11,707,964	558,783	4.77	589,787
Michoacán	3,548,199	254,319	7.17	3,870,604	293,445	7.58	309,726
Morelos	1,195,059	93,737	7.84	1,442,662	108,158	7.50	114,159
Nayarit	824,643	38,368	4.65	896,702	44,271	4.94	46,727
Nuevo León	3,098,736	5,783	0.19	3,550,114	6,673	0.19	7,043
Oaxaca	3,019,560	1,592,020	52.72	3,228,895	1,836,945	56.89	1,938,867
Puebla	4,126,101	820,039	19.87	4,624,365	946,198	20.46	998,697
Querétaro	1,051,235	55,645	5.29	1,250,476	64,206	5.13	67,768
Quintana Roo	493,277	181,071	36.71	703,536	208,928	29.70	220,520
San Luis Potosí	2,003,187	276,062	13.78	2,200,763	318,533	14.47	336,206
Sinaloa	2,204,054	85,473	3.88	2,425,675	98,623	4.07	104,095
Sonora	1,823,606	218,382	11.98	2,085,536	251,979	12.08	265,960
Tabasco	1,501,744	98,845	6.58	1,748,769	114,052	6.52	120,380
Tamaulipas	2,249,581	10,494	0.47	2,527,328	12,108	0.48	12,780
Tlaxcala	761,277	28,437	3.74	883,924	32,812	3.71	34,632
Veracruz	6,228,239	1,172,405	18.82	6,737,324	1,352,774	20.08	1,427,832
Yucatán	1,362,940	715,342	52.49	1,556,622	825,394	53.02	871,191
Zacatecas	1,276,323	1,081	0.08	1,336,496	1,247	0.09	1,317
Total	81,249,645	8,701,688	10.71	90,638,604	10,040,401	11.08	10,597,488

Fuente: INI, 1999.

Según el Instituto Nacional Indigenista (INI), en 24 estados de la República se distribuyen 64 etnias que hablan más de 90 lenguas (incluyendo variantes de dialectos). Las principales son la náhuatl, la maya, la mixteca y la zapoteca. Es necesario agregar que hay tal diversidad en las variantes dialectales de algunas lenguas (zapoteco y mixteco, por ejemplo) que algunos de sus hablantes no pueden comunicarse con otros. (☞ Lenguas)

Tres cuartas partes de los indígenas están en el centro y el sur del país. En Oaxaca, Chiapas, Veracruz y Yucatán habitaba en 1995 más de 50% de la población indígena de 5 años o más. Ese mismo año 556 municipios y 11,924 localidades reunían 70% o más de la población indígena.

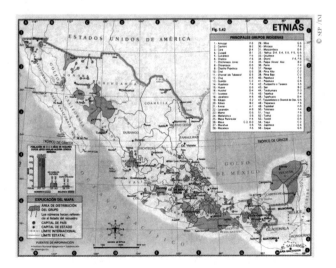

POBLACIÓN QUE HABLA UNA LENGUA INDÍGENA 1990 Y 1995*

LENGUAS INDÍGENAS	1990 NÚMERO	%	1995 NÚMERO	%
Náhuatl	1,197,328	22.67	1,325,440	24.17
Maya	713,520	13.51	776,824	14.17
Zapoteco	380,690	7.21	418,585	7.63
Mixteco	383,544	7.26	393,068	7.17
Otomí	280,238	5.31	283,263	5.17
Tzeltal	261,084	4.94	283,260	5.17
Tzotzil	229,203	4.34	263,611	4.81
Totonaca	207,876	3.94	214,192	3.91
Mazateco	168,374	3.19	180,130	3.28
Chol	128,240	2.43	141,747	2.58
Huasteco	120,739	2.29	127,500	2.33
Mazahua	127,826	2.42	120,727	2.20
Chinanteco	103,942	1.97	117,003	2.13
Purépecha	94,835	1.80	107,950	1.97
Mixe	95,264	1.80	101,489	1.85
Tlapaneco	68,483	1.30	74,448	1.36
Tarahumara	54,431	1.03	62,555	1.14
Zoque	43,160	0.82	44,398	0.81
Mayo	37,410	0.71	39,382	0.72
Tojolabal	36,011	0.68	37,181	0.68
Chontal de Tabasco	10,256	0.19	36,438	0.66
Popoluca	31,079	0.59	34,684	0.63
Chatino	28,987	0.55	34,042	0.62
Amuzgo	28,228	0.53	32,940	0.60
Huichol	19,363	0.37	28,001	0.51
Tepehuan	18,469	0.35	22,651	0.41
Triqui	14,981	0.28	18,715	0.34
Popoloca	0	0.00	14,390	0.26
Cora	11,923	0.23	14,017	0.26
Kanjobal	14,325	0.27	13,532	0.25
Yaqui	10,984	0.21	13,161	0.24
Cuicateco	12,677	0.24	12,605	0.23
Huave	11,955	0.23	12,213	0.22
Mame	13,168	0.25	10,739	0.20
Tepehua	8,702	0.16	8,942	0.16
Pame	3,096	0.06	7,275	0.13
Chontal de Oaxaca	2,232	0.04	5,605	0.10
Chuj	0	0.00	1,859	0.03
Guarijío	0	0.00	1,609	0.03
Chichimeca Jonaz	1,582	0.03	1,431	0.03

LENGUAS INDÍGENAS	1990 NÚMERO	%	1995 NÚMERO	%
Matlatzinca	1,452	0.03	894	0.02
Pima	716	0.01	821	0.01
Chocho	12,553	0.24	819	0.01
Kekchí**	1,483	0.03	787	0.01
Jacalteco	1,263	0.02	648	0.01
Ocuilteco	755	0.01	492	0.01
Seri	561	0.01	482	0.01
Kikapú	232	0.00	339	0.01
Quiché**	918	0.02	300	0.01
Ixcateco	1,220	0.02	284	0.01
Cakchiquel	436	0.01	278	0.01
Motocintleco	235	0.00	239	0.00
Paipai	223	0.00	219	0.00
Kumiai	96	0.00	172	0.00
Ixil**	238	0.00	143	0.00
Cucapá	136	0.00	141	0.00
Pápago	0	0.00	132	0.00
Cochimí	148	0.00	113	0.00
Lacandón	104	0.00	59	0.00
Kiliwa	41	0.00	44	0.00
Aguacateco	118	0.00	24	0.00
Teco	107	0.00	0	0.00
Hablantes de otras lenguas indígenas de México		0.00	175	0.00
Hablantes de otras lenguas indígenas de América		0.00	197	0.00
Hablantes de otras lenguas	444	0.01		0.00
Hablantes de lenguas no incluidas	58,803	1.11	2,747	0.05
Insuficientemente especificados	225,860	4.28	35,404	0.65
Total	5,282,347	100	5,483,555	100

* Población hablante de 5 años de edad o más. Los marcados aumentos o descensos en el número de hablantes de algunas lenguas tienen su origen en la complejidad de las familias lingüísticas.

** Son lenguas de la familia maya habladas en Guatemala. El descenso en los hablantes se explica por el regreso de migrantes a su país de origen.

Fuente: INI, 1999.

DESARROLLO SOCIAL

Los estados con mayor población indígena son también los que presentan el más bajo nivel de desarrollo, porque esa población ha permanecido marginada, en la pobreza y sin acceso fácil a los servicios sociales y de salud. Los pueblos indígenas son los que más sufren la crisis que golpea al campo mexicano por la caída de los precios de los productos agrícolas.

A continuación se ofrecen otros indicadores de la situación que aqueja a los pueblos indígenas:

1) Comparativamente las mujeres indígenas están en peor situación que los hombres.
2) 75.9% de los indígenas no ha terminado sus estudios de primaria.
3) 28.32% de los niños en edad escolar no asiste a la escuela.

4) Es deficiente la capacitación de los profesores indígenas, hay carencia de materiales, los servicios educativos son insuficientes, 62% de las escuelas en zonas indígenas no ofrece los seis grados de primaria.

5) Ocho de cada diez hogares indígenas no cuentan siquiera con techo de lámina y sólo tienen piso de tierra.

6) La tasa de mortalidad es superior hasta en 10% respecto al promedio nacional.

7) Las principales causas de muerte son padecimientos infecciosos: enfermedades intestinales, neumonía y sarampión.

8) Alrededor de 50% de los menores de 5 años está desnutrido.

En México hay un sistema mixto de atención a la salud, en el que conviven la medicina moderna y la tradicional. Para los indígenas la medicina tradicional ejercida por curanderos, hueseros, yerberos y parteras es la principal esperanza de alivio. En la montaña de Guerrero la Secretaría de Salud y Unicef realizaron una investigación en 1993 y encontraron que 70% de las indígenas eran atendidas por parteras tradicionales, 17% por familiares de la parturienta y sólo 3% por personal médico. En este mismo estudio se estima que en Oaxaca aproximadamente 60% recurre a parteras.

INDICADORES SOCIOECONÓMICOS DE LAS LOCALIDADES CON 70% O MÁS DE HABLANTES DE LENGUA INDÍGENA POR ENTIDAD FEDERATIVA, 1995

ESTADO	NÚMERO DE LOCALIDADES	(%) DE POBLACIÓN ANALFABETA DE 15 AÑOS O MÁS	(%) DE POBLACIÓN MONOLINGÜE DE 5 AÑOS O MÁS	(%) DE VIVIENDAS SIN ELECTRICIDAD	(%) DE VIVIENDAS SIN AGUA ENTUBADA	(%) DE VIVIENDAS SIN DRENAJE
Baja California	7	34.06	4.83	79.17	87.5	91.67
Baja California Sur	3	44	0	11.11	33.33	100
Campeche	66	29.28	12.7	16.8	31.77	92.94
Coahuila	1	89.58	89.86	1.47	1.47	100
Colima	1	62.5	0	66.67	66.67	66.67
Chiapas*	1,650	52.68	40.29	35.13	51.84	83.28
Chihuahua	1,139	66.22	23.3	99.39	91.89	99.42
Durango	359	52.85	11.09	99.43	94.98	93.62
Guanajuato	1	75.86	2.04	100	100	100
Guerrero	908	61.3	39.2	47.85	69.87	96.06
Hidalgo	672	44.27	21.98	26.27	64.33	88.61
Jalisco	209	52.82	32.9	92.65	85	99.41
México	14	41.39	4.24	22.64	39.86	88.72
Michoacán	78	37.2	10.4	10.84	40.1	84.56
Morelos	5	37.68	4.42	3.88	8.16	75.92
Nayarit	304	49.04	19.37	71.28	79.16	96.61
Oaxaca	2,761	40.01	21.59	25.86	54.23	84.85
Puebla	783	46.62	23.44	35.78	52.04	86.81
Querétaro	29	48.48	9.23	41.91	49.93	98.35
Quintana Roo	188	31.92	19.59	22.34	16.31	90.48
San Luis Potosí	698	29.14	9.46	50.06	83.85	92.86
Sinaloa	12	64.86	37.43	19.67	58.37	56.28
Sonora	41	31.06	2.01	40.71	30.33	95.44
Tabasco	25	25.5	0.83	8.51	20.62	35.35
Tamaulipas	3	22.22	0	72.73	72.73	100
Tlaxcala	4	44.52	3.69	15.01	15.95	55.51
Veracruz	1,249	45.48	19.29	48.87	78.66	93
Yucatán	708	35.01	20.02	17.22	27.39	93.86
Zacatecas	6	35.24	17.68	100	100	100
México indígena	11,924	44.27	23.94	35.06	58.12	88.53
Nacional		10.46	13.63	6.48	15.71	24.98

* Las cifras de este estado no consideran 15 municipios que en el Conteo de Población de 1995 no fueron incluidos.

Fuente: INI, 1999.

© Carlos Hahn

La marginación de los indígenas en México es un hecho presente. Hasta en las acciones mejor intencionadas, una parte de la nación mira a la otra como en esta imagen: de arriba hacia abajo.

MIGRACIÓN

Marginación y pobreza han provocado una fuerte migración de indígenas, definitiva o estacional, a otras partes de México y hacia Estados Unidos.

Según el INI a comienzos de la década de los noventa 450 mil indígenas en México habitaban en un estado diferente de aquel donde habían nacido. La migración temporal es la más común. Van a trabajar, obtienen ingresos y regresan a sus comunidades. Las entidades de mayor grado de expulsión son Oaxaca y Yucatán y las que más atraen son el Distrito Federal, Veracruz, México y Quintana Roo, que concentran 43% del movimiento interestatal indígena. Los que más emigran son los mixtecos, los zapotecos, los chinantecos y los otomíes.

La migración se inició con hombres solos, pero se ha reforzado con hermanos, hijos o demás parientes, y finalmente, con mujeres. Las mazatecas, mixtecas, zapotecas y otomíes se desplazan al Distrito Federal para emplearse en

el servicio doméstico. Otras mujeres se emplean en actividades agrícolas en Baja California, Chihuahua, Jalisco, Sinaloa y Tamaulipas. También van a Cancún, Puerto Vallarta y Acapulco, a emplearse en hoteles o a vender artesanías.

Las zonas agrícolas del sur de los Estados Unidos también se han convertido en una importante fuente de atracción e ingresos. El INI calcula que en 1991 las remesas de dinero que enviaron los migrantes indígenas desde Estados Unidos a sus lugares de origen ascendieron a más de dos mil millones de dólares anuales. Esta cantidad equivale al presupuesto anual del gobierno estatal de Oaxaca y no considera el dinero en efectivo que ingresa cuando los migrantes vienen a México.

SITUACIÓN JURÍDICA

Al fundarse la República Mexicana en 1824 se otorgó a los indígenas la igualdad ante la ley. Aunque la desigualdad jurídica de la Colonia quedó así eliminada, las diferencias culturales obstaculizaron su desarrollo social y material. El artículo 27 de la Constitución de 1917 les reconoció derechos colectivos sobre sus tierras, pero no les otorgó personalidad jurídica como etnias.

En 1992 se modificó el artículo 4 de la Constitución, estableciéndose que México es un país pluricultural. Esto supone que la ley protegerá lenguas, culturas, usos, costumbres, recursos y formas específicas de organización social de cada cultura. Supone además que en lo referente a la impartición y administración de justicia se tomarán en cuenta sus prácticas y costumbres jurídicas. Esta modificación constitucional permanece en suspenso, porque está pendiente la elaboración de una ley reglamentaria y porque una multiplicidad de factores mantiene la desigualdad entre los pueblos indígenas y el resto de los mexicanos.

© Carlos Hahn

Las nuevas generaciones, con atuendos modernos debajo de los tradicionales, aspiran legítimamente a ser sin dejar de ser.

Es innegable que los pueblos indígenas han sido sujetos de explotación y marginación. Algunos las padecen desde épocas prehispánicas, a manos de los aztecas, mayas o zapotecas. La marginación y la violación de los derechos han provocado malestar y movilizaciones a todo lo largo de la historia. Desde la década de los sesenta, por ejemplo, suman más de una decena los congresos y encuentros convocados para legitimar las culturas y reivindicar los derechos de los pueblos indígenas. Estos esfuerzos alcanzaron una expresión mucho más perceptible con la insurrección del Ejército Zapatista de Liberación Nacional (EZLN) en Chiapas en 1994. (☞ Conflicto en Chiapas)

LENGUAS

En México el idioma principal es el español. Lo habla más del 95% de la población y se enseña en las escuelas. También hay más de 60 lenguas indígenas habladas por 7% de la población. Las principales, el maya en Yucatán; el huasteco en el norte de Veracruz; náhuatl, totonaco, otomí y mazahua en el centro del país; zapoteco, mixteco y mazateco en Oaxaca, y tzeltal y tzotzil en Chiapas.

ESPAÑOL

El español es el segundo idioma del mundo si se toma como criterio a las personas que lo tienen como primera lengua y el cuarto si se considera al número de hablantes. Siendo una lengua hablada en países diversos y distantes, ocurren diferencias de entonación y vocabulario en su uso. Sin embargo, la ortografía y la norma lingüística se mantienen, aseguran su uniformidad y preservación y permiten una comunicación fluida a todos los que la usan.

PRINCIPALES LENGUAJES DEL MUNDO, 1999 MILLONES DE PERSONAS		
LENGUAJE	POR PRIMERA LENGUA O MATERNA	POR NÚMERO DE HABLANTES*
Mandarín (China)	885	1,000
Español	332	450
Inglés	322	1,000
Bengalí	189	250
Hindi**	182	500
Portugués	170	200
Ruso	170	320
Japonés	125	130
Alemán	98	125
Wuu (China)	77	85

* Si se consideraran como una sola las distintas variaciones de la lengua árabe, habría en el mundo más de 250 millones de hablantes de este idioma. No se hace porque las considerables diferencias entre las variedades de esta misma lengua no siempre hacen comprensible una variedad a quienes usan otra.

** Se incluye el Urdu, pues a pesar de tener diferente escritura, en la forma hablada es inteligible a quienes hablan hindi.

Fuentes: Grimes, 1999 y Linguasphere Register, 1999.

Desde 1492 el español se ha extendido por el mundo. Es la lengua oficial de España y 19 países de América y el Caribe. En Estados Unidos es la segunda lengua en los estados de Nuevo México, Arizona, Texas, California y Florida. Se estima que en la próxima década entre 25 y 30 millones de estadounidenses hablarán español, los cuales constituirán 12% de la población de ese país. Hay ciudades como Nueva York y Los Angeles con más de un millón de hispanohablantes.

El español se habla en otros países junto con el inglés y las lenguas nativas. Así ocurre en Filipinas, Trinidad (isla situada cerca de Venezuela) y la isla de Pascua, que pertenece a Chile.

También se habla español en la Polinesia, Marruecos y Guinea Ecuatorial. Es lengua oficial de la ONU y sus organismos, de la Unión Europea y de otros organismos internacionales.

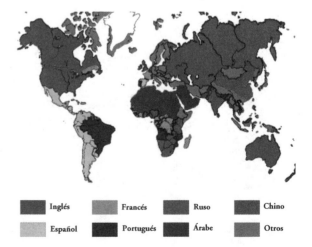

■ Inglés	■ Francés	■ Ruso	■ Chino
■ Español	■ Portugués	■ Árabe	■ Otros

EVOLUCIÓN DEL ESPAÑOL

El castellano, dialecto románico, surgió en Castilla y es el origen de la lengua española. El primer texto literario escrito completamente en castellano fue el "Poema de mío Cid", cuya versión original data del siglo XII.

El reino de Castilla se consolidó como la monarquía más poderosa del centro de la península ibérica. El castellano fungió como lengua de unidad.

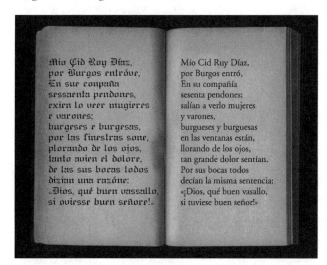

Mío Cid Roy Díaz, por Burgos entróve, En sur compaña sessaenta pendones, rxien lo veer mugieres e varones; burgeses e burgesas, por las finestras sone, plorando de los oios, tanto avien el dolore, de las sus bocas todos dizian una razóne: «Dios, qué buen vassallo, si oviesse buen señore!»
Mío Cid Ruy Díaz, por Burgos entró, En su compañía sesenta pendones; salían a verlo mujeres y varones; burgueses y burguesas, en las ventanas están, llorando de los ojos, tan grande dolor sentían. Por sus bocas todos decían la misma sentencia: «¡Dios, qué buen vasallo, si tuviese buen señor!»

Versión en castellano antiguo y moderno del tercer episodio del cantar primero (El Destierro) del "Poema de mío Cid".

El español llegó al continente americano con la conquista y colonización. La América prehispánica era un conglomerado de pueblos diferentes, fragmentados lingüísticamente, que integraban alrededor de 123 familias de lenguas, que a su vez tenían docenas o incluso centenas de lenguas y dialectos. Español de América es el término genérico que se emplea para designar al conjunto de variedades lingüísticas surgidas de la mezcla del español con las lenguas aborígenes.

En este continente se fueron armando diferentes combinaciones y, de hecho, existen al menos cinco zonas lingüísticas americanas: 1) México y sur de los Estados Unidos, 2) Caribe, 3) zona andina, 4) zona rioplatense y 5) zona chilena.

En estas zonas se observan variaciones en el vocabulario (léxico), la pronunciación y sonido de las palabras (fonética) y su forma y significado (morfología).

EJEMPLOS DE DIFERENCIAS DE VOCABULARIO

PAÍS	EXPRESIONES		
México	camión	chamarra	cobertor o cobija
España	autobús	cazadora	manta
Chile	micro	casaca	frazada
Colombia	buseta	chompa	cobija
Argentina	colectivo	chamarra	frazada

Por otro lado, las mayores similitudes lingüísticas se dan en el habla culta; en el habla popular y coloquial hay más diferencias. En consecuencia, la norma culta, sobre todo la formal, es el patrón unificador de toda la lengua española.

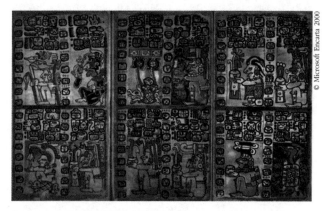

Lenguaje maya. Detalles del Códice de Madrid.

Las lenguas indígenas enriquecieron el lenguaje con términos referentes a la flora (maíz, tabaco, tomate, chocolate), la fauna (puma, tucán, mapache, cóndor) y la vida de los naturales americanos (canoa, huracán, cigarro, etc.).

LENGUAS INDÍGENAS

Las lenguas y dialectos aborígenes pertenecen a numerosas familias o troncos, muchas de las cuales desaparecieron mientras que otras han sobrevivido. Estas lenguas poseen estructuras que permiten a sus hablantes comunicarse de manera efectiva. Pueblos como los aztecas, los mixtecos y los mayas lograron crear un sistema de escritura, básicamente pictográfico. Pero muchas otras lenguas tuvieron un carácter predominantemente oral.

En el continente americano, México tiene alrededor de 62 lenguas indígenas habladas, pertenecientes a más de 10 familias; Colombia, aproximadamente 70 de los troncos araucano, chibcha, tucano y quechua; Perú, 66 de los troncos quechua, araucano, panotacana y otros; Guatemala, 21 del tronco maya, además se habla caribe y xinca; Bolivia reúne 35 lenguas de los troncos jaqi, araucano, panutacano, tupí y guaraní, entre otros. En Chile se hablan unas 10 lenguas.

Se estima que había unas 170 lenguas en México al momento de la conquista. Han desaparecido unas 108 sin dejar más rastro que su nombre, por lo que es imposible en muchos casos saber si se trataba de lenguas distintas o sólo de variantes regionales o locales.

Al arribo de los españoles había seis familias lingüísticas principales: la maya y la yutoazteca eran las más extendidas, pero eran más importantes la hokano-coahuilteca, la otopame, la tarasca y la oaxaqueña. Los conquistadores emplearon inicialmente el náhuatl como idioma hegemónico ya que facilitaba manejar los aspectos civiles y religiosos y era una lengua que conocía la mayor parte de los conquistados. Con el paso del tiempo el español comenzó a desplazar a las lenguas indígenas, aunque algunas de ellas se mantuvieron debido a que los religiosos aprendieron las lenguas aborígenes para apoyar la evangelización. De hecho, las que mejor se preservaron fueron las que usaron las órdenes religiosas encargadas de la evangelización.

Todavía al inicio de la Guerra de Independencia en 1810 eran mayoría quienes hablaban lenguas indígenas. La larga lucha por la independencia (once años) obligó al desplazamiento geográfico de los combatientes, que se vieron forzados a usar el castellano como lenguaje de comunicación. Eso provocó, en muchos de ellos, el abandono de su lengua indígena materna. Durante los siguientes 50 años la inestabilidad política propició los desplazamientos de población que llevaban a la sustitución de las lenguas nativas. Además, el empobrecimiento de los indígenas hizo que se viera con desprecio a quienes las hablaban. En este siglo, los hablantes de lenguas indígenas representan una proporción cada vez menor de la población: 15.4% en 1900, 15.1% en 1921, 14.4% en 1940, 10.4% en 1960, 9.0% en 1980, 7.5% en 1990 y 7% en 1995 (5.5 millones de hablantes de lengua indígena de 5 años o más).

En la década de los noventa las lenguas indígenas con mayor número de hablantes eran náhuatl, maya, zapoteco y mixteco; los 30 idiomas de la población con menor número de hablantes suman apenas 2% y muchos de ellos están en peligro de desaparecer. (☞Indígenas)

LENGUAJES BRAILLE Y DE SEÑAS

Las personas privadas de la vista disponen del lenguaje Braille, propuesto en 1829 por el profesor francés Louis Braille. Se basa en un sistema de puntos en relieve, grabados en papel a mano o a máquina, para ser leídos pasando los dedos. Cada letra, número o signo de puntuación está definido por el número y la localización de los seis posibles puntos de cada grupo (un grupo consta de matrices de dos puntos de anchura y tres de altura). El alfabeto Braille también permite escribir y leer música. Los puntos se graban por el reverso de la hoja en sentido inverso y se leen por el anverso en la dirección normal de lectura. Los invidentes pueden escribir Braille con una guía especial (llamada regleta) o utilizando una máquina Perkins (similar a una máquina de escribir).

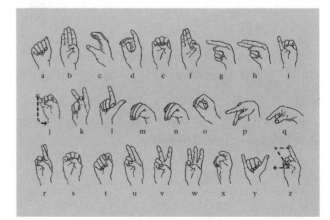

Matriz y alfabeto Braille

© Rodrigo San Vicente

El Centro Cultural "José Martí", en la Alameda Central de la ciudad de México, ofrece cursos de náhuatl y mixteco (junio, 2000).

Alfabeto de señas más frecuentemente utilizado en los Estados Unidos.

El lenguaje de señas se basa en gestos y reglas gramaticales que comparten puntos en común con el lenguaje escrito; los signos del lenguaje de señas son equivalentes a letras con significado concreto y abstracto. Las señas se hacen con una o dos manos, que adoptan diferentes formas y movimientos. Las relaciones espaciales, la dirección y orientación de los movimientos de las manos, así como las expresiones faciales y los movimientos del cuerpo, constituyen la gramática de este lenguaje.

RELIGIONES EN MÉXICO

En el terreno religioso hay dos tendencias claramente distinguibles: la reducción de quienes asisten regularmente a servicios religiosos y el gradual retroceso del catolicismo frente a otras religiones.

INTRODUCCIÓN Y ESTADÍSTICAS

Según datos de la Encuesta Nacional de la Dinámica Demográfica en 1997 unos 83 millones de mexicanos admitió practicar alguna religión (96.84% de la población mayor de cinco años). De ellos 89.13% se declararon católicos, mientras que los protestantes, judíos y otros grupos religiosos representaron el otro 10.87 por ciento. Debe agregarse que esta última categoría ha crecido en décadas recientes.

TENDENCIAS DE CRECIMIENTO EN EL NÚMERO DE CREYENTES POR RELIGIÓN, 1950-1997						
	1950	1960	1970	1980	1990	1997
Católicos (%)	98	96	96	93	90	89
No católicos (%)	2	4	4	7	10	11

Fuente: INEGI, 1997.

De los encuestados, 68% consideró que la religión es muy importante en su vida y 76% se manifestó abiertamente como religioso. Sin embargo, no todos optaban por expresar la religiosidad por los canales institucionales, ya que sólo un poco más de la mitad acudía con frecuencia a servicios religiosos. Por otra parte, la mayoría (57%) consideró que la religión debe mantenerse al margen de la política y que los líderes religiosos no deben influir en las decisiones del gobierno. De lo que no hay duda es que la religión sigue siendo un valor importante para los mexicanos, al punto de poder apreciarse una tendencia hacia una espiritualidad en crecimiento.

© Carlos Hahn

La mayor parte de los mexicanos practica una religión.

VALORES RELIGIOSOS, 1981-2000				
	1981	1990	1996/97	2000
Consideran muy importante la religión en su vida (%)	-	34	46	68
Se consideran una persona religiosa (%)	75	71	63	76
Acude semanalmente a servicios religiosos (%)	54	43	47	55
Considera que los religiosos no deben participar en política (%)	-	-	-	57

Fuente: Encuesta Mundial de Valores, 2000.

ASOCIACIONES RELIGIOSAS EN MÉXICO, 2000

RELIGIÓN	ASOCIACIONES	
Total	**5,647**	
Católicas	2,754	
Evangélicas	2,815	
Orientales	23	
Independientes	55	

Fuente: Secretaría de Gobernación, 2000.

Los estados con mayor proporción de católicos son Aguascalientes, Guanajuato, Jalisco, Querétaro y Zacatecas, mientras que la mayor presencia de protestantes ocurre en Chiapas, Tabasco, Campeche y Quintana Roo.

INMUEBLES DESTINADOS A ACTIVIDADES RELIGIOSAS, 2000

89,526 Total

80,846 Propiedad de la nación

8,680 Propiedad de las asociaciones religiosas

Fuente: Secretaría de Gobernación, 2000.

CREYENTES POR IGLESIA Y POR ESTADO DE LA REPÚBLICA, 1997

ESTADO	POBLACIÓN DE 5 AÑOS O MÁS	CATÓLICA		PROTESTANTE O EVANGÉLICA		JUDAICA Y OTRAS		NINGUNA		NO ESPECIFICADA	
		Población	%	Población	%	Población	%	Población	%	Población	%
República Mexicana	**82,975,959**	73,957,747	89.13	5,817,624	7.01	578,548.21	0.69	2,442,759	2.94	96,425	0.11

ESTADO	POBLACIÓN DE 5 AÑOS O MÁS	CATÓLICA		PROTESTANTE, EVANGÉLICA Y OTRAS		NINGUNA Y NO ESPECIFICADA	
		Población	%	Población	%	Población	%
Aguascalientes	774,055	743,395	96.04	23,229	3.0	7,430.93	0.96
Baja California	1,982,606	1,663,218	83.89	209,353	10.6	110,034.63	5.55
Baja California Sur	344,683	312,794	90.75	22,031	6.4	9,857.93	2.86
Campeche	589,823	434,842	73.72	105,200	17.8	49,781.06	8.44
Coahuila	1,981,493	1,703,742	85.98	205,427	10.4	72,324.49	3.65
Colima	457,955	430,061	93.91	19,605	4.3	8,288.99	1.81
Chiapas	3,154,650	2,083,758	66.05	662,365	21.0	408,527.18	12.95
Chihuahua	2,571,656	2,204,947	85.74	246,356	9.6	120,353.50	4.68
Distrito Federal	7,780,052	7,117,369	91.48	424,614	5.5	238,069.59	3.06
Durango	1,275,290	1,185,210	92.94	63,299	5.0	26,781.09	2.1
Guanajuato	3,945,163	3,808,774	96.54	101,672	2.6	34,717.43	0.88
Guerrero	2,619,334	2,365,623	90.31	206,825	8.0	46,886.08	1.79
Hidalgo	1,909,824	1,793,756	93.92	104,800	5.5	11,267.96	0.59
Jalisco	5,436,614	5,211,785	95.86	162,851	3.0	61,977.40	1.14
México	10,876,699	10,083,518	92.71	606,101	5.6	187,079.22	1.72
Michoacán	3,447,370	3,176,461	92.14	200,238	5.8	70,671.09	2.05
Morelos	1,326,032	1,119,962	84.46	148,255	11.2	57,815.00	4.36
Nayarit	798,521	732,210	91.70	44,671	5.6	21,639.92	2.71
Nuevo León	3,295,020	2,900,447	88.03	311,209	9.4	83,364.01	2.53
Oaxaca	2,888,411	2,532,398	87.67	241,921	8.4	114,092.23	3.95
Puebla	4,180,601	3,821,976	91.42	268,324	6.4	90,300.98	2.16
Querétaro	1,137,631	1,099,582	96.66	25,080	2.2	12,968.99	1.14
Quintana Roo	670,429	503,085	75.04	112,234	16.7	55,109.26	8.22
S.L.P.	1,964,898	1,804,353	91.83	135,394	6.9	25,150.69	1.28
Sinaloa	2,187,630	1,968,521	89.98	106,665	4.9	112,444.18	5.14
Sonora	1,937,378	1,749,551	90.31	125,638	6.5	62,189.83	3.21
Tabasco	1,598,744	1,192,796	74.61	285,083	17.8	120,865.05	7.56
Tamaulipas	2,333,884	1,985,048	85.05	267,617	11.5	81,219.16	3.48
Tlaxcala	798,664	752,001	94.16	38,996	4.9	7,667.17	0.96
Veracruz	6,101,353	5,125,762	84.01	716,894	11.7	258,697.37	4.24
Yucatán	1,439,203	1,219,401	84.73	178,353	12.4	41,449.05	2.88
Zacatecas	1,170,293	1,139,693	97.39	20,418	1.7	10,181.55	0.87

Fuente: INEGI, 1997.

En 1992 las iglesias obtuvieron el reconocimiento por parte del Estado y adquirieron personalidad jurídica como asociaciones religiosas. Dentro de una misma religión se pueden registrar varias asociaciones. En México existe un total de 5,647 asociaciones religiosas registradas.

La Ley de Asociaciones Religiosas y Culto Público autoriza a las asociaciones religiosas a tener patrimonio propio que puede estar constituido por todos los bienes que posean o administren; de igual manera pueden transmitirlos, en caso de liquidación, a otras asociaciones religiosas.

EL CATOLICISMO

ORÍGENES

El cristianismo está basado en los hechos y enseñanzas de Jesús de Nazaret tal y como fueron relatados por sus seguidores y evangelistas. Jesús nació en Belén. Se desconocen los detalles de su vida hasta los 30 años; a esa edad fue bautizado por Juan el Bautista e inició su misión religiosa. Durante tres años predicó una doctrina basada en la caridad y el amor al prójimo, prometiendo la salvación a los que creyeran en él. Fue acusado de sedición, juzgado por las autoridades romanas y sentenciado a morir crucificado; según sus seguidores, resucitó al tercer día y ascendió al reino de los cielos.

© Omar Cabrera

Hay ediciones parciales del Nuevo Testamento publicadas por algunas iglesias diferentes de la Católica.

La doctrina católica sostiene que existen tres actos de fe: la encarnación (Jesús es Dios hecho hombre); la trinidad (un solo dios con tres naturalezas: Dios padre, Hijo y Espíritu Santo), y la resurrección.

LA BIBLIA (ANTIGUO Y NUEVO TESTAMENTO)

Los cristianos sostienen que la Biblia es la escritura sagrada, es decir, la palabra de Dios. Consta de 73 libros que se dividen en dos grupos: Antiguo Testamento (46 libros escritos antes de la llegada de Jesús) y Nuevo Testamento (27 libros escritos después de su vida). Cada uno está organizado en capítulos y versículos. Los textos de la Biblia también se pueden clasificar en libros históricos, didácticos y proféticos.

SACRAMENTOS Y MANDAMIENTOS

Los católicos creen que los sacramentos son actos instituidos por Jesucristo como medio de salvación. Los confiere un ministro legítimo para que los fieles reciban un efecto espiritual de santificación o gracia divina. Los sacramentos son siete: bautismo, reconciliación (confesión), eucaristía (comunión), confirmación, unción de los enfermos, matrimonio y orden sacerdotal.

La doctrina católica mantiene que la Iglesia, con la autoridad que recibe de Cristo, establece leyes de conducta a través de los mandamientos. El hombre debe cumplirlos y así, al imitar a Dios, practicará las virtudes que Cristo practicó, se apartará del pecado y cambiará interiormente. El catolicismo conserva los diez mandamientos definidos por el judaísmo: amarás a Dios sobre todas las cosas, no jurarás el nombre de Dios en vano, santificarás las fiestas, honrarás a tu padre y a tu madre, no matarás, no cometerás actos impuros, no robarás, no levantarás falso testimonio ni mentirás, no desearás a la mujer de tu prójimo y no codiciarás los bienes ajenos.

"Santo" es el término utilizado para referirse a los miembros de la comunidad cristiana que han sido virtuosos hasta un grado heroico. Los santos están jerarquizados en varios estratos: apóstoles y evangelistas, mártires, confesores, doctores, vírgenes, matronas y viudas. El catálogo con mayor autoridad eclesiástica, el *Martyrologium Romanum*, menciona hasta 2,700 santos. En 1964 el Concilio Vaticano II hizo una distinción: sólo los que tienen verdadero significado universal serían adoptados por toda la Iglesia, en tanto que a los demás podrá venerárseles según el país, iglesia o comunidad. El calendario litúrgico que comenzó a ser efectivo el 1° de enero de 1970 incluye las festividades de 58 santos regulares u obligatorias, más 92 opcionales, además de las de Cristo, la Virgen María, San José y los apóstoles.

El 2 de noviembre se celebra una fiesta de gran importancia para los católicos mexicanos.

Cada 12 de diciembre cientos de miles de fieles acuden a la Basílica de Guadalupe.

PRINCIPALES FIESTAS CATÓLICAS FIJAS

ENERO
1	María, Madre de Dios
6	Epifanía
11	Bautismo de Jesús
25	Conversión del apóstol Pablo

FEBRERO
2	Presentación del Señor (Día de la Candelaria)

MARZO
25	Anunciación

JUNIO
24	Nacimiento de San Juan Bautista

AGOSTO
6	Transfiguración
15	Asunción de la Virgen María
22	María Reina

SEPTIEMBRE
8	Natividad de la Virgen
14	Exaltación de la Santa Cruz

OCTUBRE
2	Ángeles custodios

NOVIEMBRE
1	Todos los santos
2	Los fieles difuntos
21	Presentación de la Virgen María

DICIEMBRE
8	Inmaculada Concepción
12	Nuestra Señora de Guadalupe
25	Natividad del Señor
28	Santos inocentes

LA IGLESIA CATÓLICA, APOSTÓLICA Y ROMANA

El catolicismo romano es la más extendida de las doctrinas cristianas y es practicado en el mundo por unos 1,100 millones de personas en los cinco continentes. Los católicos aceptan las enseñanzas de Jesús reveladas en la Biblia, la tradición, las leyes de la Iglesia y las encíclicas de los papas.

S.S. Juan Pablo II

En la Iglesia Católica Apostólica y Romana el mayor rango de autoridad pertenece al Papa, cuyas resoluciones son decisivas en cualquier materia. Como máxima autoridad, dirige los asuntos de la Iglesia desde el Estado del Vaticano en Roma. Bajo su dirección se encuentran cardenales, obispos y sacerdotes, quienes administran los asuntos religiosos por regiones específicas.

La palabra Papa tiene dos significados especiales según la Iglesia Católica. El primero corresponde a las iniciales de cuatro palabras latinas: *Petri, apostoli, potestatem* y *accipiens* que se traducen como "el que recibe la potestad del apóstol Pedro". El segundo corresponde a la unión de las dos primeras sílabas de las palabras latinas: *pater* y *pastor,* que

FECHAS DE SEMANA SANTA HASTA EL 2029 DE JUEVES A DOMINGO DE RESURRECCIÓN										
	0	1	2	3	4	5	6	7	8	9
2000	20-23 Abr.	12-15 Abr.	28-31 Mar.	17-20 Abr.	8-11 Abr.	24-27 Mar.	13-16 Abr.	5-8 Abr.	20-23 Mar.	9-12 Abr.
2010	1-4 Abr.	21-24 Abr.	5-8 Abr.	28-31 Mar.	17-20 Abr.	2-5 Abr.	24-27 Mar.	13-16 Abr.	29 Mar 1 Abr.	18-21 Abr.
2020	9-12 Abr.	1-4 Abr.	14-17 Abr.	6-9 Abr.	28-31 Mar.	17-20 Abr.	2-5 Abr.	25-28 Mar.	13-16 Abr.	29 Mar 1 Abr.

© Rodrigo San Vicente

se traducen como "padre" y "pastor". De acuerdo a esta interpretación el Papa es el padre y pastor porque cuida de todos los hijos de Dios con cariño y atención de verdadero padre y vela por la santidad de todos; por lo anterior se le llama también "santo padre".

Los católicos consideran que el Papa es el vicario de Cristo, es decir el delegado en la Tierra; asimismo, es la cabeza visible de la Iglesia, obispo de Roma y jefe de la jerarquía católica. De acuerdo a la doctrina, recibe la asistencia del Espíritu Santo en su actuación. Al morir un Papa el Sacro Colegio Cardenalicio elige a su sucesor en un cónclave. Desde San Pedro (primer Papa) hasta la fecha ha habido 264 pontífices, de los cuales 81 han sido canonizados.

Después del Papa, los cardenales son los más altos dignatarios de la Iglesia. Son elegidos por el sumo pontífice y forman el Sacro Colegio Cardenalicio. La mayoría son obispos o jefes de alguna de las congregaciones sagradas de la administración papal. Durante largo tiempo el Sacro Colegio Cardenalicio estuvo limitado a 70 miembros, pero a partir de 1973 aumentó a más de 120. Actualmente los miembros de este colegio suman 151; proceden de 58 países y representan a todos los continentes: Europa (80), América (38), África (14), Asia (13), Oceanía (cuatro) y dos *in pectore* (en secreto).

En la administración de la Iglesia al Papa le ayuda la Curia, una burocracia bien organizada. De orígenes remotos, actualmente reside en la ciudad del Vaticano y es dirigida por un secretario de Estado, al que rinden cuentas las diferentes oficinas que integran la Sagrada Congregación para los Asuntos de la Iglesia, diez congregaciones más, tres tribunales, tres secretarías y otros despachos.

De acuerdo con la tradición cristiana la unidad organizativa fundamental de la feligresía es la diócesis, a cargo de un obispo. La Iglesia católica está integrada por aproximadamente 1,500 diócesis y 500 arquidiócesis. La iglesia más importante de una diócesis es la catedral donde el obispo preside la misa y demás ceremonias. El obispo posee el rango litúrgico más importante de la diócesis; se distingue de un sacerdote por su capacidad de conferir órdenes sagradas y

de otorgar el sacramento de la confirmación, y es también quien ostenta el más alto poder jurídico de la diócesis. El manejo administrativo lo realizan el vicario, el canciller u otros funcionarios, y en diócesis muy amplias puede recibir la ayuda de obispos auxiliares (tal es el caso del arzobispado de la ciudad de México).

Bajo la jurisdicción del obispo están el clero secular y regular. El secular no sólo se compone de órdenes y congregaciones religiosas, sino también de los que han sido incorporados de forma permanente a la diócesis bajo la autoridad del obispo local. El regular se debe ante todo a sus órdenes o congregaciones. En los aspectos públicos referidos al culto, los clérigos regulares deben respetar las decisiones del obispo donde trabajan, pero disfrutan de una gran libertad en lo que a otras funciones concierne. Lo mismo puede decirse de los monjes y monjas que pertenecen a una congregación pero que no son parte del clero. Desde el Concilio Vaticano II los laicos, es decir los miembros de la Iglesia que no pertenecen a ninguna orden religiosa, han tomado un papel cada vez más importante como auxiliares de sacerdotes y obispos en asuntos prácticos e incluso en el ejercicio pastoral, como la catequesis (formación religiosa).

© Carlos Hahn

El 89% de la población mexicana practica el catolicismo.

La Iglesia católica en México

En México la religión católica es mayoritaria. En 1997, el 89.13% de la población de 5 años o más (82,975,959) declaró profesarla.

La Iglesia está organizada en 14 provincias eclesiásticas, cada una con una arquidiócesis central y un arzobispo metropolitano, más varias diócesis. Dichas provincias son Acapulco, Chihuahua, Durango, Guadalajara, Hermosillo, México, Monterrey, Morelia, Oaxaca, Puebla, San Luis Potosí, Tlalnepantla, Jalapa y Yucatán. Por motivos netamente pastorales, el territorio nacional se divide en 15 regiones que no siempre coinciden con las provincias. Existen en total 64 diócesis u obispados a cargo de un obispo residencial.

La Conferencia Episcopal Mexicana (CEM) se integra con los obispos mexicanos, 95 prelados en total. Es un organismo de coordinación y servicio, no de gobierno o autoridad. En México la estructura de la Iglesia carece de centro nacional; cada obispo residencial tiene amplia autonomía dentro de su territorio y es responsable de ella ante el Papa, a quien debe comunicar por escrito el estado de la diócesis cada cinco años. Así, el arzobispo de la ciudad de México recibe el título de Arzobispo Primado de México, meramente honorífico y sin autoridad sobre los demás. De igual manera el Nuncio Apostólico, embajador oficial del Vaticano desde 1992, ejerce funciones de relación con el episcopado, con los obispos y con el gobierno, pero no tiene jurisdicción sobre aquéllos.

Los líderes católicos mexicanos participan activamente en la vida social al opinar y adoptar posturas sobre asuntos de interés nacional. Pese a que la CEM ha adoptado posiciones liberales y ha realizado esfuerzos en pro de una mayor justicia social y un desarrollo económico equitativo, cabe señalar que en asuntos relacionados con la moral pública y la conducta personal se ha manifestado en repetidas ocasiones contra el aborto, la homosexualidad y el uso de métodos artificiales de control natal.

IGLESIA CATÓLICA EN CIFRAS, 2000	
DIVISIÓN TERRITORIAL	
Regiones pastorales	15
Provincias	14
Arquidiócesis	14
Diócesis	64
Prelaturas	5
Obispos en México	
Cardenales arzobispos (México, Guadalajara y Monterrey)	3
Cardenal-Arzobispo Emérito (Ernesto Corripio Ahumada)	1
Arzobispos diocesanos	11
Arzobispo coadjuntor	1
Obispos diocesanos	58
Obispos prelados	5
Obispos coadjuntores (Tlaxcala y Tehuantepec)	2
Obispos auxiliares	14
Obispos eméritos	27
Nuncio Apostólico	1
Obispo Iglesia Oriental	1
Arzobispo-Obispo Emérito de Zacatecas (Reside en la Santa Sede)	1
Administrador Iglesia Oriental	1
Administrador apostólico	1
Administradores diocesanos	5
Sacerdotes (adscritos a una diócesis bajo la autoridad de un obispo residencial)	8,090
Sacerdotes religiosos (miembros de 54 congregaciones religiosas)	3,227
Parroquias	4,687
Capillas u iglesias	1,016
Cuasiparroquias	242

Fuente: CEM, http://www.cem.org.mx

REGIONES PASTORALES

Noroeste	Metro-circundante
Norte	Centro
Noreste	Oriente
Vizcaya-Pacífico	Golfo
Occidente	Sur
Don Vasco	Sureste
Bajío	Pacífico Sur
Metropolitana	

ARQUIDIÓCESIS

Acapulco, Gro.	Morelia, Mich.
Chihuahua, Chih.	Oaxaca, Oax.
Durango, Dgo.	Puebla, Pue.
Guadalajara, Jal.	San Luis Potosí, S.L.P.
Hermosillo, Son.	Tlalnepantla, Mex.
México, D.F.	Jalapa, Ver.
Monterrey, N.L.	Yucatán

DIÓCESIS

Aguascalientes, Ags.	Ciudad Victoria, Tamps.
Apatzingán, Mich.	Celaya, Gto.
Atlacomulco, Mex.	Coatzacoalcos, Ver.
Autlán, Jal.	Colima, Col.
Campeche, Camp.	Córdoba, Ver.
Ciudad Altamirano, Gro.	Cuauhtémoc-Madera, Chih.
Ciudad Guzmán, Jal.	Cuautitlán, Mex.
Ciudad Juárez, Chih.	Cuernavaca, Mor.
Ciudad Lázaro Cárdenas, Mich.	Culiacán, Sin.
Ciudad Obregón, Son.	Chilpancingo-Chilapa, Gro.

Ciudad Valles, S.L.P.
Ecatepec, Mex.
Huajuapan de León, Oax.
Huejutla, Hgo.
La Paz, B.C.S.
León, Gto.
Linares, N.L.
Matamoros, Tamps.
Matehuala, S.L.P.
Mazatlán, Sin.
Mexicali, B.C.
Nezahualcóyotl, Mex.
Nuevo Casas Grandes, Chih.
Nuevo Laredo, Tamps.
Orizaba, Ver.
Papantla, Pue-Ver.
Parral, Chih.
Querétaro, Qro.
Saltillo, Coah.
San Andrés Tuxtla, Ver.
San Cristóbal de las Casas, Chis.
San Juan de los Lagos, Jal.

Tabasco, Tab.
Tacámbaro, Mich.
Tampico, Tamps.
Tapachula, Chis,
Tarahumara, Chih.
Tehuacán, Pue.
Tehuantepec, Oax.
Tepic, Nay.
Texcoco, Mex.
Tijuana, B.C.
Tlapa, Gro.
Tlaxcala, Tlax.
Toluca, Mex.
Torreón, Coah.
Tula, Hgo.
Tulancingo, Hgo.
Tuxpan, Ver.
Tuxtepec, Oax.
Tuxtla Gutiérrez, Chis.
Veracruz, Ver.
Zacatecas, Zac.
Zamora, Mich.

PRELATURAS

Cancún-Chetumal, Q.R.
El Nayar, Nay.
El Salto, Dgo.

Huautla, Oax.
Mixes, Oax.

El 21 de mayo del 2000 el Papa Juan Pablo II canonizó a 27 mexicanos. Pese a ser una de las naciones con mayor número de fieles católicos en América y el mundo, México sólo contaba con un santo, Felipe de Jesús, canonizado en

1862. La lista de los nuevos santos está integrada por 23 sacerdotes, una beata y tres laicos.

ÓRDENES Y COMUNIDADES RELIGIOSAS

Dentro de la Iglesia católica existen sociedades de vida apostólica o institutos de vida consagrada que viven bajo normas o reglas determinadas, que la sociedad se fija a sí misma. Muchos de los miembros de órdenes y congregaciones religiosas son sacerdotes, pero existen congregaciones formadas por laicos (como la de los maristas). La Iglesia católica no admite la ordenación de las mujeres. En México las órdenes religiosas que más destacan en labores de educación y asistencia son: los jesuitas, los maristas y los legionarios de Cristo.

RELIGIONES NO CATÓLICAS EN MÉXICO

PROTESTANTISMO

El protestantismo es una de las tres principales ramas del cristianismo (las otras dos son el catolicismo romano y el cristianismo ortodoxo). Comenzó como un movimiento por renovar a la Iglesia católica en el siglo XVI. Culminó en la reforma protestante y con la separación de varias comunidades antes católicas.

El término "protestante" se asignó en el curso de una asamblea imperial realizada en 1529 en Espira, Alemania. En esa ocasión, la mayoría católica retiró la tolerancia concedida tres años antes a los disidentes; seis sacerdotes luteranos y los líderes de 14 ciudades alemanas firmaron una declaración de protesta que dio pie al apelativo.

MEXICANOS CANONIZADOS EN EL 2000		
DE GUADALAJARA		
Cura Cristóbal Magallanes	Padre Agustín Caloca	Cura José María Robles Hurtado
Padre David Galván Bermúdez	Cura Justino Orona Madrigal	Padre Atilano Cruz Alvarado
Cura Román Adame Rosales	Cura Julio Álvarez Mendoza	Padre Pedro Esqueda Ramírez
Cura Rodrigo Aguilar Alemán	Padre Tranquilino Ubiarco Robles	Padre Jenaro Sánchez Delgadillo
Padre José Isabel Flores Varela	Padre Sabás Reyes Salazar	Padre Toribio Romo González
DE DURANGO		
Cura Luis Batis Sáinz	Señor Manuel Morales*	Joven Salvador Lara Puente*
Joven David Roldán Lara*	Cura Mateo Correa Magallanes	
DE CHIHUAHUA	**DE MORELIA**	**DE COLIMA**
Pedro de Jesús Maldonado Lucero	Jesús Méndez Montoya	Padre Miguel de la Mora
DE CHILAPA-CHILPANCINGO	**DE PUEBLA**	
Cura David Uribe Velasco	Beata María de Jesús Sacramentado Venegas	
Margarito Flores García	Padre José María de Yermo y Parrés	

* Laicos.

Fuente: http://www.sanctus.com

Del movimiento derivaron dos grandes ramas: la histórica y la evangélica. Dentro de la primera se encuentran los luteranos y los anglicanos. La segunda incluye a los metodistas, presbiterianos, bautistas, congregacionistas y pentecostales. A pesar de sus diferencias en doctrina y práctica, coinciden en su rechazo al Papa como autoridad y a algunos sacramentos. Ponen especial énfasis en la autoridad de la Biblia y la importancia de la fe individual.

LUTERANOS

El luteranismo, principal rama de la iglesia protestante, surge de la reforma religiosa iniciada por el agustino Martín Lutero en el siglo XVI. Tras estudiar atentamente la Biblia, se convenció de que la salvación sólo se obtiene por la gracia de Dios. Esta creencia entró en conflicto con la costumbre muy común del catolicismo: vender indulgencias como medio de obtener el perdón de los pecados. Lutero criticó esta práctica mediante sus 95 tesis; a la postre fue excomulgado.

El principio básico del luteranismo es que el hombre se salva por medio de la fe en Dios y no por sus buenas obras o méritos. Al igual que los católicos, los luteranos creen en la Trinidad, en la resurrección, en el pecado original y en la Biblia como única guía; reconocen los sacramentos del bautismo y la eucaristía, y aunque existen ministros de la religión, consideran que cada persona es un sacerdote y puede llegar directamente a Dios. La mayoría de los luteranos se encuentra en Europa y Estados Unidos de Norteamérica.

En México las primeras congregaciones luteranas datan de 1850 y 1872. Para 1984 se contaba con un conjunto de 52 ministros y cinco profesores que trabajan en diversos lugares del país en labores educativas y de salud. El principal templo luterano, al igual que otro recinto destinado para los practicantes alemanes de esta religión, se encuentra en la ciudad de México.

PRESBITERIANOS

Juan Calvino fundó otra iglesia en Ginebra, Suiza, a partir del luteranismo y desarrollando la doctrina de la predestinación. Este movimiento se extendió por Francia, Alemania y otros países de Europa. Sus seguidores se llaman Reformados, pero en casi todos los países se les conoce como presbiterianos. En Escocia esta doctrina fue introducida por John Knox y se convirtió en la religión oficial del reino. El presbiterianismo llegó al Nuevo Mundo con la iglesia reformada holandesa y con los ingleses puritanos que se establecieron en Nueva Inglaterra.

La Confesión de Westminster, base del credo presbiteriano, sostiene los siguientes postulados: la Biblia es la única regla infalible de fe y práctica; Dios y no el individuo es el que determina el destino del hombre (doctrina de la predestinación); la Trinidad, el cielo y el infierno son realidades. Los presbiterianos reconocen los sacramentos del bautismo y la eucaristía; su organización es democrática y la compone un consejo de ministros ordenados y laicos.

En México existen dos congregaciones presbiterianas: la Iglesia Nacional Presbiteriana y la Iglesia Presbiteriana Asociada y Reformada. La primera llegó en 1854 por una misionera estadounidense, Melinda Rankin, quien fundó una escuela para niños en Brownsville (ciudad vecina de Matamoros). Actividades misioneras posteriores llevaron a la formación de la otra comunidad, que ha procurado mantenerse independiente del presbiterianismo estadounidense. Su labor se ha centrado en las áreas de salud, educación y asistencia. Destaca el trabajo realizado con grupos étnicos en el sureste del país y las traducciones de la Biblia a lenguas indígenas. Está organizada en regiones sinodales que dan cuenta a un sínodo general.

Otra vertiente presbiteriana es la Iglesia Presbiteriana Asociada y Reformada, establecida en México en 1878. Sus principales congregaciones y presbiterios se encuentran en los estados de San Luis Potosí, Hidalgo, Tamaulipas y Veracruz y cuentan con un seminario en Tampico.

BAUTISTAS

La denominación bautista no tiene un fundador identificado. Existen testimonios de que surgió en el siglo XVII como una escisión del anglicanismo. Algunos la relacionan con Juan Bautista y otros, con los anabaptistas europeos del siglo XVI. La primera congregación bautista se fundó en Amsterdam en 1608 por puritanos ingleses que huían de la persecución religiosa. Roger Williams estableció la primera de América en Rhode Island, en 1639.

Para los bautistas la Biblia es la máxima autoridad religiosa y admiten la Trinidad. El individuo se salva por su fe en Cristo y por la gracia de Dios. La mayoría de los bautistas vive en Estados Unidos.

Los primeros bautistas llegaron a México en 1860; hoy cuentan con congregaciones y misiones. Las congregaciones más numerosas están en Chihuahua, Coahuila, Distrito Federal y Durango; las hay también en Chiapas, Tabasco y Yucatán. La comunidad bautista celebra cada año la Convención Bautista Mexicana; mantiene estrecha relación con su contraparte estadounidense y sus delegados mexicanos participan en la Alianza Mundial Bautista.

EPISCOPALES Y ANGLICANOS

El anglicanismo es una rama del cristianismo cuyas congregaciones siguen el mismo culto que la Iglesia de Inglaterra. El término "anglicano" viene de la palabra latina correspondiente a "inglés". Los fieles estadounidenses llaman a su grupo Iglesia Episcopal o Iglesia Episcopal Protestante. "Episcopal" proviene del griego *episkopos* cuyo significado es "obispo".

El anglicanismo nació cuando Enrique VIII declaró que el rey, no el Papa, sería la cabeza del catolicismo en Inglaterra, luego de negársele la anulación de su matrimonio con Catalina de Aragón. Esta razón circunstancial en realidad culminó más de 100 años de protestas del pueblo inglés contra la enorme carga económica que representaba mantener a la Iglesia y contra la autoridad del Papa. Thomas Cranmer, arzobispo de Canterbury a quien se nombró cabeza de la Iglesia de Inglaterra, elaboró un libro de plegarias y sentó las bases de la doctrina anglicana. Esta denominación llegó a América del Norte en 1607; muchos de los primeros colonos de lo que sería Estados Unidos eran anglicanos.

Al anglicanismo también se le llama "iglesia puente" ya que constituye una vía media entre el catolicismo, el protestantismo estricto y la doctrina ortodoxa. En general coincide con el catolicismo romano, pero no reconoce la autoridad del Papa, como otros protestantes. Entre sus postulados no figura la idea del cielo o del infierno como lugares físicos; mantiene que después del Juicio Final, Dios creará de nuevo al hombre con un cuerpo espiritual; considera a la Biblia como la máxima declaración religiosa pero se cuida de interpretarla literalmente.

El anglicanismo se estableció en México en 1869, procedente de Estados Unidos. Desde 1906 esta iglesia se denomina Iglesia Anglicana Episcopal de México; tiene templos administrados por sacerdotes. El Seminario Episcopal y la Capilla de San Andrés forman parte de un centro de actividad religiosa e intelectual muy importante en el Distrito Federal.

JUDÍOS

El judaísmo es la más antigua de las religiones monoteístas reveladas. Las palabras "judaísmo" y "judío" derivan de Judah o Judea, nombre del reino judío fundado por Abraham. Sus descendientes permanecieron esclavizados en Egipto hasta el siglo XIII a.C., cuando los liberó el profeta Moisés, quien recibió de Dios los diez mandamientos que constituyen la base del judaísmo.

El judaísmo se basa principalmente en la llamada "ley de Moisés", expuesta en el Pentateuco y glosada en el Talmud, compendio de leyes, tradiciones, anécdotas, biografías y profecías de los antiguos judíos.

Existen más de 13,600,000 judíos en el mundo; dos terceras partes habita en Estados Unidos o Israel y el resto está distribuido en diversos países. La presencia judía en México se remonta a la época de la conquista. Sin embargo, no fue sino hasta finales del siglo XIX y principios del XX cuando se constituyó la comunidad judeomexicana moderna con inmigraciones masivas de judíos que huían de la persecución y marginación principalmente de Siria, los Balcanes y Europa Oriental. La presencia organizada de los judíos data de 1938 cuando se constituye el Comité Central Israelita de México como una asociación de refugiados judíos de Europa. En la actualidad el Comité Central de la Comunidad Judía de México funge como institución representativa de esta colectividad; la instancia de análisis y opinión de este comité es la Tribuna Israelita, fundada en 1944. Como institución promueve el diálogo con líderes del país y lleva a cabo proyectos conjuntos. Además cuenta con un proyecto editorial, *Tribuna Israelita*, que genera y difunde información respecto al judaísmo como sistema religioso, ético y filosófico, y sobre la presencia judía en México.

La comunidad judía en México está compuesta por alrededor de 60 mil personas. La gran mayoría radica en el Distrito Federal y las zonas conurbadas del Estado de México; el resto, en Guadalajara, Monterrey y Tijuana. Destaca por su importante infraestructura educativa, más de una docena de escuelas y academias religiosas que dan cabida a casi 85% de la comunidad judía en edad escolar; cuenta además con la Universidad Hebraica. Como señal del ecumenismo judaico y del diálogo que puede desarrollarse entre religiones distintas hay que mencionar el Programa de Estudios Judaicos de la Universidad Iberoamericana.

A diferencia de otras religiones, el judaísmo no es una doctrina por la que se pueda optar. Por ello no realiza proselitismo alguno. Ser judío exige tener esa ascendencia. Los judíos comparten entre sí un pasado común y una serie de valores, tradiciones y costumbres excluyentes de otras etnias.

SECTAS

Desde el punto de vista religioso, la palabra "secta" tiene un sentido peyorativo, opuesto a "iglesia", y sirve para designar a grupos pequeños que se separan de otros mayores bajo la dirección de un líder. En lo social este término sirve para designar a un grupo que comparte una creencia, con manifestaciones religiosas, ideológicas, sociales y políticas.

Muchas de las sectas actuales surgieron en los años sesenta alimentadas por los grandes cambios en las costumbres, la moral sexual, el orden familiar y los patrones religiosos. El principal rasgo de todos estos grupos es el rechazo de los valores religiosos dominantes. Las características más comunes de las sectas son: el compromiso incondicional de los miembros con su comunidad, la sustitución de las creencias y valores propios por los del grupo, y muchas veces la renuncia a la familia, los estudios o el trabajo.

Su presencia se había limitado principalmente a los estados fronterizos, aunque en los últimos años han comenzado a prosperar en los suburbios de las grandes ciudades. Es notable también su presencia en municipios indígenas alejados del centro, en particular entre grupos como los chamulas en Chiapas, donde una tercera parte de la población pertenece a este tipo de sociedades religiosas.

ADVENTISTAS DEL SÉPTIMO DÍA

Este movimiento religioso se inició en Estados Unidos a principios del siglo XIX. Su día de culto y adoración es el sábado. La liturgia que celebran consiste en leer la Biblia, orar, cantar y escuchar el sermón del pastor. La secta está dirigida por la Conferencia General, un presidente y una junta directiva con sede en Washington. Para la difusión de sus creencias tiene dividido el mundo en doce territorios; la Asamblea Nacional reúne cada tres años a los delegados de los grupos locales y nombra los consejos de la asociación que dirigirán en cada país.

Los adventistas tienen hospitales, clínicas y escuelas en el Distrito Federal y son en México quienes venden más ejemplares de la Biblia.

TESTIGOS DE JEHOVÁ

Los miembros de esta Iglesia se consideran a sí mismos cristianos y verdaderos continuadores de los reformadores protestantes del siglo XVI. Tienen su propia visión de la Biblia, claramente diferente a la de las otras denominaciones protestantes. Para ellos, la doctrina de la Trinidad es un politeísmo pagano, pues Dios es uno: Jehová. Su objetivo es capacitarse para la predicación del reino de Dios y tener una existencia perfecta en la Tierra.

Los Testigos de Jehová consideran que cada creyente es un ministro y también un misionero; no tienen templos ni pastores, pero en toda ciudad importante funciona un centro de estudios en donde se reúnen. No claudican ante el rechazo de la gente que se niega a escucharlos. Conservan el bautismo y la eucaristía pero no como sacramentos; el matrimonio tampoco lo es, sino un contrato indisoluble salvo en caso de adulterio. Los cónyuges incompatibles pueden separarse pero no contraer nuevas nupcias. La sangre es el alma por lo cual no aceptan transfusiones.

IGLESIA DE LA CIENCIA CRISTIANA

Fue creada por Mary Baker Eddy en Boston, Estados Unidos, en 1879. En su culto no hay predicación; se lee la Biblia y el libro *Ciencia y salud,* escrito por la fundadora. Los devotos de esta fe creen en la irrealidad de la materia y el pecado, en la inexistencia de la enfermedad y de la muerte y en el poder de la mente para sanar. En los oficios religiosos no hay pastores ni sacerdotes; todos son laicos y trabajan en labores de asistencia en sanatorios, hospitales y casas particulares mientras otros dirigen el culto los miércoles y domingos.

En México se han establecido en el Distrito Federal y Guadalajara, y sus congregantes son principalmente estadounidenses. Sus libros y periódicos se venden muy bien e influyen en la expansión de grupos que aseguran mantener la salud por medio del poder de la mente. A los dirigentes de esta institución religiosa los nombra una junta directiva, como lo estipula el manual escrito por Mary Baker. Las congregaciones eligen sus funcionarios sin distinguir entre géneros.

IGLESIA DE LOS SANTOS DE LOS ÚLTIMOS DÍAS (MORMONES)

Fue fundada en 1830 por Joseph Smith, inconforme con las enseñanzas de los protestantes en Estados Unidos. Un año antes publicó el *Libro de Mormón,* que se convirtió en la base de la fe y la conducta mormona. Los miembros hicieron del estado de Utah (Estados Unidos) un centro religioso de importancia fundamental para la secta. Fueron perseguidos por sus prácticas poligámicas, que justificaban bajo la obligación de los fieles de proveer al mundo de cuerpos infantiles para que las almas, los hijos espirituales de Dios, puedan encarnar.

En México los mayores asentamientos mormones están en el Distrito Federal, Chihuahua, Nuevo León y Coahuila. Han fundado escuelas, internados y talleres; venden libros y revistas y sostienen centros sociales de recreación en los que ofrecen becas e imparten cursos de inglés. Los miembros de esta secta destacan por su bondad, laboriosidad y disciplina; no fuman, no ingieren bebidas embriagantes ni refrescos de cola ni café. El sacerdocio mormón es también el gobierno de Dios en la Tierra, jerarquizado en obispos, consejeros y secretarios de barrio.

MENONITAS

Esta denominación, de origen alemán, tiene como guía la predicación de Menón Simón, sacerdote católico nacido en 1492 que se separó primero del catolicismo y después, del luteranismo. De su nombre proviene el término menonita; es la figura más importante del anabaptismo. Los menonitas en México descienden de un grupo de migrantes procedente de Canadá y Estados Unidos, que se asentó en el estado de Chihuahua en busca de libertad religiosa, durante el régimen de Álvaro Obregón. Su llegada en 1922 era otro más de sus éxodos: primero huyeron de Alemania donde se buscaba incorporarlos al ejército en la Primera Guerra Mundial. Llegaron a Canadá pero al pedírseles su incorporación a la educación oficial y el ejército, los más conservadores vieron amenazada su cosmovisión, regida por el pacifismo y la entrega total de la vida a Dios. Pidieron asilo al país que aceptara sus condiciones: venta de territorios, exención del servicio militar y de actividades políticas, posibilidad de instalar sus propias iglesias y escuelas e independencia del Estado.

Sus ideas religiosas derivan del calvinismo; conceden el bautismo hasta los 14 años y rehusan cualquier servicio público que ofrezca el Estado. No toman jamás las armas, repudian todo género de venganza lo mismo que el divorcio y cualquier forma de limitación de nacimientos. Los grupos más tradicionalistas están en contra de la modernización por lo que emigran a otras regiones o países agrestes, donde pueden conservar sus tradiciones. El número de menonitas en México se estima en unos 60 mil.

LA LUZ DEL MUNDO

Esta organización religiosa fue fundada en México en 1926 por Eusebio Joaquín Flores, migrante mexicano converso al evangelismo en Estados Unidos. Al morir lo sucedió su hijo Samuel Joaquín, coloquialmente conocido como el Hermano Aarón, quien consolidó la nueva iglesia. Su sede es la colonia Hermosa Provincia de Guadalajara, en donde se ubica un templo de proporciones monumentales. En esta comunidad habitan miles de miembros y su líder espiritual y máxima autoridad.

Esta doctrina pregona que Luz del Mundo es la única iglesia de Cristo, porque el fundador actuaba por inspiración de Dios y porque el nombre del grupo se encuentra en la Biblia. Creen en la unidad de Dios sin Trinidad; dan el bautismo sólo en nombre de Jesucristo, no del Padre o del Espíritu Santo; afirman que la palabra divina sólo viene por boca del "Siervo de Dios"; creen en la inspiración y las revelaciones; se confiesan y dicen ser la luz del mundo. Las mujeres visten de largo, no usan maquillaje, son recatadas y se les exige sumisión al marido. Diariamente celebran cultos, tienen una educación rígida y absorbente desde la niñez y han mantenido además un compromiso político con el Partido Revolucionario Institucional.

Durante los últimos 50 años la Iglesia de la Luz del Mundo ha crecido de tal forma que ya cuenta con templos en las principales ciudades del país, más otros fieles e instalaciones en el sur de Estados Unidos y en Centroamérica. En agosto de todos los años se organiza una gran peregrinación a Guadalajara, lugar santo, en la que participan creyentes del país y del extranjero para rendir culto al Hermano Aarón y celebrar la santa cena.

DIANÉTICA O CIENCIOLOGÍA

Esta secta, fundada por Ronald Lafayette Hubbard en Estados Unidos en 1954, se ostenta como una filosofía religiosa que ayuda al hombre en su comunicación, sufrimiento y salud espiritual, para lo cual usa técnicas psicoanalíticas y se apoya en conceptos del hinduismo, el budismo y las tradiciones cabalísticas. Tiene como escrito fundamental *Dianética: la ciencia de la salud mental,* libro en el que Hubbard se retrató como un heroico superdotado que logró sobrevivir las heridas recibidas durante la Segunda Guerra Mundial sin mayor auxilio que la técnica de la dianética.

La cienciología es un acopio de conceptos religiosos con pretensiones científicas, que basa su doctrina en el uso del autoconocimiento como vía hacia una iniciación que culminará en el éxito personal. Esta secta proselitiza mediante costosos cursos que se suceden uno al otro interminablemente. Se le ha investigado en diferentes países por sus actividades e incluso ha sido considerada como perjudicial para quienes se abandonan a su influencia.

NEW AGE (NUEVA ERA)

Surge y cobra relevancia principalmente en países desarrollados y entre personas de clase media y alta. Más que una doctrina, New Age es el término que identifica una actitud que se basa en un concepto, la existencia de Dios en el interior de cada persona, comúnmente expresada con la frase "tú eres Dios". Ante la "crisis de supervivencia" por la que pasa el mundo entero, sus seguidores afirman practicar y propagar una "nueva conciencia". Creen en el poder a través del conocimiento; su propagación se explica por el deseo de conocer el futuro y dar un remedio inmediato a los proble-

Las religiones orientales han perdido penetración en México. (Las imágenes corresponden a dos enormes estatuas que representan a una pareja de divinidades chinas que protegen a los pescadores de Hong Kong).

mas cotidianos. Con frecuencia, un maestro del New Age se ostenta como un ser místico y espiritual que hace la función de mediador con seres superiores.

Las actividades que practican los miembros de esta persuasión son por demás variadas: meditación, gimnasia china, yoga, magnetismo, medicina alternativa, astrología, espiritismo y telepatía.

HARE KRISHNA

La Asociación Internacional de la Conciencia de Krishna fue fundada por A.C. Braktivedanta Swami Prabhupada quien enseñó que Krishna es el Dios único y creador de todo. El yoga de devoción es la vía para que los adeptos conozcan a Krishna y lo amen. Su libro guía es el Bhagavad-Gita, fragmento de la epopeya del Mahabarata que contiene los principios de la doctrina hinduista.

Devoción, meditación, ritos y ceremonias son prácticas muy importantes para este grupo; en el canto ven una forma de orar para recibir la energía de Krishna. Sus adeptos realizan labor de proselitismo en las calles y sostienen casas de retiro o *ashrams,* en los que dan formación, alojan a nuevos seguidores y confeccionan mercancías para vender en la calle; entre éstas destacan libros, cintas magnetofónicas con cantos rituales, varitas de incienso y pasteles vegetarianos.

EDUCACIÓN

La educación en México padece una contradicción fundamental:
presenta avances numéricos, pero su calidad es extremadamente desigual.

SISTEMA EDUCATIVO NACIONAL

La reducción de los presupuestos oficiales, entre otros factores, ha provocado la caída en la calidad de la educación pública. Entre las consecuencias de dicha caída está la expansión de la educación privada que ha registrado un crecimiento espectacular pero que también tiene una calidad desigual.

El artículo 3° de la Constitución establece que toda persona tiene derecho a recibir educación, que es obligatoria la asistencia a primaria y secundaria y que el Estado tiene el deber de proporcionarla laica y gratuita en los niveles de preescolar, primaria y secundaria. La presencia gubernamental se extiende a la educación indígena, especial y normal, a la formación, actualización y superación profesional de todos los maestros, y a la producción y distribución de las diferentes ediciones del Libro de Texto Gratuito. Los encargados de todo esto son la Secretaría de Educación Pública (SEP) y los gobiernos de los estados que reciben transferencias federales.

El calendario escolar se inicia la última semana de agosto y termina la primer semana de julio del año siguiente.

GASTO EN EDUCACIÓN

En 1999 la SEP tuvo un presupuesto de $181,300 millones de pesos. De sumarse los montos aportados por otras dependencias, gobiernos estatales y municipales y los particulares, el gasto en educación alcanza 5.54% del PIB.

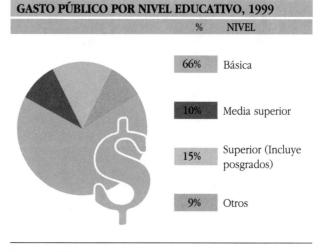

GASTO PÚBLICO POR NIVEL EDUCATIVO, 1999

%	NIVEL
66%	Básica
10%	Media superior
15%	Superior (Incluye posgrados)
9%	Otros

Fuente: SEP, 1999a.

Las aportaciones de los gobiernos estatales al presupuesto educativo varían. Oaxaca y el Distrito Federal contribuyen cada uno con 1.9 y 5.2% de su gasto educativo total, mientras que en Baja California y Estado de México las aportaciones equivalen a 39.5 y 37.7% respectivamente del gasto en educación.

Las aportaciones para educación que hacen las familias representan una parte muy importante de los recursos destinados a la formación de personas. En este rubro se incluyen el pago de colegiaturas y la adquisición de bienes o servicios (uniformes, transportes, etc.). Para 1999 el gasto privado en educación se estima en $31,933.5 millones de pesos (0.69% del PIB).

GASTO NACIONAL EN EDUCACIÓN, 1990-1999

MILLONES DE PESOS A PRECIOS CORRIENTES

	1990	1991	1992	1993	1994	1995	1996	1997	1998	1999
GASTO NACIONAL EN EDUCACIÓN										
TOTAL	$29,722.7	$40,644.2	$53,234.3	$66,256.9	$77,339.2	$90,546.8	$137,184.5	$175,477.4	$221,153.1	$257,572.8
Público	$27,321.7	$38,514.2	$49,828.1	$62,408.0	$73,292.5	$86,292.0	$121,019.9	$154,615.1	$193,823.5	$225,639.2
Federal	$22,333.9	$32,255.8	$42,637.9	$54,556.1	$65,036.8	$77,611.9	100,793.0,	$126,894.9	$157,544.9	$183,239.0
SEP	$18,369.8	$27,056.2	$36,158.0	$46,241.9	$56,587.0	$69,270.6	$93,972.1	$118,444.3	$155,161.6	$181,300.3
Otras secretarías	$3,964.1	$5,199.6	$6,479.9	$8,314.2	$8,449.8	$8,341.3	$6,820.9	$8,450.6	$2,383.3	$1,938.7
Estatal	$4,888.2	$6,143.4	$7,029.9	$7,676.9	$8,071.6	$8,486.6	$19,998.4	$27,450.5	$35,960.0	$42,017.9
Municipal	$99.6	$115.0	$160.3	$175.0	$184. 1	$193.5	$228.5	$269.7	$318.5	$382.2
Privado	$2,401.0	$2,130.0	$3,406.2	$3,848.9	$4,046.7	$4,254.8	$16,164.6	$20,862.3	$27,329.5	$31,933.5
GASTO PÚBLICO EN EL SISTEMA ESCOLARIZADO										
TOTAL	$20,233.3	$27,446.5	$36,609.4	$47,232.0	$59,329.1	$73,201.5	$105,081.7	$135,018.9	$172,135.8	$204,598.3
Federal	$15,245.5	$21,188.1	$29,419.2	$39,380.1	$51,073.4	$64,521.4	$84,854.8	$107,298.7	$135,857.2	$162,198.1
Básica	$9,266.9	$13,014.2	$18,750.9	$25,715.1	$33,747.0	$40,322.9	$54,326.4	$71,620.1	$94,113.8	$112,982.0
Media	$2,261.7	$2,932.3	$3,648.1	$4,812.3	$5,764.5	$9,963.7	$12,574.2	$14,586.1	$17,051.2	$20,103.4
Superior y posgrado	$3,098.0	$4,398.3	$5,526.0	$6,868.9	$9,304.5	$10,794.3	$13,687.2	$15,819.7	$18,528.0	$21,876.1
Investigación	$618.9	$843.3	$1,494.2	$1,983.8	$2,257.4	$3,440.5	$4,267.0	$5,272.8	$6,164.2	$7,236.6
Estatal y municipal	$4,987.8	$6,258.4	$7,190.2	$7,851.9	$8,255.7	$8,680.1	$20,226.9	$27,720.2	$36,278.6	$42,400.2
GASTO PÚBLICO FEDERAL EN EL SISTEMA EXTRAESCOLAR										
TOTAL	$7,088.4	$11,067.7	$13,218.7	$15,176.0	$13,963.3	$15,143.4	$10,863.6	$13,200.2	$21,687.1	$21,040.9
GASTO NACIONAL EN EDUCACIÓN RESPECTO AL PIB										
TOTAL	4.02%	4.28%	4.73%	5.27%	5.43%	4.93%	5.43%	5.53%	5.83%	5.54%
Público	3.70%	4.06%	4.43%	4.97%	5.15%	4.70%	4.79%	4.87%	5.11%	4.85%
Federal	3.02%	3.40%	3.79%	4.34%	4.57%	4.22%	3.99%	4.00%	4.16%	3.94%
SEP	2.49%	2.85%	3.21%	3.68%	3.98%	3.77%	3.72%	3.73%	4.09%	3.90%
Otras secretarías	0.54%	0.55%	0.58%	0.66%	0.59%	0.45%	0.27%	0.27%	0.06%	n.s
Estatal	0.66%	0.65%	0.62%	0.61%	0.57%	0.46%	0.79%	0.86%	0.95%	0.90%
Municipal	0.01%	0.01%	0.01%	0.01%	0.01%	0.01%	0.01%	0.01%	0.01%	0.01%
Privado	0.32%	0.22%	0.30%	0.31%	0.28%	0.23%	0.64%	0.66%	0.72%	0.69%

Fuente: SEP, 1999a y Zedillo, 1999.

Desde hace 40 años la Comisión Nacional del Libro de Texto Gratuito produce libros para los alumnos de preescolar, primaria y secundaria. Durante el ciclo escolar 1999-2000 se distribuyeron alrededor de 158 millones de ejemplares.

DISTRIBUCIÓN DE LIBROS DE TEXTO GRATUITOS, 1999-2000

DESTINO	EJEMPLARES
Preescolar	4,500,000
Primaria	118,000,000
Lenguas indígenas	1,200,000
Secundaria	21,000,000
Telesecundarias	8,400,000
Libros para el maestro (primaria y secundaria)	4,600,000
Total de libros de texto	157,700,000

Fuente: SEP, 1999a

Libros de texto gratuito.

LA EDUCACIÓN EN MÉXICO, CICLOS ESCOLARES 1990-2000

CONCEPTO	1990-91	1991-92	1992-93	1993-94	1994-95	1995-96	1996-97	1997-98	1998-99	1999-2000
MATRÍCULA (MILES) POR TIPO DE ESCUELA										
	25,092.0	25,209.0	25,374.1	25,794.6	26,352.1	26,915.6	27,415.4	28,094.3	28,563.4	29,057.2
Federal	16,235.9	16,256.0	2,816.3	2,910.4	3,017.6	3,132.7	3,215.8	3,371.5	3,388.1	3,407.6
Estatal	5,369.9	5,414.8	19,028.8	19,375.5	19,764.1	20,185.9	20,453.2	20,708.5	20,790.1	21,045.0
Particular	2,471.1	2,506.3	2,545.4	2,527.1	2,565.1	2,558.1	2,676.7	2,925.7	3,151.7	3,350.5
Autónomo	1,015.1	1,031.9	983.6	981.6	1,005.3	1,038.9	1,069.7	1,088.6	1,233.5	1,254.1
POR NIVEL EDUCATIVO										
Básica	21,325.9	21,349.2	21,487.6	21,791.4	22,160.2	22,480.7	22,698.1	22,889.3	23,129.0	23,439.2
Preescolar	2,734.1	2,791.5	2,858.9	2,980.0	3,092.8	3,170.0	3,238.3	3,312.2	3,360.5	3,408.9
Primaria	14,401.6	14,397.0	14,425.6	14,469.5	14,574.2	14,623.4	14,650.5	14,647.8	14,697.9	14,766.2
Secundaria	4,190.2	4,160.7	4,203.1	4,341.9	4,493.2	4,687.3	4,809.3	4,929.3	5,070.6	5,264.1
Capacitación para el trabajo	413.6	407.3	402.6	391.0	428.0	463.4	498.8	763.6	791.0	817.2
Media superior	2,100.5	2,136.2	2,177.2	2,244.2	2,343.5	2,438.7	2,606.1	2,713.9	2,805.5	2,860.5
Superior	1,252.0	1,316.3	1,306.7	1,368.0	1,420.4	1,532.8	1,612.4	1,727.5	1,837.9	1,940.3
MAESTROS										
Total	1,113,495	1,132,826	1,152,595	1,186,479	1,238,282	1,281,784	1,326,583	1,351,201	1,401,546	1,429,292
POR TIPO DE ESCUELA										
Federal	645,941	653,324	152,934	157,436	171,141	177,356	186,691	189,119	193,466	196,200
Estatal	221,933	227,335	735,893	757,004	783,110	805,715	833,131	847,525	857,114	868,928
Privada	159,734	166,839	175,688	181,785	191,423	201,036	212,639	220,199	240,676	250,743
Autónomo	85,887	85,328	88,080	90,254	92,608	97,677	94,122	94,358	110,290	113,421
ESCUELAS	159,968	166,468	169,576	176,495	187,185	194,428	199,748	207,007	212,520	217,747
Federal	113,065	117,293	19,106	20,373	25,593	28,107	29,302	32,651	35,363	38,323
Estatal	29,816	30,944	131,317	135,822	140,227	143,845	146,845	150,070	151,611	152,833
Privada	15,891	16,948	17,891	18,961	19,988	21,068	22,180	22,869	23,894	24,921
Autónomo	1,196	1,283	1,262	1,339	1,377	1,408	1,421	1,417	1,652	1,670
PORCENTAJES										
Grado promedio de escolaridad	6.5	6.6	6.8	6.9	7.1	7.2	7.4	7.5	7.6	7.7
Analfabetismo	12.5	12.1	11.7	11.4	11.2	10.9	10.7	10.5	10.3	10.0

Fuente: SEP, 1999a y Zedillo, 1999.

Las cifras del sistema educativo impresionan: más de 217 mil escuelas, 29 millones de alumnos, un millón 429 mil maestros. Sin embargo, es un gigante agobiado de problemas. Por ejemplo, cuando el gasto en educación se pone en pesos constantes o cuando se toma en consideración el gasto nacional en educación con respecto al PIB, se observa un crecimiento muy modesto en comparación al sexenio anterior.

Ello explica el bajo nivel de ingresos de los maestros, que durante el sexenio de Ernesto Zedillo inclusive ha disminuido. De acuerdo a estimaciones de Muñoz Izquierdo y Márquez (1999) el salario real que percibieron los maestros en 1998 fue inferior al que tenían en 1994. Esto influye en la baja calidad de la educación.

GASTO FEDERAL EN EDUCACIÓN Y GASTO NACIONAL EN EDUCACIÓN CON RESPECTO AL PIB, 1990-1999

MILLONES DE PESOS DE 1994

AÑO	GASTO FEDERAL EN EDUCACIÓN	GASTO NACIONAL RESPECTO AL PIB
1990	$30,555.22	4.02%
1991	$36,686.37	4.28%
1992	$42,448.93	4.73%
1993	$49,461.87	5.27%
1994	$56,587.00	5.43%
1995	$51,311.56	4.93%
1996	$51,800.95	5.43%
1997	$54,133.59	5.53%
1998	$61,164.30	5.83%
1999	$61,299.80	5.54%

Fuente: Zedillo, 1999.

ANALFABETISMO

En 1970 la tasa de analfabetismo era de 33.4% y en 1999 fue de 10 por ciento. En otros países latinoamericanos (Chile, Argentina, Uruguay y Costa Rica) el analfabetismo es menor a cinco por ciento. En México hay variaciones por estados y edad (es menor entre jóvenes y aumenta en la tercera edad). Un ángulo adicional es el analfabetismo funcional, que según la UNESCO incluye a personas mayores de 15 años que no han cubierto al menos cuatro años de educación básica.

TASA DE ANALFABETISMO POR ENTIDAD FEDERATIVA, 1999

ENTIDAD	%	ENTIDAD	%
Distrito Federal	2.5	**Nacional**	**10.0**
Nuevo León	3.5	Morelos	10.0
Baja California	3.8	Nayarit	10.3
Coahuila	4.5	Tabasco	10.4
Sonora	4.5	Querétaro	10.7
Baja California Sur	4.6	San Luis Potosí	12.3
Chihuahua	5.1	Guanajuato	13.0
Aguascalientes	5.2	Campeche	13.2
Durango	5.6	Yucatán	14.5
Tamaulipas	5.7	Michoacán	14.7
México	6.5	Puebla	15.2
Jalisco	7.3	Hidalgo	15.4
Sinaloa	7.7	Veracruz	15.6
Tlaxcala	7.9	Oaxaca	22.0
Colima	8.2	Guerrero	22.7
Zacatecas	8.3	Chiapas	24.3
Quintana Roo	8.9		

Fuente: SEP, 1999a.

ANALFABETISMO POR GRUPOS DE EDAD Y SEXO, 1997

	15 a 24	25 a 44	45 a 59	60 y más
Mujeres (%)	3.4	8.8	22.9	39.2
Hombres (%)	3.1	5.1	12.8	26

Fuente: INEGI, 2000.

GRADO DE ESCOLARIDAD

La escolaridad ha crecido en décadas recientes. En 1960 era de 2.6 grados y en 1999 fue de 7.7 grados (en los países desarrollados alcanza 15 grados). Una vez más hay diferencias por entidad federativa y por nivel de ingresos. En el Distrito Federal y Nuevo León la escolaridad promedio es de 9.8 grados, en Chiapas y Oaxaca es de 5.6 y 6.0, respectivamente. Por otro lado, 20% de los más pobres no cursan más de tres grados, en tanto que 10% de los más ricos estudian más de doce grados.

Alrededor de 92.2% de la población de 6 a 14 años va a la escuela. De este porcentaje, en las grandes zonas urbanas asiste 96% y en las rurales, 87.5 por ciento. En cuanto a la

población de 15 a 24 años 31.6% del total asiste a actividades escolares. De este grupo de edad, 34 de cada 100 hombres está inscrito, mientras que 30 de cada 100 mujeres asisten a clases.

En el ámbito nacional se observa que es mayor la proporción de mujeres que de hombres sin instrucción y con primaria incompleta y completa; por su parte, los hombres tienen proporciones superiores a las mujeres en los niveles de secundaria y postsecundaria. Pese al aumento en el nivel de escolaridad de la población de 15 años o más, en 1997 alrededor de 2.5 millones de hombres y 3.9 millones de mujeres carecían de instrucción escolar y sólo 8.7 millones, tanto de hombres como de mujeres, tenían estudios superiores a la secundaria. Cabe destacar que conforme es más grande el tamaño de la localidad de residencia tiende a disminuir el porcentaje de la población rezagada educativamente.

POBLACIÓN DE 15 AÑOS Y MÁS POR NIVEL DE INSTRUCCIÓN Y REZAGO EDUCATIVO, 1997*

CONCEPTO	%
Sin instrucción	8.5
	12.2
Primaria incompleta	20.3
	20.9
Primaria completa	17.8
	19.3
Secundaria	23.7
	20.3
Estudios posteriores a secundaria	29.7
	27.3
Rezago educativo	53.0
	57.4

■ Hombres ▨ Mujeres

* Se considera como rezago educativo cuando la persona no ha concluido sus estudios de secundaria.
Fuente: INEGI, 2000.

En total, más de la mitad de la población de 15 o más años se encuentra en condición de rezago educativo; representa cerca de 36 millones de personas, siendo la brecha entre los sexos 4.4 puntos porcentuales. Las proporciones de hombres y mujeres en esta situación varían por entidad federativa. Los estados con más alto índice de rezago son Oaxaca, Chiapas, Veracruz, Zacatecas, Michoacán y Guerrero.

CARACTERÍSTICAS POR TIPO Y NIVEL

EDUCACIÓN PREESCOLAR

Este nivel no es obligatorio para ingresar a la primaria y generalmente se cursa en tres años. Asisten niños de entre 3 y 5 años de edad.

PRINCIPALES INDICADORES DE EDUCACIÓN PREESCOLAR, 1990-2000

	1990-91	1991-92	1992-93	1993-94	1994-95	1995-96	1996-97	1997-98	1998-99	1999-00*
Escuelas	46,736	49,763	51,554	55,083	58,868	60,972	63,319	66,801	68,997	71,024
Matrícula total	2,734,054	2,791,550	2,858,890	2,980,024	3,092,834	3,169,951	3,238,337	3,312,181	3,360,500	3,408,900
Docentes	104,972	110,768	114,335	121,589	129,576	134,204	146,247	145,029	150,064	152,605

* Estimado

Fuente: SEP, 1999a.

EDUCACIÓN PRIMARIA

PRINCIPALES INDICADORES DE LA EDUCACIÓN PRIMARIA, 1990-2000

	1990-91	1991-92	1992-93	1993-94	1994-95	1995-96	1996-97	1997-98	1998-99	1999-00*
Matrícula (alumnos)	14,401,588	14,396,993	14,425,669	14,469,450	14,574,202	14,623,438	14,650,521	14,647,797	14,697,900	14,766,200
Total docentes	471,625	479,616	486,686	496,472	507,669	516,051	524,927	531,389	539,853	543,134
Total escuelas	82,280	84,606	85,249	87,271	91,857	94,844	95,855	97,627	99,068	99,835
Deserción (%)	5.3	4.6	4.1	3.6	3.4	3.0	3.1	2.9	2.4	2.3
Reprobación (%) terminal	10.1	9.8	8.3	8.3	8.1	7.8	7.6	7.3	7.1	6.8
Eficiencia (%)	70.1	71.6	72.9	74.2	77.7	80.0	82.8	84.9	85.6	83.9

* Estimado

Fuente: SEP, 1999a.

La educación primaria es obligatoria, dura seis años e incluye a niños de 6 a 14 años de edad. En este nivel la prioridad es que los alumnos dominen la lectura, la escritura y la expresión oral. Para aprobar se requiere una calificación mínima de seis (en una escala de cero a diez).

EFICIENCIAS TERMINALES EN ESTADOS SELECCIONADOS, 1994-1998

ESTADO	1994-1995	1995-1996	1996-1997	1997-1998
Distrito Federal	95.6	95.9	96.3	99.0
Quintana Roo	85.6	89.0	96.2	97.4
Tlaxcala	96.1	96.5	96.2	96.7
Veracruz	64.6	68.0	71.2	75.3
Guerrero	58.3	61.1	63.8	66.9
Chiapas	45.6	48.2	60.5	63.1

Fuente: SEP, 1999a.

En los últimos años ha disminuido el número de alumnos reprobados o que no terminan sus estudios. Sin embargo, las cifras se mantienen elevadas. En 1999 nueve de cada diez niños de entre 6 y 14 años asistieron a la primaria, pero se estima que sólo ocho de cada diez terminaron sus cursos.

Una vez más ocurren diferencias apreciables entre las varias entidades y entre zonas urbanas y rurales.

EDUCACIÓN SECUNDARIA

Desde 1993 la educación secundaria es obligatoria. Se imparte a niños y jóvenes de 12 a 16 años de edad y dura tres años. Los mayores de 16 años pueden estudiar la secundaria abierta o para trabajadores. A partir de 1997 se inició la distribución de libros de texto gratuitos para secundaria y en el ciclo 1999-2000 se repartieron 21 millones de libros, que llegaron a 90% de los inscritos.

PRINCIPALES INDICADORES DE LA EDUCACIÓN SECUNDARIA, 1992-2000

	1992-93	1993-94	1994-95	1995-96	1996-97	1997-98	1998-99	1999-00*
Matrícula	4,203,098	4,341,924	4,493,173	4,687,335	4,809,266	4,929,301	5,084,277	5,264,100
Incremento anual (%)		3.3	3.5	4.3	2.6	2.5	3.1	3.8
Docentes	237,729	244,981	256,831	264,578	275,331	282,595	293,088	302,828
Escuelas	20,032	20,795	22,255	23,437	24,402	25,670	26,710	28,191
Deserción (%)	8.4	7.4	8.2	7.7	8.8	8.9	9.7	9.3
Reprobación (%)	26.4	24.7	23.5	23.7	22.8	22.3	22.0	21.8
Eficiencia terminal (%)	76.4	77.5	76.2	75.8	74.8	73.8	73.2	73.4

* Estimado.

Fuente: SEP, 1999a y Zedillo, 1999.

La matrícula ha crecido en los últimos años. Cerca de 90% de los alumnos que egresan de las escuelas primarias se inscriben a secundaria, pero sólo 75% la terminan. En las zonas rurales son pocas las escuelas que la imparten.

CALIDAD EDUCATIVA DE PRIMARIA Y SECUNDARIA

La calidad de la educación no es buena. De acuerdo a estudios de la SEP el desempeño en 70% de la población va de regular a malo. Es necesario resaltar, una vez más, las variaciones por estado y que el ámbito rural está en obvia desventaja. Entre las causas de la baja calidad está el hecho de que una persona que desee impartir clases en una escuela rural puede hacerlo, aunque únicamente haya terminado la secundaria.

La información que aquí se presenta es a todas luces insuficiente. Como asegura uno de los principales especialistas sobre educación, Pablo Latapí Sarre (2000), "seguimos sin saber cuánto aprenden efectivamente los estudiantes de primaria y secundaria; tampoco sabemos si el sistema educativo ha mejorado o empeorado en los últimos años".

Pobreza en el conocimiento

Hay indicios de que la poca información sobre la baja calidad de la educación en México se debe a una acción deliberada del gobierno federal.

La Asociación Internacional para Evaluar el Rendimiento Escolar (IEA) realizó, entre 1986 y 1997, un estudio en 29 países para evaluar la calidad de la educación primaria en matemáticas y ciencias (TIMSS). Cuando el gobierno se enteró de que los resultados ubicaban a México en uno de los últimos lugares, decidió que no se divulgaran los resultados.

LOGRO ACADÉMICO DE ESCUELAS DE EDUCACIÓN PRIMARIA, 1995-1998

ENTIDAD FEDERATIVA	MUY BAJO (%)	BAJO (%)	MEDIO (%)	ALTO (%)	MUY ALTO (%)
Nacional	10.0	20.0	40.0	20.0	10.0
Urbano	4.9	16.2	43.1	23.8	12.0
Rural	21.1	28.2	33.2	11.8	5.8
Aguascalientes	6.2	24.4	44.7	17.3	7.3
Baja California	0.6	8.8	46.0	28.9	15.7
Baja California Sur	0.6	24.7	58.6	14.2	1.9
Campeche	9.9	24.1	37.6	18.6	9.9
Coahuila	14.8	30.0	41.4	10.4	3.4
Colima	15.3	41.7	36.6	6.0	0.4
Chiapas	6.5	17.8	39.5	22.8	13.4
Chihuahua	2.7	17.6	48.2	25.3	6.2
Distrito Federal	0.0	4.9	45.2	38.6	11.2
Durango	11.7	28.6	42.3	12.4	4.9
Guanajuato	17.1	26.2	37.5	14.8	4.3
Guerrero	25.1	27.5	28.8	12.7	5.9
Hidalgo	10.2	19.3	45.3	20.5	4.7
Jalisco	5.6	16.8	36.8	23.4	17.5
Estado de México	10.2	19.7	44.2	17.7	8.2
Michoacán	18.5	25.0	32.1	14.3	10.1
Morelos	4.5	22.9	49.7	18.3	4.6
Nayarit	15.1	25.2	39.9	13.4	6.4
Nuevo León	2.2	11.3	37.8	28.9	19.8
Oaxaca	12.8	23.3	41.7	17.2	5.0
Puebla	14.6	24.7	38.3	14.9	7.5
Querétaro	12.9	24.7	39.0	16.2	7.3
Quintana Roo	11.5	24.1	51.1	11.9	1.5
San Luis Potosí	22.2	25.3	36.1	12.2	4.2
Sinaloa	8.6	21.9	41.0	20.4	8.1
Sonora	3.4	17.7	44.9	22.3	11.7
Tabasco	17.7	30.0	36.3	12.6	3.5
Tamaulipas	7.4	13.6	34.1	24.6	20.2
Tlaxcala	17.8	25.8	44.2	10.8	1.4
Veracruz	5.4	14.8	36.3	24.4	19.1
Yucatán	8.9	21.6	42.2	18.1	9.2
Zacatecas	16.2	26.8	36.0	14.6	6.5

Fuente: SEP, 1999a.

Investigaciones independientes (Alatorre, 2000) presentan un panorama desolador. Una encuesta de 1998 evaluó el conocimiento de matemáticas que tiene la población adulta en el Distrito Federal. Se seleccionaron grupos que hubieran cursado sus estudios de acuerdo a tres planes de estudio implantados por la Secretaría de Educación Pública (los de 1944, 1960 y 1972).

A los seleccionados se les plantearon problemas de primaria y secundaria. Las principales conclusiones fueron que "una buena parte de la población adulta del Distrito Federal no domina muchos de los contenidos que supuestamente aprenden en la escuela primaria" y que no hay diferencia entre los que cursaron uno u otro plan de estudio. Por lo anterior, es inevitable pensar que pese a declaraciones en contra, los cambios en planes de estudio no han servido para mejorar la calidad de la educación en matemáticas.

Recetas para una buena escuela

Los especialistas coinciden en las características que deben tener las escuelas de alto rendimiento:

El director es un líder que se esfuerza por mantener la unidad del trabajo escolar, la disciplina y la buena organización.

El ambiente de trabajo es agradable. Los maestros y trabajadores se sienten parte de un equipo.

Se satisface un mínimo de recursos para trabajar.

Existe una comunicación abierta con los padres de familia, especialmente en temas como higiene, disciplina, organización escolar y eventos cívicos.

La mayoría de los padres de familia asiste a las reuniones convocadas por la escuela.

Los maestros planean su trabajo tomando en consideración cómo son y qué pueden hacer los alumnos.

LOGRO ACADÉMICO DE ESCUELAS DE EDUCACIÓN SECUNDARIA, 1995-1998

ENTIDAD FEDERATIVA	MUY BAJO %	BAJO %	MEDIO %	ALTO %	MUY ALTO %
Nacional	10.0	20.0	40.0	20.0	10.0
Aguascalientes	3.2	13.8	42.6	21.3	19.2
Baja California	7.0	22.6	41.7	21.7	7.0
Baja California Sur	6.8	31.8	43.2	13.6	4.6
Campeche	3.5	12.3	40.4	31.6	12.3
Coahuila	22.5	29.8	35.8	8.7	3.2
Colima	17.4	45.7	28.3	6.5	2.2
Chiapas	12.7	18.1	33.2	22.0	14.2
Chihuahua	5.1	21.0	46.5	21.7	5.7
Distrito Federal	2.1	15.1	36.6	28.8	17.4
Durango	9.2	19.0	39.9	20.3	11.8
Guanajuato	9.0	26.5	39.8	18.0	6.6
Guerrero	25.4	20.7	32.0	10.6	11.3
Hidalgo	7.1	18.8	47.1	15.3	11.8
Jalisco	4.9	14.6	39.6	24.8	16.3
Estado de México	13.2	20.0	43.7	18.1	5.1
Michoacán	22.9	30.5	33.8	8.3	4.5
Morelos	5.7	20.9	50.9	18.1	4.5
Nayarit	13.3	16.7	41.7	20.0	8.3
Nuevo León	9.3	11.5	35.4	26.3	17.6
Oaxaca	7.4	13.9	47.0	24.3	7.4
Puebla	6.6	21.0	37.9	22.1	12.4
Querétaro	10.5	30.2	46.5	10.5	2.3
Quintana Roo	4.4	22.2	62.2	6.7	4.4
San Luis Potosí	3.2	24.3	43.9	23.3	5.3
Sinaloa	10.5	21.3	36.4	18.0	13.8
Sonora	7.9	16.9	42.9	20.6	11.6
Tabasco	29.2	26.3	29.9	11.7	2.9
Tamaulipas	14.2	22.1	35.3	15.2	13.2
Tlaxcala	20.0	28.9	35.6	13.3	2.2
Veracruz	7.7	22.9	47.9	17.2	4.8
Yucatán	4.7	16.0	44.0	26.0	9.3
Zacatecas	6.5	21.5	39.3	27.1	5.6

Fuente: SEP, 1999a.

Fuente: TIMSS, 1999, Observatorio Ciudadano de la Educación (OCE), 2000 y Alatorre, 2000

EDUCACIÓN MEDIA SUPERIOR

Después de la secundaria sigue la educación media superior, que se imparte (generalmente) a la población de 16 a 19 años. De 1990 a la fecha la matrícula ha crecido en más de 35 por ciento. Tiene tres variedades: bachillerato general (que se cursa en la modalidad escolarizada o abierta), bachillerato tecnológico y educación profesional técnica.

El bachillerato tecnológico incluye los fundamentos del bachillerato general y le agrega alguna rama tecnológica. Ha crecido muchísimo: de 1990 a la fecha se ha incrementado en más de 80 por ciento.

Por su parte, la educación profesional técnica se imparte como una carrera con el fin de formar personal técnico calificado en diversas especialidades (un ejemplo de esta educación es la que imparten los planteles del sistema Conalep).

En este nivel se hacen evidentes las carencias del sistema educativo: más de 50% de los jóvenes entre 16 y 18 años dejan de estudiar y de los que se inscriben, 17.2% deserta, 41% reprueba y sólo 58% termina.

EDUCACIÓN SUPERIOR

La educación superior concede los grados de técnico superior universitario, licenciatura, especialidad, maestría y doctorado.

La educación superior la imparten las universidades, los institutos tecnológicos, las escuelas normales y las universidades tecnológicas. Existen 3,812 instituciones de educación superior, de las cuales 341 son federales, 521 estatales, 1,780 particulares y 1,170 autónomas.

De acuerdo a su régimen jurídico se clasifican en universidades, instituciones públicas estatales o federales, públicas

MATRÍCULA DE LA EDUCACIÓN MEDIA SUPERIOR POR SUBSISTEMA, 1990-2000

	1990-91	1991-92	1992-93	1993-94	1994-95	1995-96	1996-97	1997-98	1998-99	1999-00*
Total	2,100,520	2,136,194	2,177,225	2,244,134	2,343,477	2,438,676	2,606,099	2,713,897	2,841,083	2,860,500
Bachillerato general	1,291,664	1,267,588	1,278,080	1,307,010	1,352,881	1,409,948	1,507,028	1,579,519	1,652,856	1,695,400
(%)	61.5	59.3	58.7	58.2	57.7	57.8	57.8	58.2	58.2	59.0
Bachillerato tecnológico	429,962	457,706	488,940	530,645	583,517	640,741	715,311	743,550	778,073	778,100
(%)	20.5	21.5	22.5	23.7	24.9	26.3	27.5	27.4	27.4	27.2
Educación profesional técnica	378,894	410,900	410,205	406,479	407,079	387,987	383,760	390,828	410,154	387,000
(%)	18.0	19.2	18.8	18.1	17.4	15.9	14.7	14.4	14.4	13.8

* Estimado.
Fuente: SEP, 1999a y Zedillo, 1999.

PRINCIPALES INDICADORES DE LA EDUCACIÓN MEDIA SUPERIOR, 1990-2000*

	1990-91	1991-92	1992-93	1993-94	1994-95	1995-96	1996-97	1997-98	1998-99	1999-00**
Escuelas	6,222	6,548	6,833	7,167	7,633	7,886	8,280	8,817	9,204	9,798
Matrícula (miles de alumnos)	2,100.5	2,136.2	2,177.2	2,244.2	2,343.5	2,438.7	2,606.1	2,713.9	2,841.1	2,860.5
Docentes	145,382	147,667	151,073	157,433	166,921	177,009	182,185	186,859	195,404	199,805
Deserción (%) ***	16.3	17.4	15.7	14.6	16.6	16.6	17.0	18.1	17.6	17.2
Reprobación (%)***	47.6	43.5	46.6	44.5	44.0	44.5	42.1	41.6	41.2	41.0
Eficiencia terminal (%)***	60.1	59.8	60.3	59.8	60.2	58.1	57.3	58.9	58.1	58.0

* Incluye bachillerato general y tecnológico y educación profesional media.
** Estimado.
*** Se refiere al bachillerato general
Fuente: SEP, 1999a y Zedillo, 1999.

PRINCIPALES INDICADORES DE LA EDUCACIÓN SUPERIOR, 1993-2000*

	1993-94	1994-95	1995-96	1996-97	1997-98	1998-99	1999-00**
Escuelas	2,535	2,708	3,002	3,182	3,416	3,602	3,812
Docentes	142,261	152,630	163,843	170,350	177,988	192,406	202,304
Matrícula total							
(miles de alumnos)	1,368.0	1,420.4	1,532.8	1,612.4	1,727.5	1,837.8	1,940.3
Normal	120.2	137.3	160.0	188.4	206.3	210.8	201.5
Licenciatura	1,192.7	1,217.1	1,295.0	1,329.7	1,414.1	1,505.8	1,620.6
Posgrado	55.1	66.0	77.7	94.3	107.1	111.2	118.2

* Incluye educación normal, licenciatura universitaria y tecnológica y posgrado.
** Estimado.
Fuente: SEP, 1999a y Zedillo, 1999.

autónomas o privadas. Las autoridades de las federales o estatales son designadas por el ejecutivo federal o local, mientras que las demás designan sus autoridades y administran libremente su patrimonio y presupuesto.

Tanto los requisitos para ingresar a las instituciones de educación superior como la duración de los estudios superiores varían por escuelas y programa. La licenciatura se organiza por semestres o trimestres y tiene una duración de cuatro a cinco años.

Entre 1990 y 1999 la matrícula aumentó en 50% y en el ciclo 1999-2000 tuvo 1,940,300 alumnos. Pese a este crecimiento, sólo hay 1,685 estudiantes de educación superior por cada cien mil habitantes (en Estados Unidos, el mismo indicador asciende a 5,404 estudiantes). También ha aumentado el número de mujeres que en 1998 ocupaban 46% de la matrícula. (☞ Mujeres)

El posgrado presenta el mayor dinamismo: en la última década su matrícula aumentó en más de 159 por ciento.

En el ciclo escolar 1998-1999 cerca de 73% de la matrícula correspondió a instituciones públicas, pero crece la de las escuelas privadas (de 18% en 1990 ha llegado a 26.5% en 1999).

INSTITUTOS TECNOLÓGICOS

Estas escuelas tienen como meta dar una formación teórico-práctica estrechamente vinculada al ámbito laboral. En 1999 había 161 institutos tecnológicos donde 202,669 estudiantes cursaban 19 carreras.

Estas instituciones ofrecen programas con una duración de tres años lo que permite a los educandos una rápida incorporación al mercado de trabajo.

EDUCACIÓN NORMAL

Las escuelas normales forman maestros y maestras para la educación básica. Existen 586 planteles que ofrecen licenciaturas en educación preescolar, primaria, secundaria, educación especial y educación física, así como varias opciones de posgrado. Más de 50% de la matrícula en educa-

ción normal se encuentra en la licenciatura de educación secundaria, seguida por la licenciatura en educación primaria, con 30 por ciento. En el ciclo escolar 1999-2000 ambas licenciaturas tenían más de cien mil alumnos.

UNIVERSIDADES

Como expresión del centralismo 25% del total de universidades públicas y privadas se ubican en la zona metropolitana de la ciudad de México. Instituciones como la Universidad Nacional Autónoma de México, El Colegio de México, el Instituto Tecnológico de Estudios Superiores de Monterrey y el Instituto Tecnológico Autónomo de México se encuentran entre las de educación superior más prestigiadas del país.

© Rodrigo San Vicente

Universidad Autónoma Metropolitana, campus Azcapotzalco.

© Rodrigo San Vicente

Biblioteca Central de la UNAM.

El estadio de la Ciudad Universitaria en México, D.F. Al fondo, el edificio de la Rectoría.

México tiene 64 universidades públicas; 34 de las cuales son autónomas. En 1998 tenían cerca de 1.2 millones de estudiantes: 65% del total de la matrícula de educación superior. No crecen porque están cerca del punto de saturación. Entre ellas hay muchas disparidades. La principal es la diferencia en el gasto que hacen por alumno, aunque buena parte de las diferencias se explica por el financiamiento a la investigación, que eleva el costo unitario.

Del total de los estudiantes 50% estudia carreras del área de ciencias sociales y administrativas, 30.4% de ingeniería y tecnología y 9% ciencias de la salud. El resto se divide entre los campos de las ciencias (exactas o agropecuarias) y de las humanidades y educación.

FINANCIAMIENTO Y COSTO POR ALUMNO EN UNIVERSIDADES PÚBLICAS, 2000

UNIVERSIDAD	MATRÍCULA	FINANCIAMIENTO FEDERAL Y ESTATAL (MILES DE PESOS)	GASTO POR ALUMNO (PESOS)
Autónoma Benito Juárez de Oaxaca	40,430	$124,727.5	$3,085.0
Autónoma de Guerrero	66,972	$305,709.2	$4,564.7
Autónoma de Nayarit	22,011	$165,883.3	$7,536.4
Autónoma de Sinaloa	80,009	$633,676.7	$7,920.1
Juárez Autónoma de Tabasco	21,457	$175,548.6	$8,181.4
Michoacana de San Nicolás Hidalgo	40,652	$349,336.0	$8,593.3
Autónoma del Estado de Morelos	16,804	$145,079.3	$8,633.6
De Guadalajara	146,386	$1,343,051.7	$9,174.7
Autónoma de Nuevo León	114,862	$1,192,138.5	$10,378.9
Autónoma del Estado de México	38,001	$398,600.0	$10,489.2
Autónoma de Chiapas	14,222	$155,113.9	$10,906.6
Autónoma de Tlaxcala	8,271	$92,606.9	$11,196.6
Autónoma de Hidalgo	13,416	$151,997.8	$11,329.6
De Sonora	24,401	$280,595.4	$11,499.3
De Colima	18,743	$229,155.5	$12,226.2
Autónoma de Aguascalientes	9,951	$124,828.7	$12,544.3
Autónoma de Puebla	47,218	$624,289.7	$13,221.4
Autónoma del Carmen	4,284	$57,281.9	$13,371.1
Autónoma de Coahuila	27,244	$369,911.1	$13,577.7
Juárez del Estado de Durango	11,905	$164,841.4	$13,846.4
Autónoma de Querétaro	13,171	$184,992.0	$14,045.4
Autónoma de Zacatecas	16,871	$237,819.4	$14,096.3
Autónoma de Chihuahua	13,192	$190,531.0	$14,442.9
De Guanajuato	17,011	$245,746.2	$14,446.3
Veracruzana	46,600	$793,628.0	$17,030.6
Autónoma de San Luis Potosí	18,492	$316,155.2	$17,096.9
Autónoma de Campeche	5,396	$95,237.1	$17,649.6
Instituto Politécnico Nacional	133,319	$2,426,499.0	$18,200.7
Autónoma de Ciudad Juárez	8,982	$172,082.1	$19,158.6
Autónoma de Baja California	21,722	$424,223.1	$19,529.7
Autónoma de Yucatán	14,461	$287,372.5	$19,872.2
Autónoma de Tamaulipas	28,476	$587,323.6	$20,625.2
Autónoma de México	263,427	$6,056,292.5	$22,990.4
Autónoma Metropolitana	42,030	$1,096,578.8	$26,090.4
Autónoma de Baja California Sur	2,393	$69,456.7	$29,024,9
De Quintana Roo	1,388	$42,197.6	$30,401.7
Pedagógica Nacional	3,989	$182,791.2	$45,823.8

Fuente: *El Universal*, 14 de febrero de 2000.

LAS LICENCIATURAS MÁS POBLADAS, 1997

LICENCIATURA	PRIMER INGRESO			PRIMER INGRESO Y REINGRESO			EGRESADOS 1996			TITULADOS 1996		
	TOTAL	H	M	TOTAL	H	M	TOTAL	H	M	TOTAL	H	M
Derecho	34,470	18,401	16,069	155,332	82,747	72,585	20,983	11,391	9,592	10,960	6,355	4,605
Administración	28,499	13,050	15,449	130,425	60,090	70,335	20,523	9,574	10,949	11,510	5,207	6,303
Contaduría	25,911	11,536	14,375	157,378	69,024	88,354	34,653	15,654	18,999	21,767	10,501	11,266
Medicina	13,639	6,819	6,820	57,767	29,364	28,403	8,609	4,469	4,140	6,626	3,549	3,077
Ing. industrial	11,853	8,573	3,280	53,220	39,900	13,320	7,582	5,973	1,609	4,493	3,545	948
Ing. informática	13,461	7,071	6,390	51,177	26,362	24,815	5,270	2,545	2,725	2,635	1,186	1,449
Arquitectura	9,436	6,416	3,020	47,610	32,220	15,390	5,987	4,079	1,908	3,203	2,136	1,067
Ing. electrónica	8,875	7,847	1,028	37,712	34,241	3,471	4,729	4,192	537	2,570	2,312	258
Ing. civil	7,509	6,563	946	34,864	31,142	3,722	4,451	3,967	484	3,150	2,680	470
Psicología	7,947	1,826	6,121	31,257	7,131	24,126	5,671	1,315	4,356	3,431	645	2,786
Subtotal	161,600	88,102	73,498	756,742	412,221	344,521	118,458	63,159	55,299	70,345	38,116	32,229
Otras	159,158	84,600	74,558	553,487	296,843	256,644	72,566	35,977	36,589	43,215	21,876	21,339
Total nacional	320,758	172,702	148,056	1,310,229	709,064	601,165	191,024	99,136	91,888	113,560	59,992	53,568

Fuente: ANUIES, 1997.

Para el ciclo escolar 1997-98, las carreras de derecho, contador público y administración registraron los más altos índices de primer ingreso, reingreso y egresados. Estas tres carreras representan casi 30% de la matrícula de licenciatura en el ámbito nacional.

UNIVERSIDADES TECNOLÓGICAS

Su creación data de 1991; en 1999 ya sumaban 38 planteles en 21 estados de la República, que ofrecían programas de duración corta (dos años) para atender los requerimientos del desarrollo regional. Un 70% del tiempo se dedica a la formación práctica de los estudiantes. La matrícula de 1999, 21 mil estudiantes, representó un incremento de 77% con relación al ciclo anterior.

EDUCACIÓN DE POSGRADO

Ha tenido un crecimiento espectacular. Desde 1994 la matrícula ha aumentado en 80% y en el ciclo escolar 1999-2000 ya hay 118,237 alumnos en 1,024 instituciones de educación superior.

En la tabla "Educación de posgrado, 1992-2000" puede observarse que la maestría concentra 67.6% de la matrícula.

Debe agregarse que en 1998 los egresados fueron cerca de 15 mil alumnos, la mayoría de los cuales lo hizo en el campo de las ciencias sociales y administrativas.

EGRESADOS DE MAESTRÍA POR CAMPO DE LA CIENCIA, 1998

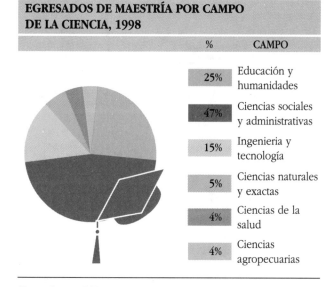

%	CAMPO
25%	Educación y humanidades
47%	Ciencias sociales y administrativas
15%	Ingeniería y tecnología
5%	Ciencias naturales y exactas
4%	Ciencias de la salud
4%	Ciencias agropecuarias

Fuente: Conacyt, 1999.

EDUCACIÓN DE POSGRADO, 1992-2000

CONCEPTO	1992-93	1993-94	1994-95	1995-96	1996-97	1997-98	1998-99	1999-00*
Matrícula	51,469	55,125	66,035	77,764	94,297	107,149	111,247	118,237
Maestría	30,673	34,425	44,196	53,619	65,019	76,746	77,279	79,959
Doctorado	1,768	3,007	3,767	4,878	5,915	7,518	7,911	8,242
Especialización	19,028	17,693	18,072	19,267	23,363	22,885	26,057	30,036
Maestros	9,077	9,121	11,254	11,088	12,674	18,304	17,031	17,622
Escuelas	490	617	673	780	860	945	972	1,024

* Estimado.

Fuente: Zedillo, 1999.

En 1998 existían cerca de 321 programas de doctorado y en el periodo 1990-1998 se graduaron 3,614 personas (91.8% en instituciones públicas y 8.2% en privadas). El número de nuevos graduados es a todas luces insuficiente para el ritmo que requiere la investigación en el país.

EGRESADOS DE DOCTORADO POR CAMPO DE LA CIENCIA, 1998

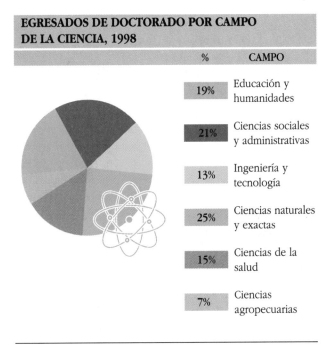

%	CAMPO
19%	Educación y humanidades
21%	Ciencias sociales y administrativas
13%	Ingeniería y tecnología
25%	Ciencias naturales y exactas
15%	Ciencias de la salud
7%	Ciencias agropecuarias

Fuente: Conacyt, 1999.

Un indicador de la calidad de los programas de posgrado es el Padrón de Excelencia del Conacyt. De 945 que funcionaban en 1998, sólo 471 habían sido empadronados, 160 dedicados al doctorado y 311, a la maestría. Las principales áreas de concentración fueron las ciencias aplicadas en ingeniería (22%), así como las aplicadas en biología y sociales con 21 por ciento. El 60% de los posgrados inscritos en el padrón correspondió a instituciones de educación superior localizadas fuera del Distrito Federal.

Becas en el extranjero

El Consejo Nacional de Ciencia y Tecnología (Conacyt) destina 39.1% de su presupuesto a programas de becas crédito 24.1% a impulsar la investigación científica y 18.2% al Sistema Nacional de Investigadores.

Desde su fundación en 1971 el Conacyt ha impulsado la apertura del país al mundo. En tres décadas de existencia ha becado a decenas de miles de estudiantes. En 1998 apoyó a 3,519 para realizar estudios de posgrado fuera del país (8.3% menor que en 1997). Estados Unidos y Gran Bretaña se mantuvieron como los principales destinos, seguidos por Francia y España. Hay, además, programas de gobiernos, organismos internacionales y empresas. Las principales áreas elegidas fueron las ciencias sociales y las aplicadas a la ingeniería. En este mismo año, los egresados de la UNAM, el ITESM, la UAM y el ITAM destacaron en la obtención de becas.

INVESTIGACIÓN

En 1997 las universidades públicas gastaron un total de 4,365 millones de pesos en investigación y desarrollo experimental, lo cual ubica a estas instituciones en primer lugar con 39.9% del gasto total.

El Sistema Nacional de Investigadores (SNI) fue creado en 1984 por el Estado con el propósito fundamental de estimular la investigación de calidad en México y evitar la "fuga de cerebros" por medio de ingresos adicionales a su salario nominal. El SNI reconoce a los investigadores con mayor productividad. Su sistema de evaluación, sin embargo, ha sido criticado por prestarse, en algunas ocasiones, a abusos y por carecer de un sistema de apelación. Por este motivo tuvo que modificar su reglamento después de la recomendación N° 65/98 de la Comisión Nacional de Derechos Humanos.

El sistema contempla dos categorías de integrante: candidato a investigador nacional e investigador nacional. En

SISTEMA NACIONAL DE INVESTIGADORES (SNI), 1990-1998

	1990	1991	1992	1993	1994	1995	1996	1997	1998
Miembros del SNI	5,704	6,165	6,602	6,233	5,879	5,868	5,969	6,278	6,742
Candidatos	2,282	2,502	2,655	2,274	1,683	1,559	1,349	1,297	1,229
Investigador nacional	3,422	3,663	3,947	3,959	4,196	4,309	4,620	4,981	5,513
Miembros por área									
Físico matemáticas	816	834	864	913	931	1,024	1,065	1,126	1,203
Biológicas, biomédicas y químicas	1,512	1,661	1,951	1,934	1,911	1,874	1,914	2,001	2,168
Sociales y humanidades	1,141	1,261	1,412	1,508	1,545	1,659	1,734	1,788	1,839
Ingeniería y tecnología	2,235	2,409	2,375	1,878	1,492	1,311	1,256	1,363	1,532
Presupuesto (miles de pesos)*	$141,887	$144,779	$148,193	$158,699	$190,166	$162,356	$160,718	$182,893	$188,607

* A precios de 1993.

Fuente: Conacyt, 1999.

1998 tenía 6,742 investigadores, 80% de ellos con estudios de doctorado, 15% de maestría y 5% de licenciatura.

EDUCACIÓN PRIVADA

La educación privada en México únicamente proporciona servicios a 11.5% de los alumnos de todo el país. Sin embargo ha ido creciendo y en 1999 tenía cerca de 3.3 millones de niños y jóvenes, lo que representó un crecimiento de más de 30% para los cinco últimos años.

De acuerdo con la Ley General de Educación los centros escolares particulares pueden impartir estudios en todos los niveles y modalidades. Para ello deben obtener la autorización expresa del Estado en los casos de educación primaria, secundaria y normal y en el de formación de maestros en educación básica. Para la impartición de los niveles preescolar, medio superior, superior y de formación para el trabajo, los centros escolares pueden solicitar el reconocimiento de validez oficial. Los particulares deben cumplir con lo dispuesto en el artículo 3° constitucional y están obligados a

proporcionar 5% de la matrícula en becas que, en teoría, debe entregarse a personas de bajos recursos.

Se considera que un semestre de estudio en una de las universidades privadas de prestigio cuesta cerca de $40 mil pesos, lo que equivale a un pago mensual de $6,600 pesos.

OTROS TIPOS Y MODALIDADES DE EDUCACIÓN

EDUCACIÓN PARA ADULTOS

La educación para adultos está dirigida a personas mayores de 15 años que por diversas razones no cursaron la educación básica. Comprende alfabetización, primaria, secundaria y la capacitación para el trabajo, principalmente a través de sistemas educativos semiescolarizados y abiertos. También hay opciones de educación abierta y semiescolarizada en los niveles medio superior y superior.

La educación para adultos es proporcionada principalmente por el Instituto Nacional para la Educación de los

PARTICIPACIÓN DE LOS PARTICULARES EN LA EDUCACIÓN, 1999

	MATRÍCULA (MILES DE ALUMNOS)			ESCUELAS			PROFESORES		
	PARTICULARES	TOTAL NACIONAL	%	PARTICULARES	TOTAL NACIONAL	%	PARTICULARES	TOTAL NACIONAL	%
Nacional	3,350.5	29,057.2	11.5	24,921	217,747	11.4	250,743	1,429,292	17.5
Preescolar	325.4	3,408.9	9.5	5,694	71,024	8.0	16,362	152,605	10.7
Primaria	1,098.3	14,766.2	7.4	5,936	99,835	5.9	39,865	543,134	7.3
Secundaria	399.7	5,264.1	7.6	3,388	28,191	12.0	41,498	302,828	13.7
Bachillerato	517	2,860.5	18.1	3,019	7,950	38.0	56,497	164,948	34.3
Profesional medio	90.7	387	23.4	1,075	1,848	58.2	8,948	34,857	25.7
Normal	69	201.5	34.2	246	586	42.0	5,500	16,709	32.9
Superior	463.5	1,620.6	28.6	1,174	2,202	53.3	56,277	167,973	33.5
Posgrado	43.9	118.2	37.1	360	1,024	35.2	360	17,622	2.0
Capacitación para el trabajo	331.7	817.2	40.6	3,975	5,087	78.1	22,991	28,616	80.3

Fuente: Zedillo,1999.

COSTOS DE COLEGIATURAS MENSUALES DE ALGUNAS ESCUELAS PRIVADAS EN LA CIUDAD DE MÉXICO, 2000

NIVEL	BAJO	MEDIO	CARO	INSCRIPCIONES PROMEDIO
Preescolar	$500.00	$1,500.00	$2,600.00	$500 a $5,000
Primaria	$800.00	$1,800.00	$3,500.00	$1,000 a $5,000
Secundaria	$1,100.00	$2,000.00	$4,200.00	$2,000 a $6,000
Preparatoria	$1,450.00	$2,500.00	$5,000.00	$2,000 a $6,000
Universidad*	$13,800.00	$21,800.00	$37,666.00	$3,300 a $7,380
Cuotas por primer ingreso (donativo)	$500.00	$2,000.00	$15,000.00	

* Costo por semestre (pesos).
Fuente: *El Universal*, 27 de enero del 2000.

Adultos (INEA). Para 1999 se estima que 3.2 millones de adultos recibieron servicios de alfabetización y educación básica.

EDUCACIÓN ESPECIAL

La educación especial se imparte a niños y jóvenes con alguna discapacidad orgánica, psicológica o de conducta social. Los servicios con los que cuenta son: escuelas de educación especial y centros de capacitación de educación especial. En 1999 un total de 429,345 niños y jóvenes fueron atendidos en 3,359 unidades de servicio, tanto públicas como privadas.

EDUCACIÓN COMUNITARIA

Esta modalidad atiende a los niños en comunidades rurales de difícil acceso y poca población. Para 1998 cerca de 250 mil niños recibieron instrucción comunitaria de niveles preescolar y primaria.

El Consejo Nacional de Fomento Educativo (Conafe), organismo descentralizado de la Secretaría de Educación Pública, es el encargado de operar los servicios de enseñanza comunitaria de nivel básico. El Conafe envía instructores, normalmente jóvenes egresados de secundaria que provienen del medio rural, a quienes ofrece una beca para terminar sus estudios a cambio de que presten servicio social en regiones aisladas y localidades dispersas. Los padres de familia se encargan de proporcionar el aula, dar alimentación y hospedaje al instructor comunitario durante el ciclo escolar y vigilar el cumplimiento del servicio.

EDUCACIÓN INDÍGENA

Es la educación que se imparte a las comunidades indígenas. Incluye la producción y distribución de material didáctico, la ejecución de programas específicos de capacitación y de educación comunitaria y el desarrollo de proyectos educativos compensatorios. En 1999 participaron 6,308 profesores que atendieron a un total de 124,911 niños y jóvenes indígenas. En 1998 se imprimieron 1,200,000 libros de texto en 33 lenguas indígenas y 52 variantes dialectales.
(☞Pueblos Indígenas)

La educación pública en México (conflictos)

Están creciendo las movilizaciones estudiantiles y una de las demandas más frecuentes es la exigencia de asignar mayores recursos para la educación. En febrero del 2000 había protestas en 15 estados y el Distrito Federal.

En el Distrito Federal las instalaciones de la UNAM estuvieron tomadas por los miembros del Consejo General de Huelga durante nueve meses. La protesta se inició para rechazar una reforma que aumentaría las cuotas. El 6 de febrero del 2000 la Policía Federal Preventiva recuperó las instalaciones. Cientos de estudiantes fueron detenidos y liberados paulatinamente. Sin embargo, estudiantes y padres de familia continuaron realizando diversas movilizaciones en demanda de la liberación de los estudiantes.

Las normales rurales también protestaron a través de la Federación de Estudiantes Campesinos Socialistas de México. El caso más espectacular se dio en El Mexe, Hidalgo. En enero del 2000 estudiantes de la escuela normal Luis Villarreal tomaron la institución exigiendo más becas. El 19 de febrero cientos de granaderos desalojaron la institución. La comunidad reaccionó y tomó como rehenes a los policías por más de 11 horas. Al igual que en el caso de la UNAM los estudiantes fueron aprehendidos aunque luego fueron puestos en libertad. Las marchas y plantones de maestros son también usuales cada año en el mes de mayo, cuando se revisan sus salarios.

Salud

El país ha logrado importantes avances en materia de salud pública durante los 30 últimos años. La esperanza de vida de mujeres y hombres se ha elevado, aunque las estadísticas señalan que la mortalidad infantil es todavía de un orden cuatro veces mayor que en los países desarrollados.

Sistema Nacional de Salud

En México el derecho a la salud está garantizado en la Constitución. En este marco, la mayoría de las actividades de salud pública son administradas por el gobierno federal, que se encarga de proveer asistencia médica y hospitalaria subsidiada por medio de varias instituciones entre las que destacan el Instituto Mexicano del Seguro Social (IMSS) y el Instituto de Seguridad y Servicios Sociales de los Trabajadores del Estado (ISSSTE). Para 1998 la población derechohabiente del sistema nacional de salud se calculaba en 54,260,560 personas (57% de la población total). Instituciones como la Secretaría de Salud atienden a la población no asegurada.

Explanada principal del Centro Médico Siglo XXI, del IMSS.

En 1999 el gasto público en salud fue de alrededor de $220 mil millones de pesos, lo que representa cerca de 3% del PIB. Se trata de una cantidad baja en comparación con las de países desarrollados como Estados Unidos (6.5%), Alemania (8.1%), Francia (8.0%) e incluso con la de algunos países latinoamericanos como Argentina (4.3%) y Costa Rica (6.0 por ciento).

La calidad, eficiencia y productividad del sistema de salud presenta variaciones de un punto a otro del país. En el Distrito Federal hay un médico por cada 294 habitantes y una cama por cada 506, mientras que en Chiapas hay un médico por cada 1,050 personas y una cama por cada 2,243. En comunidades rurales hay clínicas a cargo de una sola enfermera, que atiende requerimientos médicos básicos pero no las condiciones de salud que requieren procedimientos más sofisticados. Sólo en las grandes ciudades se pueden recibir tratamientos especializados y en muchos casos, sólo en la ciudad de México.

POBLACIÓN DERECHOHABIENTE DE LAS INSTITUCIONES DEL SISTEMA NACIONAL DE SALUD, 1990-1998	
AÑO	DERECHOHABIENTES
1990	48,028,003
1991	48,716,530
1992	47,893,797
1993	48,134,828
1994	47,849,734
1995	45,723,840
1996	48,813,217
1997	51,433,645
1998	54,260,560

Fuente: INEGI, "Salud" en http://www.inegi.gob.mx

PRINCIPALES RECURSOS Y SERVICIOS DEL SISTEMA NACIONAL DE SALUD, 1970-1999

	1970	1975	1980	1985	1990	1995	1996	1997	1998	1999*
INFRAESTRUCTURA Y RECURSOS MATERIALES DEL SISTEMA NACIONAL DE SALUD										
Total de unidades médicas	4,092	4,677	8,100	10,735	13,195	15,172	15,653	16,477	17,131	17,634
Camas censables	40,191	43,480	61,349	59,250	63,122	67,565	67,997	70,367	72,814	73,786
Consultorios					34,724	41,769	42,747	45,536	46,802	47,368
Quirófanos					1,825	2,250	2,266	2,385	2,507	2,532
Laboratorios de análisis clínicos					1,649	1,499	1,513	1,602	1,686	1,721
RECURSOS HUMANOS PARA LA SALUD										
Médicos	23,002	36,272	52,380	67,810	89,748	110,839	114,144	121,306	126,614	128,128
Enfermeras	38,091	59,509	88,266	124,789	130,529	156,258	159,956	164,126	172,630	176,459
SERVICIOS										
Total de consultas	64,966,843	80,147,132	92,372,169	123,761,493	144,919,000	180,970,000	189,987,000	202,275,000	211,058,000	219,989,000
Intervenciones quirúrgicas					1,759,000	2,316,000	2,401,000	2,482,000	2,576,000	2,619,000

* Cifras estimadas.
Fuente: INEGI, 1999a y Zedillo, 1999.

INDICADORES DE SALUD EN EL MUNDO*

GASTO EN SALUD MÁS ALTO	% DEL PIB	MÁS MÉDICOS	HABITANTES POR MÉDICO
Estados Unidos	14.1	Cuba	193
Argentina	9.7	Italia	211
Alemania	10.4	Israel	218
Croacia	10.1	Georgia	229
Suiza	10.2	Ucrania	233
México	6.0	México	764
GASTO EN SALUD MÁS BAJO		**MENOS MÉDICOS**	
Sudán	0.3	Chad	50,000
Camerún	1.4	Eritrea	50,000
Ghana	1.7	Gambia	50,000
Nigeria	1.0	Malawi	50,000
Indonesia	1.8	Burkina Faso	33,333

* Incluye gasto público y privado.
Fuente: *The Economist*, 2000.

Por otra parte, mientras que el promedio de personal médico por habitante ha crecido en los últimos años, el área de infraestructura médica por habitante se ha mantenido en el mismo nivel desde hace casi 10 años.

La calidad de los servicios de salud es un tema difícil de evaluar. Uno de los indicadores es el trabajo que realiza la Comisión Nacional de Arbitraje Médico (Conamed), instancia que resuelve los conflictos surgidos por inconformidades en la prestación de servicios médicos públicos y privados. La Conamed intercede para que los servicios se den con eficiencia y calidad y, en su caso, se repare el daño ocasionado a los usuarios.

La Conamed estima que durante 1999 atendió 4,961 asuntos, de los cuales 2,070 fueron asesorías, 1,930 quejas y 350 dictámenes médico-periciales. Del total de quejas 70% fue-

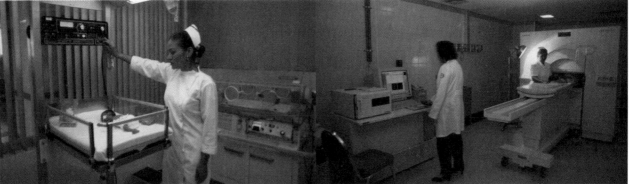

Los equipos para diagnóstico y tratamientos especializados son muy costosos. Hasta hace poco tiempo los pacientes que requerían esos servicios tenían que acudir a los centros hospitalarios de las grandes ciudades y, en algunos casos, obligadamente a los de la ciudad de México. Esto está cambiando, en particular para los derechohabientes del IMSS y el ISSSTE, instituciones que han logrado llevar esos servicios a muchas de sus clínicas en ciudades medianas.

PRINCIPALES INDICADORES DE LA PRESTACIÓN DE SERVICIOS MÉDICOS, 1990-1999

CONCEPTO	1990	1991	1992	1993	1994	1995	1996	1997	1998	1999*
RECURSOS POR CADA 100,000 HABITANTES										
Humanos										
Médicos	107.5	113.5	114.2	115.5	118.8	120.5	122.0	127.5	131.0	130.6
Enfermeras	156.3	163.8	165.0	166.1	169.1	169.9	170.9	172.5	178.6	179.8
Materiales										
Consultorios	41.6	42.4	42.9	43.7	45.1	45.4	45.7	47.9	48.4	48.3
Camas	75.7	76.6	76.5	74.6	74.5	73.4	72.7	74.0	75.3	75.2
Quirófanos	2.2	2.4	2.4	2.4	2.5	2.4	2.4	2.5	2.6	2.6
Gabinetes de radiología	2.2	2.3	2.3	2.3	2.4	2.4	2.5	2.5	2.6	2.6
Laboratorios	2.0	1.5	1.6	1.6	1.6	1.6	1.6	1.7	1.7	1.8
SERVICIOS PROPORCIONADOS POR CADA 1,000 HABITANTES										
Consultas externas generales	1,202.0	1,185.6	1,185.4	1,231.2	1,255.7	1,331.6	1,369.8	1,450.3	1,514.3	1,555.4
Consultas de especialidad	254.5	260.5	266.3	282.5	289.9	303.6	316.7	329.2	329.5	332.6
Egresos hospitalarios	39.5	39.8	40.5	40.8	41.3	41.5	41.1	42.0	41.4	42.0
Intervenciones quirúrgicas	21.1	22.1	23.2	23.6	24.1	25.2	25.7	26.1	26.7	26.7
Estudios de radiología	142.4	148.0	156.1	154.4	159.5	156.8	158.2	162.9	164.6	167.8
Estudios de laboratorio	1,252.3	1,351.5	1,387.7	1,402.3	1,430.9	1,454.2	1,474.1	1,543.0	1,577.2	1,629.3
PRODUCTIVIDAD DIARIA DE LOS SERVICIOS										
CONSULTAS EXTERNAS OTORGADAS POR MÉDICO										
General	17.5	15.9	15.7	15.9	16.4	16.9	17.7	18.2	18.2	18.8
Especializada	3.4	3.5	3.5	3.7	3.5	3.7	3.9	3.8	3.7	3.7
Consultas generales por consultorio	13.1	12.7	12.6	12.8	12.7	13.3	13.6	13.8	14.2	14.6
Intervenciones quirúrgicas por quirófano	2.6	2.6	2.6	2.6	2.7	2.8	2.9	2.9	2.8	2.8
Porcentaje de ocupación hospitalaria				61.89	61.29	62.93	64.33	67.72	67.06	67.00
Promedio de días de estancia				4.42	3.53	3.28	3.37	3.38	3.25	3.10

* Cifras estimadas
Fuente: Zedillo, 1999.

ron por deficiencias en los tratamientos médico y quirúrgico, seguido por deficiencias en el diagnóstico (15 por ciento). El 77% de las quejas se hace contra instituciones del sistema de salud pública y 23% contra instituciones privadas. El 56% de las quejas corresponde a mujeres y 44% a hombres. El grupo de población con mayor número de quejas es el de 40 a 64 años de edad.

MEDICINA PRIVADA

En México también hay servicios médicos proporcionados por la iniciativa privada. La Fundación Mexicana de la Salud calcula que 43% de los gastos nacionales en salud tienen como destino proveedores médicos privados. Según un estudio realizado por Consultoría Sygma, 95% de las clases alta y media alta acuden a servicios médicos privados, mientras que sólo 15% de las clases bajas lo hacen.

Si bien es cierto que los principales hospitales privados cuentan con infraestructura moderna y con tecnología de punta, hay indicios de que en ellos se practican cirugías

Centro hospitalario privado, D.F.

innecesarias. Un indicador serían los partos por cesárea: en los hospitales del sector público, 30% de los partos son por cesárea, mientras en las unidades médicas privadas ascienden a 48.14 por ciento. Del total de quejas recibidas por la Conamed, 23% se dirigen a este sector.

PRINCIPALES INDICADORES DE LA MEDICINA PRIVADA, 1997

INFRAESTRUCTURA	Unidades médicas	2,172
	Camas	26,181
	Consultorios	7,418
	Quirófanos	2,972
	Ambulancias	244
PERSONAL	Médicos	17,649
	Gineco-obstetras	1,826
	Pediatras	1,529
	Cirujanos	1,717
	Enfermeras	22,902
SERVICIOS	Consultas	7,164,002
	Intervenciones quirúrgicas	509,847
	Nacimientos atendidos	258,478
	Partos	134,035
	Cesáreas	124,443

Fuente: Secretaría de Salud, http://www.ssa.gob.mx

CONDICIONES DE LA SALUD EN MÉXICO

MORTALIDAD

El impacto del sector salud puede medirse en la mortalidad infantil, que ha disminuido considerablemente en los 30 últimos años. En 1970 ocurrieron 64.2 defunciones por cada mil nacidos vivos, y en 1998 se estima que sumaron 15.46 (la tasa es alta en relación a países desarrollados, donde ocurren entre cuatro y seis). Este descenso se debe en gran medida al sistema nacional gratuito de vacunación. Por ejemplo, en 1998 alrededor de 93% de los niños y niñas menores de un año recibieron vacunas. Por acciones de este tipo la poliomielitis, la difteria y el sarampión descendieron a niveles muy bajos y están prácticamente controladas.

TASA DE MORTALIDAD INFANTIL POR REGIÓN, 1971-1995*

AÑO	POR MIL NACIMIENTOS

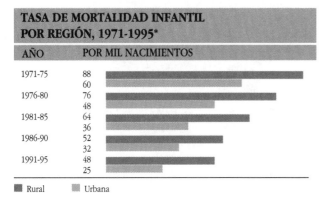

1971-75	88
	60
1976-80	76
	48
1981-85	64
	36
1986-90	52
	32
1991-95	48
	25

■ Rural ■ Urbana

* El Conapo utiliza una tasa alternativa de mortalidad infantil (Tipo II) que se considera disminuye el subregistro de las defunciones y el registro extemporáneo de los nacimientos. Es por ello que los resultados son más elevados que en los cálculos tradicionales.

Fuente: Conapo, 1998.

PRINCIPALES INDICADORES DE SALUD INFANTIL, 1994-1998

CONCEPTO	1994	1995	1996	1997	1998*
Mortalidad infantil** (por cada mil nacimientos)	17.0	17.5	16.9	16.0	15.46
Mortalidad por enfermedades diarreicas en niños de 5 años (por cada 100,000)***	48.66	42.94	37.79	32.97	30.05
Mortalidad por infecciones respiratorias en niños de 5 años****	84.01	76.36	72.35	67.00	63.78
COBERTURA DE VACUNACIÓN ESQUEMA BÁSICO (PORCENTAJES)					
Menores de 1 año (%)	87.4	87.9	91.8	89.6	93.5
De 1 a 4 años (%)	95.3	95.6	97.0	97.1	97.2
ENFERMEDADES QUE PUEDEN PREVENIRSE MEDIANTE VACUNACIÓN (CASOS)					
Poliomielitis	0	0	0	0	0
Tétanos	177	128	165	169	148
Sarampión	128	12	2	0	0
Tosferina	599	15	32	593	188
Difteria	0	0	0	0	0
Tuberculosis pulmonar	13,451	17,157	16,995	19,577	18,032

* Cifras preliminarees.
** Menores de un año.
*** Número de defunciones por enfermedades infecciosas intestinales por cada 100 mil habitantes del grupo de edad.
**** Número de defunciones por enfermedades infecciosas respiratorias por cada 100 mil habitantes del grupo de edad.
Fuente: Zedillo

La esperanza de vida para hombres y mujeres también ha aumentado considerablemente debido a la expansión de los servicios educativos, al desarrollo de la infraestructura sanitaria, la ampliación de la cobertura de los servicios públicos de salud y a los avances en la tecnología médica. En 1970 la esperanza de vida al nacer era de 62 años; en 1999 llegó a los 74 años. La tasa de mortalidad general muestra a su vez una tendencia descendente desde 1950.

TASA DE MORTALIDAD GENERAL, 1950-1997 DEFUNCIONES POR CADA MIL HABITANTES

AÑO	MORTALIDAD

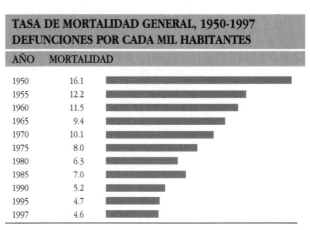

1950	16.1
1955	12.2
1960	11.5
1965	9.4
1970	10.1
1975	8.0
1980	6.3
1985	7.0
1990	5.2
1995	4.7
1997	4.6

Fuente: INEGI, 1999b.

PRINCIPALES CAUSAS DE MORTALIDAD, 1990-1998

CONCEPTO	1990	1991	1992	1993	1994	1995	1996	1997	1998*
Total de defunciones	422,803	411,131	409,814	416,335	419,074	430,278	436,321	440,437	444,625
Enfermedades del corazón, excepto fiebre reumática	58,014	58,924	60,077	63,172	59,371	68,058	64,218	66,809	68,650
Accidentes, envenenamientos y violencia	58,904	59,353	60,136	58,237	58,600	56,919	55,837	56,032	53,933
Tumores malignos	41,168	41,985	43,692	44,951	46,423	48,292	49,916	51,254	52,555
Diabetes sacarina	25,782	27,139	28,304	29,581	30,324	33,316	34,865	36,027	38,060
Enfermedad cerebrovascular	19,760	20,800	21,429	21,571	22,666	23,400	24,344	24,689	25,299
Cirrosis hepática	17,902	18,638	19,105	20,490	20,799	21,245	21,753	22,865	23,121
Neumonías, influenza y otras infecciones respiratorias agudas	24,848	21,745	20,829	20,496	21,267	21,707	22,493	21,596	21,964
Ciertas causas de morbilidad y mortalidad perinatal	23,063	22,356	21,759	20,954	20,584	20,503	19,703	19,821	19,119
Enfermedades infecciosas intestinales	22,196	18,766	14,191	13,207	10,082	9,585	8,359	7,426	6,403
Avitaminosis y otras deficiencias nutricionales	11,788	11,022	10,238	10,011	9,585	10,162	10,269	10,157	10,404
Las demás causas	119,378	110,403	110,054	113,665	119,373	117,091	124,564	123,761	125,117

* Cifras estimadas.
Fuente: Zedillo, 1999.

En 1997 murieron 440,437 personas: 4.6 defunciones por cada 1,000 habitantes, ligeramente inferior a la tasa de 1995, 4.7. Por otra parte, los hombres fallecieron más (247,318) que las mujeres (192,941). Para usos estadísticos a cada muerte se le asigna una clasificación o causa específica.

Uno de los grandes avances en los sistemas de salud es lograr la disminución en las muertes por enfermedades transmisibles (tuberculosis, cólera, malaria, enfermedades infecciosas): en 1960 representaban cerca de 28%, y para 1999 fueron sólo 8.9 por ciento. Por otro lado, aumentaron las defunciones por enfermedades no transmisibles (infartos, embolias, cáncer, etc.), las cuales en 1999 representaron 78.2% de los decesos.

Las principales causas de muerte varían de una edad a otra. En la edad escolar y en las primeras etapas de la edad productiva la muerte por accidente llega a representar hasta 40% de las defunciones, mientras que en la etapa posproductiva las enfermedades del aparato circulatorio y los tumores son las causas primordiales de muerte.

Hay por supuesto, diferencias regionales. En las áreas rurales se presenta mayor mortalidad y morbilidad que en las urbanas. Chiapas, Oaxaca y Guerrero presentan la mortalidad infantil más alta y las tasas más elevadas por enfermedades infecciosas. En las grandes ciudades la calidad de los servicios médicos varía sustancialmente por el estrato social al que se pertenece.

PRINCIPALES ENFERMEDADES Y CAUSAS DE MUERTE

ENFERMEDADES DEL APARATO CIRCULATORIO
En México, la principal causa de muerte, de acuerdo con estadísticas oficiales, son las enfermedades del corazón como

CRECIMIENTO DE LA MORTALIDAD POR ENFERMEDADES DEL APARATO CIRCULATORIO, 1950-1998

AÑO	%	TOTAL DE LAS DEFUNCIONES
1950	6.2	
1955	7.0	
1960	8.5	
1965	9.0	
1970	10.5	
1975	15.0	
1980	16.4	
1985	18.1	
1990	19.8	
1995	22.6	
1998	24.0	

Fuente: INEGI, 1999b.

los infartos; en quinto sitio se encuentran las cerebrovasculares (embolias). Los principales factores que las generan se relacionan con presión arterial alta, tabaquismo, obesidad, elevado consumo de grasas, colesterol, poca actividad física y diabetes.

En las últimas décadas las defunciones por enfermedades del aparato circulatorio se han incrementado rápidamente. En 1950 representaron 6.2%; en 1970, 10.5%; en 1990 ya habían alcanzado 19.8% y para 1998 ascendieron a 24% del total (alrededor de 95 mil personas). Miles más quedaron incapacitadas por enfermedades de este tipo.

CÁNCER
En México el cáncer se ha convertido en uno de los principales problemas de salud pública. En 1980 murieron por esta enfermedad 26,427 personas (39.4 defunciones por cada

100 mil habitantes); en 1998 causó 53 mil decesos (11% del total). El cáncer del aparato respiratorio ocupa el primer lugar en mortalidad con el 12.4% de las defunciones, seguido por el de estómago (9.7%), el cérvicouterino (9.1%), el de mama (6.3%) y el de próstata (6.3%).

De acuerdo con cifras de 1995 del Registro Hispatológico de Neoplasias, en México se calculan cerca de 80 mil casos nuevos de cáncer por año, la mayoría entre mujeres. Los casos de cáncer en las mujeres tienen mayor incidencia en el grupo de 75 y más años (11.5%), seguido por el grupo de 45 a 49 años (11.2%) y por el de 40 a 44 años, con 10 por ciento. En el caso de los hombres la mayor incidencia está en el grupo de los 75 años en adelante (20%), seguido por el de 60 a 64 años (11.8 %).

En cuanto a los tipos de cáncer, la mayor incidencia en mujeres fue el cérvicouterino, seguido por el de mama con 16.4 por ciento. En los hombres el mayor número de casos fue el de próstata, seguido por el de estómago.

La entidad federativa con el porcentaje más alto de casos fue el Distrito Federal, con 35.6% del total. Esto se debe al tamaño de la población ahí concentrada pero también a mayores índices de tabaquismo, contaminación ambiental, dietas con altos contenidos de conservadores químicos y al estrés, entre otros. El segundo lugar lo tiene el estado de Nuevo León, con 10.4 por ciento. Sonora fue el estado que menos casos registró: sólo 1.9 por ciento.

SALUD REPRODUCTIVA

Se estima que en 1999 nacieron un total de 2,200,000 niños y murieron 1,200 madres por complicaciones durante el parto. Con respecto a la planificación familiar, la tasa de fecundidad se ha reducido a 2.5 hijos por mujer y la tasa bruta de natalidad a 28.79 nacimientos por cada mil habitantes. Para ese mismo año se estima que 69.4% de las mujeres en edad fértil hicieron uso de algún método anticonceptivo, lo que representa un incremento de 23% en los últimos cinco años. El número de consultas de planificación familiar se ha incrementado, así como el de consultas prenatales, a 3.9 por mujer. Sin embargo, esta última cifra sigue siendo inferior al mínimo necesario definido por la Organización Mundial de la Salud (cinco consultas por embarazo). Entre otras medidas preventivas destaca la realización de la prueba de Papanicolaou, que permite detectar oportunamente casos de lesiones cérvicouterinas.

ACCIDENTES Y SUICIDIOS

Por accidentes de diversos tipos, cada 15 minutos fallece un mexicano o mexicana (los hombres muestran una mayor probabilidad de morir por esta causa). Entre los 5 y 35 años de edad, ésta es la principal causa de muerte. Sin embargo, este tipo de mortalidad muestra una tendencia descendente de casi 50% desde 1980. En 1997 alcanzó su punto más bajo: 37.9 muertes por cada 100 mil habitantes. En el mismo año los accidentes (sin incluir violencia) ocuparon el cuarto

DISTRIBUCIÓN DE CASOS DE CÁNCER EN HOMBRES Y MUJERES, 1995

MUJERES			
LUGAR	LOCALIZACIÓN	CASOS	%
1	Cuello del útero	15,749	33.2
2	Mama	7,791	16.4
3	Ovario	1,684	3.5
4	Cuerpo del útero	1,432	3.0
5	Estómago	1,258	2.7
6	Glándula tiroides	1,211	2.6
7	Ganglios linfáticos	1,179	2.5
8	Tejidos blandos	1,080	2.3
9	Vesícula biliar y vías intrahepáticas	763	1.6
10	Colon	728	1.5
HOMBRES			
LUGAR	LOCALIZACIÓN	CASOS	%
1	Próstata	3,674	14.2
2	Estómago	1,620	6.3
3	Ganglios linfáticos	1,566	6.1
4	Tejidos blandos	1,332	5.2
5	Testículos	1,233	4.8
6	Tráquea, bronquios y pulmón	1,139	4.4
7	Vejiga urinaria	1,136	4.4
8	Laringe	842	3.3
9	Encéfalo	702	2.7
10	Riñón y otros órganos urinarios	660	2.6

Fuente: Registro Hispatológico de Neoplasias en México, 1999.

INDICADORES DE PLANIFICACIÓN FAMILIAR EN EL SISTEMA NACIONAL DE SALUD, 1990-1999

CONCEPTO	1990	1991	1992	1993	1994	1995	1996	1997	1998	1999*
Consultas de planificación familiar (miles)	7,170	7,700	8,164	7,752	7,870	9,271	9,691	9,243	9,333	9,430
Usuarias activas de métodos de planificación familiar (miles)	6,264	6,597	7,039	6,988	7,495	8,020	8,363	8,465	8,834	9,243
Nuevas aceptantes de métodos de planificación familiar (miles)	2,115	2,259	2,326	2,459	2,434	2,495	2,567	2,486	2,523	2,573

* Cifras estimadas.
Fuente: Zedillo, 1999.

lugar como causa de muerte, lo que representó 8.1% del total de defunciones.

EVOLUCIÓN DE LA MORTALIDAD POR ACCIDENTES, 1980-1997

AÑO	TOTAL		HOMBRES		MUJERES		NE	ISM
	CASOS	TASA*	CASOS	TASA	CASOS	TASA	CASOS	
1980	48,098	71.6	37,984	112.4	9,801	29.4	313	387.6
1985	45,504	60.2	34,190	90.0	10,928	29.1	386	312.9
1990	39,400	47.2	30,261	73.0	8,979	21.4	160	337.0
1995	35,567	38.8	27,396	60.3	8,143	17.6	28	336.4
1997	35,876	37.9	27,634	58.9	8,218	17.2	24	336.3

* Defunciones por 100 mil habitantes.
NE: no especificado.
ISM (índice de sobremortalidad masculina): indica el número de defunciones de hombres por cada 100 de mujeres.
Fuente: INEGI y Dirección General de Estadística e Informática de la Secretaría de Salud, 1999.

La mayoría de los accidentes (43%) ocurre en la vía pública y consiste, más concretamente, en accidentes de transporte. Destacan también los decesos por caídas accidentales y ahogamientos.

Durante 1998 se registraron cerca de 2,500 suicidios, es decir, seis por día, además de 232 intentos de suicidio. La mayoría es cometida por hombres y muchos se deben a la depresión provocada por conflictos familiares o penas amorosas. El 80% de los suicidios ocurre en zonas urbanas y en 77% de los casos se cometen en el hogar. El mecanismo más utilizado por los suicidas fue el estrangulamiento, seguido por las armas de fuego y el envenenamiento. Cabe señalar que un número importante de los suicidios se ubica entre hombres y mujeres de 20 a 24 años, y es más frecuente

SUICIDIOS REGISTRADOS POR GRUPO DE EDAD, 1997

%	GRUPO ETARIO
3.1%	0-14 años
15.3%	15-19 años
18.4%	20-24 años
14.4%	25-29 años
10.2%	30-34 años
8.7%	35-39 años
9.8%	40-49 años
6.4%	50-59 años
9.2%	60 años y más
4.4%	No especificado

Fuente: INEGI, 1998a.

DEFUNCIONES POR ACCIDENTES POR GRUPOS DE EDAD SEGÚN CAUSAS, 1997

CAUSAS	GRUPOS DE EDAD							NE
	TOTAL	<1	1-4	5-14	15-34	35-64	65 y más	
Total accidentes	35,876	1,108	1,934	2,658	12,892	10,791	6,115	378
Accidentes de transporte	15,330	70	591	1,222	6,492	5,059	1,754	142
Envenenamiento accidental	1,113	45	81	54	471	342	105	15
Contratiempos durante la atención médica, reacciones anormales y complicaciones ulteriores	165	3	2	1	17	61	81	0
Caídas accidentales	4,275	44	122	150	709	1,133	2,088	29
Accidentes causados por el fuego	701	25	95	66	188	179	143	5
Drogas y medicamentos que causan efectos adversos en su uso terapéutico	124	18	11	9	32	35	18	1

NE: No especificado
Fuente: INEGI y Dirección General de Estadística e Informática de la Secretaría de Salud, 1999.

REGISTRO DE SUICIDIOS, 1991-1998

AÑO	TOTAL	LUGAR DE OCURRENCIA			MEDIO EMPLEADO				ESTADO CIVIL			
		CASA	LUGAR PÚBLICO U OTRO	CAMPO	ESTRANGU- LAMIENTO	ARMA DE FUEGO	VENENO	OTRO	SOLTERO	CASADO	UNIÓN LIBRE	OTRO
1991	1,826	1,324	375	127	827	615	153	231	735	706	180	205
1993	2,022	1,482	440	100	927	666	179	250	827	758	185	252
1995	2,428	1,837	445	146	1,167	731	222	308	991	923	265	249
1997	2,459	1,844	442	148	1,428	606	214	152	1,087	844	251	277
1998	2,414	1,843	431	140	1,480	537	190	146	1,022	863	292	237

Fuente: INEGI, 1998a.

entre los solteros. Las estadísticas relativas a esta causa de muerte deben considerar estimaciones, porque muchos suicidios no son reconocidos públicamente.

TABAQUISMO Y ALCOHOLISMO

El tabaquismo es la mayor causa de mortalidad y morbilidad prematura en todo el mundo. Hay una relación directa entre el hábito de fumar y una mayor incidencia de padecimientos cardiacos, enfermedades cerebrovasculares, tumores en los pulmones y la lengua, y efectos secundarios en los niños durante su gestación. Se calcula que cada 12 minutos muere un mexicano por enfermedades relacionadas con el hábito de fumar. A eso se deben las campañas para disminuir su consumo.

El alcoholismo continúa siendo un grave problema de salud entre la población mexicana en edad productiva.

Mientras en los países desarrollados el consumo de tabaco tiende a disminuir, en México aumenta, sobre todo entre las mujeres y los jóvenes.

A diferencia de lo que ocurre en los países desarrollados, la proporción de mexicanos que fuma se ha mantenido constante, e incluso ha mostrado una tendencia ascendente entre los menores de edad y las mujeres. De acuerdo con la encuesta nacional de 1993 sobre adicciones, fuman 38% de los hombres y 17% de las mujeres. La Organización Mundial de la Salud estima que hay un total de 14 millones de fumadores y 10.5 millones de fumadores pasivos.

El alcohol es otra de las principales sustancias adictivas en México y su uso y abuso se confirma con las últimas encuestas sobre adicciones. Cerca de 75% de la población adulta ha consumido al menos una copa en su vida y 9.6% de todos los habitantes tienen dependencia de esta sustancia (19.5% de los hombres y 7% de las mujeres lo consumen en gran cantidad). En promedio, la edad de inicio en el consumo de bebidas embriagantes fue de 16 años para los varones y 18 para las mujeres. Las principales razones para iniciarse en el consumo de alcohol son la presión social y la curiosidad. Se calcula que alrededor de 12.9% de los hombres y 1% de las mujeres llegan a la embriaguez por lo menos una vez al mes.

El alcohol puede causar la muerte. La cirrosis hepática es la sexta causa de muerte general y la cuarta entre la población productiva. Asimismo, en una proporción importante los accidentes automovilísticos están asociados al consumo de alcohol.

El síndrome de inmunodeficiencia adquirida (SIDA)

Durante los dos últimos decenios del siglo xx esta enfermedad se ha convertido en un complejo problema de salud pública con repercusiones sociales, legales, éticas, psicológicas, económicas y políticas.

Definición y origen

El SIDA es una enfermedad infecciosa causada por alguna de las variedades del virus de inmunodeficiencia humana (VIH), capaz de anular la capacidad del sistema inmunitario para contrarrestar las enfermedades infecciosas y algunas degenerativas como el cáncer. Hasta donde hoy se sabe, no es hereditario aunque sí se transmite de madres a hijos por contagio. Una vez que el síndrome se desarrolla, el enfermo presenta una gran debilidad física, debilitamiento progresivo y diferentes infecciones oportunistas de gravedad variable. En muchos casos, la inmunodeficiencia conlleva la aparición de formas raras de cáncer, como el sarcoma de Kaposi, y complicaciones por lesiones en las células nerviosas.

El primer caso de SIDA se detectó en 1979 en Nueva York, pero la causa viral de la enfermedad se estableció hasta 1984 en París. No se sabe con certeza cuál es el origen primario de la enfermedad. Se han descubierto virus similares al VIH en monos verdes africanos y, como en África es alta la frecuencia de esta enfermedad, algunos epidemiólogos han sugerido que quizá el VIH brotó en ese continente, pero esto no ha sido comprobado.

Transmisión y detección

Hay básicamente tres mecanismos de transmisión del SIDA:

1) Por contacto sexual con una persona infectada, en el que ocurra intercambio de semen, secreciones vaginales, fluidos corporales o sangre.

2) Al recibir transfusiones de sangre o plasma infectados o al compartir agujas, jeringas o conductos de venoclisis contaminados con el virus.

3) Contagio perinatal al transmitirse el virus de la madre infectada al hijo, a través de la placenta, el cordón umbilical o, más raramente, por la leche materna.

Entre una y tres semanas después de ocurrir el contagio se presentan síntomas de intensidad variable, que pueden ser similares a los del resfriado e incluir una leve erupción cutánea, inflamación tenue de los ganglios, dolor de cabeza y fiebre ligera; muchas veces tales síntomas pasan desapercibidos. En esta etapa de la enfermedad, conocida como fase retroviral aguda y que dura un par de semanas, el virus se multiplica en grandes cantidades y cambia su estructura genética. Se piensa que en esta etapa el portador es altamente infeccioso. Después, desaparecen todos los síntomas y el individuo queda aparentemente sano.

Una vez que el VIH se establece en el organismo y entra en la fase asintomática, continúa reproduciéndose. Puede continuar así durante varios meses y hasta unos diez años. En tal situación, el portador asintomático del virus no puede saber que está contagiado a menos que se practique un análisis que demuestre la presencia de la infección, es decir, que es seropositivo. En consecuencia, puede contagiar a otras personas a través de los mecanismos antes descritos.

Si una persona ha estado expuesta a alguna forma de contagio y desea saber si está infectada necesita someter una muestra de sangre a una prueba de laboratorio. Hay varios métodos para descubrir el virus; entre ellos, la llamada prueba ELISA, basada en la medición de anticuerpos. Según se ha comprobado, entre cuatro y ocho semanas posteriores al contagio las pruebas de anticuerpos pueden ser negativas aunque el individuo esté infectado, ya que su organismo no ha tenido tiempo de desarrollar anticuerpos. De ahí que sea recomendable esperar al menos dos meses para hacer la prueba de anticuerpos.

En 1996 se desarrolló una prueba de antígenos que detecta, precisamente, proteínas generadas por el virus. Esta prueba permite establecer la presencia del VIH al margen de los anticuerpos del portador. Actualmente se están desarrollando otras pruebas, cada vez más precisas, basadas en la detección del material genético del virus.

Si las condiciones de prueba son las correctas y el resultado es negativo, la persona puede sentirse tranquila porque no está infectada. Y si ocurre lo contrario, esto es, si en condiciones correctas de prueba el resultado es positivo, el margen de error es mínimo. Por supuesto, cuando el individuo resulta seropositivo, se le practican otros estudios para verificar el diagnóstico más allá de cualquier duda razonable.

Es importante señalar que una persona portadora de VIH, esto es, seropositiva, no está enferma de SIDA. El síndrome comienza cuando se manifiestan signos y síntomas. Cuando éstos comienzan a presentarse en la llamada fase temprana del síndrome, frecuentemente se refieren a infecciones oportunistas que no ponen en peligro la vida del enfermo. En la medida en que el virus continúa destruyendo el sistema inmunitario, las enfermedades oportunistas se multiplican y el enfermo entra en la fase terminal, muy debilitado y a merced de las infecciones y de varias formas de cáncer cuyo pronóstico es sombrío.

No hay casos documentados del llamado contagio casual, esto es, por respirar el mismo aire que una persona infectada o por tocarla o por entrar en contacto con objetos que esa persona haya utilizado. Se ha descubierto que en la saliva hay una proteína que impide al virus infectar a los leucocitos, lo cual permite suponer que el beso no es necesariamente un mecanismo de contagio, aunque en el caso de los besos con la boca abierta e intercambio de fluidos bucales se presenta el riesgo de intercambio de sangre proveniente de heridas imperceptibles en las encías, los carrillos o la lengua. En el caso de los objetos utilizados por personas infectadas también hay riesgos, por ejemplo en rastrillos, cepillos de dientes y otros que puedan contaminarse con sangre infectada. No hay casos documentados de contagios a raíz de utilizar, digamos, en un restaurante cubiertos usados por una persona infectada. Al contacto con el aire, el VIH es lábil, esto es, degenera y muere. No puede reproducirse fuera de su huésped ni sobrevivir sin humedad. En el caso de los insectos chupadores, como los mosquitos, tampoco hay evidencia alguna de que se dé el contagio, ni siquiera

en lugares donde abundan esos insectos y también pacientes enfermos de SIDA. Aparentemente el virus no infecta al insecto y, en consecuencia, éste no puede transmitirlo.

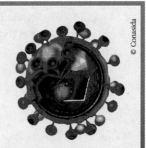

© Conasida

VIH Y SIDA

El VIH es un retrovirus que tiene varias formas (mutante). Es capaz de localizar a ciertas proteínas (las llamadas CD4 y otras) que se encuentran en las paredes de diferentes células del organismo. Esto es, el virus puede infectar a cualesquiera células que tengan esas proteínas en el exterior de su membrana. Sin embargo, las células más frecuentemente afectadas, por su abundancia, son ciertos glóbulos blancos llamados linfocitos-T CD4. La infección se da mediante un mecanismo viral típico que consiste en adherirse a la pared celular mediante dos de sus numerosas "protuberancias" proteínicas (ver dibujo) e inyectar en la célula su material genético (ARN viral), que se insertará en la célula y provoca que ésta reproduzca al virus tantas veces como sea posible mientras sobreviva. Los nuevos virus son liberados e infectan a otras células. En el caso de este virus el proceso es lento pero igualmente ininterrumpido, y la población de virus crece geométricamente.

Esquema del VIH según un reporte de Conasida de julio de 2000 (http://www.ssa.gob.mx/conasida). El lector puede hallar representaciones más detalladas y precisas en http://www.avert.org.uk/v1big.htm y también en la Enciclopedia Encarta 2000.

La infección y consecuente destrucción de los linfocitos-T CD4 tiene un resultado letal. Estas células tienen una función muy especializada que consiste en ayudar a otros elementos del sistema inmunitario a localizar, por así decirlo, a los intrusos. Valga establecer como analogía que los linfocitos-T CD4 son algo como "agentes de tránsito" que dirigen a otras células para que ataquen a los microorganismos infectantes y a células anormales (como las del cáncer) para destruirlos. Entonces, aunque las defensas existan, si no pueden localizar bioquímicamente a los entes a los que deben destruir, para fines prácticos es como si no existieran.

En la medida en que el número de linfocitos-T CD4 se reduce, los microorganismos que habitualmente están limitados y controlados por el sistema inmunitario pueden progresar; de ahí que se les llame infecciones oportunistas. Tal es el caso de gérmenes como *Pneumocystis carinii*, un hongo que está siempre presente en el aparato respiratorio humano pero que no prospera porque las defensas lo contienen pero que puede provocar una forma grave de pulmonía. Lo mismo ocurre con otros hongos y bacterias que pueden causar pulmonías, diarreas, meningitis y anemia, con virus como los que provocan los diferentes tipos de herpes o con el citomegalovirus.

Otra complicación que es parte del cuadro de inmunodeficiencia habitual es el brote de tumores de los llamados linfomas de células B, siendo el más frecuente una forma de cáncer de los vasos sanguíneos de la piel llamado sarcoma de Kaposi, que se extiende primero sobre la piel y después puede alcanzar órganos internos y provocar la muerte. Por alguna razón aún desconocida, estos sarcomas afectan principalmente a varones homosexuales o bisexuales, hecho cuyo significado estadístico no es todavía claro, porque se supone que esta enfermedad no es, como se creía en un principio, propia de un determinado grupo social.

Entonces, el VIH no es por sí mismo la causa directa de la muerte de quienes desarrollan el síndrome, sino lo son las enfermedades oportunistas y sus complicaciones. Lo único que el virus hace es destruir a los linfocitos cooperadores que dirigen las tareas de defensa. Es tan selectivo que uno puede llegar a pensar que se trata de un virus creado en un laboratorio, con algún oscuro fin, aunque no hay evidencias que tal cosa sea cierta.

Fuente: Conasida y diferentes publicaciones especializadas.

Tratamiento y prevención

Hasta la fecha el SIDA es una enfermedad que no tiene cura. Tampoco existe vacuna que pueda evitarla. El virus continuamente está experimentado mutaciones o cambios genéticos y ello impide al organismo infectado desarrollar anticuerpos eficaces. No obstante, en relativamente poco tiempo se han logrado progresos en el conocimiento de los modos de transmisión y estructura del virus, lo que ha permitido desarrollar tratamientos para los enfermos y para personas que no han desarrollado todavía la enfermedad pero portan el VIH.

Ya hay fármacos que ayudan a prolongar la vida de los pacientes, como el AZT o los anti-retrovirales, los cuales controlan parcialmente el virus y los síntomas de la enfermedad. Por otra parte, estudios con personas que a pesar de haber tenido contacto con el virus son parcial o totalmente resistentes a las infecciones del VIH abren la esperanza de que existan elementos genéticos que dan resistencia a la enfermedad y puedan servir para una eventual cura. Para quien puede pagar la nueva terapia triple, el SIDA podría significar solamente una enfermedad crónica y no una sentencia de muerte.

Ante la falta de una cura, el énfasis se ha puesto sobre medidas de prevención para evitar el contagio. Entre ellas destacan las siguientes:

1) Vía sexual: usar el condón masculino o femenino (sexo protegido), evitar el intercambio de secreciones corporales a través del sexo sin penetración (sexo seguro), mantener relaciones íntimas con una sola pareja (fidelidad), abstinencia sexual.

2) Vía sanguínea: utilizar siempre jeringas y agujas nuevas y desechables, asegurarse que para las transfusiones la sangre haya sido previamente analizada y esté libre de virus. Este riesgo se puede reducir casi en su totalidad ya que se han desarrollado pruebas confiables para la detección del virus en la sangre.

3) Vía perinatal: Si se desea tener un hijo, realizarse la prueba de detección del VIH antes de la concepción. En caso de diagnóstico de VIH positivo existe un medicamento que se administra a la madre durante el embarazo y reduce la posibilidad de infectar al feto al momento del parto. Sin embargo, la madre no debe amamantar al bebé.

El sida en el mundo

Según un informe del programa de las Naciones Unidas sobre VIH/SIDA (Onusida), en diciembre de 1999 unos 34.3 millones de personas en el mundo vivían con el virus: 33 millones de adultos (15.7 millones de mujeres) y 1.3 millones menores de quince años. El número total de muertes

© Onusida

desde que empezó la epidemia asciende a 16.3 millones y durante 1999 murieron 2.8 millones. En 1999 se infectaron un total de 5.6 millones de personas. Entre 25 y 30% de los hijos de madres infectadas se contagian del virus de VIH antes del parto o al alimentarse con la leche materna.

INFECCIÓN DE VIH EN EL MUNDO Y MODOS DE TRANSMISIÓN POR REGIÓN, 1999

ÁREA GEOGRÁFICA	PERSONAS INFECTADAS	PROPORCIÓN %	HETEROSEXUAL %	HOMOSEXUAL %	SANGRE %	DROGAS %	OTROS Y DESCONOCIDOS %
Mundial	34,300,000	100.0	37.22	39.79	5.7	14.49	2.8
Norteamérica	900,000	2.7	10.0	56.0	2.0	27.0	5.0
Europa occidental	520,000	1.54	14.0	47.0	2.0	33.0	4.0
Europa oriental/ Asia central	420,000	1.0	10.0	80.0	2.0	5.0	3.0
Suroeste del Mediterráneo	220,000	0.66	20.0	35.0	18.0	22.0	5.0
América Latina	1,300,000	3.8	24.0	54.0	6.0	11.0	5.0
Caribe	360,000	1.0	75.0	10.0	5.0	9.0	1.0
África subsahariana	24,500,000	69.3	93.0	0.9	4.0	0.9	1.0
Noreste de Asia	530,000	1.5.0	50.0	20.0	10.0	20.0	0.0
Sureste de Asia	5,600,000	17.8	70.0	8.0	6.0	14.0	2.0
Oceanía	15,000	0.03	6.0	87.0	2.0	3.0	2.0

Fuente: Enciclopedia Encarta 99 y ONUSIDA, 2000.

México ocupa el lugar 13 en casos de SIDA reportados en el mundo y el tercer lugar en América. Respecto a la tasa de incidencia, ocupa los lugares 11 en América y 69 en el mundo.

EL SIDA EN MÉXICO

Los primeros registros de presencia del virus del SIDA en México se remontan a 1981. A partir de entonces se han documentado más de 38 mil casos. Sin embargo, se considera que esta cifra subestima el verdadero nivel y que el número real se ubica cerca de los 59 mil. Con relación al número de personas infectadas, éste rebasa 170 mil y el de defunciones se calcula en más de 23 mil en los últimos años. En 1999 fallecieron 4,372 personas (4.4 por cada 100 mil habitantes). El mayor número de muertes se dio en el grupo de 25 a 44 años de edad y afectó a los hombres en una proporción de seis a uno.

INFECCIONES, CASOS Y MUERTES, 1991-1997*

	TOTAL	HOMBRES	MUJERES	NIÑOS
Infecciones	177,650	142,800	27,200	7,650
Casos diagnosticados	38,316	32,139	5,242	935
Muertes	24,443	20,649	3,198	596

*Cifras estimadas.

Fuente: Conasida, 1999.

El desarrollo de la epidemia ha pasado por varias etapas: la primera fue de un incremento lento, seguida por una de crecimiento alto entre 1988 a 1993, hasta llegar a una etapa de estabilización de la epidemia, en la que la tasa de incidencia deja de crecer y se observan en promedio 4,000 nuevos casos por año.

TASA DE INCIDENCIA ANUAL REPORTADA DE CASOS DE SIDA, 1983-1998

AÑO	TASA POR 100 MIL HABITANTES	
1983	0.1	
1984	0.1	
1985	0.2	
1986	0.8	
1987	1.5	
1989	3.25	
1990	4.21	
1991	4.26	
1992	4.6	
1993	4.77	
1994	4.87	
1995	4.87	
1996	4.5	
1997	4.5	
1998	4.23	

Fuente: Conasida, 1999.

La principal vía de transmisión en adultos es la sexual, con 85% de los casos, seguida por la asociada a vías sanguíneas, con 12.5 por ciento. Dentro del contagio sexual, la transmisión homosexual y bisexual masculina constituye la principal forma de contagio, aunque la categoría heterosexual ha mostrado crecimiento en los últimos años. La infección por transfusiones sanguíneas ha disminuido considerablemente. El número de casos por transmisión de la madre al hijo representa 2.5% del total de casos.

Las entidades con el mayor número de casos son el Distrito Federal, el Estado de México y Jalisco. El estado con mayor tasa de incidencia es Baja California y el menor es Colima. En las áreas urbanas el SIDA afecta en su mayoría a los hombres, mientras que en las áreas rurales, que tienen fuertes migraciones a Estados Unidos, ha habido un incremento en el número de casos sobre todo entre las mujeres. (☞ Migración y SIDA, más adelante)

El SIDA es uno de los problemas más complejos de salud pública en México y entre algunos grupos prevalece la idea de que no es redituable invertir en la salud de los pacientes con VIH. Según los últimos cálculos, el costo anual de la terapia para un enfermo de SIDA es de aproximadamente 10 mil dólares sin incluir gastos de análisis clínicos y uso de otros medicamentos. Esta cifra es imposible de cubrir para la mayoría de los afectados.

El gobierno mexicano ha destinado en el orden de 85 millones de dólares (aproximadamente 816 millones de pesos) para combatir la epidemia. La mayor parte de esos fondos se emplean en atención médica y el resto a la prevención por transmisión sanguínea y sexual. Se estima que ese gasto sólo llega a cubrir a una minoría de los pacientes (alrededor de 38% de los enfermos según un cálculo de 1995).

Durante 1999 se realizaron 277,090 exámenes para VIH, es decir, 757 pruebas al día. Por medio de instituciones gubernamentales como el Consejo Nacional de Prevención y Control del SIDA (Conasida) y el Fondo Nacional Contra el SIDA (Fonsida) se ofrecen medicamentos y exámenes de detección gratuitos.

Las limitaciones en la atención de los enfermos de SIDA se explican, en primer lugar, por los altos costos del tratamiento, lo que determina que más de 96% de los enfermos no pueda adquirir los medicamentos en farmacias privadas y se vea obligado a recurrir a la seguridad social o a las dependencias de asistencia pública. Sin embargo, en estas dependencias es frecuente el desabasto de medicinas, a pesar de haber sido incorporadas al cuadro de medicamentos básicos del sistema de seguridad social. Este desabasto es grave, ya que para que el tratamiento sea eficaz debe haber una continuidad rigurosa (en caso contrario el virus crea resistencia al fármaco). Por otra parte, algunos afectados por esta enfermedad denuncian que existe una política discriminatoria hacia los pacientes con SIDA.

Riesgo real y discriminación al atender enfermos de SIDA

En 1985, en la ciudad de México, fue documentado un caso de dos enfermos de SIDA que se vieron obligados a abandonar por su propio pie el hospital público donde se internaron debido al trato inhumano que recibieron del personal médico y, sobre todo, de enfermería. Aparentemente, el temor al contagio era tan grande que nadie quería siquiera respirar el mismo aire que los enfermos ni mucho menos ayudarles en sus necesidades primarias. Este tipo de reacciones fue muy frecuente en hospitales de todo el mundo, las más de las veces por falta de información.

Según el principio de que "todo intercambio de fluidos corporales" es potencialmente un medio para el contagio, aquellas personas que entran en contacto con enfermos de SIDA pueden, lógica o ilógicamente temer tal contagio, desde el momento que si algo abunda en un cuerpo humano son los fluidos: además de la sangre, la linfa, el semen y las secreciones vaginales y uretrales, están las lágrimas, el sudor, la saliva y las excreciones grasas como el cerumen de los oídos o la grasa natural que protege a la piel y otros órganos externos, además de los productos mixtos que contienen porciones de mucosa, sangre y linfa, como es el caso de los materiales que se expulsan al estornudar, toser o vomitar o los que están presentes en la orina y las heces.

Cuando una persona está enferma, difícilmente puede controlar su higiene y, en consecuencia, quienes le asisten deben tomar precauciones. Hay muchos casos documentados de médicos, enfermeras y personal de laboratorio que han contraído el VIH, especialmente a consecuencia de accidentes con material contaminado (heridas con agujas) o por contacto de heridas expuestas con fluidos contaminados, así como otros casos menos obvios. Esas formas de contagio son poco probables mas no imposibles y, como el pronóstico en caso de infección es siempre sombrío, el temor no deja de ser justificado.

En muchos casos, las precauciones ("técnicas estériles") que toman médicos y enfermeras para manejar a un paciente enfermo de SIDA o de cualesquiera otras enfermedades contagiosas pueden parecer "discriminatorias" o "inhumanas", incluso el propio enfermo se alarma cuando ve a quienes le rodean tratarle como si todo él fuera un germen, cuando en realidad se trata solamente de procedimientos que permiten al personal médico, de enfermería y laboratorio un manejo seguro para ellos y para otras personas.

Ahora que se sabe mucho más de la enfermedad y que se han creado esquemas de seguridad en prácticamente todos los hospitales y laboratorios clínicos relacionados con el manejo de VIH y enfermos de SIDA, los casos de verdadera discriminación son fácilmente descubiertos y sancionados, al igual que los de negligencia del personal hospitalario cuando omiten las prácticas seguras tendientes a reducir al mínimo el riesgo de contagio.

De igual manera, el presupuesto para la población abierta (las personas que no cuentan con seguro social) es insuficiente. Según cálculos de Fonsida el presupuesto disponible sólo alcanza para cubrir alrededor de la mitad de la demanda. A diferencia de países latinoamericanos como Brasil, Costa Rica y Colombia, en México no hay leyes que establezcan como deber del Estado atender de forma integral a los enfermos de SIDA.

A los costos directos habría que agregar los indirectos, dado que el SIDA afecta sobre todo a personas en edad productiva. El promedio de edad de las defunciones por SIDA en México es de 33 años, lo que implica pérdidas de vidas con un alto costo económico.

MIGRACIÓN Y SIDA

La ubicación geográfica de México, como lugar de origen y de paso de una importante población migratoria hacia los Estados Unidos, lo hace particularmente vulnerable a la propagación de enfermedades como el SIDA. En los últimos años ha comenzado a reportarse un mayor número de casos de SIDA en el ámbito rural y en los puntos de tránsito internacional que nos conectan con los países de la región.

En el caso de la frontera norte, cientos de miles de trabajadores migratorios se dirigen cada año a los Estados Unidos, sobre todo a entidades que concentran las tasas más altas de afectación de VIH. El perfil demográfico de estos migrantes –hombres jóvenes con una edad promedio de 26.2 años, solteros o que viajan sin su pareja, activos sexualmente, poco receptivos a las campañas de prevención y control del SIDA (por su nivel escolar y económico) y que llegan a zonas con costumbres sexuales más relajadas que las de su lugar de origen– los hace en extremo vulnerables. En los Estados Unidos incurren en prácticas sexuales con un mayor riesgo de contagio de VIH, como son la promiscuidad que puede incluir relaciones con personas que practiquen la prostitución. Si además, adquieren nuevas conductas de riesgo, como el consumo de drogas por vía intravenosa, su probabilidad de contagio se eleva considerablemente.

Al regresar a sus sitios de origen los migrantes pueden ser la fuente de una nueva serie de contagios. En la mayoría de estas localidades no hay la infraestructura médica para detectar a un portador de VIH o atender a los enfermos de SIDA. Muchos de los migrantes no saben que son portadores del virus y lo transmiten a sus parejas o a las trabajadoras o trabajadores sexuales de la región, lo cual propaga la epidemia. En los últimos años se ha registrado un crecimiento exponencial de los casos en zonas rurales, fenómeno que sólo se explica ligándolo a la migración: mientras que en los casos de VIH urbanos sólo 6.1% tiene antecedentes de migración temporal a Estados Unidos, en los rurales alcanza 25 por ciento. Las mujeres en el campo son las más afectadas: aunque la mayoría de los afectados son hombres, en los medios urbanos son seis por cada mujer, mientras que en zonas rurales son sólo cuatro (Bronfman, 1998).

En el caso de la frontera sur hay pocos estudios sobre migración y SIDA en la región, pero se ha podido constatar que existen situaciones de alto riesgo para la propagación del VIH. En este caso los contagios se realizan sobre todo en los lugares de tránsito internacional de mercancías y migrantes (como Tapachula). Un importante número de estos últimos son mujeres centroamericanas que se dedican temporalmente al sexo comercial para obtener fondos para viajar a los Estados Unidos. La prostitución eventual se ha vuelto así un importante riesgo de contagio de VIH y enfermedades de transmisión sexual, ya que si bien los contagios se realizan en zonas remotas, potencialmente pueden afectar las regiones a donde llegan los migrantes.

En cualquiera de estas situaciones, la propagación de la enfermedad se agrava por el desconocimiento de cómo protegerse para evitar el contagio.

MUJERES

Las mujeres mexicanas son heroínas de poemas y canciones. Los elogios no han salvado a un buen número de ellas de golpizas en el hogar, discriminación en el trabajo y marginación en la política. En las últimas décadas ha mejorado su situación, pero estamos lejos de la igualdad entre géneros.

DEMOGRAFÍA

Hay más mujeres que hombres. En el 2000 son 51.36% de la población.

POBLACIÓN TOTAL POR SEXO, 1970-2000

AÑO	MUJERES	HOMBRES	TOTAL
1970	24,159,624	23,064,614	47,225,238
1980	33,807,526	33,039,307	66,846,833
1990	41,355,676	39,893,969	81,249,645
2000	50,007,325	47,354,386	97,361,711

Fuente: INEGI, 1999a y 2000.

Son mayoría por razones biológicas y migratorias: los hombres mueren más jóvenes y millones se han ido al exterior –en especial a Estados Unidos– en busca de trabajo. La siguiente tabla muestra cómo el tiempo rompe el equilibrio entre géneros. En 1930 una mexicana vivía 38 años; en 1999 llegaba a los 77 años, seis más que los hombres.

ESTRUCTURA PORCENTUAL POR GÉNERO Y GRUPOS DE EDAD, 1997

EDAD	MUJERES	HOMBRES
65 y más	2.63	2.31
60 a 64	1.30	1.14
55 a 59	1.49	1.31
50 a 54	1.71	1.65
45 a 49	2.19	2.00
40 a 44	2.69	2.43
35 a 39	3.35	3.05
30 a 34	3.76	3.29
25 a 29	4.37	3.87
20 a 24	5.10	4.74
15 a 19	5.41	5.30
10 a 14	5.73	5.83
5 a 9	5.88	5.99
0 a 4	5.62	5.81

Fuente: INEGI, 1999a y 1999c.

EDUCACIÓN

Las mujeres tienen cada vez más educación:

En el presente es notorio que las mujeres tienen un mayor acceso a la educación media y superior.

En 1997 su nivel de escolaridad era de 7.0 grados y el de los hombres de 7.5.

En 1970 de cada 100 mujeres, 30 eran analfabetas; en 1997, la cifra se redujo a 13. Es necesario hacer una precisión: el analfabetismo es superior entre las personas de mayor edad (mujeres y hombres).

En la educación preescolar, primaria y secundaria, los niños y las niñas se incorporan aproximadamente en los mismos porcentajes.

La igualdad se mantiene en el nivel medio superior, aunque un considerable número de mujeres optan por carreras técnicas con tres años de duración. Pese a lo anterior, están

llegando a la universidad un número sin precedente (casi la mitad de la matrícula) para cursar carreras y profesiones tradicionales: educación y humanidades, cuidado de la salud y ciencias sociales y administrativas. Debe también reconocerse que ha crecido aceleradamente el número de mujeres en otras disciplinas. En ingeniería han pasado de ser 11% en 1980, a 28% en 1997.

Las mujeres tienen fama, y con razón, de ser buenas estudiantes. La UNAM concede la medalla Gabino Barreda a los estudiantes con promedio más alto. Entre 1994 y 1997 de 832 medallas, 498 (60%) las ganaron mujeres.

Fuente: PNM, 1998.

MERCADO DE TRABAJO

Aunque más de la mitad de las mujeres continúan siendo amas de casa, hay una incorporación masiva al mercado de trabajo (lo que en muchas ocasiones significa que la mujer tenga una doble jornada). En 1970 de cada 100 mujeres trabajaban 17; en 1997 el número aumentó a 37.

ANALFABETISMO POR GRUPOS DE EDAD Y SEXO, 1997		
EDAD (AÑOS)	MUJERES %	HOMBRES %
15-24	3.4	3.1
25-44	8.8	5.1
45-59	22.9	12.8
60 y más	39.2	26

Fuente: INEGI, 2000.

MUJERES INSCRITAS EN LICENCIATURA, 1980-1998									
ÁREAS DE ESTUDIO	1980			1990			1998		
	TOTAL	MUJERES	%	TOTAL	MUJERES	%	TOTAL	MUJERES	%
Total nacional	731,291	217,947	30	1,078,191	434,803	40	1,392,048	642,836	46
Ciencias agropecuarias	66,571	5,613	8	55,814	8,102	15	36,879	9,300	25
Ciencias de la salud	157,342	67,038	43	111,136	61,637	55	125,996	75,401	60
Ciencias naturales y exactas	22,905	8,485	37	28,134	11,189	40	27,321	12,272	45
Ciencias sociales y administrativas	272,249	104,242	38	507,937	255,737	50	702,433	387,716	55
Educación y humanidades	19,991	11,433	57	33,635	20,387	61	52,014	33,406	64
Ingeniería y tecnología	192,233	21,136	11	341,535	77,751	23	447,405	124,741	28

Fuente: ANUIES, 1998.

Las mujeres trabajadoras están todavía sujetas a un doble esfuerzo: además de su trabajo regular, siguen siendo amas de casa.

Los empleos más comunes son los de vendedora, agricultora, empleada de mostrador, artesana, oficinista y trabajadora doméstica, entre otros.

La incorporación de la mujer al mercado de trabajo no ha significado igualdad en oportunidades o ingreso. Generalmente son segregadas y, aun cuando tengan más educación, ganan menos que un hombre.

La discriminación se ejemplifica en una práctica común en las maquiladoras: la prohibición (ilegal) de que se embaracen. Las mujeres sólo son contratadas después de conocerse el resultado negativo de un examen de embarazo, llegándose al extremo de revisarse las toallas sanitarias de las obreras, para verificar que tienen su periodo menstrual. Los servicios de salud de las maquiladoras tienen extensas provisiones de pastillas anticonceptivas.

LAS OCUPACIONES DE LA MUJER, 1997

PRINCIPALES GRUPOS DE OCUPACIÓN	MUJERES	
	TOTAL	%
Total	12,562,501	100.0
Vendedoras y dependientas	2,538,690	20.2
Artesanas y obreras	1,698,991	13.5
Agricultoras	1,509,312	12.0
Oficinistas	1,502,525	12.0
Trabajadoras domésticas	1,424,529	11.4
Empleadas de servicio	1,015,015	8.1
Maestras y afines	807,238	6.4
Vendedoras ambulantes	522,530	4.2
Técnicas y personal especializado	492,835	3.9
Profesionales	341,593	2.7
Ayudantes de obreros	323,818	2.6
Funcionarias públicas, gerentes sector privado	154,131	1.2
Supervisoras y capataces industriales	121,757	1.0
Trabajadoras del arte	54,582	0.4
Protección y vigilancia	41,412	0.3
Administradoras agropecuarias	6,182	0.1
Mayorales agropecuarios	4,487	0.0
Operadoras de transporte	2,874	0.0

Fuente: INEGI, 1999b.

PARTICIPACIÓN ECONÓMICA POR EDAD Y SEXO, 1970 Y 1997

1970	12-14	15-19	20-24	25-29	30-34	35-39	40-44	45-49	50-54	55-59	60-64	65 y más
Mujeres (%)	7	24	25	18	18	18	17	16	16	15	14	12
Hombres (%)	12	50	78	88	87	90	89	89	87	85	77	53
1997	12-14	15-19	20-24	25-29	30-34	35-39	40-44	45-49	50-54	55-59	60-64	65 y más
Mujeres (%)	10.2	31.6	41.9	47.6	47.4	50.8	45.9	44.8	36.4	32.2	27.9	14.8
Hombres (%)	24.6	59.6	86	96.8	98.3	98.3	97.9	95.6	92.7	87.5	79.2	52.3

Fuente: INEGI, 1999b.

EJEMPLOS DE DISCRIMINACIÓN SALARIAL DE MUJERES, 1995

GRUPO DE OCUPACIÓN	SALARIO POR HORA (PESOS)		PROMEDIO DE AÑOS DE ESTUDIO	
	MUJERES	HOMBRES	MUJERES	HOMBRES
Profesionales	13.53	18.05	16.21	16.12
Funcionarios públicos y gerentes privados	22.22	26.10	14.16	14.38
Oficinistas	7.87	9.23	11.15	11.06
Vendedores dependientes	3.66	12.80	8.43	8.44
Trabajadores domésticos	3.09	4.14	5.29	5.72

Fuente: Oliveira, 1998 con datos de INEGI-STPS, 1995.

Los empleos que con mayor frecuencia desempeñan las mujeres no suelen contarse entre los mejor remunerados. Es un hecho que aún no hay igualdad de condiciones.

© Dante Bucio

LA MUJER EN PUESTOS DE DECISIÓN

Pese a los obstáculos, la mejor educación y los ingresos mayores han permitido avances en la importancia de los cargos ocupados por mujeres.

De los 85 municipios presididos por mujeres, 61 pertenecen al PRI, once al PAN y siete al PRD; una llegó por coalición y cinco por usos y costumbres. En 1999, el mayor número de diputadas en congresos locales se registró en Yucatán con 29.2% y en Morelos con 26.2%, mientras que en Baja California y Durango sólo había una mujer en las respectivas cámaras.

© Dante Bucio

A pesar de la desigualdad, la mujer mexicana ocupa un lugar cada vez más importante tanto en los oficios industriales calificados como en el ramo profesional de nivel universitario.

© Dante Bucio

La participación de la mujer en la vida política se ha convertido en un punto de partida para cambiar su condición social.

VIOLENCIA CONTRA LAS MUJERES

El hogar no es un remanso de paz. En su interior hay tensiones y la agresividad se canaliza hacia los más débiles. Para Claudia Díaz Olavarrieta "en México, el hogar es el lugar más peligroso para mujeres y niños".

Brígida García y Orlandina de Oliveira (1994) enumeran las modalidades de la violencia psicológica y física del hombre contra la mujer: "encierro en el hogar; prohibición de salir o trabajar en actividades extradomésticas sin permiso del cónyuge; agresión verbal; relaciones sexuales forzadas; maltratos, lesiones, amenazas de muerte y suicidio".

MUJERES EN PUESTOS DE RESPONSABILIDAD, 1998, 1999 y 2000

FUNCIONARIAS DE ALTO NIVEL	TOTAL	MUJERES	% (APROXIMADO)
Poder Ejecutivo (1998)	673	60	8.9
Secretarias en Gabinete	17	2	11.7
Senadoras	128	21	16.4
Diputadas Federales	500	88	16.2
Asambleístas del Distrito Federal	66	17	25.7
Suprema Corte de Justicia	11	1	9.0
Presidentas municipales	2,418	85	3.5
Presidentas de partidos políticos (2000)	11	2	20.0
Dirigentes de sindicatos	1,134	39	3.0

Fuentes: Cámara de Diputados http://www.cddhcu.gob.mx; Senado de la República http://www.senado.gob.mx; Suprema Corte de Justicia http://www.scjn.gob.mx; UNIFEM y CONMUJER, 1999; PNM, 1998 y PNM, 2000.

Es difícil medir la violencia doméstica porque se mantiene privada, se denuncia poco y, cuando se hace, el agresor no es castigado.

Cifras y estimaciones que dan una magnitud del fenómeno

Díaz (1998) considera que de 40 a 50% de las mujeres mexicanas están expuestas a la violencia en el hogar. En algunas ocasiones los golpes recibidos ameritan tratamiento médico.

En 1999 la Procuraduría General de Justicia del Distrito Federal (PGJDF) recibió 16 mil denuncias de violencia intrafamiliar. De ellas, 89% era de mujeres maltratadas por su pareja; el resto eran niños, ancianos y unos cuantos varones.

De 1989 a 1994, los hospitales y clínicas del Distrito Federal atendieron un promedio anual de 28 mil personas lastimadas intencionalmente. De ellas 6,700 eran mujeres y 78% (5,200) habían sido golpeadas por alguien cercano (sus parejas o un hombre de la familia). Un total de 1,850 mujeres se atrevieron a denunciar los hechos, pero sólo hubo 102 sentencias (1.5%). Las condenas para los que ejercen violencia contra las mujeres son mínimas, ya que sólo alcanzan de seis meses a dos años de prisión, o multa.

Se estima que 80% de los casos de violencia no son registrados, en parte porque las autoridades judiciales tienden a verlos como asuntos privados, lo que lleva a otro ángulo: quienes agreden tienen algún grado de poder arraigado culturalmente y reforzado por leyes deficientes. El extremo es que todavía en tres entidades no se penalizan las lesiones leves inferidas "en el ejercicio del derecho de corregir, ...si el autor... no corrige con crueldad o con innecesaria frecuencia".

La violencia no distingue clases sociales o educación; afecta a profesionales e ignorantes aunque en la medida en la que las mujeres tienen más educación e ingresos, pueden defenderse mejor.

NIVEL DE ESCOLARIDAD DE LAS VÍCTIMAS ATENDIDAS EN EL CENTRO DE ATENCIÓN A LA VIOLENCIA INTRAFAMILIAR (CAVI) DE LA PGJDF, ENERO-SEPTIEMBRE DE 1997

ESCOLARIDAD	CASOS	
	NÚMERO	%
Total	6,954	100.00
Analfabeta	151	2.17
Kínder	12	0.17
Primaria	1,951	28.06
Secundaria	2,061	29.64
Bachillerato	885	12.73
Técnica	1,125	16.18
Licenciatura	718	10.32
No refiere	41	0.59
Educación especial	10	0.14

Fuente: GDF, 1999.

La mayoría de las mujeres maltratadas tienen ingresos. Por tanto no es la dependencia económica lo que las mantiene en una relación de violencia.

La violencia doméstica tiene consecuencias de diverso tipo. Las víctimas deterioran su autoestima, pierden motivación, padecen temores y neurosis y son propensas a buscar refugio en el consumo de alcohol o drogas.

OCUPACIÓN DE LAS VÍCTIMAS ATENDIDAS EN EL CAVI, ENERO-SEPTIEMBRE DE 1997

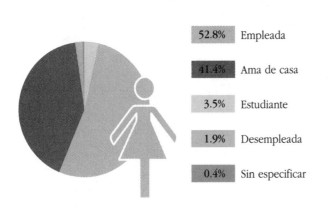

52.8% Empleada

41.4% Ama de casa

3.5% Estudiante

1.9% Desempleada

0.4% Sin especificar

Fuente: GDF, 1999.

A medida que se conoce la magnitud que tiene el fenómeno van surgiendo programas para prevenirlo y para modificar la cultura de mujeres y hombres. Entre otros ejemplos estarían la "Línea Mujer" de Locatel y las terapias que ofrece la Dirección General de Atención a Víctimas de la Procuraduría del Distrito Federal. Hay también programas desarrollados por ONG.

Las muertas de Ciudad Juárez

Un caso macabro y extremo son los asesinatos de 193 mujeres en Ciudad Juárez entre 1993 y diciembre de 1999 (80% jóvenes de entre 14 y 17 años). Todas fueron violadas sexualmente, golpeadas y torturadas antes de morir y sus cuerpos arrojados en lugares despoblados (23 eran obreras que trabajaban en plantas maquiladoras).

La versión oficial ha sido que por lo menos 70 crímenes fueron cometidos por Abdel Latif Sharif "El Egipcio" detenido en septiembre de 1995 y sentenciado a 30 años de prisión. Sin embargo, los asesinatos continúan y las autoridades, tanto del PAN como del PRI, siguen sometidas a fuertes críticas por su incapacidad para resolver y prevenir los crímenes.

Pareja y sexualidad

La sexualidad humana es un tema que se discute cotidianamente por la transformación de la cultura, por el cambiante papel de la mujer en la sociedad y por la aparición de enfermedades de transmisión sexual, entre ellas el SIDA.

Es, por otro lado, indispensable tratar la información sobre sexualidad con objetividad y delicadeza. Con estos criterios se muestra una sociedad en transformación, bien informada pero cargada de contradicciones. Entre los aspectos más notables está la mayor flexibilidad sexual de los y las mexicanas. Por ejemplo, aunque las relaciones prematrimoniales son rechazadas por 54% de la población (según la encuesta *Los mexicanos de los noventa)*, crece el número de quienes las consideran normales, sobre todo entre los más jóvenes y educados. Un 52% de los jóvenes entre 15 y 25 años y 72% de la población con universidad completa considera que nada tienen de malo las relaciones sexuales prenupciales. Por otro lado, la gran mayoría conoce y aprueba los métodos anticonceptivos, pero muchos no los usan.

© Carlos Hahn

INICIACIÓN

Algunas encuestas (Conasida, 1994; Secretaría de Salud, 1995, y Durex, 1999) dan una buena idea de lo que pasa con la sexualidad en México.

1) Virginidad: 28% de las mujeres considera importante conservarla hasta formar una pareja; sólo 4.9% de los varones coincide.

2) Edad promedio de la "primera vez": 17.7 años.

3) 79.7% de las chicas vivieron el rito de iniciación sexual con su novio y 9.9% con un amigo; 39.1% de los hombres tuvo esta experiencia con su novia y 43.5% con una amiga.

4) Las mujeres tienen una iniciación más tardía que los hombres.

5) 39% calificó su primera relación mejor de lo que esperaba; 39% tal y como la esperaba, y el resto (22%) peor de lo que esperaba.

6) Aunque los métodos anticonceptivos son ampliamente conocidos (sólo los desconoce 1.1% de los hombres y 2.5% de las mujeres), más de 50% de los encuestados respondieron que no utilizaron protección alguna durante su primera relación sexual. El método anticonceptivo que los hombres consideran más adecuado es el preservativo (88%). Por el contrario, sólo 36.8% de las encuestadas piensan de esa manera.

7) Los temas que más preocuparon a los adolescentes fueron el embarazo prematuro, seguido del SIDA y de otras enfermedades de transmisión sexual.

Comportamiento sexual a partir de la adolescencia y hasta los 49 años

Independientemente de su estado civil, 99.4% de los habitantes del Distrito Federal entre 15 y 49 años han tenido relaciones sexuales alguna vez en su vida.

1) 4% tiene relaciones sexuales el primer día de conocer a la pareja; 9%, la primera semana y 18%, el primer mes; 30% espera tener relaciones hasta el matrimonio.

2) Tiempo promedio destinado al acto sexual: 17.4 minutos.

3) Número promedio de relaciones por año: 102 veces.

4) 59% de los hombres reconoce haber sido infiel alguna vez en su vida contra 15% de las mujeres.

5) 71% tuvo relaciones en la última semana; 22% en el último mes y 3.9% en el último año.

6) Tipo de parejas: 79% son monógamos; 15% tiene múltiples parejas y 6%, pareja y amante regular.

7) 61% mostró gran preocupación por las enfermedades de transmisión sexual; sin embargo, la Secretaría de Salud encontró que sólo 26.4% de su muestra usó condón en la última relación. Ciertamente, dentro del 73.6% que no lo usó hay un buen número de personas que no tenían razón para hacerlo (por ejemplo quienes forman parte de una pareja estable en la que ambos son presumiblemente fieles y no promiscuos), pero aun así, el hallazgo sugiere la necesidad de examinar qué tan consecuente es la conducta de la población con respecto a sus preocupaciones y qué tan extendida permanece la creencia de que el SIDA sólo representa peligros para ciertos grupos, como los homosexuales, narcómanos, hemofílicos y otros que fueron señalados al comienzo de la epidemia.

Nupcialidad

EDAD DE MATRIMONIO FEMENINO POR ESCOLARIDAD, CONDICIÓN DE ACTIVIDAD Y LUGAR DE RESIDENCIA, 1996

SITUACIÓN	EDAD MEDIA
Sin primaria completa	19.6
Con preparatoria o más	22.9
No trabaja	20.6
Trabaja	22.3
Rural	20.0
Urbano	21.5

Fuente: CONAPO, 1999.

La edad promedio para contraer primer matrimonio está retrasándose. Actualmente, es de 21.3 años (20.3 para las mujeres y 23.2 para los hombres), mientras que en los setenta era de 18.8 años. Esto se debe, entre otros factores, a los cambios en los papeles que asume cada género, a la transformación en las condiciones socioeconómicas, a la escolaridad y al grado de urbanización.

También en este ámbito hay diferencias regionales. En los extremos están Chiapas y el Distrito Federal.

EDAD MEDIA FEMENINA DE LA PRIMERA UNIÓN, POR ENTIDAD FEDERATIVA, 1995

ENTIDAD	EDAD MEDIA
Chiapas	18.8
Tabasco	18.8
Guerrero	19.0
Campeche	19.3
Oaxaca	19.3
Quintana Roo	19.3
Durango	19.4
Hidalgo	19.4
Sinaloa	19.5
Yucatán	19.5
Veracruz	19.6
Michoacán	19.7
Morelos	19.7
Nayarit	19.7
Zacatecas	19.7
Coahuila	19.8
Baja California	19.9
Puebla	19.9
San Luis Potosí	19.9
Tlaxcala	19.9
Guanajuato	20.0
Tamaulipas	20.0
Baja California Sur	20.1
Colima	20.1
Chihuahua	20.2
México	20.2
Querétaro	20.2
Sonora	20.2
Jalisco	20.4
Aguascalientes	20.6
Nuevo León	20.8
Distrito Federal	21.3

Fuente: INEGI, 1999.

El matrimonio y la unión libre

En la encuesta *Los mexicanos de los noventa*, 55% de los entrevistados manifestó que el matrimonio es la única forma de vida en pareja; 44% no lo considera indispensable.

En los últimos 20 años ha crecido el número de uniones libres. En 1986 representaban 16.7% de las parejas; en 1999 eran 26.7 por ciento. Cabe destacar que las mujeres en este tipo de relación se unen más jóvenes que cuando contraen matrimonio.

OPINIONES A FAVOR DEL MATRIMONIO Y LA UNIÓN LIBRE			
	MATRIMONIO	UNIÓN LIBRE	NO SABE O NO CONTESTÓ
NACIONAL (%)	55	44	1
SEXO (%)			
Masculino	54	45	1
Femenino	56	43	1
EDAD (%)			
18-25	45	54	1
26-35	51	47	1
36-50	58	41	1
51-60	71	29	0
61 o más	82	17	1

Fuente: Beltrán, 1996.

DIVORCIOS

Los índices de separación de las parejas en México son todavía reducidos en comparación con otros países. Sin embargo, se están incrementando. Actualmente, por cada mil uniones se dan 145 rupturas; de éstas, 9.4% de las separaciones se da el primer año y 30%, entre el primero y el quinto año. El riesgo de separación se reduce después. En total, 60% de las separaciones ocurre en los diez primeros años de convivencia.

FECUNDIDAD

La tasa global de fecundidad (TGF) mide el número de hijos que tiene una mujer durante su vida reproductiva (de los 15 a los 49 años).

En México la tasa se ha reducido en los 25 últimos años en más de un 50 por ciento: en 1974 era 6.11 hijos por mujer; en 1999 fue 2.48. Asimismo, hace 25 años la edad media de las mujeres al momento de tener su primer hijo era de 19.8 años y entre dos partos consecutivos mediaban 4.1 años; en la actualidad ambos indicadores han aumentado a 23.6 y 5.7 años respectivamente.

El cambio obedece fundamentalmente a una mayor aceptación de la planificación familiar, lo que se relaciona, a su vez, con la escolaridad y las condiciones sociales y económicas de la mujer y su pareja. A mayor escolaridad, menor fecundidad. Por otro lado, el número de hijos se ve afectado si las mujeres trabajan, porque las responsabilidades y exigencias laborales las motivan a regular y controlar sus embarazos. Las diferencias de TGF entre las poblaciones urbana y rural son de similar importancia.

En las tres últimas décadas todos los grupos de edad han mostrado un descenso en la fecundidad. Sin embargo, las adolescentes presentan todavía tasas elevadas ya que una de cada 14 mujeres, entre los 15 y 19 años, tiene hijos. Se esti-

ma que anualmente nacen 372 mil bebés de madres adolescentes.

MADRES SOLTERAS

Según INEGI, en 1998 el número de madres solteras o abandonadas en México era de un millón 80 mil, impactando a ocho millones de mexicanos (casi 10% de la población total). De ellas, alrededor de 540 mil son jefas de hogar y se hacen cargo de los hijos ante la ausencia del cónyuge. La misma fuente indica que 84.5% de estos hogares se localiza en áreas urbanas y 15.5%, en rurales.

TASAS GLOBALES DE FECUNDIDAD SEGÚN ESCOLARIDAD, ACTIVIDAD Y LUGAR DE RESIDENCIA, 1996	
SITUACIÓN	HIJOS POR MUJER
Sin instrucción	4.7
Secundaria o más	2.2
No trabaja	3.4
Trabaja	2
Rural	3.5
Urbano	2.3

Fuente: CONAPO, 1999.

MÉTODOS ANTICONCEPTIVOS

La sociedad mexicana acepta cada vez más la planificación familiar, independientemente de sus creencias religiosas.

La gran mayoría de la población admite la posibilidad de planear el momento de casarse, tener o no hijos, y el número de éstos. Una excepción son los grupos más marginados.

Esta forma de pensar se relaciona con la escolaridad y el conocimiento de los métodos anticonceptivos.

Lógicamente, ha crecido el uso de métodos anticonceptivos. Se calcula que en 1964 sólo una de cada cuatro mujeres los usaba. En 1976 ya era 30% y 68.5% en 1997.

El uso y la demanda de métodos anticonceptivos se dan según el lugar de residencia y la escolaridad de las mujeres. Sin embargo, hay un número considerable que utiliza métodos tradicionales, cuya eficacia es más baja. Por otra parte, es todavía alto el porcentaje de adolescentes que no los utiliza.

MUJERES EN EDAD FÉRTIL QUE CONOCE ALGÚN MÉTODO ANTICONCEPTIVO, 1976-1997*

	1976	1979	1987	1992	1995	1997
TOTAL %	89.0	85.9	92.9	94.9	93.1	96.6
EDAD %						
15-19	79.8	73.6	89.8	90.9	86.4	93.4
20-24	88.8	88.4	94.0	96.1	95.2	96.8
25-29	93.1	91.7	95.2	97.1	96.0	98.1
30-34	91.3	92.0	94.3	97.5	95.6	97.9
35-39	89.7	90.4	92.6	95.9	97.7	97.3
40-44	86.1	87.7	93.3	95.4	92.9	97.4
45-49	85.9	86.6	92.5	93.1	87.9	95.7
ESCOLARIDAD %						
Sin escolaridad	73.7	75.0	72.9	79.5	75.5	82.3
Primaria incompleta	88.9	82.2	90.3	92.7	91.3	93.7
Primaria completa	95.6	89.2	95.4	95.1	91.4	95.8
Secundaria o más	99.1	95.1	98.9	98.7	96.7	99.3
LUGAR DE RESIDENCIA %						
Rural	78.6	73.8	83.1	86.5	85.7	90.0
Urbano	95.8	92.5	96.4	97.7	95.6	98.4

* Las encuestas sobre fecundidad por lo regular sólo le preguntan a la mujer acerca del conocimiento y uso de métodos anticonceptivos. Es común que la práctica del control natal y la regularidad de los embarazos sean normados por el varón.

Fuente: Conapo, 1999.

USO DE ANTICONCEPTIVOS ENTRE MUJERES EN EDAD FÉRTIL, 1976-1997*

	1976	1979	1982	1987	1992	1995	1997
USO ENTRE MUJERES CON PAREJA %							
Modernos*	23.1	32.0	41.5	44.8	55.0	57.5	51.2
Cualquier método	30.2	37.8	47.7	52.7	63.1	66.5	68.5
EDAD %							
15-19	14.2	19.2	20.8	30.2	36.4	36.1	45.0
20-24	26.7	37.4	45.7	46.9	55.4	57.1	59.3
25-29	38.6	44.5	56.5	54.0	65.7	67.7	67.8
30-34	38.0	49.6	59.8	62.3	70.1	75.2	75.4
35-39	37.9	42.8	57.6	61.3	72.6	78.8	76.1
40-44	25.1	33.3	42.9	60.2	67.4	70.8	74.5
45-49	11.8	16.3	22.1	34.2	50.5	53.1	61.4
ESCOLARIDAD %							
Sin escolaridad	12.8	20.3	32.6	23.7	38.2	48.4	48.0
Primaria incompleta	25.5	32.0	42.9	44.8	56.4	58.2	61.3
Primaria completa	40.3	49.6	51.2	62.0	66.7	67.8	69.8
Secundaria o más	55.8	59.0	61.7	69.9	73.6	73.3	74.8
LUGAR DE RESIDENCIA %							
Rural	13.7	27.4	29.8	32.5	44.6	52.7	53.6
Urbano	42.1	45.2	57.8	61.5	70.1	71.3	73.3

* Incluyen las esterilizaciones femenina y masculina, el dispositivo intrauterino, las pastillas y los hormonales inyectables. Los tradicionales incluyen el ritmo, retiro, temperatura basal y el uso de hierbas o infusiones de las mismas ("tes").

Fuente: Conapo, 1999.

HOMBRES Y MUJERES DISPUESTOS A PLANEAR LA REPRODUCCIÓN, 1998

CARACTERÍSTICAS	EVENTO REPRODUCTIVO			
	Momento de casarse (%)	Momento de tener hijos (%)	Dejar de tener hijos (%)	Decidir el número de hijos (%)
TOTAL	88.4	92.4	94.9	95.5
SEXO				
Mujer	88.3	89.9	93.1	92.4
Hombre	88.5	90.0	91.2	92.8
EDAD				
15-19	89.6	90.8	92.6	92.0
20-24	88.8	92.9	91.9	94.5
25-29	90.5	87.3	95.1	95.5
30-34	86.0	92.6	93.4	95.3
35-39	88.8	89.4	91.8	93.7
40-44	85.5	86.9	93.6	92.9
45-49	88.6	83.5	88.3	79.9
50 o más	80.8	84.3	80.4	83.1
LUGAR DE RESIDENCIA				
Urbano	90.3	91.9	94.2	94.6
Rural	84.2	85.6	87.9	88.1
ESCOLARIDAD				
Sin escolaridad	78.0	76.8	80.0	81.2
Primaria incompleta	86.6	86.1	88.0	89.4
Primaria completa	88.8	88.9	92.5	90.6
Secundaria o más	90.6	93.8	95.7	97.3
CONDICIONES SANITARIAS EN LA VIVIENDA				
Deficientes	76.3	74.3	78.9	80.2
Regulares	89.0	88.1	89.8	89.4
Adecuadas	89.3	92.4	94.9	95.5

Fuente: Conapo, 1998.

Métodos anticonceptivos

Tradicionales

Billings (o moco cervical): la mujer revisa el moco cervical todos los días. Cerca de la ovulación éste se vuelve elástico y transparente por lo que se deben evitar las relaciones.

Ritmo: se tienen relaciones sexuales únicamente en los días "seguros" del ciclo menstrual femenino y se suspenden en los días fértiles, cercanos al día en que ocurre la ovulación.

Retiro: se retira el pene de la vagina momentos antes de eyacular, para hacerlo fuera.

Temperatura basal: la mujer se toma la temperatura todos los días por la mañana antes de levantarse y la anota. Al estar ovulando, ésta aumenta medio grado centígrado o uno y se mantiene así hasta el día de la menstruación por lo que en ese periodo se deben evitar las relaciones.

Modernos

Operación femenina o salpingoclasia: método definitivo de control que consiste en una intervención quirúrgica. Se bloquean las trompas de Falopio o tubos uterinos para impedir el paso del óvulo hacia el útero y su encuentro con los espermatozoides.

La salpingoclasia es un procedimiento de cirugía mayor y, por tanto, riesgoso.

Dispositivo intrauterino (DIU): pequeña pieza de plástico o cobre de diversas formas que personal calificado coloca en el útero de la mujer.

Pastillas o píldoras anticonceptivas: fármacos que la mujer toma diariamente por vía oral con o sin interrupción de una semana cada mes, según la fórmula, con el objeto de impedir un embarazo. Contiene una o dos sustancias parecidas a las hormonas naturales que actúan sobre el ovario impidiendo la ovulación.

Inyecciones o ampolletas: compuestos hormonales inyectables que se aplican a la mujer por vía intramuscular con frecuencia de entre uno y tres meses según la fórmula.

Condón o preservativo: cubierta de látex elástica que utiliza el varón durante el coito para cubrir el pene y evitar que el semen se deposite dentro de la vagina.

Vasectomía: método definitivo de control para el varón, que consiste en una intervención quirúrgica. Se seccionan los conductos espermáticos y de esta manera se impide la salida de los espermatozoides. La vasectomía es muy sencilla, se hace en el consultorio médico, causa pocas molestias y no provoca impotencia ni limita el apetito sexual. Este tratamiento es reversible; sin embargo, la reanastomosis o restauración de los conductos espermáticos es una operación muy sofisticada.

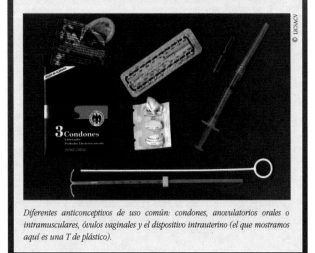

Diferentes anticonceptivos de uso común: condones, anovulatorios orales o intramusculares, óvulos vaginales y el dispositivo intrauterino (el que mostramos aquí es una T de plástico).

Espermaticidas: agentes químicos en diferentes presentaciones (jaleas, espumas, óvulos y cremas) que destruyen a los espermatozoides. La mujer se los aplica en la vagina antes del coito.

Condón femenino: funda de látex o de plástico que se adhiere a la parte interior de la vagina. El condón puede ser colocado hasta ocho horas antes de las relaciones sexuales, aunque también puede hacerse con unos minutos de anticipación. Al igual que el condón masculino, debe usarse uno nuevo cada vez que se tengan relaciones.

Fuente: Langer, 1996.

La preferencia sobre el tipo de método utilizado para regular la fecundidad ha cambiado en los últimos años. Hace 25 años predominaban las pastillas y los métodos tradicionales. Con el paso del tiempo los métodos quirúrgicos y el dispositivo intrauterino se han vuelto los predominantes. Cabe destacar que la responsabilidad de usar estos métodos recae fundamentalmente en las mujeres, ya que los métodos de control masculino se emplean apenas en un 7% de las ocasiones.

Aunque eficaz, el condón puede fallar debido, principalmente, a su utilización incorrecta. Entre los problemas más frecuentes está la rotura del material por la ausencia de lubricación, por utilizar lubricantes de base oleosa, por tener anillos prominentes o por daños causados con las uñas cuando se abre el empaque. Otras fallas ocurren cuando los condones se guardan en lugares calientes, cuando se exponen directamente a la luz solar o por desbordamiento del semen, cuando no se retira el pene inmediatamente después de la eyaculación.

Anticoncepción de emergencia

También conocida como "la píldora del día siguiente", previene el embarazo inmediatamente después de haber tenido relaciones sexuales sin protección. Se utiliza en emergencias: violación, falla de los anticonceptivos empleados, olvido en la ingestión de dos o más pastillas anticonceptivas o relaciones sexuales sin protección. Funciona tomando ciertas dosis de las píldoras anticonceptivas (que se consiguen en cualquier farmacia) antes que hayan pasado 72 horas de la relación.

Los efectos colaterales son temporales. Más de la mitad de las mujeres experimenta náusea al tomarlas. Otros efectos son vómito, dolor de cabeza, mareo, calambres o sensibilidad en los senos. Si vomita en las primeras dos horas después de haber tomado los anticonceptivos se debe tomar nuevamente la dosis. La mayoría de las veces las molestias o reacciones no duran más de 24 horas. Después de haber tomado estas píldoras el periodo menstrual llegará a tiempo (o unos días antes o después). Si se retrasa más de una semana se sugiere ir al médico. En caso de estar embarazada las píldoras no perjudican al bebé de forma alguna.

ALGUNOS ANTICONCEPTIVOS PARA USO POSTERIOR A LA RELACIÓN SEXUAL

MARCA	1ª DOSIS: durante las primeras 72 hrs. después de la relación	2ª DOSIS: 12 horas después de la primera dosis
Eugynon 50, Nordiol u Ovral	2 pastillas	2 pastillas
Lo-Femenal, Nordet o Microgynon	4 pastillas	4 pastillas

Nota: si la caja de pastillas contiene 28, se debe estar segura de tomar las pastillas que contienen hormonas (en los paquetes de 28 pastillas, siete son de azúcar).

Fuente: GIRE, 2000.

ABORTO

El aborto plantea profundos dilemas religiosos y éticos que dividen a la sociedad. Independientemente de la opinión que se tenga al respecto, es una realidad. No hay estadísticas confiables y las estimaciones difieren mucho: se habla de 110 mil, 535 mil y 850 mil cada año (GIRE, 1998). En la encuesta de Durex (1998), cuatro de cada diez encuestados conoce a alguien que ha abortado.

El aborto constituye un grave problema de salud pública. Al ser ilegal, frecuentemente se realiza en condiciones que ponen en riesgo la salud y la vida de las mujeres, pues no todas las que abortan acuden a hospitales públicos. Algunas se curan sin ayuda médica; otras van con médicos privados; muchas quedan con lesiones permanentes y, de las que mueren, un número importante y que se desconoce, nunca llegó a un hospital. Los registros de abortos con que se cuenta provienen de los hospitales públicos pero se sabe que el temor a castigos legales y el estigma asociado al hecho hacen que, según fuentes bien informadas, se disimule su práctica consignándolo con otro nombre en los registros.

Cuando una mujer decide abortar y no tiene información o recursos es capaz de usar los métodos más inconcebibles: introducción de objetos punzocortantes o ácidos en la vagina, golpes en el vientre o "accidentes" provocados.

ENCUESTA A MUJERES MEXICANAS QUE ABORTARON, 1998

MOTIVOS QUE LLEVARON A ABORTAR	%
Razones económicas	34
Mejor educación para sus hijos	16
Problemas conyugales	12
Problemas familiares	9
Problemas de salud	5
No han pensado en ello	24
TIPOS ABORTIVOS	
Ingestión de infusiones	36
Ocitóciclos o inyecciones	14
Legrados	8
Cáusticos	8
Sondas	12
Otros	22
RELIGIÓN	
Católicas	88
De otra religión	12

Fuente: GIRE, 1998.

LAS LEYES Y EL ABORTO

Los códigos penales vigentes en los 32 estados tipifican el aborto inducido (procurado, según el lenguaje jurídico) como un delito. No obstante, en algunos estados se reconocen atenuantes bajo las cuales no merece castigo.

El Código Penal del D.F. reconoció, desde 1931, que se excluye del marco delictivo el aborto "causado sólo por imprudencia de la mujer embarazada", cuando "el embarazo sea resultado de una violación", o cuando pone en peligro la vida de la mujer. El resto de las entidades federativas adoptó los mismos criterios.*

Fuera de esas situaciones, el aborto está prohibido. En nueve estados, para la mujer que consiente en que se le practique un aborto se establece una pena promedio de tres años de prisión. Otros tres prevén periodos de reclusión mayores y los 20 restantes estipulan menos tiempo.

Para el que lo practica, el mismo Código establece una sanción de uno a tres años de prisión y en 16 estados la pena es similar. De los otros 15 estados, once prevén sanciones mayores y solamente cuatro tienen sanciones menores.

La legislación menos severa corresponde al estado de Tlaxcala, con una sanción que puede ser de 15 días a dos meses de prisión, excepto cuando se compruebe que el practicante del aborto tiene en esa actividad su *modus vivendi*, caso en el cual el confinamiento es de dos a tres años. En el extremo opuesto, el Código Penal de Baja California Sur asigna una pena que puede ser hasta de ocho años.

*En agosto de 2000 se modificó la ley en el D.F. para admitir dos causales más de aborto; mientras que en Guanajuato se legisló para que se castigue en todos los casos.

PROSTITUCIÓN

El comercio sexual es un hecho y las autoridades lo abordan reglamentándolo o prohibiéndolo. Trece estados lo reglamentan (entre otros, Aguascalientes, Baja California Sur y Coahuila) y autorizan que se practique en zonas de tolerancia, zonas rojas, casas de asignación, etc. Esos lugares están obligados a registrar a todas las mujeres, dar aviso de los nuevos ingresos, practicar exámenes médicos cada cierto tiempo y realizar controles periódicos del VIH como medida preventiva. La eficacia de esta última medida es relativa porque el control sanitario da una falsa impresión de seguridad y favorece el rechazo de otras medidas preventivas.

En algunas entidades (Puebla, Guanajuato y el Distrito Federal, entre otras) la prostitución está prohibida, por lo que no existen normas o lineamientos claros para el manejo del comercio sexual. Eso no lo evita. Aunque el lenocinio y la prostitución de menores son ilegales, la prostitución en sí no lo es en la capital, ya que la ley sólo dispone la aplicación de "infracciones cívicas" (conocidas como sanciones administrativas). Esto significa que la sanción establecida no es penal y el infractor sólo debe asumir una multa económica que va de 21 a 30 días de salario mínimo o el arresto de 25 a 36 horas (las mismas penas se aplican a las personas que ingieren bebidas alcohólicas en la vía pública, dañan árboles, etcétera).

Estas infracciones sólo se aplican cuando los actos son realizados en lugares e inmuebles públicos, en el servicio público de transporte y en inmuebles de propiedad particular. El hecho de "invitar a la prostitución o ejercerla" no es una infracción cívica que se persiga de oficio; sólo procede por queja de vecinos, aun cuando las infracciones sean evidentes.

Estudios realizados en 1993 por Conasida permiten hacer un bosquejo del perfil sociodemográfico de un cierto tipo de trabajadoras sexuales en la ciudad de México:

1) Edad promedio: 27 años.
2) Primera relación sexual: 17 años.
3) Edad de inicio en la prostitución: entre 16 y 25 años para 75 por ciento.
4) 54% tenía estudios de primaria y 8% era analfabeta.
5) 34.5% era originaria de la ciudad de México y el resto, del interior de la república.
6) La mayoría ofrecía sus servicios en "puntos de calle" (48%) y bares (38%). Sólo una pequeña porción (8%) laboraba en hoteles, prostíbulos y otros servicios especiales. De 6% restante se desconoce el ámbito de trabajo
7) 70.7% estaba sin pareja pero 78% tenía hijos y era el principal sostén de la familia.

8) Con relación a las enfermedades de transmisión sexual, las personas dedicadas a la prostitución son consideradas como posible fuente de contagio y como puente para la diseminación entre la población heterosexual.

> **Prostitución infantil**
> México destaca internacionalmente por la prostitución y la pornografía infantiles (ocupa el quinto lugar mundial). Estas actividades (que proliferan en Acapulco, Cancún, Tijuana y Mexicali) han crecido por los fenómenos asociados a la marginación y la pobreza y porque los menores tienen una apariencia de salud y es menos probable que tengan alguna enfermedad venérea. México también sirve como territorio de tránsito para el tráfico de niñas a Estados Unidos, donde son explotadas como prostitutas.

Fuente: UNICEF, 1998.

HOMOSEXUALES Y LESBIANAS

Cuantificar a esta población no es fácil porque no hay registros precisos. Las estimaciones sobre el número de homosexuales y lesbianas oscilan entre 2.5% y 8% de la población adulta.

La tolerancia a las diferencias sexuales no es un rasgo que distinga a los mexicanos. En la encuesta *Los mexicanos de los noventa* a la pregunta de si aceptaría vivir con una persona de raza negra, la mayoría (66%) contestó afirmativamente; con una persona de otra religión 49 por ciento. En contraste, 73% rechazó la posibilidad de convivir con una persona homosexual.

Escena de Satiricón, *película de Federico Fellini.*

En algunas comunidades indígenas y campesinas, por el contrario, el homosexual sí es aceptado. Entre los zapotecas no hay estigma o marginación del *muxe* u homosexual que tiene funciones por demás interesantes. Por ejemplo, para proteger la virginidad de las mujeres, es común que los *muxes* inicien sexualmente a los varones de entre diez y quince años.

En algunos ranchos de Veracruz y de Jalisco existe una identidad bisexual que se representa en la figura del "mayate". Los "mayates" son jóvenes que desde temprana edad empiezan a tratar con homosexuales ("chotos") y a tener relaciones sexuales con ellos, pero al mismo tiempo tienen novia. No se sienten homosexuales; son hombres o, en todo caso, "mayates" (Zozaya, 1997 y Miano, 1998).

A pesar que la condena social a los homosexuales se vio reforzada con la aparición de la pandemia del SIDA en México (1982), en los últimos años este sector ha comenzado a manifestarse como un grupo amplio que reivindica el reconocimiento de sus derechos. La palabra inglesa *gay* es el término más generalizado para designar a los homosexuales en la actualidad.

ENFERMEDADES DE TRANSMISIÓN SEXUAL

La incidencia de enfermedades de transmisión sexual (ETS) ha aumentado en los últimos años y afectan anualmente a unos 220 mil mexicanos y mexicanas. En México, según algunos estudios hay un descenso en las enfermedades venéreas clásicas cómo sífilis, gonorrea, chancro blando y linfogranuloma inguinal, que se pueden tratar con medicamentos.

En otro orden de cosas, hay un aumento de las ETS de la "nueva generación": las asociadas al VIH/sida; hepatitis B;

© Carlos Hahn

herpes genital, e infecciones por el virus del papiloma humano y por *Chlamydia trachomatis*. La sífilis representaba 90% de las muertes por ETS hasta 1990, año en que fue desplazada por la hepatitis B al causar 60% de las muertes, mientras que la sífilis representó 35% de los decesos.

La población más expuesta a adquirir ETS son las personas entre 15 y 24 años (34%), seguida del grupo de 25 a 44 años (41%) y las personas de más de 60 años (17 por ciento).

El impacto económico de las ETS se refleja en los servicios de salud y en las incapacidades médicas, ya que la mayoría de los afectados son personas en edad productiva. En 1996 se brindaron 250 mil consultas, 684 por día. En ese mismo año se realizaron estudios de laboratorio en cerca de 940 mil pruebas, cuyo costo aproximado fue de tres millones 370 mil pesos.

EL USO DEL CONDÓN EN ENFERMEDADES DE TRANSMISIÓN SEXUAL

El condón es el único método anticonceptivo que sirve para prevenir enfermedades de transmisión sexual como el SIDA debido a que funciona como una barrera mecánica que impide el paso de bacterias, parásitos o virus.

Los condones más eficaces para los hombres son los de látex. En el caso de las mujeres, el condón femenino se fabrica con diferentes materiales (poliuretano, polietileno e incluso látex). Estos condones tiene una vida útil promedio de cinco años a partir de su fecha de manufactura. Se pueden deteriorar fácilmente si se exponen a ciertas condiciones: luz ultravioleta, calor, humedad, ozono o aceites minerales o vegetales. Por ello se recomienda almacenarlos de manera adecuada y usar exclusivamente lubricantes de base acuosa.

Múltiples estudios han demostrado su eficacia para prevenir la transmisión del VIH. Cuando se utilizan de manera correcta y consistente, la seguridad es cercana al 100 por ciento. Otros estudios científicos, entre los que destaca el realizado por la Food and Drug Administration (Administración de Alimentos y Medicamentos) de los Estados Unidos, concluyen que el condón reduce 10 mil veces la transferencia de fluidos por lo cual disminuye significativamente el riesgo de transmisión del VIH. La posibilidad de rompimiento de los condones es de 0.5% en uso vaginal y de 3.6% en uso anal.

El uso del condón en México es bajo. Según la Secretaría de Salud, en 1997 se usaron 55 millones de condones, lo que equivale a 1.16 condones por año por persona adulta (15-49 años). En Suiza fue de 3.98 condones; en Costa Rica, de 4.35 y en Tailandia, de diez condones por persona.
(☞ Salud Pública, SIDA y Mujeres)

III. SEGURIDAD E INSEGURIDAD

ÍNDICE

FUERZAS ARMADAS

SERVICIOS DE INTELIGENCIA

PRINCIPALES
CORPORACIONES POLICIACAS

CONFLICTO EN CHIAPAS Y
LAS OTRAS GUERRILLAS

NARCÓTICOS

CRIMINALIDAD

TRÁFICO DE ARMAS

Fuerzas armadas

Las Fuerzas Armadas están integradas por la Secretaría de la Defensa Nacional (SDN),
la Secretaría de Marina (SM) y el Estado Mayor Presidencial (EMP).

Secretaría de la Defensa Nacional (SDN)

Tiene por misión defender la soberanía, integridad e independencia mexicanas, mantener y hacer respetar la Constitución y sus leyes, así como preservar el orden interno. Por la situación geopolítica de México y por lo pacífico de sus fronteras las Fuerzas Armadas se han dedicado principalmente a combatir al narcotráfico, mantener el orden interno y auxiliar a la población en casos de desastre. Estas misiones se plasman en tres planes: DN-I, DN-II y DN-III.

PRESUPUESTO FUERZAS ARMADAS, 2000 (M.N.)	
Secretaría de la Defensa Nacional	$20,400,873,690
Estado Mayor Presidencial*	$749,000,000
Secretaría de Marina	$7,971,606,100

* Incluye el presupuesto del Transporte Aéreo Presidencial.

Fuente: SHCP, 2000.

El plan DN-I está orientado a proteger al país de un enemigo externo. Actualmente la principal amenaza la constituye el narcotráfico al que se le califica de "amenaza externa no convencional".

Las amenazas internas son atendidas con el plan DN-II. Las acciones más importantes son combatir al narcotráfico, realizar actividades contrainsurgentes y apoyar a las corporaciones policiacas. La organización y despliegue del Ejército está diseñado para este plan. Con este propósito fueron creados, en la década de los noventa, los Grupos Aeromóviles de Fuerzas Especiales (GAFE).

En casos de desastres se pone en marcha el plan DN-III que incluye el auxilio a la población afectada.

En 1999, el personal adscrito a la SDN fue de 183,296 personas (168,496 del Ejército y 14,800 de la Fuerza Aérea).

Históricamente, los nombres de los organismos encargados de las labores que hoy corresponden a la SDN y la SM fueron: Ministerio de Estado y del Despacho de Guerra y Marina (1821), Secretaría de Estado y del Despacho de Guerra y Marina (1824), Ministerio de Guerra y Marina (1836), Secretaría de Guerra y Marina (1861) y Secretaría de Guerra y Marina (1917). A partir de 1937 se le llamó Secretaría de la Defensa Nacional y en 1940 se creó la Secretaría de Marina. (☞ Narcotráfico, Derechos humanos y Corporaciones policiacas)

Estructura

La SDN está compuesta por los siguientes órganos: Secretario, Subsecretaría, Oficialía Mayor, Inspección y Contraloría General del Ejército y Fuerza Aérea y Estado Mayor de la Defensa Nacional. Cuenta además con las siguientes direcciones generales: Informática; Educación Militar y Universidad del Ejército y Fuerza Aérea; Educación Física y Deportes; Personal; Infantería; Caballería; Artillería; Arma Blindada; Ingenieros; Transmisiones; Intendencia; Sanidad; Materiales de Guerra; Transportes Militares; Justicia Militar; Administración; Seguridad Social Militar; Defensas Rurales; Cartografía; Archivo e Historia; Servicio Militar Nacional; Registro Federal de Armas de Fuego y Control de Explosivos; Fabricas de la Defensa Nacional, y Comunicación Social. Se integra también con los Órganos del Fuero de Guerra.

TITULARES 1911-2000

NOMBRE	PERIODO
C. Venustiano Carranza	1911
	(Gobierno de Francisco I. Madero)
Gral. Jesús Agustín Castro	1917-1918
Gral. Juan José Ríos	1918-1920
Gral. Francisco L. Urquizo	1920
Gral. Plutarco Elías Calles	1920
Gral. Benjamín Hill	1920
Gral. Enrique Estrada	1920-1922
Gral. Francisco Serrano	1922-1924
Gral. Joaquín Amaro	1924-1931
Gral. Plutarco Elías Calles	1931-1932
Gral. Abelardo L. Rodríguez	1932
Gral. Pablo Quiroga	1932-1933
Gral. Lázaro Cárdenas	1933
Gral. Pablo Quiroga	1933-1934
Gral. Pablo Quiroga	1934-1935
Gral. Andrés Figueroa	1935-1936
Gral. Manuel Ávila Camacho	1936-1939
Gral. Jesús Agustín Castro	1939-1940
Gral. Pablo Macías Valenzuela	1940-1942
Gral. Lázaro Cárdenas	1942-1945
Gral. Francisco L. Urquizo	1945-1946
Gral. Gilberto R. Limón	1946-1952
Gral. Matías Ramos	1952-1956
Gral. Agustín Olachea	1958-1964
Gral. Marcelino García Barragán	1964-1970
Gral. Hermenegildo Cuenca Díaz	1970-1976
Gral. Félix Galván López	1976-1982
Gral. Juan Arévalo Gardoqui	1982-1988
Gral. Antonio Riviello Bazán	1988-1994
Gral. Enrique Cervantes Aguirre	1994-2000

DIVISIÓN OPERATIVA

El Ejército está dividido en 12 regiones militares que a su vez se subdividen en 42 zonas militares. Las guarniciones, mandos territoriales de menor importancia, se asientan principalmente en ciudades fronterizas con una fuerza operativa de unos 270 hombres.

Los comandantes de cada región tienen el grado de generales de división, y los de zona de generales de brigada. Las guarniciones están bajo el mando de generales brigadieres o de brigada.

En este apartado no se mencionan los nombres de los comandantes de cada región por conformar una lista que cambia frecuentemente.

NIVELES JERÁRQUICOS DE MANDO

El mando supremo se deposita en el Presidente de la República; el alto mando corresponde al Secretario de la Defensa Nacional.

Los mandos superiores son los comandantes de la Fuerza Aérea, de las regiones y zonas militares, guarniciones, grandes unidades terrestres o aéreas, unidades conjuntas o combinadas y mandos de unidades.

ORGANIZACIÓN OPERATIVA

Está basada en armas y servicios. Las armas tienen como objetivo el combate y se dividen en infantería, caballería, artillería, blindados e ingenieros; los servicios dan apoyo administrativo y logístico.

ORGANIZACIÓN DE LAS ARMAS

Las unidades especializadas son: escuadra (la unidad operativa más pequeña), pelotones, secciones, compañías, escuadrones o baterías (forma de organización de la artillería), grupos, y batallones o regimientos. Las grandes unidades compuestas de dos o más armas se designan como brigadas, divisiones y cuerpos de Ejército.

PRINCIPALES UNIDADES DEL EJÉRCITO

Dos brigadas de infantería compuestas cada una por: un mando, el cuartel general, la compañía de cuartel general; un escuadrón de reconocimiento blindado; tres batallones de infantería; un regimiento de artillería; un grupo de morteros; un grupo de cañones sin retroceso; una compañía de ingenieros de combate; una compañía de intendencia, y una compañía de sanidad y agrupamiento de servicios.

Cuatro brigadas blindadas, cada una integrada por un batallón de infantería mecanizada; dos regimientos blindados de reconocimiento; un regimiento de artillería, y un grupo de cañones sin retroceso.

**REGIONES MILITARES
Y SUS ZONAS**

■ Regiones militares

● Zonas militares

■ 1ª	**Distrito Federal**	■ 4ª	**Monterrey, N.L.**	● 23ª	Panotla, Tlax.	● 27ª	Ticul, Gro.
● 1ª	D.F.	● 7ª	Escobedo, N.L.	● 25ª	Puebla, Pue.	● 35ª	Chilpancingo, Gro.
● 22ª	Toluca, Méx.	● 8ª	Tampico, Tamps.	● 26ª	Lencero, Ver.	■ 10ª	**Mérida, Yuc.**
● 24ª	Cuernavaca, Mor.	● 12ª	San Luis Potosí, S.L.P.	■ 7ª	**Tuxtla Gutiérrez,**	● 32ª	Valladolid, Yuc.
● 37ª	Teotihuacán, Méx.	■ 5ª	**Guadalajara, Jal.**		**Chis.***	● 33ª	Campeche, Camp.
■ 2ª	**El Ciprés, B.C.**	● 11ª	Guadalupe, Zac.	● 30ª	Villahermosa, Tab.	● 34ª	Chetumal, Q.R.
● 2ª	Tijuana, B.C.	● 13ª	Tepic, Nay.	● 31ª	Rancho Nuevo, Chis.	■ 11ª	**Torreón, Coah.**
● 3ª	La Paz, B.C.S.	● 14ª	Aguascalientes, Ags.	● 36ª	Tapachula, Chis.	● 5ª	Chihuahua, Chih.
● 40ª	Guerrero Negro,	● 15ª	Guadalajara, Jal.	● 38ª	Tenosique, Tab.	● 6ª	Saltillo, Coah.
	B.C.S.	● 20ª	Colima, Col.	● 39ª	Ocosingo, Chis.	● 42ª	Santa Gertrudis, Chih.
■ 3ª	**Mazatlán, Sin.**	● 41ª	Puerto Vallarta, Jal.	■ 8ª	**Ixtepec, Oax.**	■ 12ª	**Irapuato, Gto.**
● 4ª	Hermosillo, Son.	■ 6ª	**Puebla, Pue.**	● 28ª	Ixcotel, Oax.	● 16ª	Sarabia, Gto.
● 9ª	Culiacán, Sin.	● 18ª	Pachuca, Hgo.	● 29ª	Minatitlán, Ver.	● 17ª	Querétaro, Qro.
● 10ª	Durango, Dgo.	● 19ª	Tuxpan, Ver.	■ 9ª	**Acapulco, Gro.**	● 21ª	Morelia, Mich.

* En el estado de Chiapas opera la Fuerza de Tarea *Arco Iris* para contener al EZLN. En 1997 contaba con 11 agrupamientos asentados en los poblados de San Quintín, Nuevo Momón, Altamirano, Las Tacitas, El Limar, Guadalupe Tepeyac, Monte Líbano, Ocosingo, Chanal, Bochil y Amatitlán. Debe aclararse que algunas fuentes señalan que la Fuerza de Tarea *Azteca* es la que tiene esa función.

Fuente: Publicaciones y entrevistas diversas.

El cuerpo de policía militar se compone de un Grupo Aeromóvil de Fuerzas Especiales (GAFE) y tres brigadas de policía militar, cada una integrada por tres batallones de policía militar y uno de operaciones especiales. La 3ª Brigada de Policía Militar actualmente presta sus servicios en la Policía Federal Preventiva.

Una brigada de fusileros paracaidistas con tres batallones de paracaidistas.

98 batallones de infantería; 17 regimientos de caballería motorizada; un regimiento y cinco batallones de transporte, y una brigada de ingenieros de combate.

Ocho regimientos de artillería, algunos con material moderno de 105 mm y otros con obuseros que datan de la Segunda Guerra Mundial.

© SDN

Unidad de un cuerpo de Blindados.

GRUPOS AEROMÓVILES DE FUERZAS ESPECIALES (GAFE)

La creación de tropas de élite, entrenadas para operaciones en selva, montaña y alta montaña, así como para tareas de rescate de la población civil y labores de contrainsurgencia, significó una revolución organizativa que comenzó en 1990. El propósito inicial fue tener un GAFE por cada región militar y después uno por cada zona. En 1996 concluyó la dotación de GAFE a las doce regiones militares del país. En 1997 las zonas también fueron incluidas y se creó una Fuerza de Intervención Rápida, y en 1998 se agregó un GAFE al Cuerpo de Policía Militar y a la Brigada de Fusileros Paracaidistas. La Armada también ha formado GAFE navales. Actualmente se estima que hay 24 GAFE de región, 39 de zona, una fuerza de intervención rápida, un GAFE del alto mando y 36 grupos anfibios de fuerzas especiales. El entrenamiento proporcionado por Estados Unidos (ver más adelante) se ha concentrado en estos grupos.

ARMAMENTO DE FABRICACIÓN NACIONAL

La industria militar mexicana fabrica, entre otros, el fusil automático *G*-3 calibre 7.62 mm y el *HK*-33 calibre 5.56 mm; la ametralladora *HK*-21 A1 calibre 7.62 mm; la pistola *HKP*-7 M13 y la subametralladora *MP*-5 (ambas de calibre 9 mm), y la escopeta *HK*-510. Fabrica asimismo morteros de 60 mm clase *M*-2 y clase *Cazador* (fabricación mexicano-venezolana), y vehículos blindados de los modelos DN-IV, DN-V y DNC-II.

CUERPO DE DEFENSAS RURALES

Su origen se remite a 1915 cuando grupos rurales se organizaron para defenderse de los guardias de los latifundistas. Se formalizó como Cuerpo de Defensas Rurales en 1929 bajo la jurisdicción del Ejército.

Los grupos de defensas rurales se integran con ejidatarios, comuneros y pequeños propietarios y adoptan el nombre del lugar o población donde se instalan e integran. Dependen de la Secretaría de la Defensa Nacional y realizan funciones de inteligencia y apoyo al gobierno. El jefe de cada grupo, al que se le denomina comandante, es elegido por la comunidad, aunque el mando lo ejerce un oficial o jefe del Ejército. Durante algún tiempo llegaron a tener más de 100 mil efectivos, sin embargo, con los años han perdido relevancia. Actualmente los integran 14 mil hombres.

Batallón de "cuerudos".

Lanzacohetes Blindicide.

Fusil ametrallador ligero (FAL).

Vehículo blindado DN IV-A, para transporte.

El Toro, otro vehículo blindado para transportar personal.

Obusero Otto Melara *de 105 mm.*

ARMAMENTO DE DOTACIÓN EN EL EJÉRCITO MEXICANO

TIPO	DESCRIPCIÓN	CANTIDAD
Armas individuales y de apoyo	Fusiles FAL de 7.62 mm; ametralladoras MAG de 7.62 mm; se trata de armas lanzagranadas M-203 de mano; ametralladoras lanzagranadas MK-19 de 40 mm; y lanzagranadas múltiples MGLFM de 40 mm.	Indeterminada
Vehículos de reconocimiento	ERC-90	119
	VBL	40
	Mowag, Roland	25
	MAC-1	40
Transportes blindados	HWK-11	40
	M-2A1 de media oruga (usados como transporte de personal y de morteros de 120 mm)	32
	VCR/TT	40
	DN-III	24
	DN-IV	40
	DN-V *Toro*	70
	AMX-VCI (en versiones con cañón de 20 mm, porta mortero y con ametralladora de 7.62 mm)	395
	BDX	95
	LAV-150ST	26
Cañones de 105 mm	16 M-2 A1	16
	M-101	80
	Otto Melara M-56	80
Morteros	Tipos M-2, *Cazador* y *Brandt* en calibre 60 mm y M29 y M1 de 81 mm	1,500
	Tipo *Brandt* de 120 mm	75
Misiles antitanque	*Milán*	
Lanzacohetes	B-300 de 82 mm y *Blindicide* de 83 mm	
Cañones sin retroceso	M-40 de 106 mm	
Cañones antiaéreos	M-55 de 12.7 mm	40
	Oerlikon de 20 mm	40

Fuerza Aérea Mexicana (FAM)

Constitucionalmente la FAM está al mismo nivel que el Ejército y la Armada de México. Por no tener recursos para desarrollar planes y programas propios está integrada al Ejército lo que, según especialistas, ha limitado su desarrollo.

Tiene por misión realizar operaciones aéreas con el fin de defender la integridad, independencia y soberanía de la Nación, garantizar la seguridad interior y auxiliar a la población civil en casos de emergencia.

Los recursos humanos con los que cuenta son 14,800 personas (1,400 son cadetes de los planteles dependientes del Colegio del Aire y de la Escuela Militar de Técnicos Especialistas de la Fuerza Aérea).

No hay datos sobre el presupuesto de la FAM ya que depende de lo asignado por la SDN.

Los dos últimos comandantes han sido el general de división piloto aviador DEMA Benjamín Pacheco (1994-1999) y el general de división piloto aviador DEMA Ernesto Arcos Oropeza (1999-2000).

ORGANIZACIÓN

La FAM está compuesta por la Comandancia de la Fuerza Aérea, el Estado Mayor de la Fuerza Aérea y por las direcciones de Servicio Meteorológico, Servicio de Control de Vuelos, Material Bélico, Abastecimiento de Material Aéreo, Mantenimiento de Material Aéreo y Material Aéreo Electrónico.

ORGANIZACIÓN OPERATIVA

Está dividida en dos alas, cinco grupos aéreos y 23 escuadrones.

EQUIPO

Aviones: 335 unidades. Helicópteros: 112 unidades. En total 447 aeronaves.

Aviones de combate F5-E.

Aviones de combate F-5 en el Valle de México.

Durante la Segunda Guerra Mundial el Gobierno mexicano organizó la Fuerza Aérea Expedicionaria Mexicana con el Escuadrón Aéreo 201, que peleó con los aliados en las Filipinas. Tenía 300 hombres. Fue abanderada el 22 de febrero de 1945, y del 4 de junio al 4 de julio de ese año condujo 53 misiones de combate en Luzón. De ellas, 45 fueron exitosas.

Antiguo T28 del Heroico Escuadrón 201.

REGIONES Y BASES
AÉREAS MILITARES, 2000

**REGIÓN AÉREA DEL
CENTRO (RAC)**

Aguascalientes, Colima,
Distrito Federal, Estado
de México, Guanajuato,
Guerrero, Hidalgo,
Jalisco, Michoacán,
Morelos, Nayarit, Puebla,
Querétaro, San Luis
Potosí, Tlaxcala,
Veracruz y Zacatecas.

  1 Santa Lucía, Méx.
  5 Zapopan, Jal.
  7 Pie de la Cuesta, Gro.
11 Aeropuerto
     Internacional de la
     Cd. de México
     (Plataforma militar)
  * Puebla, Pue.

**REGIÓN AÉREA DEL
NORTE (RAN)**

Baja California, Baja
California Sur,
Chihuahua, Coahuila,
Durango, Nuevo León,
Sinaloa, Sonora y
Tamaulipas.

  3 El Ciprés, B.C.
  9 La Paz, B.C.
10 Culiacán, Sin.
12 Tijuana, B.C.
13 Monterrey, N.L.
14 Chihuahua, Chih.

**REGIÓN AÉREA DEL
SURESTE (RAS)**

Campeche, Chiapas,
Oaxaca, Quintana Roo,
Tabasco y Yucatán.

  2 Ixtepec, Oax.
  4 Cozumel, Q.R.
  6 Tuxtla Gutiérrez,
     Chis.
  8 Mérida, Yuc.
15 Oaxaca, Oax.
16 Tenosique, Tab.
17 Copalar, Chis.
  * Palenque, Chis.

* No fue posible obtener los
números de las bases aéreas de
Puebla y Palenque.

Fuente: publicaciones y entrevistas diversas.

Avión Pilatus *PC-7, de entrenamiento con capacidad de armamento.*

Helicóptero UH 60

AERONAVES DE LA FUERZA AÉREA MEXICANA

AERONAVE	TIPO/DESCRIPCIÓN	UNIDADES
Aviones de combate		
	F-5E	8
	F-5F	2
Aviones de entrenamiento con capacidad de armamento		
	T-33 reactores	27
	Pilatus PC-7 *Turbo Trainer*	74
Aviones de reconocimiento		
	Schweizer SA 2-37 A	2
	Commander 500S	14
	C-26	4
Aviones de entrenamiento		
	SF-260E	30
	Maule MXT-7-180	24
	Beechcraft F33C *Bonanza*	30
Aviones de transporte		
	Pilatus PC-6	4
	IAI-201 *Arava*	11
	C-130A *Hércules*	8
	Boeing 727	3
	C-47	3
	C-118	2
	DC-6	1
	DC-3	1
	Mitsubishi MU-2	2
Aviones de enlace		
	Cessna 182 (entregadas 60)	76
	Rockwell Turbo Commander 690, 980 y 1000	6
Aviones de alerta aérea y vigilancia		
	EMB-145SA (están en proceso de negociación)	3
	Subtotal	335
Helicópteros de enlace		
	Bell 206	27
Helicópteros de reconocimiento armado y entrenamiento		
	MD-530	22
Helicópteros / Otros		
	Bell 212	25
	Bell 205	1
	S-70 *Blackhawk*	6
	Mi-8	11
	Mi-17	16
	Mi-26	1
Helicópteros de transporte		
	SA-332	3
	Subtotal	112
	Total	447

Avión de transporte Hércules.

ESTADO MAYOR PRESIDENCIAL (EMP)

Aunque hay diversos antecedentes, el EMP que conocemos fue creado por el Presidente Manuel Ávila Camacho el 12 de enero de 1942 para "preparar, en los órdenes militar, económico, legal y moral, la organización total del país para el tiempo de guerra". Sobre el EMP hay poca información. Sin embargo, es conocido que detenta un poder desproporcionado con relación a su tamaño, que tiene tensiones con la SDN (depende administrativamente de ésta pero jerárquicamente del Presidente) y que en algunas ocasiones se ha visto envuelto en actividades ilegales (como el envío de un grupo de sus oficiales para que dispararan contra los manifestantes el 2 de octubre de 1968 en Tlatelolco).

El EMP tiene entre 100 y 300 elementos oficiales y el Cuerpo de Guardias Presidenciales. No hay datos precisos sobre el número de éstos, pero con base en el número de batallones y compañías se estiman entre 3,500 y 5,000 hombres.

JEFES DEL ESTADO MAYOR PRESIDENCIAL, 1942-2000*

NOMBRE	PERIODO
Gral. Luis Viñals y Gral. Salvador S. Sánchez	1942-1946
Crnel. Santiago Piña Soria	1946-1952
Gral. Alejandro Hernández Bermúdez	1952-1958
Gral. José Gómez Huerta	1958-1964
Crnel. Luis Gutiérrez Oropeza	1964-1970
Gral. Jesús Castañeda Rodríguez	1970-1976
Gral. Miguel Ángel Godínez Bravo	1976-1982
Gral. Carlos Humberto Bermúdez Dávila	1982-1988
Gral. Arturo Cardona Merino	1988-1994
Gral. Roberto Miranda Sánchez	1994-2000

* Se menciona el grado que tenían al momento de ser nombrados para el cargo.

CUERPO DE GUARDIAS PRESIDENCIALES

Está integrado por dos batallones de infantería; un batallón de infantería de marina, dependiente de la Secretaría de Marina; un batallón de tropas de asalto; un escuadrón de reconocimiento; un grupo de morteros; un batallón de artillería; un batallón de transporte; una compañía de ingenieros de combate; una compañía de transmisiones; una compañía de sanidad, y una compañía de intendencia.

FLOTA DEL GRUPO AÉREO PRESIDENCIAL

Consiste de 15 aviones (un *Boeing* 757; tres *Boeing* 737; un L-188; cuatro *Sabreliners;* dos *Merlín;* un L-188, y tres FH-227) y siete helicópteros (un *Super Puma* AS-332; dos *Puma* SA-330; dos S-70 *Sikorsky,* y dos *Bell* 412).

ORGANIZACIÓN DEL ESTADO MAYOR PRESIDENCIAL
JEFATURA

Coordinación de asesores / Secretaría particular

SUBJEFATURA OPERATIVA	SUBJEFATURA ADMINISTRATIVA
Segunda Encargada de captar, analizar y procesar información.	**Primera** Administración de personal
Tercera Organiza la participación del Presidente en actos oficiales y coordina al Cuerpo de Guardias Presidenciales. Atiende los asuntos relacionados con el adiestramiento, de acuerdo a las directivas de la SDN, la SM y el propio EMP.	**Secretaria** Correspondecia; organiza, custodia y conserva la documentación Coordinación Administrativa Centro Hospitalario
Cuarta Logística	Centro de Informática
Quinta Seguridad del Presidente, su familia y de quien éste ordene.	Grupo Jurídico Órgano de consulta y apoyo legal
Sexta Coordina la participación en actividades oficiales de la esposa del presidente	Grupo de Promoción Deportiva Grupo de Promoción Social
Séptima Servicios de escoltas del Presidente y de los funcionarios y personas que le ordene. **Transmisiones**	Agrupamiento de Servicios Generales Mantenimiento

CONTRALORÍA Y AYUDANTÍA GENERAL	AYUDANTÍA DEL PRESIDENTE DE LA REPÚBLICA
Coordinación General de Transportes Aéreos Presidenciales	Cuerpo de Guardias Presidenciales Grupo Aéreo de Transportes Presidenciales

SECRETARÍA DE MARINA (SM)

Tiene por misión la de conservar la seguridad interior y defender los intereses nacionales en la zona económica exclusiva, el mar territorial, la faja costera, el espacio aéreo marítimo y las aguas interiores, vías fluviales y lacustres navegables. La Secretaría de Marina tiene a sus servicios 53,729 personas.

El 26 de enero de 1912 en el *Diario Oficial de la Federación* se publicó la Ordenanza General de la Armada. La Secretaría de Marina nació el 31 de diciembre de 1940, durante la presidencia de Manuel Ávila Camacho.

DIVISIÓN OPERATIVA

Se organiza en seis regiones, 17 zonas y 15 sectores navales.

TITULARES DE LA ARMADA, 1941-2000	
NOMBRE	PERIODO
Gral. Heriberto Jara	1941-1946
Gral. Luis F. Schaufelberger	1946-1948
Almte. David Coello	1948-1949
Almte. Alberto J. Pawling	1949-1952
Gral. Rodolfo Sánchez Taboada	1952-1955
Almte. Roberto Gómez Maqueo	1955-1958
Almte. Héctor Meixueiro	1958
Almte. Manuel Zermeño Araico	1958-1964
Almte. Antonio Vázquez del Mercado	1964-1970
Almte. Luis M. Bravo Carrera	1970-1976
Almte. Ricardo Cházaro Lara	1976-1982
Almte. Miguel Ángel Gómez Ortega	1982-1988
Almte. Mauricio Scheleske Sánchez	1988-1990
Almte. Luis Carlos Ruano Ángulo	1990-1994
Almte. José Ramón Lorenzo Franco	1994-2000

REGIONES NAVALES EN EL GOLFO DE MÉXICO Y EL MAR CARIBE

I Veracruz, Ver.; III Frontera, Tab., y V Chetumal, Q.R.

REGIONES NAVALES EN EL OCÉANO PACÍFICO.

II La Paz, B.C.S.; IV Manzanillo, Col., y VI Acapulco, Gro.

INFANTERÍA DE MARINA

Consiste de un batallón de fusileros paracaidistas; un batallón de infantería de marina de guardias presidenciales, y 14 batallones de seguridad. El armamento de la infantería de marina consiste de cañones de 105 mm *Otto Melara* M-56; morteros de 60 y 81 mm; cañones sin retroceso de 106 mm M-40 A1; cañones antiaéreos de 20 y 40 mm, y 25 vehículos anfibios tipo VAP 3550.

Prototipo de destructor,
utilizado por la guardia
costera.

ZONAS Y SECTORES NAVALES

Sector naval

Zona naval

Prototipo de una
Fragata Knox.

1ª	Zona naval	Tampico, Tamps.
	Sector naval	Matamoros, Tamps.
2ª	Zona naval	Ensenada, B.C.
3ª	Zona naval	Veracruz, Ver.
	Sector naval	Tuxpan, Ver.
4ª	Zona naval	La Paz, B.C.
	Sector naval	Santa Rosalía, B.C.
	Sector naval	Puerto Cortés, B.C.
5ª	Zona naval	Frontera, Tab.
6ª	Zona naval	Guaymas, Son.
	Sector naval	Puerto Peñasco, Son.
7ª	Zona naval	Ciudad del Carmen, Camp.
	Sector naval	Lerma, Camp.
	Sector naval	Champotón, Camp.
8ª	Zona naval	Mazatlán, Sin.

9ª	Zona naval	Yucalpetén, Yuc.
	Sector naval	Progreso, Yuc.
10ª	Zona naval	San Blas, Nay.
11ª	Zona naval	Chetumal, Q.R.
	Sector naval	Isla Mujeres, Q.R.
	Sector naval	Cozumel, Q.R.
14ª	Zona naval	Manzanillo, Col.
	Sector naval	Isla Socorro, Col.
16ª	Zona naval	Lázaro Cárdenas, Mich.
18ª	Zona naval	Acapulco, Gro.
	Sector naval	Ixtapa Zihuatanejo, Gro.
20ª	Zona naval	Salina Cruz, Oax.
	Sector naval	Puerto Ángel, Oax.
22ª	Zona naval	Puerto Madero, Chis.

Prototipo de una
Fragata Bronstein.

Nota: Los números 12, 13, 15, 17, 19 y 21 no han sido usados para denominar alguna zona naval. No fue posible identificar la ubicación de dos sectores.
Fuente: Espinosa, 1998.

Un buque Newport *como éste, de desembarco, ingresará pronto a la Armada de México.*

Fragata clase Knox, *de 3,875 ton. de desplazamiento.*

ORGANIZACIÓN DE LA SECRETARÍA DE MARINA

SECRETARIO

ESTADO MAYOR DE LA ARMADA

CUARTEL GENERAL

INSPECCIÓN Y CONTRALORÍA GENERAL DE LA ARMADA

JUNTA DE ALMIRANTES

COMISIÓN DE LEYES Y REGLAMENTOS

SUBSECRETARÍA

Se integra por la Unidad de Historia y Cultura Naval, además con las siguientes direcciones generales: Instalaciones, Oceanografía Naval, Instrucción y Mantenimiento, Recuperación de Materiales.

OFICIALÍA MAYOR

Se integra con la Unidad de Conservación y Mantenimiento y las direcciones generales de Recursos Materiales y Suministros, Personal, Administración, Transportes, Programación, Organización y Presupuesto.

OTRAS DIRECCIONES GENERALES

Asuntos Jurídicos, Informática y Estadística, Unidad de Comunicación Social, Educación Naval, Justicia Naval, Sanidad Naval, Seguridad Social, Armas Navales y Comunicaciones Navales.

REGIONES, ZONAS Y FUERZAS NAVALES

CENTRO MÉDICO NAVAL

Buque patrullero clase Isla.

EQUIPO DE LA ARMADA - EMBARCACIONES

DESTRUCTORES		UNIDADES
Gering	3,500 ton. de desplazamiento, armados con cuatro cañones de 127 mm y un lanzador ASROC, en servicio desde 1945.	2
Fletcher	3,050 ton. de desplazamiento, armado con cuatro cañones de 127 mm y diez de 40 mm, en servicio desde 1943.	1
FRAGATAS		
Bronstein	2,650 ton. de desplazamiento, armadas con dos cañones de 76 mm, un lanzador ASROC y plataforma para un helicóptero.	2
Knox	3,875 ton. de desplazamiento, armadas con un cañón de 127 mm y un cañón multitubo de 20 mm *Phalanx*, un lanzador ASROC y plataforma para un helicóptero. (Una Fragata tipo *Knox* es reportada en lista de adquisiciones del Gobierno mexicano a Estados Unidos, pero no ha sido entregada.)	3
BUQUES CAÑONEROS		
Uribe	900 ton. de desplazamiento, armados con un cañón de 40 mm y con plataforma para un helicóptero Bo-105.	6
Holzinger	1,200 ton. de desplazamiento (hay dos en construcción y otros cuatro planeados).	2
Auk	Armados con cuatro cañones de 40 mm.	16
Admirable	Con un cañón de 76 mm y dos de 40 mm, en servicio desde 1943. Han sido dados de baja tres del número original.	10
CORBETA		
Centenario	400 ton. de desplazamiento (dos más entrarán próximamente en servicio).	1
BUQUES LOGÍSTICOS		
Huasteco y *Zapoteco*	Construidos en 1976.	2
BUQUES PATRULLEROS		
Azteca	Armados con un cañón de 40 mm. Eran 31 originalmente; uno causó baja.	30
Olmeca		12
Polimar		8
Isla		4
BUQUE ESCUELA		
Cuauhtémoc	Velero	1
BUQUE DE DESEMBARCO		
Newport	8,450 toneladas, armado con cuatro cañones de 76 mm y equipado con plataforma para helicóptero (es reportado en lista de adquisiciones del Gobierno mexicano a Estados Unidos pero no ha sido entregado).	1
	Total de embarcaciones	105

EQUIPO DE LA ARMADA - AVIONES

PATRULLA	TIPO	UNIDADES
	C-212-200	8
	Antonov	4
ENTRENAMIENTO		
	Maule MTX-180	12
	Beech F33C *Bonanza*	5
	Beech C-152	7
TRANSPORTE		
	DH-5 *Buffalo*	1
	Fairchild FH-227	1
	AN-32	2
	Learjet 60	1
PATRULLA Y ENTRENAMIENTO		
	L-90TP	10
	Total de aviones	**51**

EQUIPO DE LA ARMADA - HELICÓPTEROS

PATRULLA	DESCRIPCIÓN	UNIDADES
MBB Bo-105	A bordo de los buques clase *Uribe*	11
MD-902	A bordo de los buques clase	2
Explorer	*Holzinger*	
AS-555		4
TRANSPORTE		
Mi-8		12
PZL Mi-2		4
ENTRENAMIENTO		
MD-500		4
	Total de helicópteros	37
	Total de aeronaves	88

NIVELES JERÁRQUICOS

NIVELES JERÁRQUICOS EN EL EJÉRCITO, LA FUERZA AÉREA Y LA ARMADA

EJÉRCITO	FUERZA AÉREA	ARMADA
GENERALES	**GENERALES**	**ALMIRANTES**
División	División	Almirante
Brigada	Ala	Vicealmirante
Brigadier	Grupo	Contralmirante
JEFES	**JEFES**	**CAPITANES**
Coronel	Coronel	Navío
Teniente coronel	Teniente coronel	Fragata
Mayor	Mayor	Corbeta
OFICIALES	**OFICIALES**	**OFICIALES**
Capitán Primero	Capitán Primero	Teniente de Navío
Capitán Segundo	Capitán Segundo	Teniente de Fragata
Teniente	Teniente	Teniente de Corbeta
Subteniente	Subteniente	Guardiamarina
Subteniente	Subteniente	Primer Maestre
CLASE	**CLASE**	**TRIPULACIÓN**
Sargento Primero	Sargento Primero	Segundo Maestre
Sargento Segundo	Sargento Segundo	Tercer Maestre
Cabo	Cabo	Cabo
TROPA	**TROPA**	**MARINERÍA**
Soldado	Soldado	Marinero

Fuente: Publicaciones diversas.

© SDN

La localización, aseguramiento y destrucción de plantíos de mariguana y adormidera es una labor continua para el Ejército.

COMBATE AL NARCOTRÁFICO

Una de las principales funciones del Ejército ha sido el combate a la producción y tráfico de narcóticos. De acuerdo con estimaciones oficiales diariamente 23,264 efectivos se dedican a esas tareas (Zedillo, 1999). Esta función del Ejército es frecuentemente cuestionada, sobre todo por los efectos negativos que tiene sobre la institución. En 1998 murieron 15 elementos y fueron heridos 33. Se ha señalado, además, la corrupción de algunos sus miembros de esa institución, como es el caso de tres generales que están siendo procesados por tal causa: José de Jesús Gutiérrez Rebollo, Alfredo Navarro Lara y Antonio Ramón Mimendi. (☞ Un tratamiento más amplio aparece en la sección dedicada al narcotráfico)

> **L**as encuestas de opinión muestran de manera consistente que las Fuerzas Armadas son la institución gubernamental en la que tiene más confianza la ciudadanía (*Reforma*, 1996 y Sorava, 1998). Otro indicador es que el Secretario de la Defensa, general Enrique Cervantes Aguirre, está entre los elementos mejor calificados del gabinete (*Reforma*, 2 de diciembre de 1998 y 1999).

RELACIONES CON ESTADOS UNIDOS

Durante buena parte del siglo XX las fuerzas armadas mexicanas tuvieron poca relación con el exterior. En la década de los noventa, y en la medida en que se ampliaron sus funciones, creció la relación con diversos países, en especial con Estados Unidos. Las cifras son reveladoras. De 1996 a 1999 México compró a empresas de Estados Unidos equipo por 451 millones de dólares. En el trienio 2000-2003 planea adquirir entre 400 y 500 millones más para fortalecer la lucha contra el tráfico y la producción de drogas.

Entre 1997 y 1999 el Gobierno de Estados Unidos ha proporcionado equipo, refacciones y capacitación por 112 millones de dólares. Más de mil oficiales mexicanos han sido formados en territorio estadounidense (sobre todo en Fort Bragg, Carolina del Norte y Fort Benning, Georgia). Estos oficiales han sido la base de los cuerpos de élite GAFE.

La creciente relación con aquel país no ha estado exenta de tensiones y errores. En 1996 el Pentágono entregó 73 helicópteros UH-1H para utilizarlos en el combate al narcotráfico. Tres años después el Gobierno mexicano los devolvió por viejos e inservibles. Pese a este tipo de tropiezos, parece irreversible la apertura de las fuerzas armadas al exterior y su relación cada vez más estrecha con instituciones de otros países.

APOYO DE ESTADOS UNIDOS A LAS FUERZAS MILITARES Y POLICIACAS MEXICANAS, 1996-2000 (DÓLARES)

PROGRAMA	1996	1997	1998	1999 ESTIMADO	2000 SOLICITADO
"Drawdowns"[1]	$0.0	$37,000,000	$1,100,000		(Para anunciarse en 2000)
"Sección 1004"[2]	(Desconocido)	$28,905,000; ($10,800,000 para entrenar 829 estudiantes)	$20,317,000; ($13,000,000 para entrenamiento	$15,799,000	(A determinarse)
"Sección 1031"[3]	$0.0	$8,000,000	$8,000,000	$0.0	$0.0
IMET[4]	$1,000,000 (221 estudiantes)	$1,008,000 (192 estudiantes)	$921,000 (165 estudiantes)	$1,000,000 (179 estudiantes)	$1,000,000 (179 estudiantes)
IMET Aplicado[5]	$96,366 (26 estudiantes)	$108,489 (21 estudiantes)	$108,297 (20 estudiantes)		
Equipo militar en exceso[6]	$2,372,000 ofrecido ($1,122,000 entregado hasta 97)	$3,023,000 ofrecido y entregado	$0.0	(Para ser determinado)	(Para ser determinado)
Control Internacional de Narcóticos[7]	$2,200,000	$5,000,000	$5,000,000	$8,000,000	$10,000,000
Ayuda al ejército o policía	$975,000	$3,800,000	$3,700,000	$6,550,000	$8,150,000
Escuela de las Américas (número de estudiantes)[8]	149	305	219	88	(A determinarse)
Escuela naval de pequeñas embarcaciones y entrenamiento técnico			6 estudiantes		
Centro Hemisférico para Asuntos de Defensa			3 estudiantes		
Academia Interamericana para las Fuerzas Aéreas[9]	141 estudiantes	260 estudiantes	336 estudiantes	103 estudiantes	(A determinarse)

[1] Fondos a discreción presidencial para donar equipo estadounidense.
[2] Entrenamiento, mejoras de equipo y otros servicios proporcionados por el Departamento de Defensa.
[3] Donativo del Departamento de Defensa para la compra de repuestos para los helicópteros UH-1H.
[4] Educación y Entrenamiento Militar Internacional.
[5] Un componente del IMET financia entrenamiento en técnicas de administración y asuntos jurídicos.
[6] Donaciones de equipo militar usado o sobrante. En 1996 y 1997 incluyó 20 helicópteros UH-1H.
[7] Financiamiento de equipo, entrenamiento y otros programas del Departamento de Estado. En el caso de México, se dirige a los sistemas de seguridad pública e impartición de justicia. Muy poco va a militares.
[8] La escuela principal de las fuerzas armadas estadounidenses para entrenar militares latinoamericanos.
[9] La escuela de la Fuerza Aérea se especializa en dar clases en español a militares latinoamericanos.
Fuente: Isacson y Olson, 1999.

VENTAS DE EQUIPO MILITAR ESTADOUNIDENSE A MÉXICO, 1996-2000 (DÓLARES)

PROGRAMA	1996	1997	1998	1999 ESTIMADO	2000 ESTIMADO
Ventas militares al extranjero[1]	$4,837,000	$27,663,000	$1,313,000	$8,000,000	$8,000,000
Venta de equipo militar en exceso[2]	$6,863,000 ofrecido		$1,531,000	(A determinarse)	(A determinarse)
Ventas comerciales directas[3]	$146,617,738 (Licencias)[4]	$30,868,570 (Licencias)[4]	$21,320,641 (entregas estimadas)	$91,168,423 (entregas estimadas)	(A determinarse)

[1] Ventas hechas por compañías norteamericanas y aprobadas por el gobierno estadounidense.
[2] Venta de equipo usado o sobrante del arsenal estadounidense a precios bajos.
[3] Ventas por compañías estadounidenses aprobadas por el gobierno norteamericano.
[4] Para una "venta comercial directa" se necesita una licencia de exportación que es concedida por la Oficina de Defensa de Control de Comercio y el Departamento de Estado. Estas licencias no implican que los productos sean entregados inmediatamente; las licencias son válidas por 4 años, durante los cuales la venta puede ser cancelada.
Fuente: Isacson y Olson, 1999.

Nota: Por el hermetismo que rodea aspectos relacionados con las fuerzas armadas esta parte planteó problemas de verificación. Además de contrastar diversas fuentes de información para hacer correcciones a los datos conocidos (es el caso con la publicación especializada *Military Balance*) se pidió la asesoría de especialistas.

SERVICIOS DE INTELIGENCIA

Pese a su importancia, se conoce muy poco sobre los servicios de inteligencia del gobierno federal.
En este breve bosquejo se presentan los antecedentes del actual Centro de Investigación
y Seguridad Nacional (Cisen).

Al triunfo del constitucionalismo en 1917, el presidente Venustiano Carranza ordenó que la Secretaría de Gobernación organizara un grupo de agentes para que reuniera información política de manera discreta. Ese pequeño grupo de 20 personas empezó a funcionar en 1918 con el nombre de Sección Primera. Con su subsecuente evolución adoptó diferentes nombres: Departamento Confidencial, Oficina de Investigaciones Políticas y Sociales (1925); Departamento de Investigaciones Políticas y Sociales (1938); Dirección General de Investigaciones Políticas y Sociales o DGIPS (algún momento entre 1948 y 1950), la que conservó ese nombre hasta 1985.

En 1947 se creó la Dirección Federal de Seguridad (DFS) que asumió algunas funciones de la DGIPS.

En 1985 se fusionaron la DFS y DGIPS como Dirección de Investigación y Seguridad Nacional (Disen).

En 1989 la Disen se transformó en Centro de Investigación y Seguridad Nacional (Cisen).

CENTRO DE INVESTIGACIÓN Y SEGURIDAD NACIONAL

Presupuesto para el 2000: $954,269,350 de pesos.

Personal estimado (2000): tres mil personas.

Además de director general, el Cisen tiene un secretario general y un secretario general adjunto. Funciona con tres grandes direcciones:

Análisis: recuperación y procesamiento de información. Está organizada de acuerdo a departamentos especializados en sectores sociales (magisterial, sindical, campesino, etc.).

Investigación: se encarga, sobre todo, de reunir información sobre reuniones públicas.

DIRECTORES DE LA DFS, DISEN Y CISEN, 1947-2000	
DIRECCIÓN FEDERAL DE SEGURIDAD	
1947-1952	General Marcelino Inurreta de la Fuente
1952-1958	Coronel Leandro Castillo Venegas
	Licenciado Gilberto Suárez Torres
1958-1964	Coronel Manuel Rangel Escamilla
1964-1970	Capitán Fernando Gutiérrez Barrios
1970-1976	Capitán Luis de la Barreda Moreno
1977-1978	Javier García Paniagua
1978-1982	Teniente Coronel Miguel Nazar Haro*
1982-1985	Licenciado José Antonio Zorrilla Pérez
1985	Capitán Pablo González Ruelas
	Director durante el proceso de fusión de la DFS y la DGIPS.
DIRECCIÓN DE INVESTIGACIÓN Y SEGURIDAD NACIONAL	
1985-1989	Licenciado Pedro Vázquez Colmenares
CENTRO DE INVESTIGACIÓN Y SEGURIDAD NACIONAL	
1989-1990	General y licenciado Jorge Carrillo Olea
1990-1993	Licenciado Fernando del Villar Moreno
1993-1994	Licenciado Eduardo Pontones Chico
1994-1999	Ingeniero Jorge Enrique Tello Peón
1999-	Licenciado Alejandro Alegre Rabiela

* En 1980, por Acuerdo Presidencial, el secretario de la Defensa Nacional, Juan Arévalo Gardoqui nombró a Miguel Nazar Haro, teniente coronel del Servicio de Justicia Militar.

Contrainteligencia: hasta 1999 se llamaba Dirección de Protección y se encargaba de hacer los seguimientos más especializados, proteger a funcionarios e instalaciones estratégicas y combatir a los calificados como "enemigos del Estado". En 1999 sus 900 elementos (cifra estimada) pasaron

Edificio de la Secretaría de Gobernación en la calle Bucareli, México, D.F.

Los principales productos que generan son:

Informe Ejecutivo Diario (IED). Se entrega diariamente por la noche al presidente de la República y en ocasiones al secretario de Gobernación.

Resumen Ejecutivo Semanal (RES). Se entrega cada viernes por la noche a los mismos funcionarios.

Informes especiales. Se elaboran a petición del presidente o del secretario de Gobernación.

Buena parte de la "inteligencia" que produce se apoya en información pública. Sin embargo, también cuenta con redes de informantes pagados o voluntarios en todas las esferas de la vida nacional. Por otro lado, el Cisen es la dependencia que mantiene la relación con los servicios de inteligencia de otros países, algunos de los cuales tienen (como la CIA) agentes en México.

Los servicios de inteligencia son fundamentales para cualquier país. En un régimen democrático estas instituciones son supervisadas por el congreso, lo que las legitima ante la sociedad. En México los servicios de inteligencia no han sido controlados y eso permitió que cometieran abusos contra la población y también facilitó, por ejemplo, que la DFS fuera penetrada por el narcotráfico. Otro aspecto significativo de estos servicios es que siempre han respondido directamente al presidente, aun cuando figuran dentro del organigrama de la Secretaría de Gobernación.

Un indicador de su importancia está en el aumento de su presupuesto que de 1989 al 2000 creció en 468 por ciento.

a formar parte de la PFP. A raíz de esta reestructuración el Cisen dejó de ser operativo y se convirtió, por primera vez en su historia, en una institución dedicada exclusivamente a la obtención y el procesamiento de información.

También tiene oficinas encargadas de diferentes asuntos: Reclutamiento; Selección y Capacitación de Personal; Servicios Técnicos; Jurídico; Administración.

Actualmente hay una delegación en cada estado. Cada una tiene un subdelegado encargado de la investigación y otro del análisis.

PRESUPUESTO DEL CISEN, 1989-2000*											
1989	1990	1991	1992	1993	1994	1995	1996	1997	1998	1999	2000
168	272	269	293	457	515	583	461	531	863	748	954

* Millones de pesos de diciembre de 1999.

Fuente: Presupuestos de Egresos de la Federación, 1989-2000.

Principales corporaciones policiacas

Las policías son pieza fundamental de cualquier sociedad. Su función es garantizar que se cumplan las reglas de convivencia ciudadana. Cuando fallan –como en México– se convierten en una amenaza a la seguridad que tienen la obligación de salvaguardar.

Policía Federal Preventiva (PFP)

Fue creada en 1999 para prevenir y combatir delitos federales y del fuero común en el ámbito federal y para preservar el orden público. La PFP depende de la Secretaría de Gobernación, aunque tiene autonomía técnica y operativa en el ejercicio de sus funciones. Concede prioridad a los cinco delitos de mayor impacto social: secuestro, asalto en carreteras, tráfico de indocumentados, tráfico de armas y narcotráfico.

Presupuesto (2000): $3,104 millones de pesos. Personal: 10,699 elementos.

Se integró con personal y equipo de diferentes corporaciones: la Policía Fiscal Federal (1,500 elementos); el Centro de Investigación y Seguridad Nacional (Cisen, 600 agentes); la Policía Federal de Caminos (cuatro mil policías, 2,301 patrullas y doce helicópteros). La Secretaría de la Defensa

Nacional facilitó temporalmente la 3ª brigada de la policía militar, con 4,899 policías militares y 352 vehículos.

La PFP está a cargo de un comisionado nombrado por el presidente de la República a propuesta del secretario de Gobernación. El primer comisionado fue el contralmirante Wilfrido Robledo que seguía en el cargo hasta el momento de irse a prensa este volumen (julio de 2000).

Estructura orgánica

Policía Federal de Caminos.

Comisionado.

Policía Federal de Caminos e Inspección Migratoria (coordinaciones de marzo de 1999 a julio de 2000; con su incorporación en agosto de 2000 desaparecen de la estructura orgánica).

Unidad de Desarrollo y Control Interno, integrada por las unidades de Control y Confianza, Planeación, Asuntos Jurídicos, Asuntos Internos, Relaciones Públicas.

Escuela de la Policía Federal de Caminos.[1]

Transportes Aéreos.

Comisionado Adjunto.

Además cuenta con las siguientes coordinaciones:

Coordinación de Inteligencia para la Prevención: compuesta por las siguientes especialidades: Terrorismo; Drogas; Indocumentados; Armas y Explosivos; Secuestros y Robos; Análisis; Información y Estadística.

Coordinación de Fuerzas Federales de Apoyo: Grupo de Reacción; Grupo Antimotines; Instalaciones Estratégicas y Servicios.

Coordinación de Servicios Técnicos: Apoyo Técnico; Informática y Telecomunicaciones.

Coordinación de Administración y Servicios: Presupuesto y Recursos Financieros; Recursos Humanos y Materiales; Servicios.

Coordinación de Seguridad Regional (se agregará en enero de 2001) subdividida en: Puertos y Fronteras; Zonas Federales; Comandancia Regional.

ORGANIZACIÓN POR FUNCIONES

Vigilancia: mantener el orden público y establecer una presencia disuasiva del delito en el ámbito federal.

Investigación: obtener información sobre la naturaleza del delito para prevenirlo y capturar delincuentes en flagrancia.

Análisis: evaluar la información.

Reacción: responder a situaciones críticas mediante grupos especiales.

© Rodrigo San Vicente

Fachada del edificio principal de la PGR.

[1] En enero de 2001 se transformará en el Instituto de Formación Profesional, subdividido en Comandancia del Cuerpo de Cadetes. Tiene varias subdirecciones: Técnica, Académica, Estudios Superiores, Administrativa.

UNIDADES BÁSICAS

Fuerza de Tarea: se destinan a una misión específica que se define por tiempo, cobertura geográfica u objetivo concreto (rescate, detención, desactivación, etc.)

Oficial de Caso: se concentran en la investigación de un asunto o tema.

Grupos Interinstitucionales: aseguran la capacidad de acción y se especializan sectorialmente.

PROCURADURÍA GENERAL DE LA REPÚBLICA (PGR)

La PGR promueve y vigila el cumplimiento del orden constitucional y procura justicia en el ámbito federal. En teoría actúa en representación de los individuos, de la sociedad y del Estado. Cuenta con el Ministerio Público y es el órgano del Sistema Federal de Justicia.

Presupuesto (2000): $4,875 millones de pesos.

Personal: 4,019 policías judiciales, 1,561 ministerios públicos y 446 peritos.

Hasta el momento de irse a prensa este volumen el procurador era el licenciado Jorge Madrazo Cuéllar.

ESTRUCTURA ORGÁNICA

Subprocuradurías: Coordinación General y Desarrollo; Jurídica y de Asuntos Internacionales; Procedimientos Penales "A", "B" y "C".

Fiscalías: Especializada para la Atención de Delitos contra la Salud; Especializada para la Atención de Delitos Electorales.

Oficialía Mayor.

Visitaduría General.

Contraloría Interna.

Unidad Especializada en Delincuencia Organizada.

Direcciones Generales (en orden alfabético): Administración de Bienes Asegurados; Amparo; Asuntos Legales Internacionales; Auditoría; Comunicación Social; Constitucionalidad y Documentación Jurídica; Contencioso y Consultivo; Control de Procedimientos Penales "A", "B" y "C"; Coordinación de Servicios Periciales; Coordinación Interinstitucional; General de Planeación y Operación de la Policía Judicial Federal; Informática y Telecomunicaciones; Inspección Interna; Ministerio Público Especializado "A", "B" y "C"; Normatividad Técnico-Penal; Organización y Control del Personal Ministerial, Policial y Pericial; Prevención del Delito y Servicios a la Comunidad; Programación, Organización y Presupuesto; Protección a los Derechos Humanos; Quejas y Denuncias; Recursos Humanos; Recursos Materiales y Servicios Generales; Servicios Aéreos; Supervisión y Control; Visitaduría.

Órganos desconcentrados: Delegaciones; Instituto de Capacitación; Agregadurías.

DIVISIÓN OPERATIVA

Para sus operaciones la PGR se divide en delegaciones, subdelegaciones y agencias.

La PGR tiene agregadurías en España, Guatemala y Estados Unidos (Washington, Los Ángeles, San Diego y San Antonio).

EQUIPO AÉREO

La PGR tiene una flota de 67 aviones y 76 helicópteros. Para modernizarla ha adquirido tres helicópteros tipo *Bell* 407 y está por recibir 24 más del tipo *Bell* 206L-4, destinados a la Fiscalía Especial para la Atención de Delitos Contra la Salud.

UNIDADES ESPECIALES

El 30 de abril de 1997 se crearon la Fiscalía Especializada para la Atención de Delitos contra la Salud (FEADS) y la Unidad Especializada en la Delincuencia Organizada (UEDO) para investigar y perseguir los delitos contra la salud y los conexos a éstos, perseguir otros delitos y ejercer la facultad de atracción para investigar y perseguir delitos del fuero común que tengan conexión con delitos federales. En noviembre de 1998 la FEADS contaba con 57 agentes del ministerio público, 44 peritos y 973 policías judiciales. La UEDO se integra por 32 ministerios públicos, 16 peritos y 73 policías judiciales.

DIVISIÓN OPERATIVA PGR, 1999			
DELEGACIONES	**SUBDELEGACIONES O AGENCIAS**	**DELEGACIONES**	**SUBDELEGACIONES O AGENCIAS**
Aguascalientes, Aguascalientes		Cuernavaca, Morelos	Cuautla
Tijuana, Baja California	Ensenada, Mexicali y Tecate	Tepic, Nayarit	Acaponeta, Bucerías e Ixtlán del Río
La Paz, Baja California Sur	Cabo San Lucas, Ciudad Constitución, Guerrero Negro, Loreto y Santa Rosalía	Monterrey, Nuevo León	Ciudad Guadalupe, Linares, Sabinas Hidalgo y San Nicolás de los Garza
Campeche, Campeche	Ciudad del Carmen y Escárcega	Oaxaca, Oaxaca	Huajapan de León, Huatulco, Matías Romero, Salina Cruz y Tuxtepec
Colima, Colima	Manzanillo y Tecomán	Puebla, Puebla	Huachinango, Izúcar de Matamoros, Tehuacán y Teziutlán
Saltillo, Coahuila	Acuña, Monclova, Piedras Negras, Sabinas, Saltillo y Torreón	Querétaro, Querétaro	San Juan del Río
Tuxtla Gutiérrez, Chiapas	Ciudad Arriaga, Comitán de Domínguez, Palenque, San Cristóbal de las Casas y Tapachula	Chetumal, Quintana Roo	Cancún y Cozumel
		San Luis Potosí, S.L.P.	Ciudad Valles y Matehuala
Chihuahua, Chihuahua	Ciudad Juárez, Delicias, Hidalgo del Parral, Nuevo Casas Grandes y Ojinaga	Culiacán, Sinaloa	Guasave, Los Mochis y Mazatlán
Durango, Durango	Gómez Palacio y Santiago Papasquiaro	Hermosillo, Sonora	Agua Prieta, Caborca, Ciudad Obregón, Guaymas, Navojoa, Nogales, San Luis Río Colorado y Sonoyta
Toluca, Estado de México	Chalco, Naucalpan, Netzahualcóyotl, Texcoco y Tlalnepantla	Villahermosa, Tabasco	Cárdenas y Tenosique
León, Guanajuato	Celaya, Irapuato, León, Salamanca y San Miguel de Allende	Ciudad Victoria, Tamaulipas	Ciudad Alemán, Ciudad Mante, Ciudad Reynosa, Matamoros, Nuevo Laredo y Tampico
Chilpancingo, Guerrero	Acapulco, Coyuca de Catalán, Iguala y Zihuatanejo	Tlaxcala, Tlaxcala	
Pachuca, Hidalgo	Huejutla de Reyes, Tula de Allende y Tulancingo	Veracruz, Veracruz	Acayucan, Coatzacoalcos, Córdoba, Cosamaloapan, Martínez de la Torre, Orizaba, Pánuco, Poza Rica, San Andrés Tuxtla, Tuxpan y Jalapa
Guadalajara, Jalisco	Autlán de Navarro, Ciudad Guzmán, Lagos de Moreno, Ocotlán, Puerto Vallarta, Tepatitlán y Zapopan	Mérida, Yucatán	Ciudad Valladolid y Puerto Progreso
Morelia, Michoacán	Apatzingán, Jacona, La Piedad, Lázaro Cárdenas, Uruapan y Zitácuaro	Zacatecas, Zacatecas	Fresnillo y Juchipila

Fuente: PGR, 1999.

En procuración de justicia México y Estados Unidos han firmado múltiples tratados y convenios. Entre otros:

1) Ejecución de sentencias penales (1976).
2) Extradición (1978).
3) Recuperación y devolución de vehículos y aeronaves robados o de procedencia ilícita (1981).
4) Cooperación sobre asistencia jurídica mutua (1987).
5) Cooperación para combatir el narcotráfico y la fármacodependencia (1989).
6) Cooperación para el intercambio de información sobre transacciones en moneda realizadas a través de instituciones financieras, para combatir actividades ilícitas (1995).

Unidad de la Policía Judicial del Distrito Federal.

PROCURADURÍA GENERAL DE JUSTICIA DEL DISTRITO FEDERAL (PGJDF)

La PGJDF recibe denuncias, acusaciones o querellas sobre acciones u omisiones que puedan constituir un delito. Esta tarea la realiza a través de las agencias del ministerio público, encargadas de investigar los delitos del orden común, cometidos dentro del Distrito Federal. Se apoya en la Policía Judicial y los Servicios Periciales.

Presupuesto (2000): $3,199 millones de pesos.

Personal (1996): 3,400 agentes de la policía judicial, 1,085 agentes del ministerio público y 941 peritos.

Hasta el momento de irse a prensa este volumen el titular era el doctor Samuel del Villar Kretchmar.

ESTRUCTURA ORGÁNICA

Procurador

Subprocuradurías: Averiguaciones Previas Centrales; Averiguaciones Previas; Atención a Víctimas y Servicios a la Comunidad; Jurídica y de Derechos Humanos; Procesos.

MINISTERIOS PÚBLICOS EN EL DISTRITO FEDERAL, 1999	
DELEGACIONES	NÚMERO DE MINISTERIOS PÚBLICOS
Álvaro Obregón	4
Azcapotzalco	4
Benito Juárez	5
Coyoacán	7
Cuajimalpa	1
Cuauhtémoc	12
Gustavo A. Madero	8
Iztacalco	3
Iztapalapa	7
Magdalena Contreras	1
Miguel Hidalgo	6
Milpa Alta	1
Tláhuac	1
Tlalpan	3
Venustiano Carranza	6
Xochimilco	1

Fuente: PGJDF, 1999.

Oficialía Mayor.

Contraloría Interna.

Visitaduría General.

Coordinación de Agentes del Ministerio Público Auxiliares del Procurador.

Direcciones generales (por orden alfabético): Atención a Víctimas de Delito; Coordinación en Materia de Procuración de Justicia y Seguridad Pública; Derechos Humanos; Jurídico Consultiva; Organización y Presupuesto; Política y Estadística Criminal; Programación; Recursos Humanos; Recursos Materiales y Servicios Generales; Servicios a la Comunidad; Tecnología y Sistemas Informáticos.

Fiscalías: Asuntos Especiales; Delitos Financieros; Delitos Sexuales; Mandamientos Judiciales; Menores; Ministerio

Patrulla de la policía del Distrito Federal.

Público en lo Civil; Ministerio Público en lo Familiar; Procesos; Robo de Vehículos y Transporte; Seguridad de Personas e Instituciones y Servidores Públicos.

Cuenta también con:

Jefatura General de la Policía Judicial.

Coordinación General de Servicios Periciales.

Unidad de Comunicación Social.

Órganos desconcentrados: Albergue Temporal; Fiscalías Desconcentradas.

Instituto de Formación Profesional de la PGJDF.

GRUPO ESPECIAL DE REACCIÓN INMEDIATA (GERI)

Encuadrado dentro de la PGJDF, se integra con 250 elementos capacitados en tácticas de asalto urbano.

SECRETARÍA DE SEGURIDAD PÚBLICA DEL DISTRITO FEDERAL (SSP)

Su función está en la seguridad preventiva: presencia y vigilancia, patrullaje, control de tránsito y aprehensión en casos de flagrancia.

© Connie Acero

Elemento de la policía preventiva de la ciudad de México.

Presupuesto (2000): $10,022 millones de pesos.

Personal: se divide en Policía Preventiva (33,955 elementos), Policía Auxiliar (40 mil elementos destinados a acciones de protección y vigilancia en lugares específicos como instituciones oficiales o el aeropuerto) y Policía Bancaria Industrial (15 mil elementos que vigilan empresas e instituciones bancarias).

Hasta el momento de irse a imprenta este volumen su titular era el doctor Alejandro Gertz Manero.

ESTRUCTURA ORGÁNICA

Área operativa:

Dirección General de Control Regional.

Control Metropolitano.

Dirección Ejecutiva de Siniestros y Rescate.

Policía Complementaria (se integra con la Policía Auxiliar y la Policía Bancaria Industrial).

Instituto Técnico de Formación Policial.

DIVISIÓN OPERATIVA

La Dirección General de Control Regional cuenta con 16,635 elementos de la Policía Preventiva, distribuidos geográficamente por regiones y sectores.

SECRETARÍA DE SEGURIDAD PÚBLICA DEL DISTRITO FEDERAL, 1998	
DIRECCIONES GENERALES DE REGIÓN	**SECTORES**
Región I Norte, "Roble"	I Gustavo A. Madero
	II Venustiano Carranza
	XVI Azcapotzalco
Región II Centro, "Apolo"	XVI Centro Histórico
	III Cuauhtémoc
	V Benito Juárez
	XV Miguel Hidalgo
Región III Oriente, "Dragón"	IV Iztacalco
	VI Iztapalapa
	VIII Tláhuac
	XVIII Central de Abastos
Región IV Poniente, "Lince"	VII Coyoacán
	XII Magdalena Contreras
	XIII Álvaro Obregón
	XIV Cuajimalpa
Región V Sur, "Pegaso"	IX Milpa Alta
	X Xochimilco
	XI Tlalpan

Fuente: SSP, 1998.

Por otro lado están los agrupamientos especializados que tienen 17,320 elementos:

Agrupamiento "Respuesta": detecta y desactiva explosivos, localiza víctimas por derrumbes y actúa en circunstancias de alto riesgo.

Agrupamiento "Torre": protege al personal que trabaja en los edificios de la SSP, mantiene la vigilancia, seguridad y control de accesos.

Agrupamiento a Caballo: patrulla lugares de difícil acceso y aquellos donde no entran las patrullas motorizadas.

Agrupamiento Femenil: atiende la seguridad y la vialidad.

Policía del Estado de México.

Agrupamiento de Granaderos Oriente y Poniente: resguarda y controla plantones, manifestaciones y grandes concentraciones populares.

Agrupamiento de Motopatrullas: controla el tránsito e imparte educación vial.

Agrupamiento de Helicópteros: informa acerca de la vialidad y sirve como ambulancia aérea.

Grupo "Álamo" (fuera del organigrama): hace labores de inteligencia (al parecer para prevenir el delito), para lo cual cuenta con 124 elementos.

PERSONAL POLICIACO EN OTRAS ENTIDADES

En el país el número de policías preventivos es de 223 mil; de judiciales, 24,069; de peritos especializados, 3,595, y agentes del ministerio público, 6,554.

Conflicto en Chiapas y las otras guerrillas

Los acontecimientos chiapanecos hicieron evidente la marginación y el atraso de los pueblos indígenas, el uso de la fuerza como instrumento de lucha y la internacionalización de la política mexicana.

La historia del estado de Chiapas se ha caracterizado por la marginación, el atraso y la violencia. En los últimos 40 años en la región que tiene como centro a San Cristóbal de las Casas coincidieron varios factores que pondrían a ese estado en el centro de la atención nacional. Entre los más importantes estarían el trabajo de una diócesis que optó por el acompañamiento y la concientización del pobre, el trabajo político realizado por diversas organizaciones, la llegada a partir de 1979 de decenas de miles de refugiados guatemaltecos, la aparición de grupos guerrilleros, la proliferación de organismos no gubernamentales, las reformas impulsadas por el gobierno de Carlos Salinas de Gortari y, finalmente, la constante presencia de extranjeros, lo que internacionalizó a la región. (☞ Grupos indígenas, Lenguas, Fuerzas Armadas, Elecciones 2000, Religiones)

El 1 de enero de 1994 el Ejército Zapatista de Liberación Nacional (EZLN) se levantó en armas en la región norte del estado, conocida como Los Altos de Chiapas, declaró la guerra al Ejército Mexicano y ocupó ocho cabeceras municipales. El gobierno reaccionó descalificando al EZLN y tachando a sus miembros de "profesionales de la violencia" nacionales y extranjeros que buscaban desestabilizar el país. Durante diez días hubo combates entre el EZLN y el ejército. El número de muertos (zapatistas, soldados, policías estatales y civiles) varía según la fuente consultada, entre 200 y mil.

Simultáneamente, grupos sociales de México y el extranjero se pronunciaron a favor de la paz y expresaron por lo general su solidaridad hacia la causa de los insurgentes. Varias organizaciones no gubernamentales (ONG) desempeñaron un papel central en esta reacción. Sus métodos de lucha variaban e incluyeron cinturones y campamentos de paz, manifestaciones, acopio de bienes y recursos, difusión de información y formación de grupos de apoyo vía internet. Así, el 10 de enero de ese año en la ciudad de México una gran manifestación por la paz, convocada por las ONG, reunió entre 100 y 150 mil personas. La comunidad internacional también se expresó inmediatamente, y a México envió grupos de observadores.

Por la intensa presión de la opinión pública nacional e internacional y la patente imposibilidad de lograr una solución rápida por la vía de la fuerza, el gobierno federal declaró unilateralmente el cese al fuego, reconoció al EZLN como interlocutor y aceptó la validez de las causas económicas que motivaron su levantamiento (guardó silencio sobre aspectos sociales, políticos, religiosos y culturales). El discur-

Anónimo

Los soldados del EZLN entrando en San Cristóbal de las Casas en enero de 1994.

Escenas en la zona de conflicto tras intervenir el Ejército Mexicano.

so gubernamental se concentró ahora sobre la urgente necesidad de transferir recursos económicos a la entidad. También se iniciaron negociaciones de paz. Desde entonces, las hostilidades abiertas no se han reanudado, pero en cambio continúa un conflicto sordo que ha polarizado a la sociedad.

Un reflejo de tal polarización se aprecia en la política oficial hacia la presencia extranjera. Tolerante en un principio, se fue endureciendo hasta llegar a expulsar algunos extranjeros, aumentar los requisitos para recibir la acreditación como observador y restringir el paso a las zonas de conflicto. Según el Centro de Derechos Humanos "Fray Bartolomé de las Casas", hasta fines de mayo de 1998 el número de extranjeros expulsados era de 141. El Instituto Nacional de Migración afirma que en 1999 entraron a la zona de conflicto alrededor de cinco mil extranjeros, de los cuales cien fueron citados y 19 expulsados por realizar activismo político a favor de los zapatistas.

NEGOCIACIONES

El diálogo entre el gobierno federal y el EZLN ha sido accidentado. La primera ronda se realizó del 21 de febrero al 2 de marzo de 1994 en la catedral de San Cristóbal de las Casas, con Manuel Camacho Solís como Comisionado para la Paz y la Reconciliación y con la mediación del obispo Samuel Ruiz. Esa negociación, conocida como "Los Diálogos de la Catedral", se plasmó en 32 puntos que más tarde fueron rechazados por el EZLN.

Un segundo encuentro se realizó el 15 de enero de 1995 en Las Margaritas, entre Esteban Moctezuma, entonces secretario de Gobernación, y dirigentes zapatistas. La ofensiva militar y policiaca realizada por el presidente Ernesto Zedillo rompió con ese acercamiento. El 12 de febrero más de 100 mil personas salieron a exigir el cese de dicha ofensiva, la cual se suspendió el mismo día. El 11 de abril tras la promulgación de la Ley para el Diálogo, la Conciliación y la Paz Digna (firmada el 9 de marzo) se reunieron en San Miguel, municipio de Ocosingo, una delegación del EZLN y Marco Antonio Bernal (representante del Poder Ejecutivo) con la mediación de la Comisión Nacional de Intermediación (Conai) y la presencia de la Comisión de Concordia y Pacificación (Cocopa). (☞ Aquí adelante, Órganos de mediación). Dicha reunión desembocó en los Diálogos de San Andrés Larráinzar, que empezaron el 22 de abril de 1995.

La comandanta Ramona.

Las negociaciones en San Andrés (localidad rebautizada por los zapatistas como Sacamch'en de los Pobres) se distribuyeron en cuatro mesas de trabajo: derechos y cultura indígena, democracia y justicia, bienestar y desarrollo y derechos de la mujer. Durante ese proceso y por invitación del EZLN, la ONG Alianza Cívica organizó, el 27 de agosto de 1995, la Consulta Nacional por la Paz y la Democracia, para conocer la opinión de los ciudadanos sobre el conflicto.

Para ello se instalaron 8,245 mesas de consulta y se realizaron asambleas en 1,570 comunidades indígenas. Más del 90% del millón 88,094 ciudadanos participantes manifestó su deseo de que el EZLN se convirtiera en una fuerza política. El 16 de febrero de 1996 el EZLN y el gobierno federal firmaron los Acuerdos de San Andrés sobre Derechos y Cultura Indígenas.

Para lograr el cumplimiento de los acuerdos, las partes aceptaron que la Cocopa redactara una propuesta de reforma constitucional, la cual fue presentada el 29 de noviembre de 1996. El EZLN la aceptó pero el gobierno federal presentó el 19 de diciembre un planteamiento alternativo. Desde entonces se rompieron las negociaciones.

El 8 de septiembre de 1999 el secretario de Gobernación Diódoro Carrasco presentó una iniciativa de seis puntos para reanudar el diálogo. No tuvo éxito y al momento de enviar esta obra a prensa no quedaba claro el efecto que tendría en el conflicto la elección de Vicente Fox como presidente.

COSTOS SOCIALES

Al margen de los muertos durante los primeros días de conflicto, el verdadero perjuicio del conflicto en muchas comunidades ha sido la polarización de las posiciones y la ruptura del tejido social. La violencia intercomunitaria, religiosa, política, étnica, electoral son parte de la vida cotidia-

El obispo Samuel Ruiz, mediador.

La pobreza, un común denominador de los elementos del conflicto. (Reproducidas de México, genio que perdura. *Nafinsa).*

na en ciertas regiones del estado. El caso más grave fue la masacre del 22 de diciembre de 1997 en Acteal, municipio de Chenalhó, donde 45 indígenas tzotziles (nueve hombres y el resto mujeres y niños) fueron asesinados por grupos paramilitares. Esto ha dado como consecuencia el desplazamiento de poblaciones enteras. Aunque las cifras son difíciles de establecer, el Centro de Derechos Humanos "Fray Bartolomé de las Casas" calculaba que en 1998 eran 17 mil personas.

El número de muertos exacto es imposible de determinar. Entre 1993 y 1996 murieron en la entidad 600 campesinos por problemas agrarios "ajenos" al conflicto zapatista. Hasta el 10 de mayo del 2000 habían sido asesinadas 15 personas en emboscadas, asaltos y disputas.

El ejercito implantó un cerco.

EL EJÉRCITO ZAPATISTA DE LIBERACIÓN NACIONAL (EZLN)

Los subcomandantes Marcos y Tacho.

El 17 de noviembre de 1983 se crea el Ejército Zapatista de Liberación Nacional (EZLN). Actualmente es una compleja organización político-militar.

ESTRUCTURA CONOCIDA

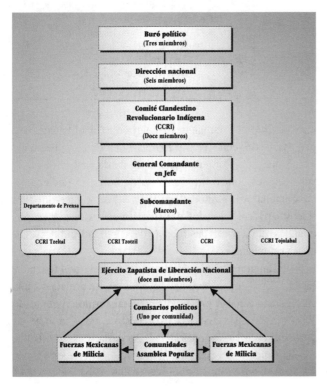

Fuente: Sánchez, 1994.

Marcos es el vocero del EZLN y líder de su ala militar. No es indígena. El gobierno federal lo identificó como Rafael Sebastián Guillén Vicente, nacido en 1957 en Tampico, Tamaulipas, en el seno de una familia católica. Estudió con los jesuitas y fue un buen alumno. Tiene licenciatura en filosofía y sociología y una maestría en La Sorbona, Francia. A principios de los ochenta enseñó comunicación en la Universidad Autónoma Metropolitana. Al parecer llegó a la selva en julio de 1984.

El número de combatientes del EZLN es difícil de conocer. Se calcula que el 1 de enero de 1994 se desplegaron en las ciudades alrededor de tres mil milicianos armados (hombres y mujeres), pero en total debieron participar cinco mil efectivos. Las operaciones fueron comandadas por 130 oficiales. No queda claro su grado de equipamiento y preparación. Actualmente se estima que tiene mil 500 combatientes bien equipados.

Las bases sociales del EZLN son comunidades indígenas campesinas de las etnias tzeltal, tzotzil, chol, tojolabal, mame y zoque dispersas en 56 municipios del estado, principalmente en las zonas de Los Altos, la selva y el norte. Se dice que las mujeres constituyen alrededor de 55% de la base logística y un tercio de los combatientes. Las tropas campesinas intercalan la vida y las labores del campo con las de la milicia.

La posición del EZLN frente a las elecciones ha sido ambigua. En 1994 exigió elecciones libres y apoyó las conclusiones a favor de los comicios de la Convención Nacional Democrática, así como la defensa del voto como una de las vías pacíficas de transición a la democracia. Declaraciones y acciones en otros procesos electorales (1995 y 1997) mostraron una gran desconfianza. El 3 de julio de 1997 el EZLN emitió un comunicado llamando a los pueblos indígenas de cualquiera de los estados de la República donde se resintiera la presencia militar a no participar en las elecciones, en protesta por la militarización de su ámbito de vida y la violencia paramilitar. La deslegitimación de la vía electoral y el boicot realizado por simpatizantes zapatistas (que impidieron la instalación o quemaron 220 casillas en la zona de conflicto), redujo la participación electoral entre los simpatizantes zapatistas, lo que favoreció el triunfo de candidatos del PRI en esos años. En las elecciones del 2000 sí participaron.

Por problemas poselectorales derivados de las elecciones de 1995 para diputados locales y ayuntamientos los zapatistas establecieron en algunos municipios autoridades autónomas que funcionan de manera paralela a las autoridades electas. Su número varía, según la fuente consultada, entre 30 y 38. Estos municipios fueron tolerados por los gobiernos federal y estatal hasta abril de 1998, fecha en que iniciaron operativos policiaco-militares contra ellos.

EL SECTOR OFICIAL

COMISIONADOS PARA LA PAZ Y LA RECONCILIACIÓN	
NOMBRE	**PERMANENCIA**
Manuel Camacho Solís	del 10 de enero al 16 de junio de 1994
Hector Hernández Llamas	del 18 al 24 de junio de 1994
Jorge Madrazo Cuéllar	del 24 de junio al 28 de noviembre de 1994
Esteban Moctezuma	de diciembre de 1994 a abril de 1995 (en este lapso, la Secretaría de Gobernación se convirtió en representante oficial del gobierno federal para las negociaciones)
Marco Antonio Bernal	del 17 de abril de 1995 al 27 de abril de 1997
Pedro Joaquín Coldwell	del 27 de abril de 1997 al 11 de enero de 1998
COORDINADOR DEL DIÁLOGO PARA LA NEGOCIACIÓN EN CHIAPAS	
Emilio Rabasa	del 12 de enero de 1998 hasta el momento de enviar a la imprenta este texto

GOBERNADORES DE CHIAPAS, 1993-2000		
NOMBRE	TIPO DE GOBERNADOR	PERIODO
Herald Elmar Setzer Marseille	Interino	2 enero 1993-18 enero 1994
Javier López Moreno	Sustituto	18 enero 1994-10 diciembre 1994
Eduardo Robledo Rincón	Constitucional	10 diciembre 1994-16 febrero 1995
Julio César Ruiz Ferro	Interino	17 febrero 1995-7 enero 1998
Roberto Albores Guillén	Sustituto	7 enero 1998-8 diciembre 2000
Pablo Salazar Mendiguchía	Electo	8 diciembre 2000 hasta 2006

En Chiapas hay tres zonas militares: Toniná (Ocosingo) (ZM 39ª), Tapachula (ZM 36ª) y Rancho Nuevo, San Cristóbal de las Casas (ZM 31ª). La sede de la séptima región militar está en Tuxtla Gutiérrez. El número estimado de efectivos militares en el estado varía según la fuente. El general Enrique Cervantes Aguirre, Secretario de la Defensa Nacional, asegura que hay entre 18 y 19 mil efectivos; ONG nacionales e internacionales hablan de entre 40 mil y 70 mil efectivos.

A pesar de no haber una cifra definitiva, la presencia militar es clara. Según el Centro de Derechos Humanos "Fray Bartolomé de las Casas", en 1998 había en Chiapas más de 200 retenes militares y policiacos. El Ejército Mexicano controlaba alrededor de 65% y en el resto estaban policías de seguridad pública, migración y/o cuerpos especiales.

GOBERNADORES

Políticamente, Chiapas ha sido siempre inestable. En 175 años ha tenido 166 gobernadores, de los cuales cien fueron interinos. En seis años de conflicto ha tenido cinco.

GRUPOS PARAMILITARES

A partir de la irrupción zapatista aumentó la presencia de grupos armados en Chiapas, algunos de los cuales tienen organización, entrenamiento y equipo militares. El Centro de Derechos Humanos "Miguel Agustín Pro-Juárez" asegura

que los grupos paramilitares actúan en 21 ayuntamientos y han asesinado, entre 1994 y 1998, a 123 indígenas, incluidos los 45 que murieron en Acteal el 22 de diciembre de 1997. Sus acciones comenzaron en la zona norte, extendiéndose rápidamente a Los Altos, Cañadas y Selva. Se dice que han sido solapados, tolerados e incluso fomentados por grupos estatales, el ejército y las fuerzas de seguridad pública estatales y municipales.

Oficialmente no existen, aunque los gobiernos federal y estatal han aceptado que hay "grupos civiles armados". Jorge Madrazo Cuéllar, procurador general afirmó en enero de 1998 que la PGR detectó la existencia de doce grupos; en septiembre de 1999 mencionó 15. En el presente año la PGR creó la Unidad Especializada para la Atención de los Delitos Cometidos por Probables Grupos Civiles Armados.

LA COMISIÓN NACIONAL DE DERECHOS HUMANOS (CNDH)

La CNDH ha evitado enfrentarse a la gravedad de la situación y su papel ha sido en consecuencia marginal en el conflicto. Por ejemplo, a pesar del gran número de recomendaciones que ha enviado a las autoridades estatales y federales, no ha dirigido una sola a las militares. No lo ha hecho, pese a que en 44% de las quejas que recibió entre enero de 1994 y julio de 1998 se acusaba de presunta responsabilidad a miembros de la Secretaría de la Defensa Nacional.

ALGUNOS GRUPOS PARAMILITARES DE CHIAPAS, 1998	
GRUPO PARAMILITAR	MUNICIPIOS EN DONDE OPERA
Paz y Justicia	Tila, Sabanilla, Tumbalá, Salto del Agua, Palenque, Yajalón y Chilón
"Los Chinchulines"/Frente Cívico Luis Donaldo Colosio	Yajalón, Chilón, Ocosingo y Venustiano Carranza
Movimiento Indígena Revolucionario Antizapatista (MIRA)	Las Margaritas, Oxchuc, San Juan Cancuc, Altamirano, Chanal, Huixtán, Ocosingo y Sitalá
Tomás Munzer	Oxchuc, Ocosingo y Altamirano
Primera Fuerza	Chenalhó
Alianza San Bartolomé de los Llanos	Venustiano Carranza
Fuerzas Armadas del Pueblo	Venustiano Carranza
"Degolladores"	Chamula, Chenalhó y Pantelhó
"Máscara Roja"	Chenalhó, Larráinzar, Chamula y Pantelhó

Fuente: Gachuzo, 1998.

EL FACTOR RELIGIOSO

La diócesis de San Cristóbal organizó y concientizó a fieles que luego optaron por la lucha armada. Una vez que estalló el conflicto asumió una posición mediadora en la que ha jugado un papel fundamental. Pero las creencias religiosas también han dividido a las comunidades al punto de causar enfrentamientos abiertos.

La diócesis de San Cristóbal de las Casas es la quinta más antigua del continente americano y una de las tres en que se divide el estado de Chiapas (las otras son Tapachula y Tuxtla Gutiérrez). Tiene una extensión territorial de 36,821.7 km² y una población de 1,481,704 personas, en 2,608 comunidades distribuidas en 226 zonas.

Desde 1960 hasta principios de 2000 Samuel Ruiz García fue obispo y cabeza de la diócesis. Cuando llegó a Chiapas, quería "occidentalizar" y modernizar a los indígenas. Con el paso de los años y por influencia del Concilio Vaticano II (1962-1965) y la segunda reunión de la Conferencia del Episcopado Latinoamericano en Medellín, Colombia, 1968, hizo de lado aquellas ideas y adoptó una posición marcadamente a favor de los pobres. En 1985 la diócesis afirmaba tener alrededor de seis mil catequistas (de los cuales 3,300 eran indígenas) y cien diáconos indígenas. Se estima que en este año ya son ocho mil catequistas (la mayoría indígenas) y alrededor de 400 diáconos. En noviembre de 1999, al cumplir 75 años, presentó su renuncia al Papa. El 31 de marzo de 2000 Felipe Arizmendi Esquivel, obispo de Tapachula, fue nombrado nuevo obispo.

En Chiapas el catolicismo es más débil que en ningún otro estado: según el censo de 1990, más de la tercera parte de la población se identifica como no católica. En algunos municipios esta pluralidad religiosa ha sido motivo de enfrentamientos, expulsiones y violencia.

RELIGIÓN EN CHIAPAS, 1960-1997

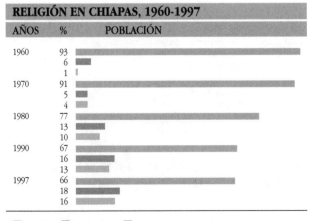

AÑOS	%	POBLACIÓN
1960	93	
	6	
	1	
1970	91	
	5	
	4	
1980	77	
	13	
	10	
1990	67	
	16	
	13	
1997	66	
	18	
	16	

■ Católica   ■ No católica   ■ Ninguna

Nota: La población no católica incluye protestantes o evangélicos, judíos y otras.

Fuente: Ríos, 1999.

ÓRGANOS DE MEDIACIÓN

COMISIÓN NACIONAL DE INTERMEDIACIÓN (CONAI)

Creada en diciembre de 1994, ambas partes la aceptaron como mediadora. La encabezó Samuel Ruiz García y la integraron Juan Bañuelos, Concepción Calvillo viuda de Nava, Juana García Robles, Pablo González Casanova, Óscar Oliva, Raymundo Sánchez Barraza y Alberto Székely. Fuertemente criticada por supuesta parcialidad, se disolvió poco después del 12 de junio de 1998 cuando el obispo Ruiz anunció su retiro.

COMISIÓN DE CONCORDIA Y PACIFICACIÓN (COCOPA)

Se estableció en 1995 con base en la Ley para el Diálogo, la Conciliación y la Paz Digna en Chiapas. Es una comisión especial del Congreso formada por diputados y senadores de todos los partidos con legisladores más dos representantes del estado de Chiapas (uno del poder ejecutivo y otro del legislativo). Promueve el diálogo y la negociación.

MIEMBROS DE LA COCOPA EN 1995 Y EN JULIO DE 2000	
COCOPA 1995	**COCOPA 2000**
PAN	
Sen. Luis Héctor Álvarez Álvarez	Sen. Luis Hector Álvarez Álvarez
Sen. Luis Felipe Bravo Mena	Sen. Benigno Aladro Fernández
Dip. Rodolfo Elizondo Torres	Dip. Felipe de Jesús Vicencio Álvarez
Dip. Alejandro González Alcocer	Dip. María de la Soledad Baltazar Segura
PRD	
Sen. Heberto Castillo Martínez	Sen. Carlos Payán Velver
Sen. Guillermo del Río Ortegón	Sen. Higinio Martínez Miranda
Dip. César Chávez Castillo	Dip. Gilberto López y Rivas
Dip. Juan Guerra Ochoa	Dip. Carlos Orsoe Morales Vázquez
PRI	
Sen. Pablo Salazar Mendiguchía	Sen. Esteban Maque Corral
Sen. Oscar López Velarde Vega	Sen. Jorge Fernando Iturribarría Bolaños
Dip. Jaime Martínez Veloz	Dip. Francisco Javier Gil Castañeda
Dip. Marco Antonio Michel Díaz	Dip. Vicente de la Cruz Santiago
PT	
Dip. Marcos Carlos Cruz Martínez	Dip. Ricardo Cantú Garza
Dip. Alejandro Moreno Berri	Dip. José Luis López López
PVEM	
Dip. Aurora Bazán López	Dip. Gloria Lavara Mejía
PODER LEGISLATIVO DEL ESTADO DE CHIAPAS	
Dip. Roberto Fuentes Domínguez	Dip. José Fernando Correa Suárez
PODER EJECUTIVO DEL ESTADO DE CHIAPAS	
Lic. Juan Carlos Gómez Aranda	Lic. Roberto Fuentes Domínguez

A partir del rechazo que el EZLN hiciera de las modificaciones hechas por el Poder Ejecutivo federal a la Ley sobre Derechos Indígenas desarrollada por la Cocopa, ésta perdió toda capacidad de injerencia real.

COMISIÓN DE SEGUIMIENTO Y VERIFICACIÓN (COSEVER)

La Ley para el Diálogo, la Conciliación y la Paz Digna en Chiapas, promulgada en 1995, incluyó la creación de esta comisión para "dar seguimiento a los compromisos pactados dentro del proceso de concordia y pacificación, con el propósito de promover el cabal cumplimiento de los mismos".

Las partes acordaron que cada una nombraría a la mitad de los miembros de la Cosever, pero que éstos serían autónomos. El EZLN propuso a algunas personas y convocó a cuatro organizaciones para que nombraran a los demás miembros de la mitad que le correspondía.

MIEMBROS DE LA COSEVER PROPUESTOS POR EL EZLN:

Rodolfo Stavenhagen (titular), Pablo Latapí Sarre (suplente), Elena Poniatowska (suplente), Amalia Solórzano viuda de Cárdenas (invitada permanente), Monseñor Bartolomé Carrasco (invitado permanente), Salomón Nahmad (invitado transitorio).

Por Alianza Cívica, Marta Pérez Bejarano (titular) y Rafael Reygadas (suplente). Por la Asociación Nacional de Abogados Democráticos, María Estela Ríos González (titular) y Yolanda Higareda (suplente). Por el Congreso Nacional Indígena, Adelfo Regino Montes (titular) y Aldo González Rojas (suplente). Por la Red Nacional de Organismos Civiles de Derechos Humanos "Todos los Derechos para Todos", Rocío Culebro (titular) y Rafael Moreno Villa (suplente). Luis Hernández Navarro como secretario técnico.

Los sugeridos por el gobierno federal fueron :

Roberto Álvarez Tenorio, Alberto Amador Real, Pablo Farías Campero, teniente coronel Pedro Felipe Gurrola Ramírez, Juan López Morales, Luis Medina Peña, Jesús Morales Bermúdez, Emilio Rabasa, Homero Tovilla Christiani (invitado permanente), Ángel Robles Martínez Ramírez (invitado permanente) y Alan Arias Marín (secretario técnico).

El 22 de octubre de 1999 el gobierno federal hizo nuevos nombramientos: Armando Labra Manjarrez (titular), coronel David Córdova Campos (titular), Agustín Ávila Méndez (titular), María Antonieta Gallart (suplente), Roberto Gutiérrez

López (suplente), Lourdes Arizpe Schlosser invitada permanente), Jaime Bailón Corres (invitado permanente), Margarita Dalton Palomo invitada permanente), Alejandro González Durán, Carla Huerta Ochoa (invitada permanente) Alan Arias Marín como secretario técnico.

Por la suspensión de las negociaciones la Cosever ha permanecido inactiva, sin ejercer las funciones para las cuales fue creada.

ELECCIONES

Pese al conflicto social, en Chiapas se siguen realizando elecciones. Como en el resto del país, el PRI se ha debilitado, fortaleciéndose otros partidos. Una pregunta inevitable es la forma como se modificaría el mapa electoral si el EZLN participa en las elecciones.

ELECCIONES PARA PRESIDENTE DE LA REPÚBLICA, 1964-2000							
PARTIDO (%)	1964	1970	1976	1982	1988	1994	2000
Participación	77.42	67.09	67.47	81.58	56.35	67.4	52.0
PAN	1.1	1.09	0.00	2.79	3.33	11.59	26.45
PRI	98.7	98.34	97.70	90.22	89.82	44.93	43.10
FDN/PRD	—	—	—	—	6.58	31.64	24.97

Fuente: Zebadúa, 1998, e IFE, 2000

ELECCIONES LOCALES

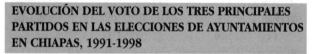

EVOLUCIÓN DEL VOTO DE LOS TRES PRINCIPALES PARTIDOS EN LAS ELECCIONES DE AYUNTAMIENTOS EN CHIAPAS, 1991-1998

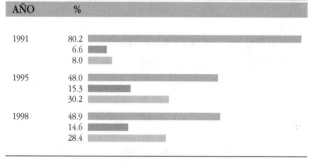

AÑO	%
1991	80.2
	6.6
	8.0
1995	48.0
	15.3
	30.2
1998	48.9
	14.6
	28.4

■ PRI ■ PAN ■ PRD

ELECCIONES DE DIPUTADOS FEDERALES, 1964-2000													
PARTIDO (%)	1964	1967	1970	1973	1976	1979	1982	1985	1988	1991	1994	1997	2000
PAN	1.0	0.8	0.9	1.2	0.3	1.6	3.2	3.8	3.7	5.9	10.2	10.8	24.22
PRI	98.2	96.2	98.1	89.1	96.1	94.5	90.2	89.1	89.9	72.6	46.5	49.4	43.72
PRD											31.2	33.3	25.84

Fuente: Zebadúa, 1998, e IFE, 2000

ELECCIONES DE DIPUTADOS FEDERALES, 1964-2000

PARTIDO	PRI	PRD	PAN	PT	FRENTE CÍVICO CHIAPANECO
Total de municipios ganados	88	17	6	–	–
Diputaciones de mayoría relativa	21	1	2	–	–
Diputaciones de representación proporcional	5	5	3	2	1

Fuente: Viqueira y Sonnleitner, 2000.

LAS OTRAS GUERRILLAS

Los grupos armados en México han crecido desde la aparición del EZLN en 1994. Las estimaciones sobre el número van de los 15 a los 81 grupos. Sin embargo, es generalmente aceptado que, además del EZLN, sólo hay otras dos organizaciones cuya existencia está confirmada: el Ejército Popular Revolucionario (EPR) y el Ejército Revolucionario del Pueblo Insurgente (ERPI).

El EPR se formó en mayo de 1994 con miembros del Partido Revolucionario Obrero Campesino-Unión del Pueblo (PROCUP) de Oaxaca y del Partido de los Pobres de Guerrero. En junio de 1998 surge en Guerrero el ERPI, que se escindió del EPR por discrepancias ideológicas y por diferencias entre sus dirigentes.

De enero de 1994 a octubre de 1999 los enfrentamientos con guerrilleros han causado la muerte de al menos 273 personas entre militares, policías, guerrilleros y civiles.

Debe aclararse que es imposible conocer la cifra exacta del número de combatientes de estos grupos debido a que las fuerzas de seguridad en ocasiones acusan a personas sin relación alguna con ellos o a lugareños de la zona en conflicto. Por otro lado, estas guerrillas cuentan con una base social que los apoya.

La existencia de otros grupos guerrilleros se conoce por comunicados, rumores o actividades aisladas. No se sabe si son auténticos o si fueron creados por alguna autoridad para justificar acciones de fuerza o para intentar desestabilizar a cierta región o al país. Un ejemplo de esta ambigüedad serían las Fuerzas Armadas Revolucionarias del Pueblo (FARP) que tuvieron un breve operativo publicitario en San Francisco Tlalnepantla, delegación Xochimilco, Distrito Federal, el 8 de abril del 2000, sin embargo, se desconoce el número de efectivos y su autenticidad.

La prensa ha hecho mención de otros grupos armados entre los que destacan:

1) Comando Armado Revolucionario del Sur (CARS) en Guerrero.
2) Comando Clandestino Indígena de Liberación Nacional (CCILN) en Oaxaca.
3) Comando de Ajusticiamiento Insurgente (CAI) en Guerrero.
4) Comando Justiciero 28 de junio-Comité Clandestino Revolucionario de los Pobres (CCRP) en Oaxaca.
5) Ejército Clandestino Indígena de Liberación Nacional (ECILN) en Chihuahua.
6) Ejército de Ajusticiamiento Genaro Vázquez (EAGV) en Guerrero.
7) Ejército de Liberación de la Sierra del Sur (ELSS) en Guerrero.
8) Ejército de Liberación del Sur (ELS) en Guerrero.
9) Ejército Insurgente de Chilpancingo (EICH) en Guerrero.
10) Ejército Popular de Liberación José María Morelos (EPL-JMM) en Guerrero.
11) Ejército Revolucionario Insurgente Popular (ERIP) en Baja California, Chihuahua, Coahuila, Durango y Sonora.
12) Ejército Villista Revolucionario del Pueblo (supuesta facción del EPR).
13) Fuerzas Armadas Clandestinas de Liberación Nacional (FACLN) en Oaxaca, Chiapas y Guerrero.
14) Fuerzas Armadas de Liberación para los Pueblos Marginados de Guerrero (FALPMG) en Guerrero.
15) Fuerzas Armadas Revolucionarias del Pueblo (FARP) en Xochimilco, Distrito Federal.
16) Movimiento Popular Revolucionario (MPR) en Guerrero.

GRUPOS GUERRILLEROS

GRUPO ARMADO	PRIMERA APARICIÓN PÚBLICA	COMBATIENTES[1]	ESTADOS DONDE ACTÚA
EPR	28 de junio de 1996	2,002*	Guerrero, Puebla, Estado de México, Oaxaca, Tabasco y Chiapas
ERPI	7 de junio de 1998	60	Guerrero

1 No incluye a simpatizantes o bases sociales.
* Número de elementos del EPR antes de la separación del ERPI.

La separación del ERPI del EPR se da en enero de 1998.
Fuente: Publicaciones y entrevistas diversas.

NARCÓTICOS

La producción, el tráfico y el consumo de narcóticos han tenido un crecimiento acelerado
transformándose, sin duda alguna, en la principal amenaza a la seguridad nacional.
Desafortunadamente, la información al respecto es insuficiente.

En México crece sin cesar la producción, el tráfico y el consumo de narcóticos. Desde 1987 los presidentes de México han calificado este fenómeno como amenaza a la seguridad nacional, pero es un tema sobre el cual no hay información completa y razonablemente confiable. Este apartado incluye la que parece ser más fidedigna.

Las drogas más comúnmente consumidas son:

Cocaína. Poderoso estimulante del sistema nervioso central, se consume por vía intranasal o fumada. Produce un aumento en el estado de alerta e intensos sentimientos de euforia; inhibe apetito y sueño. En dosis mayores produce paranoia, actitudes agresivas y hasta paro cardiaco.

Crack. Derivado de la cocaína altamente adictivo. Se obtiene a partir de las impurezas producidas durante la elaboración de la cocaína; se mezcla con sustancias como el bi-

carbonato de sodio. Su presentación en cristales tiene la apariencia de pequeñas rocas. Se fuma e induce a la adicción rápidamente. Produce los mismos efectos que la cocaína pero con mucha mayor potencia.

Mariguana. Planta alucinógena; puede fumarse o ingerirse. Contiene sustancias químicas que afectan al cerebro y producen dependencia psicológica. Afecta la memoria, la capacidad de concentración y aprendizaje.

Hachis (*hashish*). Resina extraída de la mariguana. Puede fumarse como cigarrillo o en pipa. Produce los mismos efectos que la mariguana.

Goma de opio. Alcaloide que se obtiene de los cortes hechos en el bulbo de la amapola. Puede fumarse o beberse. Su efecto principal es un estado de euforia, pero en dosis mayores produce ansiedad y en casos extremos puede causar estado de coma o paro respiratorio.

Morfina. Alcaloide, es el componente principal del opio. Se administra vía intravenosa u oral. Tiene los mismos efectos que aquél.

Heroína. Depresor del sistema nervioso central, se obtiene de la morfina. Es más potente que el opio y la morfina. Produce estados de euforia y afecta los ritmos cardiaco o respiratorio. En dosis mayores puede producir paro respiratorio.

Psicotrópicos (anfetaminas y metanfetaminas). Sustancias que estimulan el sistema nervioso y conducen a estados de alerta y euforia. Su presentación es en pastillas; pueden fumarse, inhalarse o ingerirse. Empleadas en exceso causan taquicardia, debilidad muscular y alteraciones en la presión arterial.

Planta de Cannabis indica, *es decir, mariguana.*

ESTIMACIONES SOBRE PRODUCCIÓN Y ERRADICACIÓN DE AMAPOLA Y MARIGUANA EN MÉXICO, 1994-1999

AMAPOLA	1994	1995	1996	1997	1998	1999
Cultivos (hectáreas)	12,415	13,500	13,000	12,000	15,000	11,500
Erradicación (hectáreas)[1]	11,036	15,389	14,671	17,732	17,449	15,469
Erradicación efectiva (hectáreas)[2]	6,620	8,450	7,900	8,000	9,500	7,900
Potencial de cultivo (hectáreas)	5,795	5,050	5,100	4,000	5,500	3,600
Producción potencial (toneladas)	60	53	54	46	60	43
MARIGUANA	1994	1995	1996	1997	1998	1999
Cultivos (hectáreas)	19,045	18,650	18,700	15,300	14,100	23,100
Erradicación (hectáreas)[1]	14,227	21,573	22,961	23,576	23,928	33,583
Erradicación efectiva (hectáreas)[2]	8,495	11,750	12,200	10,500	9,500	19,400
Potencial de cultivo (hectáreas)	10,550	6,900	6,500	4,800	4,600	3,700
Producción potencial (toneladas)	5,908	12,400	11,700	8,600	8,300	6,700

[1] Los datos sobre erradicación provienen de cifras proporcionadas por las autoridades mexicanas.

[2] La erradicación efectiva estima el monto de cultivo destruido pero considera la posible replantación y el número de veces que se rocían los cultivos, entre otras variables.

Fuente: Departamento de Estado, 2000.

PRODUCCIÓN

México es uno de los principales proveedores de mariguana y heroína a Estados Unidos. Es difícil determinar la producción por la calidad clandestina e ilegal de la actividad y porque toda cifra es un estimación. Para este reporte se acude a las cifras más recientes proporcionadas por el Departamento de Estado de Estados Unidos por tres razones: son comparables con las de otros países, son más completas y son más fáciles de obtener que las de otras fuentes.

TRÁFICO

Además de producir mariguana y amapola, México es un país de tránsito para otras drogas: cocaína, psicotrópicos y sus variantes. Introducida a México por tierra (a través de la frontera con Guatemala), por vía marítima (en el interior de contenedores de barcos mercantes y pesqueros) o por aire (mediante rutas y pistas clandestinas en diferentes puntos del país), la droga se conduce hacia Estados Unidos en camiones comerciales, avionetas, vagones de tren o incluso en las denominadas "mulas humanas", personas que cruzan la frontera ilegalmente llevando consigo pequeños paquetes.

Las cifras de aseguramientos muestran la importancia de México como principal vía de introducción de cocaína hacia Estados Unidos.

ASEGURAMIENTOS DE COCAÍNA EN MÉXICO, 1991-1999

AÑOS	TONELADAS
1991	50.3
1992	38.8
1993	46.2
1994	22.1
1995	22.2
1996	23.6
1997	34.9
1998	22.6
1999	33.5

Fuente: Departamento de Estado, 2000.

GANANCIAS DEL NARCOTRÁFICO

El poder de los traficantes se fundamenta en la magnitud de sus ganancias. El monto por venta de drogas en Estados Unidos son unos 57 mil millones de dólares al año. Se estima que en 1998 llegaron a Estados Unidos, desde México, 180 toneladas de cocaína que vendidas al menudeo produjeron ingresos de 18 mil millones de dólares. De ese total, se calcula que la cantidad obtenida por los cárteles mexicanos es de cinco mil millones de dólares al año.

ASEGURAMIENTOS DE PSICOTRÓPICOS, 1994-1999

	1994	1995	1996	1997	1998	1999
Psicotrópicos (unidades)	46,685	569,789	1,108,863	117,104	1,484,078	1,468,147
Metanfetaminas (kg)	264.77	495.68	171.72	38.89	96.01	377.00
Anfetaminas (kg)	25.46	4.10	9.00	-	2.38	566.00

Fuentes: PGR, 1998 y 2000.

El "Chapo" Guzmán, detenido en 1995, acusado de homicidio calificado y delitos contra la salud.

LA VIOLENCIA

El negocio de las drogas se liga a la violencia. Las ejecuciones y desapariciones de agentes de la Procuraduría General de la República (PGR) y de narcotraficantes rivales van en aumento en todo el país (principalmente en los estados de la frontera y centro occidente del país). Las estadísticas acumuladas al paso de los años son inquietantes. Entre 1993 y 1999 en Ciudad Juárez se registraron 196 desapariciones vinculadas con la droga. Durante 1999 el estado de Sinaloa reportó 600 asesinatos por el mismo motivo. En enero del 2000 en Baja California ocurrieron 22 homicidios relacionados con el narcotráfico.

LOS CÁRTELES

Se denomina así a los grupos que controlan la producción de drogas, su transporte y el lavado de dinero. Son organizaciones criminales muy poderosas que por su tamaño se han convertido en una amenaza a la seguridad de México. Los más conocidos son:

Tijuana: lo dirigen los hermanos Arellano Félix (Francisco Javier, Benjamín, Eduardo, Ramón, Luis Fernando y Francisco Rafael que se encuentra detenido).

Juárez: en manos de Vicente Carrillo Fuentes (hermano de Amado Carrillo "El Señor de los Cielos"), Juan José Esparragoza "El Azul", Eduardo González Quirarte, Ismael Zambada García "El Mayo" y Alcides Ramón Magaña "El Metro".

Del Golfo: lo encabeza Humberto García Abrego (hermano de Juan García Abrego, actualmente encarcelado).

Sinaloa: el estado que le da nombre es una de las principales plazas del narcotráfico. A la fecha se la disputan diversos grupos.

Colima: las cabezas de este cártel, los hermanos Adán, Luis y José de Jesús Amezcua Contreras, están ya detenidos aunque el cártel aún continúa activo, produciendo y traficando psicotrópicos.

Del Milenio: lo dirige Luis Valencia desde Michoacán. Se dedica al tráfico de psicotrópicos.

COMBATE AL NARCOTRÁFICO

En 1998 el gobierno mexicano destinó 753.9 millones de dólares al combate del narcotráfico a través de la PGR, la Secretaría de la Defensa Nacional (Sedena) y la Secretaría de Marina. En 1999 el presupuesto aumentó a 769.8 millones de dólares. Se dice que cada día se dedican a estas actividades 26,119 efectivos. El Ejército Mexicano asigna 20 mil efectivos expresamente a la erradicación manual; combinada ésta con las operaciones de la Marina en las costas, le corresponde 75% de la erradicación. Estas operaciones son apoyadas por la PGR con asistencia aérea.

Un soldado examina un campo de adormidera a punto de ser destruido.

La Operación Sellamiento es un buen ejemplo del esfuerzo por combatir el tráfico de estupefacientes concentrado en la intercepción de cargamentos. Se lleva a cabo con la participación de la Sedena, la Secretaría de Marina, la Secretaría de Gobernación y la PGR. Incluye seis grupos de operación regional y 23 locales que utilizan información proveniente de los servicios de inteligencia. Cuenta con el respaldo de 50 aviones, 30 buques, 23 helicópteros y 1,378 vehículos terrestres. Esta operación se realiza en tres áreas geográficas: Golfo de California, frontera sur y Península de Yucatán.

Edificio de la Fiscalía Especializada para la Atención de Delitos contra la Salud, de la PGR.

ASEGURAMIENTOS DE COCAÍNA 1998
TOTAL: 22,597.6 KG

5,602.6 kg
Sinaloa

1,121.3 a 3,951.9 kg
Jal., D.F., Tamps, Gro. y QRoo.

208.8 a 857.3 kg
Zac., B.C., Ver., Son. S.L.P., Oax.,
Chih., Mich., N.L., Chis. y Dgo.

13.9 a 54.6 kg
Qro., Col., Coah., Gto. y Tab.

0.001 a8.1 kg
Hgo., Camp. Pue., Ags., Méx.,
Mor., B.C.S., Yuc. y Nay.

No reporta seguramientos
Tlaxcala

Distribución geográfica de los aseguramientos de cocaína durante 1998.
Fuente: *Sistema Estadístico Uniforme para el Control de Drogas.*

Para interceptar los cargamentos de droga que se transportan por vía terrestre se utilizan, desde agosto de 1998, cinco sistemas conocidos como "Mobile Search" o equipos móviles de rayos X. Cada unidad consiste en un vehículo con un equipo de cómputo y de rayos X.

Con estas operaciones y equipos se ha logrado destruir pistas clandestinas y asegurar vehículos, armas, equipos de comunicación portátiles, dinero, etcétera.

ASEGURAMIENTOS DE BIENES Y PISTAS DESTRUIDAS, 1995-1998

BIENES ASEGURADOS	1995	1996	1997	1998
VEHÍCULOS				
Terrestres	2,671	3,493	3,275	3,273
Marítimos	65	128	135	96
Aéreos	27	26	34	44
Pistas destruidas	-	899	868	405
Terracería	-	823	457	399
Asfaltadas	-	6	10	4
No especificada	-	70	401	2
Armas	4,287	4,335	1,948	1,905
Cortas	2,014	2,160	828	770
Largas	2,273	2,175	1,120	1,135
OTROS BIENES				
Municiones	95,044	112,639	78,013	54,271
Dinamita (kg)	10	1	-	12
Laboratorios	9	20	8	7
Prensas	51	179	203	192
Balanzas	183	292	222	296
Equipo de comunicación	72	210	636	268
Gasolina (litros)	1,700	21,901	7,334	3,480
Turbosina (litros)	1,020	4,370	4,835	2,411
Moneda Nacional	378,400	1,110,920	1,326,200	1,744,980
Dólares	40,857	893,734	3,203,402	8,538,952

Fuente: PGR, 1999.

DETENIDOS POR DELITOS CONTRA LA SALUD, 1994-1999

AÑOS	DETENIDOS	
1994	7,006	
1995	9,901	
1996	11,245	
1997	10,742	
1998	10,289	
1999	10,464	
	59,647	Total

Fuente: Departamento de Estado, 2000.

Del total de detenidos 58,493 fueron mexicanos y 1,154 extranjeros. Entre los encarcelados más conocidos se encuentran Joaquín Guzmán Loera "El Chapo Guzmán" (cártel de Sinaloa), Héctor Palma Salazar "El Güero Palma" (Sinaloa), Francisco Rafael Arellano Félix (cártel de Tijuana), José de Jesús, Luis y Adán Amezcua Contreras (cártel de Colima), Juan García Abrego (capturado por autoridades mexicanas y extraditado a Estados Unidos). También incluye a políticos y militares, entre ellos, el ex gobernador de Jalisco, Flavio Romero de Velasco y los generales Alfredo Navarro Lara, Mariano Vega Maldonado, Antonio Ramón Mimendi y Jesús Gutiérrez Rebollo (el ex gobernador de Quintana Roo, Mario Villanueva seguramente también figuraría, de no encontrarse prófugo).

Una forma de evaluar el desempeño y la eficacia de las operaciones antinarcóticos consiste en estimar las cantidades de cocaína que sí pasaron hasta alcanzar a los consumidores. Desde este punto de vista, los resultados hasta ahora no han sido realmente eficaces pues en el mejor de los casos sólo han reducido la oferta (22% en 1999 en el caso de la mariguana). En otras palabras a pesar de los millonarios esfuerzos que se hacen para combatir al narcotráfico y la relativa caída en la producción de mariguana a partir de 1995, la producción supera considerablemente las cantidades erradicadas o decomisadas.

Por otro lado, el gobierno de México no tiene suficiente capacidad institucional para aplicar las legislaciones antinarcóticos y establecer una estrategia clara para combatir este problema, que ilustra la debilidad y corrupción de los sistemas policiaco y judicial, y la pobreza de la población.

CONSUMO

La abundancia de drogas, su bajo costo y la relativa facilidad con la que se consiguen aumentó en un millón el número de consumidores mexicanos entre 1993 y 1998. De los 2.5 millones de mexicanos que habían consumido droga en 1998, 402,510 eran "usuarios fuertes".

Se estima que en México hay dos millones de personas que consumen mariguana.

© Archivo LICSACV

CONSUMO DE DROGAS ILÍCITAS EN MÉXICO, 1993 Y 1998

Frecuencia	1993		1998	
	% de la población	Millones de consumidores*	% de la población	Millones de consumidores*
Alguna vez	3.90	1.5	5.27	2.5
Último año	0.75	0.3	1.23	0.5
Último mes	0.44	0.2	0.83	0.4

* Cifras aproximadas.

Fuente: Secretaría de Salud, 1999.

La Drug Enforcement Administration (DEA) elaboró en 1998 un informe que arroja índices de consumo bastante más elevados: 12.77% había consumido droga alguna vez en la vida; 2.8% en el último año y 1.9% en el último mes.

PERSONAS QUE HAN CONSUMIDO DROGAS "ALGUNA VEZ", 1988-1998

TIPO DE DROGA	1988	1993	1998
Mariguana	2.99%	3.32%	4.70%
Cocaína	0.33%	0.56%	1.45%
Inhalables	0.76%	0.50%	0.80%
Alucinógenos	0.26%	0.22%	0.36%
Heroína	0.11%	0.07%	0.09%
Cualquier droga	3.33%	3.90%	5.27%

Fuente: Secretaría de Salud, 1999.

La mariguana es la droga más consumida en México (dos millones de personas) pero crece el uso de la cocaína, sobre todo en las regiones norte y centro del país. El abaratamiento de precio y el crecimiento de la disponibilidad la desplazó del tercer al segundo lugar como droga de inicio.

Existen tres tipos de cocaína: blanca y cristalina, amarilla y blanca. La diferencia de precios va de 1,300 a 2,800 pesos la onza (25 gramos). En raras ocasiones se puede conseguir la llamada "ala de mosquito" que llega a valer 3,500 pesos la onza. La cocaína no se vende pura; se rebaja con aspirinas, carbonato, manitol, azúcar y con anfetas.

Los solventes volátiles (thinner, activo o gasolina, solos o contenidos por pegamentos como el blanco o el de contacto) ocupan el tercer lugar de preferencia y son consumidos en las grandes ciudades, principalmente por los menores que viven en las calles.

Los patrones de consumo presentan variaciones regionales: es mayor en el norte y centro del país y menor en el sur. Las ciudades con mayor número de dependientes son, por orden de importancia, Tijuana, Ciudad Juárez, Guadalajara, Distrito Federal, Monterrey y Matamoros. La concentración de consumidores en estas ciudades puede deberse a que ahí tienen sus centros de operación los principales cárteles de la droga.

Otros aspectos sobre los consumidores dignos de mención:

Predominan los hombres: por cada 13 hombres que ha consumido alguna droga sólo lo ha hecho una mujer.

Un ángulo preocupante es la edad de los consumidores. La mayoría tienen de 18 a 34 años. Ha crecido el consumo entre menores de 14 años, que se están convirtiendo en un mercado cada vez más atractivo, y los distribuidores de drogas han centrado su atención en las escuelas primarias y secundarias.

Entre los jóvenes de 16 a 22 años, principalmente de estratos sociales altos, ha aumentado el consumo de sustancias denominadas "drogas de diseño", entre ellas, las metanfetaminas (éxtasis o cristal), las nuevas presentaciones de drogas ya conocidas (como el crack), o las sustancias que no habían sido utilizadas con fines de intoxicación, como algunos tranquilizantes o sedantes (Refractyl Ofteno o Flunitrazepam).

PRECIOS DE ALGUNAS DROGAS, ABRIL 1998

DROGA	ENTIDAD FEDERATIVA	UNIDAD DE MEDIDA	CANTIDAD	PRECIO
Mariguana	Tuxtepec, Oaxaca	Paquete (1 kg)	1	$500 pesos
Metanfetaminas	Distrito Federal	Píldora	1	$300 a $400 pesos
Heroína	Tepic, Nayarit	Gramo	1	$300 pesos
Cocaína	Guadalajara, Jalisco	Grapa*	1	$50 a $100 pesos
	Hermosillo, Sonora	Grapa	1	$50 pesos
	Tecuala, Nayarit	Grapa	1	$50 pesos
	Distrito Federal	Grapa	1	$20 pesos
Goma de opio	Ruiz, Nayarit	Gramo	1	$22 pesos
Psicotrópicos	Jalapa, Veracruz		1	$10 pesos
Asenlix	Aguascalientes		1	$9 pesos

* Grapa: dosis menor de un gramo.

Fuente: Sistema Estadístico Uniforme para el Control de Drogas, 1999.

Setenta por ciento de las personas atendidas en los Centros de Integración Juvenil (CIJ) son poliusuarios (consumen más de una droga al mismo tiempo).

TRATAMIENTO

El consumo de sustancias adictivas se ha convertido en un problema serio. Por este motivo se han emprendido y reforzado las acciones preventivas. Ejemplo de ello es el Programa de Prevención y Control de las Adicciones coordinado por el Consejo Nacional contra las Adicciones (Conadic) e integrado por diversas instituciones. Dentro de este programa se establecen diversas estrategias entre las que destacan:

Información e investigación: prestar orientación telefónica a personas con problemas de adicción; realizar estudios relacionados con el conjunto de problemas en torno a las drogas.

Prevención: realizar campañas de educación, por ejemplo: "construye tu vida sin adicciones".

Tratamiento y rehabilitación: dar atención curativa en consulta externa y de hospitalización; crear asimismo un banco de información sobre organismos que trabajan en adicciones (266 unidades de servicio exclusivos para drogadicción).

Capacitación: impartir cursos a multiplicadores que después realizan labores de prevención a través de talleres, diplomados o seminarios a médicos y otros profesionales.

Las cifras oficiales son impresionantes. Durante 1999, las instituciones integradas en el Conadic impartieron casi 220 mil pláticas a 24 millones de asistentes; dichas instituciones aseguran haber integrado 3,976 grupos con 99,120 participantes.

En cuanto al tratamiento y rehabilitación de las adicciones, se hicieron más de 71 mil diagnósticos; se otorgaron casi 68 mil orientaciones, 244,375 consultas externas individuales, 4,037 consultas externas grupales y 30,090 consultas externas familiares. Asimismo, se desintoxicó a 3,419 personas en las unidades de hospitalización. Con el Centro de Orientación Telefónica, que vincula a más de 300 instituciones de asistencia, se atendió un promedio de dos mil llamadas diarias.

Deben agregarse los esfuerzos privados. Entre ellos destaca la campaña "Vive sin drogas" impulsada por Fundación Azteca que a través de anuncios de televisión, programas especiales, cápsulas informativas en radio, prensa escrita, carteles, conferencias, eventos deportivos y culturales tiene como objetivo crear conciencia en la sociedad. En abril de 1999 esta campaña instaló un centro telefónico que había atendido a 120,821 personas hasta marzo de 2000.

Pese a estos esfuerzos, el consumo sigue creciendo. El gobierno mexicano ha mostrado poca eficacia en sus programas de rehabilitación, a los que se dedican pocos recursos y carecen de continuidad hasta ahora. En el 2000 el gobierno federal sólo destinó 26 millones de dólares para reducir el consumo de drogas, tres centavos por cada dólar asignado en 1999 a combatir su producción y tráfico.

Sólo 30% de las personas dependientes acude a centros especializados. El costo de un tratamiento (que puede durar hasta un par de años) varía desde la atención gratuita en grupos de autoayuda hasta el pago por un tratamiento de muy alto costo en lugares exclusivos.

Algunas instituciones privadas, como Oceánica (Mazatlán), Hacienda San José de la Palma (Estado de México) y Tzol Internacional (Distrito Federal), ofrecen programas integrales de recuperación que incluyen una estancia prolongada con servicios profesionales, un programa de recuperación inspirado en los "Doce pasos de Alcohólicos Anónimos", así como atención a la familia y prevención de recaídas. Sin embargo, el costo de los tratamientos en estas instituciones es muy elevado: en Oceánica asciende a $98,500.00; en Hacienda San José de la Palma, a $41,300.00, y en Tzol Internacional, a $48,000.00 (en cada caso más IVA).

La cultura de la droga

El narcotráfico ha penetrado en todos los niveles de la sociedad mexicana. Una de las más idiosincráticas manifestaciones del fenómeno son los "corridos de narcos" que gozan de enorme popularidad.

Los Tucanes de Tijuana, un grupo musical norteño, incluye en uno de sus corridos más famosos estrofas como la siguiente:

"Vivo de tres animales que quiero como a mi vida,
con ellos gano dinero y ni les compro comida,
son animales muy finos: mi perico, mi gallo y mi chiva".*

Este grupo norteño vendió entre julio de 1995 y julio de 1997 la cifra récord de 5.5 millones de discos en México y Estados Unidos.

La cultura de la droga se manifiesta con mayor fuerza en las regiones en donde el narcotráfico es una actividad común, relativamente aceptada por la comunidad, particularmente por los sectores más desposeídos de la población, que la perciben como una actividad reivindicadora de su condición y a veces hasta heroica. El narcotraficante es, al mismo tiempo, ensalzado y temido. Un buen número de películas, canciones e historietas le identifican, con mayor o menor grado de disimulo, con "los buenos", en confrontación con las fuerzas policiacas y militares a quienes se describe (no inmerecidamente) como villanos.

* Los tres animales mencionados son términos que en el lenguaje coloquial significan, respectivamente, la inhalación de cocaína, la valentía y un rifle de asalto de uso muy extendido, el AK-47 o "cuerno de chivo".

CRIMINALIDAD

La inseguridad es motivo de angustia para los mexicanos y ha exhibido la corrupción e inoperancia de las principales corporaciones policiacas. La criminalidad es uno de los grandes problemas nacionales.

CRECIMIENTO

En la última década el número de delitos ha crecido a una tasa mayor que la población. Los delitos denunciados aumentaron de 809 mil en 1991 a un millón 373 mil en 1998 (un crecimiento de 69.7%). En el mismo periodo la población aumentó 15 por ciento. De acuerdo con la Policía Federal Preventiva son cinco los delitos con mayor impacto social: secuestro, asalto en carretera, tráfico de indocumentados, tráfico de armas y narcotráfico. Esta situación cambia en algunos estados donde pueden considerarse más importantes el homicidio y el robo.

PERCEPCIÓN DE LA INSEGURIDAD

Una mayoría de los mexicanos considera que el principal problema es la inseguridad y la delincuencia. Sin embargo, las naturales variaciones de énfasis por entidad incluso alteran el orden de prioridad, como lo demuestra una encuesta de la Fundación Rosenblueth. Los habitantes de Guadalajara y el Distrito Federal son los más preocupados por la delincuencia, mientras que en Mérida se considera a la pobreza como el principal problema.

Otro hallazgo de esta encuesta son las sorprendentes variaciones en la disposición a denunciar delitos. En la capital,

LOS PRINCIPALES PROBLEMAS PARA HABITANTES DE 12 CIUDADES, 2000								
CIUDAD	POBREZA	INSEGURIDAD	DESEMPLEO	DELINCUENCIA	VIOLENCIA	SERVICIOS PÚBLICOS	DROGADICCIÓN	CONTAMINACIÓN
Aguascalientes	8%	29%	38%	10%	2%	4%	7%	3%
Tijuana	16%	29%	6%	21%	10%	4%	11%	2%
Ciudad Juárez	15%	22%	3%	18%	18%	2%	21%	1%
Saltillo	5%	29%	5%	18%	13%	7%	22%	1%
Distrito Federal	12%	32%	10%	27%	8%	6%	4%	1%
Zona conurbada	12%	20%	10%	24%	10%	6%	13%	3%
León	17%	12%	16%	19%	10%	4%	21%	1%
Guadalajara	18%	34%	12%	15%	9%	2%	5%	5%
Morelia	18%	21%	18%	20%	12%	2%	9%	2%
Monterrey	18%	29%	9%	16%	8%	7%	9%	5%
Puebla	20%	24%	10%	18%	6%	11%	5%	5%
Cancún	20%	26%	3%	17%	2%	19%	10%	1%

Fuente: Fundación Rosenblueth, 2000.

por ejemplo, dejaron de denunciarse 77% de hechos delictivos. De no existir esta situación las cifras en cuanto al tamaño de la criminalidad serían mucho mayores y demostrarían que la inseguridad es más seria de lo que las estadísticas muestran.

DISPOSICIÓN A DENUNCIAR EL DELITO EN 14 CIUDADES, 2000

CIUDAD	DENUNCIARON	SÍ	NO
Aguascalientes	73%		22%
Tijuana	48%		50%
Puebla	45%		55%
Saltillo	43%		46%
Matamoros	41%		50%
Guadalajara	39%		40%
Morelia	37%		59%
Mérida	34%		59%
Ciudad Juárez	32%		62%
Cancún	32%		60%
León	30%		56%
Zona conurbada	21%		55%
Monterrey	20%		74%
Distrito Federal	18%		77%

Fuente: Fundación Rosenblueth, 2000.

Detenido en un separo de la PGR.

Aunque las razones por las que no se denuncia el delito son numerosas, la mayoría de los ciudadanos aduce por lo general dos: sirve de poco hacerlo o el ministerio público no les merece confianza. Este hallazgo confirma el poco respeto que la ciudadanía tiene a las instituciones encargadas de la impartición de justicia.

FUERO FEDERAL

El fuero federal lo constituye la zona geográfica de validez y sanción de las normas federales o generales de aplicación en todo el país. Incluye los delitos tipificados —por decisión del Poder Legislativo— en el código penal nacional y los atiende la Procuraduría General de la República (PGR). Esta dependencia tiene la facultad de atraer asuntos que por sus características no son competencia de las autoridades locales.

Arresto por policías federales de caminos.

El secuestro es uno de los crímenes del fuero federal que mayor impacto ha causado en algunas entidades. Según los especialistas, en México sólo uno de cada cuatro secuestros es reportado a las autoridades.

RAZÓN POR LA CUAL NO SE DENUNCIÓ EL DELITO EN SIETE CIUDADES, 2000

CIUDAD	FALTA DE TIEMPO	NO SABÍA QUÉ HACER	NO SIRVE DE NADA	NO CONFÍA EN EL MINISTERIO PÚBLICO	OTRA RAZÓN
Aguascalientes	4%	4%	54%	25%	4%
Tijuana	19%	15%	38%	15%	3%
Distrito Federal	2%	10%	73%	9%	4%
Zona conurbada	13%	10%	38%	29%	4%
Guadalajara	19%	7%	45%	17%	5%
Monterrey	3%	9%	57%	14%	9%
Matamoros	6%	23%	34%	14%	20%

Fuente: Fundación Rosenblueth, 2000.

DELITOS DEL FUERO FEDERAL, 1995-1999

DELITOS	1995	1996	1997	1998	1999*	TOTALES
Total	53,614	73,534	73,913	55,237	38,159	294,457
Contra la salud	20,003	23,992	21,071	19,629	11,193	95,888
Portación de arma de fuego	10,924	12,827	13,852	14,761	8,102	60,466
Ataque a las vías de comunicación	1,209	2,213	1,886	2,248	1,140	8,696
Violación de la ley general de población	789	1,249	1,425	1,450	887	5,800
Ecológicos	195	147	577	848	600	2,367
Servidores públicos	153	182	1,181	994	594	3,104
Fiscales	136	164	1,012	1,553	567	3,432
Instituciones de crédito	109	189	393	319	260	1,270
Otros	20,096	32,571	32,516	13,435	14,816	113,434

* Cifras hasta junio de 1999.

Fuente: Zedillo, 1999.

NÚMERO DE SECUESTROS POR ESTADO DENUNCIADOS EN MÉXICO, 1995-1999

Entidad	1995-1998	1999 (enero a marzo)
Total	2,597	201
Tabasco[1]	321	13
Guerrero[2]	274	18
Michoacán	231	21
Distrito Federal[3]	227	22
Chiapas[2]	208	15
Jalisco	168	18
Morelos	158	8
Estado de México	133	19
Sinaloa	127	12
Oaxaca[2]	97	6
Chihuahua	82	3
Guanajuato	68	9
Sonora	59	6
Puebla	56	9
Colima	48	No disponible
Yucatán	41	2
Baja California	38	2
Nayarit	37	2
Veracruz	35	5
Nuevo León	22	4
Aguascalientes	21	1
Hidalgo	20	1
Coahuila	19	1
Querétaro	19	4
Tamaulipas	18	1
Quintana Roo	17	4
Durango	16	1
Campeche	11	No disponible
San Luis Potosí	10	0
Zacatecas	10	No disponible
Baja California Sur	4	1
Tlaxcala	2	0

[1] La cifra tan alta en Tabasco puede deberse a que es uno de los estados donde se ha hecho mayor labor de inteligencia sobre este delito.
[2] Se atribuyen secuestros a grupos armados como el EPR y el PROCUP.
[3] No se incluyen los llamados "secuestros express".

Fuente: *Reforma*, 1999.

Los delitos que se cometen en las carreteras son perseguidos por las autoridades federales ya que ocurren en las vías de comunicación.

INCIDENTES DELICTIVOS EN CARRETERAS MEXICANAS, 1995-1999

DELITOS	1995	1996	1997	1998	1999*	TOTALES
Total	1,677	2,379	2,080	2,247	1,583	9,966
Asalto a transporte de pasajeros	698	921	853	730	682	3,884
Asalto a transporte de carga	592	995	788	794	473	3,642
Asaltos frustrados	101	217	209	249	152	928
Otros	286	246	230	474	276	1,512

* Cifras hasta junio de 1999.
Fuente: Policía Federal Preventiva, 2000.

DELITOS DEL FUERO COMÚN

El fuero común lo constituye el ambito local de validez y sanción de las normas de las entidades. Las procuradurías de los 31 estados y del Distrito Federal atienden lo que se conoce como delitos del fuero común. Entre otros: robo en sus diversas modalidades, violación, lesiones, homicidio, daño en propiedad ajena y corrupción de menores.

DELITOS DE FUERO COMÚN COMETIDOS EN TODO EL PAÍS, 1998

DELITO	PORCENTAJE	CANTIDAD	PROMEDIO DIARIO
Total	100%	1,373,000	3,772
Robo	43.2%	593,136	1,629
Lesiones dolosas	17.6%	241,648	664
Daños	10.2%	140,046	385
Amenazas	4.4%	60,412	166
Fraude	3.7%	50,801	140
Homicidios	2.5%	34,325	94

Fuente: Sistema Nacional de Seguridad Pública, 1999.

Las entidades con mayor número de denuncias son el Estado de México y el Distrito Federal. Entre ambas abarcan el área metropolitana de la ciudad de México, la región con la mayor densidad de población. Por otro lado, y pese a sus bajos índices de población, Baja California es la tercera entidad en número de denuncias lo que puede deberse a la presencia del narcotráfico.

LOS DIEZ ESTADOS CON MAYOR NÚMERO DE DENUNCIAS DE DELITOS, 1998

ENTIDAD	NÚMERO DE DELITOS DENUNCIADOS
Distrito Federal	238,000
Estado de México	154,000
Baja California	143,000
Jalisco	82,000
Chihuahua	73,000
Veracruz	63,000
Puebla	52,000
Sonora	49,000
Yucatán	43,000

Fuente: Sistema Nacional de Seguridad Pública, 1999.

CRIMINALIDAD EN EL DISTRITO FEDERAL

El Distrito Federal tiene el mayor índice de criminalidad del país. De acuerdo a cifras oficiales, de 1995 a 1997 se registró un crecimiento espectacular en el número de delitos. A pesar de que la tendencia bajó entre 1998 y 1999, la situación dista de haber vuelto a los niveles anteriores a 1994.

Arresto por policías preventivos de la ciudad de México.

Según un estudio realizado por la Secretaría de Salud, de las víctimas del sexo masculino 55.8% se dedicaba a actividades económicamente remuneradas (comerciantes u obreros). Por otro lado la mayoría de las víctimas de sexo femenino fueron amas de casa.

PROMEDIO DIARIO DE DELITOS EN EL DISTRITO FEDERAL, 1993-1999

AÑOS	PROMEDIO DIARIO
1993	66
1994	442
1995	599
1996	679
1997	700
1998	652
1999	623

* Cifras aproximadas.

Fuente: PGJDF, 2000.

PROMEDIO DIARIO POR TIPO DE DELITO EN EL DISTRITO FEDERAL, 1994-1999

TIPO DE DELITO	1994	1995	1996	1997	1998	1999*
Robo de vehículos	80	155	156	160	129	123
Robo a transeúnte	46	64	80	94	117	136
Lesiones dolosas	43	51	60	67	67	66
Robo a negocio	41	54	56	51	46	41
Robo a transporte	29	49	78	63	53	44
Robo a casa	15	21	24	23	23	23
Violación	4	4	4	4	3	4
Homicidio	3	3	3	3	3	2

* Cifras estimadas.

Fuente: PGJDF, 2000.

La mayoría de los asesinatos ocurrió en domingo, sábado y viernes, con 20.8%, 16.6% y 15.7%, respectivamente.

Detenidos por la PGR. Se ven las armas y municiones aseguradas. El personaje de la extrema izquierda es un capo del narcotráfico.

Otra forma de analizar el problema de los asaltos es considerar el giro comercial afectado.

GIROS COMERCIALES ASALTADOS CON MÁS FRECUENCIA EN EL DISTRITO FEDERAL, 1998

14.8%	Abarrotes
9.1%	Papelerías
8.7%	Farmacias
7.2%	Tiendas de ropa
6.8%	Tiendas de calzado
6.1%	Ferreterías
4.6%	Refaccionarias
4.5%	Pinturas
38.2%	Giros restantes

Fuente: PGJDF, 1999.

CARACTERÍSTICAS DE PERSONAS ASESINADAS EN EL DISTRITO FEDERAL, 1996 (DISTRIBUCIÓN POR OCUPACIÓN)

CATEGORÍA	TOTAL	CATEGORÍA	TOTAL
Total	**100%**		
Comerciante	14.5%	Ama de casa	3.8%
Obrero	9.9%	Profesionista	3.8%
Chofer	9.1%	Mecánico	1.6%
Policía	5.6%	Campesino	1.4%
Estudiante	5.0%	Jubilado	0.9%
Sin ocupación	4.6%	Otros	21.8%
Albañil	4.5%	Sin información	13.3%

Fuente: Secretaría de Salud, 2000.

Escena real de un tiroteo en un barrio de la ciudad de México.

Despliegue durante un arresto consumado.

LA SEGURIDAD PRIVADA

La seguridad privada ha cobrado un papel importante en la vida cotidiana de la ciudadanía.

La criminalidad y la desconfianza en las instituciones policiacas y de justicia han hecho florecer la industria de la seguridad privada, donde trabajan 105,710 elementos y se facturaron en 1998 más de 1,200 millones de dólares. Según la Secretaría de Seguridad Pública del Distrito Federal, de las 1,036 empresas registradas bajo este giro, sólo 536 cumplieron con las normas oficiales del gobierno de la ciudad de México.

EMPRESAS DE SEGURIDAD PRIVADA, 1999

Empresas con registro	536
Empresas en trámite de revalidación	363
Empresas que iniciaron trámite en 1999	250
Empresas que regularizaron su situación	44
Empresas clausuradas en 1999	532

Fuente: *El Universal*, 1999.

Estas empresas ofrecen los siguientes servicios:

SERVICIOS DE SEGURIDAD PRIVADA, 1998

TIPO	TARIFA
Policía privado para negocio	$3,000 a $5,000 pesos mensuales
Guardaespaldas sin uniforme y sin arma	$5,000 a $7,000 pesos mensuales
Guardaespaldas sin uniforme y con arma	$7,000 a $12,000 pesos mensuales
Escoltas especializadas en seguridad industrial	$15,000 a $18,000 pesos mensuales
Escolta especializada en seguridad y bilingüe	$25,000 pesos mensuales

Fuente: *Reforma*, 1998.

Debido a los altos índices de secuestros, ha crecido la demanda por los vehículos blindados. En 1998 circulaban en la ciudad de México dos mil coches blindados (cinco mil en todo el país). De acuerdo a especialistas, México está entre los mayores consumidores de este producto, después de Italia y Colombia. El blindaje de un automóvil puede ofrecer diversos niveles de protección. El costo (sin incluir el valor del auto, cuyo motor debe ser de ocho cilindros al menos) va de $21 mil a $80 mil dólares, de acuerdo a la sofisticación y resistencia del equipamiento.

PRODUCTOS Y SERVICIOS DE SEGURIDAD*

PRODUCTO	COSTO
Equipo de localización de vehículos vía satélite	$20,000 dólares
Cerca electrificada (15 m)	$8,000 a $15,000 pesos
Video portero	$6,000 pesos
Circuito cerrado de TV básico (dos cámaras, un monitor)	$5,000 a $15,000 pesos
Caja de resguardo de efectivo	$5,000 a $8,000 pesos
Chaleco antibalas	$4,000 a $5,000 pesos
Detectores de armas	$3,000 a $7,000 pesos
Paralizador eléctrico	$2,500 pesos
Cristales contra golpes para autos	$2,000 pesos
Alarma sonora con activación de pánico	$800 pesos

* Precios de 1998.
Fuente: *Reforma*, 1998.

En el mercado existen otros productos y servicios relacionados con la seguridad y con gran demanda por parte de empresas y particulares.

TRÁFICO DE ARMAS

En México se puede conseguir todo tipo de armas. Sobre este mercado negro se conoce muy poco y en esta ocasión simplemente se dan los grandes rasgos de un asunto que merece ser explorado con mayor profundidad.

El tráfico ilegal de armas es un tema poco estudiado en México y se desconoce su magnitud. Uno de los pocos indicadores numéricos son los decomisos que realiza el gobierno en sus campañas de despistolización y el combate contra el narcotráfico o las que se utilizaron en la comisión de algún delito.

ARMAS DECOMISADAS POR EL EJÉRCITO EN LA CAMPAÑA DE DESPISTOLIZACIÓN, 1994-1999							
	1994	1995	1996	1997	1998	1999*	TOTAL
Armas	16,809	3,416	5,080	3,960	9,126	8,072	46,463

* Cifras hasta el mes de agosto.

Fuente: Secretaría de la Defensa Nacional, http://www.sedena.gob.mx

El armamento recogido a narcotraficantes es numéricamente menos importante.

ARMAS DE DISTINTO CALIBRE DECOMISADAS A NARCOTRAFICANTES, 1994-1999							
ARMAS	1994	1995	1996	1997	1998	1999*	TOTAL
Cortas	1,023	2,014	2,160	828	770	344	7,139
Largas	1,181	2,273	2,175	1,120	1,135	302	8,186
Total	2,204	4,287	4,335	1,948	1,905	646	15,325

* Cifras hasta el mes de junio.

Fuente: PGR, 1999.

Otra forma de ver las cifras anteriores es por la región en donde fueron decomisadas por la Procuraduría General de la República. Entre 1997 y 1998, el mayor número de de-comisos a narcotraficantes se hizo en el norte (zona "C"), en donde tienen su sede algunos de los cárteles del narcotráfico.

DECOMISOS DE ARMAS A NARCOTRAFICANTES, 1997-1998					
ZONAS DEL PAÍS	1997	1998	ZONAS DEL PAÍS	1997	1998
Zona "A"	510	455	Zona "C"	817	1,040
Zona "B"	621	410	Total	1,948	1,905

Zona "A": Aguascalientes, Campeche, Distrito Federal, Durango, Guerrero, Estado de México, Morelos, Nuevo León, Sonora y Veracruz.
Zona "B": Baja California Sur, Colima, Chihuahua, Guanajuato, Hidalgo, Jalisco, Oaxaca, Tabasco, Tamaulipas, Yucatán y Zacatecas.
Zona "C": Baja California, Coahuila, Chiapas, Michoacán, Nayarit, Puebla, Querétaro, Quintana Roo, San Luis Potosí, Sinaloa y Tlaxcala.

Escopeta calibre 12, de uso oficial para la policía.

DECOMISOS DE ARMAS POR OTROS DELITOS

Durante 1997 y 1998 el mayor número de decomisos de armas por otros delitos se dio en el centro del país (zona "A"). De acuerdo al Sistema Nacional de Seguridad Pública, el Distrito Federal, el Estado de México, Veracruz y Sonora estuvieron entre las diez entidades con mayor número de denuncias por delitos en 1998.

DECOMISOS DE ARMAS POR OTROS DELITOS, 1997-1998

ZONAS DEL PAÍS	1997	1998	ZONAS DEL PAÍS	1997	1998
Zona "A"	3,578	2,664	Zona "C"	2,128	2,185
Zona "B"	2,090	2,248	Total	7,796	7,097

Fuente: PGR, 1998.

MERCADO NEGRO DE ARMAS DE FUEGO

Los decomisos no afectan un mercado negro en el que se obtienen armas de todos los calibres. Quien tiene dinero y quiere armarse puede hacerlo con facilidad.

Fusil ametrallador AK-47 o "Cuerno de chivo".

PROCEDENCIA DE LAS ARMAS QUE INGRESAN A MÉXICO

Según el Sistema Estadístico Uniforme para el Control de las Drogas el 80% de las armas que ingresan legal e ilegalmente a México proceden de Estados Unidos. Sólo en los estados que limitan con México hay 17,875 establecimientos que venden armas. Por otro lado, algunas de ellas vienen de Centroamérica en donde una década de conflictos dejó un enorme inventario de fusiles de asalto.

Procedimiento para adquirir legalmente un arma de fuego y licencia para su portación

Comprar el arma en la Dirección General de Fábricas de la Secretaría de la Defensa Nacional (Sedena). Presentar una solicitud y cumplir con los siguientes requisitos:

Constancia de empleo donde se especifique puesto, antigüedad e ingreso.

Haber cumplido con el Servicio Militar Nacional.

No tener impedimentos físicos o mentales.

Carta de antecedentes no penales.

No consumir drogas.

Acreditar ante la Sedena el motivo por el que se solicita el arma.

La persona interesada deberá presentarse en el Registro de Armas de Fuego y presentar original y copia de una identificación vigente, acta de nacimiento y pagar $108 pesos.

Finalmente, se dará respuesta al interesado en un plazo de 15 días. Si se aprueba se deberá hacer un pago único de $1,070 pesos.

MERCADO NEGRO DE ARMAS EN CUATRO ENTIDADES DEL PAÍS, 1999*

ARMAS	MONTERREY	ESTADO DE MÉXICO	CHIAPAS	TEPITO (D.F.)
Escopeta o fusil de asalto	-	Más de $11,000	-	$5,000 a $15,000
Pistolas calibre .22 y .25 mm	$1,434	$2,000 a $3,000	-	-
Pistolas calibre .38 mm	-	$4,000 a $4,500	-	$2,000 a $4,500
Pistolas .380 y .357	$3,346	$5,000 a $6,000	-	$3,000
Pistolas 9 mm	-	$6,000 a $8,000	$3,500 a $4,000	-
Pistolas .45	-	$8,000 a $9,000	-	-
Pistolas .40	-	Más de $9,000	-	-
Subametralladora Uzi	$14,340	-	-	-
Fusil AK-47	$14,340	-	$3,500 a $5,000	$1,500 a $5,000
R-15	-	-	$3,500 a $5,000	-
M1	-	-	$3,000 a $4,000	-
Caja de balas .38 mm	$192	-	-	-
Caja de balas 9 mm	$192	-	-	-

* Precios en pesos.

Fuente: *Reforma*, 1997, 1999 y 2000, *El Universal*, 2000.

IV. ECONOMÍA, INFRAESTRUCTURA Y COMUNICACIONES

ÍNDICE

ECONOMÍA

TRANSPORTE Y COMUNICACIONES

SECTOR PRIVADO

SINDICATOS

Economía

A pesar de las mejores condiciones económicas de los tres últimos años y del optimismo creado por la transición política, la economía mexicana muestra deficiencias estructurales. Uno de los principales problemas son los altos índices de pobreza y la desigual distribución del ingreso.

Antecedentes históricos

En la década de los cuarenta México aceleró su industrialización. El modelo se conoció como "desarrollo estabilizador", estrategia en la que el Estado promovió la industrialización por medio de la sustitución de importaciones, la movilización del ahorro interno y la inversión pública en la agricultura, la energía y la infraestructura. Se siguieron políticas conservadoras en las tasas de interés y en el tipo de cambio para atraer capitales extranjeros a México.

Este modelo trajo un crecimiento del Producto Interno Bruto (PIB) de entre 3% y 4% anual de 1940 a 1970, con una inflación de 3% y razonable estabilidad cambiaria. En los años sesenta la economía creció a un promedio de 7% anual y el ingreso per cápita en 3% por año. A ese periodo se le conoce como "el milagro mexicano". Entre sus aspectos negativos estuvieron una mayor desigualdad del ingreso, el descuido de los pobres –sobre todo en las zonas rurales– y un crecimiento desordenado de las ciudades.

A partir de los setenta la economía empezó a fluctuar entre periodos de rápido crecimiento y fuertes depresiones causadas por deficientes políticas financieras y fiscales.

El presidente Luis Echeverría (1970-1976) expandió el papel del Estado en la actividad económica. El gasto del gobierno llegó a superar lo recaudado, lo que provocó un déficit en las finanzas públicas de hasta 10% del PIB. La inflación creció de 3% en 1970 a 17% en 1975. Para financiar el déficit el gobierno recurrió masivamente al endeudamiento externo. El desequilibrio en la balanza de pagos se volvió inmanejable por la salida de capitales y el gobierno

devaluó el peso en 1976 en más de 45% frente al dólar. Así terminaron más de 20 años de estabilidad cambiaria.

Entre 1940 y 1970 el peso tuvo cierta estabilidad. Había billetes de un peso y hasta mediados de los años sesenta todavía había mercancías con valor unitario de cinco o diez centavos. Los "Morelos" de plata dejaron de circular en ese decenio para ser reemplazados con pesos de cuproníquel. En el decenio siguiente se retiró el billete de un peso y ya en los años ochenta el valor nominal de las monedas comenzó a crecer.

La crisis de 1976 indicó la urgencia de realizar cambios, pero el descubrimiento de importantes yacimientos petroleros trajo la recuperación económica y permitió al Estado continuar con las mismas políticas. El gobierno de José López Portillo recurrió a grandes préstamos externos para financiar el gasto público en energía, transporte e industria. El petróleo y la petroquímica se convirtieron en los sectores más dinámicos de la economía, que entre 1978 y 1981 creció un 8% anual. Sin embargo, ese crecimiento tenía bases débiles y era vulnerable a influencias externas. La deuda crecía exponencialmente y el peso se fue sobrevaluando, lo que afectó la balanza de pagos y la confianza del sector privado. El aumento de las tasas de interés en Estados Unidos, la caída en los precios del petróleo, la creciente inflación y la salida de capitales volvieron la situación inmanejable y el gobierno devaluó el peso en tres ocasiones en 1982. En sus intentos por detener la salida de capitales, impuso el control de cambios primero y nacionalizó la banca después. Pese a ello, el país se sumió en la peor crisis económica desde la década de los treinta.

El colapso económico de 1982 llevó a un cambio fundamental en la estrategia económica. El gobierno de Miguel de la Madrid (por convicción del gobernante y por presiones de Estados Unidos y la comunidad financiera internacional) disminuyó la participación del Estado en la economía y promovió una mayor integración de México con la economía mundial, redujo el gasto público, estimuló las exportaciones y elevó las tasas de interés. La recuperación tardó en materializarse. En diciembre de 1987 se implantó un plan para frenar de golpe la inflación en el que el gobierno, el sector privado y el obrero acordaron limitar el incremento en los precios y salarios.

Hasta 1970, un billete de 100 pesos tenía un poder adquisitivo alto. En los doce años siguientes esto cambió mucho. Los billetes de 500 y mil pesos se volvieron de uso común.

Durante el sexenio de Carlos Salinas de Gortari (1988-1994) se continuaron y profundizaron esas reformas. El gobierno desreguló actividades económicas, fomentó la inversión extranjera y continuó con la privatización de las empresas públicas (en 1988 había 412; para 1994 quedaban 215). La apertura se consolidó con el establecimiento de acuerdos de libre comercio con otros países, entre los que destacó el firmado con Estados Unidos y Canadá.

Entre 1991 y 1992 el gobierno reprivatizó 18 bancos comerciales y permitió el establecimiento de nuevos bancos. En 1994 el Banco de México se volvió independiente, aunque no asumió el control del tipo de cambio, que siguió a cargo de la Secretaría de Hacienda. Ésta adoptó una política de deslizamiento gradual del peso. A pesar de un creciente déficit en la balanza comercial y en la cuenta corriente, así como una sobrevaluación del peso, el gobierno sostuvo su política monetaria. En 1994 emitió bonos de la tesorería que luego hizo convertibles a dólares (Tesobonos)

En el primer tercio de los noventa hubo que quitarle tres ceros al peso para crear el nuevo peso. Esto devolvió a la moneda mexicana, al menos en lo nominal, a una paridad cambiaria similar a la de los años cuarenta, sólo que con un valor mil veces menor.

para sostener el tipo de cambio. Pero los problemas políticos de 1994, así como la pérdida de confianza de los inversionistas, provocaron una gran salida de capitales.

Apenas tres semanas después de iniciar su ejercicio, la administración de Ernesto Zedillo se vio forzada a devaluar el peso, ante la imposibilidad de sostener la política cambiaria. En unas horas, millardos de dólares salieron del país y el peso perdió más de la mitad de su valor. Las reservas internacionales se erosionaron (de unos 17 mil millones de dólares a mediados de noviembre de 1994 a seis mil millones un mes después) y la inflación y las tasas de interés se dispararon. En enero de 1995 el gobierno acordó con el sector obrero y empresarial un plan de emergencia económica que consistía en una política fiscal y monetaria restrictiva, así como el control de los salarios. México recibió ayuda internacional por más de 48 mil millones de dólares (20 mil millones provenientes de los Estados Unidos) para restablecer el equilibrio. En marzo el gobierno aumentó el IVA de 10% a 15%, incrementó los precios de servicios públicos y disminuyó el gasto público.

En 1995 México tuvo su peor depresión en 70 años. El PIB se contrajo 6.2%, millones de mexicanos perdieron su trabajo (la tasa de desempleo abierto pasó de 3.2 a 7.6%), los precios de los bienes de consumo subieron más de 50%, las altas tasas de interés paralizaron la inversión pública y privada y volvieron impagables las deudas que muchos mexicanos tenían con los bancos. El único aspecto positivo fue que se logró un superávit en la balanza comercial.

El crecimiento de las exportaciones permitió iniciar la recuperación en 1996. La economía creció a una tasa de 5.2% del PIB, la inflación se redujo de 52 a 27.7% para finales de 1996, las finanzas públicas terminaron en equilibrio y el tipo de cambio se fue estabilizando. Sin embargo, el consumo privado siguió siendo castigado por las altas tasas de desempleo y la caída de los salarios. El crédito era mínimo debido a que los bancos tenían grandes problemas de cartera vencida y de obtención de capital. En 1997 la recuperación continuó con un crecimiento del PIB de 6.8% y la inflación disminuyó a 15.7 por ciento. En 1998 y 1999 la economía siguió creciendo, la inversión extranjera aumentó, las reservas internacionales se fueron restableciendo y el peso se mantuvo relativamente estable. El consumo privado comenzó a mostrar los primeros indicios de recuperación.

Pero el costo social ha sido inmenso: al iniciar el siglo XXI México es un país con altos índices de pobreza y desigual distribución del ingreso. A pesar de las mejores condiciones económicas de los últimos tres años, la economía mexicana sigue mostrando niveles de riesgo relativamente elevados.

ESTRUCTURA ECONÓMICA

En 1999 el crecimiento del PIB ubicaba a la economía mexicana entre las 15 más vigorosas del mundo. Sin embargo, en ingreso per cápita, México ocupa el lugar 76 con $3,970 dólares por persona.

En 1998 México tuvo una de las tasas más altas de crecimiento de América Latina, con un valor de 4.8 por ciento. En 1999 hubo un crecimiento de alrededor de 3.7 por cien-

ECONOMÍAS MÁS GRANDES DEL MUNDO, 1996-1998

LUGAR	PAÍS	PIB* (MILLARDOS DE DÓLARES)
1	Estados Unidos	$7,921.30
2	Japón	$4,089.90
3	Alemania	$2,122.70
4	Francia	$1,466.20
5	Reino Unido	$1,263.80
6	Italia	$1,166.20
7	China	$928.90
8	Brasil	$758.00
9	Canadá	$612.20
10	España	$553.70
11	India	$421.30
12	Holanda	$388.70
13	**México**	**$380.90**
14	Australia	$380.60
15	Corea del Sur	$369.90
16	Rusia	$337.90
17	Argentina	$324.10
18	Suiza	$284.80
19	Bélgica	$259.00
20	Suecia	$226.90

*El monto del PIB presenta variaciones con respecto a otros cálculos debido a que para poder realizar comparaciones y evitar desviaciones por fluctuaciones de corto plazo el Banco Mundial utiliza un método de conversión que toma como base el tipo de cambio promedio durante un periodo de tres años.
Fuente: World Bank, 1999.

PIB PER CAPITA SEGÚN PAÍSES SELECCIONADOS, 1998

PAÍS	DÓLARES	PAÍS	DÓLARES
Noruega	$34,330.00	España	$14,080.00
Japón	$32,380.00	Argentina	$8,970.00
Estados Unidos	$29,340.00	Corea del Sur	$7,970.00
Alemania	$25,850.00	Chile	$4,810.00
Suecia	$25,620.00	Brasil	$4,570.00
Francia	$24,940.00	**México**	**$3,970.00**
Reino Unido	$21,400.00	Sudáfrica	$2,880.00
Australia	$20,300.00	Rusia	$2,300.00
Italia	$20,250.00	Argelia	$1,550.00
Canadá	$20,020.00	China	$750.00

Fuente: World Bank, 1999.

PRODUCTO INTERNO BRUTO (PIB), 1999

POR SECTOR*		POR COMPONENTE DE DEMANDA	
Agricultura	5%	Consumo privado	68.1%
Industria	28.2%	Consumo del gobierno	9.9%
Manufacturas	21.1%	Inversión	19.7%
Construcción	4.8%	Acciones	2.4%
Electricidad, gas y agua	1.5%	Exportaciones	32.7%
Minería	1.2%	Importaciones	-32.8%
Servicios	68%		

* La suma difiere de 100% debido a que se excluyen los impuestos indirectos netos.
Fuente: The Economist Intelligence Unit, 2000a.

PRINCIPALES INDICADORES ECONÓMICOS, 1994-1999

	UNIDAD	1994	1995	1996	1997	1998	1999*
PIB a precios de mercado**	Pesos	$1,420.00	$1,837.00	$2,504.00	$3,179.00	$3,846.00	$4,622.80
PIB**	Dólares	$420.70	$286.10	$329.50	$401.40	$421.00	$483.60
Crecimiento PIB	%	4.50	-6.20	5.10	6.80	4.80	3.70
Inflación***	%	7.10	52.00	27.70	15.70	18.61	12.32
Exportaciones	Millones de dólares	$60,882.00	$79,542.00	$96,000.00	$110,431.00	$117,459.00	$136,703.00
Importaciones	Millones de dólares	$79,346.00	$72,453.00	$89,469.00	$109,808.00	$125,373.00	$142,064.00
Saldo cuenta corriente	Millones de dólares	-$29,662.00	-$1,577.00	-$2,330.00	-$7,448.00	-$15,726.00	-$14,013.00
Reservas	Millones de dólares	$6,278.00	$16,847.00	$19,433.00	$28,797.00	$30,100.00	$30,700.00
Deuda externa	Millardos de dólares	$142.20	$169.90	$164.30	$153.60	$161.30	$161.10
Tipo de cambio promedio	Dólar	$3.38	$6.42	$7.60	$7.92	$9.14	$9.56

* Cifras preliminares.
** Millardos.
*** Para el final del periodo.
Fuente: The Economist Intelligence Unit, 2000a.

to. Sin embargo, la situación presenta grandes contrastes entre actividades económicas. Mientras que algunos sectores como la agricultura y la minería tienen un desempeño irregular, otros, como los servicios y las comunicaciones, han mostrado mayor dinamismo. El crecimiento de los últimos años se ha sustentado, sobre todo, en el sector privado.

VARIACIÓN PORCENTUAL DEL PIB POR ACTIVIDAD ECONÓMICA, 1994-1999 A PRECIOS CONSTANTES DE 1993

	1994	1995	1996	1997	1998	1999*
Agricultura	0.9	0.9	3.6	0.2	0.8	3.5
Minería	2.5	-2.7	8.1	4.5	2.7	-3.2
Manufacturas	4.1	-4.9	10.8	10.0	7.3	4.1
Construcción	8.4	-23.5	9.8	9.3	4.2	4.5
Electricidad, gas y agua	4.8	2.1	4.6	5.2	1.9	4.4
Comercio	6.8	-15.5	4.8	10.6	5.6	4.1
Transporte y comunicaciones	8.7	-4.9	8.0	9.9	6.3	8.8
Servicios sociales y comunitarios	1.3	-2.3	1.0	3.3	2.8	1.5
Servicios financieros	5.4	-0.3	0.6	3.7	4.5	2.7
Servicios bancarios	11.1	-10.7	-5.1	10.6	5.6	5.7
PIB	4.5	-6.2	5.1	6.8	4.8	3.7

* Cifras preliminares.
Fuente: Banco de México, 2000.

VARIACIÓN PORCENTUAL DE LA OFERTA Y DEMANDA AGREGADAS, 1994-1999

	1994	1995	1996	1997	1998	1999*
Consumo privado	4.6	-9.5	2.2	6.4	5.4	4.3
Consumo público	2.9	-1.3	-0.7	2.9	2.2	1.0
Inversión privada	1.0	-28.2	26.7	23.5	15.0	9.0
Inversión pública	37.3	-31.3	-14.8	10.1	-13.7	-15.3
Exportaciones	17.8	30.2	18.2	10.8	12.1	13.9
Importaciones	21.3	-15.0	22.8	22.8	16.5	12.8
PIB	4.5	-6.2	5.1	6.8	4.8	3.7

* Cifras preliminares.
Fuente: The Economist Intelligence Unit, 1999 y Banco de México, 2000.

FINANZAS DEL SECTOR PÚBLICO, 1994-1999 MILLARDOS DE PESOS

	1994	1995	1996	1997	1998	1999*
Ingresos	$323.7	$418.9	$580.7	$732.0	$783.0	$954.9
Egresos	$328.2	$422.1	$584.0	$751.5	$830.6	$1,007.0
Saldo	-$4.5	-$3.2	-$3.3	-$19.5	-$47.6	-$52.1
% del PIB	-0.32	-0.17	-0.13	-0.61	-1.2	-1.13

* Cifras preliminares.
Fuente: The Economist Intelligence Unit, 1999 y 2000a.

A pesar de que la participación del gobierno en la economía ha disminuido, todavía tiene un papel considerable.

El gasto del gobierno en proporción al PIB oscila entre 20 y 25 por ciento. Las empresas estatales contribuyen con cerca de 5% del PIB y el gobierno mantiene grandes facultades de rectoría y regulación, así como el control directo de actividades económicas estratégicas como la explotación del petróleo, que si bien ya no constituye una parte considerable del PIB, representa hasta 36% de los ingresos gubernamentales. Esta dependencia gubernamental de los ingresos petroleros es un indicador de la necesidad de realizar una reforma fiscal integral en la economía mexicana.

En cuanto al desarrollo por regiones, éste se encuentra marcado por grandes contrastes. El Distrito Federal y el estado de México concentran más de 33% del PIB a pesar de que sólo representan 1.2% de la superficie total. Los estados de Nuevo León y Jalisco, en particular sus capitales Monterrey y Guadalajara, son las zonas económicas e industriales más importantes después de la capital. El desarrollo de la industria maquiladora para la exportación ha favorecido el crecimiento económico en los estados fronterizos. Sin embargo, en el sur, estados como Chiapas, Guerrero y Oaxaca sufren de extrema pobreza y no llegan a representar ni 5% del PIB. Además, no se han aprovechado zonas con gran potencial agroindustrial como el Istmo de Tehuantepec, donde existen recursos naturales y mano de obra.

INFLACIÓN

Uno de los principales logros de la política del "desarrollo estabilizador" (1940-1970) fue un crecimiento promedio de 6% anual del PIB con estabilidad de precios. La inflación para este periodo fue de 3% anual. Las crisis económicas posteriores trajeron la inflación. De 3% en 1969, pasó a 17% para el periodo 1973-1975. Durante la segunda mitad de los setenta el incremento en los precios se mantuvo alrededor de 20 por ciento. A partir de 1982 se dio una gran escalada inflacionaria. El promedio fue cercano a 72% y en 1987 alcanzó un máximo de 159 por ciento.

La inflación es un fenómeno que desquicia una economía: una moneda de 10 pesos del año 2000 es nominalmente equivalente a 10 billetes de mil pesos de 1978, suma que en aquel entonces no era nada despreciable.

A partir de 1987 el gobierno se puso como meta controlar la inflación. Aprovechando la estructura corporativa del PRI, se negociaron importantes concesiones de las organizaciones obreras y campesinas, así como de los empresarios, para forzar el control de precios y salarios. Estos acuerdos recibieron el nombre de "Pactos". La inflación disminuyó de 159% en 1987 a 20% en 1989. En 1990 nuevamente alcanzó 30%, pero en 1994 bajó a 7%, la primera vez en 20 años que el incremento de los precios anual fue de un dígito. La devaluación de 1994 trajo un repunte en 1995. A partir de entonces ha disminuido aunque es aún elevada, sobre todo en comparación con las prevalecientes entre los principales socios comerciales del país.

INFLACIÓN, 1994-1999

	1994	1995	1996	1997	1998	1999
PRECIOS AL CONSUMIDOR (%)						
Para el final del periodo	7.1	52.0	27.7	15.7	18.61	12.32
Promedio anual	7.0	35.0	34.4	20.6	15.93	16.59
PRECIOS AL PRODUCTOR (%)						
Precios al final del periodo	9.1	59.5	25.3	10.5	17.6	12.47
Promedio anual	6.4	41.5	34.3	16.0	13.8	15.68

Fuente: Banco de México, 2000.

INFLACIÓN ANUAL 1981-1999*

AÑO	INFLACIÓN		DIFERENCIA RESPECTO DEL AÑO ANTERIOR
1981	28.70%		
1982	98.80%		+70.10%
1983	80.80%		-18.00%
1984	59.20%		-21.60%
1985	63.70%		+4.50%
1986	105.70%		+42.00%
1987	159.20%		+53.50%
1988	51.70%		-107.50%
1989	19.70%		-32.00%
1990	29.90%		+10.20%
1991	18.80%		-11.10%
1992	11.90%		-6.90%
1993	8.00%		-3.90%
1994	7.10%		-0.90%
1995	52.00%		+44.90%
1996	27.70%		-24.30%
1997	15.70%		-12.00%
1998	18.61%		+2.91%
1999	12.32%		-6.29%

■ Inflación ■ Diferencia respecto del año anterior

* Precios al final del periodo.
Fuente: Banco de México, 1999.

FUERZA DE TRABAJO

Al finalizar 1999 la fuerza de trabajo mexicana estaba compuesta por alrededor de 41 millones de personas, cerca de 42% de la población total. Entre 1990 y 1998 esta fuerza ha crecido anualmente en un 3.1%, lo que significa que más de un millón de personas se incorporan anualmente a la población económicamente activa. La estructura del empleo es mayoritariamente masculina y se concentra en las zonas urbanas y los servicios. Los niños entre 10 y 14 años representan 6% de la fuerza de trabajo, de acuerdo con cifras del Banco Mundial.

La tasa de desempleo abierto en zonas urbanas para 1999 fue de 2.5%, cifra baja en comparación a la registrada en los cinco años anteriores. En promedio una persona tarda 4.6 semanas para encontrar un trabajo. Sin embargo, el subempleo y el sector informal de la economía son muy grandes.

ESTRUCTURA DE LA FUERZA DE TRABAJO EN MÉXICO, 1998

POR SECTOR	%
Agricultura	22
Industria	18
Servicios	60

Fuente: The Economist, 1999 y World Bank, 1999.

TASA DE DESEMPLEO EN ZONAS URBANAS, 1994-1999

	1994	1995	1996	1997	1998	1999
Desempleo abierto* (%)	3.7	6.3	5.5	3.7	3.2	2.5
Subempleo** (%)	22.5	25.7	25.3	23.3	21.8	19.1
Ingreso insuficiente*** (%)	11.3	16.2	17.2	16.3	14.7	12.8
Salarios**** (%)	4.2	-12.6	-9.9	-0.6	2.8	-1.1

* Personas de 12 o más años que no trabajaron pero que estaban disponibles para trabajar y que habían buscado trabajo en los dos meses previos.
** Población económicamente activa que trabajó menos de 35 horas a la semana.
*** Población económicamente activa que gana menos de un salario mínimo.
**** Incremento anual en el sector manufacturero no maquilador.
Fuente: INEGI, 2000 y Banco de México, 2000.

En cuanto a los salarios, en 1988 se presentaron los primeros indicios de recuperación, pero éstos siguen siendo muy bajos. Desde 1982 los salarios reales han disminuido en más de 68 por ciento. El poder adquisitivo del salario míni-

FUERZA DE TRABAJO, 1994-1999*

	1994	1995	1996	1997	1998	1999**
Hombres	23,089,000	22,991,000	23,744,000	24,952,000	25,719,000	26,918,000
Mujeres	11,902,000	12,568,000	12,836,000	13,393,000	13,788,000	14,494,000
Total	34,991,000	35,559,000	36,581,000	38,345,000	39,507,000	41,412,000
Asegurados en IMSS	10,086,000	10,932,000	11,895,000	12,714,000	13,611,000	14,560,000
Participación urbana (%)	54.7	55.4	55.4	56.2	56.6	57.3

* Población trabajadora de por lo menos 12 años de edad.
** Cifras preliminares.
Fuente: The Economist Intelligence Unit, 1999 y Banco de México, 2000.

mo ha decrecido en 47.6% y alcanza para comprar cerca de 40% de la canasta básica. De acuerdo con INEGI alrededor de 44.2% de la población urbana percibe hasta dos salarios mínimos y 14.7% gana menos de un salario mínimo. (La calidad de vida y la distribución del ingreso se abordan adelante).

SECTORES ECONÓMICOS

Campos agrícolas en Michoacán.

AGRICULTURA

En México alrededor de 21% del territorio es considerado apto para la agricultura, pero sólo 12% se cultiva. El sector primario de la economía es el más atrasado. La mayor productividad se encuentra en el norte del país porque se benefició de los proyectos de irrigación y la región ha orientado su producción al mercado externo. En el centro y el sur, las zonas rurales están rezagadas y las actividades agrícolas se desarrollan con técnicas tradicionales, tales como la tala y quema.

Las reformas económicas no han mejorado la situación en el campo, ya que las deficiencias en la inversión y la baja productividad continúan afectando a la agricultura. Su proporción con respecto al PIB disminuyó de 5.8 a 5% en los últimos cinco años y México se ha convertido en un país importador de productos agrícolas desde 1992. En 1999 el déficit en la balanza comercial de productos agrícolas fue de $334.8 millones de dólares. La productividad agrícola en el campo mexicano es la mitad del promedio latinoamericano. El promedio latinoamericano es de 36 tractores por cada mil trabajadores, en México es de 20.

No obstante los grandes problemas, en términos de volumen la producción de los cultivos mexicanos es de las más grandes del mundo. (☞ Estadísticas al respecto en el capítulo de las 32 entidades federativas).

GANADERÍA

Este sector representa alrededor de 30% de la producción agropecuaria. Una tercera parte del territorio mexicano es considerado zona de pastoreo y se localiza sobre todo en el norte del país, donde se cría ganado para la exportación hacia Estados Unidos.

Para mediados de la década de los noventa existían más de 30 millones de cabezas de ganado vacuno, 11 millones

PRODUCCIÓN AGRÍCOLA DE GRANOS, 1994-1999 MILES DE TONELADAS

	1994	1995	1996	1997	1998	1999*
Caña de azúcar	40,539	44,324	44,295	44,833	49,320	46,811
Maíz	18,236	18,353	18,026	18,085	16,897	15,729
Sorgo	3,701	4,170	6,809	5,793	6,377	5,589
Trigo	4,151	3,468	3,375	3,639	3,221	2,999
Frijoles	1,364	1,270	1,349	952	1,205	1,044
Cebada	307	487	586	531	379	440
Arroz	374	367	394	465	449	356
Soya	523	190	56	176	150	133

* Cifras preliminares.
Fuente: The Economist Intelligence Unit, 2000a.

PRODUCCIÓN GANADERA, 1994-1999 (TONELADAS, SALVO INDICACIÓN EN CONTRARIO)

	1994	1995	1996	1997	1998	1999*
Carne de res	1,365,000	1,412,000	1,330,000	1,340,000	1,380,000	1,390,000
Carne de puerco	873,000	922,000	910,000	939,000	961,000	990,000
Carne de cordero	30,000	30,000	29,000	30,000	30,000	32,000
Carne de cabra	39,000	38,000	36,000	35,000	38,000	38,000
Aves	1,126,000	1,284,000	1,264,000	1,442,000	1,599,000	1,724,000
Leche (millones de litros)	7,462	7,538	7,709	7,969	8,443	8,960
Huevos	1,246,000	1,242,000	1,236,000	1,329,000	1,461,000	1,634,000
Miel	56,000	49,000	49,000	54,000	55,000	52,000

* Cifras preliminares.
Fuente: The Economist Intelligence Unit, 2000a.

de ganado porcino, 13 millones de ganado caprino y unos 290 millones de aves de corral. (☞ Estadísticas al respecto en el capítulo de las 32 entidades federativas).

SILVICULTURA

En México cerca de 9% del territorio nacional está cubierto por bosques, que ocupan unos 49 millones de hectáreas, la mayoría en los estados de Chihuahua, Durango y Michoacán. En 1998 la silvicultura representó 21% de la producción del sector agropecuario, pero menos de 1% del PIB. En los últimos años esta industria se ha visto afectada por la sobre-explotación, por falta de inversión y planeación y por los grandes incendios forestales de la primera mitad de 1998. (☞ Para cifras sobre el deterioro de los bosques, ver Medio Ambiente. Ver también el capítulo de las 32 entidades federativas).

© Carlos Hahn

Reserva forestal en el estado de México.

PRODUCCIÓN Y DESTINO DE LA ACTIVIDAD FORESTAL, 1994-1999						
CONCEPTO	1994	1995	1996	1997	1998	1999*
Producción forestal maderable (miles de m³/rollo)	**6,407**	**6,302**	**6,844**	**7,712**	**8,331**	**5,345**
Escuadría	4,855	4,657	4,963	5,609	6,200	3,949
Celulosa	1,006	1,190	1,259	1,218	1,210	810
Chapa y triplay	49	72	84	274	303	192
Postes, pilotes y morillos	97	116	153	175	202	126
Combustibles	359	241	300	398	399	266
Durmientes	41	26	85	38	17	2
Producción no maderable (toneladas)	111,346	104,356	83,366	89,261	95,962	54,875
Resinas	36,731	21,605	20,633	21,456	24,469	14,051
Fibras	1,963	4,039	3,017	2,023	3,618	1,678
Gomas	393	211	209	181	76	120
Ceras	1,789	1,259	1,832	311	1,134	700
Rizomas	0	168	227	0	0	48
Otros productos	27,722	14,202	27,747	19,790	18,095	12,386
Tierra de monte	42,748	62,872	29,701	45,500	48,570	25,892
Destino de la producción forestal maderable (%)	**100.0**	**100.0**	**100.0**	**100.0**	**100.0**	**100.0**
Industria de la construcción	71.8	73.9	72.6	72.7	74.4	73.6
Industria de celulosa y papel	15.6	18.9	18.4	15.8	14.5	15.1
Ferrocarriles	0.8	0.4	1.2	0.5	0.2	0.3
Electricidad y telefonía	1.5	1.9	2.2	2.3	2.4	2.4
Fabricación de empaques de cartón	2.3	0.0	0.0	0.0	0.0	0.0
Industria de muebles de madera	0.8	0.0	0.0	0.0	0.0	0.0
Combustibles	5.6	3.8	4.4	5.2	4.8	5.0
Diversos usos	1.6	1.1	1.2	3.5	3.7	3.6

* Cifras estimadas de enero-agosto.
Fuente: Zedillo, 1999.

PESCA

México, a pesar de contar con litorales por más de 11,500 km, no ha sabido explotar su potencial pesquero ni su población es una gran consumidora (10.2 kg per cápita durante 1999). La costa del Pacífico es la principal zona de pesca, con casi 75% de la captura. Las exportaciones de mariscos ascendieron a $672 millones de dólares durante 1998, esto es, $112 millones menos que en 1997. (☞ Estadísticas al respecto en el capítulo de las 32 entidades federativas).

PRODUCCIÓN PESQUERA, 1994-1999

CONCEPTO	1994	1995	1996	1997	1998	1999*
Producción (toneladas)	1,260,019	1,404,384	1,530,023	1,570,586	1,233,292	1,256,643
Captura	1,088,630	1,246,810	1,360,812	1,396,708	1,073,511	1,108,317
Acuacultura	171,389	157,574	169,211	173,878	159,781	148,326
Consumo humano directo	1,005,754	1,034,382	1,157,668	1,173,334	959,727	960,581
Consumo humano indirecto	217,116	320,509	337,471	354,934	260,902	260,824
Uso industrial	37,149	49,493	34,884	42,318	12,663	35,238

* Cifras preliminares.

Fuente: Zedillo, 1999.

INDUSTRIA MANUFACTURERA

En la década de los cincuenta el sector manufacturero superó por primera vez en la historia a la agricultura en la aportación al PIB. De 1960 a 1980 creció en tasas superiores a 7 por ciento.

PARTICIPACIÓN DE LAS MANUFACTURAS EN LAS EXPORTACIONES, 1980-1999

AÑO	%	
1980	30.80	
1981	28.20	
1982	24.30	
1983	31.70	
1984	36.10	
1985	37.60	
1986	59.10	
1987	61.10	
1988	70.50	
1989	70.90	
1990	68.40	
1991	74.00	
1992	76.70	
1993	80.30	
1994	82.80	
1995	83.70	
1996	83.70	
1997	85.80	
1998	90.30	
1999	89.40	

Fuente: Banco de México, 2000.

LA INDUSTRIA MAQUILADORA, 1999*

	PLANTAS	EMPLEOS
Total	3,436	1,196,678
Alimentos	82	11,273
Vestido y productos textiles	1,035	263,475
Calzado y piel	60	8,697
Muebles, productos derivados de la madera y metal	374	58,746
Productos químicos	151	23,906
Construcción y ensamblaje de equipo de transporte	232	215,942
Ensamblaje y reparación de herramienta y maquinaria	41	12,603
Ensamblaje de productos eléctricos	151	95,802
Materiales y equipo eléctrico y electrónico	533	306,554
Ensamblaje de juguetes y equipo de deportes	61	13,924
Servicios	224	44,996
Otros	492	140,760

* Cifras preliminares a diciembre de 1999.

Fuente: The Economist Intelligence Unit, 2000a.

Esta tendencia se detuvo al iniciar la década de los ochenta. A partir de la crisis financiera de 1982 el desarrollo industrial se orientó a las exportaciones, que han crecido espectacularmente, al igual que la productividad. Entre 1993 y 1998 dicho crecimiento fue de 6.3% anual, más alto que el de Estados Unidos en el mismo periodo (4.4%).

INDICADORES DEL SECTOR MANUFACTURERO, 1990-1999 (1990=100)

	1990	1991	1992	1993	1994	1995	1996	1997	1998	1999
Producción	100.0	103.9	106.4	105.2	109.0	102.6	113.1	124.0	132.7	137.3
Empleo	100.0	98.4	94.6	87.9	85.2	77.6	79.4	83.2	86.2	86.7
Productividad*	100.0	105.6	112.5	119.8	128.0	132.2	142.4	149.1	153.9	158.3
Costos laborales**	100.0	99.2	102.1	100.5	98.1	83.1	69.4	65.9	65.6	64.5
% exportaciones***	68.4	74.0	76.7	80.3	82.8	83.7	83.7	85.8	90.3	89.4

* Producción por trabajador.

** Salarios por hora/producción hombre por hora.

*** Para este rubro no aplica 1990=100.

Fuente: Banco de México, 2000.

LA INDUSTRIA MANUFACTURERA, 1999*

	CRECIMIENTO ANUAL 1994-1999 (%)	% VARIACIÓN DE LA PRODUCCIÓN**	% DE LA PRODUCCIÓN SECTORIAL	EXPORTACIONES (MILLONES DE DÓLARES)	EMPLEADOS (% DEL TOTAL SECTORIAL)
Alimentos, bebida y tabaco	3.6	5.1	24.7	3,845	25.0
Vestido y calzado	4.6	2.6	8.4	11,206	13.1
Productos madereros	2.0	-0.4	2.7	1,121	1.9
Papel, imprenta y producción editorial	3.3	4.6	4.6	1,334	6.0
Químicos, productos derivados del petróleo, hule y plásticos	4.1	2.8	15.1	8,032	16.6
Minerales no metálicos (excluye petróleo)	2.6	3.2	6.8	2,585	5.1
Metales básicos	7.3	-0.3	5.0	4,342	3.7
Productos metálicos, maquinaria y equipo	9.2	5.7	29.9	88,806	28.0
Otras industrias	4.7	3.3	2.9	1,658	0.7
Total	5.2	4.1	100.0	122,921	100.0

* Cifras preliminares.
** Precios de 1993.

Fuente: The Economist Intelligence Unit, 2000a y Banco de México, 2000.

Sin embargo, la base de exportaciones es estrecha (se concentra en el subsector de productos metálicos, maquinaria y equipo). La industria automotriz fue de las principales promotoras de este crecimiento; en 1999 la producción de automóviles ascendió a 1.5 millones de unidades, de las cuales 29% fueron para el mercado interno y 71% para la exportación, sobre todo a los Estados Unidos.

Por otra parte, la producción para el mercado interno ha sido afectada por la apertura comercial. Ésta amenaza seriamente a las empresas manufactureras (la mayoría de las cuales son compañías medianas y pequeñas que emplean a menos de 250 personas), que además se han visto afectadas por la crisis financiera y la subcapitalización del sistema bancario.

En los diez últimos años el sector maquilador ha presentado tasas de crecimiento arriba de 20% anual. Las maquiladoras ofrecen a los inversionistas extranjeros proximidad a los Estados Unidos y mano de obra barata. La mayoría de las empresas se dedica principalmente a la producción de autopartes, ensamblaje de aparatos electrónicos, textiles y producción de muebles. (☞ Estadísticas al respecto en el capítulo de las 32 entidades federativas).

MINERÍA

No obstante la abundancia de recursos minerales, en 1999 la minería sólo representó 1.2% del PIB y 0.33% de las exportaciones. En los últimos años su tasa de crecimiento ha disminuido de 8.1% en 1996 a 2.7% para 1998. En 1999 la

VOLUMEN DE LA PRODUCCIÓN MINERA, 1994-1999 (MILES DE TONELADAS)

	1994	1995	1996	1997	1998	1999*
Oro (ton.)	14.64	20.90	24.08	26.03	25.98	22.28
Plata (miles kg)	2,334.00	2,496.00	2,536.00	2,701.00	2,868.10	2,338.00
Zinc	359.00	354.70	348.30	377.90	371.90	321.21
Cobre	305.50	339.30	328.00	338.90	344.75	321.04
Manganeso	91.30	140.60	173.40	192.80	187.10	169.11
Plomo	163.80	179.70	167.10	180.30	171.61	125.96
Molibdeno	2.60	3.90	4.20	4.80	5.95	7.96
Arsénico	4.40	3.60	2.90	3.00	2.57	2.42
Antimonio	1.80	1.80	1.00	1.90	1.30	0.28
Cadmio	1.90	1.80	1.80	1.90	1.74	1.31
Bismuto	1.00	1.00	1.10	1.60	1.20	0.56

* Cifras preliminares.

Fuente: INEGI, 2000.

actividad se contrajo 3.2 por ciento. Los bajos precios mundiales, la falta de crédito y la tecnología obsoleta obstaculizan su desarrollo. (☞ Estadísticas al respecto en el capítulo de las 32 entidades federativas).

CONSTRUCCIÓN

Entre 1988 y 1994 la industria de la construcción presentó una tasa de crecimiento de alrededor de 4.5%, sobre todo gracias al desarrollo de proyectos de infraestructura (principalmente carreteras) y la construcción de casas habitación. La crisis de 1994 tuvo efectos devastadores sobre este sector, aunque para 1996 mostró indicios de recuperación. En 1999 su contribución al PIB fue de 4.8% (en 1994 era de 8.4 por ciento).

TASA DE CRECIMIENTO ANUAL DE LA INDUSTRIA DE LA CONSTRUCCIÓN, 1994-1998

AÑO	TASA	
1994	8.40%	
1995	-23.50%	
1996	9.80%	
1997	9.30%	
1998	4.20%	
1999	4.50%	

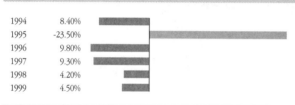

Fuente: Banco de México, 2000.

ENERGÍA

El actual desarrollo económico depende de los energéticos, de los cuales en México hay dispendio y uso ineficiente.

Los hidrocarburos y el carbón son las principales fuentes de energía, por su bajo costo y mayores ventajas en su trans-formación. Sin embargo, tienen un alto costo ambiental pues las emisiones que resultan de su combustión contribuyen al efecto invernadero.

La hidroelectricidad es una de las fuentes convencionales con menor impacto sobre el medio ambiente pero que requiere de grandes inversiones que limitan su desarrollo. De igual manera ocurre con la energía nuclear.

PARTICIPACIÓN DE LAS DIFERENTES FUENTES DE ENERGÍA EN EL TOTAL DE LA PRODUCCIÓN PRIMARIA, 1999

PARTICIPACIÓN	FUENTE
69.70%	Petróleo
19.20%	Gas natural
3.70%	Biomasa
3.60%	Hidroenergía
2.20%	Carbón
1.00%	Nuclear
0.60%	Geotermia

Fuente: Secretaría de Energía, 2000.

Hay fuentes alternativas de energía, tales como la eólica (viento) o la solar, con impactos ecológicos muy reducidos, pero su utilización es extremadamente limitada.

BALANCE NACIONAL DE ENERGÍA, 1998 (MILLONES DE TONELADAS EQUIVALENTES DE PETRÓLEO)

OFERTA (ENERGÍA PRIMARIA)	PETRÓLEO	GAS	CARBÓN	ELECTRICIDAD	OTROS	TOTAL
Producción	178.0	29.5	5.5	8.9[a]	8.0	229.9
Importaciones	16.0	1.5	1.0	0.3[a]	0.0	18.8
Exportaciones	-96.5	-0.5	0.0	0.0[a]	0.0	-97.0
Total	97.5	30.5	6.5	9.2[a]	8.0	151.7
TRANSFORMACIÓN (A ENERGÍA SECUNDARIA)						
Recursos a refinerías	-75.5	0.0	0.0	0.0	0.0	-75.5
Recursos a transformación	-19.0	-5.0	-4.5	-9.2[a]	0.0	-37.7
Refinación/transformación rendimientos	75.5	0.0	0.0	16.1[b]	0.0	91.6
Combustible para la industria y pérdidas	-9.5	-7.0	0.0	-3.4[b]	0.0	-19.9
CONSUMO FINAL						
Transporte	40.0	0.0	0.0	0.1[b]	0.0	40.1
Industria	9.0	16.0	2.0	7.6[b]	2.0	36.6
Residencial	13.0	1.0	0.0	5.0[b]	6.0	25.0
Otros	7.0	1.5	0.0	0.0	0.0	8.5
Total	69.0	18.5	2.0	12.7[b]	8.0	110.2

[a] Se estima una eficiencia del 38.5%.
[b] Con base en la producción.

Fuente: The Economist Intelligence Unit, 1999.

PRINCIPALES FUENTES DE ENERGÍA

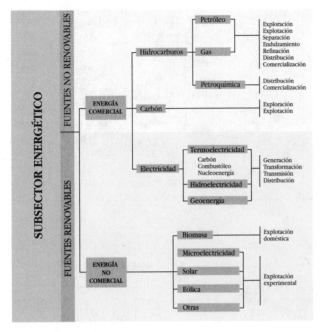

Fuente: INEGI-Semarnap, 1999.

HIDROCARBUROS

El primer pozo petrolero fue descubierto en México en 1869, pero la explotación comercial empezó en 1901. El artículo 27 de la Constitución otorgó al Estado el control del subsuelo. Esto trajo una larga disputa con las compañías extranjeras que se resolvió en 1938, cuando el presidente Lázaro Cárdenas nacionalizó la industria petrolera y dio al gobierno, a través de Petróleos Mexicanos (Pemex), el monopolio en la exploración, producción, refinamiento y distribución del petróleo y gas natural, así como en la producción y venta de petroquímicos.

Entre 1938 y 1971 la producción aumentó en 6% anual. Como la demanda interna superó la producción, México se convirtió en importador de productos petroleros. El descubrimiento de importantes yacimientos revirtió esta situación y permitió destinar una parte de la producción a la exportación. La industria petrolera recibió un gran impulso en los años siguientes. El 37% de los créditos externos recibidos entre 1977 y 1980 se destinaron a este sector; su participación de las exportaciones en 1982 ascendió a 80%, representando más de 60% de los ingresos del gobierno. La caída en los precios del petróleo a comienzos de la década de los ochenta y la crisis económica modificaron tal tendencia.

En 1999 México fue el quinto productor de petróleo en el mundo, con un promedio de 2.97 millones de barriles diarios. En el hemisferio occidental sólo lo supera Estados Unidos. La producción comprende tres tipos de petróleo:

Maya, Istmo y Olmeca. El consumo de petróleo es de alrededor de 1.7 millones de barriles por día. Las reservas han presentado una tendencia a la baja en los últimos 15 años. El 56% de las reservas se encuentra en el Golfo de México, 15%, en Chicontepec, y 15%, en Chiapas y Tabasco.

En 1998 los precios internacionales tenían los niveles más bajos desde que México se convirtió en un país exportador de petróleo. A partir de febrero de 1999 comenzaron su recuperación, gracias a acuerdos entre las principales compañías petroleras. En diciembre el precio del barril llegó a $22.7 dólares.

PRECIOS DEL PETRÓLEO MEZCLA MEXICANA, 1997-1999

FECHA	PRECIO PROMEDIO DEL BARRIL (DÓLARES)
1997	
Ene-97	$20.52
Feb-97	$18.43
Mar-97	$16.47
Abr-97	$15.80
May-97	$16.61
Jun-97	$15.32
Jul-97	$15.77
Ago-97	$16.27
Sep-97	$16.09
Oct-97	$17.36
Nov-97	$16.06
Dic-97	$13.43
1998	
Ene-98	$11.82
Feb-98	$10.79
Mar-98	$9.67
Abr-98	$10.69
May-98	$10.79
Jun-98	$9.99
Jul-98	$10.14
Ago-98	$9.77
Sep-98	$10.88
Oct-98	$10.40
Nov-98	$9.17
Dic-98	$7.67
1999	
Ene-99	$8.68
Feb-99	$8.26
Mar-99	$10.79
Abr-99	$13.50
May-99	$13.61
Jun-99	$14.29
Jul-99	$16.47
Ago-99	$18.56
Sep-99	$20.46
Oct-99	$19.85
Nov-99	$21.75
Dic-99	$22.32

Fuente: The Economist Intelligence Unit, 2000b.

PRODUCCIÓN DE PETRÓLEO Y GAS, 1994-1999

	1994	1995	1996	1997	1998	1999*
Producción de petróleo (millones de barriles)	980.0	955.2	1,043.2	1,103.0	1,120.6	1,086.2
Promedio diario	2.685	2.617	2.858	3.022	3.070	2.976
% cambio anual	0.5	-2.6	9.2	5.7	1.5	-3.1
% de la producción mundial	4.4	4.3	4.5	4.6	4.6	4.5
Reservas de petróleo (millardos de barriles)	63.2	62.1	60.9	60.2	58.7	58.2
Producción de gas (millones de pies cúbicos diarios)	3,625	3,759	4,195	4,467	4,791	4,791
% cambio anual	1.4	3.7	11.6	6.5	7.3	0.0
Reservas de gas (equivalente a millardos de barriles)	13,740	13,262	12,428	12,338	12,093	11,994
Participación de Pemex al ingreso del gobierno federal	26.7	36.8	39.3	37.5	33.8	33.0
Ventas internas de gasolina (millones de pesos)	14,304.1	25,932.1	39,487.8	43,645.8	39,670.2	42,849.4
Ventas internas de petroquímicos (millones de pesos)	4,907.1	10,525.4	13,023.7	12.978.6	10,353.6	8,894.2
Participación porcentual del PIB sector hidrocarburos	1.6	2.2	2.1	1.8	1.7	1.7

* Cifras preliminares.

Fuente: Secretaría de Energía, 2000.

Un punto delicado es la participación privada y extranjera. El rechazo total de hace dos décadas o más ha cedido gradualmente. Compañías de otros países han sido contratadas para que realicen actividades de perforación para Pemex bajo contratos limitados a cierto tipo de servicios. A partir de noviembre de 1996 se ha modificado el monopolio de Pemex sobre la petroquímica porque el Estado conservó únicamente el monopolio de la producción de ocho sustancias. En el resto, los inversionistas privados pueden participar hasta con 100% de las acciones.

En mayo de 1995 el Congreso autorizó la propiedad privada de instalaciones para el transporte, almacenamiento y distribución de gas natural. Los permisos de distribución comenzaron a subastarse en 1996 y ese mismo año se inició una política de acceso abierto a los gasoductos de Pemex.

ELECTRICIDAD

En los años sesenta las compañías eléctricas fueron nacionalizadas y el gobierno logró el monopolio en la generación de electricidad. La paraestatal Comisión Federal de Electricidad produce cerca de 90% de la energía eléctrica bruta. En 1991 se autorizó a compañías privadas la generación de electricidad para su propio consumo o para vender a la CFE.

En febrero de 1999, el gobierno propuso una reforma radical que supondría el ingreso de empresas privadas al sec-

tor. La función del gobierno se limitaría a la regulación y la operación de la red nacional de transmisión. No se consiguió el apoyo de dos terceras partes del Congreso para realizar la necesaria reforma constitucional y el asunto se pospuso.

Se estima que en 1999 México generó 191,887.9 gigawatts/hora de electricidad. El país cuenta con una capacidad de generación de 35,675 megawatts, apenas suficiente para satisfacer la demanda interna.

GENERACIÓN DE ENERGÍA POR FUENTE, 1999

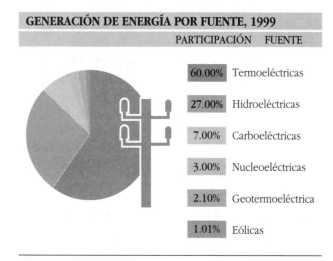

PARTICIPACIÓN	FUENTE
60.00%	Termoeléctricas
27.00%	Hidroeléctricas
7.00%	Carboeléctricas
3.00%	Nucleoeléctricas
2.10%	Geotermoeléctrica
1.01%	Eólicas

Fuente: Secretaría de Energía, 2000.

SECTOR ELÉCTRICO, 1994-1999

	1994	1995	1996	1997	1998	1999*
Generación bruta (GW/h)	146,722.2	150,638.2	160,493.7	170,519.1	180,490.1	191,887.9
Capacidad instalada (MW)	36,017.8	33,037.3	34,791.0	34,814.8	35,255.2	35,675.1
Líneas de transmisión (km)	553,757.2	564,599.6	579,042.0	599,727.4	615,486.2	627,346.5
Personal ocupado	102,479	102,620	103,942	105,048	107,766	108,543

* Cifras preliminares.

Fuente: Secretaría de Energía, 2000.

SECTOR FINANCIERO Y BANCA PÚBLICA

El sistema financiero mexicano tiene numerosas instituciones. Banco de México es el banco central y la entidad emisora de moneda. En 1994 se estableció legalmente como un organismo independiente y autónomo de los otros poderes; entre sus funciones están regular la oferta de dinero y el mercado cambiario, fijar los requerimientos de reservas para los bancos mexicanos y hacer cumplir el control de créditos. Se encarga de supervisar a la banca privada por medio de la Comisión Nacional Bancaria y de Valores y de proporcionar fondos para programas gubernamentales de desarrollo.

El gobierno cuenta además con bancos para fomentar el desarrollo, entre los que se encuentran Nacional Financiera (apoyo a pequeñas y medianas empresas), Banco Nacional de Comercio Exterior, Banco Nacional de Obras y Servicios Públicos, Financiera Nacional Azucarera y Banco Nacional de Crédito Rural. Los más importantes son los dos primeros (Nafin y Bancomext).

ESTRUCTURA DEL SISTEMA FINANCIERO MEXICANO, 1999

AUTORIDADES REGULADORAS

Secretaría de Hacienda y Crédito Público
Comisión Nacional Bancaria y de Valores
Banco de México
Comisión Nacional de Seguros y Finanzas
Comisión Nacional de Seguro para el Retiro

INSTITUCIONES FINANCIERAS

Grupos financieros	Instituciones de crédito	Mercado de valores	Otros intermediarios financieros	
28 compañías tenedoras	50 bancos comerciales (de los cuales 18 son filiales)	Bolsa de valores	61 compañías de seguros	166 uniones de crédito
	7 bancos de desarrollo	24 casas de bolsa	26 almacenes de depósito	21 compañías de fianzas
	4 fondos de fomento	316 sociedades de inversión	37 arrendadoras financieras	30 casas de cambio
		13 sociedades de inversión especializadas en fondos para el retiro	12 sociedades de ahorro y préstamo	27 empresas de factoraje
			23 sociedades de objeto habilitado	2 burós de crédito

Fuente: Banco de México, 2000.

DESINCORPORACIÓN BANCARIA

BANCO	FECHA DE POSTURAS	PARTICIPANTES EN LA SUBASTA	GRUPO GANADOR O REPRESENTADO POR	MONTO DE LA VENTA (MILLONES DE PESOS)	VECES EL CAPITAL CONTABLE
PRIMER PAQUETE					
Multibanco Mercantil de México	07 Jun 1991	4	Grupo Financiero Probursa	$611.20	2.66
Banpaís	14 Jun 1991	2	Villarreal/Elizondo	$545.00	3.02
Banca Cremi	21 Jun 1991	4	Villa/Gómez Flores	$748.30	3.4
SEGUNDO PAQUETE					
Banca Confía	02 Ago 1991	3	Jorge Lankenau	$892.30	3.73
Banco Oriente	09 Ago 1991	5	Hermanos Margain Berlanga	$223.20	4
Banco de Crédito y Servicios	16 Ago 1991	3	Roberto Alcántara	$425.10	2.53
Banamex	23 Ago 1991	2	Accival	$9,745.00	2.62
TERCER PAQUETE					
Bancomer	25 Oct 1991	4	Grupo Financiero Vamsa	$8,600.00	2.99
Banco BCH	08 Nov 1991	4	Carlos Cabal Peniche	$878.40	2.67
CUARTO PAQUETE					
Banca Serfin	24 Ene 1992	2	Grupo Financiero Obsa	$2,827.80	2.69
Multibanco Comermex	07 Feb 1992	6	Grupo Financiero Inverlat	$2,706.00	3.73
Banco Mexicano Somex	01 Mar 1992	5	Grupo Financiero Inverméxico	$1,876.50	3.3
Banco del Atlántico	27 Mar 1992	4	De Garay Gutiérrez / Rojas Mota Velasco	$1,469.20	5.3
QUINTO PAQUETE					
Banca Promex	03 Abr 1992	2	López Velasco / Guarneros Tovar / Méndez Fabre	$1,074.50	4.23
Banoro	10 Abr 1992	2	Rodolfo Esquer	$1,137.80	3.95
SEXTO PAQUETE					
Banco Mercantil del Norte	12 Jun 1992	2	González Barrera	$1,775.60	4.25
Banco Internacional	26 Jun 1992	3	Grupo Financiero Primer	$1,486.90	2.95
Banco del Centro	03 Jul 1992	3	Multiva Grupo Financiero	$869.40	4.65
Total				$37,892.20	

Fuente: Martínez Ostos, 1996.

BANCOS COMERCIALES

El sector financiero, en particular el bancario, ha experimentado grandes cambios en la última década. Además de la liberalización de las tasas de interés y los términos para dar créditos, en 1991 y 1992 el gobierno de Carlos Salinas reprivatizó los 18 bancos en los que tenía una participación mayoritaria. Además, flexibilizó las condiciones para la creación de nuevas instituciones y a partir de 1994 concedió licencias de operación a bancos que operaban en los Estados Unidos y Canadá. Para mayo de 1999 operaban en México 50 bancos comerciales.

La nueva banca comercial privada enfrentó problemas muy pronto por la mala administración de créditos. La situación se agravó con la crisis de 1995. Para proteger al peso el gobierno elevó radicalmente las tasas de interés pero muchos deudores (individuos y empresas) no pudieron hacer frente a los incrementos. Esto provocó una crisis financiera en donde la tasa de cartera vencida del sistema bancario pasó de 8.3% a finales de 1994 a 19.2% en febrero de 1996. Para enfrentar el problema el gobierno aplicó entre 1995 y 1998 siete programas de apoyo a deudores.

Además del apoyo a deudores, el gobierno inició programas para ayudar a los bancos. El Programa de Capitalización Temporal tenía como objeto cubrir a los bancos de las pérdidas de capital y préstamos. Más importante todavía fue el programa del Fondo Bancario de Protección al Ahorro (Fobaproa).

FOBAPROA

El Fobaproa fue un fideicomiso administrado por el Banco de México que buscaba proteger a pequeños y medianos ahorradores, tesorerías empresariales y créditos interbancarios. Hacía las veces de un seguro de depósitos, haciéndose cargo de la cartera vencida de los bancos a cambio de nuevas inyecciones de capital por parte de los accionistas. A cambio de estas contribuciones, recibía pagarés del gobierno.

En junio de 1998 los pasivos absorbidos por el Fobaproa llegaban a $630 mil millones de pesos (cerca de 19% del PIB). Pero sólo un porcentaje menor de los préstamos absorbidos serían recuperados (cerca de 30%). A finales de 1998 el Congreso, con el voto del PRI y el PAN, acordó la conversión de estos pagarés en deuda pública que sería pagada por los contribuyentes.

La auditoría realizada por el auditor canadiense Michael Mackey y presentada a mediados de 1999 reveló que 1% de los pasivos auditados eran claramente ilegales ($6 mil millones de pesos). Otros por valor de $42 mil millones tenían origen dudoso (al ser extendidos por los bancos a personas relacionadas con ellos) y un tercer tanto, por $24 mil millo-

nes, había sido incorporado al Fobaproa fuera de los criterios originales. La oposición en el Congreso acusó al gobierno de ocultar a Mackey información que revelaría un mayor número de actividades ilegales. Insistió en particular en que se hicieran públicos los préstamos de Banca Unión al PRI, que demostrarían que recursos ilegales fueron canalizados a la campaña presidencial de Ernesto Zedillo y del gobernador de Tabasco, Roberto Madrazo. El Poder Ejecutivo se rehusó, bajo el argumento de que esto violaría el secreto bancario. El Congreso solicitó a la Suprema Corte un fallo al respecto, que ordenó al ejecutivo entregar la información (agosto, 2000).

IPAB

El Fobaproa fue sustituido por el Instituto para la Protección del Ahorro Bancario (IPAB), que comenzó a operar en mayo de 1999. El IPAB es un organismo descentralizado de la administración pública federal, con personalidad jurídica y patrimonio propios. Sus objetivos son establecer un sistema de protección al ahorro bancario, concluir los procesos de saneamiento de las instituciones bancarias y administrar y vender los bienes a cargo del IPAB con el fin de obtener el máximo valor posible de recuperación. El IPAB está regido por una junta de gobierno formada por siete vocales: uno de la Secretaría de Hacienda, el gobernador del Banco de México, el Presidente de la Comisión Nacional Bancaria y de Valores y cuatro vocales independientes designados por el Presidente y aprobados por la Cámara de Senadores.

VOCALES INDEPENDIENTES DEL IPAB, 2000	
NOMBRE	CONCLUYE SU ENCARGO
Alejandro Creel Cobián	31 de diciembre del 2001
Humberto Murrieta Necoechea	31 de diciembre del 2002
Adalberto Palma Gómez	31 de diciembre del 2003
Carlos Isoard y Viesca	31 de diciembre del 2004

Fuente: IPAB, 1999.

COSTO FISCAL DEL RESCATE BANCARIO		
	MILLARDOS DE PESOS	% PIB
Costo fiscal total	$873.1	19.3
MENOS		
Monto ya cubierto	$140.9	3.1
Crédito de Banco de México y Nafin	$69.0	1.5
Créditos carreteros	$18.0	0.4
Apoyo a deudores	$75.0	1.7
Valor presente neto de las cuotas	$102.8	2.3
Costo por pagar IPAB	$467.4	10.3*

* Valor estimado a junio de 1999: 4,530.8 millardos de pesos.

Fuente: IPAB, 1999.

El balance de los nueve últimos años es desastroso. De los 18 bancos privatizados durante 1991 y 1992 sólo uno está en manos de sus dueños originales y ocho permanecen en manos del gobierno. El Estado ha tenido que asumir el control de varios bancos, entre los que se encuentran Banca Serfin, Banca Promex, Banco del Atlántico y Bancrecer. El país recibió $37,892.2 millones de pesos por la desincorporación bancaria. En septiembre de 1999 el IPAB anunció que el costo del rescate bancario ascendía a $873,100 millones de pesos (19% del PIB). Asimismo estimó que únicamente recuperaría 20% del valor en libros por concepto de la reventa de los bancos intervenidos.

La crisis bancaria afectó severamente el préstamo de recursos financieros. El promedio de créditos al sector privado como porcentaje del PIB es la mitad del promedio latinoamericano y se encuentra a la par con el de Haití. Se estima que cerca de 70% de las pequeñas empresas en México no tiene acceso al crédito.

Entre los pocos resultados positivos de los esfuerzos por restablecer la estabilidad del sector financiero se encuentran una disminución de las tasas de interés en 1996 y periodos de relativa estabilidad en 1997-1999. Sin embargo, las tasas se mantuvieron relativamente altas hasta 1999 en comparación a los principales socios comerciales.

MERCADO DE VALORES

Durante el sexenio de Miguel de la Madrid se dieron las condiciones que hicieron surgir el primer mercado accionario significativo. A mediados de los ochenta tuvo un rápido crecimiento que llegó a su fin en octubre de 1987,

COMPARACIÓN ENTRE LO OBTENIDO CON LA DESINCORPORACIÓN BANCARIA Y LO PAGADO POR EL RESCATE BANCARIO

CONCEPTO	MILLARDOS DE DÓLARES
Ingresos por la privatización	$12.3
Costo del rescate	$91.3

Fuente: Martínez Ostos, 1996 y The Economist Intelligence Unit, 1999.

VARIACIÓN PORCENTUAL DE LAS TASAS DE INTERÉS, 1994-1999

	1994	1995	1996	1997	1998	1999
THE 28 días	16.5	60.9	33.6	21.9	26.9	24.1
Certificados de la tesorería (28 días)	14.1	48.4	31.4	19.8	24.8	21.4
Tasa de depósito a plazo fijo (90 días)	13.3	38.1	24.7	14.7	13.8	9.6
CPP	15.5	45.1	30.7	19.1	21.1	19.7

Fuente: The Economist Intelligence Unit, 2000a.

ÍNDICE DE COTIZACIONES DE LA BOLSA MEXICANA DE VALORES, 1987-2000

FECHA	ÍNDICE	FECHA	ÍNDICE	FECHA	ÍNDICE	FECHA	ÍNDICE	FECHA	ÍNDICE	FECHA	ÍNDICE	FECHA	ÍNDICE
Ene-87	60.28	Ene-89	210.21	Ene-91	622.99	Ene-93	1,653.22	Ene-95	2,093.98	Ene-97	3,647.17	Ene-99	3,957.93
Feb-87	79.82	Feb-89	208.31	Feb-91	659.17	Feb-93	1,546.68	Feb-95	1,549.84	Feb-97	3,840.98	Feb-99	4,260.80
Mar-87	98.53	Mar-89	232.02	Mar-91	803.35	Mar-93	1,771.71	Mar-95	1,832.83	Mar-97	3,747.98	Mar-99	4,930.37
Abr-87	122.30	Abr-89	261.73	Abr-91	901.14	Abr-93	1,665.41	Abr-95	1,960.54	Abr-97	3,756.61	Abr-99	5,414.45
May-87	143.31	May-89	302.94	May-91	1,096.17	May-93	1,612.99	May-95	1,945.13	May-97	3,968.81	May-99	5,477.65
Jun-87	161.67	Jun-89	348.49	Jun-91	1,058.02	Jun-93	1,670.29	Jun-95	2,196.08	Jun-97	4,457.97	Jun-99	5,829.51
Jul-87	226.99	Jul-89	354.25	Jul-91	1,193.65	Jul-93	1,769.71	Jul-95	2,375.17	Jul-97	5,067.83	Jul-99	5,260.35
Ago-87	287.40	Ago-89	399.66	Ago-91	1,254.60	Ago-93	1,905.59	Ago-95	2,516.99	Ago-97	4,684.41	Ago-99	5,086.87
Sep-87	343.54	Sep-89	427.67	Sep-91	1,257.27	Sep-93	1,840.72	Sep-95	2,392.26	Sep-97	5,321.50	Sep-99	5,050.46
Oct-87	200.02	Oct-89	400.36	Oct-91	1,371.01	Oct-93	2,020.26	Oct-95	2,302.01	Oct-97	4,647.84	Oct-99	5,450.37
Nov-87	113.63	Nov-89	384.75	Nov-91	1,384.18	Nov-93	2,215.89	Nov-95	2,689.00	Nov-97	4,974.57	Nov-99	6,136.47
Dic-87	105.67	Dic-89	418.93	Dic-91	1,431.46	Dic-93	2,602.63	Dic-95	2,778.47	Dic-97	5,229.35	Dic-99	7,129.88
Ene-88	139.62	Ene-90	444.75	Ene-92	1,623.47	Ene-94	2,781.37	Ene-96	3,034.65	Ene-98	4,569.36	Ene-00	7,010.52
Feb-88	200.59	Feb-90	473.02	Feb-92	1,860.63	Feb-94	2,585.44	Feb-96	2,832.54	Feb-98	4,784.45	Feb-00	7,372.96
Mar-88	174.40	Mar-90	489.62	Mar-92	1,875.73	Mar-94	2,410.38	Mar-96	3,072.40	Mar-98	5,016.22	Mar-00	7,958.76
Abr-88	151.16	Abr-90	525.61	Abr-92	1,838.30	Abr-94	2,294.10	Abr-96	3,187.19	Abr-98	5,098.53	Abr-00	6,918.28
May-88	188.07	May-90	650.29	May-92	1,892.33	May-94	2,483.73	May-96	3,205.51	May-98	4,530.01	May-00	6,315.60
Jun-88	186.57	Jun-90	615.33	Jun-92	1,599.26	Jun-94	2,262.58	Jun-96	3,210.83	Jun-98	4,282.62	Jun-00	6,536.40
Jul-88	188.08	Jul-90	673.14	Jul-92	1,569.73	Jul-94	2,462.27	Jul-96	3,007.24	Jul-98	4,244.96	Jul-00	7,063.40
Ago-88	196.52	Ago-90	580.98	Ago-92	1,400.37	Ago-94	2,702.73	Ago-96	3,305.47	Ago-98	2,991.93		
Sep-88	197.87	Sep-90	522.08	Sep-92	1,327.07	Sep-94	2,746.11	Sep-96	3,236.32	Sep-98	3,569.88		
Oct-88	197.82	Oct-90	611.38	Oct-92	1,597.33	Oct-94	2,552.08	Oct-96	3,213.33	Oct-98	4,074.86		
Nov-88	229.58	Nov-90	626.71	Nov-92	1,715.69	Nov-94	2,591.34	Nov-96	3,291.69	Nov-98	3,769.88		
Dic-88	211.53	Dic-90	628.79	Dic-92	1,759.44	Dic-94	2,375.66	Dic-96	3,361.03	Dic-98	3,959.66		

Fuente: Banco de México, 2000.

FECHA	ÍNDICE
Ene-87	60.28
Jul-87	226.99
Ene-88	139.62
Jul-88	188.08
Ene-89	210.21
Jul-89	354.25
Ene-90	444.75
Jul-90	673.14
Ene-91	622.99
Jul-91	1,193.65
Ene-92	1,623.47
Jul-92	1,569.73
Ene-93	1,653.22
Jul-93	1,769.71
Ene-94	2,781.37
Jul-94	2,462.27
Ene-95	2,093.98
Jul-95	2,375.17
Ene-96	3,034.65
Jul-96	3,007.24
Ene-97	3,647.17
Jul-97	5,067.83
Ene-98	4,569.36
Jul-98	4,244.96
Ene-99	3,957.93
Jul-99	5,260.35
Ene-00	7,010.52
Jul-00	7,063.40

Fuente: Banco de México, 2000.

con la caída del mercado accionario en los Estados Unidos. La Bolsa Mexicana de Valores (BMV) se recuperó ligeramente en 1988 y aumentó su recuperación en 1989 cuando se abrió a los inversionistas extranjeros. A partir de ese año mostró un gran crecimiento, especialmente en 1993, debido a una mayor confianza en la economía, a la disminución de las tasas de interés y a la aprobación del Tratado de Libre Comercio. La crisis que inició en diciembre de 1994 revirtió esta situación.

Entre 1994 y 1996 el índice bursátil decreció en términos reales. En 1997 presentó un repunte de 34.45% real como resultado de la recuperación económica, la inversión extranje-

ra y la disminución en las tasas de interés. Estos logros se evaporaron en 1998 con una caída mayor a 45% anual. En 1999 el índice presentó una expansión vigorosa (60.3% en términos reales) y al final del año alcanzó un máximo histórico de 7,130 puntos. Ese año la BMV fue de las que tuvo mayores ganancias en el mundo, con un incremento en el índice de 87.8% medido en dólares. No obstante lo anterior, el rendimiento en términos reales entre diciembre de 1997 y diciembre de 1999 resultó de sólo 2.3 por ciento.

INDICADORES DEL MERCADO DE VALORES, 1995-1999

	1995	1996	1997	1998	1999
Volumen de las transacciones (millardos de dólares)	$34.4	$43.0	$52.4	$74.2	$36.0
Índice de cotizaciones*	2,778.5	3,361.0	5,229.4	3,959.7	7,129.9
% cambio en dólares	-18.5	17.7	51.1	-38.0	87.8
Capitalización (millardos de pesos)	$91.4	$106.8	$156.2	$92.0	$152.9

* Al cierre del periodo.
Fuente: Banco de México, 2000.

TURISMO

El turismo tiene importancia económica como fuente de divisas y de empleo. De acuerdo a INEGI al iniciar 1998 cerca de 1.8 millones de personas trabajaban en este sector. En 1999 el número de visitantes fue de 10.06 millones: 81% de los Estados Unidos, 9% de Canadá, 3% de Europa y 2% de América Latina. Los principales destinos fueron la ciudad de México, las playas del Pacífico y Cancún en el mar Caribe. El país recoge entre 3% y 4% del turismo mundial.

La industria se ha beneficiado por la desregulación en las leyes de inversión, que han promovido el desarrollo de proyectos con capital privado y extranjero. Sin embargo, la industria sigue siendo vulnerable a desastres naturales, mal clima, incidentes internacionales y variaciones del peso. Entre 1980 y 1997, aparte de Haití, México tuvo el menor índice de mejoramiento por ingresos turísticos en América Latina. El promedio latinoamericano fue de un mejoramiento de 544%, el de México fue de 41 por ciento.

INDICADORES DE TURISMO, 1994-1999

	1994	1995	1996	1997	1998	1999*
Visitantes	7,135,000	7,785,000	8,982,000	9,794,000	10,192,400	10,062,000
Ingresos (millones de dólares)	$4,254	$4,051	$4,647	$5,303	$5,539	$5,425
Hoteles	8,744	8,820	9,050	9,184	9,545	10,055
Cuartos	363,579	370,298	381,522	382,364	396,968	419,608
Porcentaje de ocupación	50.4	51.2	53.3	56.4	56.4	56.3

* Cifras preliminares.
Fuente: INEGI, 2000.

ECONOMÍA INFORMAL

Se define como economía informal a aquellas actividades económicas que se desarrollan sin cumplir con las regulaciones legales. Quienes en ella participan no pagan impuestos ni cuentan con beneficios sociales. La principal causa de su surgimiento y desarrollo está en las limitaciones y la falta de oportunidades dentro de la economía formal.

Por su carácter clandestino, es difícil obtener una medición exacta de su tamaño, pero se sabe que tuvo un importante crecimiento tras la crisis de 1994. De acuerdo con estimaciones del gobierno su magnitud oscila entre 6.7 y 10% del PIB. De acuerdo con un estudio de la OCDE, es posible que llegue a representar hasta una tercera parte del PIB, es decir, unos $146 mil millones de dólares al año. De ser así, significa que supera en 58% al saldo de la deuda pública externa y que multiplica por cinco el monto actual de las reservas internacionales de divisas, que es de $30 mil millones de dólares. El INEGI estima que más de 60% de los micronegocios no cuentan con registro ante la Secretaría de Hacienda y Crédito Público.

MICRONEGOCIOS SEGÚN SECTOR DE ACTIVIDAD, 1996

SECTOR DE ACTIVIDAD	TOTAL	INFORMALES	FORMALES	UNIDADES ECONÓMICAS CENSALES
Total	7,019	4,270	353	2,396
Manufacturas	1,341	971	70	300
Comercio	2,767	1,416	42	1,309
Servicios	2,455	1,429	229	787
Otros	466	454	12	n.d.

n.d. No disponible.

Fuente: INEGI, 1998b.

El empleo en el sector informal representa casi 30% de la población económicamente activa y de acuerdo con la OCDE representa hasta 44% del empleo urbano total. Según la Organización Internacional del Trabajo 57% del empleo no agrícola en México está en el sector informal. En algunos subsectores de la economía informal un rasgo relevante son las condiciones laborales inadecuadas. La sobrejornada de trabajo es un fenómeno común en transporte, servicios y construcción.

La Secretaría de Hacienda y Crédito Público estima que este sector representa por lo menos $4,200 millones de dólares de ingresos fiscales anuales en potencia.

Entre los subsectores de mayor importancia de la economía informal están el de la construcción, la industria (empresas "formales" que venden parte de su producción a través del sector informal para evitar la carga fiscal y arte-sanos con pequeños talleres), los servicios (transporte y trabajadores domésticos) y, en particular, el comercio.

HORAS TRABAJADAS EN EL SECTOR INFORMAL SEGÚN RAMA DE ACTIVIDAD, 1996

RAMA DE ACTIVIDAD	TOTAL
Manufacturas (horas por semana)	39.1
Construcción	46.3
Comercio	42.1
Servicios	36.2
Transporte	50.7

Fuente: INEGI, 1998b.

Este último se manifiesta como "vendedores ambulantes", es decir, los comerciantes en las calles de las principales ciudades, que ya superaban el millón de personas para finales de 1999. Se estima que anualmente aumentan a un ritmo de 5 por ciento. Cerca de 71% de los vendedores ambulantes realiza sus actividades en instalaciones improvisadas en la vía pública, en tianguis, deambulando en la calle, desde su propio domicilio o en el de los clientes.

SECTOR EXTERNO

COMERCIO EXTERIOR

La crisis de comienzos de los ochenta fue el punto de partida para reorientar la política económica hacia el mercado externo y lograr la integración de México en la economía mundial. El proceso no se ha detenido. La apertura al exterior se expresa de muchas formas. Entre 1982 y 1988 las tarifas promedio a las importaciones disminuyeron de 29% a 13% y la participación de las exportaciones con respecto al PIB crecieron a un ritmo superior a 30 por ciento.

(☞ Secciones sobre TLC con América del Norte y Europa)

EVOLUCIÓN DE ARANCELES Y MEDIDAS PROTECCIONISTAS, 1980-1990

AÑO	PRODUCTOS INTERNOS PROTEGIDOS	PROMEDIO DE ARANCELES	PRODUCTOS INTERNOS PROTEGIDOS POR PRECIOS OFICIALES DE IMPORTACIÓN*
1980	64.0	22.8	13.4
1985	92.2	23.5	18.7
1986	46.9	24.0	19.6
1987	35.8	22.7	13.4
1988	23.2	11.0	
1989	22.1	12.8	
1990	19.0	12.5	

*A partir de 1988 los precios oficiales de importación fueron eliminados.
Fuente: Lustig, 1999.

En cuanto al desempeño del comercio exterior en la última década, en 1989 México tenía un superávit en la balanza comercial de $405 millones de dólares. Sin embargo en los siguientes cinco años la situación se revirtió y en 1994 el déficit en la balanza comercial alcanzó $18,500 millones de dólares.

Por la crisis de 1994 el peso perdió más de 55% de su valor en 1995. La devaluación, así como las medidas de austeridad, revirtieron las cifras del comercio exterior y en 1995 se registró un superávit de $7,100 millones de dólares. La apreciación del peso disminuyó el superávit durante 1996 y 1997 y en 1998 y en 1999 se ha registrado déficit.

El volumen del comercio exterior ha mantenido su tendencia a la alza. Para finales de 1999 el comercio exterior (la suma de las exportaciones e importaciones) representaba cerca de 60% del PIB; en 1994 era apenas de 34 por ciento. Los productos manufacturados son el principal componente de las exportaciones y en los últimos tres años han presentado un ritmo de crecimiento superior a 10% anual.

En 1999, cerca de 88% de las exportaciones y 74% de las importaciones se concertaron con Estados Unidos. Esta dependencia ha crecido en los últimos años, a pesar de los esfuerzos por diversificar los mercados. En agosto de 1999 los gobiernos de Guatemala, Honduras, El Salvador y México presentaron una propuesta para iniciar la última etapa de negociaciones para un acuerdo de libre comercio entre los cuatro países. Ese mismo mes se amplió el acuerdo de libre comercio con Chile y en noviembre de 1999 se terminó de negociar el acuerdo de libre comercio entre México y la Unión Europea. (☞ Tratado de Libre Comercio con la Unión Europea). De manera bilateral se ha buscado establecer acuerdos con Belice, Panamá, Ecuador, Perú y Trinidad y Tobago.

HECHOS RELEVANTES DE LA APERTURA AL EXTERIOR, 1984-1999

AÑO	HECHOS RELEVANTES
MIGUEL DE LA MADRID	
1984 (Feb)	Reprivatización de activos no bancarios
1986	Quiebra de Aeroméxico
1986	Se firma cuarta carta de intención con el FMI
	Ingreso al GATT
1987 (Dic)	Pacto de Solidaridad Económica
CARLOS SALINAS	
1989 (Mar)	Plan Brady
1989 (May)	Se anuncia la reprivatización bancaria
1990 (Jun)	Comienzan las negociaciones del TLC
1990 (Dic)	Venta de acciones de Telmex
1991 (May)	Se autoriza la inversión extranjera en Cetes y Tesobonos
1991 (May)	Telmex cotiza en la bolsa de valores de Nueva York
1991 (Jun)	Primer banco privatizado (Multibanco Mercantil)
1992 (Abr)	Las acciones de ICA se ofrecen simultáneamente en las bolsas de valores de México y Nueva York
1992	Acuerdo de libre comercio con Chile
1993 (Nov)	Se aprueba el TLC
1994 (Ene)	Comienza a operar el TLC
1994 (Abr)	Ingreso de México a la OECD
ERNESTO ZEDILLO	
1994 (Dic)	Crisis financiera en México
1995 (Mar)	Rescate financiero organizado por los Estados Unidos
1995	Acuerdo de libre comercio con Costa Rica, Bolivia, Venezuela y Colombia
1998 (Mar)	Acuerdo petrolero entre México, Arabia Saudita y Venezuela
2000 (Mar)	Acuerdo de libre comercio con la Unión Europea

Fuente: Heyman, 1999, García Reyes, 1997, y otras publicaciones.

PRINCIPALES EXPORTACIONES E IMPORTACIONES, 1994-1999 (MILLONES DE DÓLARES)

EXPORTACIONES FOB	1994	1995	1996	1997	1998	1999*
Manufacturas	$50,402	$66,558	$80,305	$94,802	$106,062	$122,186
Petróleo**	$7,445	$8,423	$11,654	$11,323	$7,134	$9,920
Agrícolas	$2,678	$4,016	$3,592	$3,828	$3,797	$4,145
Mineras	$357	$545	$449	$478	$466	$452
Total	$60,822	$79,542	$96,000	$110,431	$117,460	$136,703
IMPORTACIONES FOB						
Bienes de consumo	$9,510	$5,335	$6,657	$9,326	$11,109	$12,175
Bienes intermedios	$56,514	$58,421	$71,890	$85,336	$96,935	$109,359
Bienes de capital	$13,322	$8,697	$10,922	$15,116	$17,329	$20,530
Total	$79,346	$72,453	$89,469	$109,808	$125,373	$142,064
Balanza comercial	-$18,464	$7,089	$6,531	$623	-$7,913	-$5,361

* Cifras preliminares.

** Incluye productos derivados del petróleo.

Fuente: The Economist Intelligence Unit, 2000a y Banco de México, 2000.

PRINCIPALES SOCIOS COMERCIALES, 1994-1999

EXPORTACIONES FOB A: (%)	1994	1995	1996	1997	1998	1999*
Estados Unidos	84.9	83.6	83.9	85.6	87.8	88.4
Canadá	2.4	2.5	2.3	2.0	1.3	1.7
Japón	1.6	1.2	1.5	1.0	0.7	0.6
Unión Europea	4.6	4.2	3.7	3.6	3.3	3.9
Latinoamérica y el Caribe	5.0	6.1	6.6	6.1	5.0	3.9
IMPORTACIONES FOB DE: (%)						
Estados Unidos	69.0	74.4	75.6	74.7	74.5	74.3
Japón	4.8	4.7	4.4	3.9	2.8	3.3
Canadá	2.0	1.5	1.7	1.8	1.6	1.9
Unión Europea	11.3	8.0	8.0	8.4	7.9	9.0
Latinoamérica y el Caribe	3.8	2.7	2.0	2.2	2.1	2.3

* Cifras preliminares
Fuente: The Economist Intelligence Unit, 2000a y Banco de México, 2000.

CUENTA CORRIENTE

En los últimos treinta años México ha enfrentado problemas en sus cuentas con el exterior: sale más dinero que el que entra. De 1970 a 1982 el déficit en la cuenta corriente pasó de 3.5 a 5.3% del PIB. Entre 1982 y 1988 las devaluaciones y la moratoria en el servicio de la deuda restablecieron el equilibrio. Sin embargo, a partir de 1989 se agravó el desequilibrio y para 1994 el déficit alcanzaba los 29.7 mil millones de dólares (cerca de 7.0% del PIB). La imposibilidad de financiar este déficit fue el principal factor tras la devaluación de diciembre de 1994.

El cambio en la balanza comercial durante 1995 redujo el déficit a $1,600 millones de dólares. A partir de 1996, sin embargo, comenzó a ampliarse nuevamente y en 1998 el déficit llegó a $15.7 mil millones de dólares. En 1999 disminuyó a $14,012.8 millones de dólares, equivalente a 2.9% del PIB.

Los componentes que determinan el equilibrio de la cuenta corriente son (además de la balanza comercial) los servicios no factoriales, los servicios factoriales y las transferencias con el exterior.

En los servicios no factoriales, el turismo representa una importante fuente de ingresos. Durante 1999 los ingresos por ese concepto representaron $7,587 millones de dólares. Sin embargo, también hubo grandes egresos por el mismo concepto ($4,537 millones de dólares). La devaluación de 1995 disminuyó los flujos de turistas mexicanos al exterior. A medida que el peso se aprecia y la economía crece, los egresos se incrementan. A estas salidas de capital habría que agregar las salidas por concepto de fletes, seguros y otros, que para 1999 sumaron $4,149 millones de dólares.

En cuanto a los servicios factoriales, el elemento más importante de los egresos son los pagos de intereses, que en 1999 fueron de $12,977 millones de dólares. Los ingresos por servicios factoriales, por su parte, provinieron de los intereses que se obtuvieron de las reservas internacionales y de las inversiones de compañías mexicanas en el extranjero. También entran recursos por los honorarios, salarios y ganancias de mexicanos que viven en la frontera norte pero trabajan en los Estados Unidos.

Finalmente las remesas que envían los trabajadores migratorios desde Estados Unidos son una importante fuente de divisas.

CUENTA CORRIENTE, 1994-1999 (MILLONES DE DÓLARES)

	1994	1995	1996	1997	1998	1999*
Exportaciones FOB	$61	$79,542	$96,000	$110,431	$117,460	$136,703
Importaciones FOB	-$79,346	-$72,453	-$89,469	-$109,808	-$125,373	-$142,064
Balanza comercial	-$18,464	$7,089	$6,531	$623	-$7,742	-$5,361
Servicios no factoriales	-$1,969	$664	$548	-$530	-$559	-$1,619
Servicios factoriales	-$13,011	-$13,289	-$13,940	-$12,790	-$13,265	-$13,348
Transferencias	$3,782	$3,960	$4,531	$5,247	$6,012	$6,315
Saldo de la cuenta corriente	-$29,662	-$1,577	-$2,330	-$7,448	-$15,726	-$14,013

* Cifras preliminares.
Fuente: Banco de México, 2000.

SALDO DE LA CUENTA DE CAPITAL, 1994-1999 (MILLONES DE DÓLARES)

	1994	1995	1996	1997	1998	1999*
Préstamos o depósitos	$1,099.50	$22,951.70	-$12,193.50	-$8,819.70	$6,301.40	-$5,576.60
Inversión extranjera directa	$10,972.50	$9,526.30	$9,185.50	$12,829.60	$11,310.70	$11,568.10
Inversión extranjera de cartera	$8,182.20	-$9,714.70	$13,418.50	$5,037.10	-$579.20	$10,790.00
Activos	-$5,670.00	-$7,357.70	-$6,341.20	$6,715.80	$431.50	-$2,639.70
Saldo de la cuenta de capital	$14,584.20	$15,405.60	$4,069.20	$15,762.70	$17,464.50	$14,142.00

' Cifras preliminares.

Fuente: Banco de México, 2000.

FLUJOS DE CAPITAL Y DEUDA EXTERNA

CUENTA DE CAPITAL

En los finales de los setenta y la primera parte de los ochenta los problemas económicos provocaron que México sufriera una gran salida de capitales. Se estima que de 1975 a 1985 abandonaron el país más de $53 mil millones de dólares. Entre 1983 y 1988 salieron $19 mil millones de dólares. De 1989 a 1993 los flujos fueron positivos, pero en 1994 el ingreso de capitales del exterior se detuvo y el superávit por este concepto cayó hasta $14,600 millones de dólares. Desde entonces, la situación ha mejorado.

INVERSIÓN EXTRANJERA

El Tratado de Libre Comercio provocó un incremento notable en la inversión extranjera de cartera. La crisis financiera de 1995 provocó una gran salida de capitales de corto plazo. En 1996 y 1997 la recuperación económica atrajo inversiones al mercado accionario y de dinero, al tiempo que los flujos de inversión extranjera directa se mantenían altos. La incertidumbre económica mundial que prevaleció durante 1998 provocó una disminución en la inversión de cartera. Sin embargo, los flujos de inversión extranjera directa se mantuvieron. El 77% fue a la industria manufacturera, 8% al sector comercio y 5% a los servicios financieros. Para el periodo 1995-1999 el promedio anual de inversión directa fue de $10,800 millones de dólares.

Las restricciones a la inversión extranjera en México disminuyeron considerablemente durante los gobiernos de Miguel de la Madrid y Carlos Salinas de Gortari. La Ley de Inversiones Extranjeras que entró en vigor en 1993 permite al capital extranjero una participación de 100% en compañías mexicanas, excepto en las siguientes áreas:

1) Actividades reservadas para el Estado (entre otras): petróleo, hidrocarburos, petroquímica básica, distribución de electricidad, plantas nucleares y materiales radioactivos, telégrafos y correos, emisión de moneda.

2) Actividades reservadas para mexicanos: transporte terrestre de carga doméstica y transporte terrestre de pasajeros, venta de gasolina y distribución de gas líquido, televisión y radio abierta, uniones de crédito y bancos de desarrollo.

Existen además límites específicos a la participación extranjera en los siguientes rubros: 10% en cooperativas, 25% en transporte aéreo doméstico, 30% en grupos financieros y casas de bolsa, 49% en algunas actividades de los sectores financiero, comunicaciones, transporte y agricultura.

DEUDA EXTERNA

Por el tamaño de su deuda, México ocupa el segundo lugar en el mundo (el primer lugar lo ocupa Brasil). El crecimiento desmedido de ésta inició con Luis Echeverría (primer presidente en firmar una carta de intención con el Fondo Monetario Internacional) cuando alcanzó 500 por ciento. Con José López Portillo el monto casi se triplicó. En 1990 México logró un acuerdo de reestructuración con sus acreedores internacionales, para obtener disminuciones en las deudas de corto y largo plazo. Entre 1990 y 1994 la deuda externa pública aumentó poco, de $77.8 a $85.4 mil millones de dóla-

INVERSIÓN EXTRANJERA, 1994-1999 (MILLONES DE DÓLARES)

	1994	1995	1996	1997	1998	1999*
Total	$19,154.70	-$188.40	$22,603.90	$17,866.60	$10,371.60	$22,358.10
Inversión directa	$10,972.50	$9,526.30	$9,185.50	$12,829.60	$11,310.70	$11,568.10
Inversión en cartera	$8,182.20	-$9,714.70	$13,418.50	$5,037.10	-$579.20	$10,790.00
Mercado accionario	$4,083.70	$519.20	$2,800.60	$3,215.30	-$665.60	$3,769.20
Mercado de dinero	-$2,225.30	-$13,859.60	$907.50	$584.80	$214.10	$131.40

* Cifras preliminares.

Fuente: The Economist Intelligence Unit, 2000a y Banco de México, 2000.

res, pero el rescate internacional de 1995 la incrementó considerablemente.

En 1999 la deuda externa total representaba 33% del PIB. El servicio de esta deuda externa en 1999, incluyendo el sector público, privado y banca, fue de $24,100 millones de dólares.

RESCATE FINANCIERO DE 1995

ACREEDOR	MONTO (MILLARDOS DE DÓLARES)
Total	$48.8
Estados Unidos	$20.0
Fondo Monetario Internacional	$17.8
Canadá	$1.0
Bank of International Settlements	$10.0

Fuente: Lustig, 1999.

PAÍSES CON MAYORES DEUDAS EXTERNAS EN EL MUNDO, 1997 (MILLARDOS DE DÓLARES)

PAÍS	DEUDA
Brasil	$193.60
México	$153.60
China	$146.70
Corea del Sur	$143.30
Indonesia	$136.10
Rusia	$125.60
Argentina	$123.20
India	$94.40
Tailandia	$93.40
Turquía	$91.20
Malasia	$47.20

Fuente: The Economist, 2000.

DEUDA EXTERNA BRUTA, 1994-1999 (MILLARDOS DE DÓLARES)

	1994	1995	1996	1997	1998	1999*
Total	$142.20	$169.90	$164.30	$153.60	$161.30	$161.10
Sector público	$85.40	$100.90	$98.30	$88.30	$92.30	$92.30
Gobierno federal	$60.60	$77.80	$75.60	$67.40	$70.10	$70.30
Empresas públicas	$12.00	$11.70	$12.90	$12.30	$13.00	$13.80
Banca de desarrollo	$12.80	$11.40	$9.80	$8.60	$9.20	$8.10
Banca comercial	$25.10	$20.90	$19.20	$17.40	$17.00	$15.50
Banco de México	$3.90	$17.30	$13.30	$9.10	$8.40	$6.00
Sector privado no bancario	$27.80	$30.70	$33.50	$38.80	$43.70	$47.30

* Cifras preliminares.

Fuente: The Economist Intelligence Unit, 2000a y Banco de México, 2000.

RESERVAS INTERNACIONALES Y POLÍTICA CAMBIARIA

RESERVAS INTERNACIONALES, 1994-1999 (MILLONES DE DÓLARES)

	1994	1995	1996	1997	1998	1999*
Reservas totales** (final periodo)	$6,278.00	$16,847.00	$19,433.00	$28,797.00	$30,100.00	$30,700.00
Variaciones en las reservas	-$18,389.00	$9,593.00	$1,768.00	$10,494.00	$2,137.00	$593.60

* Cifras preliminares.
** No incluye oro
Fuente: The Economist Intelligence Unit, 1999.

TIPO DE CAMBIO, 1994-1999*

	1994	1995	1996	1997	1998	1999*
Dólar EUA	$3.375	$6.419	$7.599	$7.919	$9.136	$9.560
Dólar canadiense	$2.471	$4.677	$5.574	$5.719	$6.159	$6.447
Franco francés	$0.621	$1.314	$1.486	$1.366	$1.573	$1.569
Yen japonés	$0.033	$0.068	$0.070	$0.065	$0.070	$0.084
Libra Esterlina	$5.169	$10.133	$11.868	$12.968	$15.130	$15.724
Marco alemán	$2.080	$4.479	$5.05	$4.567	$5.191	$5.207

* Pesos por unidad, promedios anuales.
Fuente: The Economist Intelligence Unit, 2000a e INEGI, 2000.

Entre 1989 y 1993 se incrementaron anualmente las reservas internacionales. A comienzos de 1994 alcanzaban $29,200 millones de dólares. Con la devaluación de diciembre de 1994 se desplomaron dichas reservas y en unas semanas disminuyeron a $3,400 millones de dólares. Vino la recuperación y a finales de 1999 se ubicaban alrededor de los $30 mil millones de dólares, uno de los mayores montos en la historia de México.

Este aumento en las reservas ha permitido al Banco de México seguir una política flexible en el mercado cambiario. La gran devaluación entre diciembre de 1994 y noviembre de 1995 fue seguida por un proceso de apreciación en 1996 y 1997. Durante 1998 el peso nuevamente disminuyó su valor pero desde noviembre de ese año el tipo de cambio frente al dólar mostró una tendencia hacia la apreciación y la estabilidad. El Banco de México interviene en el mercado con $200 millones de dólares cada vez que el peso se devalúa más de 2% respecto del tipo de cambio del día anterior.

DESARROLLO, CALIDAD DE VIDA Y DISTRIBUCIÓN DEL INGRESO

Se estima que el PIB per cápita de México durante 1999 fue de unos $4,900 dólares. El ingreso per cápita se usa para medir el desarrollo de un país, pero es un indicador limitado pues se refiere únicamente a la riqueza económica. En 1990 el Programa de Naciones Unidas para el Desarrollo (PNUD) comenzó a publicar el Índice de Desarrollo Humano (IDH), que combina varios indicadores con los niveles de ingreso para lograr una mejor, aunque todavía imperfecta, apreciación del estado de avance de un país. El índice consiste en una escala del 0 al 1, en donde los países con una calificación mayor a 0.800 se consideran con un alto grado de desarrollo humano, los que tienen entre 0.500 y 0.799, con uno medio y de 0.500 para abajo, con un grado bajo.

De acuerdo al informe 2000 del IDH, México ocupa el lugar 55 del mundo y está entre los países con desarrollo

ÍNDICE DE DESARROLLO HUMANO, 2000

LUGAR	PAÍS	ÍNDICE IDH	LUGAR	PAÍS	ÍNDICE IDH
Alto desarrollo humano			32	Brunei Darussalam	0.848
1	Canadá	0.935	33	Bahamas	0.844
2	Noruega	0.934	34	República Checa	0.843
3	Estados Unidos	0.929	35	Argentina	0.837
4	Australia	0.929	36	Kuwait	0.836
5	Islandia	0.927	37	Antigua y Barbuda	0.833
6	Suecia	0.926	38	Chile	0.826
7	Bélgica	0.925	39	Uruguay	0.825
8	Países Bajos	0.925	40	Eslovaquia	0.825
9	Japón	0.924	41	Bahrein	0.820
10	Reino Unido	0.918	42	Qatar	0.819
11	Finlandia	0.917	43	Hungría	0.817
12	Francia	0.917	44	Polonia	0.814
13	Suiza	0.915	45	Emiratos Árabes Unidos	0.810
14	Alemania	0.911	46	Estonia	0.801
15	Dinamarca	0.911	**Desarrollo humano medio**		
16	Austria	0.908	47	Saint Kitts y Nevis	0.798
17	Luxemburgo	0.908	48	Costa Rica	0.797
18	Irlanda	0.907	49	Croacia	0.795
19	Italia	0.903	50	Trinidad y Tobago	0.793
20	Nueva Zelandia	0.903	51	Dominica	0.793
21	España	0.899	52	Lituania	0.789
22	Chipre	0.886	53	Seychelles	0.786
23	Israel	0.883	54	Granada	0.785
24	Singapur	0.881	**55**	**México**	**0.784**
25	Grecia	0.875	56	Cuba	0.783
26	Hong Kong (China)	0.872	57	Belarús	0.781
27	Malta	0.865	58	Belice	0.777
28	Portugal	0.864	59	Panamá	0.776
29	Eslovenia	0.861	60	Bulgaria	0.772
30	Barbados	0.858	61	Malasia	0.772
31	Corea, República de	0.854	62	Federación de Rusia	0.771

Fuente: PNUD, 2000.

medio. Once países latinoamericanos obtuvieron calificaciones más altas que México, entre ellos, Chile, Costa Rica, Argentina y Uruguay.

En términos generales, México presenta cifras razonables en algunos de sus indicadores sociales. La esperanza de vida alcanza los 74 años, el analfabetismo es de 9.8% y más de 95% de los niños en edad escolar acuden a la primaria. Desde 1970 se ha dado un incremento considerable en el acceso a los servicios públicos básicos como agua, electricidad y drenaje.

INDICADORES SOCIALES, 1970-1995

DISPONIBILIDAD EN VIVIENDA (%)	1970	1980	1990	1995
Agua por tubería*	61.0	70.7	79.4	87.0
Drenaje	41.5	51.0	63.0	76.7
Inodoro	31.8	43.7	63.6	82.9
Electricidad	58.9	76.5	87.5	93.52
Piso de tierra	n.d	n.d.	19.5	15.40

* El acceso a agua no necesariamente significa tuberías en el hogar. Un hogar cuyos residentes adquieren agua de alguna tubería en otra propiedad o de una toma pública se incluye entre los que tienen acceso a agua. Por otra parte, no se toma en consideración la calidad o cantidad del agua. Varias comunidades tienen acceso a agua sin tratamiento y, muchas veces, únicamente durante un lapso del día.

Fuente: INEGI, 2000.

© Carlos Hahn

Vivienda rural.

A pesar de estas mejoras, la pobreza sigue siendo generalizada y persistente, aunque hay estimaciones diferentes sobre su magnitud. El Banco Mundial considera que cerca de 40% de la población vive con menos de dos dólares al día. De acuerdo a Cepal e INEGI 43% de la población está por debajo de la línea de la pobreza y 28% de la población se encuentra en pobreza extrema (alrededor de 26.5 millones de personas). El gobierno, por medio de su programa Progresa, sostiene que el número de pobres extremos es de 18.8 millones.

Los extremos de la pobreza

No existe un consenso sobre la definición de pobreza extrema. El significado del término depende del método para calcularlo. En las estimaciones hechas por INEGI y Cepal, se entiende por pobreza extrema la condición en la que el ingreso total del hogar es menor al valor de la canasta alimentaria, es decir, cuando los ingresos no son suficientes para atender las necesidades alimentarias del grupo familiar.

A pesar de las diferencias numéricas, los analistas coinciden en algunas tendencias y características. En primer lugar, que desde hace más de veinte años no ha habido avances en el combate a la pobreza y que ha habido un aumento considerable de la población en pobreza extrema. También se acepta que ha habido una merma generalizada de los salarios y del poder adquisitivo.

EVOLUCIÓN DE LA POBREZA EN MÉXICO, 1984-1999

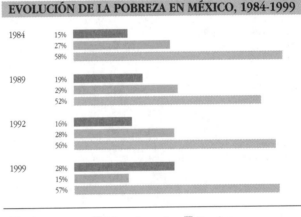

1984	15%
	27%
	58%
1989	19%
	29%
	52%
1992	16%
	28%
	56%
1999	28%
	15%
	57%

■ Pobreza extrema ■ Pobreza intermedia ■ No pobres

Fuente: *Este País*, septiembre 1999, con cifras de INEGI-Cepal.

PODER ADQUISITIVO DEL SALARIO MÍNIMO POR SEXENIO, 1940-1999

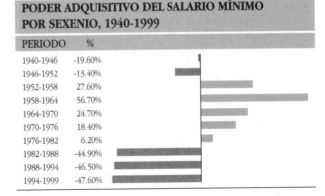

PERIODO	%
1940-1946	-19.60%
1946-1952	-13.40%
1952-1958	27.60%
1958-1964	56.70%
1964-1970	24.70%
1970-1976	18.40%
1976-1982	6.20%
1982-1988	-44.90%
1988-1994	-46.50%
1994-1999	-47.60%

Fuente: *El Universal*, 1999.

La pobreza tiene fuertes raíces en los problemas económicos de las zonas rurales. Los datos de 1992 sobre pobreza muestran que afecta de manera más grave a las

EVOLUCIÓN DEL SALARIO MÍNIMO, 1993-2000
PESOS POR DÍA

Periodo	Nacional[a]	Área geográfica		
		A	B	C
1993 Enero 1	13.06	14.27	13.26	12.05
1994 Enero 1	13.97	15.27	14.19	12.89
1995 Enero 1	14.95	16.34	15.18	13.79
1995 Abril 1	16.74	18.3	17	15.44
1995 Diciembre 4	18.43	20.15	18.7	17
1996 Abril 1	20.66	22.6	20.95	19.05
1996 Diciembre 3	24.3	26.45	24.5	22.5
1998 Enero 1	27.99	30.2	28	26.05
1998 Diciembre 3	31.91	34.45	31.9	29.7
2000 Enero 1	35.12	37.9	35.1	32.7

ÁREA A

Baja California: todos los municipios del estado

Baja California Sur: todos los municipios del estado

Municipios de Chihuahua: Guadalupe, Juárez, Praxedis G. y Guerrero

Distrito Federal

Municipio de Guerrero: Acapulco de Juárez

Municipios del Estado de México: Atizapán de Zaragoza, Coacalco de Berriozábal, Cuautitlán, Cuautitlán Izcalli, Ecatepec, Naucalpan de Juárez, Tlalnepantla de Baz y Tultitlán

Municipios de Sonora: Agua Prieta, Cananea, Naco, Nogales, Plutarco Elías Calles, Puerto Peñasco, San Luis Río Colorado y Santa Cruz

Municipios de Tamaulipas: Camargo, Guerrero, Gustavo Díaz Ordaz, Matamoros, Mier, Miguel Alemán, Nuevo Laredo, Reynosa, Río Bravo, San Fernando y Valle Hermoso

Municipios Veracruz: Agua Dulce, Coatzacoalcos, Cosoleacaque, Las Choapas, Ixhuatlán del Minatitlán, Moloacán y Nanchital de Lázaro Cárdenas del Río

ÁREA B

Municipios de Jalisco: Guadalajara, El Salto, Tlajomulco, Tlaquepaque, Tonalá y Zapopan

Municipios de Nuevo León: Apodaca, San Pedro, Garza García, General Escobedo, Guadalupe, Monterrey, San Nicolás de los Garza y Santa Catarina

Municipios de Sonora: Altar, Atil, Bácum, Benito Juárez, Benjamín Hill, Caborca, Cajeme, Carbó La Colorada, Cucurpe, Empalme, Etchojoa, Guaymas, Hermosillo, Huatabampo, Imuris, Magdalena, Navojoa, Opodepe, Oquitoa, Pitiquito, San Ignacio Río Muerto, San Miguel de Horcasitas, Santa Ana, Sáric, Suaqui Grande, Trincheras y Tubatama

Municipios de Tamaulipas: Aldama, Altamira, Antiguo Morelos, Cd. Madero, Gómez Farías, González, El Mante, Nuevo Morelos, Ocampo, Tampico y Xicoténcatl

Municipios de Veracruz: Coatzintla, Tuxpan y Poza Rica de Hidalgo

ÁREA C

Todos los municipios de los estados de: Aguascalientes, Campeche, Coahuila, Colima, Chiapas, Durango, Guanajuato, Hidalgo, Michoacán, Morelos, Nayarit, Oaxaca, Puebla, Querétaro, Quintana Roo, San Luis Potosí, Sinaloa, Tabasco, Tlaxcala, Yucatán y Zacatecas

Más todos los municipios de los estados de: Chihuahua, Guerrero, Jalisco, México, Nuevo León, Sonora, Tamaulipas y Veracruz no comprendidos en las áreas A y B.

[a] Ponderado con la población asalariada.

Fuente: INEGI, con base en cifras de la Comisión Nacional de Salarios Mínimos, 2000.

---

poblaciones rurales. Sin embargo, ello no significa que en las zonas urbanas el problema de la pobreza extrema sea menor. En términos absolutos, de acuerdo con cálculos de Cepal y del investigador Julio Boltvinik, el número de pobres extremos en las ciudades cuando menos iguala, si es que no supera los del campo.

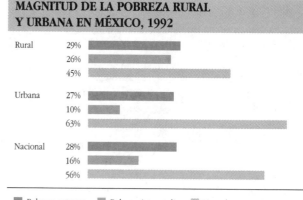

MAGNITUD DE LA POBREZA RURAL Y URBANA EN MÉXICO, 1992

Rural: 29%, 26%, 45%
Urbana: 27%, 10%, 63%
Nacional: 28%, 16%, 56%

■ Pobreza extrema ■ Pobreza intermedia ■ No pobres

Fuente: *Este País*, septiembre 1999.

También hay una inequitativa distribución del ingreso que se ha agravado en los últimos 20 años. El 10% más rico del país ha visto incrementar su participación de la riqueza nacional de 34.2% en 1984 a 39.1% en 1996. El 60% más bajo ha pasado de 26.8% en 1984 a 24.7% para 1996. El 10% más pobre únicamente recibe 1.2% del ingreso nacional. La brecha que existe entre el 20% más rico y el 20% más pobre es una de las más altas del mundo.

DISTRIBUCIÓN DEL INGRESO EN MÉXICO, 1977-1996

DECILES (%)	1977	1984	1989	1992	1994	1996
I (más bajo ingreso)	0.9	1.2	1.1	1.0	1.0	1.2
II	2.0	2.7	2.5	2.3	2.3	2.6
III	3.1	3.9	3.5	3.4	3.3	3.6
IV	4.3	5.0	4.6	4.4	4.3	4.6
V	5.8	6.3	5.8	5.5	5.3	5.7
VI	7.4	7.7	7.2	6.8	6.7	7.0
VII	9.5	9.7	9.0	8.7	8.4	8.8
VIII	12.5	12.4	11.4	11.3	11.2	11.3
IX	17.7	17.0	15.9	16.1	16.3	16.2
X (más alto ingreso)	36.7	34.2	39.0	40.5	41.2	39.1

Fuente: Cortés, 1999.

Mientras que 28 millones de trabajadores mexicanos perciben ingresos de hasta dos salarios mínimos, la fortuna de las 11 familias más ricas en México equivale al PIB per cápita de 5.3 millones de habitantes.

DISTRIBUCIÓN DEL INGRESO SEGÚN PAÍSES SELECCIONADOS, 1998

PAÍS	20% MÁS POBRE	20% MÁS RICO	COEFICIENTE DE GINI*
Brasil	2.5	63.4	59.0
Chile	3.5	61.0	56.5
México	**3.8**	**55.3**	**53.7**
Venezuela	4.3	51.8	46.8
Costa Rica	4.3	50.6	46.0
Uruguay	5.0	48.7	43.0
Filipinas	5.9	49.6	42.9
Estados Unidos	4.8	45.2	40.1
Israel	6.9	42.5	35.5
Argelia	7.0	42.6	35.3
Australia	7.0	42.6	33.7
Francia	7.2	40.1	32.7
Reino Unido	7.1	39.8	32.6
Canadá	7.5	39.3	31.5
India	9.2	39.3	29.7
Alemania	9.0	37.1	28.1
Bélgica	9.5	34.5	25.0
Suecia	9.6	34.5	25.0

* Un coeficiente de Gini de 0 representa igualdad perfecta, un coeficiente de 100 representa desigualdad absoluta.
Fuente: World Bank, 1999.

A la desigualdad entre las clases sociales habría que agregar la inequitativa distribución del ingreso y los logros en la calidad de vida entre las diversas entidades del país. El ingreso per cápita en los estados con más alto ingreso triplica el de los estados con más bajo ingreso.

En particular los estados de Chiapas, Oaxaca y Guerrero presentan altos grados de marginación y pocos avances para los últimos 30 años.

ENTIDADES CON EL MÁS ALTO Y MÁS BAJO INGRESO PER CÁPITA, 1999

ESTADO	INGRESO ANUAL PER CÁPITA (DÓLARES)
Oaxaca	$2,029
Chiapas	$2,045
Guerrero	$2,523
Michoacán	$2,635
Zacatecas	$2,711
Veracruz	$2,740
Nacional	**$4,926**
Baja California Sur	$6,828
Estado de México	$7,334
Distrito Federal	$7,334
Nuevo León	$8,420
Quintana Roo	$8,944
Campeche	$9,027

Fuente: *Reforma*, 2000.

GRADO DE MARGINACIÓN POR ENTIDAD FEDERATIVA, 1970 Y 1995

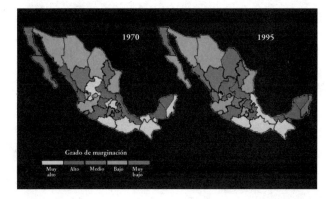

Fuente: Conapo, 1999.

Transporte y Comunicaciones

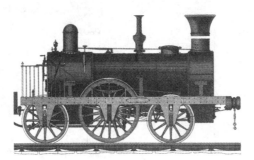

En los años noventa se transformó el marco jurídico para fomentar la inversión privada en la operación, desarrollo y expansión de la infraestructura de transporte y comunicaciones. Esa transformación y la apertura al exterior están modificando lo que sucede en este terreno. Aunque los avances son indudables también hay rezagos y aspectos negativos.

Indicadores principales

En cinco años el sector ha crecido un 24% (por un 10.4% de la economía). Puntean las comunicaciones que en cinco años han tenido un incremento real del 61.3% (comparado con un 15% en transporte).

En 1999 el movimiento de carga llegó a 785.7 millones de toneladas, un 13% de aumento con respecto al año anterior.

En ese mismo año hubo 3,074.4 millones de viajes-persona (estimación). El transporte de carga y pasajeros se hizo por carretera en un 98.7% y 59.1%, respectivamente.

PRINCIPALES INDICADORES DEL SECTOR COMUNICACIONES Y TRANSPORTES, 1990-1999

PIB de transporte, almacenaje y comunicaciones (millones de pesos de 1993)

CONCEPTO	1990	1991	1992	1993	1994	1995	1996	1997	1998	1999*
Total sectorial	$94,872.6	$98,124.8	$103,317.1	$107,480.1	$116,842.1	$111,081.2	$120,000.7	$131,922.7	$145,299.2	$153,963.7
Transporte y almacenamiento	$81,860.8	$83,802.5	$85,403.8	$87,185.7	$93,183.9	$85,922.7	$91,532.1	$101,226.7	$107,126.9	$110,053.9
Comunicaciones	$13,011.8	$14,322.3	$17,913.3	$20,294.4	$23,658.2	$25,158.5	$28,468.6	$30,696.1	$38,172.3	$43,911.9

Movimiento de pasajeros y carga por modo de transporte total (millones de pasajeros y de toneladas)

CONCEPTO	1990	1991	1992	1993	1994	1995	1996	1997	1998	1999*
Pasajeros	2,007.9	2,113.6	2,233.7	2,360.1	2,677.7	2,728.3	2,790.0	2,297.8	2,576.1	3,074.4
Carga	535.0	548.7	572.0	600.7	594.2	605.8	651.0	614.3	694.5	785.7
Carretero										
Pasajeros	1,966.6	2,071.6	2,189.9	2,319.4	2,636.1	2,691.3	2,750.4	2,257.6	2,536.4	3,033
Carga	314.7	327.8	341.1	366.6	356.5	366.7	383.3	332.5	380.8	464.5
Ferroviario										
Pasajeros	17.1	14.9	14.7	10.9	7.2	6.7	6.7	5.1	1.6	0.7
Carga	51.0	46.4	48.7	50.4	52.1	52.5	58.8	61.7	75.9	80.4
Marítimo										
Pasajeros	3.8	4.6	4.7	4.6	5.3	5.1	6.4	6.2	7.2	7.8
Carga	169.1	174.3	182.0	183.5	185.4	186.3	208.6	219.7	237.4	240.4
Aéreo										
Pasajeros	20.4	22.5	24.4	25.2	29.1	25.2	26.5	28.9	30.9	33.0
Carga	0.2	0.2	0.2	0.2	0.2	0.3	0.3	0.3	0.4	0.4

* Cifras estimadas.

Fuente: Zedillo, 1999.

Torre central de telecomunicaciones, en la sede de la Secretaría de Comunicaciones y Transportes, México, D.F.

TRANSPORTE

CAMINOS Y AUTOTRANSPORTE

INFRAESTRUCTURA

En 1998 la red nacional de carreteras tenía 365,119 kilómetros. La red de carreteras de cuota tiene una extensión de 6,335 km, de los cuales 5,140 corresponden a más de 50 autopistas de cuatro o más carriles. La empresa paraestatal Caminos y Puentes Federales de Ingreso (Capufe) es propietaria de 11 y administra 31 (controla el 92% del total).

Las carreteras son un buen ejemplo de los costos negativos que puede tener una privatización hecha con prisas, descuidos y controles insuficientes. Durante el gobierno de Carlos Salinas de Gortari se concesionó a compañías privadas la construcción y operación de carreteras de cuota que desde el inicio tuvieron problemas por el alza de los costos de construcción, los bajos aforos y las tarifas elevadas. Un añadido fueron los rezagos en el mantenimiento y conservación de la infraestructura existente. La respuesta oficial fue crear, en 1995, el Programa de Reestructuración Financiera de las Autopistas Concesionadas que tuvo un costo para el contribuyente de 14,400 millones de unidades de inversión (UDI).

Entronque en la autopista Guadalajara-Tepic.

LONGITUD Y CARACTERÍSTICAS DE LA RED DE CARRETERAS, 1991-1998 (KILÓMETROS)

AÑO	NO PAVIMENTADAS	PAVIMENTADAS	TOTAL
1991	156,031	85,931	241,962
1993	156,812	88,371	245,183
1995	211,442	96,541	307,983
1997	227,617	96,360	323,977
1998	260,817	104,302	365,119

Fuente: SCT, en http://www.sct.gob.mx

PORCENTAJES, 1990-1999

	1990	1991	1992	1993	1994	1995	1996	1997	1998	1999*
PIB del sector comunicaciones y transportes/PIB total	8.3	8.3	8.4	8.6	8.9	9.0	9.3	9.5	10.0	10.4
PIB del sector comunicaciones y transportes/PIB sector servicios	13.7	13.5	13.7	13.9	14.5	14.7	15.3	15.8	16.7	17.2
Participación del transporte carretero en el movimiento total de transporte										
Pasajeros	97.9	98.0	98.0	98.3	98.4	98.6	98.6	98.3	98.5	98.7
Carga	58.8	59.7	59.6	61.0	60.0	60.5	58.9	54.1	54.8	59.1

* Cifras estimadas.

Fuente: Zedillo, 1999.

PARQUE VEHICULAR EN MÉXICO, 1999

TOTAL DE AUTOMOTORES	14.49 MILLONES
Automóviles	67.7%
Camiones de carga	31.5%
Autobuses de pasajeros	0.8%
Vehículos por cada mil personas	147
Automóviles propiedad de particulares	95%
Modelos compactos y subcompactos	80%
Flota de autobuses de autotransporte público federal	62,785

Fuente: Instituto Mexicano del Transporte, 1999.

En 1997 el Gobierno federal retomó 23 concesiones e inició el Programa de Consolidación de Autopistas de Cuota. Para poner en marcha este programa se creó el Fideicomiso de Apoyo al Rescate de Autopistas Concesionadas. El costo fiscal de la reestructuración será a largo plazo y se estima en el orden de 19,000 millones de pesos.

El principal medio para la distribución de mercancías es la red de carreteras. Durante 1999 se desplazó por este medio 59.1% del traslado de la carga total y 98.7% del total de pasajeros. Hay un costo social: en 1998 ocurrieron 60,951 accidentes con un saldo de 35,086 lesionados y 5,064 muertos. El daño material se estima en 1,236.1 millones de pesos. Otro costo igualmente evidente es la contaminación ambiental correspondiente que resulta de la excesiva dependencia del automóvil y el descuido del transporte por mar.

PAÍSES SELECCIONADOS CON MAYOR Y MENOR NÚMERO DE AUTOMÓVILES, 1997

MAYOR NÚMERO DE AUTOMÓVILES POR CADA MIL HABITANTES		
1	Líbano	731
2	Brunei	575
3	Italia	568
4	Luxemburgo	561
5	Estados Unidos	518

MENOR NÚMERO DE AUTOMÓVILES POR CADA MIL HABITANTES		
1	República de África Central	0.1
2	Somalia	0.1
3	Tajikistán	0.1
4	Armenia	0.3
5	Mozambique	0.3

Fuente: *The Economist*, 1999.

PRINCIPALES CARRETERAS

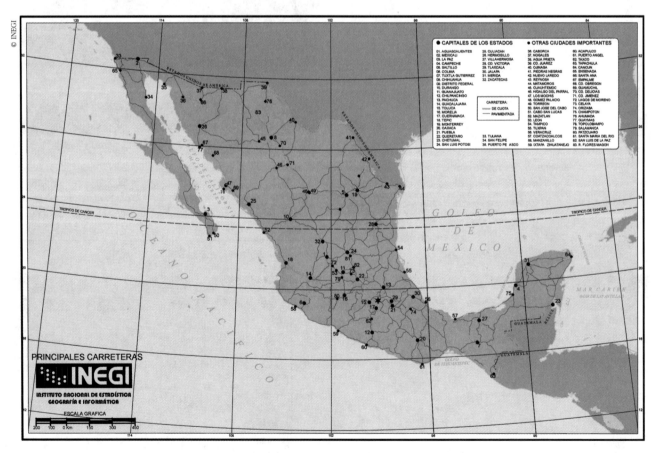

Fuente: INEGI en http://www.inegi.gob.mx.

PRINCIPALES INDICADORES OPERATIVOS DEL SECTOR CARRETERAS, 1995-1999

CONCEPTO	1995	1996	1997	1998	1999
Tráfico de pasajeros, vehículos y carga					
Pasajeros (millones de personas)	2,691	2,750	2,258	2,536	3,033
Aforo en autopistas de cuota (promedio de vehículos diario)	463,645	495,699	541,615	587,206	n.d.
Carga (millones de toneladas)	367	383	332	381	464.5
Seguridad vial (carreteras federales)					
Infracciones	203,392	256,921	279,420	197,988	n.d.
Accidentes ocurridos	58,270	58,156	61,147	60,951	n.d.
Lesionados	33,860	33,325	34,952	35,086	n.d.
Muertos	4,678	4,810	4,975	5,064	n.d.
Costo económico (millones de pesos)	671.5	762.1	998.9	1,236.1	n.d.

n.d. No disponible.

Fuente: SCT, en http://www.sct.gob.mx y Zedillo, 1999.

PRINCIPALES SEÑALES DE TRÁNSITO

SEÑALES INFORMATIVAS DE SERVICIOS Y TURÍSTICAS

SEÑALES RESTRICTIVAS

SEÑALES PREVENTIVAS

DISTANCIAS EN CARRETERAS MEXICANAS

Instrucciones: la distancia entre dos ciudades se encuentra en la intersección de la columna y renglón correspondientes. Ejemplo: Desea saber la distancia de la ciudad de México a Chihuahua. Vea la intersección de la columna de Chihuahua con el renglón de la ciudad de México. Distancia: 1,468 km.

El kilometraje considerado en la tabla de distancias se rige por los siguientes criterios: 1) el punto de partida es el centro de la ciudad; 2) seguir el curso de las autopistas; 3) las carreteras en mejores condiciones y más seguras, y 4) las distancias más cortas entre poblaciones.

Acapulco, Gro.

Distancias	Ciudad
899	Aguascalientes, Ags.
1501 1665	Campeche, Camp.
1994 2158 493	Cancún, Q.R.
1208 1742 725 1218	Ciudad Cuauhtémoc, Chis.
2228 1356 2994 3491 3071	Ciudad Juárez, Chih.
1090 518 1600 2093 1707 1441	Ciudad Victoria, Tamps.
686 452 1847 2344 1894 1756 888	Colima, Col.
299 600 1209 1706 1253 1929 791 782	Cuernavaca, Mor.
1649 966 2415 2912 2492 1465 1582 917 1350	Culiacán, Sin.
1703 2871 429 380 850 3200 1806 2053 1415 2621	Chetumal, Q.R.
113 786 1395 1892 1321 2115 977 968 186 1536 1601	Chilpancingo, Gro.
1856 979 2622 3119 2699 373 1068 1379 1557 1200 2828 1743	Chihuahua, Chih.
1308 433 2074 2571 2151 1040 848 833 1009 533 2280 1195 667	Durango, Dgo.
5288 2605 4054 4551 4131 1368 2709 2556 2989 1647 4260 3175 1641 2172	Ensenada, B.C.
934 250 1700 2197 1777 1554 686 202 635 715 1906 821 1177 651 2354	Guadalajara, Jal.
753 184 1519 2016 1596 1540 574 436 454 1011 1725 640 1163 617 2650 296	Guanajuato, Gto.
2337 1654 3103 3600 3180 769 1758 1605 2038 696 3309 2224 690 1221 951 1403 1699	Hermosillo, Son.
4697 4014 5463 5960 5540 2777 4118 3965 4398 3056 5669 4584 5050 3581 1409 3763 4059 2360	La Paz, B.C.S.
781 128 1547 2044 1624 1484 547 482 482 945 1753 668 1107 230 66 163 3993	León, Gto.
675 549 1945 2442 1883 1853 985 98 880 942 2151 788 1476 302 2581 299 543 1630 3990 530	Manzanillo, Col.
1377 824 1856 2349 1963 1480 506 1194 1078 1420 2062 1264 1107 887 2748 992 866 1797 4157 853 1291	Matamoros, Tamps.
1438 755 2204 2701 2281 1362 1170 706 1139 211 2410 1325 989 322 1850 504 800 899 3259 734 731 1209	Mazatlán, Sin.
1679 1843 178 315 903 3172 1778 2025 1387 2599 413 1573 2800 2252 4232 2358 1697 3281 5641 2125 2123 2034 2382	Mérida, Yuc.
3032 2349 5798 4295 3875 1112 2453 2300 2733 1391 4004 2919 1385 1916 256 2098 2394 695 1665 2528 2325 2492 1594 3976	Mexicali, B.C.
388 511 1154 1651 1231 1840 702 693 89 1261 1560 275 1468 920 2900 546 365 1949 4309 393 791 989 1050 1332 2644	México, D.F.
652 322 1456 1953 1533 1678 741 391 391 983 1662 518 1301 755 2622 268 186 1671 4051 194 484 1047 772 1634 2366 302	Morelia, Mich.
1313 588 1885 2378 1992 1586 285 988 1014 1096 2091 1200 783 565 2424 786 708 1473 3833 714 1085 324 885 2063 2168 925 903	Monterrey, N.L.
2621 1937 3387 3464 613 2022 1889 2522 980 3593 2508 954 1505 883 1687 1983 284 2292 1917 1914 2061 1183 3565 627 2233 1955 1737	Nogales, Son.
1537 812 2109 2602 2216 1380 509 1212 1238 1320 2315 1424 1007 787 2648 1010 932 1697 4763 958 1309 360 1109 2287 2392 1149 1138 224 1961	Nuevo Laredo, Tamps.
703 965 1001 1494 797 2294 1127 1147 456 1715 1207 590 1922 1574 3354 1000 819 2403 4763 847 1245 1330 1504 1179 3098 454 756 1359 2687 1583	Oaxaca, Oax.
476 528 1213 1710 1319 1855 614 781 177 1307 1419 365 1482 933 2988 592 582 1995 4355 410 879 888 1138 1391 2732 88 390 900 2321 1124 513	Pachuca, Hgo.
1655 942 2295 2786 2400 1418 693 1342 1356 1358 2502 1542 1045 825 2686 1140 1101 1735 3517 170 1439 544 1147 2471 2430 1267 1298 408 1999 184 1767 1308	Piedras Negras, Coah.
477 634 1031 1528 1108 1963 796 816 178 1384 1237 364 1591 1043 3023 660 488 2072 4432 516 914 999 1173 1209 2767 123 425 1048 2356 1272 331 182 1390	Puebla, Pue.
603 296 1369 1866 1624 1611 494 304 1075 1575 490 1247 701 2714 360 150 1763 4123 178 592 867 864 1547 2458 215 195 708 2047 952 1103 338	Querétaro, Qro.
1416 808 1866 2359 1973 1576 516 1208 1107 1516 2072 1295 1003 783 2644 1006 876 1695 4055 934 1305 104 1105 2044 2388 1018 1063 220 1957 256 1340 898 440 1009 877	Reynosa, Tamps.
642 1252 859 1352 566 2561 1208 1328 725 1715 1061 755 2189 1641 3621 1267 1086 2670 5050 114 1317 1464 1771 1057 3365 721 1023 1495 2954 1717 267 809 1901 598 936 1474	Salina Cruz, Oax.
1216 503 2413 2465 2059 1071 570 903 917 1011 2176 1105 698 478 2339 701 662 1388 5748 631 1000 409 800 2160 2083 828 859 85 1652 309 1282 843 439 951 664 305 1549	Saltillo, Coah.
811 168 1573 2074 1654 1422 350 538 512 1032 1783 698 1045 409 2671 336 210 1720 4080 197 635 656 821 1755 2415 423 397 517 2005 741 877 438 888 546 202 666 1144 449	San Luis Potosí, S.L.P.
876 574 1355 1848 1462 1686 245 944 577 1438 1561 763 1315 905 2954 742 616 2005 4365 603 1041 501 1227 1523 2698 488 790 530 2267 754 829 587 938 498 499 511 963 615 406	Tampico, Tamps.
1100 1690 896 1389 171 3019 1593 1786 1147 2440 1021 1213 2647 2099 4079 1725 1544 5128 5488 1572 1775 1849 2229 1074 3825 1179 1481 1878 3412 2102 691 1204 2286 1022 1394 1859 458 2007 1602 1348	Tapachula, Chis.
1150 466 1916 2413 1996 1608 902 418 451 499 2122 1057 1235 568 2138 216 512 1187 3547 446 443 1208 280 2094 1882 762 484 1002 1471 1226 1216 808 1356 885 576 1222 1483 917 552 958 1941	Tepic, Nay.
3202 2519 3968 4465 4045 1282 2623 2470 2905 1561 4174 3089 1555 2086 116 2268 2564 865 1525 2498 2495 2662 1764 4146 170 2814 2536 2358 785 2562 3268 2860 2600 2937 2628 2558 3535 2253 2585 2668 3995 2052	Tijuana, B.C.
510 624 1059 1556 1141 1953 815 806 202 1374 1265 388 1581 1033 3013 506 478 2062 4422 506 824 966 1161 1257 2757 113 415 1038 2346 1262 1364 149 180 33 328 976 631 941 536 465 1055 875 2927	Tlaxcala, Tlax.
285 491 1218 1715 1295 1819 756 629 153 1127 1424 280 1442 896 2836 482 345 1585 4245 373 727 1053 986 1396 2580 64 238 903 2169 1127 518 152 1298 187 195 1072 785 699 408 552 1243 698 2750 367	Toluca, Méx.
1584 536 2150 2647 2227 840 601 916 1085 780 3456 1271 467 247 2108 714 700 1157 3517 164 1013 640 569 2328 1852 846 2175 315 1119 775 1717 231 582 846 2175 412 1736 3788 884 1038 1970	Torreón, Coah.
951 1485 634 1127 257 2814 1398 1637 996 2235 759 1064 2442 1894 3874 1520 1339 2923 5385 1367 1626 1654 2024 812 3618 974 1276 1685 5207 1907 540 1062 2091 851 1189 1664 309 1802 1397 1115 412 1736 1588 3788 884 1038 1970	Tuxtla Gutiérrez, Chis.
775 929 862 1359 917 2258 738 1111 476 1676 1448 662 1896 1338 3518 964 783 2367 4727 811 1209 994 1468 1040 3062 418 720 1023 2651 1247 382 422 1431 298 653 1004 470 1246 841 493 855 1180 3252 563 482 1414 660	Veracruz, Ver.
1120 1284 381 878 488 2613 1219 1466 828 2034 587 1014 2241 1693 3673 1319 1138 2722 5062 1166 1564 1745 1823 559 3417 773 1075 1504 3006 1728 620 852 1912 650 988 1485 478 1601 1196 974 659 1535 3587 678 857 1769 295 481	Villahermosa, Tab.
671 817 959 1456 1032 2146 716 999 372 1567 1165 558 1774 1226 3206 852 671 2555 4615 699 1097 972 1356 1137 2950 306 608 1001 2539 1225 437 307 1409 194 521 982 585 1134 729 471 970 1068 3120 194 370 1302 775 115 578	Xalapa, Ver.
1005 130 1771 2268 1848 1226 546 550 706 436 1977 892 849 303 2475 328 514 1532 3884 258 627 782 625 1949 2219 617 452 458 1807 1071 630 812 740 398 678 1358 373 196 602 1796 544 2389 730 593 386 1591 1035 1390 923	Zacatecas, Zac.

Fuente: *Guía Roji*, 1999.

FERROCARRILES

El ferrocarril Chihuahua al Pacífico fue una de las obras más notables de Ferrocarriles Nacionales en su etapa anterior a la privatización.

Los ferrocarriles mexicanos se encuentran en transformación. Aunque se ha desplomado el número de pasajeros que los utiliza, repunta su participación en el transporte de carga.

Durante 1997-98 se concesionaron por un lapso de 50 años tres de las principales líneas troncales (Noreste, Pacífico-Norte y Sureste), dos líneas cortas y 75% de la Terminal Ferroviaria del Valle de México. Actualmente 98% de los servicios de carga y 81% de las vías principales son operadas por particulares. Sólo quedaron excluidas de la venta algunas líneas cortas que operan con grandes pérdidas; por cuestiones estratégicas y políticas el gobierno ha conservado el ferrocarril que atraviesa el Istmo de Tehuantepec

Casi 50% de la carga movida por ferrocarril se relaciona con el comercio exterior: 27.9 millones de toneladas son productos de importación y 11.2 millones de exportación. Al igual que en el transporte por carretera, en el tráfico ferroviario predominan los flujos hacia la ciudad de México.

Por otro lado, un indicador positivo de una mayor eficiencia es que aun cuando no ha crecido la longitud de la red ferroviaria, sí se ha incrementado notablemente el tonelaje transportado.

VÍAS FÉRREAS

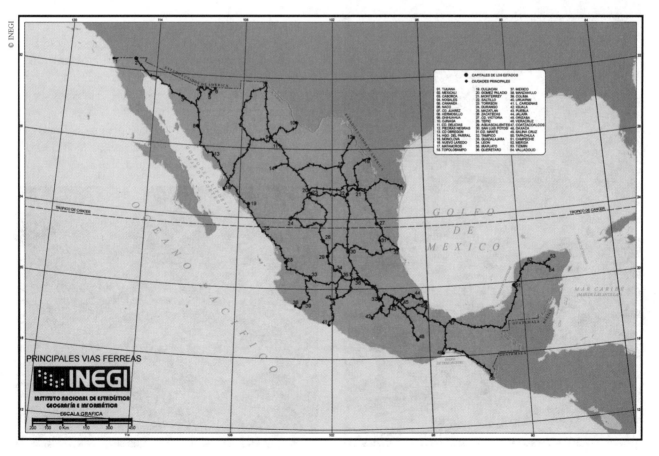

Fuente: INEGI en http://www.inegi.gob.mx

INDICADORES DEL SECTOR FERROVIARIO, 1990-1999

CONCEPTO	1990	1991	1992	1993	1994	1995	1996	1997	1998	1999
Infraestructura y operación ferroviarias										
Longitud total de la red (km)	26,361	26,334	26,445	26,445	26,477	26,613	26,623	26,623	26,623	26,595
Vía principal	20,351	20,324	20,445	20,445	20,477	20,688	20,688	20,688	21,056	21,185
Vías secundarias	4,537	4,537	4,460	4,460	4,460	4,380	4,380	4,380	3,683	3,553
Vías particulares	1,473	1,473	1,540	1,540	1,540	1,545	1,555	1,555	1,884	1,857
Pasajeros transportados (millones)	17.1	14.9	14.7	10.9	7.2	6.7	6.7	5.1	1.6	0.7
Carga transportada por el sistema ferroviario nacional (miles de ton.)										
Total	50,960	46,405	48,705	50,377	52,052	52,480	58,831	61,666	75,914	80,420
Terminados de acero	979	1,003	1,270	977	1,291	1,621	2,283	2,344	2,693	2,830
Productos agroindustriales y agrícolas	11,495	10,846	13,029	13,501	14,925	13,308	14,795	14,714	19,799	21,574
Transportación de contenedores	475	816	932	1,309	1,235	1,529	1,899	1,146	2,164	2,300
Cementos y derivados	7,335	6,659	7,475	8,496	8,342	7,695	9,363	9,953	11,641	12,432
Derivados del petróleo y petroquímica	4,411	4,257	4,735	4,955	4,589	4,729	4,227	5,322	7,468	7,711
Papel y derivados	2,004	2,005	2,183	2,057	2,218	2,487	2,330	2,369	2,988	3,025
Productos pesados e industriales	23,669	20,236	18,509	18,584	18,849	20,447	23,169	25,010	27,968	29,328
Otros productos	592	583	572	498	603	664	765	808	1,193	1,220

Fuente: Zedillo, 1999.

TRANSPORTE MARÍTIMO

Desde 1993 la operación de muelles y otros servicios relacionados depende de las Administraciones Portuarias Integrales (API). En 1995 comenzó el proceso de privatización y se autorizó a inversionistas extranjeros a participar con 49% del capital en las API y actualmente 21 de ellas, manejadas por particulares, se hacen cargo de la operación de las principales instalaciones portuarias del país.

La principal actividad de las API es el manejo de carga. En el caso de los contenedores, los niveles de productividad ya se comparan con los estándares internacionales de 50 contenedores por hora/buque en operación. También se ha logrado mayor eficiencia en la prestación de servicios, en la construcción de terminales e instalaciones especializadas, en la adquisición de equipos y, en general, en la eficiencia y aprovechamiento de la infraestructura portuaria.

Puerto Progreso, Yucatán.

Puerto de Tampico, Tamaulipas.

INDICADORES DEL SECTOR MARÍTIMO, 1990-1999

CONCEPTO	1990	1991	1992	1993	1994	1995	1996	1997	1998	1999
Infraestructura portuaria										
Puertos										
Marítimos	76	76	76	76	76	76	76	96	96	97
Fluviales	9	9	9	9	9	9	9	11	11	11
Longitud de los muelles (miles de metros)										
Pacífico	49.2	50.0	50.2	50.2	58.4	50.2	50.2	101.5	101.5	101.5
Golfo	59.6	59.9	59.9	60.3	60.3	59.9	59.9	75.0	75.0	75.0
Capacidad de bodega (miles de m²)										
Litoral del Pacífico	178.1	186.2	186.1	186.1	186.1	186.1	186.1	192.0	192.0	192.0
Litoral del Golfo	195.1	195.1	195.1	195.1	195.2	195.1	195.1	242.1	242.1	242.1
Embarcaciones nacionales										
Total de la flota	2,001	1,983	1,973	1,974	1,982	1,975	1,960	2,004	2,065	2,070
Pesqueras	1,437	1,419	1,396	1,396	1,387	1,393	1,392	1,421	1,455	1,458
Buques tanque	47	48	45	45	47	46	45	46	45	45
Buques de carga	155	149	165	165	178	172	171	178	201	201
Otros	362	367	367	368	370	364	352	359	364	366
Movimiento de carga por vía marítima										
Total	169,139	174,282	182,008	183,450	185,375	186,260	208,581	219,653	237,380	240,419
De altura	107,916	113,508	118,984	121,929	122,675	123,051	145,131	158,888	168,867	169,549
De cabotaje	61,223	60,774	63,024	61,521	62,700	63,209	63,450	60,765	68,513	70,870
Carga transportada de comercio exterior										
Total	107,916	113,508	118,984	121,929	122,675	123,051	145,131	158,888	168,867	169,549
Importación	19,020	19,069	21,520	20,241	21,918	19,696	27,533	33,317	43,185	43,505
Exportación	88,897	94,440	97,464	101,688	100,757	103,355	117,598	125,571	125,682	126,044
Pasajeros transportados										
Total	3,763.4	4,629.8	4,715.9	4,566.7	5,308.9	5,098.4	6,393.7	6,227.9	7,179.1	7,799.2
Cruceros	1,248.3	1,634.6	1,911.7	1,911.4	1,946.7	1,931.6	2,079.8	2,321.0	2,589.3	2,800.3
Transbordadores	2,515.1	2,995.2	2,804.2	2,655.3	3,362.2	3,166.8	4,313.9	3,906.9	4,589.8	4,998.9

Fuente: Zedillo, 1999.

En lo relacionado con el transporte fluvial, la geografía y cauces de los ríos en territorio nacional casi no permite la navegación. Los puertos en ríos representan menos de 10% de los muelles, por lo que el número de pasajeros y de carga es de importancia menor.

La flota mercante mexicana con capacidad de carga de más de 100 toneladas ocupa el lugar 38 en el mundo por número de embarcaciones y el lugar 39 por carga transportada. México sólo tiene dos buques que pueden navegar en océanos.

De la carga transportada por vía marítima en 1999, 70% correspondió a movimientos de altura (o alejados de la costa) y 30% a movimientos de cabotaje (franja costera) que, en mayor parte (63%) correspondió a productos derivados del petróleo.

Por otro lado, alrededor de 70% de la carga es de comercio exterior, y de ella 25% corresponde a importaciones y 75% a exportaciones. En 1999, 114 líneas navieras ofrecieron servicio regular y realizaron actividades de comercio exterior entre los puertos de México y otros países. Pese al crecimiento que ha tenido esta actividad en la última década, está lejos de haber desarrollado su potencial.

Vista del puerto de Manzanillo, Colima.

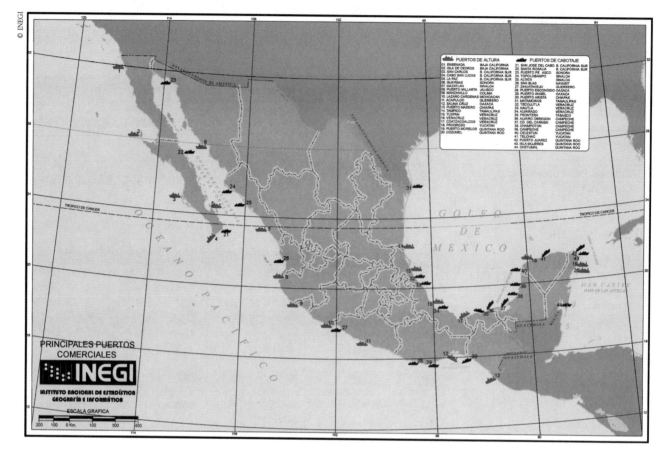

Fuente: INEGI en http://www.inegi.gob.mx

TRANSPORTE AÉREO

México tiene 84 aeropuertos (29 nacionales y 55 internacionales) además de 1,320 aeródromos que utilizan 6,187 aeronaves mexicanas y un número indeterminado de aviones extranjeros. La paraestatal Aeropuertos y Servicios Auxiliares de Ingreso (ASA) administra 58 aeropuertos.

En 1998 se inició la privatización de 35 aeropuertos que manejan alrededor de 97% del pasaje. En diciembre del mismo año el Grupo Aeroportuario del Sureste fue adjudicado a un consorcio integrado por capital nacional y ex-

tranjero por 127.5 millones de dólares. En agosto de 1999 tocó el turno al Grupo Aeroportuario del Pacífico a cambio de 261 millones de dólares. Están pendientes el Grupo de Aeropuertos Centro-Norte y el Aeropuerto de la ciudad de México.

Aeropuertos y Servicios Auxiliares administra 58 aeropuertos en el país.

PARQUE AERONÁUTICO DE LAS LÍNEAS AÉREAS TRONCALES EN MÉXICO, 1998		
EMPRESA TRONCAL	AERONAVES	ANTIGÜEDAD (PROMEDIO)
Aerocalifornia	18	30.11
Aviacsa	12	26.17
Taesa	23	21.09
Aeroméxico	63	12.89
Mexicana	54	11.06
Total	170	20.26

Fuente: Asociación Sindical de Pilotos Aviadores de México, 1999.

INDICADORES DEL TRANSPORTE AÉREO, 1990-1999

CONCEPTO	1990	1991	1992	1993	1994	1995	1996	1997	1998	1999
Infraestructura y operación aéreas										
Total de aeropuertos[1]	2,168	2,426	2,501	2,514	1,749	1,809	1,116	1,280	1,309	1,404
Nacionales	40	38	39	35	33	33	30	29	29	29
Internacionales	42	44	44	48	50	50	53	54	55	55
Aeródromos	2,086	2,344	2,418	2,431	1,666	1,726	1,033	1,197	1,225	1,320
Empresas aéreas comerciales	43	46	54	62	66	63	62	60	58	59
Nacionales[2]	15	19	24	30	32	27	26	23	21	21
Extranjeras	28	27	30	32	34	36	36	37	37	38
Total de aeronaves	5,874	6,123	6,310	6,363	6,407	6,426	6,255	6,429	6,014	6,187
Comerciales	847	1,020	1,123	1,203	1,309	1,283	1,184	1,271	1,055	1,118
Oficiales	585	611	621	609	569	623	534	536	389	408
Particulares	4,442	4,492	4,566	4,551	4,529	4,520	4,537	4,622	4,570	4,661
Servicio a vuelos										
Miles de operaciones[3]	1,087	1,239	1,276	1,427	1,500	1,345	1,346	1,380	1,420	1,468
Nacionales	945	1,090	1,121	1,250	1,240	1,087	1,067	1,090	1,116	1,156
Internacionales	142	149	155	177	260	258	279	290	304	312
Pasajeros transportados (miles)[4]	20,449	22,465	24,423	25,152	29,131	25,192	26,493	28,896	30,922	32,951
Servicio nacional	11,438	12,892	14,281	14,972	18,394	14,857	14,199	15,428	17,046	18,118
Servicio internacional	9,011	9,573	10,142	10,180	10,737	10,335	12,294	13,468	13,876	14,833
Carga transportada (miles de ton.)	164	178	202	227	237	252	285	335	388	431
Servicio nacional	63	71	78	74	70	85	94	103	112	125
Servicio internacional	101	107	124	153	167	167	191	232	276	306
Porcentajes de la participación del servicio en el total de pasajeros transportados										
Nacional	55.9	57.4	58.5	59.5	63.1	59.0	53.6	53.4	55.1	55.0
Internacional	44.1	42.6	41.5	40.5	36.9	41.0	46.4	46.6	44.9	45.0

[1] La disminución en el número de aeropuertos observada en 1996 se debe a que 693 aeródromos no renovaron su permiso de operación en los términos establecidos por la ley, por lo cual fueron inhabilitados.

[2] Incluye troncales, regionales y empresas de servicio especializado y no regular. Para 1990 sólo se registran empresas troncales y regionales.

[3] Se refiere a operaciones de aterrizaje, despegue y movimiento de aeronaves.

[4] El concepto de pasajeros transportados se refiere al número de personas que se trasladan en cada uno de los vuelos realizados por las empresas aéreas comerciales, tanto nacionales como extranjeras. Este concepto difiere de los pasajeros atendidos por ASA, el cual comprende a las personas movilizadas y registradas en los aeropuertos en sus puntos de origen, destino e intermedios.
Fuente: Zedillo, 1999.

Durante 1999 se efectuaron más de 1.4 millones de vuelos y se estima que la aviación comercial transportó a casi 33 millones de pasajeros (54% en vuelos nacionales y 46% en internacionales). El mayor movimiento de pasajeros se dio en el aeropuerto internacional de la ciudad de México con cerca de 35% del movimiento total, seguido por los aeropuertos de Cancún, Guadalajara, Monterrey y Tijuana que en conjunto aportaron el 29.8 por ciento.

La carga transportada por vía aérea es poco importante: 431 mil toneladas, menos de 1% del total. Su relevancia está en que son mercancías de alto valor económico y artículos perecederos.

La antigüedad de la flota de las principales líneas aéreas mexicanas, Aeroméxico y Mexicana, tiene 11 y 13 años respectivamente. Tres de las principales aerolíneas comerciales (Aerocalifornia, Aviacsa y la desaparecida Taesa) tienen una flota que rebasa los 20 años. En países como Estados Unidos está prohibido operar unidades con esa antigüedad ya que se considera riesgoso para la seguridad de los pasajeros.

ACCIDENTES AÉREOS

La Dirección General de Aviación Civil dependiente de la SCT investiga accidentes o incidentes ocurridos a aeronaves civiles.

Durante los 40 últimos años han ocurrido en territorio mexicano 19 accidentes aéreos de importancia que han provocado la muerte de 716 personas. El mayor número de decesos se registró el 31 de marzo de 1986 en las cercanías de Maravatío, Michoacán.

Pistas clandestinas

Por la importancia que tiene el narcotráfico proliferan en México las pistas clandestinas. Aunque no existen cifras definitivas, un indicador de la gravedad del problema es que entre 1995 y 1999 se destruyeron 2,343 pistas, 71.6% más de las que fueron eliminadas en el periodo 1989-1994.

Fuente: Zedillo, 1999.

PRINCIPALES ACCIDENTES AÉREOS EN MÉXICO, 1972-2000

FECHA	UBICACIÓN	LÍNEA AÉREA	AVIÓN	MUERTES
09/feb/1967	Cerca de la ciudad de México	Cubana	*Antonov* AN-12	10
10/abr/1968	Cerca de la ciudad de México	Aerovías Rojas	*Douglas* DC-3	18
04/jun/1969	Salinas Victoria	Mexicana	*Boeing* B-727-64	79
06/ene/1972	Chetumal, Q.R.	SAESA	*Hawker Siddeley* HS-748-230	23
20/jun/1973	Puerto Vallarta, Jal.	Aeroméxico	*Douglas* DC-9-15	27
03/nov/1977	San Cristóbal de las Casas, Chis.	Servicios Aéreos Martínez León	*Britten-Norman* BN-2A-8 *Islander*	13
31/oct/1979	México, D.F.	Western Air Lines	*Douglas* DC-10-10	72
07/jul/1980	Cerca de Tepic, Nay.	IMSS	*Embraer Bandeirante* 110P-1	13
20/may/1981	Cerro del Pinarete	Aero León	*Convair* CV-440-11	24
27/jul/1981	Chihuahua	Aeroméxico	*Douglas* DC-9-32	30
08/nov/1981	Sierra de Guerrero	Aeroméxico	DC-9-32	18
29/ene/1986	Las Lomitas	Aerocalifornia	DC-3A-178	21
31/mar/1986	Maravatío, Mich.	Mexicana	*Boeing* B-7 27-264	167
31/ago/1986	Cerritos (California)	Aeroméxico	*Douglas* DC-9-32	67
30/jul/1987	México, D.F.	Belize Air	*Boeing* B-377 *Stratofreighter*	55
01/sep/1988	Cerro de la Calera, Méx.	Transporte Aéreo Federal	*Embraer* 110P1 *Bandeirante*	20
10/may/1990	Tuxtla Gutiérrez, Chis.	Aviacsa	*Fokker* F-27	27
01/nov/1994	Cozumel, Q.R.	Transportes Aéreos Pegaso	*Bell* 212	14
09/nov/1999	Cerca de Uruapan, Mich.	Taesa	*Douglas* DC-9	18
10/jul/2000	Municipio de Tila, Chis.	Aerocaribe	Jet *Stream* J-32	19

* 54 en tierra.

Fuente: http://www.crashpages.com.

PRINCIPALES AEROPUERTOS

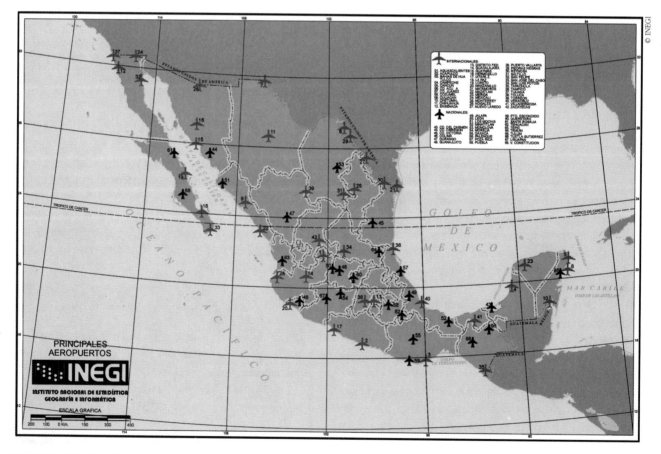

Fuente: INEGI en http://www.inegi.gob.mx

DISTANCIAS AÉREAS INTERNACIONALES (EN HORAS DE VUELO)

CIUDAD	Zurich	Washington D.C.	Tokio	Sydney	Estocolmo	Singapur	San Francisco	Roma	Río de Janeiro	París	Oslo	Nueva York	Moscú	Montreal	Milán	México, D.F.	Madrid	Los Ángeles	Londres	Lisboa	Johanesburgo	Hong Kong	Helsinki	Frankfurt	Delhi	Copenhague	Chicago	Bruselas	Atenas
Ámsterdam	1 1/4	10	16 1/2	23	2	16	13 1/2	2 1/2	13	1	1 1/2	7	4 1/2	6 1/2	1 1/2	12 1/2	2 1/2	10 1/2	1	3	13 1/2	16 1/2	2 1/2	1	11	1 1/2	7 1/2	1	3
Atenas	2 1/2	12	16	17	5 1/2	15	14	2	14	3 1/2	5	9	5	12	2 1/2	16 1/2	3 1/2	18	3 1/2	3	12 1/2	17	2 1/2	1	10 1/2	1 1/2	11 1/2	8	
Bruselas	1	10 1/2	16	17	25	3 1/2	15	14	2	14	1	3	7 1/2	3 1/2	7	1 1/2	15 1/2	2	13	1	3	12 1/2	17	2 1/2	1	10 1/2	1 1/2		
Chicago	10 1/2	1 1/2	13	24 1/2	10 1/2	25	4	10 1/2	12	8	10 1/2	2	13	2	9	4	12	4	8	12	21	19 1/2	12	9	20	8			
Copenhague	2	10	16	29	1	14 1/2	12 1/2	2 1/2	13	2	1	7 1/2	2 1/2	11	2	13	3	10 1/2	2	3 1/2	14 1/2	14 1/2	1 1/2	1 1/2	7 1/2				
Delhi	13	22 1/2	11	15	11	5 1/2	20 1/2	8	19 1/2	11	11	20	6	16 1/2	9	25	11	24	10	14	15	6	13	8 1/2					
Frankfurt	1	10 1/2	14 1/2	22	2	14	11	2	11 1/2	1	2	8	3	7 1/2	1	14	2 1/2	11	1 1/2	3	12 1/2	14 1/2	2 1/2						
Helsinki	4	14 1/2	12 1/2	28 1/2	1	19	15	4	16 1/2	4	1 1/2	10	2	8	3 1/2	16	4 1/2	13	3	5 1/2	17 1/2	18 1/2							
Hong Kong	14	20	3 1/2	8 1/2	17	3 1/2	12	15	32	18 1/2	16 1/2	18 1/2	19 1/2	20	17 1/2	20 1/2	20 1/2	16	16	19 1/2	15								
Johanesburgo	13 1/2	21 1/2	20	17	16 1/2	15	29	11 1/2	9 1/2	13	16 1/2	17 1/2	20	26	15	25 1/2	12	24	13	12									
Lisboa	2 1/2	10	17 1/2	29 1/2	5 1/2	19	14	3	9	2 1/2	5 1/2	7	8	8	2 1/2	15	1	14	2 1/2										
Londres	1 1/2	7 1/2	14 1/2	25	2 1/2	15	10 1/2	2 1/2	12 1/2	1	2	7 1/2	3 1/2	6 1/2	2	13	2	11											
Los Ángeles	14	5	10 1/2	13 1/2	13	19	1	16	14	11	13	5	16	6 1/2	14	3	14 1/2												
Madrid	2	10 1/2	17 1/2	25 1/2	4 1/2	17 1/2	15	2	10	2	5	7 1/2	4 1/2	7 1/2	2	13 1/2													
México, D.F.	12	6	16 1/2	19 1/2	15 1/2	32 1/2	4 1/2	14	12	12	14 1/2	4 1/2	18	4 1/2	15 1/2														
Milán	1	10 1/2	16 1/2	27	4	16 1/2	17	1	11	11 1/2	4	8	3 1/2	7 1/2															
Montreal	7 1/2	2 1/2	16	35	9 1/2	28	6 1/2	8	12	6 1/2	11	1	9																
Moscú	3 1/2	13	9 1/2	32	2	13	17 1/2	3 1/2	17 1/2	3 1/2	3 1/2	12 1/2																	
Nueva York	8	1	13 1/2	20	9	25	5 1/2	8	9 1/2	7	7																		
Oslo	3 1/2	10 1/2	15 1/2	28	1	16 1/2	14	4 1/2	16	2																			
París	1	8 1/2	14 1/2	24	2 1/2	14 1/2	15 1/2	2	11 1/2																				
Río de Janeiro	13	12	30	38 1/2	15 1/2	30 1/2	17	11																					
Roma	1 1/2	11 1/2	14 1/2	21	4 1/2	16	15																						
San Francisco	17	5	11	15	14	19																							
Singapur	15	26 1/2	6 1/2	7 1/2	16 1/2																								
Estocolmo	2 1/2	12	13	28 1/2																									
Sydney	24	25	11																										
Tokio	19	16																											
Washington D.C.	11																												

Fuente: Aeroméxico, 1999.

COMUNICACIONES

Las comunicaciones tienen un crecimiento y dinamismo espectaculares y son el principal campo de desarrollo tecnológico. El producto generado por este sector ascendió en 1999 a 43,911.9 millones de pesos; representan cerca de 3% del Producto Interno Bruto además de que en los cinco últimos años han tenido un crecimiento real de 61.3 por ciento. Sin embargo, en algunos conceptos, como la telefonía, el costo para el consumidor sigue siendo excesivo.

TELEFONÍA Y RADIOCOMUNICACIÓN

La telefonía básica y de larga distancia todavía dependen de la empresa Teléfonos de México, Telmex (privatizada en 1990), con aproximadamente 10.5 millones de líneas telefónicas alámbricas, lo que equivale a una densidad de 10.6 líneas por cada cien habitantes.

A pesar de que entre 1990 y 1998 el número de líneas ha crecido en un 83%, México sigue siendo el país miembro de

Telecomunicaciones: un punto esencial para la integración.

la Organización de Cooperación para el Desarrollo Económico (OCDE) con la densidad telefónica más baja. El hecho refleja la falta de una política de servicio universal lo que,

Estación de microondas en Cancún, Quintana Roo.

como veremos más adelante, se expresa en el excesivo costo que tiene instalar un teléfono. Una repercusión en el futuro es que se excluye a porcentajes muy amplios de mexicanos de la posibilidad de acceder a la información.

TARIFAS TELEFÓNICAS

En México, según datos de la Asociación Mexicana para la Defensa del Consumidor, el servicio telefónico es el más caro de los 28 países que integran la OCDE. El servicio prestado por Telmex es 2.5 veces más caro que en Canadá y 2.4 veces más que en Estados Unidos. El costo promedio de instalación y conexión de una línea residencial en México es de 130 dólares, mientras que en los Estados Unidos y Canadá es de 44 y 55 dólares, respectivamente.

El servicio telefónico de larga distancia se abrió a la competencia en 1996. Se otorgaron 17 concesiones a empresas privadas para dar servicio en 150 ciudades del país. Telmex concentra 79.2% del mercado de larga distancia. A partir de la apertura las tarifas se redujeron en más de 50% en términos reales. El 88.6% de las llamadas al exterior tienen como destino Estados Unidos y 1.6% a Canadá.

La telefonía celular inició en 1989. Es uno de los servicios con más rápido crecimiento, superior incluso al de telefonía básica, con un total de 7.7 millones de suscriptores y cobertura en 187 ciudades. La demanda de celulares se explica, en parte, por los planes de prepago o celulares con tarjeta y por el sistema "el que llama paga" introducido en mayo de 1999. Telcel, filial de Telmex, tiene 63% del mercado. Las nuevas compañías de telefonía celular establecieron alianzas estratégicas con empresas extranjeras.

PRINCIPALES INDICADORES DE TELEFONÍA, 1990-1999										
CONCEPTO	1990	1991	1992	1993	1994	1995	1996	1997	1998	1999
Telefonía										
Poblaciones con servicio telefónico	7,270	10,500	13,985	16,815	21,589	22,104	23,145	31,695	38,368	41,225
Miles de líneas telefónicas conectadas	5,355	6,025	6,753	7,621	8,355	8,801	8,826	9,254	9,927	10,703
Localidades con servicio de telefonía rural	4,684	7,685	10,921	13,479	17,958	18,151	19,188	27,738	34,411	37,268
Conferencias telefónicas de larga distancia (millones)	1,120	1,278	1,515	1,682	2,081	2,163	2,595	3,096	3,618	4,289
Internacionales	169	210	294	324	451	416	593	699	737	769
Nacionales	951	1,068	1,221	1,358	1,630	1,747	2,002	2,397	2,881	3,520
Servicios de radiocomunicación										
Telefonía celular										
Empresas	10	10	10	10	10	10	10	10	10	11
Miles de suscriptores	63.9	160.9	312.6	386.1	571.8	688.5	1,021.9	1,740.8	3,349.5	7,730.0
Ciudades con servicio	19	36	57	88	117	149	170	174	184	187
Servicio de radiolocalización										
móvil de personas (paging)										
Empresas	40	42	42	42	53	78	78	107	107	107
Miles de suscriptores	45.2	53.3	87.7	128.8	166.9	251.6	329.7	448.0	618.5	834.1
Ciudades con servicio	27	30	32	32	39	55	60	86	97	97

Fuente: Zedillo, 1999.

CLAVES TELEFÓNICAS DE ACCESO AL SERVICIO TELEFÓNICO

MÉXICO				ESTADOS UNIDOS Y CANADÁ		INTERNACIONAL	
01				**001**		**00**	
Acapulco, Gro.	74	Matamoros, Tamps.	88	Estados Unidos		Alemania	49+
Aguascalientes, Ags.	49	Mazatlán, Sin.	69	California		Bonn	228
Cabo San Lucas, B.C.S.	114	Mérida, Yuc.	99	Los Ángeles	213	Francfort	69
Campeche, Camp.	981	Mexicali, B.C.	65	San Diego	619	Argentina	54+
Cancún, Q.R.	98	México, D.F.	5	San Francisco	415	Buenos Aires	1
Celaya, Gto.	461	Minatitlán, Ver.	922	Colorado		Austria	43+
Ciudad Juárez, Chih.	16	Monclova, Coah.	86	Denver	303	Salzburgo	662
Ciudad L. Cárdenas, Mich.	753	Monterrey, N.L.	8	Distrito de Columbia		Viena	1
Ciudad Obregón, Son.	64	Morelia, Mich.	43	Washington	202	Brasil	55+
Ciudad Sahagún, Hgo.	791	Nuevo Laredo, Tamps.	87	Florida		Brasilia	61
Ciudad Valles, S.L.P.	138	Oaxaca, Oax.	951	Miami	305	Río de Janeiro	21
Ciudad Victoria, Tamps.	131	Orizaba, Ver.	272	Massachussetts		Sao Paulo	11
Coatzacoalcos, Ver.	921	Pachuca, Hgo.	771	Boston	617	Colombia	57+
Colima, Col.	331	Poza Rica, Ver.	782	Michigan		Bogotá	1
Cuernavaca, Mor.	73	Puebla, Pue.	22	Detroit	313	Cali	2
Culiacán, Sin.	67	Puerto Vallarta, Jal.	322	Nevada		Chile	56+
Chetumal, Q.R.	983	Querétaro, Qro.	42	Las Vegas	702	Santiago	2
Chihuahua, Chih.	14	Saltillo, Coah.	84	Nueva York		España	34+
Chilpancingo, Gro.	747	San Luis Potosí, S.L.P.	48	Nueva York	212	Madrid	1
Durango, Dgo.	18	Tampico, Tamps.	12	Texas		Francia	33+
Fresnillo, Zac.	493	Tapachula, Chis.	962	El Paso	915	París	1
Gómez Palacio, Dgo.	17	Taxco, Gro.	762	Houston	713	Holanda	31+
Guadalajara, Jal.	3	Tehuacán, Pue.	238	Laredo	210	Ámsterdam	20
Guamúchil, Sin.	673	Tepic, Nay.	32	Canadá		Italia	39+
Guanajuato, Gto.	473	Tequisquiapan, Qro.	427	Alberta		Roma	6
Guasave, Sin.	687	Texcoco, Méx.	595	Calgary	403	Japón	81+
Guaymas, Son.	622	Teziutlán, Pue.	231	British Columbia		Tokio	3
Hermosillo, Son.	62	Tlaxcala, Tlax.	246	Vancouver	604	Reino Unido	44+
Huatabampo, Son.	642	Toluca, Méx.	72	Ontario		Londres (centro)	171
Iguala, Gro.	733	Torreón, Coah.	17	Toronto	416	Londres (circundante)	181
Isla Mujeres, Q.R.	987	Tulancingo, Hgo.	775	Quebec		Suiza	41+
Ixtapan de la Sal, Méx.	714	Tuxpan, Ver.	783	Montreal	514	Berna	80
Jalapa, Ver.	28	Tuxtla Gutiérrez, Chis.	961	Quebec	418	Taiwán	886+
La Paz, B.C.S.	112	Valle de Bravo, Méx.	726	Yukon		Taipei	2
León, Gto.	47	Veracruz, Ver.	29	Todas las poblaciones	403	Venezuela	58+
Manzanillo, Col.	333	Villahermosa, Tab.	93			Caracas	2
Maravatío, Mich.	447	Zacatecas, Zac.	492			Maracaibo	61

Fuente: Teléfonos de México, 2000.

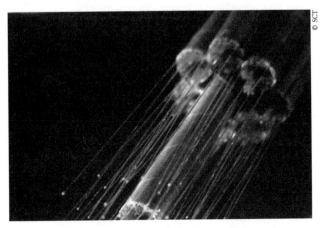

El uso de fibra óptica aún no se generaliza en México, pero hay grandes avances.

© SCT

COSTO PROMEDIO ANUAL DE TELEFONÍA LOCAL, 1998*

PAÍS	COSTO EN DÓLARES
México	$816
Polonia	$700
Francia	$420
Estados Unidos	$340
Canadá	$326
Turquía	$316
Corea	$213

* Los datos representan el gasto promedio anual por parte de un usuario en su vivienda sumando el cargo fijo y el medido, e incluyendo impuestos. Las cifras están en dólares convertidos para establecer paridad de poder adquisitivo.
Fuente: OCDE, 1999.

CONCESIONARIOS DE TELEFONÍA CELULAR, 1999

CONCESIONARIO	COBERTURA	COSTO POR MINUTO*
SOS	Distrito Federal y los estados de México, Hidalgo y Morelos.	$3.03
Bajacel	Baja California y Baja California Sur.**	$2.50
Movitel	Sinaloa y Sonora.	$2.50
Norcel	Chihuahua y Durango.***	$2.50
Cedetel	Nuevo León, Tamaulipas y Coahuila.	$2.50
Pegaso	Baja California, Baja California Sur, Nuevo León, Tamaulipas, Coahuila, Aguascalientes, San Luis Potosí, Zacatecas, Guanajuato, Querétaro, Distrito Federal, Estado de México, Hidalgo y Morelos.	$2.50
Portatel	Chiapas, Tabasco, Yucatán, Campeche y Quintana Roo.	$2.48
Telcel	Nacional	$2.48
Comcel Iusacell	Jalisco, Nayarit, Colima y Michoacán.	$2.32
Portacel Iusacell	Aguascalientes, San Luis Potosí, Zacatecas, Guanajuato y Querétaro.****	$2.32
Telecom Iusacell	Puebla, Tlaxcala, Veracruz, Oaxaca y Guerrero.	$2.32

* El precio es para hora pico. Las tarifas pueden presentar variaciones según el uso y el plan contratado con la compañía.

** Incluye el municipio de San Luis Río Colorado, Sonora.

*** Incluye los siguientes municipios de Coahuila: Torreón, Francisco I. Madero, Matamoros, San Pedro y Viesca.

**** Incluye además los siguientes municipios de Jalisco: Huejúcar, Santa María de los Ángeles, Colotlán, Tecaltiche, Huejuquilla El Alto, Mexquitic, Villa Guerrero, Bolaños, Lagos de Moreno, Villa Hidalgo, Ojuelos de Jalisco y Encarnación de Díaz.
Fuente: Cofetel, 2000.

TARIFAS DE CONCESIONARIOS EN OPERACIÓN DEL SERVICIO DE TELEFONÍA DE LARGA DISTANCIA, 1999

CONCESIONARIO	FECHA DE OTORGAMIENTO	TARIFA (PESOS/MINUTO)*
Teléfonos de México	10/ago/1990	$2.58
Alestra	06/dic/1995	$2.57
Maxcom Telecomunicaciones	20/dic/1996	$2.49
Avantel	15/sep/1995	$2.36
Teléfonos del Noroeste	10/ago/1990	$2.26
Marca Tel	26/oct/1995	$2.17
Iusatel	16/oct/1995	$1.90
Operadora Protel	26/oct/1995	$1.86
Miditel	20/feb/1996	$1.60

* Incluye la tarifa básica de servicio automático nacional para residencias. Las tarifas pueden presentar variaciones según los horarios y los planes de las empresas. No se incluyen aquellas empresas que no han iniciado operaciones o que ofrecen otro tipo de servicios.
Fuente: Comisión Federal de Telecomunicaciones, 2000.

SERVICIO POSTAL

El servicio lo proporciona el organismo descentralizado Servicio Postal Mexicano, Sepomex, que está presente en todos los municipios del país y atiende a 97% de la población.

ESTRUCTURA DEL VOLUMEN DE CORRESPONDENCIA NACIONAL, 1998

TIPO	%
Cartas y tarjetas	62.8
Propaganda comercial	21.6
Con franquicia	6.9
Publicaciones periódicas	5.6
Impresos	3.1

Fuente: INEGI, 1998.

Cartas y tarjetas representan 63% del volumen de la correspondencia nacional.

De las piezas postales alrededor de 70% tienen destinos nacionales y 30%, internacionales.

La cantidad de dinero que se transfiere es considerable. En 1998 se enviaron por giro postal, dentro de México, $325.6 millones de pesos. De Estados Unidos se enviaron por *money orders* $335.6 millones de pesos.

En cuanto al servicio de mensajería y paquetería especializada, el servicio oficial de mensajería, Mexpost, estimaba manejar en 1999, por medio de 480 oficinas de servicio, un total de 4.7 millones de envíos con un valor de alrededor de $240 millones de pesos.

TELÉGRAFOS

El telegráfico es el más antiguo de los servicios de telecomunicaciones y lo opera Telecomunicaciones de México (Telecomm), organismo público descentralizado. En 1999 la infraestructura telegráfica nacional tenía 1,892 oficinas y agencias que daban servicio a 2,497 poblaciones y 71.7 millones de habitantes. En los últimos años las oficinas de telégrafos se

PRINCIPALES INDICADORES DEL SERVICIO POSTAL, 1989-1999

CONCEPTO	1989	1990	1991	1992	1993	1994	1995	1996	1997	1998	1999
Puntos de servicio	14,093	21,763	25,773	28,586	31,004	32,370	32,947	33,267	34,561	35,119	35,669
Piezas postales (millones)	763	796	846	887	936	980	950	984	1,169	1,133	n.d.
Giros postales expedidos	2,920	2,686	2,365	2,125	1,945	1,635	1,233	1,265	1,257	1,172	n.d.
Money orders	33,775	85,016	111,854	158,569	192,864	158,170	60,760	78,819	104,936	141,287	n.d.
Poblaciones atendidas	14,073	22,000	25,700	29,100	29,507	29,935	30,519	30,828	31,167	31,515	32,015

Fuente: Zedillo, 1999.

INDICADORES DEL SERVICIO TELEGRÁFICO, 1990-1999

CONCEPTO	1990	1991	1992	1993	1994	1995	1996	1997	1998	1999
Oficinas en operación	2,604	2,603	2,605	2,605	2,623	1,724	1,771	1,813	1,868	1,892
Poblaciones con servicio telegráfico	2,297	2,343	2,349	2,355	2,375	2,457	2,497	2,497	2,497	2,497
Telegramas transmitidos (miles)	27,965	23,592	22,701	21,113.3	21,380	20,520.9	19,718	19,396	16,795	18,523*
Habitantes beneficiados (miles)	63,040	64,307	65,594	66,906	68,344	70,121	71,723	71,723	71,723	71,723

* Cifras a noviembre de 1999.

Fuente: Zedillo, 1999; SCT, 1999, e INEGI, 2000

han modernizado para incorporar servicios de fax e Internet. El giro telegráfico es una herramienta para el envío de remesas familiares hacia zonas rurales y populares urbanas. En 1998 se expidieron más de 15.3 millones de giros telegráficos con un valor de $446.8 millones de pesos. (☞ Como se verá en la parte correspondiente a mexicanos en migración, hay abusos por el cobro y envío de las remesas).

SATÉLITES

Sala de control de satélites.

En México la comunicación vía satélite se inició en 1968 para proporcionar servicios de televisión y telefonía internacionales. Por vez primera en la historia se transmitieron a color los juegos olímpicos. Desde entonces este tipo de comunicación no ha dejado de crecer. En 1985 se pusieron en órbita los dos primeros satélites mexicanos, Morelos I y II, que ampliaron la cobertura a todo el territorio nacional. La segunda generación satelital se inició con los dispositivos Solidaridad I y II (1993 y 1994), lo que permitió ampliar la cobertura a algunos países del continente americano. En 1997 se privatizó Satélites Mexicanos y un año después se puso en órbita el primer satélite comercial con inversión privada, Satmex V. Este último tiene una potencia y capacidad 10 veces superior al Morelos II y cubre todo el continente americano.

Entre los servicios que se ofrecen están: televisión (abierta y por cable), telefonía (internacional y rural), videoconferencia, educación a distancia, transmisión de voz y datos, Internet y multimedia. La infraestructura actual sirve a más de 180 empresas e instituciones públicas y privadas. La utilización en 1997 por sectores era la siguiente: 37% el sector transporte y turismo; 30% por Telecomunicaciones de México (Telecomm); 12.8% la actividad industrial y comercio; 8.6% el gobierno; 5.5% los servicios financieros, y 4.1% el servicio educativo. En cuanto al tipo de uso, el 57% es para transmisión de voz y datos; 26% para televisión; 3% Internet, y 14% telefonía.

Un momento en la construcción del satélite Morelos I.

Las redes de enlace de televisión han permtido que organizaciones como Edusat presten sus servicios a prácticamente todas las poblaciones.

Telecomm de México, organismo descentralizado, opera las 84 estaciones terrenas receptoras y las 164 transreceptoras. Proporciona también la infraestructura para los programas de educación por satélite. Actualmente el programa Edusat cuenta con 13,627 estaciones destinadas a apoyar los servicios de educación a distancia.

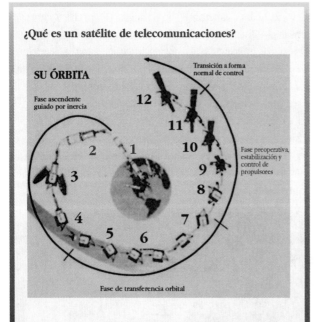

¿Qué es un satélite de telecomunicaciones?

SU ÓRBITA

Transición a forma normal de control

Fase ascendente guiado por inercia

12

11

10

2   1

3   9

8

4   7

5   6

Fase preoperativa, estabilización y control de propulsores

Fase de transferencia orbital

Un satélite de comunicación es un artefacto que gira alrededor de la tierra en una trayectoria elíptica denominada órbita a una velocidad tal que siempre se encuentra por encima del mismo punto de la tierra. Estos satélites sirven para rebotar una señal de un punto de la tierra a uno o varios puntos esparcidos en el área que cubre el satélite.

Fuente: Satmex, 1999.

RADIO Y TELEVISIÓN

La televisión y la radio son todavía los instrumentos principales para transmitir imágenes e ideas. El Estado tiene el dominio del espacio territorial por lo que la transmisión de ondas electromagnéticas sólo puede hacerse con las concesiones o permisos que otorga el Ejecutivo Federal.

Las concesiones se otorgan a ciudadanos o a sociedades mexicanas por un periodo no mayor de 30 años, con posibilidad de ser refrendado al mismo concesionario con preferencia sobre terceros. Los permisos se conceden a estaciones culturales, de experimentación, escuelas radiofónicas o las que establezcan las entidades y organismos públicos. Hay evidencia de que este sistema de concesiones y permisos ha permitido que el gobierno controle o influya en la información que se transmite.

La radio

En México, hay alrededor de 31 millones de aparatos receptores. La radio tiene una cobertura de 98% del territorio nacional y llega a más de 80% de la población. El 65% de las estaciones transmiten en amplitud modulada (AM); 35% en frecuencia modulada (FM), y menos de 1% en onda corta.

La programación de la mayoría de las estaciones de radio se concentra en la difusión de música popular, noticias, deportes y publicidad.

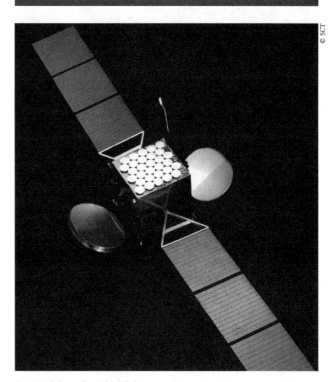

Prototipo de los satélites Solidaridad.

La televisión

Según la Organización de Naciones Unidas, por cada mil habitantes hay 266 aparatos televisores. El 90% de los hogares mexicanos cuenta por lo menos con un televisor.

Aproximadamente 25% de las difusoras ofrecen servicios de televisión por cable.

El 75% del gasto publicitario en México se destina a la televisión.

La programación comercial es principalmente de entretenimiento. De acuerdo con la UNESCO, en América Latina 62% de la programación es norteamericano, 30% local y 8% proviene de otros países. Una característica de las televisoras mexicanas es que han logrado exportar parte de su producción, principalmente telenovelas a otros países de Centro, Sudamérica, Estados Unidos, Asia y algunos países europeos.

Los mexicanos y la televisión

Tiempo que el televisor permanece encendido:	7 horas al día.
Horas promedio que la ve cada mexicano:	4 horas al día.
Hogares con 2 televisiones:	7 millones.
Hogares con televisión por cable:	4 millones.
Niños que hacen tarea y ven la TV:	9 millones.

Fuente: *Reforma*, 1999.

En México operan dos empresas de televisión privadas con presencia en todo el país: Televisa y Televisión Azteca.

Televisa opera cuatro canales: 2, 4, 5 y 9. El Canal 2 cuenta con 652 estaciones repetidoras que llegan a 98.8% de los hogares del país. El Canal 5 tiene 350 estaciones repetidoras que representan una cobertura de 90.1% de los hogares. El Canal 9 cuenta con 56 repetidoras que representan una cobertura de 72.8 por ciento. En el año 2000 ciudades como el Distrito Federal, Monterrey y Guadalajara reciben la señal del Canal 4, que cubre un 33% de los hogares. El Grupo Televisa comercializa, además, un total de 33 televisoras locales instaladas en las principales ciudades del territorio nacional. En suma, tiene 74% de la audiencia total en México.

En 1998 Televisa produjo 51 mil horas de programas de televisión. Sus ingresos ascendieron a $980.4 millones de dólares. Tiene una importante presencia en Latinoamérica y,

Omar C. Acero; © Letra Imagen, Comunicación, SA de CV

La empresa Televisa tiene cuatro estaciones (canales 2, 4, 5 y 9) en la ciudad de México.

TELEVISORES EN PAÍSES SELECCIONADOS, 1998

PAÍS	TELEVISORES POR CADA 1000 HABITANTES
Estados Unidos	806
Japón	700
Francia	598
Noruega	569
España	509
Rusia	386
Argentina	345
Brasil	289
México	266
Costa Rica	221
Colombia	185

Fuente: UNDP, 1999.

ESTACIONES DE TELEVISIÓN Y RADIO, 1989-1999

CONCEPTO	1989	1990	1991	1992	1993	1994	1995	1996	1997	1998	1999
Televisión											
Estaciones	537	540	507	506	508	456	485	545	580	584	583
Concesionadas	211	211	281	279	299	352	377	423	458	458	458
Permisionadas	326	329	226	227	209	104	108	122	122	126	125
Radio											
Estaciones	988	1,045	1,072	1,105	1,173	1,281	1,301	1,325	1,342	1,351	1,347
Concesionadas	898	950	974	1,006	1,037	1,125	1,135	1,145	1,137	1,143	1,143
Permisionadas	90	95	98	99	136	156	166	180	205	208	204

Fuente: Zedillo, 1999.

La empresa Televisión Azteca transmite desde dos estaciones (canales 7 y 13).

en Estados Unidos, su filial Univisión tiene una participación de 80% de la audiencia de habla hispana. Posee además 30 títulos de revistas y vendió más de 20 millones de ejemplares de CD y casetes durante 1998.

En 1993 el Gobierno mexicano privatizó la televisora estatal Imevisión y así nació Televisión Azteca con dos canales nacionales: el 7 y el 13, además está asociada con CNI Canal 40 en la ciudad de México. Para 1998 su producción televisiva total fue de 8,100 horas distribuidas en novelas (10%), deportes (27%), entretenimiento (29%) y noticias (33 %). Ese mismo año adquirió 8,600 horas de programas extranjeros. En 1999 tenía 21.8% de la audiencia televisiva del país. Esta empresa también exporta telenovelas.

Además de Televisa y Televisión Azteca transmiten dos televisoras con cobertura regional: Canal Once y Canal 22.

El Once es una estación cultural creada en 1959. La maneja el Instituto Politécnico Nacional y cubre 32% del territorio. Da servicio al área metropolitana, a cuatro entidades federativas y a las ciudades de Acapulco, Tijuana, Cancún, Chetumal y Saltillo. Desde marzo de 1999 el Canal Once transmite las 24 horas del día, produce 51% del total de programas que presenta en pantalla y tiene una participación de audiencia del 3.2 por ciento.

El Canal 22 comenzó sus transmisiones en la ciudad de México en 1993 como televisora pública de carácter cultural

El Canal Once, del Instituto Politécnico Nacional.

El Canal 22, de SEP-Conaculta.

auspiciada por la Secretaría de Educación Pública y el Consejo Nacional para la Cultura y las Artes (Conaculta). Su señal por aire cubre el área metropolitana de la ciudad de México, aunque llega a todo el país por los servicios de cable y de satélite. En el año 1996 la UNESCO le otorgó el Premio Camera como la mejor estación cultural del año.

PUBLICACIONES PERIÓDICAS

En 1997 se publicaban alrededor de 881 títulos: 300 periódicos y el resto lo componían revistas, boletines, historietas, fotonovelas y otras publicaciones periódicas. En 1996 el total de ejemplares fue de 735 millones.

Los diarios representan 55% del total de las publicaciones periódicas.

Los periódicos representan el mayor porcentaje del mercado de publicaciones periódicas con un 55%, seguido por las revistas y boletines con 30 por ciento. En México se adquieren únicamente 113 ejemplares de periódico por cada mil habitantes, mientras que en Hong Kong el consumo es de 719 por cada mil personas.

La producción se concentra en unos cuantos grupos editoriales. Según un estudio de la Cámara Nacional de la Industria Editorial Mexicana, 8% de los editores publica el 76% de todas las publicaciones periódicas.

Los puestos de periódicos y voceadores son el principal canal de distribución con un 56% de las ventas. En los últimos años han venido perdiendo fuerza frente a los locales cerrados y las suscripciones pagadas (20 y 18% de las ventas respectivamente).

PARTICIPACIÓN DE LA AUDIENCIA POR CANAL TV ABIERTA, 1999 (07:00-24:00 HRS.)	
CANAL	% PARTICIPACIÓN
Dos	31.4
Cuatro	10.0
Cinco	20.1
Nueve	12.4
Siete	6.5
Trece	13.9
Cuarenta	1.4
Once	3.2
Veintidós	0.6

Fuente: IBOPE, septiembre, 1999.

TIRAJE DIARIO DE PERIÓDICOS DE LA CIUDAD DE MÉXICO, 2000

PERIÓDICO	TIRAJE¹
Esto	350,000
La Prensa	270,000
Excélsior	200,000
El Universal	170,356
El Financiero	135,000
Ovaciones	130,000
Reforma	126,000
La Jornada	106,471
Ovaciones 2ª edición	100,000
La Afición	85,000
Diario de México	76,000
El Sol de México	55,000
Metro	55,000
México Hoy	50,000
Milenio	42,000

¹ El número de ejemplares es el que los periódicos declaran tener.

Fuente: MPM, 2000.

TIRAJE DIARIO DE PERIÓDICOS DE OTRAS ENTIDADES, 2000

PERIÓDICO	TIRAJE¹
El Norte (Monterrey)	133,872
El Mañana de Nuevo Laredo	70,000
Mañana de Reynosa	65,000
Diario de Yucatán	52,769
Tribuna de Campeche	50,000
Siglo de Durango	40,000
Dictamen de Veracruz	40,000
Siglo de Torreón	38,611
AM de León	33,548
Mural (Guadalajara)	33,000
El Imparcial de Hermosillo	30,317
Diario de Colima	30,000
El Debate de Culiacán	28,226
Hidrocálido (Aguascalientes)	25,000
Noroeste (Culiacán)	25,000
Público (Guadalajara)	25,000
Frontera (Tijuana)	20,000
Palabra (Saltillo)	12,000
Crónica de Baja California	10,200

¹ El número de ejemplares es el que los periódicos declaran tener.

Fuente: MPM, 2000.

En México la libertad de expresión y de imprenta están garantizadas en la Constitución. Hasta hace algunos años la mayoría de los diarios solían ser poco críticos de las políticas oficiales. Esto ha cambiado y poco a poco se ha ido incrementando su independencia, lo que ha repercutido en un aumento de la oferta informativa y el fortalecimiento de la vida democrática.

TIPOS DE AGRESIONES A PERIODISTAS, 1998

TIPO DE AGRESIÓN	FRECUENCIA (%)
Agresión física	24
Demanda	13
Amenazas o intimidación	9
Atentado	8
Detención	8
Cita a comparecer	6
Bloqueo informativo	5
Despido	4
Acoso u hostigamiento	3
Asesinato	3
Secuestro	2
Decomiso de material	2
Anuncio de bloqueo informativo	2
Otros	11

Fuente: Fundación Manuel Buendía, 1999.

Pese a estos cambios, los periodistas continúan siendo agredidos, sobre todo aquellos que investigan asuntos políticos, policiacos, de narcotráfico y corrupción. Durante 1998 se registraron 202 incidentes contra periodistas y medios de comunicación. De ellos, 122 (61%) fueron agresiones públicas o embozadas y el resto fueron actos con los que se quería inhibir o presionar. Los reporteros fueron las víctimas con mayores agresiones (36% de los casos) seguidos por los fotorreporteros y corresponsales (12% cada uno). Los más afectados fueron aquellos que se desempeñan en las áreas de política (36%) y policiaca (26%). Del total de los casos, 60% de las agresiones correspondió a los medios impresos, 13% a la televisión y 12% la radio. Los hechos más graves fueron seis homicidios con móviles vinculados al quehacer informativo.

LIBROS

México es uno de los principales productores mundiales de libros en lengua castellana. La producción anual supera los 250 millones de ejemplares (incluidos los de texto gratuito) con alrededor de 12 mil títulos, de los cuales cerca de 4 mil son nuevas ediciones. En América Latina sólo Brasil supera a México en la edición de libros.

GASTO EN LIBROS EN PAÍSES SELECCIONADOS, 1997

PAÍS	GASTO ANUAL *PER CÁPITA* EN LIBROS (DÓLARES)
Noruega	$132
Estados Unidos	$84
España	$77
Corea del Sur	$53
Italia	$45
México	$6.8

Fuente: *The Economist*, 1999.

	1990	1991	1992	1993	1994	1995	1996
Empresas que editaron libros	423	413	289	264	232	194	143
Primeras ediciones	4,879	5,850	3,972	6,045	4,674	3,075	3,910
Reediciones	2,367	1,350	649	1,455	1,162	1,414	973
Reimpresiones	14,254	13,000	8,860	8,555	6,633	7,428	6,879
Títulos editados en el año	21,500	20,800	13,481	16,055	12,469	11,917	11,762
Títulos vigentes en el catálogo	50,355	50,000	37,421	58,723	48,128	45,498	46,196
Millones de ejemplares en el año	142	110	95	107	92	93	88
Millones de ejemplares en bodega		65	54	71	82	78	61

* No incluye los libros de texto gratuitos.

Fuente: Cámara Nacional de la Industria Editorial Mexicana, 1997.

LIBROS POR TEMA, 1997	
TIPO	%
Libros de texto	41
Religión	14
Infantil y juveniles	10
Literatura	8
Enciclopedias y diccionarios	7
Libros prácticos	6
Ciencias y técnicas	6
Ciencias sociales y humanidades	4
Otros	4

Fuente: Cámara Nacional de la Industria Editorial Mexicana, 1997.

Entre las principales casas editoriales destaca el Fondo de Cultura Económica.

La Cámara Nacional de la Industria Editorial Mexicana contaba en 1997 con 143 socios. De ellos, 13% produjo 54% de los títulos y 79% de los ejemplares. En cuanto a los títulos por tema, las ediciones de libros de texto destacan con 41% del total, seguidos por los libros religiosos con 14% y los infantiles y juveniles con el 10 por ciento.

Más de la mitad de los libros impresos son producidos por una entidad estatal: la Comisión Nacional del Libro de Texto Gratuito. México es de los pocos países que no permite a los editores privados producir libros para la educación básica pública.

El libro de texto gratuito de la SEP ocupa, con sus diferentes ediciones, el primer lugar en la industria editorial mexicana, por cantidad de ejemplares.

A pesar de ser un importante editor de libros en México se lee poco. Cada persona gasta en promedio $6.8 dólares al año. Esto se debe a los bajos niveles de escolaridad, a la baja capacidad de compra y a la poca costumbre de leer.

INTERNET

Uno de los grandes acontecimientos de la historia reciente es la revolución en el manejo de la información y las comunicaciones causada por el Internet. Prácticamente desconocido antes de 1990, ha crecido con rapidez vertiginosa, duplicando anualmente su tamaño. Si a ello agregamos su carácter descentralizado y desregulado se comprenderán las dificultades para obtener estadísticas exactas sobre el número de usuarios en el mundo. Según datos de la *Internet Society,* el número de *hosts* en la red (computadoras principales con conexión directa a Internet) creció de 100 mil en 1988 a 40 millones en 1999.

A mediados de 1998 había 150 millones de usuarios, y en febrero del 2000, 275 millones.

Internet se concentra en algunos países. Los industrializados, con menos de 15% de la población mundial, tienen 88% de los usuarios. Por países, Estados Unidos y Canadá, con menos de 5% de la población, tienen 57% de los usuarios, mientras que Asia, con 54% de la población mundial, tiene únicamente el 20 por ciento.

Desigualdad en Internet

El carácter descentralizado, desregulado y horizontal de Internet se está convirtiendo en un mito. Investigaciones recientes muestran que existen grandes disparidades en el acceso a Internet y corre el riesgo de crear un nuevo tipo de división social.

De los ingresos depende el acceso. El 90% de los usuarios en Latinoamérica pertenecen a la clase alta; en África los usuarios tienen ingresos nueve veces mayores al promedio nacional; mientras que en Estados Unidos comprar una computadora implica un mes de salario, en Bangladesh se requiere el salario de más de ocho años.

A mayor educación, más Internet. El 30% de los usuarios en el mundo tiene un grado universitario. En México, 67% de los usuarios tienen estudios superiores.

Los hombres y los jóvenes predominan. En ningún país del mundo las mujeres representan más de 38% de los usuarios. En América Latina sólo 7% de las mujeres navegan en Internet semanalmente. Por otra parte, el promedio de edad para usuarios de Internet es menor de 30 años.

Dominio del inglés. A pesar de que este idioma representa únicamente 10% de los hablantes del mundo, 80% de las páginas están escritas en inglés. Debe agregarse, sin embargo, que diversas empresas están promoviendo con mucho éxito el uso del español en la red.

Fuente: UNDP, 1999 y otras publicaciones.

TIEMPO PARA QUE UNA NUEVA TECNOLOGÍA ADQUIERA ACEPTACIÓN GENERALIZADA

TECNOLOGÍA	AÑOS PARA ALCAZAR 50 MILLONES DE USUARIOS
Radio	38
Computadora personal	16
Televisión	13
World Wide Web	4

Fuente: *The Economist*, 1998.

México está entrando con cierta lentitud a esta revolución. De acuerdo al *Information Society Index* (Índice de la Sociedad de la Información) de 55 países considerados, México está en el lugar número 43 en la lista. Estados Unidos, Suecia, Finlandia y Singapur son los países con el mayor desarrollo en tecnología de comunicación e información.

Según una encuesta realizada por *The Wall Street Journal* y *Reforma,* en septiembre de 1999, seis de cada diez mexicanos nunca han usado una computadora y solamente 18% tienen computadora en casa (en Estados Unidos es 69 por

ciento). Otras cifras muestran falta de interés. El INEGI afirma que alrededor de 2.5 millones de familias cuentan con recursos para adquirir equipo de cómputo y sólo 28% lo ha destinado a ese fin.

USUARIOS DE INTERNET EN EL MUNDO, 1999

PAÍS	USUARIOS DE INTERNET
EUA y Canadá	57%
Asia	20%
Europa	16%
América Latina	5%
África	1%
Medio Oriente	1%

Fuente: Headcount.com, 1999.

USUARIOS DE INTERNET POR PAÍSES, 1999

PAÍS	USUARIOS DE INTERNET POR CADA 1000 HABITANTES
Suecia	443.1
Canadá	428.3
Finlandia	408.9
Dinamarca	404.3
Islandia	392.3
Estados Unidos	381.4
Noruega	380.1
Australia	363.7
Suiza	280.5
Hong Kong	270.6
Nueva Zelanda	252.9
Singapur	244.3
México	49.5

Fuente: *Newsweek*, octubre 1999.

Pese al rezago, dos millones de mexicanos (2% de la población) son usuarios de Internet, aunque sólo 15% navega semanalmente. Del total de computadoras en uso únicamente 15% están conectadas a Internet. Dos de cada tres usuarios en México utiliza Internet y correo electrónico en su oficina, el resto lo hace desde el hogar o en las escuelas y universidades.

Página principal de http://www.internet.com vista con un explorador de Microsoft para Windows.

¿Qué es Internet?

Internet es una gran red que conecta a millones de computadoras en todo el mundo (desde personales hasta grandes servidores) y que transmite información en segundos. Debido a que cualquier computadora conectada a Internet puede enlazarse con las otras, la información está disponible para todos.

Internet se originó en los años 60 cuando el Departamento de Defensa de los Estados Unidos inició un programa para mantener las comunicaciones en caso de un ataque nuclear. En los 80, comunidades universitarias y científicas se enlazaron a esta red del gobierno. En los 90 técnicamente se volvió más accesible y llegó a una mayor audiencia.

Entre los servicios que proporciona están el correo electrónico, la transferencia de archivos, enlaces remotos entre computadoras y grupos de noticias. Sin embargo, el recurso más acabado de Internet y el que ha logrado mayor popularidad es la *World Wide Web* conocida también como "La Red", que conecta páginas con información multimedia (texto, gráficos, audio, animaciones y video) y que funciona por medio de "navegadores" o *browsers* cuya característica principal es la facilidad de uso.

La Red tiene una importancia cada vez mayor en las compras de empresa a empresa. En 1998 se generaron ventas por $43 mil millones de dólares, cinco veces más que las ventas directas a consumidores. Para el 2003 se espera un crecimiento que puede llegar $1,400 billones de dólares de los cuales el 90% de las ventas corresponderá a transacciones entre empresas.

Otro concepto que merece especial mención son las empresas que usan la red para vender directamente sus productos y servicios a los consumidores. El éxito de este tipo de ventas se debe a la reducción de costos al operar en la red y a los precios atractivos que ofrecen. Durante la segunda mitad de los noventa la mayor parte de las órdenes de compra de los consumidores por Internet fueron de productos de computación y otros de carácter personal. Se calcula que a partir del año 2001 habrá un despegue en las órdenes de compra que irá desde boletos de avión y cuartos de hotel, hasta autos y ropa de toda clase.

La www se divide en zonas para organizar las páginas de acuerdo al tipo de información que contienen. Para consultar una página se requiere marcar una dirección electrónica como la siguiente: www.inegi.gob.mx. La primera palabra de la dirección (*www*) indica que se trata de la *World Wide Web*, la segunda (INEGI) indica el servidor donde se almacena la información; la tercera (gob) el tipo de organización y la última (mx) el país al que pertenece. Generalmente las páginas de las instituciones educativas llevan las letras *.edu*, las del gobierno *.gob*, las de instituciones vinculadas a Internet *.net*, las de organizaciones comerciales *.com* y otras organizaciones *.org*.

Fuente: Székely, 2000.

El costo de los servicios de Internet es uno de los factores que disminuyen el número de usuarios. El servicio de acceso ilimitado es de 28 dólares mensuales, más el costo de la llamada telefónica. En Estados Unidos los proveedores más caros ofrecen servicio ilimitado por 22 dólares y el costo telefónico es menor que el de México. A comienzos del año 2000 comenzaron a operar en México cuatro proveedores de acceso gratuito a Internet, lo que constituye un avance en el abaratamiento de costos de acceso.

En la actualidad hay más de 350 proveedores de acceso a Internet, la mayoría de los cuales se concentran en el Distrito Federal, Jalisco, Nuevo León y el Estado de México. El número de *hosts* por cada mil habitantes es de 0.92 y del total de las páginas que están almacenadas en ellos, 88% pertenece a empresas comerciales.

El comercio electrónico en México se encuentra en una etapa de inicio. Durante 1999 alrededor de 200 mil mexicanos realizaron compras en línea que ascendieron a $25 millones de dólares. El 75% de las compras se realizaron en sitios de origen extranjero y solamente 25% en nacionales. Según un estudio realizado por Visa México, menos de 1% de los sitios mexicanos están dedicados al comercio electrónico. Los principales factores que limitan el crecimiento de las ventas por Internet son el poco uso de tarjetas de crédito, el costoso y deficiente sistema de distribución y la carencia de legislación que proteja los derechos de consumidores y empresas. A pesar de estas limitaciones se espera un importante crecimiento del comercio electrónico en los próximos cinco años.

DISTRIBUCIÓN DE PÁGINAS EN MÉXICO, 1999	
TIPO DE PÁGINA	%
com	88
org	5
edu	2
gob	2
net	2
mx	1

Fuente: Network Information Center, agosto 1999.

Sector privado

En unas cuantas décadas el sector privado se ha convertido en el principal motor del desarrollo.
Esta importancia se manifiesta en un tejido de instituciones empresariales cuya visibilidad
e influencia son evidentes.

Participación económica

NÚMERO Y TIPO DE EMPRESAS, 1999*					
ESTABLECIMIENTOS	**MICRO**	**PEQUEÑA**	**MEDIANA**	**GRANDE**	**TOTAL**
Servicio	205,067	11,308	4,404	4,228	225,007
Comercio	197,163	57,721	18,260	3,724	276,868
Industria	210,279	14,820	7,303	1,838	234,240
Total sector	612,509	83,849	29,967	9,790	736,115
%	83	11	4	1	100
EMPLEOS					
Servicio	763,432	355,894	311,720	1,572,687	3,003,733
Comercio	429,117	591,155	739,398	1,119,410	2,879,080
Industria	1,114,701	795,577	1,558,608	2,200,358	5,669,244
Total sector	2,307,250	1,742,626	2,609,726	4,892,455	11,552,057
%	20	15	23	42	100

* Registradas en el IMSS.

Fuente: SIEM, http://www.siem.gob.mx

En la medida en la que ha cambiado el modelo que conduce la economía del país, ha crecido la importancia del sector privado. Para 1999 su participación en la generación del PIB ascendía a cerca de 85% y fue el principal motor del crecimiento económico. Mientras que la inversión pública bajó ese año 14.3% y el consumo gubernamental creció apenas 1%, la inversión y el consumo privado crecieron 9% y 4.3%, respectivamente. (☞ Economía, Transporte y comunicaciones, Sindicatos).

En el Instituto Mexicano del Seguro Social (IMSS) están registradas más de 700 mil empresas privadas en las que laboran 11.5 millones de personas. Si se toma en consideración la realidad de la economía informal, así como todos aquellos trabajadores que no están afiliados al IMSS, se puede sostener que el número de empleados en el sector privado en 1998 estuvo cerca de 25.8 millones de personas.

De acuerdo al cuadro anterior las micro y pequeñas empresas equivalen a más de 94% de los establecimientos empresariales y proveen 35% del empleo total. No obstante, las empresas grandes tienen un peso económico de gran importancia, a pesar de ser solamente 1% de los establecimientos. Las ventas de las 20 más grandes representan alrededor de 18% del PIB, mientras que los activos de las 100 mayores ascienden a 33% del PIB. El valor de capitalización de las empresas en propiedad de los 100 empresarios más importantes, así como sus activos totales, equivalen a 39% y 59% del PIB, respectivamente.

LAS EMPRESAS PRIVADAS MAS GRANDES, 1999*

EMPRESA	VENTAS 1998 (MILLONES DE DÓLARES)
Teléfonos de México	7,931
General Motors de México	6,912
Daimler Chrysler de México	5,720
Cifra y subsidiarias	5,218
Volkswagen de México	4,563
Cemex y subsidiarias	4,331
Ford Motor Company	3,900
Alfa y subsidiarias	3,654
Grupo Carso	3,629
Fomento Económico Mexicano y subsidiarias	3,376
Grupo Industrial Bimbo	2,544
Vitro	2,518
Controladora Comercial Mexicana	2,385
Cintra	2,252
Desc	2,168
General Electric de México	2,153
Grupo Modelo	2,090
Gigante	1,933
Grupo Televisa	1,705
Empresas Sociedad Controladora	1,675

* No incluye el sector financiero.

Fuente: *Expansión*, 1999.

EJEMPLOS DE REMUNERACIÓN MENSUAL PROMEDIO DE EMPLEADOS PÚBLICOS Y PRIVADOS, 1998

INDUSTRIA	SALARIO PROMEDIO	
Jefes e inspectores industriales	$4,093	$3,290
Obreros y trabajadores	$2,299	$1,953
Operadores de máquinas	$2,985	$1,679
Ayudantes, peones y cargadores	$1,559	$1,466

SERVICIOS	SALARIO PROMEDIO	
Maestros	$3,261	$3,002
Jefes administrativos	$4,510	$4,403
Secretarias y afines	$2,413	$2,140
Trabajadores en el sector servicios	$1,646	$1,506

■ Sector público   ■ Sector privado

Fuente: Grupo de Economistas Asociados, 2000.

EMPRESARIOS MÁS IMPORTANTES, 2000

EMPRESARIO*	COMPAÑÍA	EMPLEADOS	VALOR DE MERCADO**	ACTIVOS	VENTAS NETAS
Carlos Slim	Telmex, Grupo Carso, Inbursa	118,000	478,787,004	290,007,072	147,939,530
Emilio Azcárraga Jean	Televisa	14,551	98,428,032	43,133,439	17,968,719
Antonio Fernández y Valentín Díez	Grupo Modelo	21,281	84,220,574	39,225,756	24,575,733
Lorenzo Zambrano	Cemex	10,086	78,365,253	112,829,352	45,913,946
Eugenio Garza	Femsa, Grupo Financiero Bancomer	63,600	68,429,145	303,687,136	95,357,317
Roberto Hernández y Alfredo Harp	Grupo Financiero Banacci	30,082	59,681,486	309,733,351	70,310,638
Claudio X. González	Kimberly-Clark de México	2,618	48,991,056	19,817,431	13,868,223
Daniel Servitje	Grupo Bimbo	13,997	30,066,840	22,819,090	28,784,953
Germán Larrea	Grupo México	6,592	29,578,500	80,089,957	17,318,718
Alfonso Romo	Savia	11,171	28,507,376	63,485,004	26,731,901
Carlos Peralta	Grupo IUSA (e), Grupo Iusacell	24,834	27,541,946	14,834,370	4,204,653
Ricardo B. Salinas	TV Azteca, Grupo Elektra	20,492	26,955,700	28,268,971	15,579,738
Dionisio Garza	Alfa	17,761	26,135,243	67,641,656	40,344,801
Ricardo y Francisco Martín Bringas	Grupo Soriana	29,985	26,096,955	14,526,082	20,653,806
Max Michel	Liverpool	18,257	24,830,628	13,001,317	12,167,666
Alberto Baillères	Peñoles, Palacio de Hierro, Grupo Nacional Provincial	17,368	20,596,671	46,178,576	77,418,867
Isaac Saba	KoSa(e), Casa Autrey	15,609	20,229,523	5,768,180	13,372,993
Ángel Losada	Grupo Gigante	11,553	13,813,381	15,973,969	22,966,145
Carlos González	Grupo Comercial Mexicana	29,836	13,790,140	18,232,296	27,162,430
Julio César Villarreal	Grupo Villacero	11,700	12,340,400	23,160,800	13,935,800

* No se incluyen a algunos empresarios y compañías por falta de datos confiables y estimaciones realistas del capital.
** Todas las cantidades excepto el número de empleados están expresadas en miles de pesos constantes al 31 de diciembre de 1999.

Fuente: *Expansión*, 2000.

Con relación al sector público y de acuerdo al INEGI el sector privado tiene una mayor productividad por empleado, en términos de su generación de valor agregado. Sin embargo, los empleados públicos en las áreas de industria y servicios tienen ingresos sustancialmente más elevados que los correspondientes a trabajadores del sector privado. A ello habría que agregar que mientras que la gran mayoría de los empleados públicos (excepto los contratados por honorarios) tienen algún tipo de seguridad social, no todos los empleados del sector privado están afiliados al IMSS.

ORGANIZACIONES EMPRESARIALES

El sector privado cuenta básicamente con tres tipos de organizaciones para representarlo y defender sus intereses: las cámaras, las asociaciones y las confederaciones empresariales. La inscripción en una cámara suele ser obligatoria, mientras que la participación en asociaciones y confederaciones es voluntaria.

El Sistema de Información Empresarial Mexicano (SIEM) estima que al finalizar 1999 había 1,180 cámaras empresariales agrupando a más de 500 mil empresas. Más de 65% de éstas pertenecen al sector comercio, seguidas por las de servicios, que representan 21.3 por ciento. El Distrito Federal, el Estado de México y Jalisco cuentan con el mayor número de cámaras y empresas registradas.

Canacintra

CÁMARAS EMPRESARIALES, 2000		
ESTADO	CÁMARAS EMPRESARIALES	EMPRESAS REGISTRADAS
Nacional	1,180	512,258
Aguascalientes	29	5,049
Baja California	35	13,321
Baja California Sur	23	8,357
Campeche	20	4,115
Coahuila	39	7,582
Colima	23	2,224
Chiapas	30	3,908
Chihuahua	40	21,621
Distrito Federal	54	101,000
Durango	27	2,867
Guanajuato	52	20,838
Guerrero	26	6,558
Hidalgo	35	17,068
Jalisco	62	53,370
Estado de México	56	47,056
Michoacán	48	12,295
Morelos	39	6,801
Nayarit	21	3,938
Nuevo León	44	22,161
Oaxaca	37	5,588
Puebla	46	13,977
Querétaro	35	6,093
Quintana Roo	24	20,322
San Luis Potosí	41	10,183
Sinaloa	39	14,454
Sonora	40	11,342
Tabasco	23	4,083
Tamaulipas	46	15,342
Tlaxcala	29	4,801
Veracruz	63	23,735
Yucatán	32	14,400
Zacatecas	22	7,809

Fuente: SIEM, 2000.

Consejo Coordinador Empresarial (CCE)

Fue constituido el 5 de agosto de 1976 como organismo cúpula del sector privado con el fin de agrupar, representar y defender los intereses de los empresarios mexicanos. Forman parte los organismos empresariales de distintos sectores económicos, entre otros, la Asociación de Banqueros de México (ABM), la Asociación Mexicana de Instituciones de Seguros (AMIS), la Asociación Mexicana de Intermediarios Bursátiles (AMIB), la Confederación Patronal de la República Mexicana (Coparmex), la Confederación de Cámaras de Industriales (Concamin), el Consejo Mexicano de Hombres de Negocios, el Consejo Nacional Agropecuario (CNA) y, hasta mayo del 2000, la Confederación de Cámaras Nacionales de Comercio, Servicios y Turismo (Concanaco). Como invitados permanentes del CCE se encuentran la Cámara Nacional de Comercio de la Ciudad de México (Canaco) y la Cámara Nacional de la Industria de la Transformación (Canacintra).

Además de coordinar las actividades de los citados grupos, el CCE funge como principal vocero, puente e instrumento de negociación del sector privado con el gobierno. Cuenta además con cuatro instituciones de investigación y asesoría (Centro de Estudios Económicos del Sector Privado, Centro de Estudios Sociales, Centro de Estudios Fiscales y Legislativos y el Centro de Estudios del Sector Privado para el Desarrollo Sustentable) que ofrecen servicios de apoyo y orientación a las empresas. En 1997 representó a más de 905,107 empresarios. Su actual presidente es Claudio Xavier González Laporte.

PRESIDENTES DEL CCE, 1975-2000

NOMBRE	PERIODO
Juan Sánchez Navarro	1975
Jesús Vidales Aparicio	1975-1976
Armando Fernández Velasco	1976-1977
Jorge Sánchez Mejorada	1977-1979
Prudencio López Martínez	1979-1981
Manuel J. Clouthier	1981-1983
Jorge A. Chapa Salazar	1983-1985
Claudio X. González Laporte	1985-1987
Agustín F. Legorreta	1987-1989
Rolando Vega Íñiguez	1989-1991
Nicolás Madáhuar Cámara	1991-1993
Luis Germán Cárcoba García	1993-1995
Héctor Larios Santillán	1995-1997
Eduardo R. Bours	1997-1999
Jorge Marín Santillán	1999-2000
Claudio X. González Laporte	2000-

Fuente: CCE, http://www.cce.org.mx.

Dirección: Lancaster 15, colonia Juárez,
06600 México, D.F.
Teléfonos: 5514-9293 y 5514-9294.
Fax: 5514-0808.
Página web: http://www.cce.org.mx

Asociación de Banqueros de México (ABM)

Se fundó en 1928 como organismo cúpula de las instituciones de crédito con el propósito de representar los intereses de la banca y ofrecer a sus socios servicios técnicos especializados. Sus principales órganos son la asamblea general y el comité ejecutivo, integrado por los presidentes del consejo de administración y los directores generales de las instituciones asociadas. La ABM tenía en el 2000 a 35 socios. Presidente: Héctor Rangel Domene.

Dirección: 16 de Septiembre 27, colonia Centro,
06000 México, D.F.
Teléfonos: 5722-4305 y 5722-4306.
Fax: 5722-4353.
Página web: http://www.abm.com.mx.

Asociación Mexicana de Instituciones de Seguros (AMIS)

Es un organismo privado de libre afiliación, creado en 1946, y lo integran las compañías de seguros y reaseguros establecidas en México. Este organismo cúpula tiene alrededor de 60 compañías de los distintos ramos. Presidente: Tomás Ruiz Ramírez.

Dirección: Francisco I. Madero 21, colonia Tlacopac
San Ángel, 01040 México, D.F.
Teléfonos: 5662-4532 y 5662-6161.
Fax: 5662-8036.
Página web: http://www.amis.com.mx.

Asociación Mexicana de Intermediarios Bursátiles (AMIB)

Se estableció el 16 de mayo de 1980 como organismo de representación de las casas de bolsa que operan en México. Su propósito es promover el crecimiento, desarrollo y consolidación de las empresas bursátiles. Está integrada por doce comités que estudian y analizan temas de interés para los miembros y proporcionan servicios de asesoría y consulta. Al comenzar el año 2000, 27 casas de bolsa formaban parte de la AMIB, entre ellas cuatro filiales de casas de bolsa extranjeras. Presidente: Diego Ramos González.

Dirección: Paseo de la Reforma 255,
colonia Cuauhtémoc, 06500 México, D.F.
Teléfonos: 5726-6724 y 5726-6600.
Fax: 5591-0642.
Página web: http://www.amib.com.mx.

Cámara Nacional de Comercio de la Ciudad de México (Canaco)

Fundada el 27 de agosto de 1874, agrupa a comerciantes o prestadores de servicios comerciales o turísticos en el Distrito Federal. Su máxima autoridad es la asamblea y cuenta para su administración con un consejo directivo, una junta directiva y el director general. Esta organización representaba en el 2000 a cerca de 43,250 empresas de la ciudad de México. Presidente: Roberto Zapata Gil.

Dirección: Paseo de la Reforma 42, colonia Centro, 06048 México, D.F.

Teléfonos: 5705-0799 y 5535-2502.

Fax: 5705-4194.

Página web: http://www.ccmexico.com.mx

Cámara Nacional de la Industria de la Transformación (Canacintra)

Se constituyó en diciembre de 1941 en la ciudad de México. Representa y defiende los intereses de la industria asociada y funge como su interlocutora frente al gobierno. Participan empresas industriales no agremiadas en cámaras específicas de su actividad y tiene jurisdicción nacional, con excepción de Jalisco y Nuevo León. La máxima autoridad interna es la asamblea general. Anualmente la Canacintra brinda 80 mil servicios y asesorías a las más de 30 mil empresas que la integran. Presidente: Raúl Picard del Prado.

Dirección: Av. San Antonio 256, colonia Ampliación Nápoles, 03849 México, D.F.

Teléfonos: 5563-5381 y 5563-3400.

Fax: 5598-8044.

Página web: http://www.canacintra.org.mx.

Confederación de Cámaras Industriales (Concamin)

Se fundó en septiembre de 1918 como centro de coordinación de todas las cámaras industriales del país. Es, por ley, órgano de consulta del Estado para la resolución de problemas que interesan a la industria y representa a alrededor de 113,500 empresas. Presidente: Alejandro Martínez Gallardo.

Dirección: Manuel María Contreras 133, colonia Cuauhtémoc, 06597 México, D.F.

Teléfonos: 5140-7820 y 5140-7822.

Fax: 5140-7822.

Página web: http://www.concamin.org.mx.

Confederación de Cámaras Nacionales de Comercio, Servicios y Turismo (Concanaco)

Se formó en 1917 a iniciativa del secretario de Industria y Comercio, Alberto J. Pani. Está integrada por las cámaras nacionales de comercio y de comercio en pequeño del país. Su objetivo es defender los intereses generales de los empresarios del sector comercio, servicios y turismo, ante instancias públicas y privadas. Es órgano de consulta y colaboración del Estado y representa a cerca de 440 mil empresas. En mayo de 2000 la Concanaco se retiró del CCE por desacuerdos con los esquemas de representatividad y operación de este último. Presidente: José Yamill Hallal Zepeda.

Dirección: Balderas 144, colonia Centro, 06079 México, D.F.

Teléfonos: 5722-9301 y 5722-9307.

Fax: 5722-9300.

Página web: http://www.concanaco.com.mx.

Confederación Patronal de la República Mexicana (Coparmex)

Fundada el 29 de septiembre de 1929 como organización de empresarios, acepta voluntariamente a todo tipo de empresas de la iniciativa privada que solicita afiliación, sin importar su rama o actividad. Su misión es pugnar por el establecimiento de una economía de mercado con responsabilidad social y participación ciudadana. Se integra por 50 centros patronales y empresariales, así como 16 delegaciones en ocho federaciones de sindicatos patronales, 22 coaliciones solidarias, una coalición asociada, más los socios directos de la zona metropolitana del Valle de México. En el 2000 tenía a poco más de 36 mil empresarios que en su conjunto emplean a más de 2.5 millones de personas. Presidente: Alberto Fernández Garza.

Dirección: Insurgentes Sur 950, colonia Del Valle, 03110 México, D.F.

Teléfonos: 5687-2874 y 5687-6464.

Fax: 5687-2821.

Página web: http://www.coparmex.org.mx.

Consejo Mexicano de Hombres de Negocios (CMHN)

Este órgano agrupa a los 37 empresarios más poderosos del país. Funciona con gran hermetismo, sin estatutos, oficina o presupuesto, y procura activamente evitar que los medios de información lo mencionen. Sin embargo, su influencia colectiva es inmensa. Se considera que es el verdadero órgano de poder dentro del CCE y sus miembros son los que tienen una mayor capacidad de negociación y presión frente al gobierno. Presidente: Valentín Díez Morodo.

Dirección presidencia: Campos Elíseos 345, colonia Chapultepec Polanco, 11560 México, D.F.

Teléfonos: 5280-6623 y 5281-4198.

Fax: 5280-6099.

Carece de página web.

Consejo Nacional Agropecuario (CNA)

Es una asociación civil de representación, defensa y fomento de la actividad agropecuaria que integra como organismo cúpula a los productores y empresas de los sectores agrícola, pecuario agroindustrial y de servicios al campo. Se fundó el 27 de abril de 1984, con carácter nacional y afiliación voluntaria. Está integrado por 55 socios (organismos de productores agrícolas, pecuarios y agroindustriales) y 56 asociados (organismos prestadores de servicios al campo y grandes empresas agroindustriales) que representan a su vez a más de 400 mil productores. En 1998 la membresía del CNA aportó 60% del PIB agropecuario, 70% de la producción en la agroindustria y 75% de las exportaciones agroalimentarias. Presidente: Ramón Iriarte Maisterrena.

Dirección: Insurgentes Sur 667, colonia Nápoles, 03810 México, D.F.

Teléfonos: 5687-0282 y 5669-2537.

Fax: 5669-2241.

Página web: http://www.cna.org.mx

SINDICATOS

Con algunas excepciones, la democratización de las instituciones no ha llegado al sindicalismo donde persisten los viejos mecanismos de control. Eso impide que los trabajadores negocien mejoras en salarios y condiciones laborales.

INTRODUCCIÓN

Las transformaciones económicas y políticas de las dos últimas décadas han afectado negativamente a las organizaciones sindicales. Poco preparadas para enfrentar dichos cambios, no pudieron articular estrategias, ni aisladas ni conjuntas, ni supieron ofrecer soluciones alternativas a las adoptadas por las empresas y el gobierno. La calidad cada vez más precaria del empleo, la desaparición de puestos de trabajo en sectores altamente sindicalizados y la reorganización de la producción minaron la base de agremiación de los sindicatos y su poder de negociación frente al capital y el Estado.

Por otro lado, los cambios derivados de la creciente pluralidad política han abierto nuevas oportunidades para las organizaciones independientes, al disminuir los costos de criticar las políticas gubernamentales y reducirse la fuerza de los liderazgos tradicionales. Es incluso posible que el triunfo del candidato presidencial del PAN, Vicente Fox, acentúe el debilitamiento del régimen sindical corporativo. Sin embargo, subsisten los mecanismos de control estatal que tienen su base en la propia legislación laboral.

Leonardo Rodríguez Alcaine, líder de la CTM.

Pese al fraccionamiento del Congreso del Trabajo y al surgimiento de una nueva central sindical —la Unión Nacional de Trabajadores (UNT)— el viejo sindicalismo tiene en sus manos la mayor parte de los contratos colectivos y cuenta con la cláusula de exclusión para obstaculizar el ejercicio de la libertad sindical. (☞ Una lista de organizaciones laborales y sus siglas o acrónimos al final de esta sección).

A pesar del surgimiento de la Unión Nacional de Trabajadores (UNT), el viejo sindicalismo controla todavía a la mayor parte de las organizaciones.

ESTRUCTURA ORGANIZATIVA

El Artículo 123 constitucional establece tres tipos de registro para los sindicatos.

En el apartado A cubre dos categorías:

Jurisdicción federal: los sindicatos de las ramas industriales deben inscribirse ante el Registro Nacional de Asociaciones de la Secretaría del Trabajo y Previsión Social. Son de jurisdicción federal las siguientes ramas de actividad: textil, eléctrica, cinematográfica, hulera, azucarera, minera, metalúrgica y siderúrgica, de hidrocarburos, petroquímica, cementera, calera, automotriz (incluyendo autopartes mecánicas o eléctricas), química, de celulosa y papel, de aceites y grasas vegetales, productora de alimentos (exclusivamente los que sean empacados, enlatados o envasados), ferrocarriles, maderera básica, vidriera, tabacalera, servicios de banca y crédito. También, incluye a las empresas administradas en forma directa o descentralizada por el gobierno federal, las que actúan en función de un contrato o concesión federal y aquellas que ejecutan trabajos en zonas y territorios de jurisdicción federal.

Jurisdicción local: los sindicatos de aquellas actividades no contempladas en la enumeración anterior, se inscriben en las Juntas Locales de Conciliación y Arbitraje.

El apartado B se destina a la categoría restante, donde se encuentran las organizaciones de los trabajadores al servicio de los poderes de la unión y del gobierno del Distrito Federal, las cuales se deben registrar en el Tribunal Federal de Conciliación y Arbitraje.

Esta división ha influido en la dispersión y heterogeneidad que caracteriza a las organizaciones sindicales. Históricamente, se trató de superar esta tendencia con la fundación de las grandes centrales sindicales —como la CROC, la CROM o la CTM— que reúnen sindicatos de las jurisdicciones federal y local. Posteriormente, la conformación del Congreso del Trabajo (CT), en 1963, pretendió articular al conjunto de las organizaciones sindicales sin distinción de apartado ni de jurisdicción.

La mayor parte de los sindicalizados se concentra en el sector público. En los ramos de salud, educación y servicios urbanos está casi 70% de ellos.

Sin embargo, las centrales obreras y el mismo CT funcionaron más como instancias de apoyo al régimen político que como espacios de coordinación intersindical o de defensa de los intereses obreros. Lo anterior condujo a una estructura sindical caracterizada por la centralización de los recursos de poder en su cúpula, carente de instancias intermedias de coordinación, con bajos niveles de agremiación y de democracia interna. De hecho, el movimiento sindical reprodujo la verticalidad, centralización y concentración del poder propio de un sistema político corporativo y autoritario.

El siguiente cuadro compara el número de trabajadores sindicalizados en 1978 con el de 1999. El apartado A (trabajadores en general) tenía en 1978 el mayor número de sindicalizados; en 1999 la mayoría de los sindicalizados eran empleados del Estado. Al no contarse con datos sobre los sindicalizados en la jurisdicción local en 1999, no pueden hacerse ni siquiera estimaciones (una limitación importante para calcular la tasa actual de sindicalización), porque diversas industrias han crecido de manera importante en los últimos años. Tal es el caso de la confección y la electrónica, incluyendo a las empresas maquiladoras de ambas ramas.

SINDICALIZADOS POR APARTADO Y JURISDICCIÓN, 1978 Y 1999

	1978	1999	
	Sindicalizados	Sindicalizados	Variación %
Apartado A Jurisdicción federal	1,031,263	1,389,067	34.6
Jurisdicción local	769,448	-	
Apartado B	836,347	1,812,635	116.4

Fuente: 1978: tomado de Zazueta y De la Peña, 1984. 1999 Apartado A, Registro Nacional de Asociaciones. Apartado B estimado a partir de los trabajadores registrados en el ISSSTE (se excluyó a los trabajadores de confianza y pensionistas).

Actualmente y al igual que en otros países, los sindicalizados mexicanos se concentran en el sector público (en 1999 representaban 68% del total). Estos sindicatos aumentaron su afiliación por el crecimiento en la demanda de servicios públicos (educación, salud, servicios urbanos, etc.), alimentada por la duplicación de la población del país menor de treinta años.

AGREMIACIÓN SINDICAL

Las organizaciones sindicales pueden dividirse en dos grandes grupos: las pertenecientes al CT (vinculadas por lo general al PRI) y las independientes. Ambos bloques han variado su composición en las últimas dos décadas. En 1978, el CT afiliaba 83.9% del total de los sindicalizados, y los independientes, 7.1 por ciento.

A partir de 1997 el CT perdió importantes contingentes como la ASSA, la ASPA, el SNTSS o el STRSM. Estas escisiones mermaron las filas de trabajadores del apartado A inscritas en el órgano cúpula, de tal forma que hoy sólo representa a 67.1% del total de trabajadores sindicalizados registrados en ese apartado. Por el contrario, el porcentaje de agremiación en el apartado B se mantuvo intacto.

Actualmente pertenecen al CT el sindicalismo tradicional —CROC, CROM, CTM—, la FSTSE y un amplio grupo de sindicatos nacionales, de empresa o gremiales. Los nacionales de industria tienen 66.2% de los trabajadores pertenecientes al CT, seguidos por los de empresa con 13.6 por ciento. En cuanto al tamaño, de un total de 942 organizaciones, 42.8% tiene una agremiación menor a los 150 trabajadores, mientras 15 sindicatos tienen 54 por ciento.

EVOLUCIÓN DE LA AFILIACIÓN POR APARTADO. CT CONTRA INDEPENDIENTES, 1978 Y 1999

AÑO		APARTADO A JURISDICCIÓN FEDERAL	APARTADO B
1978	CT	833,679	835,035
	IND	184,639	1,312
1999	CT	900,486	1,794,508
	IND	488,581	18,126

Fuente: 1978, Zazueta y De la Peña, 1984, 1999 Registro Nacional de Asociaciones, http://www.stps.gob.mx, 31 enero 2000 y apartado B cálculos propios con base al Anuario Estadístico del ISSSTE.

AFILIACIÓN POR TIPO DE ASOCIACIÓN. APARTADO A JURISDICCIÓN FEDERAL, 2000

TIPO DE ASOCIACIÓN	Nº DE ASOCIACIONES REGISTRADAS	Nº DE AFILIADOS	%
Congreso del Trabajo Confederaciones nacionales	6		
Confederaciones estatales	3		
Federaciones nacionales	16		
Federaciones estatales	54		
Federaciones regionales	30		
Sindicatos de empresa*	161	123,025	13.6
Sindicatos gremiales	185	89,865	9.9
Sindicatos industriales	158	91,125	10.1
Sindicatos nacionales de industria	248	596,471	66.2
Totales	861	900,486	100

* Los sindicatos de empresa, gremiales, de industria o nacional de industria pueden pertenecer o no a las confederaciones o federaciones. Clasificación propia.

Fuente: Base de Datos de Registro Nacional de Asociaciones, en http://www.stps.gob.mx, corte al 31 de enero de 2000

En la jurisdicción federal del apartado A, la CTM es la organización de mayor tamaño seguida de la CROC y la CROM. El resto de las centrales tienen un peso menor, superándolas los grandes sindicatos nacionales de industria como el SNTFRM, el SNTMM y SRM o el SME.

El sindicalismo independiente es un grupo más heterogéneo. Incluye sindicatos sin filiación política definida y los que se opusieron abiertamente al PRI. Muchas organizaciones ajenas al CT —formalmente "independientes"— están en realidad subordinadas a las empresas (los llamados "sindicatos blancos") o son productos de la simulación ("sindicatos de membrete"). Afectan las estadísticas porque están registradas ante la autoridad laboral, pero no existen realmente. Dejando de lado estas dos últimas categorías, el núcleo independiente más articulado es la UNT, fundada en 1997. Agrupa sindicatos tradicionalmente independientes como el STIMAHSC (perteneciente al FAT), los sindicatos universitarios y otros provenientes del CT (como la ASSA, la ASPA, el SNTSS o el STRM y la mayoría de los integrantes de la FESEBS, excepto el SME).

A excepción de algunos sindicatos universitarios, la gran mayoría de los miembros de la UNT pertenece a la jurisdicción federal (sobre todo sindicatos nacionales de industria y de empresa). Los trabajadores del sector servicios (seguridad social, telefonistas, aviación, transporte, etc.) tienen una mayor presencia numérica mientras que los sindicatos industriales son minoritarios (SNTHIA, Automotrices Dina y Volkswagen). Asimismo la presencia de la UNT es desigual en 28 estados de la República y la afiliación de sus miembros es muy disímil: de 326,178 trabajadores en la jurisdicción federal poco más de 227 mil pertenecen al SNTSS (casi 70%) y 45 mil al STRM (14%), mientras que 18% restante se reparte entre

El Sindicato de Trabajadores de la UNAM forma ahora parte de la UNT.

CONGRESO DEL TRABAJO APARTADO A DE JURISDICCIÓN FEDERAL, 2000

FEDERACIÓN	MIEMBROS DECLARADOS	FEDERACIÓN	MIEMBROS DECLARADOS	FEDERACIÓN	MIEMBROS DECLARADOS
CGT	3,333	CTM	476,751	ANDA	3,661
COCEM	1,950	FAO	2,036	SNTINFONAVIT	2,397
COM	5,493	FENASIB	15,674	SNTFONACOT	943
COR	5,377	FRET	2,030	SUTIN*	744
CROC	90,974	FROT	598	SME	45,465
CROM	32,302	STFRM	132,108	SESCRTSCRM	61
CRT	4,741	SNTMMSRM	64,448	Total Congreso del Trabajo, apartado A	900,486
CTC	5,625	STPCRM	3,775		

* Formalmente el SUTIN continúa perteneciendo al CT, aunque participa en la FESEBS y la UNT.

Fuente: Base de Datos del Registro Nacional de Asociaciones, en http://www.stps.gob.mx, corte al 31 de enero de 2000.

las otras 21 organizaciones. A diferencia del CT, en la UNT la mayor parte de los sindicatos son de tamaño medio (44% tiene entre mil y 50 mil afiliados) y sólo 4% tiene menos de 150 agremiados.

Dos versiones del emblema del Sindicato Mexicano de Electricistas (la primera es de los años 60 y corresponde a un periodo electoral interno; la segunda es el emblema oficial). Esta agrupación, que pertenece a los trabajadores de la Compañía Mexicana de Luz y Fuerza, ha mantenido una posición independiente y crítica desde 1936.

UNION NACIONAL DE TRABAJADORES, 2000
APARTADO A, JURISDICCIÓN FEDERAL

STRM	45,380	FESEBS
SITIASCVW	9,391	FESEBS
ASSA	2,770	FESEBS
ASPA	2,141	FESEBS
SNTIASCRM	841	FESEBS
SNTESASCRM	506	FESEBS
STTMELPCSCRM	392	FESEBS
SNTCAT	67	FESEBS
SNTSS	227,241	Independiente
STUNAM	20,947	Independiente
SNTSLASCINDEP	3,760	Independiente
SNITIASC	3,349	Independiente
SNTIMP	1,361	Independiente
SINTCB	2,607	Independiente
STUACH	2,504	Independiente
STAUACH	694	Independiente
SITTBD	459	Independiente
SUTCOLORTEX	394	Independiente
STFECUNITED	333	Independiente
SNTEOTIS	354	Independiente
STIMAHSC	247	Independiente
SUTN	212	Independiente
SUTNOTIMEX	228	Independiente
Total UNT, apartado A	**326,178**	

Fuente: Base de Datos del Registro Nacional de Asociaciones, en http://www.stps. gob.mx corte al 31 de enero de 2000.

En la UNT hay mayor coordinación entre sindicatos que en otras centrales sindicales, lo que le da más capacidad para articular estrategias comunes y apoyar las reinvindicaciones sindicales. Esta central constituye un reto a la hegemonía de las centrales tradicionales (ya desplazó a la CROC del segundo lugar). Sin embargo, si se tuvieran datos sobre la jurisdicción local, la afiliación de la CROC, CROM y CTM crecería pues se han expandido en sectores como el de la confección y los servicios, mientras que la UNT concentra la inmensa mayoría de sus agremiados en sindicatos de jurisdicción federal.

CENTRALES CON MAYOR NÚMERO DE AFILIADOS. JURISDICCIÓN FEDERAL APARTADO A, 2000

	AFILIADOS	SINDICATOS MIEMBROS	SINDICATOS QUE NO DECLARARON AGREMIACIÓN
CTM	476,751	353	35
UNT	326,367	25	0
CROC	90,974	193	25
CROM	32,302	150	11

Fuente: Base de Datos del Registro Nacional de Asociaciones, en http://www.stps. gob.mx, corte al 31 de enero de 2000.

TASA DE SINDICALIZACIÓN

Los sindicatos mexicanos cuentan con la cláusula de exclusión —un mecanismo legal— que condiciona la obtención y conservación del empleo a la afiliación sindical. Por tanto, la afiliación no es necesariamente prueba de la capacidad de convocatoria, eficacia o poder de negociación de tal o cual organización. Además, la celebración de contratos colectivos de trabajo antes de que las empresas comiencen a operar y la proliferación de "contratos de protección" en las pequeñas y medianas empresas son prácticas habituales que protegen al empresario y van en contra de una auténtica sindicalización y una genuina negociación bilateral de las condiciones laborales.

En todo caso, diversas fuentes estadísticas señalan que la reestructuración económica de las últimas décadas ha reducido las tasas de sindicalización en el conjunto de actividades económicas y en la industria manufacturera (local y federal). Según los datos de la Encuesta Nacional de Ingresos-Gastos de los Hogares (ENIGH) entre 1984 y 1996 el porcentaje de trabajadores (de 14 años o más) que declararon estar sindicalizados pasó de 24.4% a 15.9% de los asalariados. El porcentaje es menor, si se considera a la población económicamente activa; en 1984 14.5% estaba sindicalizado y para 1996 sólo 9.7%. En particular, la ENIGH muestra una caída más pronunciada en sectores tradicionalmente sindicalizados, donde se encontraban los grandes sindicatos nacionales (sobre todo de empresas paraestatales), aunque la sindicalización también descendió en sectores en donde históricamente ha habido poca presencia sindical como el agrícola-ganadero y la construcción.

Por otro lado, los sindicalizados en empleos públicos (tanto los trabajadores al servicio del Estado como los de organismos descentralizados, empresas públicas o instituciones con presupuesto público) aumentaron su afiliación y cobraron mayor peso. Los trabajadores de la educación, salud y servicios urbanos constituían para 1996 el 69% del total de trabajadores sindicalizados.

ESTABLECIMIENTOS MANUFACTUREROS CON SINDICATO, 1992 Y 1995

	Total %	Por tamaño* %			
		GRANDE	MEDIANO	PEQUEÑO	MICRO
1992	15.2	87.1	84.0	66.0	6.9
1995	14.1	89.5	84.5	60.1	9.5

* Nota: Tamaño de los establecimientos por número de trabajadores: grande (más de 251), mediano (101 a 250), pequeño (16 a 100) y micro (1 a 15).

Fuente: ENESTYC, 1992 y 1995.

SINDICALIZADOS EN LOS ESTABLECIMIENTOS MANUFACTUREROS, 1993 Y 1995

1993	TOTAL DE TRABAJADORES	SINDICALIZADOS	TASA
	3,012,168	1,512,357	50.21
1995	TOTAL DE TRABAJADORES	SINDICALIZADOS	TASA
	2,892,327	1,222,096	42.25

Fuente: INEGI, 1993, y Encuesta Nacional a Trabajadores Manufactureros, 1995.

Las estadísticas sobre la industria manufacturera también señalan para el periodo entre 1992 y 1995 una disminución en el número de establecimientos que declararon contar con sindicato (de 15.2% a 14.1%) y en el número de trabajadores sindicalizados. La sindicalización se mantuvo alta en los grandes y medianos establecimientos, aunque disminuyó en los pequeños.

Las encuestas a establecimientos manufactureros también muestran que entre 1993 y 1995 diminuyó la tasa de sindicalización en seis de las nueve ramas manufactureras, mientras aumentó en tres de ellas. Destaca la caída en las ramas de alimentos, bebidas y tabacos (13.4%), industrias de la madera y productos de madera (8.2%) y productos minerales no metálicos (9.5%).

En la sindicalización por centrales, la CTM es la más importante en los establecimientos manufactureros. La CTM y la CROM incrementaron su porcentaje de agremiación en industrias de sustancias químicas, papel, metálica y maquinarias y otras industrias manufactureras, mientras perdieron en las de minerales no metálicos y metálicas básicas. Fue precisamente en estas dos últimas donde la CROC aumentó su agremiación.

TIPOS DE SINDICATO Y SUS ESTRATEGIAS

Ante la pérdida de afiliación y de espacios de negociación, las organizaciones sindicales desplegaron diversas estrategias que permiten distinguir tres tipos distintos de sindicalismo: corporativo-estatista, social y movimentista. Difieren en sus recursos económicos y políticos (estatal o societal), en su grado de autonomía respecto al Estado, en su relación

TASA DE SINDICALIZACIÓN POR RAMA Y PRINCIPALES CENTRALES OBRERAS, 1993 Y 1995

RAMA	CTM		CROC		CROM		OTRAS*	
	1993	1995	1993	1995	1993	1995	1993	1995
Total	55.4	61.4	12.1	12.7	5.1	5.7	27.2	20.12
Productos alimenticios, bebidas y tabacos	64.7	69	13.7	13.5	6	5.7	15.3	11.6
Textiles, prendas de vestir e industria del cuero	51.47	56.1	15.1	19.2	11.4	10.3	21.9	14.2
Industria de la madera y productos de madera	53.2	59.6	25.7	13.4	1.5	4.9	19.4	22.0
Papel, productos de papel, imprentas y editoriales	49.7	65	13.8	6.6	2.9	3	31.8	25.3
Sustancias químicas, productos del petróleo, del carbón, del hule y del plástico	45.3	55.5	12.8	11.9	4.5	9.2	37.2	23.3
Productos minerales no metálicos	59.8	49.5	3.2	19.4	5.5	2	31.3	28.9
Industrias metálicas básicas	67.2	50	0	7.7	7.3	5	25.3	37.1
Productos metálicos, maquinaria y equipo	54.5	64.1	9.8	8.2	1.5	2.6	34	25
Otras industrias manufactureras	18.7	49.1	0	10.7	0	7.4	81.3	32.7

* Incluye cualquier otra central obrera, sindicato nacional o de empresa.

Fuente: ENTRAM, 1993 y ENESTYC, 1995.

con el empresariado (cooperación, subordinación o confrontación), en sus niveles de democracia interna (bajo, medio, alto) y en el tipo de incentivos predominantes para obtener el respaldo de las bases en torno a las metas de la organización (positivos o negativos).

Estos tipos sindicales tienen diferentes posibilidades y restricciones en el cambiante escenario nacional.

SINDICALISMO CORPORATIVO-ESTATISTA

Los bajos niveles de democracia en este tipo de sindicalismo, así como su estructura cupular son factores de debilidad. En el nuevo contexto político creado por las derrotas del PRI el 2 de julio de 2000, una de sus principales fortalezas —su relación corporativa con el Estado— se convierte en una debilidad que podría llevar a su paulatina marginación,

ESTRATEGIAS DE LOS DIFERENTES TIPOS DE SINDICALISMO

TIPO	FUENTE PRINCIPAL DE RECURSOS DE PODER	RELACIÓN CON EL ESTADO	RELACIÓN CON EL EMPRESARIADO	NIVELES DE DEMOCRACIA INTERNA	ESTRATEGIAS	EJEMPLOS
Corporativo Estatal	Institucional (cláusulas de exclusión, participación en órganos tripartitas, cargos políticos, etc.)	Subordinación y apoyo	Subordinación (arreglos microcorporativos)	Bajo y predominio de incentivos negativos, control vertical, represión a la disidencia, debilitamiento de unidades locales	Conservadora-adaptativa, flexibilidad en materia de salarios y condiciones de trabajo a cambio de la conservación de monopolios de agremiación	CTM CROM CROC FTSE STPRM SUTERM SNTMMSRM
Social	Societal e institucional (apoyo en las bases, alianzas con actores sindicales externos e internos, capacidad de negociación con el empresariado en temas productivos)	Autonomía y apoyo condicionado	Cooperativa (flexibilidad interna negociada)	Medio y combinación de incentivos negativos y positivos (preservación de la cláusula de exclusión, ventajas conseguidas en CCT, participación de las bases en la vida interna)	Innovación en los recursos de poder, nuevo rol productivo en la empresa, reestructuración sindical, diversificación de alianzas, respeto a la pluralidad política y combinación de la lucha parlamentaria y extraparlamentaria	FESEBS UNT
Movimentista	Societal (mayor articulación con los movimientos sociales; acción política extraparlamentaria y partidaria)	Autonomía y enfrentamiento	Enfrentamiento y cooperación limitada	Alto y predominio de incentivos positivos (mayor peso a la asamblea y órganos colegiados, métodos de democracia directa como referéndum, plebiscitos, etc.)	Defensiva a partir de posiciones predominantemente rígidas, lucha extraparlamentaria y movilización social	CIPM

como ocurrió en los ochenta con los sindicatos corporativos en Brasil. La fuerza de este sindicalismo también está en riesgo por el surgimiento de nuevas organizaciones sindicales. El sindicalismo tradicional no se preparó para las nuevas condiciones económicas y sociales y de suprimirse las cláusulas de exclusión y aumentar la transparencia de la vida laboral, las perspectivas de este sector son sombrías.

SINDICALISMO SOCIAL

Por sus mayores márgenes de autonomía frente al Estado se adecúa mejor a la democracia política y a las presiones internacionales asociadas con la economía de mercado. Al haber participado en la reestructuración de sus respectivas empresas este sindicalismo social está mejor preparado para responder a las nuevas exigencias internacionales de competitividad y a la creciente importancia de la negociación en el piso de fábrica. También ha demostrado su capacidad como interlocutor real de la empresa para promover la productividad, con un sólido apoyo y la participación de las bases. Sus vínculos con partidos políticos le ofrecen mayores oportunidades de consolidar su presencia política e incidir en una reforma de la legislación laboral que les brinde mejores oportunidades.

Sin embargo, la permanencia de prácticas antidemocráticas al interior de muchas organizaciones sindicales de este tipo limitan su legitimidad y capacidad de convocatoria frente a otros movimientos sociales, ahora que más necesita ampliar su agenda e incorporar demandas de otros sectores marginados de los beneficios del actual modelo de desarrollo. Las posibilidades a futuro de este sindicalismo dependerán de su capacidad para hacer crecer su afiliación y para construir una estructura organizativa sólida.

SINDICALISMO MOVIMENTISTA

Este sindicalismo nunca contó con el apoyo estatal para expandirse ni utilizó las cláusulas de exclusión como mecanismo para lograr la afiliación. Sin embargo, es numéricamente reducido y sus tácticas de lucha lo han distanciado de otras organizaciones sindicales y de posiciones políticas menos radicales. De hecho, algunos contingentes de esta corriente ya se han acercado al sindicalismo social. Otro punto desfavorable es que posee menores herramientas para negociar y cooperar con otros actores productivos.

En cualquier caso, ante las nuevas condiciones, las organizaciones sindicales deberán replantearse su papel social y político, para lo cual deberán no sólo definir su posición frente al actual modelo económico y contribuir a la gestación de alternativas, sino también construir un verdadero sistema de representación de los asalariados acorde con las exigencias de un sistema político democrático.

SINDICATOS	
SIGLAS	**NOMBRE**
ANDA	Asociación Nacional de Actores
ASPA	Asociación Sindical de Pilotos Aviadores de México
ASSA	Asociación Sindical de Sobrecargos de Aviación de México
CGT	Confederación General de Trabajadores
COCEM	Confederación de Obreros y Campesinos del Estado de México
COM	Confederación Obrera Mexicana
COR	Confederación Obrera Revolucionaria
CROC	Confederación Revolucionaria de Obreros y Campesinos
CROM	Confederación Regional Obrera Mexicana
CRT	Confederación Revolucionaria de Trabajadores
CTC	Confederación de Trabajadores y Campesinos
CTM	Confederación de Trabajadores de México
CT	Congreso del Trabajo
FAO	Federación de Agrupaciones Obreras
FTSE	Federación de Sindicatos de Trabajadores al Servicio del Estado
FENASIB	Federación Nacional de Sindicatos Bancarios
FRET	Federación Revolucionaria de Empleados y Trabajadores
FROT	Federación Revolucionaria de Obreros Textiles
FESEBS	Federación de Sindicatos de Empresas de Bienes y Servicios
SESCRTSCRM	Sindicato de Escritores Sindicalizados de Cine, Radio y Televisión, Similares y Conexos de la República Mexicana
SINTCB	Sindicato Independiente Nacional de Trabajadores del Colegio de Bachilleres
SITIASCVW	Sindicato Independiente de Trabajadores de la Industria Automotriz, Similares y Conexos Volkswagen de México
SITTBD	Sindicato Industrial de Trabajadores Textiles y Similares "Belisario Domínguez"
SME	Sindicato Mexicano de Electricistas
SNITIASC	Sindicato Nacional Independiente de Trabajadores de la Industria Automotriz, Similares y Conexos
SNTCAT	Sindicato Nacional de Trabajadores de la Caja de Ahorro de los Telefonistas
SNTEOTIS	Sindicato Nacional de Trabajadores de Elevadores Otis
SNTESASCRM	Sindicato Nacional de Trabajadores y Empleados de los Servicios del Autotransporte, Similares y Conexos de la República Mexicana
SNTESASCRM	Sindicato Nacional de Trabajadores y Empleados de los Servicios de Autotransporte, Similares y Conexos de la República Mexicana
SNTFONACOT	Sindicato Nacional de Empleados del Fondo de Fomento y Garantía para el Consumo de los Trabajadores
SNTIASCRM	Sindicato Nacional de Trabajadores de la Industria del Autotransporte, Similares y Conexos de la República Mexicana

SINDICATOS

SIGLAS	NOMBRE
SNTIMP	Sindicato Nacional de Trabajadores del Instituto Mexicano del Petróleo
SNTINFONAVIT	Sindicato Nacional de Trabajadores del Instituto del Fondo Nacional de la Vivienda para los Trabajadores
SNTMMSRM	Sindicato Nacional de Trabajadores Mineros, Metalúrgicos y Similares de la República Mexicana
SNTSLASCINDEP	Sindicato Nacional de Trabajadores al Servicio de las Líneas Aéreas, Similares y Conexos "Independencia"
SNTSS	Sindicato Nacional de Trabajadores del Seguro Social
STAUACH	Sindicato de Trabajadores Académicos de la Universidad Autónoma de Chapingo
STFECUNITED	Sindicato de Trabajadores de la Fábrica de Empaques de Cartón "United"
STFRM	Sindicato de Trabajadores Ferrocarrileros de la República Mexicana
STIMAHSC	Sindicato de Trabajadores de la Industria Metálica, Acero, Hierro Similares y Conexos

SINDICATOS

SIGLAS	NOMBRE
STPCRM	Sindicato de Trabajadores de la Producción Cinematográfica de la República Mexicana
STRM	Sindicato de Telefonistas de la República Mexicana
STTMELPCSCRM	Sindicato de Trabajadores Técnicos y Manuales de Estudios y Laboratorios de la Producción Cinematográfica, Similares y Conexos de la República Mexicana
STUACH	Sindicato de Trabajadores de la Universidad Autónoma de Chapingo
STUNAM	Sindicato de Trabajadores de la Universidad Nacional Autónoma de México
SUTCOLORTEX	Sindicato Único de Trabajadores de Colortex
SUTIN	Sindicato Único de Trabajadores de la Industria Nuclear
SUTNOTIMEX	Sindicato Único de Trabajadores de Notimex
SUTCOLMEX	Sindicato Único de Trabajadores de El Colegio de México
UNT	Unión Nacional de Trabajadores

V. POLÍTICA, GOBIERNO Y TRANSICIÓN DEMOCRÁTICA

ÍNDICE

ELECCIONES, PARTIDOS Y AGRUPACIONES POLÍTICAS

ELECCIONES DEL 2000

PODER EJECUTIVO

PODER LEGISLATIVO

PODER JUDICIAL

LOS PRESUPUESTOS DE LA FEDERACIÓN

DERECHOS HUMANOS

ORGANIZACIONES NO GUBERNAMENTALES

ELECCIONES, PARTIDOS Y AGRUPACIONES POLÍTICAS

Elecciones libres y confiables son un ingrediente clave de la democracia. Durante la mayor parte del siglo xx las elecciones mexicanas se vieron afectadas por irregularidades (cometidas principalmente por el gobierno y el partido mayoritario).

A partir de los ochenta la batalla por la democratización de México puso como prioridad los aspectos que hacen confiable una elección: términos de la ley electoral, autonomía de las autoridades electorales, objetividad de los medios de comunicación y financiamiento de los gastos de campaña, entre otros. Pese a que persisten algunos rezagos, los avances son reales y han facilitado una creciente competitividad electoral que se reflejó en las elecciones federales del 2 de julio del 2000. (☞ Elecciones del 2000)

La libertad política en México

El índice de la libertad política, elaborado por la organización no gubernamental internacional Freedom House clasifica a los países de acuerdo a las libertades civiles y derechos políticos de los ciudadanos. Toma en consideración factores como libertad del voto, de expresión, de organización y reunión. Un país puede obtener una calificación del 1 al 10, en donde el 1 indica la mayor libertad y el 10, la menor. México tiene 3.5 y eso lo ubica entre los países parcialmente libres.

COMPETITIVIDAD ELECTORAL EN LAS ELECCIONES PRESIDENCIALES, 1952-2000

	1952	1958	1964	1970	1976	1982	1988	1994	2000
PRI (%)	74.31	90.43	87.77	85.09	87.84	68.43	50.71	48.77	36.10
PAN (%)	7.82	9.42	11.04	13.83	*	15.68	16.79	25.94	42.52
Partidos de izquierda (%)	1.98		1.16	1.4	5.66	9.45	30.98	18.47	18.63

* En 1976 el PAN no presentó candidato a la presidencia.

Fuente: Gómez Tagle, 1997.

ELECCIONES PRESIDENCIALES, 1952-1994

PARTIDO		1952	1958	1964	1970	1976	1982	1988	1994
PRI	Votos	2,713,419	6,767,754	8,275,062	11,708,038	15,466,188	16,141,454	9,687,926	17,341,921
	%**	74.31	90.43	87.77	85.09	87.84	68.43	50.71	48.77
PAN	Votos	285,555	703,303	1,040,718	1,944,636		3,700,045	3,208,584	9,224,519
	%**	7.82	9.13	11.04	13.83		15.68	16.79	25.94
PRD	Votos								5,903,987
	%**								16.60
PT	Votos								975,488
	%**								2.74
PVEM	Votos								330,532
	%**								0.93
PPS*	Votos	72,482		64,368	118,305	649,139	360,565	5,843,779	168,609
	%**	1.82		0.68	0.86	3.69	1.53	30.59	0.47
PARM*	Votos			45,085	75,810	347,611	242,187		195,085
	%**			0.48	0.54	1.97	1.03		0.55
PDM	Votos						433,886	190,891	99,227
	%**						1.84	1	0.28
CPM/PSUM/PMS*	Votos						821,993		
	%**						3.48		
PST/PFCRN	Votos						342,005		301,249
	%**						1.45		0.85
PRT	Votos						416,448	74,857	
	%**						1.76	0.39	
PSD	Votos						48,413		
	%**						0.20		
Votos anulados	Votos				193,539	931,870	1,053,616		1,001,046
	%**				1.41	5.29	4.46		2.82
Candidatos no registrados	Votos				22,815	212,064	28,474	100,139	18,553
	%**				0.17	1.20	0.12	0.52	0.05
Total	Votos			9,425,233	14,063,143	17,606,872	23,589,086	19,106,176	35,560,216
	%**			100	100	100	100	100	100

* En 1988 PPS, PARM, PMS y PFCRN formaron el Frente Democrático Nacional, que postuló a Cuauhtémoc Cárdenas y obtuvo 5,843,779 votos (30.59%).
** Porcentaje respecto del total de votos.

Fuente: Gómez Tagle, 1997.

PARTICIPACIÓN ELECTORAL, ELECCIONES FEDERALES, 1961-1997

		DIPUTADOS		SENADORES		PRESIDENTE	
AÑO	EMPADRONADOS	VOTOS	%	VOTOS	%	VOTOS	%
1961	10,004,296	6,835,344	68.33				
1964	13,589,594	9,053,261	66.61	8,933,411	66.09	9,425,233	69.34
1967	15,821,115	9,958,073	62.35				
1970	21,653,817	13,917,735	64.17	13,887,619	64.10	14,063,143	64.89
1973	24,863,263	15,017,278	60.40				
1976	25,912,986	16,068,901	62.01	16,715,546	64.51	17,606,872	68.69
1979	27,937,237	13,787,720	49.35				
1982	31,526,386	21,064,526	66.82	22,420,467	71.12	23,589,086	74.82
1985	35,196,525	17,820,100	50.63				
1988	38,074,926	18,109,221	47.57	18,112,774	47.75	19,145,012	50.28
1991	36,695,320	23,901,699	65.14	24,103,710	52.70		
1994	45,729,053	35,281,122	77.15	35,304,456	77.20	35,560,216	77.76
1997	52,208,966	29,771,911	57.06	30,167,661	57.00	30,167,661	57.78

Fuente: Gómez Tagle, 1997.

Leyes electorales

Como parte de su evolución México ha hecho docenas de reformas a su legislación electoral sin llegar todavía a una satisfactoria. A continuación, un bosquejo de los principales cambios.

1917. Un día después que entró en vigor la Constitución se promulgó la primera ley electoral.

1918. Nueva ley que cubre omisiones de la anterior. Estuvo vigente por 28 años. Exigía a los partidos políticos un programa de gobierno y el registro de los candidatos, y establecía que el voto fuera secreto.

1946. Se incrementa la complejidad de la ley. Por primera vez se exige registro aprobado por la Secretaría de Gobernación a los partidos nacionales para que participen en las elecciones. Se imponen requisitos difíciles de cumplir (por ejemplo, los partidos debían realizar asambleas constitutivas y verificarlas ante notario público).

1951. Promulgación de la Ley Federal Electoral. Conserva la misma estructura de la anterior y casi todas sus disposiciones.

1963. Se crea la figura de diputados de partido (diputados plurinominales). Los partidos tenían que recibir 2.5% de la votación nacional, que les daba derecho a cinco escaños. Cada medio por ciento más les daba otro escaño hasta un máximo de 20.

1971. Se modifican los porcentajes para obtener diputados de partido: se fija el mínimo en 1.5% y el máximo en 25 por ciento. También se redujeron las edades mínimas, de 25 a 21 años para diputados y de 35 a 30 para senadores.

1973. Se otorgaron nuevas prerrogativas a los partidos para facilitarles recursos económicos y se redujo la exigencia en el número de afiliados (de 75,000 a 45,000 en todo el país y de 2,500 a 2,000 en las dos terceras partes de las entidades federativas). Se otorgan franquicias postales y telegráficas y el uso gratuito de la radio y la televisión para propaganda durante los periodos electorales.

1977. Promulgación de la Ley Federal de Organizaciones Políticas y Procesos Electorales. Se introduce el sistema de diputados por representación proporcional; se incrementa el número de diputados a 400; disminuyen los requisitos para el registro de los partidos políticos.

1982. Resaltan las modificaciones a la pérdida de registro: antes se perdía de no obtenerse 1.5% de la votación nacional en dos elecciones consecutivas; ahora basta que reciban menos de 1.5% en una elección.

1986. Se introduce la renovación del Senado por mitades cada tres años y se incrementa el número de diputados plurinominales de 100 a 200, pero conservando en 300 los diputados uninominales. Se crearon el Tribunal de lo Contencioso Electoral (cuyas funciones cumplía la Suprema Corte de Justicia) y la Asamblea de Representantes del Distrito Federal.

1989-90. Esta reforma se dio en dos tiempos. Durante el primero se creó el Instituto Federal Electoral (IFE) como organismo público con órgano de dirección e integrado por consejeros designados por los poderes Legislativo y Ejecutivo, consejeros del Poder Legislativo y representantes de partidos políticos, bajo la presidencia del secretario de Gobernación como representante del Poder Ejecutivo. El Tribunal de lo Contencioso Electoral se sustituyó por el Tribunal Federal Electoral, con facultades para emitir resoluciones. En un segundo momento se aprobó el Código Federal de Instituciones y Procedimientos Electorales (Cofipe) y se modificó el Código Penal para incluir los delitos electorales. Asimismo, se establecieron mecanismos para seleccionar a los funcionarios electorales y elaborar un nuevo padrón electoral, y se introdujo la fotografía en la credencial para votar.

1993. Se amplió el Senado mediante la elección de tres senadores por entidad federativa, uno asignado a la primera minoría; se eliminó la cláusula de gobernabilidad en la Cámara de Diputados, que aseguraba la mayoría absoluta al partido con mayor número de votos; se redujo de 70 a 63% el número máximo de curules que podía tener un partido en la cámara baja. Se ampliaron las atribuciones del Consejo General del IFE y se establecieron requisitos más estrictos para la designación de su director general, con el propósito de garantizar su imparcialidad. Se modificó la manera de integrar el Tribunal Federal Electoral y se creó una sala de segunda instancia. Se modificaron 170 artículos del Cofipe para lograr más equidad en las contiendas electorales y se incluyó la figura de observador electoral.

1994. Las reformas se hicieron a la sombra de la rebelión en Chiapas. Se ciudadaniza el Consejo General del IFE. Los observadores nacionales obtuvieron la facultad de cubrir todas las etapas del proceso electoral. Se creó la Fiscalía Especial para Delitos Electorales.

1996. La primera fuerza electoral puede tener un máximo de 300 diputados. Se incrementa del 1.5 a 2% el porcentaje de votación para que un partido político tenga diputados plurinominales. En la cámara de senadores se incorpora el principio de representación proporcional. Se flexibilizan los requisitos para la obtención del registro como partido político nacional y se fija en 2% el porcentaje mínimo para conservar el registro.

Se crea la figura de las agrupaciones políticas nacionales para impulsar la democracia. Se establece que el financiamiento público sea mayor que otros tipos de financiamiento, se prohíben aportaciones anónimas y se limita el financiamiento de simpatizantes. Mejora la fiscalización del manejo de los recursos de partidos y agrupaciones políticas.

La Asamblea de Representantes del Distrito Federal se convierte en Asamblea Legislativa y a sus miembros se les denomina diputados. Se dispone que el Jefe de Gobierno del Distrito Federal sea electo por votación universal, libre, secreta y directa para un periodo de seis años.

INSTITUTO FEDERAL ELECTORAL

IFE. *Edificio del Registro Federal de Electores, en México, D.F.*

El Instituto Federal Electoral (IFE) es un organismo público, autónomo e independiente, con personalidad jurídica y patrimonio propios. Es el encargado de organizar las elecciones federales. Entre sus funciones destacan:

Antes de las elecciones: actualizar y depurar el padrón y las listas de electores; atender los derechos y prerrogativas de los partidos y agrupaciones políticas; diseñar y ordenar la impresión de los materiales electorales; preparar la jornada electoral; capacitar a los ciudadanos encargados de recibir la votación y de realizar el cómputo de los votos en cada casilla.

Después del cierre de las casillas el día de la elección: computar los resultados; otorgar las constancias de validez en las elecciones de diputados y senadores; realizar el cómputo de la elección de presidente.

CONSEJO GENERAL

Es el órgano de dirección. Sus integrantes tienen la responsabilidad de vigilar el cumplimiento de las disposiciones legales electorales así como de hacer cumplir los principios de legalidad, independencia, imparcialidad y objetividad. Está integrado por un consejero presidente, ocho consejeros electorales con derecho a voz y voto, y por consejeros del Poder Legislativo, representantes de los partidos políticos nacionales y el secretario ejecutivo, con voz pero sin voto.

MIEMBROS DEL CONSEJO GENERAL DEL IFE
Presidente
Mtro. José Woldenberg

Consejeros electorales
Dr. José Barragán Barragán
Dr. Jaime Cárdenas Gracia
Lic. Jesús Cantú Escalante
Mtro. Alonso Lujambio Irazábal
Dr. Mauricio Merino Huerta
Mtro. Juan Molinar Horcasitas
Dra. Jacqueline Peschard Mariscal
Dr. Emilio Zebadúa González

PARTIDOS POLÍTICOS

En las elecciones federales del año 2000 participaron once partidos: Acción Nacional, Revolucionario Institucional, de la Revolución Democrática, del Trabajo, Verde Ecologista, Convergencia por la Democracia, Auténtico de la Revolución Mexicana, Alianza Social, Democracia Social, Sociedad Nacionalista y de Centro Democrático.

Partido Acción Nacional

Partido Revolucionario Institucional

Partido de la Revolución Democrática

Partido del Trabajo

Partido Verde Ecologista de México

Convergencia por la Democracia

Partido Auténtico de la Revolución Mexicana

Partido Alianza Social

Democracia Social Partido Político Nacional

Partido de la Sociedad Nacionalista

Partido de Centro Democrático

En las elecciones del 2000 participaron estos once partidos, formando diferentes coaliciones.

PARTIDO ACCIÓN NACIONAL

Fundado en 1939 por intelectuales y profesionales para oponerse al Partido Nacional Revolucionario creado 10 años antes. Se le identifica ideológicamente con el social cristianismo, ideal del bien común. A lo largo de su historia ha tenido dos divisiones importantes: en 1978 se separan Efraín González Morfín, Raúl González Schmall, Julio Sentíes y Francisco Pedraza; en 1993 salen del partido los miembros del grupo Foro Democrático.

Candidatos a la presidencia: Efraín González Luna (1952), Luis H. Álvarez (1958), José González Torres (1964), Efraín González Morfín (1970), Pablo Emilio Madero (1982), Manuel J. Clouthier (1988), Diego Fernández de Cevallos (1994) y Vicente Fox Quesada (2000).

Dirigentes: Manuel Gómez Morín (1939-1949), Juan Gutiérrez Lascuráin (1949-1956), Alonso Ituarte Servín (1956-1958), José González Torres (1958-1962), Adolfo Christlieb Ibarrola (1963-1968), Ignacio Limón Maurer (1968-1969), Manuel González Hinojosa (1969-1972), José Ángel Conchello (1972-1975), Efraín González Morfín (1975), Manuel González Hinojosa (1975-1978), Abel Vicencio Tovar (1978-1983), Pablo Emilio Madero (1984-1987), Luis H. Álvarez (1987-1993), Carlos Castillo Peraza (1993-1996), Felipe Calderón Hinojosa (1996-1999) y Luis Felipe Bravo Mena (1999-).

PARTIDO REVOLUCIONARIO INSTITUCIONAL

Fundado en 1929 como Partido Nacional Revolucionario. En 1938 cambió su nombre a Partido de la Revolución Mexicana y en 1946 adquirió su actual denominación. Se identifica a sí mismo como socialdemócrata y de nacionalismo revolucionario.

Este partido político gobernó el país durante la mayor parte del siglo XX. Entre las claves de su longevidad estarían su cercanía con el Estado, su capacidad de incorporar sectores organizados y su habilidad para transmitir el poder sin problemas de un presidente a otro.

Candidatos a la presidencia: Miguel Alemán Valdés (1946), Adolfo Ruiz Cortines (1952), Adolfo López Mateos (1958), Gustavo Díaz Ordaz (1964), Luis Echeverría Álvarez (1970), José López Portillo (1976), Miguel de la Madrid Hurtado (1982) y Carlos Salinas de Gortari (1988). En 1993 el candidato designado fue Luis Donaldo Colosio, que fue asesinado en marzo de 1994. Le sustituyó en la candidatura Ernesto Zedillo Ponce de León (1994). El candidato para las elecciones del 2000 fue Francisco Labastida Ochoa.

Presidentes del partido: Rafael Pascasio Gamboa (1946), Rodolfo Sánchez Taboada (1946-1952), Gabriel Leyva Velázquez (1952-1956), Agustín Olachea Avilés (1956-1958), Alfonso Corona del Rosal (1958-1964), Carlos A. Madrazo (1964-1965), Lauro Ortega (1965-1968), Alfonso Martínez Domínguez (1968-1970), Manuel Sánchez Vite (1970-1972), Jesús Reyes Heroles (1972-1975), Porfirio Muñoz Ledo (1975-1976), Carlos Sansores Pérez (1976-1979), Gustavo Carbajal Moreno (1979-1981), Javier García Paniagua (1981), Pedro Ojeda Paullada (1981-1982), Adolfo Lugo Verduzco (1982-1986), Jorge de la Vega Domínguez (1986-1988), Luis Donaldo Colosio (1988-1992), Rafael Rodríguez Barrera (interino, 1992), Genaro Borrego Estrada (1992-1993), Fernando Ortiz Arana (1993-1994), Ignacio Pichardo Pagaza (1994), María de los Ángeles Moreno Uriegas (1994), Santiago Oñate Laborde (1995-1996), Humberto Roque Villanueva (1996-1997), Mariano Palacios Alcocer (1997-1999), José Antonio González Fernández (1999) y Dulce María Sauri Riancho (1999-).

PARTIDO DE LA REVOLUCIÓN DEMOCRÁTICA

En 1986 Cuauhtémoc Cárdenas y Porfirio Muñoz Ledo, entre otros, crean dentro del PRI la Corriente Democrática, para democratizar los métodos de elección del candidato presidencial. Fracasan, se separan de su partido y junto con el PPS, PFCRN y PARM integran el Frente Democrático Nacional. En 1989 se funda el PRD con el registro del PMS. Se identifica como un partido nacionalista revolucionario de centro-izquierda.

Candidatos a la presidencia: Cuauhtémoc Cárdenas Solórzano en tres ocasiones (1988, 1994 y 2000).

Dirigentes: Cuauhtémoc Cárdenas (1988-1993), Roberto Robles Garnica (interino, 1993), Porfirio Muñoz Ledo (1993-1996), Andrés Manuel López Obrador (1996-1999), Pablo Gómez (interino, 1999) y Amalia García (1999-).

PARTIDO DEL TRABAJO

Se funda en 1990. En las elecciones de 1991 pierde el registro. En 1993 obtiene el registro condicionado. Este partido se formó a partir de la unión de varias organizaciones sociales del norte del país. Se identifica ideológicamente con la ética de la honradez, la verdad, la cooperatividad, la justicia, la libertad y la democracia.

Candidatos a la presidencia: Cecilia Soto (1994) y Cuauhtémoc Cárdenas Solórzano (2000).

Dirigente: Alberto Anaya (1991-).

PARTIDO VERDE ECOLOGISTA DE MÉXICO

Fundado en 1990. En dos ocasiones, 1991 y 1994, perdió el registro por su baja votación. En las elecciones de 1997 lo recuperó y además alcanzó representación en la cámara baja. Este partido dice pertenecer al movimiento ecologista mexicano.

Candidatos a la presidencia: Jorge González Torres (1994) y Vicente Fox Quesada (2000).

Dirigente: Jorge González Torres (1991-).

Convergencia por la Democracia

Obtuvo el registro en 1999. Sus fundadores son de origen priísta; fue la primera agrupación política nacional que obtuvo registro como partido político. Tiene como ideología la social democracia y considera que la transición a la democracia sólo se logrará con la alternancia en el poder.

Candidato a la presidencia: Cuauhtémoc Cárdenas Solórzano (2000).

Dirigente: Dante Delgado Ranauro (1999-).

Partido Auténtico de la Revolución Mexicana

En 1999 el PARM obtuvo por tercera ocasión su registro como partido político. Se considera a sí mismo de centro-izquierda y tiene como ideología la democracia. En 1988 postuló a Cuauhtémoc Cárdenas como integrante del Frente Democrático Nacional.

Candidato a la presidencia: Porfirio Muñoz Ledo (2000).

Dirigente: Carlos Guzmán (1999-).

Partido Alianza Social

Surgió como iniciativa de expanistas como Pablo Emilio Madero y Adalberto "el Pelón" Rosas y de la vertiente sinarquista con militantes del extinto Partido Demócrata Mexicano. El PAS niega ubicarse dentro de la derecha porque su base es el ser humano, pero tampoco está en la izquierda porque rechaza la filosofía marxista.

Candidato a la presidencia: Cuauhtémoc Cárdenas Solórzano (2000).

Dirigente: José Antonio Calderón Cardoso (1999-).

Democracia Social Partido Político Nacional

Su fundador y actual presidente es Gilberto Rincón Gallardo, con larga trayectoria en la izquierda, militante del Partido Comunista y del PRD. El PDS se considera socialdemócrata.

Candidato a la presidencia: Gilberto Rincón Gallardo (2000).

Dirigente: Gilberto Rincón Gallardo (1999-).

Partido de la Sociedad Nacionalista

Formado por disidentes del PARM. Se describe a sí mismo como un partido de tendencia nacionalista, sin caer en radicalismos, y busca devolver el sentido de pertenencia a los mexicanos.

Candidato a la presidencia: Cuauhtémoc Cárdenas Solórzano (2000).

Dirigente: Gustavo Riojas Santana (1999-).

Partido de Centro Democrático

Fundado en febrero de 1999 por un grupo encabezado por Manuel Camacho Solís, quien renunció al PRI en 1995. Este partido se autodefine como de centro y se funda bajo principios políticos republicanos y democráticos y ratifica que la lucha política debe ser por medios pacíficos y por la vía democrática.

Candidato a la presidencia: Manuel Camacho Solís (2000).

Dirigente: Manuel Camacho Solís (1999-).

Partido Acción Nacional (PAN)
Ángel Urraza 812, Col. del Valle, 03109 México, D.F.
Teléfono 5559-6300; faxes 5559-0975 y 5559-0159
http://www.pan.org.mx

Partido Revolucionario Institucional (PRI)
Av. Insurgentes Norte 59, Col. Buenavista, 06359 México, D.F.
Teléfonos 5591-1595, 5546-3513 y 5535-9549;
faxes 5546-3552 y 5535-8787; http://www.pri.org.mx

Partido de la Revolución Democrática (PRD)
Monterrey 50, Col. Roma, 06700 México, D.F.
Teléfonos 5525-6059, 5533-3368 y 5207-0764; fax 5208-7863
http://www.prd.org.mx

Partido del Trabajo (PT)
Av. Cuauhtémoc 47, Col. Roma, 06700 México, D.F.
Teléfono 5207-4441; faxes 5525-2727 y 5525-8419
http://www.pt.org.mx

Partido Verde Ecologista de México (PVEM)
Medicina 74, Col. Copilco, 04360, México, D.F.
Teléfonos y faxes 5659-8242, 5659-8272 y 5658-7172
http://www.pvem.org.mx

Convergencia por la Democracia
Louisiana 113, Col. Nápoles, 03810 México, D.F.
Teléfonos y faxes 5543-8537, 5543-8540 y 5543-8541
http://www.convergencia.org.mx

Partido Auténtico de la Revolución Mexicana (PARM)
Puebla 286, Col. Roma, 06700 México, D.F.
Teléfonos 5514-8289 y 5514-9676; fax 5208-1652

Partido Alianza Social (PAS)
Edison 89, Col. Tabacalera, 06030 México, D.F.
Teléfonos 5592-5688 y 5566-5361; fax 5566-1665

Democracia Social Partido Político Nacional (PDS)
San Borja 416, Col. del Valle, 03100 México, D.F.
Teléfonos y faxes 5559-2875, 5559-3161 y 5628-4433
http://www.democraciasocial.org.mx

AGRUPACIONES POLÍTICAS NACIONALES

Las agrupaciones políticas nacionales (APN) son asociaciones ciudadanas que participan en el desarrollo de la vida democrática y de la cultura política del país. Tienen derecho a recibir financiamiento público para el apoyo de sus actividades editoriales, educativas, de capacitación política y de investigación.

Deben tener un mínimo de 7,000 afiliados y contar con delegaciones en cuando menos 10 estados de la República. Una vez que son aprobadas, las APN pueden establecer convenios de apoyo y candidaturas eventuales con algún partido político.

En 1997 nueve APN obtuvieron su registro. En 1999 se agregaron otras 32. El presupuesto en el 2000 para cada una de ellas es de $717,000.00 pesos.

FINANCIAMIENTO A LOS PARTIDOS POLÍTICOS Y A LAS APN

Desde 1986 los partidos políticos con reconocimiento legal reciben financiamiento público. A partir de 1996 lo reciben las agrupaciones políticas nacionales.

El financiamiento público se dedica a: 1) sostener actividades ordinarias permanentes; 2) gastos de campaña, y 3) actividades específicas como entidades de interés público.

Los partidos pueden recibir financiamiento de sus militantes y simpatizantes, autofinanciarse y obtener rendimientos financieros. Sin embargo, el financiamiento público debe prevalecer sobre el privado. Por este motivo, está prohibido recibir fondos de personas no identificadas, de poderes públicos y órganos de gobierno, de otros partidos políticos, de personas físicas o morales extranjeras, de organismos internacionales, de ministros, iglesias o agrupaciones religiosas y de personas que vivan o trabajen en el extranjero, así como de empresas mexicanas de carácter mercantil.

Es obligación de los partidos contar con un órgano responsable de la administración de su patrimonio y recursos financieros. Éste presentará al IFE informes sobre el origen, manejo y destino de sus recursos financieros.

AGRUPACIONES POLÍTICAS NACIONALES	
ORGANIZACIÓN	AÑO DE REGISTRO
A'Paz Agrupación Política Alianza Zapatista	1997
Agrupación Política "Diana Laura"	1997
Causa Ciudadana	1997
Convergencia Socialista	1997
Coordinadora Ciudadana	1997
Cruzada Democrática Nacional	1997
Frente Liberal Mexicano Siglo XXI	1997
Unidad Obrera y Socialista (Uníos)	1997
Unión Nacional Opositora (UNO)	1997
Alternativa Ciudadana 21	1999
Centro Político Mexicano	1999
Democracia XXI	1999
Diversa	1999
Expresión Ciudadana	1999
Familia en Movimiento	1999
Foro Democrático	1999
Frente Liberal Mexicano Siglo XXI	1999
Frente Nacional de Pueblos Indígenas y Comunidades Marginadas	1999
Frente Revolucionario de Campesinos y Trabajadores de México	1999
Iniciativa XXI	1999
Instituto para el Desarrollo Equitativo y Democrático	1999
Jacinto López Moreno	1999
Movimiento Ciudadano para la Reconstrucción Nacional	1999
Movimiento de Acción Republicana	1999
Movimiento Mexicano "El Barzón"	1999
Movimiento Nacional de la Juventud Siglo XXI	1999
Movimiento Nacional de Organización Ciudadana	1999
Movimiento Social de los Trabajadores	1999
Mujeres en Lucha por la Democracia	1999
Mujeres y Punto	1999
Organización Auténtica de la Revolución Mexicana	1999
Organización México Nuevo	1999
Plataforma Cuatro	1999
Praxis Democrática	1999
Red de Acción Democrática	1999
Sentimientos de la Nación	1999
Sociedad Nacionalista	1999
Unidad Nacional Lombardista	1999
Unión de la Clase Trabajadora	1999
Unión Nacional Independiente de Organizaciones Sociales	1999
Unión Nacional Sinarquista (UNS)	1999

Fuente: Segob, http://www.gobernacion.gob.mx

Elecciones del 2000

El 2 de julio fue un parteaguas porque el PRI perdió las elecciones presidenciales y porque, por primera vez en la historia, el régimen cambió de manera pacífica.

El Instituto Federal Electoral

En la preparación, organización y conducción de la jornada electoral el Instituto Federal Electoral (IFE) utilizó una compleja y amplia estructura en la que participaron cerca de un millón de personas (además del personal de tiempo completo del IFE cercano a las cinco mil personas). En esta labor convergen básicamente tres tipos de órganos: a) directivos, integrados en forma colegiada en consejos; b) técnico-ejecutivos, integrados por miembros del servicio profesional electoral, organizados en juntas ejecutivas; c) de vigilancia, conformados con representación mayoritaria de los partidos políticos, en comisiones.

© Carlos Hahn

Edificio del IFE.

PADRÓN ELECTORAL Y LA LISTA NOMINAL, MAYO DEL 2000				
CONCEPTO	PADRÓN ELECTORAL		LISTA NOMINAL*	
	Ciudadanos	Porcentaje	Ciudadanos	Porcentaje
Total	59,589,569	100	58,782,737	100
SEXO				
Hombres	28,791,878	48.32	28,358,503	48.25
Mujeres	30,797,691	51.68	30,424,234	51.75
EDAD				
18 a 19	2,355,671	3.95	2,268,306	3.86
20 a 24	9,055,861	15.20	8,866,237	15.08
25 a 29	9,576,520	16.07	9,423,796	16.03
30 a 34	8,025,616	13.47	7,919,168	13.47
35 a 39	6,837,984	11.48	6,760,214	11.50
40 a 44	5,651,719	9.49	5,596,198	9.52
45 a 49	4,527,577	7.60	4,488,856	7.64
50 a 54	3,545,921	5.95	3,517,777	5.98
55 a 59	2,846,028	4.78	2,825,613	4.81
60 a 64	2,281,194	3.83	2,265,655	3.85
65 o más	4,880,451	8.19	4,850,917	8.25
ENTIDAD FEDERATIVA				
Estado de México	7,654,307	12.85	7,547,815	12.84
Distrito Federal	6,352,203	10.66	6,257,348	10.64
Veracruz	4,283,370	7.19	4,233,151	7.20
Jalisco	3,900,096	6.54	3,847,018	6.54
Guanajuato	2,810,490	4.72	2,783,850	4.74
Puebla	2,783,215	4.67	2,753,336	4.68
Otras entidades	29,598,795	53.37	28,242,678	53.35

* La lista nominal incluye a los ciudadanos que tienen vigente su credencial para votar.

Fuente: IFE, 2000.

Estos órganos tenían varios niveles: central, estatal (una delegación en cada una de las 32 entidades federativas), distrital (una subdelegación en cada uno de los distritos uninominales) y, en algunos casos, seccional.

CALENDARIO ELECTORAL 2000

LUGAR	CARGOS EN DISPUTA	FECHA
Elecciones federales	Presidente 128 senadores 300 diputados M.R.* 200 diputados R.P.**	Jul-02
Campeche	21 diputados M.R. 14 diputados R.P. 11 ayuntamientos	Jul-02
Colima	12 diputados M.R. 8 diputados R.P. 10 ayuntamientos	Jul-02
Distrito Federal	Jefe de Gobierno 40 asambleístas M.R. 26 asambleístas R.P. 16 delegados	Jul-02
Estado de México	45 diputados M.R. 30 diputados R.P. 122 ayuntamientos	Jul-02
Guanajuato	Gobernador 22 diputados M.R. 14 diputados R.P. 46 ayuntamientos	Jul-02
Morelos	Gobernador 18 diputados M.R. 12 diputados R.P. 33 ayuntamientos	Jul-02
Nuevo León	26 diputados M.R. 16 diputados R.P. 51 ayuntamientos	Jul-02
Querétaro	15 diputados M.R. 10 diputados R.P. 18 ayuntamientos	Jul-02
San Luis Potosí	15 diputados M.R. 12 diputados R.P. 58 ayuntamientos	Jul-02
Sonora	21 diputados M.R. 12 diputados R.P. 72 ayuntamientos	Jul-02
Chiapas	Gobernador	Ago-20
Veracruz	24 diputados M.R. 16 diputados R.P. 210 ayuntamientos	Sep-03
Tabasco	Gobernador 18 diputados M.R. 13 diputados R.P. 17 ayuntamientos	Oct-15
Jalisco	Gobernador 20 diputados M.R. 14 diputados R.P. 124 ayuntamientos	Nov-12

* M.R.: mayoría relativa.
** R.P.: representación proporcional.

Fuente: IFE, 2000.

ESTRUCTURA ORGÁNICA IFE, 2000

ÓRGANO	NÚMERO	PERSONAS
DIRECTIVOS		
Consejo General	1	21*
Consejos Locales	32	608**
Consejos Distritales	300	5,700**
Casillas electorales	113,574	795,018***
EJECUTIVOS Y TÉCNICOS		
Junta General Ejecutiva	1	9
Juntas Locales Ejecutivas	32	160
Juntas Distritales Ejecutivas	300	1,500
VIGILANCIA		
Comisión Nacional de Vigilancia	1	2
Comisiones Locales de Vigilancia	32	576
Comisiones Distritales de Vigilancia	300	5,400

* Nueve integrantes tienen derecho a voz y voto; doce tienen voz pero no voto.
** Cada Consejo Local o Distrital se integra por 19 miembros, siete con derecho a voz y voto y doce con voz pero sin voto.
*** Cada casilla se integra por un presidente, un secretario y dos escrutadores.

Fuente: IFE, 2000.

Una de las tareas más importantes del IFE fue el Programa de Resultados Electorales Preliminares (PREP) que proporcionó los resultados asentados en las actas de escrutinio elaboradas por los funcionarios electorales. A medida que llegaban las cifras fueron apareciendo en las computadoras instaladas en las salas de prensa del IFE y se difundieron a través de internet.

PRESUPUESTO DEL IFE, 2000

CONCEPTO	MONTO	PORCENTAJE
Presupuesto total	$8,452,773,651	100
Presupuesto de operación	$4,922,000,000	58
Programas del Registro Federal de Electores	$1,293,150,000	15.30
Oficinas foráneas	$2,273,588,000	26.90
Oficinas centrales	$1,352,320,000	16.00
Financiamiento público a partidos políticos	$3,530,773,651	41.80
Asignaciones a partidos políticos	$3,188,927,614	37.73
Gasto para actividades permanentes y gastos de campaña	$2,938,927,614	34.77
Actividades específicas	$250,000,000	2.96
Apoyos	$341,846,037	4.04
Apoyo para la producción de radio y televisión	$3,564,000	0.04
Compra de spots de radio y televisión	$293,892,761	3.48
Monitoreo	$15,000,000	0.18
Financiamiento agrupaciones políticas nacionales	$29,389,276	0.35

Fuente: *El Universal*, 1999.

Propaganda electoral utilizada por algunos partidos durante la campaña.

LOS PARTIDOS POLÍTICOS

En la elección del 2000 participaron once partidos políticos que manejaron recursos públicos de acuerdo al porcentaje de votación obtenida con anterioridad o a una cantidad fija (para los de reciente registro).

FINANCIAMIENTO PÚBLICO PARA LOS PARTIDOS POLÍTICOS, 2000*

PARTIDO	MONTO	PARTIDO	MONTO
PAN	$671,535,658.60	PCD	$53,587,718.74
PRI	$910,241,014.88	PSN	$53,587,718.74
PRD	$653,410,219.32	PARM	$53,587,718.74
PT	$210,305,324.94	PAS	$53,587,718.74
PVEM	$233,893,719.96	PDS	$53,587,718.74
CD	$53,587,718.74	Total	$3,000,912,250.14

* Incluye actividades permanentes y gastos de campaña.

Fuente: *El Universal*, 1999.

Con respecto al financiamiento privado, al cierre de este libro los partidos políticos no habían reportado al IFE los ingresos por donativos. Aunque para este efecto la ley establece limitaciones, el IFE tiene pocos mecanismos de fiscalización y verificación.

FINANCIAMIENTO PÚBLICO PARA CAMPAÑA DEL 2000*

PARTIDO	MONTO	PARTIDO	MONTO
Alianza por el Cambio		**PRI**	
PAN	$335,767,829.30	PRI	$455, 120,507.44
PVEM	$116,946,859.98		
Total	$452,714,689.28		
Alianza por México		**Otros**	
PRD	$326,705,109.66	PCD	$26,793,859.37
PT	$105,152,662.47	PDS	$26,793,859.37
CD	$26,793,859.37	PARM	$26,793,859.37
PSN	$26,793,859.37	Total	$80,381,578.11
PAS	$26,793,859.37		
Total	$512,239,350.24	Gran total	$1,045,335,617.63

* La diferencia con el cuadro anterior es que éste solo incluye gastos de campaña.

Fuente: *El Universal*, 1999a.

TOPES DE GASTOS DE CAMPAÑA, 1994-2000*

	1994	1997	2000
Presidente	$134,460,560.34	$443,017,867.69	$491,816,870.75
Senador	$255,067,968.02	$176,265,567.95	$404,660,348.82
Diputado	$925,075.91	$676,091.52	$738,737.27

* Pesos del 2000.

Fuente: IFE, 2000.

COSTO DEL VOTO, 1994-2000*

	1994			1997			2000		
	GASTO	VOTOS	COSTO	GASTO	VOTOS	COSTO	GASTO	VOTOS	COSTO
PAN	$42,075,376	26,616,263	$1.58	$245,536,841	15,557,163	$15.76	$452,714,689	44,431,332	$10.18
PRI	$312,655,660	51,228,269	$6.10	$373,837,219	22,591,130	$16.55	$455, 120,507	41,018,303	$11.09
PRD	$18,605,700	17,202,474	$1.08	$237,322,114	15,006,361	$15.81	$512,239,350	20,245,516	$25.30
PT	$4,545,263	2,843,619	$1.60	$109,393,316	1,494,510	$73.20			
PVEM	$3,109,554	1,237,205	$2.51	$26,230,697	2,286,726	$11.47			
PPS	$5,926,727	613,429	$9.66	$8,816,334	193,192	$45.64			
FCRN	$4,015,631	1,077,880	$3.73	$17,757,737	659,664	$26.92			
PDM	$3.548.530	366.633	$9.68	$3.061.250	385.161	$3.75			
PARM	$4.826.769	748.056	$6.45				$26,793,859	704966	$38.00
PCD							$26,793,859	1,158,534	$23.12
PDS							$26,793,859	1,961,117	$13.66
Totales	$399,309,210	101,933,828	$3.92	$776,418,649	101,933,828	$17.56			

* Incluye elecciones para presidente, senadores y diputados.

Fuente: *La Jornada*, 2000.

Existen otras fuentes de financiamiento: a) cuotas de afiliados y candidatos a puestos de elección popular; b) actividades promocionales (sorteos, ventas editoriales, conferencias, etc.), y, c) rendimientos financieros generados a través de fondos o fideicomisos. Los ingresos que se obtengan por estas fuentes deben ser reportados al IFE.

Independientemente de lo recaudado, los partidos no pueden rebasar los topes de campaña que fija el Cofipe según el tipo de elección.

De acuerdo con un estudio del IFE, como producto de los resultados electorales el financiamiento público que se otorgará a los partidos políticos para 2001 será de alrededor de 2,227 millones de pesos. El PAN y los partidos pequeños que integraron la Alianza por México son los que obtendrán mayores incrementos.

Los seis candidatos a la presidencia, el día de su debate (las imágenes son fotofijas extraídas de una señal de TV, ya que el evento fue a puerta cerrada).

FINANCIAMIENTO PÚBLICO PARA ACTIVIDADES ORDINARIAS DE PARTIDOS POLÍTICOS, 2001

PARTIDO	MONTO	% DEL TOTAL	VARIACIÓN CON RESPECTO AL 2000 (%)
PAN	$631,499,754.27	28.35	92.1
PRI	$696,371,487.98	31.26	56.2
PRD	$319,956,929.22	21.77	-12.0
PVEM	$171,657,681.47	7.79	49.9
PT	$133,435,097.54	7.00	29.6
CD	$114,722,997.04	5.15	337.8
PSN	$99,129,579.97	4.45	278.2
PAS	$99,129,579.97	4.45	278.2

Fuente: *Reforma*, 2000a.

Casilla electoral en el Estado de México.

LA ELECCIÓN PRESIDENCIAL

Vicente Fox, candidato de la Alianza por el Cambio (AC), consiguió el triunfo con 42.5% de la votación total. Será el primer presidente que gobernará con menos de la mayoría (50%) de los electores.

En estas votaciones la participación ciudadana fue de 64 por ciento de la lista nominal. En los estados con mayor afluencia de votantes ganó la AC, en los de menor, el PRI. Vicente Fox triunfó en 20 estados de la República, Francisco Labastida en once y Cuauhtémoc Cárdenas en uno. Regionalmente, el PAN triunfó con claridad en el centro, norte y occidente de la república. De la capital hacia el sur y sureste se dividió el voto. El apoyo a Fox fue más fuerte en los estados donde gobierna el PAN, el PRI mantuvo una presencia nacional y el PRD concentró su fuerza en el Distrito Federal, Estado de México, Michoacán y Veracruz.

RESULTADOS ELECCIÓN PRESIDENCIAL

PARTIDOS	NÚMERO DE VOTOS	PORCENTAJE
Alianza por el Cambio	15,988,740	42.52
PRI	13,576,385	36.10
Alianza por México	6,259,048	16.64
Democracia Social	592,075	1.57
PCD	208,261	0.55
PARM	157,119	0.42
Candidatos no registrados	32,457	0.09
Votos nulos	789,838	2.10
Total	37,603,923	100

Lista nominal: 58,782,737 electores.
Participación política: 63.97 por ciento.

Fuente: IFE, 2000.

PERFIL DE CANDIDATOS, MILITANTES Y SIMPATIZANTES, 2000				
CANDIDATO	AÑO DE NACIMIENTO	PROFESIÓN	CARRERA POLÍTICA Y ADMINISTRATIVA	DESPLIEGUE DE MILITANTES EN LA PROMOCIÓN Y VIGILANCIA DEL VOTO.
Alianza por el Cambio (PAN y PVEM): Vicente Fox Quesada	1942	Administrador de empresas	Diputado federal y gobernador de Guanajuato	El PAN llegó a la elección del 2000 con 490 mil militantes, entre miembros activos y simpatizantes registrados. La Alianza por el Cambio registró 237,746 representantes de casilla. Los "Amigos de Fox" complementó la estructura del PAN; aseguran haber tenido cinco millones de simpatizantes en la jornada electoral; un millón de sus afiliados reforzaron la vigilancia de las casillas. En el Distrito Federal y Estado de México participaron las "brigadas verdes" del PVEM.
PRI: Francisco Labastida Ochoa	1942	Economista	Secretario de Energía, Minas e Industria Paraestatal, gobernador de Sinaloa, embajador en Portugal, Secretario de Agricultura y de Gobernación.	Con presencia en los 300 distritos y las 63,635 secciones electorales tuvo la red más amplia. Registró 340,638 representantes de casilla para las elecciones federales y 132,774 para las concurrentes. Tuvo representación jurídica en cada distrito y contrató más de 4,500 abogados para asesorar a los representantes generales. Según el PRI 2,511,912 simpatizantes promovieron el voto. Dos organizaciones civiles hicieron proselitismo para el PRI: Redes 2000 y Red Ciudadana. La primera reclutó a 23,118 promotores y la segunda, a 141,979.
Alianza por México (PRD, PT, CD, PAS, PSN): Cuauhtémoc Cárdenas Solórzano	1934	Ingeniero civil	Secretario de la Reforma Agraria, senador, gobernador de Michoacán y jefe de gobierno del Distrito Federal.	Contó con el apoyo de los más de dos millones 300 mil militantes que dice tener la coalición. Registró representantes en todas las casillas electorales, un representante general en cada uno de los 300 distritos y 300 abogados que dieron asesoría jurídica. Las "Brigadas del Sol" se integraron con cerca de 30 mil jóvenes que realizaron visitas domiciliarias en las 64 mil secciones electorales a lo largo del país.
Democracia Social: Gilberto Rincón Gallardo	1939	Abogado	Diputado federal dos veces; ex miembro del PCM y PRD.	Al iniciar la campaña contaba con 75 mil simpatizantes. Al final del proceso logró aumentar el número a 150 mil.
PCD: Manuel Camacho Solís	1946	Economista	Secretario de Desarrollo Urbano y Ecología, jefe del Departamento del Distrito Federal, negociador para la Paz en Chiapas.	En forma conjunta con el PRD y el PAN participó en un operativo especial de vigilancia en zonas de riesgo electoral que incluía 15 mil secciones electorales de 60 distritos.
PARM: Porfirio Muñoz Ledo	1933	Abogado	Secretario del Trabajo y de Educación Pública, senador y diputado federal, fundador y presidente del PRD.	Declinó su candidatura en favor de Vicente Fox Quesada pero su nombre apareció en las boletas electorales.

Fuente: Banamex, 2000 y *Reforma,* 2000b.

RESULTADOS POR ESTADO EN LA ELECCIÓN DE PRESIDENTE, 2000

ENTIDAD FEDERATIVA	CASILLAS	APC	PRI	APM	PCD	PARM	DS	NO REG	NULOS	TOTAL
Aguascalientes	1,010	202,335	127,184	26,264	2,202	1,398	9,458	90	6,281	375,212
Baja California	2,768	428,868	319,428	77,270	3,530	3,109	14,612	508	14,934	862,259
Baja California Sur	550	60,846	56,234	45,216	460	364	2,107	17	2,630	167,874
Campeche	817	104,393	106,347	35,035	1,398	1,246	2,490	559	9,281	260,749
Coahuila	2,656	398,854	311,278	77,504	2,178	1,890	10,383	1,323	12,450	815,860
Colima	658	106,214	81,001	23,312	1,028	542	3,150	38	4,377	219,662
Chiapas	3,966	288,146	469,580	271,988	4,786	4,065	5,345	1,030	44,525	1,089,465
Chihuahua	4,019	549,227	460,767	76,844	4,494	3,162	11,556	614	21,322	1,127,986
Distrito Federal	11,130	1,927,872	1,060,474	1,145,792	36,640	18,863	149,270	2,550	75,395	4,416,856
Durango	1,967	211,293	222,784	50,690	1,653	1,478	6,137	859	9,286	504,180
Guanajuato	5,262	1,128,508	517,794	121,485	10,855	8,489	18,206	2,785	49,419	1,857,541
Guerrero	3,979	175,146	401,941	332,216	3,008	3,001	6,181	1,129	20,832	943,454
Hidalgo	2,666	282,724	355,398	136,720	5,077	4,106	12,304	969	19,987	817,285
Jalisco	6,961	1,392,149	941,834	163,346	17,599	11,115	45,460	2,699	48,963	2,623,165
México	13,332	2,239,611	1,637,625	961,900	40,945	27,257	121,042	3,379	93,521	5,125,280
Michoacán	4,749	419,242	441,760	544,009	7,449	6,424	13,045	2,345	30,436	1,464,710
Morelos	1,795	291,236	193,801	124,355	2,918	3,013	12,535	148	12,313	640,319
Nayarit	1,217	107,378	173,758	63,153	1,187	1,023	3,091	368	6,977	356,935
Nuevo León	4,315	759,405	615,575	96,754	7,527	2,669	20,422	1,571	27,166	1,531,089
Oaxaca	3,922	301,268	486,202	284,030	8,378	7,305	11,048	1,870	39,567	1,139,668
Puebla	5,130	732,594	699,165	208,693	8,652	7,843	20,166	1,154	44,462	1,722,729
Querétaro	1,466	290,977	192,601	39,619	3,768	8,710	10,566	181	14,083	560,505
Quintana Roo	860	132,473	94,196	50,518	929	744	2,391	71	5,206	286,528
San Luis Potosí	2,724	394,141	324,018	72,579	3,324	2,287	11,072	432	22,662	830,515
Sinaloa	4,065	231,313	620,076	90,947	2,183	1,690	7,185	1,551	15,889	970,834
Sonora	2,596	447,541	296,270	114,601	1,684	1,234	6,421	393	13,242	881,386
Tabasco	2,083	174,843	269,420	213,982	2,598	1,732	5,826	660	14,016	683,077
Tamaulipas	3,322	521,398	445,538	91,562	3,259	6,932	9,470	1,188	19,598	1,098,945
Tlaxcala	1,076	123,584	127,132	82,169	2,614	1,452	5,180	57	6,633	348,821
Veracruz	8,303	1,066,484	1,008,778	492,042	11,510	10,976	25,438	1,003	58,922	2,675,153
Yucatán	1,876	328,386	321,170	27,213	1,359	991	4,253	617	13,325	697,314
Zacatecas	2,183	170,291	197,256	117,240	3,069	2,009	6,265	299	12,138	508,567

Fuente: IFE, 2000.

El PAN logró sus porcentajes más altos en los distritos urbanos, mientras que el PRI y el PRD en los rurales. El perfil de votantes que favoreció a Fox fue el de jóvenes, con mayores niveles educativos, y especialmente de las regiones norte y occidente. Aquellos con menores niveles educativos, habitantes de zonas rurales y con mayor edad apoyaron al PRI y al PRD.

Por primera vez en la historia un número considerable de mexicanos diferenciaron su voto y optaron por candidatos de diversos partidos para distintos puestos. La AC obtuvo más de un millón 700 mil votos más a favor de su candidato presidencial que para sus candidatos al Congreso. Mientras que Fox ganó 20 estados, los candidatos de la AC para el senado ganaron sólo en 14. Cuauhtémoc Cárdenas recibió 700 mil votos menos que su partido. El 40% del "voto útil" que recibió Fox tuvo su origen en personas que votaron por el PRD para el Congreso.

VOTACIÓN POR REGIÓN

	PAN %	PRI %	PRD %	PARTICIPACIÓN %	NÚMERO DE DISTRITO
Urbano	47.9	30.9	14.9	67	142
Mixto	41.1	37.3	17.2	64	46
Rural	34.2	43.3	18.9	60	112

Fuente: IFE, 2000.

VOTO DIFERENCIADO, 2000

	ELECCIÓN PRESIDENCIAL	ELECCIÓN SENADORES	DIFERENCIA
Alianza por el Cambio	15,988,740	14,215,252	+1,773,488
PRI	13,576,385	13,707,778	-131,393
Alianza por México	6,259,048	7,032,452	-773,404

Fuente: IFE, 2000.

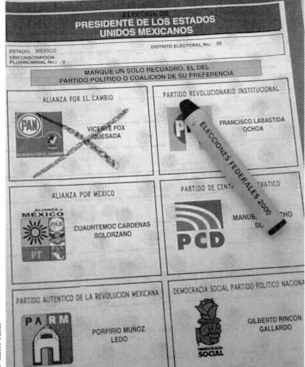

Boletas electorales el 2 de julio de 2000.

PERFIL DEL ELECTOR, 2000

	FOX	LABASTIDA	CÁRDENAS	RINCÓN	CAMACHO
Total	45%	36%	17%	2%	0%
POR GÉNERO (%)					
Hombre	47	32	20	1	0
Mujer	43	40	14	2	1
POR EDAD (%)					
18-24	50	32	17	1	0
25-29	47	34	16	3	0
30-34	49	34	15	1	1
35-39	47	37	12	3	1
40-44	41	35	20	4	0
45-50	44	37	18	1	0
50-54	46	40	13	0	1
55-59	32	43	24	1	0
60 o más	35	42	22	0	1
POR ESTUDIOS (%)					
No tiene	30	46	21	2	1
Primaria	35	46	18	1	0
Secundaria	49	34	15	2	0
Preparatoria	53	28	16	3	0
Universidad o más	60	22	15	3	0
POR LUGAR DE TRABAJO (%)					
Sector público	41	37	19	3	0
Sector privado	53	31	15	1	0
Por cuenta propia	42	36	19	2	1
Estudiante	59	19	17	3	1
Ama de casa	41	43	15	1	0
POR REGIÓN DEL PAÍS (%)					
Norte	50	37	12	1	0
Centro-Occidente	48	37	12	2	1
Centro	43	34	20	2	1
Sur	41	37	20	1	0

Fuente: *Reforma* (encuesta de salida), 2000d.

LAS ELECCIONES PARA DIPUTADO

La República se divide en 300 distritos electorales agrupados en cinco circunscripciones, las que sirven de base para la elección de diputados.

La Alianza por el Cambio ganó en 142 distritos, el PRI en 132 y el PRD, en 26. El PAN ganó en los estados donde gobierna y la mitad de sus distritos los obtuvo en cuatro estados:

CIRCUNSCRIPCIONES Y DISTRITOS ELECTORALES, 2000	
ENTIDADES FEDERATIVAS	DISTRITOS ELECTORALES
Primera circunscripción plurinominal	**62**
1. Baja California	6
2. Baja California Sur	2
3. Colima	2
4. Guanajuato	15
5. Jalisco	19
6. Nayarit	3
7. Sinaloa	8
8. Sonora	7
Segunda circunscripción plurinominal	**59**
1. Aguascalientes	3
2. Coahuila	7
3. Chihuahua	9
4. Durango	5
5. Nuevo León	11
6. Querétaro	4
7. San Luis Potosí	7
8. Tamaulipas	8
9. Zacatecas	5
Tercera circunscripción plurinominal	**61**
1. Campeche	2
2. Chiapas	12
3. Oaxaca	11
4. Quintana Roo	2
5. Tabasco	6
6. Veracruz	23
7. Yucatán	5
Cuarta circunscripción plurinominal	**59**
1. Distrito Federal	30
2. Hidalgo	7
3. Morelos	4
4. Puebla	15
5. Tlaxcala	3
Quinta circunscripción plurinominal	**59**
1. Guerrero	10
2. Estado de México	36
3. Michoacán	13

Fuente: IFE, 2000.

Distrito Federal, Estado de México, Guanajuato y Jalisco. El PRD, por su parte, obtuvo 57% de sus distritos en Michoacán y el Distrito Federal. El PRI tuvo presencia en todo el país ya que triunfó en por lo menos un distrito en 30 de los 32 estados.

En términos de circunscripciones el PAN recibió su votación más alta en la primera y segunda circunscripción y la más baja en la tercera. El PRI obtuvo los mejores porcentajes en la región sur, tercera circunscripción, donde superó al PAN. El PRD concentró su presencia en la zona centro del país.

Como resultado de estas votaciones ningún partido tendrá mayoría absoluta en la Cámara de Diputados durante la LVIII legislatura. Para promover o aprobar cualquier reforma legal tendrán que ponerse de acuerdo, al menos, dos de los tres principales partidos.

RESULTADOS NACIONALES DE DIPUTADOS FEDERALES POR EL PRINCIPIO DE MAYORÍA RELATIVA EN EL CÓMPUTO DE LOS 300 DISTRITOS ELECTORALES, 2000

PARTIDOS	NÚMERO DE VOTOS	PORCENTAJE	DISTRITOS GANADOS
Alianza por el Cambio	14,324,195	38.28	141
PRI	13,800,618	36.88	131
Alianza por México	6,990,435	18.68	28
Democracia Social	703,573	1.88	
PCD	430,850	1.15	
PARM	273,633	0.73	
Candidatos no registrados	30,472	0.08	
Votos nulos	870,525	2.33	
Total	37,424,301	100	

Fuente: IFE, 2000.

CÓMPUTOS POR ENTIDAD FEDERATIVA PARA DIPUTADOS, 2000

ENTIDAD FEDERATIVA	APC	PRI	APM	PCD	PARM	DS	NO REG	NULOS	TOTAL
Aguascalientes	192,321	126,858	30,783	3,936	2,569	9,665	100	6,413	372,645
Baja California	416,694	319,422	77,582	5,896	4,734	14,448	320	15,872	854,968
Baja California Sur	43,192	51,494	63,906	866	813	2,523	45	3,273	166,112
Campeche	86,401	113,565	39,893	2,852	3,630	3,755	931	10,287	261,314
Coahuila	352,167	352,285	76,878	3,436	3,944	8,346	1,684	14,209	812,949
Colima	90,478	86,163	27,428	4,246	922	4,255	70	4,620	218,182
Chiapas	262,159	473,113	279,676	6,722	5,817	5,587	726	48,413	1,082,213
Chihuahua	529,732	463,345	84,054	7,311	4,983	11,500	268	23,545	1,124,738
Distrito Federal	1,633,463	989,757	1,319,195	99,530	46,184	221,336	2,055	84,393	4,395,913
Durango	191,932	224,817	63,084	2,183	2,639	5,908	842	9,706	501,111
Guanajuato	1,031,619	562,066	146,505	19,736	13,366	19,431	2,378	52,293	1,847,394
Guerrero	124,733	421,504	351,776	4,820	4,256	6,036	935	23,303	937,363
Hidalgo	235,427	375,751	152,413	9,904	5,300	12,051	882	22,411	814,139
Jalisco	1,288,025	940,533	207,867	44,812	18,995	59,316	1,443	51,091	2,612,082
México	2,036,359	1,666,548	1,035,182	76,743	46,318	139,848	4,004	99,563	5,104,565
Michoacán	374,790	455,709	552,329	14,559	10,641	13,865	2,170	33,697	1,457,760
Morelos	282,777	187,931	124,948	6,035	5,905	14,936	125	15,053	637,710
Nayarit	97,019	175,253	66,225	2,557	1,701	2,828	662	8,566	354,811
Nuevo León	728,542	618,235	104,993	21,925	4,247	16,282	998	30,675	1,525,897
Oaxaca	279,717	491,273	279,664	10,908	8,998	16,689	2,206	43,115	1,132,570
Puebla	681,544	716,830	219,076	14,515	11,935	23,327	691	46,839	1,714,757
Querétaro	272,856	191,170	41,801	6,765	15,492	12,622	187	15,135	556,028
Quintana Roo	114,634	98,902	57,932	1,627	1,343	3,473	39	6,291	284,241
San Luis Potosí	350,774	349,543	76,920	6,627	4,159	12,283	904	27,427	828,637
Sinaloa	242,999	529,859	156,498	6,150	4,018	7,923	1,468	18,238	967,153
Sonora	381,601	332,289	139,679	4,297	2,391	5,722	109	15,045	881,133
Tabasco	127,312	279,854	241,530	4,899	2,415	6,077	671	15,946	678,704
Tamaulipas	448,783	498,281	98,004	4,898	12,958	6,833	1,231	22,169	1,093,157
Tlaxcala	92,269	137,626	93,355	7,295	2,539	5,866	136	9,157	348,243
Veracruz	901,030	1,047,251	586,409	17,974	16,184	20,850	1,090	65,321	2,656,109
Yucatán	312,140	329,738	28,516	2,316	1,464	4,433	881	15,272	694,760
Zacatecas	120,706	193,653	166,334	4,510	2,773	5,559	221	13,187	506,943

Fuente: IFE, 2000.

RESULTADOS POR CIRCUNSCRIPCIÓN EN LA ELECCION DE DIPUTADOS, 2000

CIRCUNSCRIPCIÓN	CABECERA	APC	PRI	APM	PCD	PARM	DS	NO REG	NULOS	TOTAL
I Circunscripción plurinominal	Jalisco	3,591,627	2,997,079	885,690	88,560	46,940	116,446	6,495	168,998	7,901,835
II Circunscripción plurinominal	Nuevo León	3,187,813	3,018,187	742,851	61,591	53,764	88,998	6,435	162,466	7,322,105
III Circunscripción plurinominal	Veracruz	2,083,393	2,833,696	1,513,620	47,298	39,851	60,864	6,544	204,645	6,789,911
IV Circunscripción plurinominal	Distrito Federal	2,925,480	2,407,895	1,908,987	137,279	71,863	277,516	3,889	177,853	7,910,762
V Circunscripción plurinominal	México	2,535,882	2,543,761	1,939,287	96,122	61,215	159,749	7,109	156,563	7,499,688

Fuente: IFE, 2000.

INTEGRACIÓN DE LA CÁMARA DE DIPUTADOS, 2000-2003

PARTIDO	MAYORÍA RELATIVA	REPRESENTACIÓN PROPORCIONAl	TOTAL
Alianza por el Cambio	142	81	223
PAN			207
PVEM			16
PRI	132	79	211
Alianza por México	26	40	66
PRD			51
PT			7
CD			3
PAS			2
PSN			3
Total	300	200	500

Fuente: *Reforma*, 2000e.

LAS ELECCIONES PARA SENADORES

En 1994 el PRI triunfó en las elecciones para senador en los 32 estados de la república. En el 2000, sus opositores triunfaron en 16 entidades (Alianza por el Cambio, en 14 y Alianza por México, en dos). Sin embargo, el PRI logró conservar un mayor número de senadores debido a que además de ganar en 16 estados fue la primera minoría en otras 15 entidades.

RESULTADOS DE LA ELECCIÓN DE SENADORES POR MAYORÍA RELATIVA, 2000

PARTIDOS	NÚMERO DE VOTOS	PORCENTAJE
Alianza por el Cambio	14,215,252	38.10%
PRI	13,707,778	36.74%
Alianza por México	7,032,452	18.85%
Democracia Social	669,890	1.80%
PCD	521,346	1.40%
PARM	275,132	0.74%
Candidatos no registrados	31,080	0.08%
Votos nulos	852,627	2.29%
Total	37,305,557	

Fuente: IFE, 2000.

INTEGRACIÓN DEL SENADO, 2000-2006

PARTIDO	MAYORÍA RELATIVA	PRIMERA MINORÍA	REPRESENTACIÓN PROPORCIONAL	TOTAL
Alianza por el Cambio	28	10	13	51
PAN				46
PVEM				5
PRI	32	15	13	60
Alianza por México	4	7	6	17
PRD				15
PT				1
CD				1
Total	64	32	32	128

Fuente: *Reforma*, 2000d.

CÓMPUTOS POR ENTIDAD FEDERATIVA PARA SENADORES POR MAYORÍA RELATIVA, 2000

ENTIDAD FEDERATIVA	APC	PRI	APM	PCD	PARM	DS	NO REG	NULOS	TOTAL	GANADOR	PRIMERA MINORÍA
Aguascalientes	182,557	139,450	26,570	4,297	2,512	9,078	90	6,445	370,999	APC	PRI
Baja California	416,497	318,438	75,974	5,461	4,411	14,151	312	15,848	851,092	APC	PRI
Baja California Sur	44,652	50,556	62,280	1,212	927	1,440	24	3,267	164,358	APM	PRI
Campeche	72,480	115,983	33,286	2,645	19,521	3,433	535	10,315	258,198	PRI	APC
Coahuila	367,372	335,089	76,867	3,516	3,052	8,020	1,399	13,637	808,952	APC	PRI
Colima	83,640	83,266	33,266	8,325	988	3,044	61	4,642	217,232	APC	PRI
Chiapas	257,403	472,723	283,719	6,435	5,553	4,828	1,107	48,153	1,079,921	PRI	APM
Chihuahua	540,169	453,174	77,768	7,808	4,948	12,002	336	23,754	1,119,959	APC	PRI
Distrito Federal	1,618,980	1,003,917	1,298,848	124,067	42,272	214,895	2,287	82,073	4,387,339	APC	APM
Durango	190,832	237,393	52,095	2,102	2,198	4,792	824	9,173	499,409	PRI	APC
Guanajuato	1,056,236	536,203	140,783	19,069	15,002	19,835	2,064	53,066	1,842,258	APC	PRI
Guerrero	131,822	413,557	349,998	4,616	4,090	6,277	1,189	22,535	934,084	PRI	APM
Hidalgo	244,565	360,092	149,568	13,646	7,268	12,957	936	22,562	811,594	PRI	APC
Jalisco	1,292,070	916,503	184,412	89,229	16,674	56,219	2,257	50,778	2,608,142	APC	PRI
México	2,023,788	1,694,001	1,018,660	76,382	41,900	137,512	4,271	94,620	5,091,134	APC	PRI
Michoacán	362,370	444,318	575,362	12,956	9,096	14,665	1,438	32,140	1,452,345	APM	PRI
Morelos	262,619	195,383	139,728	5,009	4,997	11,828	95	14,287	633,946	APC	PRI
Nayarit	97,177	170,250	68,303	2,239	2,376	2,638	669	8,847	352,499	PRI	APC
Nuevo León	698,193	591,804	138,026	46,906	3,387	10,982	1,464	29,307	1,520,069	APC	PRI
Oaxaca	279,184	490,364	280,840	10,686	9,182	13,325	2,177	42,345	1,128,103	PRI	APM
Puebla	691,634	703,574	216,454	16,583	11,864	22,832	744	46,359	1,710,044	PRI	APC
Querétaro	271,797	195,239	41,166	6,410	15,716	9,777	418	14,086	554,609	APC	PRI
Quintana Roo	94,979	100,805	75,982	1,740	1,202	2,292	103	6,010	283,113	PRI	APC MINORÍA
San Luis Potosí	358,635	340,203	74,475	6,603	5,184	13,646	530	27,361	826,637	APC	PRI
Sinaloa	255,183	561,034	109,399	4,312	3,397	9,644	1,300	17,539	961,808	PRI	APC
Sonora	383,950	339,140	125,818	3,125	2,255	5,920	483	14,028	874,719	APC	PRI
Tabasco	123,989	278,377	247,754	3,866	2,417	5,285	356	16,253	678,297	PRI	APM
Tamaulipas	447,340	469,467	127,477	4,081	10,559	6,680	798	22,633	1,089,035	PRI	APC
Tlaxcala	85,794	128,702	110,715	5,112	2,389	5,021	54	8,113	345,900	PRI	APM
Veracruz	840,675	1,025,821	664,254	16,546	15,821	19,031	1,221	65,124	2,648,493	PRI	APC
Yucatán	320,892	324,400	25,662	2,023	1,362	3,726	980	14,431	693,476	PRI	APC
Zacatecas	117,778	218,552	146,943	4,339	2,612	4,115	558	12,896	507,793	PRI	APM

Fuente: IFE, 2000.

RESULTADOS ELECTORALES DEL DISTRITO FEDERAL, 2000

	ALIANZA POR LA CIUDAD DE MÉXICO	ALIANZA POR EL CAMBIO	PRI	DS	PARM
Votación Jefe de Gobierno	39.26%	33.87%	23.14%	3.35%	0.38%
Delegaciones	10	6			
Asambleístas de M.R.	19	21			
Asambleístas de R.P.	7	13	5	1	

Desglose: Alianza por el Cambio: PAN 24 y PVEM 10.

Alianza por la Ciudad de México: PRD 19 y siete plurinominales para los partidos PAS, PSN, CD, PCD y PT.

Fuente: Instituto Electoral del Distrito Federal, 2000.

RESULTADOS ELECTORALES DE GUANAJUATO, 2000

	PAN	PRI	A. GTO.	PVEM	PCD	PARM	DS	PSN
Votación Gobernador	55.7%	33.1%	6.68%	1.18%	.56%	.53%	.38%	.18%
Ayuntamientos	29	13	3		1			
Diputados de M.R.	22							
Diputados de R.P.		9	3	1				

Fuente: Instituto Estatal Electoral de Guanajuato, 2000.

RESULTADOS ELECTORALES DE MORELOS, 2000

	PAN	PRI	A. MOR.	PT	PCM	PVEM	PAS	DS	PARM
Votación Gobernador	54.16%	26.86%	13.68%	.78%	.64%	.80%	.12%	.60%	.32%
Ayuntamientos	8	15	8		1	1			
Diputados de MR	10	8							
Diputados de RP	5	4	3						

Fuente: Instituto Estatal Electoral de Morelos, 2000.

DISTRITO FEDERAL

CANDIDATOS A JEFE DE GOBIERNO

Andrés Manuel López Obrador (Alianza por la Ciudad de México, ACM, integrada por el PRD, PT, PAS, PCD, CD y PSN)

Santiago Creel Miranda (Alianza por el Cambio integrada por el PAN y PVEM)

Jesús Silva-Herzog Flores (PRI)

Teresa Vale (Democracia Social)

Alejandro Ordorica (PARM)

GUANAJUATO

CANDIDATOS A GOBERNADOR

Juan Carlos Romero Hicks (PAN)

Juan Ignacio Torres Landa (PRI)

Miguel Alonso Raya (Alianza por Guanajuato integrada por PRD, PT, PAS y CD)

Isidoro Arellano Varela (PVEM)

Enrique Morín Guerrero (PCD)

María Eugenia Mercade (PSN)

Alberto Reyna García (Democracia Social)

MORELOS

CANDIDATOS A GOBERNADOR

Sergio Estrada Cajigal (PAN)

Juan Salgado Brito (PRI)

Raúl Iragorri Montoya (Alianza por Morelos integrada por PRD, PCD, CD y PSN)

Herminio Morales López (PT)

Immer Sergio Jiménez Alfonzo (Partido Civilista Morelense)

Salvador Santillán Alarcón (PVEM)

Antonio Miranda Sotelo (PAS)

Leoncio Clavel Maldonado (Democracia Social)

Adolfo Vizcán Rebollo (PARM)

CAMPECHE

RESULTADOS ELECTORALES DE CAMPECHE, 2000				
	PAN	PRI	PRD	ALIANZA POR CAMPECHE
Ayuntamientos	1	10		
Diputados de M.R.	5	16		
Diputados de R.P.	6	4	3	1

Fuente: *Reforma*, 2000e.

COLIMA

RESULTADOS ELECTORALES DE COLIMA, 2000					
	PAN	PRI	PRD	PAN-PRD	ALIANZA
Ayuntamientos	3	6		1	
Diputados de M.R.	4	12			
Diputados de R.P.	4	2	2		1

Fuente: Instituto Electoral del Estado de Colima, 2000.

ESTADO DE MÉXICO

RESULTADOS ELECTORALES DEL ESTADO DE MÉXICO, 2000*							
	PAN	PRI	PRD	PT	PVEM	PCD	PDS
Ayuntamientos	30	68	22	1		1	
Diputados de M.R.	21	18	6				
Diputados de R.P.	9	8	9	1	2		1

* Resultados preliminares.

Fuente: Instituto Electoral del Estado de México, 2000.

NUEVO LEÓN

RESULTADOS ELECTORALES DE NUEVO LEÓN, 2000*				
	PAN	PRI	PRD	PT
Ayuntamientos	16	34	1	
Diputados de M.R.	15	11		
Diputados de R.P.	7	6	1	2

* Resultados preliminares.

Fuente: Consejo Estatal Electoral de Nuevo León, 2000.

QUERÉTARO

RESULTADOS ELECTORALES DE QUERÉTARO, 2000*						
	PAN	PRI	PRD	ALIANZA POR QUERÉTARO	PARM	PVEM
Ayuntamientos	5	13				
Diputados de M.R.	9	6				
Diputados de R.P.	3	2	2	1	1	1

* Resultados preliminares.

Fuente: Instituto Electoral de Querétaro, 2000.

SAN LUIS POTOSÍ

RESULTADOS ELECTORALES DE SAN LUIS POTOSÍ, 2000*				
	PAN	PRI	PRD	NAVA
Ayuntamientos**	7	30	1	1
Diputados de M.R.	6	9		
Diputados de R.P.	5	5	2	

* Resultados preliminares.
** 17 municipios se irán a elecciones extraordinarias o segunda vuelta.

Fuente: Consejo Estatal Electoral de San Luis Potosí, 2000.

SONORA

RESULTADOS ELECTORALES DE SONORA, 2000*					
	PAN	PRI	PRD	PT	PRD-PT-PAS
Ayuntamientos	15	46	9	1	1
Diputados de M.R.	8	11	2		
Diputados de R.P.	5	5	2		

* Resultados preliminares.

Fuente: Consejo Estatal Electoral de Sonora, 2000.

DISTRIBUCIÓN DEL PODER POLÍTICO EN MÉXICO

GOBERNANTES POR PARTIDO POLÍTICO EN EL ÁMBITO ESTATAL Y MUNICIPAL, 2000			
PARTIDO	ENTIDADES	% POBLACIÓN GOBERNADA	% DE LA POBLACIÓN
ÁMBITO ESTATAL			
PAN	7	21,190,373	21.76
PRI	19	60,003,140	61.62
PRD	4*	11,327,944	11.63
Coalición**	2	4,840,254	4.99
Otros	–	–	–
Total	32	97,361,711	100.00
ÁMBITO MUNICIPAL			
PAN	315	34,863,357	35.81
PRI	1,389	43,249,261	44.42
PRD	268	16,864,722	17.32
Coalición	–	–	–
Otros	471***	2,383,771	2.45
Total	2,443	97,361,711	100.00

* En Tlaxcala ganó en alianza con el PT y el PVEM y en Zacatecas en alianza con el PT.
** En Nayarit integrada por el PAN, PRD, PT y PRS y en Chiapas por el PAN, PRD, PT, PVEM, PCD, CD, PAS y PSN.
*** Incluye municipios gobernados por otros partidos, los 419 municipios de Oaxaca que utilizan el régimen de usos y costumbres y 17 municipios de San Luis Potosí que se fueron a segunda vuelta tras las elecciones del 2 de julio.

Fuente: Elaborado con información de INEGI, 2000.

PRESIDENTES MUNICIPALES, REPRESENTANTES Y GOBERNADORES DEL PRI, AGOSTO 2000*

	PRESIDENTES MUNICIPALES	DIPUTADOS LOCALES	DIPUTADOS FEDERALES	SENADORES	GOBERNADOR
Aguascalientes	5	10	0	1	0
Baja California	2	11	0	1	0
Baja California Sur	1	5	1	1	0
Campeche	10	20	2	2	1
Coahuila	36	19	3	1	1
Colima	6	14	1	1	1
Chiapas	93	26	11	2	0
Chihuahua	47	18	3	1	1
Distrito Federal	0	5	0	0	0
Durango	30	14	3	2	1
Guanajuato	13	9	1	1	0
Guerrero	61	30	9	2	1
Hidalgo	64	18	7	2	1
Jalisco	70	16	3	1	0
México	68	26	11	1	1
Michoacán	75	18	1	1	1
Morelos	15	12	1	1	0
Nayarit	14	11	3	2	0
Nuevo León	34	17	4	1	0
Oaxaca	117	25	10	2	1
Puebla	183	26	9	2	1
Querétaro	13	8	1	1	0
Quintana Roo	8	15	1	2	1
San Luis Potosí	30	14	4	1	1
Sinaloa	15	23	7	2	1
Sonora	46	16	3	1	1
Tabasco	17	19	4	2	1
Tamaulipas	40	20	5	2	1
Tlaxcala	44	17	3	2	0
Veracruz	103	27	14	2	1
Yucatán	93	15	3	2	1
Zacatecas	33	12	3	2	0
Totales	1,386	536	132*	47**	20

* Más 79 diputados de representación proporcional.
** Más 13 senadores de representación proporcional.

Fuente: IFE, Institutos y consejos estatales electorales y *Milenio*, 2000.

PRESIDENTES MUNICIPALES, REPRESENTANTES Y GOBERNADORES DEL PAN, AGOSTO 2000*

	PRESIDENTES MUNICIPALES	DIPUTADOS LOCALES	DIPUTADOS FEDERALES	SENADORES	GOBERNADOR
Aguascalientes	6	16	3	2	1
Baja California	3	11	6	2	1
Baja California Sur	1	4	0	0	0
Campeche	1	11	0	1	0
Coahuila	9	5	4	2	0
Colima	3	8	1	2	0
Chiapas	6	5	1	0	1**
Chihuahua	18	11	6	2	0
Distrito Federal	5	34	24	2	0
Durango	5	5	2	1	0
Guanajuato	29	22	14	2	1
Guerrero	1	1	0	0	0
Hidalgo	2	7	0	1	0
Jalisco	40	19	16	2	1
México	30	30	22	2	0
Michoacán	8	4	3	0	0
Morelos	8	15	3	2	1
Nayarit	1	7	0	1	1**
Nuevo León	16	22	7	2	1
Oaxaca	9	4	1	0	0
Puebla	15	7	6	1	0
Querétaro	5	12	3	2	1
Quintana Roo	0	2	1	1	0
San Luis Potosí	7	11	3	2	0
Sinaloa	3	11	0	1	0
Sonora	15	13	4	2	0
Tabasco	0	1	0	0	0
Tamaulipas	0	6	3	1	0
Tlaxcala	3	3	0	0	0
Veracruz	39	9	7	1	0
Yucatán	8	8	2	1	0
Zacatecas	10	5	0	0	0
Totales	**306**	**329**	**142***	**38****	**8**

* Incluye los puestos de la Alianza por el Cambio.
** Coalición PAN, PRD, PT, PVEM, PCD, CD, PAS y PSN en Chiapas y PAN, PT y PRS en Nayarit.
*** Más 81 diputados de representación proporcional.
**** Más 13 senadores de representación proporcional.

Fuente: IFE, Institutos y consejos estatales electorales y *Milenio*, 2000.

PRESIDENTES MUNICIPALES, REPRESENTANTES Y GOBERNADORES DEL PRD, AGOSTO 2000*				
	PRESIDENTES MUNICIPALES	DIPUTADOS LOCALES	DIPUTADOS FEDERALES	SENADORES	GOBERNADOR
Aguascalientes	0	1	0	0	0
Baja California	3	3	0	0	0
Baja California Sur	0	12	1	2	1**
Campeche	0	3	0	0	0
Coahuila	1	2	0	0	0
Colima	0	2	0	0	0
Chiapas	17	6	0	1	0
Chihuahua	2	3	0	0	0
Distrito Federal	11	26	6	1	1
Durango	1	2	0	0	0
Guanajuato	3	3	0	0	0
Guerrero	19	14	1	1	0
Hidalgo	8	3	0	0	0
Jalisco	11	3	0	0	0
México	22	15	3	0	0
Michoacán	29	7	9	2	0
Morelos	8	3	0	0	0
Nayarit	2	9	0	0	1***
Nuevo León	1	1	0	0	0
Oaxaca	30	12	0	1	0
Puebla	14	4	0	0	0
Querétaro	0	2	0	0	0
Quintana Roo	0	7	0	0	0
San Luis Potosí	1	2	0	0	0
Sinaloa	1	5	1	0	0
Sonora	9	4	0	0	0
Tabasco	0	0	2	1	0
Tamaulipas	2	9	0	0	0
Tlaxcala	8	8	0	1	1****
Veracruz	59	7	2	0	0
Yucatán	4	2	0	0	0
Zacatecas	10	10	2	1	1
Totales	276	190	26*****	11******	5

* Incluye los puestos de la Alianza por México.

** Coalición PT.

*** Coalición PAN, PRD, PT, PVEM, PCD, CD, PAS y PSN en Chiapas y PAN, PT y PRS en Nayarit.

**** Coalición PT y PVEM.

***** Más 40 diputados de representación proporcional.

****** Más seis senadores de representación proporcional.

Fuente: IFE, Institutos y consejos estatales electorales y *Milenio*, 2000.

OBSERVADORES ELECTORALES

El número de observadores electorales acreditados por el IFE en el 2000 descendió en más de 50% en relación con la elección de 1994, año en el que se registraron más de 80 mil. En esta ocasión el IFE acreditó solamente a cerca de 34 mil observadores. Los estados de Jalisco y Veracruz fue donde hubo mayor participación de ciudadanos y organizaciones; el Distrito Federal fue una de las entidades con mayor número de solicitudes.

La agrupación con mayor número de acreditados (15 mil) fue la Organización Nacional de Observación Electoral del Magisterio, cercana al Sindicato Nacional de Trabajadores de la Educación. La Coparmex acreditó a 663 observadores para prevenir la coacción e intimidación del voto. Alianza Cívica tuvo 2,600 observadores en 27 estados del país que se concentraron en las zonas rurales. Presencia Ciudadana tuvo 1,200 observadores.

La Coordinación Pro Elecciones Limpias (integrada por la Coparmex, Alianza Cívica, la Asociación Nacional Cívica Femenina y Vertebra, entre otros) estimó en su informe de observación que en 3% del total de las casillas y en 6% de las rurales hubo irregularidades que afectaron el voto libre. Los estados con mayor incidencia de irregularidades fueron Oaxaca, Chiapas, Puebla, Tabasco, Veracruz, Estado de México y Distrito Federal.

VISITANTES INTERNACIONALES

Las funciones de un visitante extranjero son iguales a las del observador electoral nacional. La diferencia es que para los mexicanos es un derecho y para el extranjero es una prerrogativa concedida por el IFE. Las primeras elecciones federales observadas fueron las de 1994 en las cuales se registraron 943 visitantes extranjeros; en 1997 fueron acreditados 398.

En el 2000 el IFE acreditó 860 visitantes provenientes de 57 países. Entre ellos estuvieron miembros de ONG, diplomáticos, representantes de partidos y autoridades electorales. La delegación norteamericana tuvo 415 visitantes, Canadá 70 y España 37. De Latinoamérica provinieron 220, 106 de Europa, 22 de Asia, 19 de África y seis de Australia. Los grupos con mayor número de visitantes fueron el Centro Carter, la organización Global Exchange y el Instituto Nacional Demócrata de los Estados Unidos.

CALENDARIO ELECTORAL, 2001		
ESTADO	CARGOS EN DISPUTA	FECHA
Yucatán	Gobernador 15 diputados M.R.* 10 diputados R.P.** 106 ayuntamientos	May-27
Chihuahua	22 diputados de M.R. 11 diputados de R.P. 67 ayuntamientos	Jul-01
Durango	15 diputados de M.R. 10 diputados de R.P. 39 ayuntamientos	Jul-01
Zacatecas	18 diputados de M.R. 12 diputados de R.P. 57 ayuntamientos	Jul-01
Baja California	Gobernador 16 diputados M.R. 9 diputados R.P. 5 ayuntamientos	Jul-01
Aguascalientes	18 diputados de M.R. 7 diputados de R.P. 11 ayuntamientos	Ago-05
Oaxaca	25 diputados de M.R. 15 diputados de R.P.	Ago-05
Veracruz	24 diputados de M.R. 16 diputados de R.P.	Ago-05
Chiapas	24 diputados de M.R. 16 diputados de R.P. 112 ayuntamientos	Oct-07
Oaxaca	570 ayuntamientos	Oct-07
Tamaulipas	19 diputados de M.R. 13 diputados de R.P. 43 ayuntamientos	Oct-28
Michoacán	Gobernador 18 diputados de M.R. 12 diputados de R.P. 113 ayuntamientos	Nov-04
Sinaloa	24 diputados de M.R. 16 diputados de R.P. 17 ayuntamientos	Nov-04
Puebla	26 diputados de M.R. 13 diputados de R.P. 217 ayuntamientos	Nov-11
Tlaxcala	19 diputados de M.R. 13 diputados de R.P. 37 ayuntamientos	Nov-11

* M.R.: mayoría relativa.
** R.P.: representación proporcional.

Fuente: Instituto y consejos electorales de los estados, 2000.

Poder Ejecutivo

Los antecedentes del sistema presidencialista mexicano fueron la constitución estadounidense y la española de 1812. En 1824 se adoptó este sistema en México y a partir de entonces se ha ido modificando hasta crear un régimen con características propias.

La Presidencia de la República

Según el artículo 80 de la Constitución de 1917, "...se deposita el ejercicio del supremo poder ejecutivo de la unión en un solo individuo que se denominará presidente de los Estados Unidos Mexicanos". El artículo 81 dispone que: "...la elección del presidente será directa en los términos que disponga la ley electoral" y durará seis años en el cargo sin posibilidad de reelección.

Los requisitos para ser presidente están contenidos en el artículo 82:

1) Ser ciudadano mexicano por nacimiento, hijo o hija de padre o madre mexicanos, estar en pleno goce de sus derechos y haber residido en México por lo menos 20 años.
2) Tener 35 años cumplidos al momento de la elección.
3) Tener una residencia mínima en el país de un año antes de la elección.
4) No ser miembro de algún culto religioso.
5) No estar en servicio activo en el Ejército o laborar como secretario, subsecretario o ministro de la Suprema Corte de Justicia, a menos que se retire del cargo seis meses antes de la elección.

El presidente inicia sus funciones un 1° de diciembre, día en el que rinde protesta ante el Congreso de la Unión.

Mecanismos para sustituir al presidente. Si la falta ocurre antes de cumplir los dos primeros años de gobierno, el Congreso de la Unión nombra por mayoría de votos a un presidente interino, quien convocará a nuevas elecciones en un plazo de entre 14 y 18 meses. En los últimos cuatro años de gobierno, el Congreso designa por mayoría de votos un presidente substituto quien concluirá el sexenio.

El Poder Ejecutivo lo ejerce el presidente de la República. Para llevar a cabo su encomienda cuenta con colaboradores, órganos y mecanismos que se concentran en dos grandes áreas: las instituciones administrativas centralizadas y las instituciones paraestatales.

Las instituciones administrativas centralizadas son: 1) Presidencia de la República; 2) secretarías de Estado; 3) departamentos administrativos y 4) consejería jurídica del Ejecutivo Federal.

Las instituciones paraestatales son: 1) organismos descentralizados, 2) empresas de participación estatal, 3) instituciones nacionales de crédito, 4) organizaciones auxiliares nacionales de crédito, 5) instituciones nacionales de seguros y fianzas, y fideicomisos.

Los principales colaboradores del presidente conforman el gabinete, asesoran a aquél y se encargan de aplicar las políticas en sus respectivos sectores. El gabinete está integrado por los titulares de las dependencias de la administración centralizada e incluso por los directores generales y sus equivalentes de las entidades del sector paraestatal. El presidente cuenta también con un consejero jurídico.

La Presidencia de la República tiene las siguientes unidades: Secretaría Particular, Estado Mayor Presidencial, Oficina de la Presidencia de la República, Coordinación de Atención Ciudadana, Dirección de Administración y Dirección General de Comunicación Social.

LAS FUENTES DEL PODER PRESIDENCIAL

Una de las características del sistema político mexicano del siglo XX ha sido la alta concentración del poder en el presidente que se acrecentó cuando se convirtió en el dirigente del partido mayoritario (PNR-PRM-PRI). Este poder está incluido en leyes y reglamentos pero también forma parte de los usos y costumbres políticas. Esta situación permite los abusos de poder, cuya naturaleza y ocurrencia ha dependido de la personalidad de los presidentes.

FACULTADES LEGISLATIVAS

El presidente interviene en el ámbito legislativo para la formación de leyes a través de la iniciativa de ley, la facultad de veto, la promulgación y publicación de las leyes y su ejecución. El presidente puede legislar en cinco casos: a) emergencia, b) medidas de seguridad, c) tratados internacionales, d) facultad reglamentaria y e) regulación económica.

FACULTADES PARA HACER NOMBRAMIENTOS Y DECLARAR LA GUERRA

La Constitución autoriza al presidente a hacer nombramientos que pueden ser: a) casi completamente libres (miembros de su gabinete), b) los que necesitan ser ratificados por el senado o la cámara de diputados (Procurador General de la República y diplomáticos), y c) empleados y oficiales de las fuerzas armadas.

Otros nombramientos incluidos en leyes secundarias son los del presidente de la Comisión Nacional de Salarios Mínimos, el director general del Conacyt, el director de Pemex y el director general del ISSSTE, entre otros.

El presidente está facultado para declarar la guerra, que se sujeta a la autorización del Congreso de la Unión. Esto quiere decir que la iniciativa tiene que provenir del Ejecutivo.

FACULTADES EN MATERIA DE RELACIONES EXTERIORES

El presidente representa al país en el exterior y elabora la política internacional. Por tanto, es quien dirige las negociaciones diplomáticas y celebra tratados con otras naciones (lo que requiere la aprobación del senado).

FACULTADES DE CARÁCTER ECONÓMICO Y HACENDARIO

El presidente es el actor que más influye en la economía del país. Sus atribuciones y facultades son muy amplias y sus decisiones afectan de manera directa o indirecta a todos los habitantes. Interviene en el proceso económico con las políticas monetaria, fiscal, crediticia, de precios, de inversión y obras públicas, de importaciones y de comercio exterior; define las políticas petrolera, petroquímica y de gas, de energía eléctrica, de aguas, forestal, industrial, turística y para todo el sector de organismos descentralizados y empresas de participación estatal.

FACULTADES RESPECTO A LOS ORGANISMOS DESCENTRALIZADOS Y EMPRESAS DE PARTICIPACIÓN ESTATAL MAYORITARIA

Este sector es controlado administrativamente y supervisado, desde el punto de vista financiero, por el presidente. Los organismos de este sector están divididos por la naturaleza de su actividad en a) agropecuario, forestal y pesquero; b) industrial; c) comunicaciones y transportes; d) bienestar social y e) financiero, comercial y de otros servicios.

FACULTADES EN MATERIA AGRARIA

El presidente es la suprema autoridad agraria. Tiene facultades administrativas, legislativas y jurisdiccionales para reglamentar la extracción y utilización de aguas del subsuelo; otorgar concesiones para la explotación, uso y aprovechamiento de los otros recursos de la nación; resolver solicitudes de restitución y dotación de tierras y aguas; declarar nulos los contratos y concesiones hechos por gobiernos anteriores que tengan como consecuencia acaparamiento de tierras, aguas o recursos naturales; nombrar a los integrantes del cuerpo consultivo agrario.

FACULTADES EN MATERIA DE EXPROPIACIÓN, EXPULSIÓN DE EXTRANJEROS Y LABORAL

Las expropiaciones sólo pueden hacerse para utilidad pública y mediante indemnización. La declaración de expropiación la realiza el Poder Ejecutivo. El presidente posee la facultad exclusiva de expulsar de inmediato y sin necesidad de juicio previo a todo extranjero cuya permanencia en el país juzgue inconveniente. El presidente tiene influencia sobre las juntas de conciliación y arbitraje por los nombramientos que da en esos órganos judiciales. El presidente actúa como árbitro en las principales disputas obrero-patronales.

Por la naturaleza específica del sistema político, el presidente también ha gozado de las siguientes facultades, que no se encuentran codificadas en ningún ordenamiento.

1) Control sobre el Partido Revolucionario Institucional, que le permitió proponer o aprobar las candidaturas de miembros del partido a puestos de elección popular y designar al candidato a presidente.

2) Como jefe de facto del PRI, tuvo el control indirecto sobre las organizaciones de masas afiliadas al partido oficial.

3) Como consecuencia de lo anterior y sumado a la escasa fuerza de la oposición hasta finales de los años ochenta, un poder que se ejerció casi sin contrapeso alguno.

EL CONGRESO Y EL PRESIDENTE

El Congreso es el principal instrumento para controlar y contener el poder presidencial. La Cámara de Diputados puede modificar, reducir o aumentar el proyecto de presupuesto de egresos que le propone el presidente y es la encargada de examinar anualmente la cuenta pública que le presenta el Ejecutivo.

OTRAS LIMITACIONES AL PODER DEL PRESIDENTE

El tiempo. Su periodo dura seis años y es constitucionalmente imposible la reelección.

El Poder Judicial Federal. Protege de los abusos de poder y de la violación de los derechos humanos, a través del amparo.

Los grupos de presión nacionales e internacionales: prensa, empresarios, Iglesia, Fondo Monetario Internacional, inversionistas extranjeros y organismos civiles, entre otros.

ADMINISTRACIÓN PÚBLICA FEDERAL

El presidente de la República tiene un gran aparato burocrático que ejerce buena parte del presupuesto. El gasto del gobierno central, incluyendo a las entidades paraestatales de control directo presupuestario, representa cerca de 43% del gasto público y al ser el encargado de elaborar el Presupuesto de Egresos de la Federación, tiene amplias facultades para determinar el uso y destino de los recursos.

A continuación se presentan las secretarías y algunas entidades paraestatales como aparecen en el presupuesto de egresos.

SECRETARÍAS DE ESTADO

La organización básica de las dependencias del Ejecutivo y sus atribuciones están detalladas en la *Ley Orgánica de la Administración Pública Federal*.

Los secretarios deben comparecer ante el Congreso de la Unión para dar cuenta del estado que guardan los asuntos de su dependencia, independientemente de que cada cámara puede citarlos cuando discuta un asunto de su ramo. Estos funcionarios tienen responsabilidades políticas cuando incurren, en el ejercicio de sus funciones, en actos u omisiones que redundan en perjuicio de los intereses públicos fundamentales.

Secretaría de Gobernación (Segob). Sus orígenes se remontan a 1821 con la primera regencia. A partir de 1917 adquiere el nombre actual. Es la encargada de vigilar el cumplimiento de los preceptos constitucionales, atender los asuntos de política interior, conducir las relaciones del Poder Ejecutivo con los otros poderes de la Unión, los gobiernos estatales y demás autoridades municipales, coordinar las acciones de protección civil y seguridad nacional (para esto último tiene en su organigrama al Centro de Investigación y Seguridad Nacional, Cisen, principal servicio de inteligencia civil). Teléfono 5535-7045.
http://www.gobernacion.gob.mx

Secretaría de Relaciones Exteriores (SRE). Fue creada por decreto el 8 de noviembre de 1821 como Secretaría de Estado y del Despacho de Relaciones Exteriores e Interiores. A partir del 8 de noviembre de 1867 es la encargada de ejecutar la política exterior de México; de promover, propiciar y asegurar la coordinación en el exterior de las dependencias y entidades de la administración pública federal, de conformidad con las atribuciones que a cada una de ellas corresponda; de dirigir el Servicio Exterior Mexicano e intervenir en la firma y ratificación de toda clase de tratados, acuerdos y convenciones. Teléfono 5782-3660.
http://www.sre.gob.mx

El edificio de la Secretaría de Relaciones Exteriores en la Plaza de las Tres Culturas, Tlatelolco, México, D.F.

Secretaría de Hacienda y Crédito Público (SHCP). En noviembre de 1821 se crea la Secretaría de Estado y del Despacho de Hacienda; en 1853 se convirtió en Secretaría de Hacienda y Crédito Público. Su principal función es la de formular y administrar la política económica, crediticia, monetaria, financiera y fiscal del gobierno federal. Es la encargada de controlar, vigilar y asegurar el cobro de impuestos y contribuciones en los términos de las disposiciones fiscales, así como de elaborar la Ley de Ingresos y el Presupuesto de Egresos de la Federación. Teléfono 5709-6675. http://www.shcp.gob.mx

Secretaría de la Defensa Nacional (Sedena). Tiene sus orígenes en la Secretaría de Guerra, creada el 22 de octubre de 1814; el 25 de octubre de 1937 cambia a su actual nombre. Sus funciones son organizar, administrar y preparar al Ejército, Fuerza Aérea, Servicio Nacional y reservas del Ejército, presidir la movilización del país en caso de guerra, administrar la justicia militar, adquirir o fabricar armamento y vigilar la posesión de material estratégico. Otra función importante que se le ha confiado es el control interior, para lo cual ha tendido a concentrarse en el medio rural. Teléfono 5395-6766. http://www.sedena.gob.mx

Secretaría de Agricultura, Ganadería y Desarrollo Rural (Sagar). Su antecedente es la Secretaría de Agricultura y Recursos Hidráulicos creada en 1976; en abril de 1996 cambia a su actual nombre. Tiene como objetivo promover el desarrollo integral del campo mexicano, incrementar la productividad y eficiencia de las actividades agropecuarias y mejorar los niveles de vida de la población rural. Teléfono 5584-0808. http://www.sagar.gob.mx

Secretaría de Comunicaciones y Transportes (SCT). Fue creada el 23 de diciembre de 1958. Sus funciones son construir carreteras, puentes, puertos, aeropuertos y vías de ferrocarril y vigilar que estén en condiciones adecuadas, organizar los sistemas de satélites, telégrafos y telefonía rural, otorgar permisos para la operación de radio, televisión, telecomunicaciones y autotransporte federal. Hasta 1999, vigiló el tránsito en las carreteras federales por medio de la Policía Federal de Caminos (esta función la tomó la Policía Federal Preventiva). Teléfono 5538-5148. http://www.sct.gob.mx

Secretaría de Comercio y Fomento Industrial (Secofi). Creada en diciembre de 1976 como Secretaría de Comercio, se reorganizó y a partir de 1982 adoptó su denominación actual. Fomenta la creación de empresas y la generación de empleos, promueve el intercambio de bienes con los países del mundo, determina los aranceles de las importaciones, vigila que los productos de consumo (agrícolas, ganaderos y pesqueros) se encuentren disponibles y a precios accesibles. Teléfono 5729-9193. http://www.secofi.gob.mx

Secretaría de Educación Pública (SEP). Se creó el 25 de julio de 1921. Ejerce la autoridad normativa, técnica y pedagógica de la educación pública en México, garantiza el carácter nacional de la educación básica, elabora los contenidos de los libros de texto gratuitos, vigila el acceso de la población a los servicios educativos. Teléfono 5329-6827. http://www.sep.gob.mx

Secretaría de Salud (SSA). Sus orígenes se remontan a 1842 con la creación del Consejo de Salubridad. Tras varios cambios de denominación, adoptó en 1985 su nombre actual. Su principal función es proporcionar asistencia médica y social a la población mexicana, así como formular políticas para prevenir y erradicar enfermedades. Teléfono 5553-7670. http://www.ssa.gob.mx

Secretaría de Marina (SM). Se formó el 31 de diciembre de 1939. Tiene a su cargo el ejercicio de la soberanía nacional en el mar territorial, vías navegables, costas e islas nacionales. También realiza investigaciones oceanográficas y protege los recursos pesqueros y el ambiente marino. Teléfono 5684-8188. (No tiene página web.)

Secretaría del Trabajo y Previsión Social (STYPS). Fue creada el 13 de diciembre de 1940. Su objetivo es proteger los derechos de los trabajadores, vigilar que en los centros de trabajo haya condiciones de seguridad e higiene, atender los conflictos laborales que surgen en las instituciones. Además de ello cuenta con diversos mecanismos para controlar al movimiento sindical. Teléfono 5645-3715. http://www.stps.gob.mx

Secretaría de la Reforma Agraria (SRA). Fue creada el 31 de diciembre de 1974. Entre sus tareas están integrar expedientes de tierras y remitirlos al Tribunal Superior Agrario, reconocer y otorgar documentos que acreditan la propiedad de tierras y aguas del campo, abatir el rezago agrario, promover y fortalecer la organización económica de núcleos agrarios y resolver los problemas de poblaciones rurales. Teléfono 5579-4058. http://www.sra.gob.mx

Secretaría del Medio Ambiente, Recursos Naturales y Pesca (Semarnap). Fue creada el 28 de diciembre de 1994. Tiene la función de promover la explotación ordenada de los recursos naturales y el desarrollo sustentable, a fin de favorecer la protección ambiental. Realiza programas para proteger el medio ambiente, incluido el de las aguas territoriales, más la

Edificio de Semarnap en México, D.F.

© Rodrigo San Vicente

flora y fauna silvestres. Pese a su existencia, el medio ambiente sufre una gran degradación. Tels. 5628-0891. http://www.semarnap.gob.mx

Procuraduría General de la República (PGR). Se crea el 22 de mayo de 1900 como un organismo autónomo del Poder Judicial de la federación aunque forma parte del Poder Ejecutivo Federal. Es la encargada de promover y vigilar el cumplimiento de la Constitución y de la procuración de justicia en el ámbito federal. Asimismo, participa en acciones de prevención del delito para garantizar la seguridad pública. Actualmente, su principal función se orienta a combatir el narcotráfico. La Policía Judicial, brazo ejecutor de la PGR, ha adquirido un negro historial por los abusos y corrupción de sus integrantes. Teléfono 5346-2600. http://www.pgr.gob.mx

Sede de la PGR en la ciudad de México.

Secretaría de Energía (SE). Creada el 1º de enero de 1983, cambió su nombre al actual en diciembre de 1994. Es la encargada de conducir la política energética del país para aprovechar de manera racional los recursos energéticos; impulsar la modernización del sector energético nacional, y ejercer los derechos de la nación en materia de hidrocarburos, petróleo y energía nuclear. Teléfono 5448-6243. http://www.energia.gob.mx

Secretaría de Desarrollo Social (Sedesol). Nació el 25 de mayo de 1992. Su función es coordinar las acciones de política social para el combate a la pobreza, en particular, las relacionadas con asentamientos humanos, desarrollo urbano y vivienda. Teléfono 5515-4508. http://www.sedesol.gob.mx

Secretaría de Turismo (Sectur). Fue creada el 23 de diciembre de 1958 como Departamento de Turismo. Sus objetivos son establecer, dentro y fuera del país, oficinas para promover, supervisar, controlar y hacer cumplir las leyes en lo referente al turismo en el país. Teléfono 5250-8604. http://mexico-travel.com

Secretaría de la Contraloría y Desarrollo Administrativo (Secodam). Fue establecida en 1983; en diciembre de 1996 cambia su nombre. Sus funciones son organizar y coordinar el sistema de control y evaluación gubernamental y promover las bases para lograr el mejor funcionamiento de las dependencias y entidades de la administración pública federal. Teléfono 5662-2762. http://www.secodam.gob.mx

Consejería Jurídica del Ejecutivo Federal. Nace en 1996 y su función es dar apoyo técnico jurídico al presidente de la República; someter a consideración y en su caso a firma todos los proyectos de iniciativa de leyes y decretos que se presenten al Congreso de la Unión o a una de sus cámaras; revisar los proyectos de reglamentos, decretos, acuerdos, resoluciones presidenciales y demás instrumentos de carácter jurídico.

ENTIDADES PARAESTATALES DE CONTROL DIRECTO PRESUPUESTARIO

Instituto de Seguridad y Servicios Sociales de los Trabajadores del Estado (ISSSTE). Fue fundado en enero de 1960 para ofrecer seguridad social a los trabajadores al servicio de la federación y del Departamento del Distrito Federal, a trabajadores de organismos públicos que por ley sean incorporados al régimen y a los pensionistas de dichos organismos. Sus áreas de servicio incluyen prestaciones médicas, sociales (guarderías y tiendas de descuento), económicas (créditos y pensiones) y culturales (entretenimiento y deportes). Teléfono 5546-7636. http://www.issste.gob.mx

Instituto Mexicano del Seguro Social (IMSS). Se creó el 19 de enero de 1943 para ofrecer seguridad social a los trabajadores mexicanos mediante la prestación de servicios de salud y de medios de subsistencia en caso de enfermedad, invalidez, vejez o muerte. También ofrece servicios como guarderías, centros deportivos y actividades culturales. Teléfono 5211-3147. http://www.imss.gob.mx

Lotería Nacional para la Asistencia Pública. La Lotería Nacional comenzó a funcionar el 14 de septiembre de 1881 (durante la Revolución fue suprimida). Organiza sorteos ordinarios y extraordinarios y aporta fondos al presupuesto de la Secretaría de Salud y organizaciones privadas. Teléfono 5140-7032. http://www.loterianacional.org.mx

Aeropuertos y Servicios Auxiliares (ASA). Fue creado por decreto el 10 de junio de 1965. Está facultado para administrar operar, y conservar los aeropuertos nacionales (incluidos los operados por particulares mediante convenios). Teléfono 5140-7032. http://www.asa.gob.mx

Caminos y Puentes Federales (CAPUFE). Fundado el 27 de junio de 1963. Es responsable de la administración de las carreteras, autopistas de cuota, puentes federales y servicios conexos. Mediante el Programa Nacional de Autopistas otorga concesiones para construir carreteras, libramientos y puertos internacionales. Teléfono (73) 29-21-00. http://www.capufe.gob.mx

Ferrocarriles Nacionales de México (Ferronales). Fue establecido por el gobierno federal el 28 de marzo de 1908. Los ferrocarriles fueron privatizados por el gobierno de Ernesto Zedillo y a partir del 1° de septiembre de 1999 prácticamente dejaron de operar, luego de que fueron concesionados, principalmente a empresas estadounidenses, más de 25 mil kilómetros de vías y derechos de vía. Teléfono 5547-4036. http://www.fnm.com.mx

Distribuidora e Impulsora Comercial (Diconsa). Su antecedente es la Compañía Nacional de Subsistencias Populares (la cual fue suprimida en 1997) con sus filiales Codisupo, Liconsa, y Minsa. En agosto de 1972 se crea Diconsa en sustitución de la Compañía Distribuidora de Subsistencias Conasupo. Su objetivo es garantizar el abasto de productos básicos y regular su mercado mediante precios que benefi-

cien a la población rural y urbana marginada. Teléfono 5229-0999. http://www.diconsa.gob.mx.

Comisión Federal de Electricidad (CFE). Se creó en 1937 y quedó constituida como organismo descentralizado en 1949. Tiene a su cargo generar, conducir, transformar, distribuir, comercializar y abastecer energía eléctrica a todo el país. Teléfono 5553-2033. http://www.cfe.gob.mx

Luz y Fuerza del Centro (LYFC). Sus orígenes se remontan a los inicios del uso de la energía eléctrica en el país y en 1994 se convirtió en empresa paraestatal. Distribuye y comercializa la energía al Distrito Federal y a los estados de México, Morelos, Hidalgo y Puebla. Teléfono 5553-2033. http://www.lfc.gob.mx

Petroleos Mexicanos (Pemex). Su primer antecedente fue la Administración Nacional de Petróleo establecida en 1925; la expropiación petrolera, decretada en 1938, dio lugar a su establecimiento, el 8 de agosto de 1940. Su función es explorar y explotar los yacimientos de hidrocarburos, producir, refinar, almacenar, distribuir y comercializar productos petrolíferos y petroquímicos. Teléfono 5531-6016.

© Rodrigo San Vicente

Torre de Pemex en México, D.F.

ADMINISTRACIÓN PÚBLICA FEDERAL, 1999

GOBIERNO FEDERAL

Dependencia	Plazas	Dependencia	Plazas
Total	835,007	Sedesol	10,549
SEP	266,335	Secofi	8,822
Sedena	183,297	SRA	8,552
SSA*	66,417	STYPS	6,975
SHCP**	54,668	SRE	4,023
SM	53,729	Secodam	2,709
SCT	39,963	Presidencia	2,504
Semarnap	37,387	Sectur	2,272
Segob	31,901	Tribunal Agrario	1,588
Sagar	32,073	Tribunal Fiscal	1,443
PGR	18,605	SE	1,195

ENTIDADES PARAESTATALES

Dependencia	Plazas	Dependencia	Plazas
Total	686,860	LYFC	34,666
IMSS	356,819	CAPUFE	5,957
Pemex	117,200	ASA	3,337
ISSSTE	93,780	Lotería Nacional	1,959
CFE	73,142		

PERSONAL DESCENTRALIZADO

Dependencia	Plazas	Dependencia	Plazas
Total	1,337,423	Médicos y enfermeras en los estados	127,592
Maestros en los estados	1,048,821		
Maestros en el D.F.	150,274	Médicos y enfermeras	10,736

* Incluye 13,724 plazas de la Secretaría de Salud, 7,040 del Programa de Ampliación de Cobertura y del Programa de Educación, Salud y Alimentación y descentralizados tales como Hospital General de México, Instituto Nacional de Psiquiatría, Instituto Nacional de Cancerología, Instituto Nacional de Pediatría y Hospital Infantil de México, entre otros.

** Incluye 11,709 plazas de la SHCP, 33,708 plazas del SAT y 9,251 del INEGI.

Fuente: Presidencia de la República, 1999.

TITULARES DEL EJECUTIVO, 1821-1911

NOMBRE	JEFATURA	FECHA EN QUE ASUMIÓ EL PODER	FECHA EN QUE DEJÓ EL PODER	EDAD AL ASUMIR EL PODER*
Regencia	1821-1822			
Agustín de Iturbide (Agustín I)	1822-1823	19 de mayo	19 de marzo	39
Supremo Poder Ejecutivo[1]	1823-1824			
Guadalupe Victoria	1824-1829	10 de octubre	31 de marzo	38
Vicente Guerrero	1829	1 de abril	17 de diciembre	41
José María Bocanegra	1829	18 de diciembre	24 de diciembre	42
Junta Provisional[2]	1829	24 de diciembre	31 de diciembre	
Anastasio Bustamante	1830-1832	1 de enero	13 de agosto	49
Melchor Múzquiz	1832	14 de agosto	23 de diciembre	42
Manuel Gómez Pedraza	1832-1833	24 de diciembre	31 de marzo	43
Antonio López de Santa Anna	1833-1835	17 de mayo	27 de enero	39
Valentín Gómez Farías[3]	1833-1834	1 de abril	23 de abril	52
Miguel Barragán	1835-1836	28 de enero	27 de febrero	46
José Justo Corro	1836-1837	28 de febrero	19 de abril	41
Anastasio Bustamante	1837-1839	16 de abril	20 de marzo	
Antonio López de Santa Anna	1839	20 de marzo	10 de julio	
Nicolás Bravo	1839	10 de julio	19 de julio	34
Anastasio Bustamante	1839-1841	19 de julio	22 de septiembre	
Javier Echeverría	1841	22 de septiembre	10 de octubre	44
Antonio López de Santa Anna	1841-1842	10 de octubre	26 de octubre	
Nicolás Bravo	1842-1843	26 de octubre	4 de marzo	
Antonio López de Santa Anna	1843	4 de marzo	4 de octubre	
Valentín Canalizo	1843-1844	4 de octubre	4 de junio	48
Antonio López de Santa Anna	1844	4 de junio	12 de septiembre	
José Joaquín de Herrera	1844	12 de septiembre	21 de septiembre	52
Valentín Canalizo	1844	21 de septiembre	6 de diciembre	
José Joaquín de Herrera	1844-1845	7 de diciembre	30 de diciembre	
Mariano Paredes y Arrillaga	1846	4 de enero	28 de julio	48
Nicolás Bravo	1846	28 de julio	4 de agosto	
José Mariano Salas	1846	5 de agosto	23 de diciembre	49
Valentín Gómez Farias	1846-1847	23 de diciembre	21 de marzo	
Antonio López de Santa Anna	1847	21 de marzo	2 de abril	
Pedro María de Anaya	1847	2 de abril	20 de mayo	62
Antonio López de Santa Anna	1847	20 de mayo	16 de septiembre	
Manuel de la Peña y Peña	1847	26 de septiembre	13 de noviembre	58
Pedro María de Anaya	1847-1848	13 de noviembre	8 de enero	
Manuel de la Peña y Peña	1848	8 de enero	3 de junio	
José Joaquín de Herrera	1848-1851	3 de junio	15 de enero	
Mariano Arista	1851-1853	15 de enero	6 de enero	49
Juan Bautista Ceballos	1853	6 de enero	6 de febrero	41
Manuel María Lombardini	1853	7 de febrero	20 de abril	51
Antonio López de Santa Anna	1853-1855	20 de abril	5 de agosto	38
Martín Carrera	1855	15 de agosto	12 de septiembre	48
Rómulo Díaz de la Vega	1855	12 de septiembre	4 de octubre	51
Juan Álvarez	1855	4 de octubre	11 de diciembre	65
Ignacio Comonfort	1855-1858	11 de diciembre	20 de enero	43
Félix Zuloaga	1858	23 de enero	23 de diciembre	55
Manuel Robles Pezuela	1858-1859	23 de diciembre	21 de enero	41
Mariano Salas	1859	21 de enero	2 de febrero	
Miguel Miramón	1859-1860	2 de febrero	13 de agosto	27
José Ignacio Pavón	1860	13 de agosto	15 de agosto	69
Miguel Miramón	1860-	15 de agosto	24 de diciembre	
Junta Superior de Gobierno	1860-1864			
Maximiliano I	1864-1867	10 de abril	15 de mayo	32

Continúa

TITULARES DEL EJECUTIVO, 1821-1911

NOMBRE	JEFATURA	FECHA EN QUE ASUMIÓ EL PODER	FECHA EN QUE DEJÓ EL PODER	EDAD AL ASUMIR EL PODER*
Benito Juárez[4]	1858-1872	19 de enero	18 de julio	52
Sebastián Lerdo de Tejada	1872-1876	19 de julio	20 de noviembre	49
José María Iglesias	1876	31 de octubre	15 de marzo	53
Porfirio Díaz	1876	28 de noviembre	6 de diciembre	47
Juan Méndez	1876-1877	6 de diciembre	17 de febrero	56
Porfirio Díaz	1877-1880	17 de febrero	30 de noviembre	
Manuel González	1880-1884	1 de diciembre	30 de noviembre	48
Porfirio Díaz	1884-1911	1 de diciembre	25 de mayo	

* Edad en la que llegaron por primera vez al poder.
[1] Gobierno provisional integrado por Nicolás Bravo, Guadalupe Victoria y Pedro Celestino Negrete.
[2] Integrada por Pedro Vélez, Luis Quintanar y Lucas Alamán.
[3] Durante este periodo asumió la presidencia en varias ocasiones debido a las ausencias de Santa Anna.
[4] Asumió la presidencia en 1858 frente a los conservadores, dirigiendo un gobierno paralelo que se mantuvo durante el imperio de Maximiliano I.

TITULARES DEL EJECUTIVO, 1911-2000

NOMBRE	JEFATURA	FECHA EN QUE ASUMIÓ EL PODER	FECHA EN QUE DEJÓ EL PODER	EDAD AL ASUMIR EL PODER*
Francisco León de la Barra	1911	25 de mayo	6 de noviembre	48
Francisco Ignacio Madero	1911-1913	6 de noviembre	18 de febrero	38
Pedro Lascuráin	1913	19 de febrero	19 de febrero	55
Victoriano Huerta	1913-1914	19 de febrero	14 de julio	68
Francisco Carvajal	1914	14 de julio	13 de agosto	44
Venustiano Carranza[1]	1914-1920	20 de agosto	21 de mayo	54
Eulalio Gutiérrez[2]	1914-1915	6 de noviembre	16 de enero	33
Roque González Garza[2]	1915	16 de enero	10 de julio	29
Francisco Lagos Cházaro[2]	1915	10 de junio	10 de octubre	36
Adolfo de la Huerta	1920	24 de mayo	30 de noviembre	39
Álvaro Obregón	1920-1924	1 de diciembre	30 de noviembre	40
Plutarco Elías Calles	1924-1928	1 de diciembre	30 de noviembre	47
Emilio Portes Gil	1928-1930	1 de diciembre	5 de febrero	37
Pascual Ortiz Rubio	1930-1932	5 de febrero	4 de septiembre	53
Abelardo Rodríguez	1932-1934	4 de septiembre	30 de noviembre	43
Lázaro Cárdenas	1934-1940	1 de diciembre	30 de noviembre	39
Manuel Ávila Camacho	1940-1946	1 de diciembre	30 de noviembre	43
Miguel Alemán Valdés	1946-1952	1 de diciembre	30 de noviembre	43
Adolfo Ruiz Cortines	1952-1958	1 de diciembre	30 de noviembre	61
Adolfo López Mateos	1958-1964	1 de diciembre	30 de noviembre	48
Gustavo Díaz Ordaz	1964-1970	1 de diciembre	30 de noviembre	53
Luis Echeverría Álvarez	1970-1976	1 de diciembre	30 de noviembre	48
José López Portillo	1976-1982	1 de diciembre	30 de noviembre	55
Miguel de la Madrid Hurtado	1982-1988	1 de diciembre	30 de noviembre	48
Carlos Salinas de Gortari	1988-1994	1 de diciembre	30 de noviembre	40
Ernesto Zedillo Ponce de León	1994-2000	1 de diciembre	30 de noviembre	42
Vicente Fox Quesada	2000-	1 de Diciembre		58

* Edad en la que llegaron por primera vez al poder.
[1] Presidente provisional de los constitucionalistas hasta 1917.
[2] Nombrados presidente por la Convención de Aguascalientes.
Fuente: Enciclopedia Microsoft Encarta 1999.

GABINETES, 1917-2000

VENUSTIANO CARRANZA (1917-1920)

Gobernación	Manuel Aguirre Berlanga	1917-20
Relaciones Exteriores	Ernesto Garza Pérez	1917-18
	Cándido Aguilar	1918
	Ernesto Garza Pérez	1918-19
	Salvador Diego Fernández	1919
	Hilario Medina	1919-20
	Juan Sánchez Azcona	1920
Hacienda	Rafael Nieto	1917-19
	Luis Cabrera	1919-20
Guerra y Marina	Jesús Agustín Castro	1917-18
	Juan José Ríos	1918-20
	Francisco L. Urquizo	1920
Agricultura y Fomento	Pastor Rouaix	1917-20
Procuraduría General de la República	Pablo A. de la Garza	1917-18
	Carlos Salcedo	1918-20
Comunicaciones	Manuel Rodríguez Gutiérrez	1917-20
Industria, Comercio y Trabajo	Alberto J. Pani	1917-19
	León Salinas	1919
	Plutarco Elías Calles	1919
	León Salinas	1919
	Plutarco Elías Calles	1919-20
	León Salinas	1920

ADOLFO DE LA HUERTA (1920, PRESIDENTE INTERINO)

Gobernación	Gilberto Valenzuela	1920
	José Inocencio Lugo	1920
Relaciones Exteriores	Miguel Covarrubias	1920
	Cutberto Hidalgo	1920
Hacienda y Crédito Público	Salvador Alvarado	1920
Guerra y Marina	Plutarco Elías Calles	1920
Comunicaciones y Obras Públicas	Pascual Ortiz Rubio	1920
Agricultura y Fomento	Antonio I. Villarreal	1920
Procuraduría General de la República	Eduardo Neri	1920
Industria, Comercio y Trabajo	Jacinto B. Treviño	1920

ÁLVARO OBREGÓN (1920-1924)

Gobernación	Plutarco Elías Calles	1920-23
	Gilberto Valenzuela	1923
	Enrique Colunga	1923-24
	Romeo Ortega	1924
Relaciones Exteriores	Cutberto Hidalgo	1920-21
	Alberto J. Pani	1921-23
	Aarón Sáenz	1923-24
Hacienda y Crédito Público	Adolfo de la Huerta	1920-23
	Alberto J. Pani	1923-24

ÁLVARO OBREGÓN (1920-1924)

Guerra y Marina	Benjamín Hill	1920
	Enrique Estrada	1920-22
	Francisco Serrano	1922-24
Agricultura y Fomento	Antonio I. Villarreal	1920-24
	Ramón P. de Negri	1924
Procuraduría General de la República	Eduardo Neri	1920-22
	Eduardo Delhumeau	1922-24
Comunicaciones y Obras Públicas	Pascual Ortiz Rubio	1920-21
	Amado Aguirre	1921-24
Industria y Comercio	Rafael Zubarán Capmany	1920-22
	Miguel Alessio Robles	1922-23
	Manuel Pérez Treviño	1923-24
Educación Pública	José Vasconcelos	1921-24
	Bernardo Gastélum	1924

PLUTARCO ELÍAS CALLES (1924-1928)

Gobernación	Romero Ortega	1924-25
	Gilberto Valenzuela	1925
	Adalberto Tejeda	1925-28
	Gonzalo Vázquez Vela	1928
	Emilio Portes Gil	1928
Relaciones Exteriores	Aarón Sáenz	1924-27
	Genaro Estrada	1927-28
Hacienda y Crédito Público	Alberto J. Pani	1924-28
	Luis Montes de Oca	1927-28
Guerra y Marina	Joaquín Amaro	1924-28
Agricultura y Fomento	Luis L. León	1924-28
Procuraduría General de la República	Romeo Ortega y Castillo de Levín	1925-28
	Ezequiel Padilla Peñaloza	1928
Comunicaciones y Obras Públicas	Adalberto Tejeda	1924-25
	Eduardo Ortiz	1925-26
	Ramón Ross	1926-28
Industria, Comercio y Trabajo	Luis N. Morones	1924-28
	Eduardo Buitrón	1928
	José M. Puig Casauranc	1928
Educación Pública	José M. Puig Casauranc	1924-28
	Moisés Sáenz	1928

EMILIO PORTES GIL (1928-1930, PRESIDENTE PROVISIONAL)

Gobernación	Felipe Canales	1928-30
Relaciones Exteriores	Genaro Estrada	1928-30
Hacienda y Crédito Público	Luis Montes de Oca	1928-30
Guerra y Marina	Joaquín Amaro	1928-29
Agricultura y Fomento	Marte R. Gómez	1928-30
Procuraduría General de la República	Enrique Medina	1928-30
Comunicaciones y Obras Públicas	Javier Sánchez Mejorada	1928-30

EMILIO PORTES GIL (1928-1930, PRESIDENTE PROVISIONAL)

Industria y Comercio	José M. Puig Casauranc	1928
	Ramón P. de Negri	1929-30
Educación Pública	Ezequiel Padilla	1928-30
	Plutarco Elías Calles	1929
	Joaquín Amaro	1929-30

PASCUAL ORTIZ RUBIO (1930-1932)

Gobernación	Emilio Portes Gil	1930
	Carlos Riva Palacio	1930-31
	Octavio Mendoza González	1931
	Lázaro Cárdenas	1931
	Manuel C. Téllez	1931-32
	Juan José Ríos	1932
Relaciones Exteriores	Genaro Estrada	1930-32
	Manuel C. Téllez	1932
Hacienda y Crédito Público	Luis Montes de Oca	1930-32
	Alberto J. Pani	1932
Guerra y Marina	Joaquín Amaro	1930-31
	Plutarco Elías Calles	1931-32
	Abelardo L. Rodríguez	1932
Agricultura y Fomento	Manuel Pérez Treviño	1930-31
	Saturnino Cedillo	1931
	Francisco S. Elías	1931-32
Procuraduría General de la República	José Aguilar Maya	1930-32
Comunicaciones y Obras Públicas	Juan Andrew Almazán	1930-31
	Gustavo P. Serrano	1931-32
	Miguel M. Acosta	1932
Industria, Comercio y Trabajo	Luis L. León	1930
	Aarón Sáenz	1930-32
	Abelardo L. Rodríguez	1932
	Primo Villa Michel	1932
Educación Pública	Aarón Sáenz	1930
	Carlos Trejo Lerdo de Tejada	1930
	José M. Puig Casauranc	1930-31
	Narciso Bassols	1931-32
Departamento del Distrito Federal	José M. Puig Casauranc	1930
	Crisóforo Ibáñez	1930
	Lamberto Hernández	1930-31
	Enrique Romero Courtade	1931
	Lorenzo Hernández	1931-32
	Vicente Estrada Cajigal	1932
	Manuel Padilla	1932

ABELARDO L. RODRÍGUEZ (1932-1934, PRESIDENTE INTERINO)

Gobernación	Eduardo Vasconcelos	1932-34
	Narciso Bassols	1934
	Juan D. Cabral	1934
Relaciones Exteriores	Manuel C. Téllez	1932-34
Hacienda y Crédito Público	Alberto J. Pani	1932-33
	Plutarco Elías Calles	1933-34
	Marte R. Gómez	1934

ABELARDO L. RODRÍGUEZ (1932-1934, PRESIDENTE INTERINO)

Guerra y Marina	Pablo Quiroga	1932-33
	Lázaro Cárdenas	1933
	Pablo Quiroga	1933-34
Agricultura y Fomento	Francisco S. Elías	1932-34
Procuraduría General de la República	Emilio Portes Gil	1932-34
Comunicaciones y Obras Públicas	Miguel M. Acosta	1932-34
Economía Nacional (antes Industria, Comercio y Trabajo)	Primo Villa Michel	1932-34
Educación Pública	Narciso Bassols	1932-34
	Eduardo Vasconcelos	1934
Departamento del Distrito Federal	Juan G. Cabral	1932
	Aarón Sáenz	1932-34

LÁZARO CÁRDENAS (1934-1940)

Gobernación	Juan de D. Bojórquez	1934-35
	Silvano Barba González	1935
	Silvestre Guerrero	1936-38
	Ignacio García Téllez	1938-40
Relaciones Exteriores	Emilio Portes Gil	1934-35
	José Ángel Ceniceros	1935
	Eduardo Hay	1935-40
Hacienda y Crédito Público	Narciso Bassols	1934-35
	Eduardo Suárez	1935-40
Defensa Nacional (antes Guerra y Marina)	Pablo Quiroga	1934-35
	Andrés Figueroa	1935-36
	Manuel Ávila Camacho	1936-39
	Jesús Agustín Castro	1939-40
Agricultura y Fomento	Tomás Garrido Canabal	1934-35
	Saturnino Cedillo	1935-37
	José A. Parrés	1937-40
Procuraduría General de la República	Silvestre Castro	1934-36
	Ignacio García Téllez	1936-37
	Antonio Villalobos Maillard	1937
	Genaro V. Vásquez Quiroz	1937-40
Comunicaciones y Obras Públicas	Rodolfo Elías Calles	1934-35
	Francisco J. Múgica	1935-39
	Melquiades Angulo	1939-40
Economía Nacional	Francisco J. Múgica	1934-35
	Rafael Sánchez Tapia	1935-38
	Efraín Buenrostro	1938-40
Educación Pública	Ignacio García Téllez	1934-35
	Gonzalo Vázquez Vela	1935-39
	Ignacio Beteta	1939-40
Asistencia Social	Enrique Hernández Álvarez	1938-39
	Silvestre Guerrero	1939-40
Departamento Central	Aaron Sáenz	1934-35
	Cosme Hinojosa	1935-38
	José Siurob	1938-39

MANUEL ÁVILA CAMACHO (1940-1946)

Gobernación	Miguel Alemán	1940-45
	Primo Villa Michel	1945-46
Relaciones Exteriores	Ezequiel Padilla	1940-45
	Ernesto Hidalgo	1945
	Francisco Castillo Nájera	1945-46
Hacienda y Crédito Público	Eduardo Suárez	1940-46
Defensa Nacional	Pablo Macías Valenzuela	1940-42
	Lázaro Cárdenas	1942-45
	Franciso L. Urquizo	1945-46
Agricultura y Fomento	Marte R. Gómez	1940-46
Procuraduría General de la República	José Aguilar y Maya	1940-46
Comunicaciones y Obras Públicas	Jesús de la Garza	1940-41
	Maximino Ávila Camacho	1941-45
	Pedro Martínez Tornel	1945-46
Economía Nacional	Francisco Javier Gaxiola	1940-44
	Julio Serrano	1944-46
Educación Pública	Luis Sánchez Pontón	1940-41
	Octavio Béjar Vázquez	1941-43
	Jaime Torres Bodet	1943-46
Salubridad y Asistencia (antes Asistencia Social)	Gustavo Baz	1940-46
Marina	Heriberto Jara	1941-46
Trabajo y Previsión Social	Ignacio García Téllez	1941-46
Gobierno del Distrito Federal	Javier Rojo Gómez	1940-46

MIGUEL ALEMÁN VALDÉS (1946-1952)

Gobernación	Héctor Martínez	1946-48
	Ernesto P. Uruchurtu	1948
	Adolfo Ruiz Cortines	1948-51
	Ernesto P. Uruchurtu	1951-52
Relaciones Exteriores	Jaime Torres Bodet	1946-48
	Manuel Tello	1948-52
Hacienda y Crédito Público	Ramón Beteta Q.	1946-52
Defensa Nacional	Gilberto R. Limón	1946-52
Agricultura y Ganadería	Nazario Ortiz Garza	1946-52
Procuraduría General de la República	Francisco González de la Vega	1946-52
Recursos Hidráulicos	Adolfo Orive de Alba	1947-52
Comunicaciones y Obras Públicas	Agustín García López	1946-52
Economía	Antonio Ruiz Galindo	1946-48
	Antonio Martínez Báez	1948-52
Bienes Nacionales	Alfonso Caso	1947-49
	Hugo Rangel Couto	1949-51
	Angel Carvajal	1951-52
Educación Pública	Manuel Gual Vidal	1946-52

MIGUEL ALEMÁN VALDÉS (1946-1952)

Salubridad y Asistencia	Rafael Pascasio Gamboa	1946-52
Marina	Luis F. Schaufelberger	1946-48
	David Coello	1948-49
	Alberto J. Pawling	1949-52
Trabajo y Previsión Social	Andrés Serra Rojas	1947-48
	Manuel Ramírez Vázquez	1948-52
Gobierno del Distrito Federal	Fernado Casas Alemán	1946-52

ADOLFO RUIZ CORTINES (1952-1958)

Gobernación	Angel Carvajal	1952-58
Relaciones Exteriores	Luis Padilla Nervo	1952-58
Hacienda y Crédito Público	Antonio Carrillo Flores	1952-58
Defensa Nacional	Matías Ramos	1952-58
Agricultura y Ganadería	Gilberto Flores Muñoz	1952-58
Procuraduría General de la República	Carlos Franco Sodi	1952-56
Recursos Hidráulicos	Eduardo Chávez	1952-58
	Luis Echeagaray Bablot	1958
Comunicaciones y Obras Públicas	Carlos Lazo	1952-55
	Walter Cross Buchanan	1955-58
Economía	Gilberto Loyo	1952-58
Bienes Nacionales	José López Lira	1952-58
Educación Pública	Angel Ceniceros	1952-58
Salubridad y Asistencia	Ignacio Morones Prieto	1952-58
Marina	Rodolfo Sánchez Taboada	1952-55
	Roberto Gómez Maqueo	1955-58
	Héctor Meixueiro A.	1958
Trabajo y Previsión Social	Adolfo López Mateos	1952-57
	Salomón González Blanco	1957-58
Departamento del Distrito Federal	Ernesto P. Uruchurtu	1952-58

ADOLFO LÓPEZ MATEOS (1958-1964)

Gobernación	Gustavo Díaz Ordaz	1958-63
	Luis Echeverría Álvarez	1963-64
Relaciones Exteriores	Manuel Tello	1958-64
Hacienda y Crédito Público	Antonio Ortiz Mena	1958-64
Defensa Nacional	Agustín Olachea	1958-64
Agricultura y Ganadería	Julián Rodríguez Adame	1958-64
Recursos Hidráulicos	Alfredo del Mazo	1958-64
Procuraduría General de la República	Fernando López Arias	1958-62
	Oscar Treviño Ríos	1962-64

ADOLFO LÓPEZ MATEOS (1958-1964)

Comunicaciones y Obras Públicas	Javier Barros Sierra	1958
Comunicaciones y Transportes	Walter Cross Buchanan	1959-64
Industria y Comercio (antes Economía)	Raúl Salinas Lozano	1958-64
Patrimonio Nacional (antes Bienes Nacionales)	Eduardo Bustamante	1958-64
Educación Pública	Jaime Torres Bodet	1958-64
Salubridad y Asistencia	José Álvarez Amézquita	1958-64
Marina	Manuel Zermeño Araico	1958-64
Trabajo y Previsión Social	Salomón González Blanco	1958-64
Obras Públicas	Javier Barros Sierra	1959-64
Secretaría de la Presidencia	Donato Miranda Fonseca	1959-64
Departamento del Distrito Federal	Ernesto P. Uruchurtu	1954-58

GUSTAVO DÍAZ ORDAZ (1964-1970)

Gobernación	Luis Echeverría Álvarez	1964-1969
	Mario Moya Palencia	1969-70
Relaciones Exteriores	Antonio Carrillo Flores	1964-70
Hacienda y Crédito Público	Antonio Ortiz Mena	1964-70
	Hugo B. Margáin	1970
Defensa Nacional	Marcelino García Barragán	1964-70
Agricultura y Ganadería	Juan Gil Preciado	1964-70
	Manuel Bernardo Aguirre	1970
Procuraduría General de la República	Antonio Rocha Cordero	1964-67
	Julio Sánchez Vargas	1967-70
Recursos Hidráulicos	José Hernández Terán	1964-70
Comunicaciones y Transportes	José Antonio Padilla Segura	1964-70
Industria y Comercio	Octaviano Campos Salas	1964-70
Patrimonio Nacional	Alfonso Corona del Rosal	1964-66
	Manuel Franco López	1966-70
Educación Pública	Agustín Yáñez	1964-70
Salubridad y Asistencia	Rafael Moreno Valle	1964-68
	Salvador Aceves Parra	1968-70
Marina	Antonio Vázquez del Mercado	1964-70
Trabajo y Previsión Social	Salomón González Blanco	1964-70
Obras Públicas	Gilberto Valenzuela	1964-70
Secretaría de la Presidencia	Emilio Martínez Manatou	1964-70
Departamento del Distrito Federal	Ernesto P. Uruchurtu	1964-66
	Alfonso Corona del Rosal	1966-70

LUIS ECHEVERRÍA ÁLVAREZ (1970-1976)

Gobernación	Mario Moya Palencia	1970-76
Relaciones Exteriores	Emilio O. Rabasa	1970-75
	Alfonso García Robles	1975-76
Hacienda y Crédito Público	Hugo B. Margáin	1970-73
	José López Portillo	1973-75
	Mario Ramón Beteta	1975-76
Defensa Nacional	Hermenegildo Cuenca Díaz	1970-76
Agricultura y Ganadería	Manuel Bernardo Aguirre	1970-74
	Oscar Brauer Herrera	1974-76
Recursos Hidráulicos	Leandro Rovirosa Wade	1970-76
	Luis Robles Linares	1976
Comunicaciones y Transportes	Eugenio Méndez Docurro	1970-76
Industria y Comercio	Carlos Torres Manzo	1970-74
	José Campillo Sáinz	1974-76
Procuraduría General de la República	Julio Sánchez Vargas	1970-71
	Pedro Ojeda Paullada	1971-76
Patrimonio Nacional	Horacio Flores de la Peña	1970-75
	Francisco Javier Alejo	1975-76
Educación Pública	Víctor Bravo Ahúja	1970-76
Salubridad y Asistencia	Jorge Jiménez Cantú	1970-75
	Ginés Navarro Díaz de León	1975-76
Marina	Luis M. Bravo Carrera	1970-76
Trabajo y Previsión Social	Rafael Hernández Ochoa	1970-72
	Porfirio Muñoz Ledo	1972-75
	Carlos Gálvez Betancourt	1975-76
Turismo	Julio Hirschfield Almada	1975-76
Reforma Agraria	Augusto Gómez Villanueva	1975
	Félix Barra García	1975-76
Obras Públicas	Luis E. Bracamontes	1970-76
Secretaría de la Presidencia	Hugo Cervantes del Río	1970-75
	Ignacio Ovalle Fernández	1975-76
Departamento del Distrito Federal	Alfonso Martínez Domínguez	1970-71
	Octavio Sentíes Gómez	1971-76

JOSÉ LÓPEZ PORTILLO (1976-1982)

Gobernación	Jesús Reyes Heroles	1976-78
	Enrique Olivares Santana	1978-82
Relaciones Exteriores	Santiago Roel García	1976-78
	J. Castañeda Álvarez de la Rosa	1977-82
Hacienda y Crédito Público	Rodolfo Moctezuma Cid	1976-77
	David Ibarra Muñoz	1977-82
	Jesús Silva Herzog	1982
Defensa Nacional	Félix Galván López	1976-82
Agricultura y Recursos Hidráulicos (antes Agricultura y Ganadería)	Francisco Merino Rábago	1976-82
Procuraduría General de la República	Oscar Flores Sánchez	1976-82
Comunicaciones y Transportes	Emilio Mújica Montoya	1976-82
Comercio (antes Industria y Comercio)	Fernando Solana Morales	1976-77
	Jorge de la Vega Domínguez	1977-82

JOSÉ LÓPEZ PORTILLO (1976-1982)

Patrimonio y Fomento Industrial (antes Patrimonio Nacional)	José Andrés Oteyza	1976-82
Educación Pública	Porfirio Muñoz Ledo	1976-77
	Fernando Solana Morales	1977-82
Salubridad y Asistencia	Emilio Martínez Manatou	1976-80
	Mario Calles López Negrete	1980-82
Marina	Ricardo Cházaro Lara	1976-82
Trabajo y Previsión Social	Pedro Ojeda Paullada	1976-82
Turismo	Guillermo Rossell de la Lama	1976-80
	Rosa Luz Alegría Escamilla	1980-82
Reforma Agraria	Jorge Rojo Lugo	1976-78
	Antonio Toledo Corro	1978-80
	Jorge García Paniagua	1980-81
	Gustavo Carbajal Moreno	1981-82
Asentamientos Humanos y Obras Públicas (antes Obras Públicas)	Pedro Ramírez Vázquez	1976-82
Programación y Presupuesto (antes Presidencia de la República)	Carlos Tello Macías	1976-77
	Ricardo García Sáinz	1977-78
	Miguel de la Madrid Hurtado	1978-81
	Ramón Aguirre Velázquez	1981-82
Pesca	Fernando Rafful Miguel	1982
Departamento del Distrito Federal	Carlos Hank González	1976-82

MIGUEL DE LA MADRID HURTADO (1982-1988)

Gobernación	Manuel Bartlett Díaz	1982-88
Relaciones Exteriores	Bernardo Sepúlveda Amor	1982-88
Hacienda y Crédito Público	Jesús Silva Hérzog	1982-86
	Gustavo Petriccioli Iturbide	1986-88
Programación y Presupuesto	Carlos Salinas de Gortari	1982-87
	Pedro Aspe Armella	1987-88
Defensa Nacional	Juan Arévalo Gardoqui	1982-88
Agricultura y Recursos Hidráulicos	Horacio García Aguilar	1982-84
	Eduardo Pesqueira Olea	1984-88
Procuraduría General de la República	Sergio García Ramírez	1984-88
Comunicaciones y Transportes	Rodolfo Félix Valdés	1982-84
	Daniel Díaz Díaz	1974-88
Comercio y Fomento Industrial	Héctor Hernández Cervantes	1982-88
Educación Pública	Jesús Reyes Heroles	1982-85
	Miguel González Avelar	1985-88
Salud (antes Salubridad y Asistencia)	Guillermo Soberón Acevedo	1982-88
Marina	Miguel Ángel Gómez Ortega	1982-88

MIGUEL DE LA MADRID HURTADO (1982-1988)

Trabajo y Previsión Social	Arsenio Farell Cubillas	1982-88
Reforma Agraria	Luis Martínez Villicaña	1982-86
	Rafael Rodríguez Barrera	1986-88
Desarrollo Urbano y Ecología (antes Asentamientos Humanos y Obras Públicas)	Marcelo Javelly Girard	1982-85
	Guillermo Carrillo Arena	1985-86
	Manuel Camacho Solís	1986-88
	Gabino Fraga Mauvet	1988
Pesca	Pedro Ojeda Paullada	1982-88
Energía, Minas e Industria Paraestatal (antes Patrimonio y Fomento Industrial)	Francisco Labastida Ochoa	1982-86
	Alfredo del Mazo	1986-88
	Fernando Hiriart Balderrama	1988
Turismo	Antonio Enríquez Savignac	1982-88
Contraloría General de la Federación	Francisco Rojas Gutiérrez	1983-87
	Ignacio Pichardo Pagaza	1987-88
Departamento del Distrito Federal	Ramón Aguirre Velázquez	1982-88

CARLOS SALINAS DE GORTARI (1988-1994)

Gobernación	Fernando Gutiérrez Barrios	1988-92
	Patrocinio González Garrido	1993-94
	Jorge Carpizo McGregor	1994
Relaciones Exteriores	Fernando Solana Morales	1988-93
	Manuel Camacho Solís	1993-94
	Manuel Tello Macías	1994
Hacienda y Crédito Público	Pedro Aspe Armella	1988-94
Defensa Nacional	Antonio Riviello Bazán	1988-94
Agricultura y Recursos Hidráulicos	Jorge de la Vega Domínguez	1988-89
	Carlos Hank González	1990-94
Procuraduría General de la República	Enrique Álvarez del Castillo	1988-91
	Ignacio Morales Lechuga	1991-93
	Jorge Carpizo McGregor	1993-94
	Diego Valadés del Río	1994
	Humberto Benítez Treviño	1994
Comunicaciones y Transportes	Andrés Caso Lombardo	1988-92
	Emilio Gamboa Patrón	1992-94
Comercio y Fomento Industrial	Jaime Serra Puche	1988-94
Educación Pública	Manuel Bartlett Díaz	1988-92
	Ernesto Zedillo Ponce de León	1992-93
	Fernando Solana Morales	1993-94
	José Ángel Pescador	1994
Salud	Jesús Kumate Rodríguez	1988-94
Marina	Mauricio Scheleske Sánchez	1988-90
	Luis Carlos Ruano Angulo	1990-94
Trabajo y Previsión Social	Arsenio Farell Cubillas	1988-94
	Manuel Gómez Peralta	1994
Reforma Agraria	Víctor Cervera Pacheco	1988-94
Desarrollo Urbano y Ecología	Patricio Chirinos	1988-92
Pesca	María de los Ángeles Moreno	1989-91
	Guillermo Jiménez González	1991-94

CARLOS SALINAS DE GORTARI (1988-1994)

Energía, Minas e Industria Paraestatal	Fernando Hiriart Balderrama	1988-93
	Emilio Lozoya Thalmann	1993-94
Desarrollo Social (antes Desarrollo Urbano y Ecología)	Luis Donaldo Colosio Murrieta	1992-93
	Carlos Rojas Gutiérrez	1993-94
Turismo	Carlos Hank González	1988-90
	Pedro Joaquín Coldwell	1990-93
	Jesús Silva Herzog	1994
Contraloría General de la Federación	María Elena Vázquez Nava	1988-94
Departamento del Distrito Federal	Manuel Camacho Solís	1988-93
	Manuel Aguilera	1993-94

ERNESTO ZEDILLO PONCE DE LEÓN (1994-2000)

Gobernación	Esteban Moctezuma Barragán	1994-95
	Emilio Chuayffet Chemor	1995-98
	Francisco Labastida Ochoa	1998-99
	Diódoro Carrasco Altamirano	1999-2000
Relaciones Exteriores	José Angel Gurría Treviño	1994-98
	Rosario Green Macías	1998-2000
Hacienda y Crédito Público	Jaime Serra Puche	1994
	Guillermo Ortiz Martínez	1994-98
	José Ángel Gurría Treviño	1998-2000
Defensa Nacional	Enrique Cervantes Aguirre	1994-2000
Agricultura, Ganadería y Desarrollo Rural (antes de Agricultura y Recursos Hidráulicos)	Arturo Warman Gryj	1994-95
	Francisco Labastida Ochoa	1995-98
	Romárico Daniel Arroyo	1998-2000
Comunicaciones y Transportes	Guillermo Ortiz Martínez	1994
	Carlos Ruiz Sacristán	1994-2000
Comercio y Fomento Industrial	Herminio Blanco Mendoza	1994-2000

Fuente: Porrúa, 1995 y Musacchio, 1999.

ERNESTO ZEDILLO PONCE DE LEÓN (1994-2000)

Educación Pública	Fausto Alzati Araiza	1994-95
	Miguel Limón Rojas	1995-99
Salud	J. Ramón de la Fuente Martínez	1994-99
	J. Antonio González Fernández	1999-2000
Marina	José Ramón Lorenzo Franco	1994-2000
Trabajo y Previsión Social	Santiago Oñate Laborde	1994-95
	Javier Bonilla García	1995-98
	J. Antonio González Fernández	1998-99
	Mariano Palacios Alcocer	1999-2000
Reforma Agraria	Miguel Limón Rojas	1994-95
	Arturo Warman Gryj	1995-99
	Eduardo Robledo Rincón	1999-2000
Secretaría de Medio Ambiente, Recursos Naturales y Pesca (antes Pesca)	Julia Carabias Lillo	1994-2000
Procuraduría General de la República	Antonio Lozano Gracia	1994-96
	Jorge Madrazo Cuéllar	1996-2000
Energía (antes Energía, Minas e Industria Paraestatal)	José Ignacio Pichardo Pagaza	1994-95
	Jesús Reyes Heroles	1995-97
	Luis Téllez Kuenzler	1997-2000
Desarrollo Social	Carlos Rojas Gutiérrez	1994-98
	Esteban Moctezuma	1998-99
	Carlos Jarque Uribe	1999-2000
Turismo	Silvia Hernández Henríquez	1994-97
	Oscar Espinosa Villarreal	1997-2000
Contraloría y Desarrollo Administrativo (antes Contraloría General de la Federación)	Norma Samaniego Breach	1994-95
	Arsenio Farell Cubillas	1995-2000
Departamento del Distrito Federal	Oscar Espinosa Villarreal	1994-97

PODER LEGISLATIVO

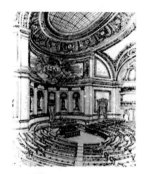

A partir de los años sesenta el Poder Legislativo ha reflejado la gradual democratización de México. En 1997 partidos diferentes al PRI se convirtieron en mayoría, sin embargo, aunque se dieron algunos avances la gestión de la oposición no cumplió con las expectativas.

RESEÑA HISTÓRICA

El Poder Legislativo ha sido un espejo de la evolución política mexicana. Es uno de los tres poderes de la federación (los otros son el Ejecutivo y el Judicial) y se deposita en el Congreso de la Unión, compuesto por la cámara baja (de diputados) y por la alta (de senadores). Sus principales funciones son discutir y aprobar leyes, y vigilar las actividades del Ejecutivo federal.

Tiene su origen en el Primer Congreso Constituyente (1822) que elaboró la Constitución de 1824, adoptó el federalismo y estableció la división de poderes y las dos cámaras.

En los primeros 40 años de vida independiente los trabajos legislativos se interrumpieron por conflictos internos. En 1845 se suprimió el Senado y se estableció un congreso unicameral, que fue disuelto en 1853 y restablecido de nuevo en 1861. Durante la intervención francesa dicho congreso se trasladó a San Luis Potosí. Al restaurarse la República se inició una vigorosa etapa en la que la Cámara de Diputados tuvo un gran peso. En 1875 se restauró la Cámara de Senadores.

Aquella autonomía del Poder Legislativo terminó con la llegada de Porfirio Díaz al poder, quien lo convirtió en un órgano sometido a su voluntad. La caída de Díaz le devolvió la independencia que degeneró en interminables disputas entre facciones. Después del asesinato de Francisco I. Madero vino una época de terror en la que se persiguió a legisladores que trataron de defender la independencia del Congreso: ante el asesinato del senador Belisario Domínguez, la Cámara de Diputados amenazó con trasladar su se-

Antiguo edificio de la Cámara de Diputados, hoy sede de la Asamblea de Representantes del Distrito Federal.

de a otro lugar, amenaza que Huerta enfrentó con la disolución de todo el Legislativo y la detención de sus miembros.

Tras la renuncia de Huerta, Carranza convoca un congreso que promulga la Constitución de 1917. No obstante mantener el federalismo, esta Constitución daba mayor fuerza al Poder Ejecutivo. Se desencadenó un proceso que permitió a aquél imponerse a los poderes Legislativo y Judicial y culminó en los años cuarenta. En 1943 se acordó que los diputados estarían en el cargo tres años y los senadores seis. En 1953 tras la reforma que reconocía el voto a la mujer, se eligió a la primera diputada: Aurora Jiménez Palacio.

A partir de los años sesenta el Legislativo ha reflejado la gradual democratización de México. Entre los cambios cabe destacar los siguientes: en 1963 se flexibilizaron las reglas para que ingresaran diputados de otros partidos; en 1973 se redujo la edad mínima para ser diputado (21 años) o senador (30 años); en 1977 se introdujo el sistema de diputados por representación proporcional, se incrementó el número de diputados a 400 y se disminuyeron los requisitos para el registro de los partidos políticos; en 1986 aumentó el número de diputados a 500.

Un resultado de las competidas elecciones de julio de 1988 fue que, por primera vez en la historia, el PRI no alcanzara la mayoría suficiente para realizar reformas a la Constitución sin el apoyo de otro partido. En 1997, el PRI perdió por primera vez la mayoría absoluta en la Cámara de Diputados.

El Senado también se transformó y en 1993 incrementó su número a 128.

© Carlos Hahn

Palacio Legislativo en San Lázaro, D.F., sede del Congreso de la Unión.

INTEGRACIÓN DEL CONGRESO

Hay 500 diputados que duran en su cargo tres años. A 300 se les elige por mayoría de votos en sus distritos y a 200 por el principio de representación proporcional (cada partido tiene un grupo cuyo número depende del porcentaje de votación nacional que recibe). Para tener representación un partido necesita una votación mínima del 2% nacional. Ningún partido puede tener más de 300 diputados. (☞ En la sección titulada Elecciones 2000 aparece la integración del Congreso para el periodo del 1° de septiembre del 2000 al 31 de agosto del 2003).

El Senado tiene 128 senadores elegidos que permanecen seis años en su puesto. Cada estado tiene tres senadores: dos para el partido que obtenga la mayoría de votos, uno para el partido que obtiene el segundo lugar. Otros 32 senadores son nombrados por el principio de representación proporcional.

Los senadores y los diputados no pueden reelegirse lo que ha obstaculizado la profesionalización de los legisladores.

Los requisitos para ser diputado o senador son los siguientes:
1) Ser de nacionalidad mexicana.
2) Tener 21 años cumplidos al momento de la elección para diputado o 25 para la de senador.
3) Ser originario o vecino del estado en que se realice la elección, con una residencia mínima de seis meses previa a dicha fecha.
4) No estar en servicio activo en el Ejército o ser secretario, subsecretaria o ministro de la Suprema Corte de Justicia, a menos que se retire del cargo noventa días antes de la elección.
5) No ser miembro de algún culto religioso.

Los integrantes del Congreso de la Unión gozan de fuero y no pueden ser castigados por las opiniones que emitan durante su cargo. En caso de cometer un delito durante su gestión no podrán ser detenidos ni enjuiciados sino hasta que se les separe de su puesto tras un procedimiento establecido en la Constitución.

FACULTADES DEL CONGRESO

Cuando senadores y diputados se reúnen y votan conjuntamente se considera que hay "Congreso General". Éste tiene las siguientes facultades:
1) Legislar sobre los temas de interés nacional.
2) Admitir y formar nuevos estados, así como fijar los límites de los mismos.
3) Cambiar la sede de los Poderes de la federación.
4) Fijar impuestos para cubrir el presupuesto.
5) Autorizar al Ejecutivo la realización de préstamos y reconocer y mandar pagar la deuda nacional.
6) Declarar la guerra con base en la información que le presente el Ejecutivo.
7) Sostener y reglamentar la organización y servicio de las fuerzas armadas de la nación.
8) Conceder licencia al Presidente de la República y organizarse como Colegio Electoral para designar al ciudadano que habrá de sustituir al Presidente en caso de que así se requiera.
9) Establecer, organizar y sostener en todo el país escuelas de los distintos grados y niveles.
10) Conceder amnistía por delitos del orden federal.

La Cámara de Diputados tiene facultades exclusivas. Entre otras, son:
1) Examinar, discutir y aprobar anualmente el Presupuesto de Egresos de la Federación, así como revisar

la cuenta pública del año anterior. Ésta es, sin duda alguna, su principal función. (☞ Presupuestos)

2) Dar a conocer en todo el país la declaración de Presidente Electo emitida por el Tribunal Electoral del Poder Judicial.

3) Declarar si se ha de proceder penalmente contra funcionarios públicos que hubieren cometido algún delito.

El Senado también tiene facultades exclusivas:

1) Analizar y evaluar la política exterior del Poder Ejecutivo, y aprobar los tratados y convenciones internacionales.

2) Ratificar los nombramientos presidenciales del Procurador General de la República, ministros, diplomáticos, empleados superiores de Hacienda y los jefes superiores de las fuerzas armadas.

3) Nombrar gobernador provisional cuando desaparecen los poderes constitucionales de una de las entidades federativas.

4) Resolver las controversias que surgen entre los poderes de algún estado cuando alguno de ellos así lo solicite.

5) Erigirse en jurado cuando se hace juicio político contra servidores públicos.

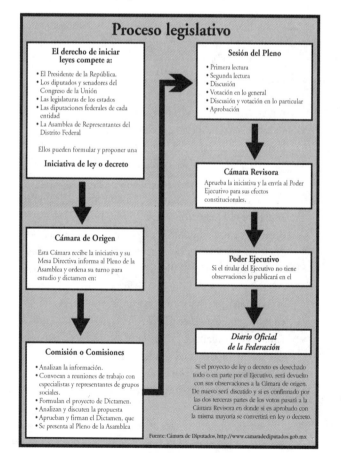

Proceso legislativo

El derecho de iniciar leyes compete a:
• El Presidente de la República.
• Los diputados y senadores del Congreso de la Unión
• Las legislaturas de los estados
• Las diputaciones federales de cada entidad
• La Asamblea de Representantes del Distrito Federal

Ellos pueden formular y proponer una
Iniciativa de ley o decreto

Cámara de Origen
Esta Cámara recibe la iniciativa y su Mesa Directiva informa al Pleno de la Asamblea y ordena su turno para estudio y dictamen en:

Comisión o Comisiones
• Analizan la información.
• Convocan a reuniones de trabajo con especialistas y representantes de grupos sociales.
• Formulan el proyecto de Dictamen.
• Analizan y discuten la propuesta
• Aprueban y firman el Dictamen, que
• Se presenta al Pleno de la Asamblea

Sesión del Pleno
• Primera lectura
• Segunda lectura
• Discusión
• Votación en lo general
• Discusión y votación en lo particular
• Aprobación

Cámara Revisora
Aprueba la iniciativa y la envía al Poder Ejecutivo para sus efectos constitucionales.

Poder Ejecutivo
Si el titular del Ejecutivo no tiene observaciones lo publicará en el

Diario Oficial de la Federación

Si el proyecto de ley o decreto es desechado todo o en parte por el Ejecutivo, será devuelto con sus observaciones a la Cámara de origen. De nuevo será discutido y si es confirmado por las dos terceras partes de los votos pasará a la Cámara Revisora en donde si es aprobado con la misma mayoría se convertirá en ley o decreto.

Fuente: Cámara de Diputados, http://www.camaradediputados.gob.mx

SESIONES

Una legislatura comprende los tres años que duran los diputados en el cargo. Un año legislativo son las sesiones que se realizan entre el 1° de septiembre y el 31 de agosto del año siguiente.

El Congreso tiene dos periodos de sesiones ordinarias: del 1° de septiembre al 15 de diciembre y del 15 de marzo al 30 de abril. Para atender otros asuntos están las sesiones extraordinarias. Es tradicional que a la apertura del primer periodo de sesiones acuda el Presidente de la República y presente un informe.

Durante los recesos entra en funciones la Comisión Permanente integrada por 19 diputados y 18 senadores elegidos por voto secreto en cada una de las cámaras. Esta Comisión atiende los asuntos hasta que se inicia el periodo de sesiones.

ORGANIZACIÓN Y FUNCIONAMIENTO DEL CONGRESO

El Congreso tiene diversos órganos.

MESA DIRECTIVA

Se integra con un presidente, tres vicepresidentes, secretarios (tres en la de diputados y cuatro en el Senado). Se eligen por votación.

La Mesa Directiva coordina las sesiones y asegura el buen desarrollo de los debates y las votaciones. Todo lo que se dice en la Cámara es registrado en el *Diario de debates* que se puede consultar en la biblioteca del Congreso y en Internet. (http://www.camaradediputados.gob.mx incluye las sesiones de julio de 1998 a la fecha).

El presidente de la Mesa Directiva representa a la cámara ante los otros poderes de la Unión.

En la Cámara de Diputados el presidente dirige las sesiones del Congreso General y de la Comisión Permanente.

LOS GRUPOS PARLAMENTARIOS

Se forma con los legisladores de un mismo partido, aunque requiere un mínimo de cinco miembros. Cada grupo nombra a un coordinador quien lo representa. Los diputados o senadores independientes son los que renuncian a un grupo parlamentario pero siguen gozando de los mismos derechos que el resto de los legisladores.

JUNTA DE COORDINACIÓN POLÍTICA

Se integra con los coordinadores de los grupos parlamentarios. Evalúa el desarrollo de las funciones legislativas, elabora el proyecto de presupuesto anual de la Cámara, propone a los integrantes de las comisiones y comités, suscribe acuerdos sobre los asuntos que se desahogan en las sesiones y ayuda a la Mesa Directiva en la organización y conducción de los trabajos camarales.

La preside el coordinador del grupo parlamentario que tenga mayoría absoluta en la cámara. Si ningún partido tiene más de 50%, la presidencia será rotativa entre los coordinadores de los grupos parlamentarios (ese ha sido el caso en el periodo 1997-2000).

LAS COMISIONES

Los legisladores se organizan en comisiones para examinar los proyectos de ley y elaborar los dictámenes, informes o resoluciones que se votan en los plenos.

Las comisiones ordinarias son permanentes y analizan y dictaminan iniciativas de leyes o decretos. Se integran el primer mes de la legislatura y tienen hasta 30 miembros en la cámara baja y 15 en la cámara alta. Los diputados no pueden pertenecer a más de dos comisiones y los senadores a más de cuatro.

Las comisiones especiales y de investigación son transitorias y se constituyen para atender un asunto específico.

COMISIONES ORDINARIAS DE LOS DIPUTADOS:

I. Agricultura, Ganadería y Desarrollo Rural; II. Asuntos Indígenas; III. Atención a Grupos Vulnerables; IV. Comercio y Fomento Industrial; V. Comunicaciones y Transportes; VI. Defensa Nacional; VII. Desarrollo Social y Vivienda; VIII. Educación Pública, Cultura y Ciencia y Tecnología; IX. Energía; X. Equidad y Género; XI. Fomento Cooperativo y Economía Social; XII. Gobernación, Población y Seguridad Pública; XIII. Hacienda y Crédito Público; XIV. Justicia y Derechos Humanos; XV. Marina; XVI. Medio Ambiente, Recursos Naturales y Pesca; XVII. Presupuesto y Cuenta Pública; XVIII. Puntos Constitucionales y Sistema Federal; XIX. Reforma Agraria; XX. Relaciones Exteriores; XXI. Salud y Seguridad Social; XXII. Trabajo y Previsión Social, y XXIII. Turismo.

Estas comisiones tienen a su cargo tareas de dictamen legislativo, de información y de control evaluatorio.

COMISIONES ORDINARIAS CON TAREAS ESPECÍFICAS:

Comisión de Reglamentos y Prácticas Parlamentarias. Son los diputados de mayor experiencia legislativa y establecen las normas que regulan la Cámara.

Comisión del Distrito Federal. Dictamina las leyes que rigen al Distrito Federal.

Comisión de Vigilancia de la Contaduría Mayor de Hacienda. Es la encargada de revisar la cuenta pública y el ejercicio del presupuesto. (☞ Presupuesto)

Comisión Jurisdiccional. Se encarga de realizar las tareas conducentes para sancionar a un servidor público que ha cometido fallas en el ejercicio de sus funciones.

COMISIONES ORDINARIAS DEL SENADO:

I. Administración; II. Agricultura, Ganadería y Desarrollo Rural; III. Asuntos Indígenas; IV. Biblioteca y Asuntos Editoriales; V. Comercio y Fomento Industrial; VI. Comunicaciones y Transportes; VII. Defensa Nacional; VIII. Derechos Humanos; IX. Desarrollo Social; X. Distrito Federal; XI. Educación, Cultura, Ciencia y Tecnología; XII. Energía; XIII. Equidad y Género; XIV. Estudios Legislativos; XV. Federalismo y Desarrollo Municipal; XVI. Gobernación; XVII. Hacienda y Crédito Público; XVIII. Jurisdiccional; XIX. Justicia; XX. Marina; XXI. Medalla Belisario Domínguez; XXII. Medio Ambiente, Recursos Naturales y Pesca; XXIII. Puntos Constitucionales; XXIV. Reforma Agraria; XXV. Reglamentos y Prácticas Parlamentarias; XXVI. Relaciones Exteriores; XXVII. Salud y Seguridad Social; XXVIII. Trabajo y Previsión Social, y XXIX. Turismo.

EVALUACIÓN DE LA LVII LEGISLATURA

En 1997, partidos diferentes al PRI se convirtieron en mayoría en la cámara de diputados. La LVII legislatura se convirtió así en un símbolo de cambio. Aunque se dieron algunos avances, la gestión de la mayoría opositora no cumplió con las expectativas.

COMPOSICIÓN DE LOS GRUPOS PARLAMENTARIOS DE LA LVII LEGISLATURA, 1997-2000

CÁMARA DE SENADORES

PARTIDOS

	PRI	PAN	PRD	PT	INDEPENDIENTES	TOTAL
Mayoría	60	22	8		6	96
Plurinominales	13	9	8	1	1	32
Total	73	31	16	1	7	128

Fuente: Cámara de Senadores, http://www.senado.gob.mx.

COMPOSICIÓN DE LOS GRUPOS PARLAMENTARIOS DE LA LVII LEGISLATURA, 1997-2000

SENADORES INDEPENDIENTES

Propietario	Estado	Partido original
Adolfo M. Aguilar Zínser	Representación proporcional	PVEM
Héctor Argüello López	Quintana Roo	PRI
Pablo Salazar Mendiguchía	Chiapas	PRI
Irma Serrano Castro	Chiapas	PRD
Leonardo Yáñez Vargas	Sonora	PAN
Pedro Macías de Lara	B.C.S.	PAN
Jorge Polanco Zapata	Q.R.	PRI

Fuente: Cámara de Senadores, http://www.senado.gob.mx.

COMPOSICIÓN DE LOS GRUPOS PARLAMENTARIOS DE LA LVII LEGISLATURA, 1997-2000

CÁMARA DE DIPUTADOS

Partido	Mayoría	Plurinominales	Total	Cambios
PRI	165	74	239	+9 = 248
PRD	70	55	125	-8 = 117
PAN	64	57	121	-4 = 117
PVEM	--	8	8	- 3 = 5
PT	1	6	7	7
Independientes				6
Totales	300	200	500	500

Fuente: Cámara de Diputados, http://www.camaradediputados.gob.mx y publicaciones varias.

Veinticuatro diputados terminaron en un partido diferente al que fueron elegidos lo que sugiere poca seriedad de estas personas. Otra decisión difícil de entender fue la de Francisco José Paoli Bolio del PAN quien el 15 de febrero del 2000 anunció que dejaría de votar en el periodo ordinario de sesiones.

APROBACIÓN DE LEYES ENVIADAS POR EL EJECUTIVO, 1917-1999

LEGISLATURA	APROBADAS (%)	RECHAZADAS (%)	SIN RESOLVER (%)
27° (1917-18)	37.6	2.4	60.0
28° (1918-20)	33.3	1.4	65.3
29° (1920-22)	17.7	1.3	81
30° (1922-24)	45.7	3.1	51.2
31° (1924-26)	50.6	5.2	44.2
32° (1926-28)	61.3	8.8	29.9
33° (1928-30)	81.1	2.5	16.4
34° (1930-32)	70.8	6.5	22.6
35° (1932-34)	82.3	10.1	7.6
36° (1934-37)	95.0	1.6	3.5
37° (1937-40)	96.8	0.8	2.4
38° (1940-43)	97.4	0.4	2.2
39° (1943-46)	97.0	2.4	0.6
54° (1988-91)	99	0	1
55° (1991-94)	99	0	1
56° (1994-97)	99	0	1
57° (1997-99)*	90	4	6

* Hasta agosto de 1999
Fuente: Weldon, 1999.

Una de las variables que permiten evaluar a la LVII legislatura es su relación con el Ejecutivo que terminó imponiéndose al Legislativo. La historia del siglo XX mexicano está marcada por el crecimiento y consolidación del presidencialismo.

En la LVII legislatura la oposición fue incapaz de reducir de manera significativa el poder presidencial, si se considera cuántas de las iniciativas de éste se convirtieron en leyes.

Si el presidente logró mantener tanto poder se debió a la inexperiencia, desunión y/o deshonestidad de los opositores y a que el PRI, además de la experiencia y conocimiento legislativos acumulados, mantuvo la disciplina interna, pudo vetar toda iniciativa de reforma constitucional y tuvo a un senado en sus manos como mecanismo adicional de control.

Es cierto que, con relación a etapas anteriores, los diputados presentaron un número muy alto de iniciativas. Sin embargo, la mayoría requirió de la aceptación del PRI que, de esa manera, preservó el control sobre los ritmos del cambio.

Un cuadro elaborado con cifras de María Amparo Casar, del Centro de Investigación y Docencia Económica, resume la capacidad que tuvo el PRI para imponerse en el 94% de todas las votaciones realizadas en los primeros dos años de la LVII legislatura.

COALICIONES POR PARTIDO EN LAS VOTACIONES DE DIPUTADOS, 1997-1999

COALICIÓN	PORCENTAJE
PRI-PAN-PRD-PVEM-PT-Ind.	35.59
PRI-PAN	29.66
PRI-PAN-PVEM	8.47
PRI-PAN-PVEM-PT-Ind.	6.78
PAN-PRD-PVEM-PT-Ind.	5.93
PRI-PAN-PRD	3.39
PRI-PAN-PVEM-PT	2.54
PRI-PAN-PRD-Ind.	1.69
PRI-PAN-PRD-PVEM-Ind.	1.69
PRI-PRD-PT	1.69
PRI-PAN-PRD-PVEM-PT	0.85
PRI-PAN-PVEM-Ind.	0.85
PRI-PT-Ind.	0.85
Total	100.00

Fuente: Casar, 2000a.

PUNTO DE ORIGEN DE LAS LEYES APROBADAS, 1988-1999

LEGISLATURA	EJECUTIVO (%)	DIPUTADOS (%)	LEGISLATURAS (%)	SENADO (%)
54° (1988-91)	65	35	0	0
55° (1991-94)	68	31	1	0
56° (1994-97)	76	24	1	0
57° (1997-1999)*	36	56	4	4
Total	65	33	1	1

* Hasta el 31 de agosto de 1999 e incluye ocho iniciativas de la LVI Legislatura.

Fuente: Weldon, 1999.

VOTACIÓN E INDISCIPLINA PARTIDISTA EN LA VOTACIONES DEL PRESUPUESTO DEL 2000

21 DE DICIEMBRE DE 1999	PRI	PAN	PRD	PT	PVEM	INDEPENDIENTES
A favor	0	116	119	6	2	2
En contra	238		1	7		2
Abstenciones	1				1	
Indisciplina partidista (%)	0.42		0.83	46.15	33.33	
21 de diciembre de 1999*						
A favor	239			5	3	2
En contra		116	118	7	3	2
Abstenciones						
Indisciplina partidista (%)				41.67		
21 de diciembre de 1999*						
A favor	239			6		2
En contra		117	119	7	3	2
Abstenciones						
Indisciplina partidista (%)				46.15		
28 de diciembre de 1999						
A favor	236	101	115	10	1	2
En contra		6	1			1
Abstenciones		6	1	2		1
Indisciplina partidista (%)		10.62	1.71	10.67		

* Voto particular del PRI.
Fuente: Casar, 2000b.

Otros aspectos denotan las carencias de la oposición. Por ejemplo, en la integración de las comisiones los partidos opositores no obtuvieron lo que les correspondía en proporción al porcentaje de votos obtenidos. En consecuencia, el PRI logró tener 14 de 30 miembros (el PAN y el PRD tuvieron siete cada uno, y el PVEM y el PT, uno). Bastó con que un diputado de los partidos opositores se uniera al PRI para que se diera un empate, suficiente para aniquilar algunas iniciativas muy importantes. Además, los diputados del PVEM se distinguieron por aliarse con el PRI en decisiones cruciales, como los juicios políticos contra los gobernadores de Tabasco y Yucatán, Roberto Madrazo y Víctor Cervera Pacheco respectivamente.

Otro error de la oposición fue dispersar sus esfuerzos en muchos asuntos, en lugar de concentrarse en unos cuantos. Por lo demás, el PAN y el PRD se concentraron en reformas que fortalecieron a los partidos en la cámara, en lugar de fortalecer a la cámara en sí misma.

Así y todo, debe reconocerse que en el último año legislativo los opositores tuvieron algunos logros importantes. El más significativo se dio en el presupuesto de egresos que se discute en la sección correspondiente. Pero aun en ese caso, la forma en que los diputados votaron demuestra la indisciplina y escasa cohesión al interior de los partidos opositores.

PRESUPUESTO DEL CONGRESO PARA EL AÑO 2000

TOTAL	$3,790,357,474.00
Cámara de Diputados	$ 2,208,318,000.00
Entidad de fiscalización superior de la federación	$ 415,925,974.00
Cámara de Senadores	$ 1,166,113,500.0

Fuente: Cámara de Diputados, http://www.camaradediputados.gob.mx.

PODER JUDICIAL

La reforma del Estado mexicano requiere de una modificación en el Poder Judicial. Pese al poco prestigio que tiene entre la sociedad, son evidentes los esfuerzos que se están haciendo para mejorar su eficacia y erradicar sus vicios.

El Poder Judicial es uno de los tres poderes de la federación. Su principal atribución es la de aplicar leyes generales a casos concretos y resolver controversias de orden federal. Se le conoce también como Poder Judicial de la Federación, Órgano Jurisdiccional Federal y Órgano Judicial de la Federación.

EVOLUCIÓN

Su origen se remonta al Acta Constitutiva de la Federación Mexicana de 1824 que creó la Suprema Corte de Justicia. Fue instalada con 11 ministros en 1825.

En 1836 el sistema federal fue sustituido por uno centralista. El Poder Judicial se depositó en una Corte Suprema de Justicia, los tribunales superiores de los departamentos, los tribunales de hacienda y los juzgados de primera instancia.

En 1847 se restableció el sistema federal y el juicio de amparo se hizo extensivo a todo el país. Diez años después, la Constitución de 1857 estableció un Poder Judicial considerablemente más fuerte con una Corte Suprema de Justicia y tribunales de circuito y de distrito. Los tribunales federales resolvían controversias suscitadas por leyes o actos de cualquier autoridad que violaran las garantías individuales, por leyes o por actos de autoridades federales que comprometieran la soberanía de los estados, y por leyes o actos de las autoridades estatales que invadieran la competencia federal.

Con la Constitución de 1917 se estableció un Poder Judicial cuya titularidad recayó en la Suprema Corte de Justicia y en los tribunales de circuito y distrito que conocen y resuelven juicios y procesos federales y controversias constitucionales (en particular, el juicio de amparo).

Sede de la Suprema Corte de Justicia de la Nación.

Desde 1917 se ha modificado en diversos momentos la estructura y organización del Poder Judicial: la reforma de 1951 introdujo los tribunales de circuito; la de 1988 asignó a la Suprema Corte mayores atribuciones en la organización y competencia territorial de los tribunales de circuito y de los juzgados de distrito; la de diciembre de 1994, la modificación más profunda, realizó cambios en la estructura, integración y funcionamiento de la Suprema Corte de Justicia y creó el Consejo de la Judicatura Federal.

COMPETENCIA

Los tribunales federales deben resolver las controversias que impliquen la interpretación de la Constitución, las leyes y los reglamentos federales o locales y los tratados internacionales.

La jurisprudencia son los criterios de interpretación legal obligatorios que se establecen cuando un tribunal resuelve en el mismo sentido cinco casos consecutivos que se refieren a controversias similares, siempre que no exista alguna resolución en contra que interrumpa este proceso. Puede ser establecida por el pleno de la Suprema Corte de Justicia, por cada una de sus salas y por los tribunales colegiados de circuito. Puede aplicarse en la Constitución, en las leyes, reglamentos federales y tratados internacionales, y en las constituciones de los estados, sus leyes y reglamentos.

La Suprema Corte de Justicia resuelve acciones de inconstitucionalidad sobre una posible contradicción entre una norma general y la Constitución. Los titulares de la acción de inconstitucionalidad son los legisladores federales, los senadores, el Procurador General de la República, los diputados de los congresos de los estados y los asambleístas del Distrito Federal. La decisión puede ser: sobreseimiento, negativa o declaración de inconstitucionalidad (esta última tiene como efecto declarar la derogación de la norma general).

El juicio de amparo

El juicio de amparo es una institución procesal creada en México en el siglo XIX. En teoría permite a los particulares defender sus garantías constitucionales cuando son violadas o están en riesgo inminente de ser vulneradas por una autoridad en materia civil, penal, administrativa y laboral ya sea del orden federal o local.

El juicio de amparo se sigue a instancia de la parte agraviada y lo resuelven juzgadores federales. La sentencia dispone las medidas de protección a los particulares, limitándose a ampararlos y protegerlos, sin hacer una declaración general relativa a la ley o el acto que la motiva. La sentencia sólo protegerá al particular que haya promovido el juicio y sólo respecto del acto reclamado y la autoridad contra la cual lo haya promovido.

El Poder Judicial se deposita en:

La Suprema Corte de Justicia.

Los tribunales colegiados de circuito y tribunales unitarios de circuito.

Los juzgados de distrito.

El Tribunal Electoral.

Los titulares del Poder Judicial son los ministros, magistrados, jueces federales de distrito y consejeros de la judicatura; son 656 personas de las cuales sólo 17% son mujeres.

Las reglas comunes para los juzgadores del Poder Judicial (ministros, magistrados y jueces) se refieren a incompatibilidad con el desempeño de otras funciones, a la inamovilidad en el encargo, a la estabilidad económica y a limitaciones para el ejercicio profesional.

TITULARES DEL PODER JUDICIAL FEDERAL, 2000			
	MUJERES	HOMBRES	TOTAL
Ministros de la Suprema Corte	1	10	11
Consejeros del Consejo de la Judicatura Federal	0	7	7
Magistrados del Tribunal Federal Electoral	1	6	7
Magistrados electorales (salas regionales)	2	13	15
Magistrados de circuito	58	358	416
Jueces de distrito	49	151	200
Totales	111	545	656

Fuente: Consejo de la Judicatura Federal, en http://www.cjf.gob.mx.

La primera regla se refiere a que los juzgadores están impedidos para aceptar y desempeñar otro empleo o cargo público de la federación, de los estados o particulares; la segunda consiste en que no pueden ser destituidos discrecionalmente de sus cargos durante el periodo de desempeño; la tercera ordena que las remuneraciones del juzgador no podrán ser disminuidas durante el tiempo de su encargo y, la última, establece la imposibilidad de que durante los dos años siguientes a su retiro puedan actuar como patrones, abogados o representantes en cualquier proceso ante los órganos del Poder Judicial de la Federación.

SUPREMA CORTE DE JUSTICIA

Se compone de once ministros que permanecen 15 años en el cargo. Para nombrarlos el presidente de la República somete a consideración del Senado una terna de candidatos; previa comparecencia, la aprobación del elegido se da mediante votación favorable de las dos terceras partes de los senadores.

Ministros de la Suprema Corte. La foto es de 1999, cuando el presidente era José Vicente Aguinaco Alemán (sentado, al centro). El actual presidente, Genaro David Góngora Pimentel, es el primero de la izquierda de los que están sentados.

Los requisitos para ser ministro son: ser ciudadano mexicano por nacimiento; tener 35 años cumplidos al día de la designación; poseer título de licenciado en derecho con una antigüedad mínima de diez años; gozar de buena reputación y no haber sido condenado por delito que merezca pena corporal de más de un año de prisión; haber residido en México por lo menos dos años antes de la designación, y no haber sido, durante el año previo al nombramiento, jefe de departamento administrativo, Procurador General de la República o de Justicia del Distrito Federal, senador, diputado federal, gobernador de algún estado o jefe de gobierno del Distrito Federal.

Los ministros sólo podrán ser removidos de su cargo al vencimiento de su periodo, por renuncia que atienda a causas graves y por jubilación cuando el interesado solicite su retiro, siempre que reúna las condiciones de edad y antigüedad señaladas en las normas.

La Suprema Corte de Justicia funciona en pleno o en salas. El pleno se compone de los once ministros y puede funcionar con la presencia de siete, siempre bajo la responsabilidad de su presidente. La Corte tiene dos salas integradas por cinco ministros cada una. La primera conoce de asuntos penales y civiles; la segunda, de asuntos administrativos y federales. Cada sala puede funcionar con cuatro ministros; sus audiencias son públicas.

El pleno de la Suprema Corte de Justicia debe elegir a su presidente cada cuatro años sin que el actuante pueda ser reelegido para el periodo inmediato.

FACULTADES

Las facultades de la Suprema Corte de Justicia son esencialmente jurisdiccionales, aunque también goza de otras de carácter legislativo y administrativo.

Las facultades jurisdiccionales se pueden atender en pleno o en salas.

MOVIMIENTO EN LA SUPREMA CORTE DE JUSTICIA DE LA NACIÓN, 1999*				
ASUNTOS	EXISTENCIA ANTERIOR	INGRESOS	EGRESOS	QUEDAN
Total	2,233	6,553	6,719	2,047
Aclaración de sentencias	1	1	1	1
Amparos en revisión	1,126	2,647	2,919	854
Amparos directos en revisión	156	492	471	177
Amparos directos	0	2	0	2
Acciones de inconstitucionalidad	5	16	10	11
Conflictos competenciales	55	379	419	15
Consultas en trámite	1	1	2	0
Contradicción de tesis	265	318	360	223
Controversias constitucionales	40	25	13	52
Facultad de atracción	0	1	0	1
Impedimentos	0	13	13	0
Incidentes de inconformidad	73	854	724	203
Incidentes de inejecución de sentencia	430	1,180	1,164	446
Incidentes de repetición de actos reclamado	15	109	113	11
Quejas administrativas	0	4	4	0
Reconocimiento de inocencia	5	17	21	1
Recursos de queja	10	5	8	7
Recursos de reclamación	45	446	460	31
Recursos de revisión administrativa	5	12	7	10
Solicitud de ejercicio de la facultad de Art. 97 Const.	0	2	2	0
Varios	1	9	8	2

* Cifras del 1 de diciembre de 1998 al 15 de noviembre de 1999.

Fuente: Suprema Corte de Justicia, 1999.

Palacio de Justicia Federal.

Antesala del pleno de la Suprema Corte.

Controversias que se atienden en pleno:

Entre entidades públicas (por ejemplo, el Poder Ejecutivo Federal y el Congreso de la Unión o dos o más entidades federativas).

En amparo directo: ocurren cuando se combaten las sentencias de los tribunales colegiados de circuito, siempre que se haya decidido sobre la constitucionalidad de una ley federal o local o de un tratado internacional.

En amparo indirecto: se da cuando subsiste en el recurso de revisión el problema de constitucionalidad si se impugnó una ley federal o local o un tratado internacional por ser violatorios de un precepto constitucional o bien cuando la revisión implica invasión de competencia de la federación a los estados o viceversa.

Controversias que atienden las salas:

Amparo directo: resuelven el juicio en única instancia.

Recurso de revisión: contra sentencias pronunciadas en amparo directo por los tribunales colegiados de circuito, cuando se decide sobre la constitucionalidad de un reglamento federal y estatal.

Amparo indirecto: cuando en el recurso subsiste el problema de constitucionalidad, siempre que en la demanda se impugne un reglamento federal o estatal por estimarlos inconstitucionales (las salas conocen de este tipo de amparo en segunda instancia).

Competencias: resuelve las controversias por competencia entre tribunales de la federación y de las entidades federativas o entre los de dos o más entidades federativas.

PRESIDENTES DE LA SUPREMA CORTE DE JUSTICIA, 1917-2000	
NOMBRE	PERIODO
Enrique M. de los Ríos	1917-1919
Ernesto Garza Pérez	1919-1920
Enrique Moreno Pérez	1920-1922
Gustavo A. Vicencio	1922-1925
Francisco Modesto Ramírez	1923-1924
Gustavo A. Vicencio	1924-1925
Manuel Padilla	1925-1927
Francisco Díaz Lombardo	1927-1928
Jesús Guzmán Vaca	1928-1929
Julio García	1929-1933
Francisco H. Ruiz	1934
Daniel V. Valencia	1935-1940
Salvador Urbina	1941-1951
Roque Estrada Reynoso	1952
Hilario Medina	1953
José María Ortiz Tirado	1954
Vicente Santos Guajardo	1955-1956
Hilario Medina	1957
Agapito Pozo	1958
Alfonso Guzmán Neyra	1959-1964
Agapito Pozo Balbás	1965-1968
Alfonso Guzmán Neyra	1969-1973
Euquerio Guerrero López	1974-1975
Mario G. Rebolledo	1976
Agustín Téllez Cruz	1977-1981
Mario G. Rebolledo	1982
Jorge Iñárritu y Ramírez de Aguilar	1982-1985
Carlos del Río Rodríguez	1986-1990
Ulises Schmill Ordóñez	1991-1994
José Vicente Aguinaco Alemán	1995-1999
Genaro David Góngora Pimentel	1999-

Fuente: Suprema Corte de Justicia, 2000.

INTEGRACIÓN DE LA SUPREMA CORTE DE JUSTICIA, 2000
PRESIDENTE
Genaro David Góngora Pimentel
MINISTROS DE PRIMERA SALA
Humberto Román Palacios
Juventino Víctor Castro y Castro
José de Jesús Gudiño Pelayo
Olga María del Carmen Sánchez Cordero
Juan N. Silva Meza
MINISTROS DE SEGUNDA SALA
Sergio Salvador Aguirre Anguiano
José Vicente Aguinaco Alemán
Mariano Azuela Güitrón
Juan Díaz Romero
Guillermo Iberio Ortiz Mayagoitia

Fuente: Suprema Corte de Justicia, 2000.

TRIBUNALES COLEGIADOS DE CIRCUITO

Se integran con tres magistrados que tienen responsabilidad compartida en la resolución de los casos sometidos a su conocimiento. Hay 168 en total y el ámbito de aplicación de las decisiones y mandatos que emiten son las 25 circunscripciones territoriales, denominadas circuitos, que comprenden una o más entidades federativas. Los magistrados de cada tribunal nombran a uno de ellos como presidente.

Los magistrados deben ser mexicanos por nacimiento mayores de 35 años, con título de licenciado en derecho y deben tener cinco o más años de ejercicio profesional. Son nombrados y adscritos por el Consejo de la Judicatura Federal y permanecen seis años en su encargo.

Las facultades de estos tribunales son, principalmente, jurisdiccionales. También resuelven los amparos directos que no sean competencia de la Suprema Corte de Justicia de la nación y conocen exclusivamente de controversias de amparo.

MOVIMIENTOS EN LOS TRIBUNALES COLEGIADOS DE CIRCUITO, 1999				
ASUNTOS	**EXISTENCIA ANTERIOR**	**INGRESOS**	**EGRESOS**	**QUEDAN**
Totales	53,158	189,653	178,390	64,421
Juicios de amparo directo	33,943	113,460	106,482	40,921

Fuente: Suprema Corte de Justicia, 1999.

TRIBUNALES UNITARIOS DE CIRCUITO

Se denominan unitarios porque están formados por un solo magistrado. Son nombrados y adscritos por el Consejo de la Judicatura Federal y suman 53 en todo el país.

Carecen de facultades legislativas porque sus decisiones no pueden establecer jurisprudencia. Sus facultades jurisdiccionales comprenden el recurso de apelación que en los juicios federales interpongan las partes contra las sentencias pronunciadas por los jueces de distrito. También conocen en primera instancia de apelaciones de la justicia federal ordinaria.

MOVIMIENTOS EN LOS TRIBUNALES UNITARIOS DE CIRCUITO, 1999				
ASUNTOS	**EXISTENCIA ANTERIOR**	**INGRESOS**	**EGRESOS**	**QUEDAN**
Apelaciones	2,904	32,287	32,320	2,871
Juicios de amparo indirecto	173	1,028	1,038	163

Fuente: Suprema Corte de Justicia, 1999.

TRIBUNALES Y JUZGADOS POR CIRCUITO, 2000			
CIRCUITO	**TRIBUNALES COLEGIADOS**	**TRIBUNALES UNITARIOS**	**JUZGADOS**
Distrito Federal	42	6	36
Estado de México	8	3	11
Jalisco y Colima	10	3	18
Nuevo León	5	2	7
Sonora	3	3	8
Puebla y Tlaxcala	7	1	8
Veracruz	6	1	7
Colima	3	2	6
San Luis Potosí	3	1	4
Tabasco y Coatzacoalcos	3	1	5
Michoacán	3	2	6
Sinaloa y Baja California Sur	5	3	11
Oaxaca	3	2	7
Yucatán, Campeche y Quintana Roo	3	2	8
Baja California	3	5	10
Guanajuato	4	2	5
Chihuahua	3	3	7
Morelos	2	1	4
Tamaulipas	3	4	10
Chiapas	2	1	4
Guerrero	3	1	5
Querétaro e Hidalgo	3	1	4
Zacatecas y Aguascalientes	3	1	4
Nayarit	1	1	2
Durango	1	1	3

Fuente: Consejo de la Judicatura Federal, en http://www.cjf.gob.mx.

¿Qué es un juicio civil?

Es el procedimiento legal que se lleva a cabo cuando dos personas o instituciones no se ponen de acuerdo en la interpretación o aplicación de la ley, o porque alguna de ellas la viola. Intervienen particulares y/o instituciones públicas y/o privadas y un juzgador que debe dar solución al problema.

Las etapas más frecuentes del juicio son: a) presentación de la demanda; b) contestación de la demanda; c) ofrecimiento de pruebas; d) recepción de pruebas; e) alegatos y conclusiones finales; f) sentencia; g) ejecución de la sentencia. La parte que pierde el juicio, la mayoría de las veces, puede apelar la sentencia.

Existen también otros tipos de juicio que pueden ser de carácter penal (comprobar la culpabilidad en la comisión de un delito), laboral (controversia derivada de una relación laboral) y administrativo (cuando un particular estima que un acto o resolución de la autoridad es injusto).

Fuente: Poder Judicial de la Federación, 1999.

JUZGADOS DE DISTRITO

Los juzgados de distrito cuentan con un juez que desempeña su encargo en el ámbito jurisdiccional denominado distrito. También se le conoce como juez federal. Son nombrados y adscritos por el Consejo de la Judicatura Federal y sus decisiones también están sujetas a revisión por parte de la Suprema Corte de Justicia.

Los juzgados no tienen atribuciones para establecer jurisprudencia. Sus facultades administrativas consisten en nombrar a los secretarios de acuerdo y al resto del personal del juzgado. En lo que se refiere a facultades jurisdiccionales resuelven controversias de amparo y de juicios ordinarios y procesos penales federales. Hay 200 en el territorio nacional.

MOVIMIENTOS EN LOS JUZGADOS DE DISTRITO, 1999

ASUNTOS	EXISTENCIA ANTERIOR	INGRESOS	EGRESOS	QUEDAN
Juicios de amparo	25,471	195,226	193,873	26,824
Causas penales*	9,355	22,828	24,680	10,013
Juicios federales	3,276	2,824	3,038	3,062
Órdenes de aprehensión	35,295	12,058	14,061	33,292

* El total de asuntos que quedan por atender incluye movimientos internos.

Fuente: Suprema Corte de Justicia, 1999.

DELITOS DEL FUERO FEDERAL REGISTRADOS, 1997

Ley Federal de Armas	37%
En materia de narcóticos	35%
Ley General de Población	4%
Otros	24%

Fuente: INEGI, 1998.

TIPO DE AUTO DE TÉRMINO CONSTITUCIONAL DICTADO, 1997

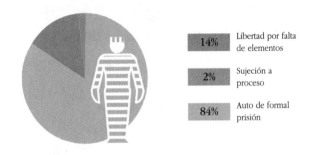

14% Libertad por falta de elementos

2% Sujeción a proceso

84% Auto de formal prisión

Fuente: INEGI, 1998.

PRESUNTOS DELINCUENTES DEL FUERO FEDERAL Y PRINCIPALES GRUPOS DE DELITO, 1990-1997

DELITOS	1990	1991	1992	1993	1994	1995	1996	1997
Total	21,732	18,182	19,059	22,452	24,751	30,372	32,199	30,414
Contra la salud pública	10,470	7,753	8,907	9,840	9,125	11,164	12,791	10,897
Contra la seguridad pública	4,336	4,703	4,319	6,148	8,548	11,750	*	
Contra el patrimonio	2,287	1,754	1,582	1,568	1,624	2,143	2,579	1,649
Violación a la Ley General de Población	845	661	469	555	902	979	1,226	1,215
Contra las vías de comunicación	568	798	897	997	942	971	**	
Contra la economía pública	661	670	1,106	1,260	1,328	1,053	**	
Violación a la Ley Federal de Armas de Fuego							11,575	12,285
Otros	2,565	1,843	1,779	2,084	2,282	2,312	4,028	4,368

* Se incluye en la Ley Federal de Armas de Fuego a partir de 1996.
** A partir de 1996, por razones estadísticas, se incluye en el rubro de otros.

Fuente: INEGI, 1998.

DELINCUENTES SENTENCIADOS DEL FUERO FEDERAL Y PRINCIPALES GRUPOS DE DELITO, 1990-1997								
DELITOS	1990	1991	1992	1993	1994	1995	1996	1997
Total	19,158	21,769	19,330	19,707	21,980	24,892	27,263	24,724
Contra la salud pública	10,213	11,621	9,003	8,917	8,560	8,659	9,583	8,599
Contra la seguridad pública	3,886	4,734	4,833	5,557	7,770	10,958	*	
Contra el patrimonio	1,590	1,759	1,514	1,259	1,121	1,282	1,859	1,269
Violación a la Ley General de Población							905	623
Contra las vías de comunicación	518	784	923	925	966	857	**	
Contra la economía pública	709	566	855	1,110	1,113	796	**	
Violación a la Ley Federal de Armas de Fuego							11,687	10,960
Otros	2,242	2,305	2,202	1,939	2,430	2,340	3,229	3,273

* Se incluye en la Ley Federal de Armas de Fuego.

** A partir de 1996, por razones estadísticas, se incluye en el rubro de otros.

Fuente: INEGI, 1998.

En 1997 (últimos datos disponibles) más de 30 mil presuntos delincuentes fueron registrados en los juzgados federales de primera instancia. Los principales delitos por los que fueron consignados se relacionan con narcóticos y posesión de armas. A ocho de cada diez presuntos delincuentes se les dictó auto de formal prisión.

DELITOS DE SENTENCIADOS EN EL FUERO FEDERAL, 1997

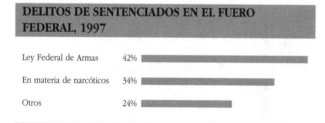

Ley Federal de Armas	42%
En materia de narcóticos	34%
Otros	24%

Fuente: INEGI, 1998.

Salón de sesiones del Tribunal Federal Electoral.

En 1997 el número de delincuentes sentenciados en los juzgados federales fue de 24,724. Alrededor de 90% de los sentenciados eran hombres y ocho de cada diez tenían entre 18 y 39 años. El 35% de los delitos cuyos autores fueron sancionados ocurrieron en cinco entidades federativas: Sinaloa (8%), Baja California (7%), Jalisco (7%), Tamaulipas (7%) y Michoacán (6 por ciento). A nueve de cada diez sentenciados se les comprobó su responsabilidad y se les dictó sentencia condenatoria. En el fuero federal destacaron los delitos en materia de narcóticos y los previstos en la Ley Federal de Armas de Fuego.

TIPO DE SENTENCIA, 1997

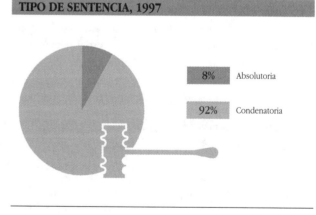

8% Absolutoria

92% Condenatoria

Fuente: INEGI, 1998.

CONSEJO DE LA JUDICATURA FEDERAL

Creado como parte de las reformas de diciembre de 1994, es un órgano administrativo cuya función principal es la administración, vigilancia y disciplina del Poder Judicial. Por un lado, tiene facultades de nombramiento, adscripción y remoción de magistrados y jueces, y de programación del presupuesto de gasto del Poder Judicial, con excepción del que corresponde a la Suprema Corte. Por el otro, resuelve las controversias laborales que surgen entre los servidores públicos del Poder Judicial de la Federación y éste poder.

El consejo se integra con siete miembros; el presidente de la Suprema Corte de Justicia puede ser uno. Un consejero debe ser magistrado de tribunal colegiado y se elige por insaculación; otros dos pueden ser magistrados de tribunal unitario o jueces de distrito y se eligen por el mismo método; dos consejeros son designados por la Cámara de Senadores y otro, por el presidente de la República. Cada magistrado permanece en su encargo cinco años; se les sustituye de manera escalonada sin posibilidades de ser nombrados para un nuevo periodo.

ASUNTOS RESUELTOS EN EL CONSEJO DE LA JUDICATURA FEDERAL, 1998-1999

PLENO DEL CONSEJO DE LA JUDICATURA FEDERAL	1998	1999
QUEJAS ADMINISTRATIVAS		
Fundadas	22	22
Infundadas	19	10
Improcedentes	5	8
DENUNCIAS		
Improcedentes	1	
Con responsabilidad	16	10
Sin responsabilidad	1	1
EXPEDIENTES VARIOS		
Infundados	1	
Improcedentes	4	3
EXPEDIENTES DE INVESTIGACIÓN		
Con responsabilidad		3
Sin responsabilidad	4	
Improcedentes	1	1
Total de asuntos resueltos	74	58
COMISIÓN DE DISCIPLINA DEL CJF		
QUEJAS ADMINISTRATIVAS		
Improcedentes	31	14
Infundadas	154	87
Sin materia	1	
DENUNCIAS		
Sin responsabilidad	18	
Improcedentes	3	6
Infundadas		
EXPEDIENTES DE INVESTIGACIÓN		
Infundados		2
Sin responsabilidad	2	
Total de asuntos resueltos	209	109

Fuente: Consejo de la Judicatura Federal, en http://www.cjf.gob.mx

SANCIONES IMPUESTAS POR EL CONSEJO DE LA JUDICATURA FEDERAL, 1998-1999

PERIODO	1998	1999
Apercibimiento en privado	25	18
Apercibimiento público	3	3
Amonestación en privado	5	4
Amonestación pública	10	6
Suspensión	4	4
Destitución	1	2
Inhabilitación	2	2
Multa al promovente	13	3
Apercibimiento al promovente		1
Total	63	43

Fuente: Consejo de la Judicatura Federal, en http://www.cjf.gob.mx.

El Consejo de la Judicatura funciona en pleno o en comisiones. En el pleno atiende asuntos como la designación, adscripción y remoción de magistrados y jueces federales. Desde su creación en 1995 y hasta comienzos de 2000 había realizado las siguientes funciones:

Creación de 107 órganos judiciales (35 juzgados de distrito, 10 tribunales unitarios y 62 tribunales colegiados).

Nombramiento de 454 funcionarios (248 jueces de distrito y 206 magistrados de circuito).

Edificio del Consejo de la Judicatura Federal.

Ratificación de 80 magistrados de circuito y 62 jueces de distrito; no ratificación de cinco magistrados y once jueces.

Resolución de 2,155 quejas administrativas y aplicación de 287 sanciones a jueces y magistrados.

Más de 1,935 visitas de inspección practicadas a órganos jurisdiccionales.

Entre 1998 y 1999 el pleno y la Comisión de Disciplina del Consejo resolvieron 450 asuntos vinculados con el desempeño de los jueces; impusieron un total de 106 sanciones, entre las que se incluyen ocho suspensiones, tres destituciones y cuatro inhabilitaciones.

En noviembre de 1999 el Consejo de la Judicatura Federal, con el argumento de que había urgencia de abatir el rezago en materia judicial, pasó por alto los criterios y requisitos que establece la Constitución y contrató magistrados y jueces sin examen de oposición. Este hecho suscitó gran controversia entre especialistas, legisladores e integrantes de la Suprema Corte de Justicia (de la cual depende el Consejo de la Judicatura Federal), quienes señalaron que el hecho de abrir los puestos sin examen de oposición violaba la ley. Pese a lo anterior, el Consejo siguió adelante y el 13 de enero del 2000 tomaron protesta 67 jueces y magistrados.

INTEGRACIÓN DEL CONSEJO DE LA JUDICATURA FEDERAL, 2000

PRESIDENTE

Genaro David Góngora Pimentel

CONSEJEROS

Adolfo O. Aragón Mendía

Manuel Barquín Álvarez

Jaime Manuel Marroquín Zaleta

Enrique Sánchez Bringas

José Guadalupe Torres Morales

Sergio Armando Valls Hernández

Fuente: Suprema Corte de Justicia, 2000.

TRIBUNAL ELECTORAL

Garantiza los derechos político-electorales de los ciudadanos. Resuelve los conflictos relacionados con los derechos de votar y ser votados, así como las inconformidades que se susciten contra las autoridades electorales.

Está integrado por una Sala Superior (con siete magistrados que permanecerán diez años en su encargo) y cinco Salas Regionales ubicadas en la cabecera de cada una de las cinco circunscripciones plurinominales en que se divide el país (Guadalajara en la I circunscripción; Monterrey en la II;

Jalapa en la III; Distrito Federal en la IV y Toluca en la V). Los magistrados de estas Salas son propuestos por la Suprema Corte de Justicia y deben ser ratificados por el voto de dos terceras partes de los miembros del Senado.

El Tribunal Electoral tiene facultades para resolver impugnaciones en las elecciones federales de diputados, senadores y presidente, así como por actos y resoluciones de la autoridad electoral federal y, en caso de que estime que hubo una violación de algún precepto constitucional, de las autoridades electorales de las entidades federativas.

INTEGRACIÓN DEL TRIBUNAL ELECTORAL, 2000

PRESIDENTE

José Luis de la Peza

MAGISTRADOS

Leonel Castillo González

Eloy Fuentes Cerda

Alfonsina Berta Navarro Hidalgo

J. Fernando Ojesto Martínez Porcayo

J. de Jesús Orozco Henríquez

Mauro Miguel Reyes Zapata

Fuente: Tribunal Federal Electoral, 2000.

A tres años de su creación el Tribunal Electoral ha resuelto 9,114 asuntos de los cuales 1,053 corresponden a expedientes atendidos por la Sala Superior, presentados por los once partidos políticos. De éstos, 113 fueron considerados fundados, 212 parcialmente fundados, 463 infundados, 210 desechados y 22 sobreseídos (cifras a junio 2000).

Las impugnaciones de los partidos políticos presentadas en el Tribunal Electoral han sido resueltas por la Sala Superior a favor del PAN en 42 casos, del PRI en 74 y del PRD en 98. En 40 de los casos considerados fundados la Sala Superior revocó las constancias de mayoría o de asignación de algún cargo de elección popular a nivel municipal: 34 resoluciones perjudicaron al PRI para beneficiar al PRD (en 26 casos), al PAN (en cinco casos) y a la Coalición Coahuila 99 (en tres casos).

EFICIENCIA DEL PODER JUDICIAL

El Artículo 20 de la Constitución establece que "será juzgado (el inculpado) antes de cuatro meses si se tratare de delitos cuya pena máxima no exceda dos años de prisión; y antes de un año si la pena máxima excediera de ese tiempo". Existen, sin embargo, numerosos casos en que los tribunales no cumplen con estos plazos. Según la Comisión Interamericana de Derechos Humanos el tiempo promedio que debe pasar una persona para que se le dicte sentencia en primera instancia es de un año y diez meses. El mismo presidente de la Suprema Corte de Justicia, Genaro Góngora Pimentel, reconoce que la carga de trabajo supera la capacidad de los jueces y magistrados para atender los asuntos.

COMPARACIÓN DE CARGA DE TRABAJO, 1995-1999*	1995	1996	1997	1998	1999
Tribunales Colegiados de Circuito	112,684	128,351	156,095	198,589	242,811
Incremento		14%	22%	27%	22%
Tribunales Unitarios de Circuito**	30,129	33,751	33,720	33,750	36,392
Incremento		12%	0%	0%	8%
Juzgados de Distrito	283,199	297,457	309,369	244,157	258,980
Incremento		5%	4%	-21%	6%

* Carga de trabajo = existencia anterior + ingresos.
** Incluye apelaciones y juicios de amparo indirecto.

Fuente: Suprema Corte de Justicia, 1999.

Desconfianza en la impartición de justicia

El Poder Judicial mexicano tiene poco prestigio. Entre marzo de 1998 y junio de 1999 más de uno de cada dos encuestados manifestó su desconfianza hacia el sistema de impartición de justicia. Aunque la cifra varía en el tiempo, la desconfianza nunca ha sido menor a 59 puntos porcentuales. En junio de 1999, la desconfianza hacia la impartición de justicia en México fue de 62 por ciento.

¿Usted confía o desconfía de la forma como se imparte la justicia en México?

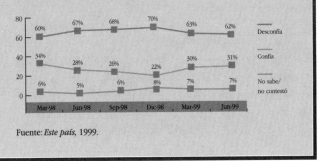

Fuente: *Este país*, 1999.

Los presupuestos de la Federación

Preparados por el Ejecutivo y sujetos a revisión y aprobación por parte de la Cámara de Diputados, los presupuestos federales han sido durante largo tiempo objeto de controversia entre las diferentes fuerzas políticas del país. En años recientes, los cambios en la composición partidaria de la Cámara, sin mayoría absoluta de un solo partido, han marcado una diferencia fundamental.

Egresos

En unos cuantos años, el Presupuesto de Egresos ha pasado del anonimato al estrellato. Durante la mayor parte del siglo XX el poder del presidente y el predominio de un partido convirtieron en acto mecánico la aprobación del presupuesto por la Cámara de Diputados (los senadores no tienen atribuciones en este asunto). Ni los medios, ni la sociedad le daban seguimiento adecuado, y en la penumbra se cometieron muchos abusos. La indiferencia empezó a cambiar en los años noventa y la situación dio un vuelco con las elecciones federales de 1997, cuando partidos diferentes al PRI obtuvieron la mayoría en la Cámara de Diputados. Desde entonces, el Presupuesto se ha convertido en tema prioritario entre noviembre y diciembre. El debate se ha intensificado y han salido a la luz las insuficiencias de las leyes y las evidencias de los abusos cometidos. Una consecuencia han sido reformas que están reduciendo la discrecionalidad.

Discrecionalidad y reforma

La "partida secreta" es un fondo autorizado en la Constitución para gastos contingentes del presidente de la República, de cuyo uso no tiene que rendir cuentas. El uso (y posiblemente abuso) ha cambiado con cada presidente. De los tres últimos presidentes el más gastador fue Carlos Salinas que dispuso de más de 857 millones de dólares en seis años. En el sexenio de Ernesto Zedillo las cantidades se han ido reduciendo a medida que aumentó la crítica de algunos medios de comunicación y diversos actores sociales. Esta tendencia a la baja puede revertirse en tanto no se prohíban legalmente las "partidas secretas".

Los salarios son otro ejemplo de la discrecionalidad y las reformas. Hace relativamente poco su monto era un misterio. Pese a ello, sabemos que, en 1996, el ingreso de un funcionario público estaba compuesto en un 40% de su salario base (o salario compactado) y en un 60% por distintos bonos: de rendimiento, productividad, trimestrales, semestra-

EJERCICIO DE LA "PARTIDA SECRETA", 1983-2000

Miguel de la Madrid			Carlos Salinas de Gortari			Ernesto Zedillo		
AÑO	MILLONES DE DÓLARES	MILLONES DE PESOS DE 1993	AÑO	MILLONES DE DÓLARES	MILLONES DE PESOS DE 1993	AÑO	MILLONES DE DÓLARES	MILLONES DE PESOS DE 1993
1983	$47.315	$334,770.27	1989	$102.319	$474,182.50	1995	$66.304	$262.11
1984	$54.513	$298,611.48	1990	$111.932	$456,305.67	1996	$39.771	$145.51
1985	$53.485	$299,756.49	1991	$132.484	$483,121.32	1997	$25.316	$20.80
1986	$49.911	$279,523.71	1992	$129.147	$431,593.00	1998	$0.000	$0.00
1987	$56.515	$269,143.09	1993	$190.150	$600.00	1999	$0.105	
1988	$90.999	$465,398.89	1994	$191.716	$588.50	2000	$0.000	$0.00
Total	$352.738	$1,947,203.93	Total	$857.748	$1,846,390.99	Total	$131.391	$428.42

Fuente: SHCP, 1983 al 2000. Las cifras de 1999 y 2000 son presupuestadas y pudieron haberse modificado durante los ejercicios.

LÍMITES MÍNIMOS Y MÁXIMOS DE PERCEPCIÓN TOTAL NETA POSIBLE EN 2000 (SERVIDORES PÚBLICOS DE MANDOS MEDIOS Y SUPERIORES)						
Puesto	Ingreso ordinario mensual con integración		Límite máximo neto de estímulo por productividad		Percepción total posible	
	MÍNIMO	MÁXIMO	MÍNIMO	MÁXIMO	MÍNIMO	MÁXIMO
Jefe de Departamento	$10,747.77	$16,397.40	$2,078.23	$3,095.60	$12,826.00	$19,493.00
Subdirector de Área	$14,476.17	$26,337.23	$2,731.83	$4,856.77	$17,208.00	$31,194.00
Director de Área	$27,989.56	$48,050.82	$5,232.44	$10,428.18	$33,222.00	$58,479.00
Director General Adjunto	$45,210.81	$76,014.83	$9,718.19	$14,951.17	$54,929.00	$90,966.00
Director General	$59,625.82	$84,451.83	$13,321.18	$19,529.17	$72,947.00	$103,981.00
Coordinador General	$59,625.82	$84,451.83	$13,321.18	$19,529.17	$72,947.00	$103,981.00
Jefe de Unidad	$78,044.81	$89,650.82	$17,926.19	$20,828.18	$95,971.00	$110,479.00
Oficial Mayor	$93,797.63	$99,426.63	$21,762.37*	$21,448.37*	$115,560.00	$120,875.00
Subsecretario de Estado	$93,797.63	$99,426.63	$21,762.37*	$21,448.37*	$115,560.00	$120,875.00
Secretario de Estado	$103,254.63		$24,126.37		$127,381.00	
Presidente de la República	106.375.47		No aplica		$106,375.47	

* Sic.

Fuente: SHCP, 1999a.

les, etc. Este arreglo se prestaba a manipulaciones y corruptelas, ya que los bonos se otorgaban de manera discrecional y sin reglas claras.

En el 2000, la estructura salarial ha cambiado: 80% de los ingresos están incluidos en el salario tabular, y sólo 20% en bonos que, según fuentes oficiales, se están determinando con un sistema de evaluación de desempeño de los funcionarios. También se han fijado límites mínimos y máximos a los montos.

Desgraciadamente, los abusos siguen siendo posibles porque persisten las áreas grises en el manejo del presupuesto. Desde 1999 el Secretario de Hacienda y Crédito Público, José Ángel Gurría, ha estado en medio del escándalo al descubrirse que, además de su salario como secretario de Estado, disfruta de una generosa pensión de Nacional Financiera desde 1994 y recibió un préstamo hipotecario cuando sólo tenía once meses de trabajar en el Banco Mexicano de Comercio Exterior.

LAS ETAPAS DEL PRESUPUESTO

El proceso presupuestal tiene cuatro etapas básicas que transcurren en un periodo aproximado de entre tres y cuatro años: formulación, discusión y aprobación, ejercicio del gasto y cuenta pública.

Entre marzo y la segunda semana de octubre, el Ejecutivo elabora el presupuesto a través de la Secretaría de Hacienda (SHCP), que determina la base de negociación con cada dependencia, sector y la Cámara de Diputados. Para darle un marco a las conversaciones, la SHCP elabora presupuestos preliminares –basándose en sus propias previsiones de ingresos– y los informa a cada dependencia, con la que luego los negocia.

Antes del 15 de noviembre de cada año, Hacienda entrega al Oficial Mayor de la Cámara de Diputados el Proyecto de Presupuesto de Egresos. En ese momento inicia la segunda etapa (discusión y aprobación del presupuesto) que según la ley debe terminar el 31 de diciembre. El proyecto sigue el procedimiento legislativo habitual: iniciativa de ley, discusión, aprobación, sanción, promulgación y publicación.

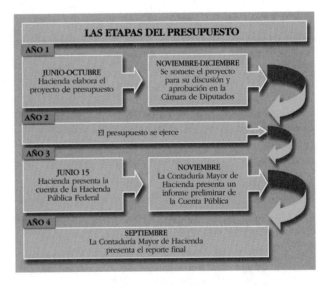

A partir de que se instauró el presidencialismo y hasta 1997, la aprobación era rutinaria, sin una discusión sustantiva y sin intentos serios por modificar la iniciativa enviada por el Ejecutivo. De ese largo periodo –resumido en el cuadro anexo– habría que destacar que los presidentes que más controlaron el proceso fueron (en orden de importancia): Lázaro Cárdenas, Plutarco Elías Calles y los que inician con Miguel Alemán Valdés y terminan con Luis Echeverría Álvarez.

Del cuadro de tiempos de presentación y aprobación del presupuesto resulta obvio que la situación se modificó en las elecciones federales de 1997, cuando partidos diferentes al PRI obtuvieron la mayoría de la Cámara de Diputados. Desde entonces hay una negociación tensa y difícil que ha evidenciado las carencias del proceso presupuestal. Entre las principales está la falta de tiempo que tienen los diputados para revisar el Proyecto de Presupuesto (entre mes y medio y dos meses frente a ocho meses que tiene el Ejecutivo) y la falta de un equipó especializado en temas muy técnicos. Está, además, un enorme hueco legal: si los diputados no aprobasen el Presupuesto de Egresos el 31 de diciembre, podría paralizarse el aparato del Estado.

TIEMPOS DE PRESENTACIÓN Y APROBACIÓN DEL PRESUPUESTO

AÑOS FISCALES	FECHA DE PRESENTACIÓN	TIEMPO DE APROBACIÓN (PROMEDIO EN DÍAS)
1917-28	1 Diciembre	13.4
1929-36	13 Diciembre	9.9
1937-46	24 Diciembre	4.9
1947-77	15 Diciembre	10.7
1978-82	2 Diciembre	25.6
1983-94	16 Noviembre 12 Diciembre	33.3
1995-97	11 Noviembre 9 Diciembre	25.3
1998	13 Noviembre 11 Noviembre	48 46

Nota: Cuando se incluyen dos fechas, la primera corresponde a los años no inaugurales y la segunda a los inaugurales.
Fuente: Weldon, 2000.

Entre las soluciones que se han mencionado –algunas de las cuales tendrán que adoptarse en el futuro– destacan las siguientes:

1) Que la Cámara tenga acceso a las iniciativas con mayor anterioridad.
2) Que la Cámara esté apoyada por un grupo de especialistas en la materia, con el objetivo de procesar con mayor rapidez la propuesta del Ejecutivo.
3) Que el Senado sea incluido en la discusión.
4) Establecer algún mecanismo de solución en caso de rechazo de la propuesta:
   a) El gobierno presenta una nueva iniciativa.
   b) Se aplica el presupuesto anterior hasta que se presente y apruebe otra iniciativa.

Pese a estas carencias la unión del PAN, PRD, PT y PVEM hizo posible reformas y modificaciones al Presupuesto del 2000. Se reasignaron $15,500 millones y se instruyó al Ejecutivo para que recortara $7,623 millones de gasto administrativo y generales (SHCP, 1999). Por la trascendencia histórica que tuvieron se detallan los cambios que, por otro lado, ilustran las prioridades de los partidos diferentes al PRI. Se organizan por importancia del monto y por tema.

1) Programa de Apoyos para el Fortalecimiento de las Entidades Federativas: $6,870 millones de pesos.
2) Pensiones: $3,000 millones. De ellos, $2,910 millones fueron para aumentar el monto mínimo de las pensiones y jubilaciones del IMSS y $90 millones para el pago de pensiones a ferrocarrileros jubilados antes de 1982.
3) Educación pública: $2,000 millones repartidos de la siguiente manera: $700 millones para infraestructura en educación básica a través del Comité Administrador del Programa Federal para la Construcción de Escuelas (CAPFCE); $350 millones para subsidios a universidades públicas estatales; $300 millones al Fondo para la Modernización de la Educación (FOMES); $300 millones para infraestructura de universidades estatales; $200 millones para infraestructura de institutos tecnológicos; $100 millones para la edición de libros educativos con contenido ecológico, y $50 millones al Programa de Mejoramiento del Profesorado (PROMEP).
4) Sector agrícola: $1,150 millones de los cuales $1,000 millones fueron para Apoyos de Comercialización del Sector Agropecuario y $150 millones a la Alianza para el Campo.
5) Alimentación: $750 millones. De éstos, $400 millones para el Fideicomiso para la Liquidación del Subsidio a la Tortilla (FIDELIST); $200 millones para Diconsa y $150 millones para Liconsa.
6) Vivienda: $800 millones. De ellos, $400 millones para el Programa de Vivienda Progresiva (VIVAH); $300 millones para incrementar el Fondo de Operación y Financiamiento Bancario de la Vivienda (FOVI); y $100 millones para el Fondo Nacional de Habitaciones Populares (FONHAPO).
7) Medio ambiente: $400 millones. De los cuales $300 millones se destinaron a que la Comisión Nacional del Agua invierta en plantas para el tratamiento de aguas residuales y $100 millones para fortalecer los programas de Áreas Naturales Protegidas y Nacional de Reforestación.
8) Consejo de Promoción Turística de México S.A. de C.V.: $170 millones.
9) Centros Regionales para la Competitividad Empresarial (CRECES): $60 millones.

Después de las reasignaciones y recortes el presupuesto quedó como se muestra en el cuadro del presupuesto de egresos del 2000.

El ejercicio del gasto es la tercera etapa del proceso presupuestal. Lo común es que el Ejecutivo haga ajustes durante el año. Algunas veces, las modificaciones son justificables porque responden a cambios en las condiciones económicas. Sin embargo, también pueden deberse a consideraciones políticas o de otro tipo.

Un ajuste inédito fue el recorte de $7,623 millones al presupuesto del 2000 que tuvo que hacer el presidente por la decisión de los diputados opositores. Lo hizo en febrero afectando a un buen número de dependencias. Los recortes más importantes y polémicos fueron los hechos a Pemex ($1,500 millones), Educación ($1,200 millones) y a Medio Ambiente ($651.3 millones). Las cantidades corresponden a la suma del presupuesto asignado más la reasignación aprobada por la Cámara de Diputados menos el recorte al presupuesto que realizó Hacienda.

La Cuenta Pública

Por lo general, las diferencias entre el presupuesto aprobado y el ejercicio del gasto se pueden conocer y evaluar en la cuarta etapa: la revisión de la Cuenta Pública. Es el momento en el que el gobierno informa cómo gastó el dinero y cuando se pueden identificar variaciones en programas, modificaciones del gasto asignado a cada entidad y reasignación de recursos.

Hasta algunas modificaciones que se mencionan más adelante, el ciclo tenía las siguientes etapas:

1) Alrededor del 10 de junio Hacienda envía a la Comisión de Presupuesto de la Cámara la Cuenta Pública del año anterior. La Comisión la entrega a la Contaduría Mayor de Hacienda.

2) La Contaduría presenta a la Cámara un "informe previo" alrededor del 10 de noviembre siguiente.

3) Con esa base, la Comisión de Presupuesto elabora un "dictamen legislativo" que es la base del debate sobre la Cuenta Pública.

4) En septiembre del año posterior la Contaduría presenta su "informe final".

A partir del 1 de enero del año 2000 comenzó a funcionar el nuevo Órgano Superior de Fiscalización, que sustituye a la Contaduría Mayor de Hacienda. El Órgano tiene facultades para ir fiscalizando los ingresos y egresos, vigilar el cumplimiento de objetivos contenidos en los programas federales, fiscalizar los recursos federales ejercidos en los estados y municipios, investigar actos u omisiones que indiquen alguna irregularidad o conducta ilícita y fincar responsabilidades, indemnizaciones y las sanciones correspondientes.

La Comisión de Vigilancia de la Contaduría y el Órgano Superior de Fiscalización coexistirán hasta que estén concluidos los ejercicios fiscales de 1998 y 1999, es decir hasta que se termine la revisión de la Cuenta Pública de 1999 en el año 2001.

PRESUPUESTO DE EGRESOS DEL 2000 (MILLONES DE PESOS)

RAMOS DE LA ADMINISTRACIÓN PÚBLICA CENTRALIZADA

02	Presidencia de la República	$1,546.96
04	Gobernación	$9,330.37
05	Relaciones Exteriores	$3,137.69
06	Hacienda y Crédito Público	$19,585.80
07	Defensa Nacional	$20,375.27
08	Agricultura, Ganadería y Desarrollo Rural	$24,849.30
09	Comunicaciones y Transportes	$17,092.62
10	Comercio y Fomento Industrial	$2,771.32
11	Educación Pública	$83,436.21
12	Salud	$18,321.68
13	Marina	$7,959.20
14	Trabajo y Previsión Social	$3,343.38
15	Reforma Agraria	$1,657.12
16	Medio Ambiente, Recursos Naturales y Pesca	$14,269.44
17	Procuraduría General de la República	$4,875.03
18	Energía	$12,407.39
20	Desarrollo Social	$14,814.35
21	Turismo	$1,065.35
27	Contraloría y Desarrollo Administrativo	$1,037.84
31	Tribunales Agrarios	$440.21
32	Tribunal Fiscal de la Federación	$629.11

RAMOS DE LOS PODERES Y ÓRGANOS AUTÓNOMOS

	Poder Legislativo	$4,040.35
	Poder Judicial	$9,225.76
22	Instituto Federal Electoral	$8,453.65
	Comisión Nacional de Derechos Humanos	$283.00

ENTIDADES PARAESTATALES DE CONTROL DIRECTO PRESUPUESTARIO

00637	ISSSTE	$36,586.90
00641	IMSS	$121,730.00
06750	Lotería Nacional para la Asistencia Pública	$1,069.50
09120	CAPUFE	$2,773.70
18164	CFE	$75,562.50
18500	LyFC	$13,114.40
	Pemex (consolidado)	$84,609.90

RAMOS GENERALES (RECURSOS TRANSFERIDOS A ENTIDADES FEDERATIVAS)

19	Aportaciones a Seguridad Social	$84,644.00
23	Provisiones Salariales y Económicas	$13,126.27
24	Deuda Pública	$135,578.00
28	Participaciones a Entidades Federativas y Municipios	$160,883.30
29	Erogaciones para Saneamiento Financiero	$0
30	Adeudos de Ejercicios Fiscales Anteriores (ADEFAS)	$15,750.57
33	Aportaciones Federales para Entidades Federativas y Municipios	$168,768.82
25	Previsiones y Aportaciones para los Sistemas de Educación Básica y Normal	$22,850.70
34	Erogaciones para los Programas de Apoyo a Ahorradores y Deudores de la Banca	$40,418.00
Total		$1,195,313.40

Fuente: SHCP, 1999b.

LOS NUEVOS ACTORES

En la medida en la que ha cambiado el proceso presupuestal se redefine el papel de los actores. Aunque el presidente y la Secretaría de Hacienda siguen siendo los más importantes, su poder se ha visto limitado por la aparición de nuevos actores o el fortalecimiento de los ya existentes.

1) Han crecido las atribuciones y fuerza de la Comisión de Vigilancia de la Cámara y del Órgano Superior de Fiscalización.

2) Ha mejorado la eficacia de los grupos parlamentarios y su fuerza política. Uno de los ejemplos más significativos fue el trabajo que desarrolló el diputado independiente (y dirigente del Partido del Centro Democrático) Marcelo Ebrard sobre el quebranto de la banca.

3) Se estableció una Comisión Especial de Vigilancia destinada a evitar el desvío del gasto social hacia fines electorales.

4) Los medios de comunicación han reconocido la importancia del presupuesto y le dedican una gran atención.

5) Instituciones de educación superior han creado programas especiales. El Centro de Investigación y Docencia Económicas (CIDE), por ejemplo, tiene un ambicioso programa trianual financiado por la Fundación Ford para capacitar a servidores públicos, medios de comunicación y grupos ciudadanos en el seguimiento, comprensión y análisis de presupuestos.

6) Finalmente, diversas organizaciones sociales están trabajando en el tema. Fundar, Centro de Análisis e Investigación, tiene entre sus áreas de concentración el estudio de presupuestos públicos y la capacitación de organizaciones civiles en su monitoreo. En el año 2000 varias organizaciones están trabajando el tema: entre otras, Alianza Cívica, Equidad de Género, Ciudadanía, Familia y Trabajo, la Red Mexicana de Acción frente al Libre Comercio, el Frente Cívico Familiar de Yucatán y el Movimiento Ciudadano por la Democracia.

INGRESOS

La Ley de Ingresos de la Federación sigue un proceso de aprobación similar al del Presupuesto de Egresos. Como todavía no se le dedica la atención debida hay poca información sobre ella.

Las principales fuentes de recursos para el Sector Público son:

1) Los ingresos del gobierno federal y las entidades paraestatales.

2) El endeudamiento neto.

3) El diferimiento de pagos.

Los ingresos del gobierno federal a su vez se componen principalmente de:

1) Ingresos tributarios.

2) Derechos.

3) Productos.

4) Aprovechamientos.

5) Renta petrolera.

6) Aportaciones de seguridad social.

Para el 2000, los ingresos del gobierno se integran de la siguiente manera:

	INGRESOS	MONTO (MILLONES DE PESOS CORRIENTES)	%
I	Impuestos	$565,422.3	47.3%
II	Aportaciones de Seguridad Social	$77,491.7	6.5%
III	Contribución de mejoras	$10.0	0.0%
IV	Derechos	$163,651.3	13.7%
V	Contribuciones de ejercicios fiscales anteriores	$27.0	0.0%
VI	Productos	$9,626.8	0.8%
VII	Aprovechamientos	$79,838.2	6.7%
VIII	Derivados de financiamientos	$70,992.0	5.9%
IX	Otros ingresos de organismos descentralizados	$228,254.1	19.1%
	Total	$1,195,313.4	100.0%

Fuente: SHCP, 1999c.

Los ingresos y egresos públicos pueden abordarse de diferentes maneras. Se trata de un tema vasto y complejo. Para ilustrar las posibilidades que hay se incluye un cuadro con la evolución que tuvo el presupuesto de egresos durante los seis años del presidente Ernesto Zedillo. Para hacer posible la comparación se ajustaron los montos al valor del peso en diciembre de 1994.

Ello permite apreciar la evolución de las prioridades del gobierno en términos reales. Entre las lecturas que pueden hacerse estaría que el presupuesto de la Secretaría de la Defensa Nacional disminuyó en términos reales hasta 1999 para subir ligeramente en el 2000, el de Gobernación casi se duplicó, el presupuesto de la SEP y las aportaciones a los estados para educación básica se redujeron y los pagos por deuda pública y por el Fobaproa se han disparado.

PRESUPUESTO DE EGRESOS DE LA FEDERACIÓN, 1995-2000 (MILLONES DE PESOS DE DICIEMBRE DE 1994)

		1995 Aprobado	1996 Aprobado	1997 Aprobado	1998 Aprobado	1999 Aprobado	2000 Aprobado
RAMOS DE LA ADMINISTRACIÓN PÚBLICA CENTRALIZADA							
02	Presidencia de la República	$380.0	$350.9	$474.8	$512.8	$465.1	$520.0
04	Gobernación	$1,862.5	$1,532.8	$1,197.8	$2,951.4	$2,649.7	$3,129.9
05	Relaciones Exteriores	$902.7	$1,125.8	$1,128.9	$1,096.1	$1,047.8	$1,103.9
06	Hacienda y Crédito Público	$8,087.4	$7,464.5	$5,949.3	$7,600.3	$6,642.1	$6,645.2
07	Defensa Nacional	$6,794.7	$6,517.0	$6,240.4	$6,332.4	$6,229.6	$6,819.0
08	Agricultura, Ganadería y Desarrollo Rural	$14,197.1	$11,026.3	$10,204.3	$10,199.6	$7,928.0	$8,382.8
09	Comunicaciones y Transportes	$10,949.4	$7,875.1	$8,105.0	$7,543.3	$6,206.6	$6,206.7
10	Comercio y Fomento Industrial	$991.0	$786.1	$775.4	$862.9	$794.0	$928.6
11	Educación Pública	$31,519.4	$26,724.3	$23,357.8	$28,581.0	$26,523.9	$28,289.9
12	Salud	$6,536.0	$6,422.7	$9,492.5	$7,021.8	$6,475.0	$6,157.5
13	Marina	$2,021.2	$2,257.6	$2,277.3	$2,619.9	$2,480.4	$2,664.5
14	Trabajo y Previsión Social	$947.9	$1,187.5	$1,123.3	$1,227.1	$1,074.5	$1,120.3
15	Reforma Agraria	$870.7	$1,329.3	$840.7	$629.2	$500.3	$555.2
16	Medio Ambiente, Recursos Naturales y Pesca	$4,221.8	$4,425.5	$4,740.0	$5,810.3	$4,999.2	$4,987.3
17	Procuraduría General de la República	$1,303.9	$1,136.9	$1,308.3	$1,552.3	$1,490.8	$1,629.5
18	Energía	$2,642.4	$3,156.6	$3,448.0	$3,914.2	$4,092.9	$4,148.4
20	Desarrollo Social	$3,568.6	$3,829.6	$3,363.3	$4,242.9	$3,142.4	$5,006.7
21	Turismo	$569.9	$468.5	$475.1	$491.3	$241.2	$363.6
27	Contraloría y Desarrollo Administrativo	$158.4	$150.5	$242.3	$3,500.5	$345.7	$347.7
31	Tribunales Agrarios	$143.9	$101.7	$93.8	$112.8	$132.8	$147.1
32	Tribunal Fiscal de la Federación	$45.1	$69.2	$78.5	$107.1	$171.3	$210.3
RAMOS DE LOS PODERES Y ÓRGANOS AUTÓNOMOS							
	Poder Legislativo	$1,028.7	$980.7	$999.8	$1,007.7	$1,051.5	$1,350.5
	Poder Judicial	$1,385.9	$1,542.2	$1,973.6	$2,125.5	$2,085.1	$3,083.7
22	Órganos electorales	$1,379.3	$942.4	$1,637.7	$1,364.6	$1,265.7	$2,825.7
	CNDH						$94.6
ENTIDADES PARAESTATALES DE CONTROL DIRECTO PRESUPUESTARIO							
00637	ISSSTE	$10,345.8	$9,245.5	$9,965.1	$11,162.4	$11,095.7	$12,329.5
00641	IMSS	$39,713.8	$33,336.8	$34,326.9	$38,129.6	$39,323.7	$40,712.0
04460	PIPSA	$431.1	$1,061.6	$597.3	$722.0	$0.0	$0.0
06750	Lotería Nacional para la Asistencia Pública	$515.8	$439.1	$393.5	$377.1	$345.2	$357.5
09085	ASA	$923.2	$721.8	$786.2	$975.3	$321.2	$0.0
09120	CAPUFE	$1,326.4	$1,890.6	$1,051.8	$1,144.4	$1,107.2	$927.1
09195	Ferronales	$5,191.6	$4,080.3	$4,185.2	$1,434.2	$332.1	$0.0
08145	Conasupo	$8,900.4	$4,923.8	$5,283.6	$3,296.2	$695.7	$0.0
18164	CFE	$23,194.4	$23,815.0	$24,999.3	$24,176.7	$23,546.2	$25,490.9
18500	LyFC	$3,761.3	$3,379.8	$3,494.9	$3,956.6	$4,282.2	$4,388.5
	Pemex (consolidado)	$28,769.8	$29,765.8	$33,737.6	$34,966.3	$29,389.2	$28,782.5
RAMOS GENERALES (RECURSOS TRANSFERIDOS A ENTIDADES FEDERATIVAS)							
19	Aportaciones a seguridad social	$11,756.3	$11,051.3	$18,960.2	$24,324.0	$26,225.6	$28,292.5
23	Provisiones salariales y económicas	$15,209.1	$20,727.7	$19,755.7	$4,630.1	$2,104.9	$4,387.5
24	Deuda pública	$24,279.6	$45,867.8	$51,158.0	$42,872.3	$51,568.5	$45,317.3
25	Aportaciones para educación básica en los estados	$28,888.9	$26,837.1	$30,109.6	$30,062.8	$8,147.7	$7,637.9
26	Superación de la pobreza	$10,676.3	$7,238.5	$6,518.4	$1,519.2	$1,530.8	$0.0
28	Participaciones a entidades federativas y municipios	$44,694.1	$48,064.4	$45,112.3	$50,052.1	$52,921.5	$53,775.7
29	Erogaciones para saneamiento financiero	$366.3	$938.9	$1,207.4	$4,773.1	$1,107.5	$0.0
30	ADEFAS	$4,000.0	$6,827.9	$6,108.7	$5,009.5	$5,062.0	$5,264.7
33	Aportaciones federales para entidades federativas y municipios	$0.0			$44,016.9	$51,514.2	$56,411.4
	Intereses y comisiones	$5,617.5	$11,266.6	$9,310.9	$9,119.5	$8,805.5	$0.0
34	Erogaciones para los programas de apoyo a ahorradores y deudores de la banca	$0.0				$8,332.7	$13,509.8
Total		$371,069.6	$382,884.0	$396,590.5	$438,127.3	$415,794.9	$424,303.4

Fuente: SHCP, Presupuestos de Egresos, 1995-2000.

Derechos humanos

En el último tercio del siglo xx los derechos humanos entraron a la cultura política. Fue una revolución silenciosa que, al contener al autoritarismo de diversa forma, resultó fundamental en la democratización de la vida pública.

En los 20 últimos años el tema de los derechos humanos irrumpió en la política y la cultura mexicanas. El impulso inicial vino de las llamadas "organizaciones no gubernamentales" (ONG) y algunos medios de comunicación. Simultáneamente, diferentes organizaciones internacionales se interesaron progresivamente en lo que ocurría en México. Al final se sumaron las comisiones gubernamentales. En esta sección incluimos información sobre las principales instituciones y en diversas unidades del almanaque se hacen referencias a la situación de los derechos humanos. (☞ Conflicto en Chiapas, Mujeres y ONG)

Organismos públicos

A las personas que encabezan organismos públicos encargados de la salvaguarda de los derechos humanos se acostumbra llamarlos *ombudsman,* vocablo sueco que se ha hecho universal en relación al tema. Tales instituciones suelen ser organizaciones creadas por el Estado para recibir quejas en contra de autoridades y funcionarios, investigarlas y emitir recomendaciones.

La historia de México ofrece antecedentes al respecto. En 1847 y a instancias de Ponciano Arriaga, el congreso de San Luis Potosí creó la Procuraduría de los Pobres. Ya en este siglo, deben mencionarse la Dirección para la Defensa de los Derechos Humanos del estado de Nuevo León (establecida en enero de 1979), la Procuraduría de Vecinos de Colima (1983), la Defensoría de los Derechos Universitarios de la UNAM (1983), la Procuraduría para la Defensa del Indígena

en Oaxaca (1986) y también en esa década, las comisiones de derechos humanos de Aguascalientes, Baja California y Morelos. Las secretarías de Gobernación y Relaciones Exteriores establecieron en 1989 una Dirección General de Derechos Humanos.

En 1990 Americas Watch publicó un informe denunciando los abusos de derechos humanos cometidos en México. Como en ese momento se iniciaban las negociaciones para un tratado de libre comercio con Estados Unidos (posteriormente se agregaría Canadá), el presidente Carlos Salinas de Gortari se anticipó a las críticas y ordenó la creación de la Comisión Nacional de Derechos Humanos, instrucción obedecida en 48 horas. Luego se fueron creando otros organismos en los estados, además de la Comisión Nacional de Arbitraje Médico (Conamed) y otras instancias de similar índole.

Comisión Nacional de Derechos Humanos (CNDH)

La CNDH nace en junio de 1990 como un organismo descentralizado del gobierno federal, pero con fuertes limitaciones: se excluyen de su competencia los asuntos laborales, electorales y jurisdiccionales de fondo y los mismos actos administrativos del Poder Judicial de la Federación.

En sus primeros nueve años de vida el nombramiento del Presidente de la CNDH lo hizo el presidente de la República, con la aprobación de la Cámara de Senadores o de la comisión permanente del Congreso. Si se toma en consideración que el partido político del presidente mantuvo la mayoría en el senado durante ese lapso, se sigue que la voluntad del titular del Poder Ejecutivo resultó decisiva en dicho nombramiento. Este desequilibrio afectó la autonomía e independencia de la CNDH.

En agosto de 1999 se reformó el Artículo 102, apartado B de la Constitución, estableciéndose que el presidente de la CNDH fuera nombrado por el voto de las dos terceras partes de los senadores, por un periodo de cinco años, con la posibilidad de reelección una sola vez. Después de un proceso desordenado e impugnado, que incluyó el despido de la anterior presidenta, los senadores de los partidos PAN y PRI aprovecharon la desorganización de los del PRD para elegir al doctor José Luis Soberanes, con escasa experiencia y legitimidad en la materia. En el presupuesto del 2000, bajo el rubro de órganos autónomos, le fue asignada a la CNDH una partida de 283 millones de pesos.

ESTRUCTURA

La CNDH está integrada por una Presidencia, un Consejo Ciudadano, cuatro Visitadurías Generales y una Secretaría Ejecutiva.

PRESIDENCIA

Ejerce la representación legal de la CNDH y es responsable de formular los lineamientos generales para las actividades administrativas y de dictar las medidas específicas que juzgue convenientes para el mejor desempeño de las funciones del organismo.

Para ocupar el cargo de presidente de la CNDH es necesario ser mexicano por nacimiento, estar en pleno ejercicio de los derechos políticos y civiles, tener más de 35 años de edad, gozar de buena reputación y no haber sido condenado por delito intencional que merezca pena corporal.

PRESIDENTES DE LA CNDH, 1990-2000

NOMBRE	PERIODO	MOTIVO DE SALIDA
Jorge Carpizo	6 de junio de 1990 a 4 de enero de 1993	El presidente lo nombró Procurador General de la República.
Jorge Madrazo	4 de enero de 1993 a 1 de diciembre de 1996	El presidente lo nombró Procurador General de la República.
Mireille Roccatti	8 de enero de 1997 a 16 de noviembre de 1999	El Senado no la ratificó luego de la reforma de 1999, despidiéndola de hecho.
José Luis Soberanes	16 de noviembre de 1999	

Fuente: CNDH en http://www.cndh.org.mx.

CONSEJO CIUDADANO

Se integra con diez personas, de las cuales cuando menos siete no pueden desempeñar cargo o comisión alguna como servidor público. Tiene entre sus facultades establecer los lineamientos generales de actuación del organismo y aprobar su reglamento interno. También opina sobre el proyecto de informe anual que el presidente de la CNDH presenta al Congreso de la Unión y al titular del Poder Ejecutivo federal.

Para formar parte del consejo es indispensable ser mexicano en pleno ejercicio de los derechos ciudadanos. Es importante señalar que cada año se sustituye al miembro de mayor antigüedad.

Hasta 1999 los nombramientos de los integrantes del consejo también eran hechos por el presidente del país y sometidos a la aprobación de la Cámara de Senadores, o en los recesos de ésta, a la comisión permanente del Congreso de la Unión. Actualmente los nombra el Senado.

MIEMBROS DEL CONSEJO CIUDADANO DE LA CNDH, 2000

Griselda Álvarez Ponce de León	Carlos Fuentes
Juan Casillas García de León	Sergio García Ramírez
Clementina Díaz y de Ovando	Ricardo Pozas
Guillermo Espinosa Velasco	Federico Reyes Heroles
Héctor Fix-Zamudio	Rodolfo Stavenhagen

Fuente: CNDH en http://www.cndh.org.mx.

VISITADURÍAS GENERALES

Son organismos auxiliares de la Presidencia de la CNDH. Analizan e investigan las quejas sobre violaciones a derechos humanos, buscando siempre la conciliación entre las partes. De no tener éxito preparan el proyecto de recomendación correspondiente o emiten documentos de no responsabilidad, cuando no se comprueba la queja contra el servidor público o autoridad.

© Carlos Hahn

Los asuntos de la mujer, el niño y la familia corresponden a la Primera Visitaduría General de la CNDH.

Primera Visitaduría General. Atiende las quejas presentadas por grupos religiosos, trabajadores migratorios, contagiados con el VIH, discapacitados y de la tercera edad. Adscrita a esta primera visitaduría se encuentra la Coordinación del Programa sobre Asuntos de la Mujer, el Niño y la Familia.

Titular: Víctor Martínez Bullé-Goyri.

© Dante Bucio

Presuntos desaparecidos: Segunda Visitaduría de la CNDH.

© CNDH

La Tercera Visitaduría atiende el sistema penitenciario.

© CNDH

Segunda Vistaduría General. Como parte de sus responsabilidades incluye las relativas a la Coordinación del Programa Especial sobre Presuntos Desaparecidos.

Titular: Raúl Plascencia Villanueva.

Tercera Visitaduría General. Atiende el sistema penitenciario, los centros de internamiento y las estaciones migratorias del Instituto Nacional de Migración. Maneja el Programa contra la Pena de Muerte que apoya a los mexicanos que enfrentan la pena capital en Estados Unidos.

Titular: José Antonio Bernal Guerrero.

Cuarta Visitaduría General. La integran las direcciones generales de Atención a los Grupos Indígenas, la de Atención a Víctimas del Delito y la Coordinación General en los Altos y Selva de Chiapas.

Titular: Leoncio Lara Sáenz.

© Carlos Hahn

La atención a los grupos indígenas y la Coordinación General en los Altos y selva de Chiapas corresponden a la Cuarta Visitaduría, entre otros asuntos.

CNDH, INDICADORES DE PROTECCIÓN A LOS DERECHOS HUMANOS, 1990-1999

CONCEPTO	1990	1991	1992	1993	1994	1995	1966	1997	1998	1999*
ATENCIÓN DE QUEJAS **										
Recibidas	2,473	4,878	9,912	8,233	8,663	8,142	8,699	8,574	6,523	3,830
Concluidas	575	3,692	8,560	9,697	9,811	7,851	8,653	8,928	7,324	3,792
En trámite	1,898	3,084	4,436	2,972	1,824	2,115	2,161	1,807	1,006	1,044
Documentos de no responsabilidad	5	53	113	117	61	56	5	1	4	1
RECOMENDACIONES										
Emitidas	34	131	271	273	140	166	124	127	114	104***
Totalmente cumplidas	31	118	235	191	98	109	47	15	22	0
Parcialmente cumplidas	0	13	41	72	39	51	78	82	77	33
No aceptadas	3	3	3	5	5	8	1	8	3	0
Diversa situación	0	1	3	13	8	5	10	42	43	42
SERVIDORES PÚBLICOS SANCIONADOS										
Total	281	266	540	539	551	429	278	346	148	100
Por recomendación	281	119	394	193	221	282	123	190	108	75
Por conciliación	0	147	146	346	330	147	155	156	40	25
POR TIPO DE SANCIÓN										
Ejercicio de la acción penal	74	104	176	119	144	172	55	56	17	6
Inicio de averiguación previa	108	47	47	190	80	19	0	0	0	0
Destitución	42	24	77	54	33	22	20	23	20	5
Suspensión	43	63	135	83	126	33	104	131	37	32
Amonestación o apercibimiento	14	22	52	56	115	86	81	115	55	30
Inhabilitación	0	3	43	35	40	89	14	16	19	25
Otros	0	3	10	2	13	8	4	5	0	2

* Cifras al mes de julio, salvo indicación al contrario.

** Cifras al mes de agosto.

*** Incluye todo 1999.

Fuente: Zedillo, 1999.

EL MANEJO DE QUEJAS DE LOS PROGRAMAS DE LA CNDH, 1990-1999*

PROGRAMA	1990	1991	1992	1993	1994	1995	1966	1997	1998	1999**
QUEJAS ATENDIDAS PERMANENTE EN LOS ALTOS DE CHIAPAS										
Recibidas					568	312	288	244	349	242
Concluidas					557	314	293	208	348	235
En trámite					11	9	4	40	41	48
ASUNTOS INDÍGENAS										
Recibidas			2	3	3	58	80	58	308	435
Concluidas			0	0	0	30	84	63	220	467
En trámite			2	5	8	36	32	27	115	83
AGRAVIO A PERIODISTAS Y DEFENSORES CIVILES DE LOS DERECHOS HUMANOS ***										
Recibidas						14	14	108	63	24
Concluidas						10	10	19	101	35
En trámite						4	8	97	59	48
PRESUNTOS DESAPARECIDOS ****										
Recibidas	257	63	28	34	50	348	61	118	79	29
Concluidas	77	24	4	16	14	25	20	52	77	26
En trámite	180	39	24	18	36	323	41	66	2	3
SISTEMA PENITENCIARIO										
Recibidas		43	2,941	2,900	4,097	2,641	2,678	2,636	1,352	386
Concluidas		9	2,473	2,762	4,329	2,593	2,629	2,163	1,806	346
En trámite		34	502	640	408	456	505	978	524	564
CONTRA LA PENA DE MUERTE *****										
Recibidas								3	6	1
Concluidas								3	6	1
En trámite								0	0	0
DEFENSA DE LA MUJER, EL NIÑO Y LA FAMILIA										
Recibidas					5	132	299	308	220	181
Concluidas					0	102	212	318	274	146
En trámite					5	35	122	112	58	93
DERECHOS HUMANOS DE TRABAJADORES MIGRATORIOS										
Recibidas				66	50	35	96	29	6	5
Concluidas				66	50	35	96	29	6	5
En trámite				0	0	0	0	0	0	0
ENFERMOS DE VIH/SIDA, PERSONAS CON DISCAPACIDAD Y DE LA TERCERA EDAD										
Recibidas								160	108	43
Concluidas								155	86	49
En trámite								5	27	21

* La información se reporta a partir de la creación de la CNDH. Para 1990, la información corresponde al periodo junio a diciembre. En cada uno de los años subsiguientes, se reporta la información del periodo enero a diciembre. La ausencia de cifras en algunos años denota la inexistencia del programa respectivo.

** Cifras al mes de julio.

*** A partir de mayo de 1998, este programa agregó a sus tareas la atención a defensores civiles de derechos humanos. Algunos expedientes fueron reasignados al Programa General de Quejas, ya que se determinó que la presunta violación no fue cometida en contra de la persona en su calidad de periodista.

**** La naturaleza de estos asuntos requirió que fueran investigados casuísticamente, por lo que las cifras no corresponden a expedientes sino a casos personalizados.

***** Fueron reasignados algunos expedientes al Programa de Traslados Internacionales, debido a que en los mismos se obtuvo la conmutación de la pena.

Fuente: CNDH, 1999.

La CNDH es una institución controvertida. El International Council on Human Rights Policy hizo un estudio comparativo (2000) entre los *ombudsman* de diversos países. Se resumen a continuación algunas de las valoraciones sobre la CNDH realizadas antes de la etapa iniciada en 1999, con José Luis Soberanes como presidente:

1) En sus procedimientos y personal mantiene una relación estrecha con las autoridades.

2) No atiende los derechos laborales pese a la problemática que enfrentan los trabajadores.

3) No investiga lo que sucede al interior de las fuerzas armadas (no les ha dirigido ninguna recomendación por su actuación en Chiapas).

4) Sus recomendaciones tienen poca fuerza y no les da seguimiento.

5) Sus investigaciones son superficiales.

6) No aborda los problemas estructurales o propios del sistema.

Una crítica adicional es la falta de representatividad del Consejo Ciudadano (por ejemplo, todos sus miembros son residentes de la ciudad de México).

COMISIONES ESTATALES

Presentación de quejas ante los organismos públicos
Aunque el procedimiento es en esencia el mismo en los diferentes organismos públicos, tomamos como ejemplo a la CNDH.

Cualquier persona puede presentar una queja por presuntas violaciones a los derechos humanos acudiendo personalmente o por medio de un representante a las oficinas. La queja, con los datos generales del denunciante, documentos probatorios y un breve relato de los hechos, debe presentarse por escrito. En casos urgentes, puede formularse por teléfono, fax o correo electrónico. No se admiten comunicaciones anónimas, pero en caso de ser necesario, la CNDH se compromete a guardar la confidencialidad sobre el quejoso.

Cuando los interesados estén privados de su libertad o se desconozca su paradero, los hechos pueden ser denunciados por sus parientes o vecinos, inclusive por menores de edad. En caso de extranjeros o indígenas que no hablen o entiendan español, se les debe proporcionar gratuitamente un traductor. Asimismo, las ONG legalmente constituidas tienen la facultad para acudir ante la CNDH y notificar violaciones de derechos humanos de personas que, por sus condiciones físicas, mentales, económicas o culturales, no tengan la capacidad efectiva de presentar quejas de manera directa.

La queja debe presentarse en el plazo de un año a partir de la ejecución de los hechos que se estimen violatorios o de que el quejoso hubiese tenido conocimiento de los mismos. En casos excepcionales y tratándose de infracciones graves, la CNDH puede ampliar el plazo de presentación.

Una vez recibida la queja en la CNDH, se le asigna un número de expediente y la Dirección General de Quejas y Orientación la turna a la Visitaduría General correspondiente para los efectos de su calificación, que puede ser:

1) Presunta violación a derechos humanos.

2) No competencia de la CNDH para conocer la queja.

3) No competencia de la CNDH con la necesidad de realizar orientación jurídica.

4) Acuerdo de calificación pendiente, cuando la queja no reúne los requisitos legales o reglamentarios o su contenido es confuso.

Fuente: CNDH, 2000.

Por una reforma al Artículo 102 de la Constitución realizada en 1992, los estados crearon comisiones o procuradurías para la protección de los derechos humanos. Actualmente existen en las 32 entidades.

Hay diferencias entre tales comisiones y la CNDH en la forma de nombramiento, grado de autonomía, presupuesto asignado, infraestructura y recursos humanos con los que cuenta cada una. Sin embargo, salvo algunas excepciones, un problema generalizado es la falta de legitimidad dado que un buen número de estas comisiones tiende a depender de las autoridades estatales.

DIRECTORIO DE LAS 33 COMISIONES DE DERECHOS HUMANOS EN MÉXICO

COMISIÓN NACIONAL DE DERECHOS HUMANOS
Av. Periférico Sur 3469, colonia San Jerónimo Lídice
10200, México, D.F.
Tels.: 5490-7400 al 49
Larga distancia sin costo: 01-800-715-2000
E-mail: correo@cndh.org.mx

PROCURADURÍA DE PROTECCIÓN CIUDADANA DE AGUASCALIENTES
Zaragoza 204, colonia Centro
20000, Aguascalientes, Ags.
Tels.: (49) 15-23-80 y 16-87-78
Fax: (49) 17-34-59
E-mail: agsdh@cndh.org.mx

PROCURADURÍA DE LOS DERECHOS HUMANOS Y PROTECCIÓN CIUDADANA DEL ESTADO DE BAJA CALIFORNIA
Boulevard Agua Caliente 10440-7, colonia Aviación
22400, Tijuana, B.C.
Tels./fax: (49) 16-87-78 y 15-23-80
E-mail: bcldh@cndh.org.mx

COMISIÓN ESTATAL DE DERECHOS HUMANOS DE BAJA CALIFORNIA SUR
Ave. 5 de Mayo 715, 23000, La Paz, B.C.S.
Tel.: (112) 323-32
Fax: (112) 529-23
E-mail: cedhbcs@balandra.uabcs.mx

COMISIÓN DE DERECHOS HUMANOS DEL ESTADO DE CAMPECHE
Calle 8 N° 209, colonia Centro
24000, Campeche, Camp.
Tels.: (981) 145-71 y 145-63
E-mail: cdhec@cndh.org.mx

COMISIÓN DE DERECHOS HUMANOS DEL ESTADO DE COAHUILA

Jesús Acuña Narro 115, colonia República Oriente
25280, Saltillo, Coah.
Tels./fax: (84) 16-20-50 y 16-61-96
E-mail: coadh@cndh.org.mx

COMISIÓN DE DERECHOS HUMANOS DEL ESTADO DE COLIMA

Díaz Mirón 571, colonia Centro
28000, Colima, Col.
Tel./fax: (331) 477-86 y 471-95
E-mail: coldh@cndh.org.mx

COMISIÓN DE DERECHOS HUMANOS DEL ESTADO DE CHIAPAS

Libramiento Sur Poniente 212
Tuxtla Gutiérrez, Chis.
Tel.: (961) 206-07
Fax: (961) 255-06
E-mail: cedhchiapas@infosel.net.mx

COMISIÓN DE DERECHOS HUMANOS DEL ESTADO DE CHIHUAHUA

Calle Décima y Mina 1000, colonia Centro
31000, Chihuahua, Chih.
Tel./fax: (14) 10-08-28
E-mail: cedh@infosel.net.mx y chidh@cndh.org.mx

COMISIÓN DE DERECHOS HUMANOS DEL DISTRITO FEDERAL

Av. Chapultepec 49, Centro Histórico
06040, México, D.F.
Tel.: 5229-5600
E-mail: cdhdf@cdhdf.org.mx

COMISIÓN DE DERECHOS HUMANOS DEL ESTADO DE DURANGO

Independencia 220 Sur, colonia Centro
34000, Durango, Dgo.
Tels.: (181) 374-81 y 375-41
E-mail: dgodh@cndh.org.mx

PROCURADURÍA DE LOS DERECHOS HUMANOS EN EL ESTADO DE GUANAJUATO

Blvd. Mariano Escobedo 2601 Ote., colonia León Moderno
37480, León, Gto.
Tels.: (473) 70-41-13, 70-41-28 y 70-08-45
Larga distancia sin costo: 01-800-470-44-00
E-mail: humanos@gto1.telmex.net.mx

COMISIÓN DE DEFENSA DE LOS DERECHOS HUMANOS DEL ESTADO DE GUERRERO

Calle Juárez s/n, colonia Centro
39000, Chilpancingo, Gro.
Tels./fax: (74) 71-02-30 y 74-03-25
E-mail: grodh@cndh.org.mx

COMISIÓN DE DERECHOS HUMANOS DEL ESTADO DE HIDALGO

Av. Juárez, esq. Iglesia s/n, colonia Centro
42000, Pachuca, Hgo.
Tel./fax: (771) 817-19
E-mail: hgodh@cndh.org.mx

COMISIÓN DE DERECHOS HUMANOS DEL ESTADO DE JALISCO

Obsidiana 2861, colonia Residencial Victoria
44560, Zapopan, Jalisco
Tels.: 3634-2021 y 3634-2014
E-mail: jaldh@cndh.org.mx

COMISIÓN DE DERECHOS HUMANOS DEL ESTADO DE MÉXICO

Instituto Literario 510, colonia Centro
50000, Toluca, Méx.
Tels./fax: (72) 13-08-28, 13-08-83, 14-08-70 y 14-08-80
E-mail: codhem@netspace.com.mx

COMISIÓN DE DERECHOS HUMANOS DEL ESTADO DE MICHOACÁN

Calle 15 de Octubre 74, colonia Lomas
de Hidalgo, 58240, Morelia, Mich.
Tel.: (43) 15-75-35
Fax: (43) 15-78-94
E-mail: dhumanos@michoacan.gob.mx

COMISIÓN ESTATAL DE DERECHOS HUMANOS DE MORELOS

Avenida Madero 210, colonia Miraval
62270, Cuernavaca, Mor.
Tel./fax: (73) 12-49-42
E-mail: mordh@cndh.org.mx

COMISIÓN DE DEFENSA DE LOS DERECHOS HUMANOS DEL ESTADO DE NAYARIT

Av. Allende y Prisciliano Sánchez 8, colonia Centro
63000, Tepic, Nay.
Tel./fax: (32) 13-89-86
E-mail: naydh@cndh.org.mx

COMISIÓN ESTATAL DE DERECHOS HUMANOS DE NUEVO LEÓN

Av. Dr. Ignacio Morones Prieto 2110-2 Pte.
colonia Loma Larga, 64710, Monterrey, N.L.
Tels.: (8) 345-83-62, 345-86-44 y 345-86-45
Fax: (8) 344-91-99
E-mail: nleondh@cndh.org.mx

COMISIÓN DE DERECHOS HUMANOS DEL ESTADO DE OAXACA

Derechos Humanos 210, colonia América
68050, Oaxaca, Oax.
Tels.: (951) 39-411, 35-185 y 35-197
Fax. (951) 35-191
E-mail: oaxcdh@cndh.org.mx

COMISIÓN ESTATAL DE DEFENSA DE LOS DERECHOS HUMANOS DE PUEBLA

Av. 15 de Mayo 2929 "A", colonia Las Hadas
72060, Puebla, Pue.
Tels./fax: (22) 248-50-22, 248-53-19 y 248-54-51
E-mail: cedh@sicomnet.edu.mx

COMISIÓN ESTATAL DE DEFENSA DE LOS DERECHOS HUMANOS DE QUERÉTARO

Colón 14, colonia Centro, 76000, Querétaro, Qro.
Tels./fax: (42) 14-08-37, 12-00-42 y 12-15-89
Larga distancia sin costo: 01-800-400-68-00
E-mail: qrodh@cndh.org.mx

COMISIÓN DE DERECHOS HUMANOS DEL ESTADO DE QUINTANA ROO

Av. Adolfo Lopéz Mateos 424, colonia Campestre
77000, Chetumal, Q.R.
Tel./fax: (98) 32-10-01
E-mail: qroodh@cndh.org.mx

COMISIÓN DE DERECHOS HUMANOS DEL ESTADO DE SAN LUIS POTOSÍ

Mariano Otero 685, colonia Tequisquiapan
78230, San Luis Potosí, S.L.P.
Tels.: (48) 11-51-15, 11-10-16 y 11-60-64
Fax: 11-47-10
E-mail: cedhslp@slp1.telmex.net.mx

COMISIÓN DE DERECHOS HUMANOS DEL ESTADO DE SINALOA

Epitacio Osuna 1181 Pte., colonia Centro
80200, Culiacán, Sin.
Tels./fax: (67) 14-64-47 y 14-64-59
E-mail: sindh@cndh.org.mx

COMISIÓN DE DERECHOS HUMANOS DEL ESTADO DE SONORA

Blvd. Luis Encinas y Periférico Poniente
83130, Hermosillo, Son.
Tels./fax: (62) 16-30-32, 16-31-88 y 16-38-84
Larga distancia sin costo: 01-800-62-72-800
E-mail: cedhson@rtn.uson.mx

COMISIÓN ESTATAL DE DERECHOS HUMANOS DE TABASCO

Av. 27 de Febrero 1823
colonia Atasta de Serra
86100, Villahermosa, Tab.
Tels./fax: (93) 15-35-45 y 15-34-67
E-mail: cedhtab@webtelmex.net.mx

COMISIÓN ESTATAL DE DERECHOS HUMANOS DE TAMAULIPAS

Calle 14 Nº 355, colonia Centro
87000, Ciudad Victoria, Tamps.
Tel./fax: (131) 24-565 y 24-612

COMISIÓN DE DERECHOS HUMANOS DE TLAXCALA

Boulevard Revolución 20, colonia Centro
90000, Tlaxcala, Tlax.
Tel.: (246) 216-30
E-mail: cedhtlax@servired.com.mx

COMISIÓN DE DERECHOS HUMANOS DEL ESTADO DE YUCATÁN

Calle 61 Nº 444, colonia Centro
97000, Mérida, Yuc.
Tel./fax: (99) 28-56-15
E-mail: yucdh@cndh.org.mx

COMISIÓN DE DERECHOS HUMANOS DEL ESTADO DE VERACRUZ

Justino Sarmiento 3
Colonia Aguacatal
91130, Jalapa, Ver.
Tels.: (28) 14-02-68 y 14-03-21
Fax: (28) 14-54-86

COMISIÓN DE DERECHOS HUMANOS DEL ESTADO DE ZACATECAS

Calle A. López Mateos 100
colonia Centro
98000, Zacatecas, Zac.
Tel./fax: (49) 22-73-03
E-mail: zacdh@cndh.org.mx

COMISIÓN DE DERECHOS HUMANOS (ONU)

FUNDACIÓN Y ESTRUCTURA

La Comisión de Derechos Humanos de las Naciones Unidas es el principal órgano normativo intergubernamental. Da orientación política global, estudia los problemas, elabora y codifica normas internacionales y vigila la observancia de los derechos humanos en todo el mundo. La integran 53 países elegidos por periodos de tres años (México será miembro hasta 2001).

Con sede en Ginebra, Suiza, la Comisión concentró originalmente sus esfuerzos en la definición y codificación de las normas internacionales de derechos humanos. En los últimos dos decenios ha establecido un sistema de procedimientos para investigar presuntas violaciones de los derechos humanos y envía rutinariamente misiones de investigación a países de todas partes del mundo. El periodo anual de sesiones de seis semanas es un foro mundial donde se discute una amplia gama de violaciones.

En 1993 la Asamblea General de la ONU la fortaleció al crear el Alto Comisionado de las Naciones Unidas para los Derechos Humanos. La ex presidenta de Irlanda, Mary Robinson, es la actual Alta Comisionada. Asumió el cargo en septiembre de 1997. Esta oficina tiene unos 200 empleados. Se tiene noticia de que próximamente instalará una oficina en México.

PROCEDIMIENTO

La Comisión depende de verificaciones independientes. Para ello nombra expertos de reputación internacional que examinan y rinden informes públicos. Esos expertos, que actúan a título personal, tienen varias categorías: relatores especiales, representantes, expertos independientes o, cuando varios de ellos comparten el mismo mandato, grupos de trabajo.

Los expertos tienen libertad para utilizar todas las fuentes fidedignas de que dispongan para preparar sus informes. Gran parte de su labor se realiza sobre el terreno (entrevistas con autoridades, ONG y víctimas; acopio de pruebas). En 1997, se realizaron misiones de investigación en 14 países y se transmitieron a los gobiernos peticiones de información sobre más de cinco mil casos. Los relatores especiales presentan informes anuales a la Comisión, en los que recomiendan medidas a tomar.

Dirección:
Alto Comisionado de las Naciones Unidas para los Derechos Humanos
Palais des Nations
CH-1211, Ginebra 10, Suiza

Tel.: (4122) 917-92-51
Fax: (4122) 917-90-96
E-mail: webadmin.hchr@unog.ch
http://www.unhchr.ch

COMISIÓN INTERAMERICANA DE DERECHOS HUMANOS (CIDH)

FUNDACIÓN Y ESTRUCTURA

El Sistema Interamericano de Defensa de los Derechos Humanos se forma con la Comisión Interamericana de Derechos Humanos (CIDH), con sede en Washington, y la Corte Interamericana de Derechos Humanos, con sede en San José, Costa Rica.

La CIDH es un órgano autónomo creado por la Organización de Estados Americanos (OEA), en 1960. Está integrada por siete miembros independientes elegidos por cuatro años y reelegidos una sola vez. Se desempeñan en forma personal, no representan a ningún país en particular y son elegidos por la asamblea general.

MIEMBROS DE LA COMISIÓN INTERAMERICANA DE DERECHOS HUMANOS, 2000

NOMBRE	CARGO	PAÍS
Prof. Hélio Bicudo	Presidente	Brasil
Decano Claudio Grossman	Primer vicepresidente	Chile
Dr. Juan Méndez	Segundo vicepresidente	Argentina
Dr. Robert Goldman	Miembro	Estados Unidos
Dr. Peter Laurie	Miembro	Barbados
Dra. Martha Altolaguirre	Miembro	Guatemala
Dr. Julio Prado Vallejo	Miembro	Ecuador

Fuente: CIDH.

La CIDH actúa en forma permanente, reuniéndose en periodos ordinarios y extraordinarios de sesiones varias veces por año. La secretaría ejecutiva cumple las instrucciones de la comisión y sirve de apoyo para la preparación legal y administrativa de sus tareas.

En 1961 la CIDH comenzó a visitar países y a investigar situaciones particulares. Desde 1965 fue autorizada expresamente a recibir y procesar denuncias o peticiones individuales. Hasta 1997 había procesado o tenía en proceso doce mil casos.

PROCEDIMIENTO

Toda persona, grupo de personas u organización no gubernamental puede presentar una denuncia ante la CIDH por violaciones a derechos protegidos por la Convención Americana o por la Declaración Americana de Derechos Humanos. La denuncia puede hacerse en cualquiera de los cuatro idiomas oficiales de la OEA, y puede hacerse a nombre de una tercera persona.

La Comisión sólo abre un caso cuando se alega que uno de los Estados miembros de la OEA es responsable por acción o por omisión. Las peticiones deben haber agotado los recursos de jurisdicción interna. En caso contrario, la víctima debe probar que interpuso dichos recursos pero que fallaron al no otorgar garantías de un debido proceso o por haber denegado el acceso efectivo a esos recursos, o al existir retrasos injustificados en la decisión de los mencionados recursos.

Una vez que la CIDH recibe una petición que en principio cumple con los requisitos establecidos, le asigna un número y da inicio al trámite. La comisión puede declarar la petición inadmisible y poner término al procedimiento o puede encontrar que no ha ocurrido una violación; en tales situaciones, generalmente se pone al servicio de las partes para obtener una solución amistosa.

Ya abierto el caso, las partes pertinentes de la petición son enviadas al gobierno respectivo solicitándole información. La Comisión también puede llevar a cabo su propia investigación, mediante visitas *in loco,* o requiriendo información específica a las partes. La comisión también puede llevar a cabo audiencias en las cuales se pregunta a las partes sobre argumentos legales y hechos alegados.

Cuando las partes han agotado sus respectivos puntos de vista y la CIDH considera que posee suficiente información, prepara un informe en el cual incluye sus conclusiones y, generalmente, recomendaciones al Estado involucrado en el caso. Este informe tiene carácter de privado. La CIDH otorga al Estado un lapso a fin de que resuelva la situación y cumpla con las medidas recomendadas.

Al expirar el plazo otorgado al Estado, la CIDH puede preparar un segundo informe (por lo general similar al primero) con conclusiones y recomendaciones. En esta instancia, la Comisión decide si publica o no dicho informe o si somete el caso ante la Corte Interamericana de Derechos Humanos.

Dirección:
1889 F St., N.W.,
Washington, DC, U.S.A. 20006
Tel.: (202) 458-60-02
Fax: (202) 458-39-92
E-mail: cidhoea@oas.org
http://www.cidh.oas.org

AMNISTÍA INTERNACIONAL

Esta organización no gubernamental, la más grande y famosa del mundo dedicada a la defensa de los derechos humanos, fue creada en 1961 para defender prisioneros de conciencia, exigir juicios justos para los presos políticos, luchar contra la tortura, denunciar las desapariciones y asesinatos políticos y oponerse a la pena de muerte (entre otros temas).

Trabaja con base en la información que recoge, procesa y difunde con un alto grado de rigor (sólo publica aquello de lo que está absolutamente segura). Sus grupos adoptan las causas de prisioneros individuales, hacen campañas de cartas dirigidas a los gobiernos, realizan acciones urgentes y promueven la solidaridad de profesión a profesión. Para garantizar objetividad en su actuación, no permite que las secciones trabajen en asuntos de su país de origen (por ejemplo, la Sección México no puede hacer campañas por prisioneros mexicanos). Ha recibido un gran número de reconocimientos, entre otros el Premio Nobel de la Paz 1977.

A raíz de la masacre del 2 de octubre de 1968 empezó a interesarse por México. Fue la primera organización internacional en hacerlo y en los últimos 30 años ha publicado un buen número de informes al respecto.

CIFRAS Y HECHOS SOBRE AMNISTÍA INTERNACIONAL, 2000

Presupuesto anual del Secretariado: £16,899,000.00

Personal de tiempo completo en el Secretariado: 325 personas

Miembros: 1,100,000

Países donde tiene presencia: 150

Presos de conciencia adoptados: 43,500

Misiones de investigación en países: 922

Acciones urgentes: 5,330

Informes: uno general cada año y un número muy grande sobre países y temas particulares.

Secretario General: Pierre Sané

El Secretariado General reside en Londres.
Dirección:
99-119 Rosebery Avenue
London, EC1R 4RE,
United Kingdom
Tel.: 00 44 (0) 171-814-62-00
Fax: 00 44 (0) 171-833-15-10
E-mail: amnestyis@amnesty.org
http://www.amnesty.org

Human Rights Watch

Creada en 1978, gradualmente se ha especializado en investigaciones muy serias. Con sede en Nueva York, tiene cinco divisiones (África, América, Asia, Medio Oriente y Europa del Este) además de programas especializados en tráfico de armas, derechos del niño, derechos de la mujer y protección de académicos. Se financia con contribuciones de personas y fundaciones y, para garantizar su independencia, rechaza fondos gubernamentales.

En 1989 empezó a investigar la situación en México y desde entonces ha publicado numerosos informes.

Dirección:
Human Rights Watch
350 Fifth Ave., 34th Floor
New York, NY, 10118-3299
Tel.: 212 216-1219
E-mail: hrwdc@hrw.org
http://www.hrw.org

CIFRAS Y HECHOS SOBRE HUMAN RIGHTS WATCH, 2000

Presupuesto: $12,576,474.00 dólares.

Personal de tiempo completo: 180

Oficinas: Nueva York, Washington, Los Ángeles, Londres, Bruselas, Moscú, Dushanbe, Río de Janeiro y Hong Kong.

Informes: uno cada año e informes parciales.

Director ejecutivo: Kenneth Roth.

LAS ORGANIZACIONES NO GUBERNAMENTALES (ONG)

Criticadas o elogiadas, las ONG son ya parte integral de la vida pública y privada. Una tarea pendiente es crear las leyes y reglamentos que faciliten su trabajo y establezcan un marco más adecuado para su existencia.

Las ONG ya forman parte de la realidad mexicana. Su multiplicación ha sido espectacular y hoy virtualmente participan en todas las esferas de la vida pública y privada. Como su consolidación ha sido reciente, la información sobre ellas está todavía fragmentada y es insuficiente. A reserva de que en versiones futuras del Almanaque se profundice en este tema, en esta ocasión incluimos un bosquejo general.

Las ONG son grupos independientes del Estado y de los partidos políticos, no tienen propósito de lucro y buscan influir en la vida pública, promover la participación y el desarrollo social y brindar asistencia privada. Son, por lo tanto, actores fundamentales de un sistema democrático moderno. Desafortunadamente, también se dan los casos de organizaciones que simulan ser una ONG cuando en realidad persiguen el lucro o sirven de escudo a gobiernos o partidos políticos.

NÚMERO DE ONG REGISTRADAS ANTE LA SECRETARÍA DE HACIENDA Y CRÉDITO PÚBLICO, 1999

ENTIDAD	NÚMERO DE ONG	ENTIDAD	NÚMERO DE ONG
Aguascalientes	45	Nayarit	12
Baja California	115	Nuevo León	268
Baja California Sur	23	Oaxaca	77
Campeche	11	Puebla	129
Coahuila	125	Querétaro	95
Colima	29	Quintana Roo	33
Chiapas	54	San Luis Potosí	91
Chihuahua	169	Sinaloa	61
Distrito Federal	1,352	Sonora	87
Durango	19	Tabasco	24
Guanajuato	158	Tamaulipas	89
Guerrero	30	Tlaxcala	19
Hidalgo	55	Veracruz	105
Jalisco	322	Yucatán	102
Estado de México	222	Zacatecas	17
Michoacán	159	Total	4,162
Morelos	65		

Fuente: elaboración propia con datos obtenidos en *Diario Oficial*, 1999.

TIPO DE ACTIVIDAD DE LAS ONG, 1994

ACTIVIDAD	NÚMERO DE ONG
Asistencia social	135
Promoción social	241
Organización de colonos	13
Derechos humanos y democracia	234
Asesoría legal	26
Mujeres	90
Indígenas	21
Migrantes y refugiados	15
Ecología	145
Colegios de profesores y cámaras empresariales	149
Cultura	69
Frentes populares	82
Institutos de investigación y formación	74
Publicaciones de promoción social	14
Organismos internacionales de apoyo al desarrollo	16
Total	1,324

Fuente: Secretaria de Gobernación, 1994.

El desarrollo de las ONG EN MÉXICO ha sido tardío. De acuerdo a un estudio auspiciado por la Academia Mexicana de Derechos Humanos (1997), organizaciones de esta naturaleza surgen hasta los años sesenta, participando en su creación sobre todo profesionistas y activistas políticos.

Todavía es difícil tener cifras confiables acerca del total de ONG. Por ejemplo, en 1999 la Secretaría de Hacienda y Crédito Público tenía registradas 4,162. Un año después el Centro Mexicano para la Filantropía (Cemefi) contabilizó 6,887.

Las estadísticas del Cemefi permiten apreciar las variaciones regionales del fenómeno. En cinco años el número de ONG creció solamente 63% en el Distrito Federal; en el otro extremo está Campeche donde el aumento fue de 1,600 por ciento.

Por otro lado, la diversidad de los campos en que participan se ilustra con un directorio preparado por la Secretaría de Gobernación en 1994.

ONG POR ENTIDAD FEDERATIVA, 1995-2000

ENTIDAD	1995-1996	2000	INCREMENTO
Aguascalientes	27	91	237.04%
Baja California	66	304	360.61%
Baja California Sur	12	56	366.67%
Campeche	7	119	1,600%
Coahuila	39	418	971.79%
Colima	23	47	104.35%
Chiapas	42	148	252.38%
Chihuahua	44	231	425%
Distrito Federal	1,182	1,930	63.28%
Durango	20	56	180%
Guanajuato	97	235	142.27%
Guerrero	11	56	409.09%
Hidalgo	25	63	152%
Jalisco	229	491	114.41%
Estado de México	81	309	281.48%
Michoacán	65	156	140%
Morelos	32	171	434.38%
Nayarit	5	21	320%
Nuevo León	27	538	1,892.59%
Oaxaca	37	192	418.92%
Puebla	55	150	172.73%
Querétaro	25	135	440%
Quintana Roo	4	59	1,375%
San Luis Potosí	24	103	329.17%
Sinaloa	24	85	240%
Sonora	53	146	175.47%
Tabasco	12	40	233.33%
Tamaulipas	19	102	436.84%
Tlaxcala	7	25	257.14%
Veracruz	45	203	351.11%
Yucatán	18	179	894.44%
Zacatecas	6	28	366.67%
Total	2,364	6,887	191.33%

Fuente: CEMEFI, 1995-1996 y 2000.

ONG POR ENTIDAD FEDERATIVA, 1995-2000

ENTIDAD

Aguascalientes	27 / 91
Baja California	66 / 304
Baja California Sur	12 / 56
Campeche	7 / 119
Coahuila	39 / 418
Colima	23 / 47
Chiapas	42 / 148
Chihuahua	44 / 231
Distrito Federal	1,182 / 1,930
Durango	20 / 56
Guanajuato	97 / 235
Guerrero	11 / 56
Hidalgo	25 / 63
Jalisco	229 / 491
Estado de México	81 / 309
Michoacán	65 / 156
Morelos	32 / 171
Nayarit	5 / 21
Nuevo León	27 / 538
Oaxaca	37 / 192
Puebla	55 / 150
Querétaro	25 / 135
Quintana Roo	4 / 59
San Luis Potosí	24 / 103
Sinaloa	24 / 85
Sonora	53 / 146
Tabasco	12 / 40
Tamaulipas	19 / 102
Tlaxcala	7 / 25
Veracruz	45 / 203
Yucatán	18 / 179
Zacatecas	6 / 28

■ 1995-1996   ▨ 2000

Fuente: CEMEFI, 1995-1996 y 2000.

VI. LAS 32 ENTIDADES FEDERATIVAS

ÍNDICE

AGUASCALIENTES

BAJA CALIFORNIA

BAJA CALIFORNIA SUR

CAMPECHE

COAHUILA

COLIMA

CHIAPAS

CHIHUAHUA

DISTRITO FEDERAL

DURANGO

GUANAJUATO

GUERRERO

HIDALGO

JALISCO

MÉXICO

MICHOACÁN

MORELOS

NAYARIT

NUEVO LEÓN

OAXACA

PUEBLA

QUERÉTARO

QUINTANA ROO

SAN LUIS POTOSÍ

SINALOA

SONORA

TABASCO

TAMAULIPAS

TLAXCALA

VERACRUZ

YUCATÁN

ZACATECAS

AGUASCALIENTES

ZACATECAS

Cosío

Rincón de Romos

Asientos

Tepezalá

San José de Gracia

Pabellón de Arteaga

GARABATO

EL CHICHIMECO

Jesús María

AGUASCALIENTES

Calvillo

Cantera

Cieneguilla

JALISCO

◻ Capital del estado
◯ Poblaciones importantes
◯ Municipios principales
— Límite estatal
◻ Sitios de interés
✈ Aeropuerto

• **SITIOS DE INTERÉS**

Aguascalientes, El
Chichimeco, Garabato, Los
Cuartos y San Blas de
Pabellón.

• **REPRESENTACIÓN
ESTATAL EN EL D.F.**

Homero 109, despacho 1502,
colonia Polanco, 11500
México, D.F.
Teléfonos 5250-0350
y 5250-0386.

Página web:

http://www.aguascalientes.
gob.mx

BASE GEOGRÁFICA

Extensión territorial (km²): 5,272 (0.3% de la superficie del país).

Límites: colinda al norte, noreste, oeste y noroeste con Zacatecas; al sureste y sur, con Jalisco.

Altitud (metros sobre el nivel del mar): máxima de 3,050 y mínima de 1,600.

Ríos principales: Aguascalientes o San Pedro y Calvillo.

Clima: el que predomina es en general seco y semidesértico, con una temperatura media de 18°C y una máxima de 20.3°C.

Vegetación: sotol (agave mezcalero), huizache, palma, mezquite, duraznillo, cardón y nopales. En la sierra hay cedro, pino y encino.

POBLACIÓN

Número de habitantes (2000): 943,506. Estimación para 2010: 1,217,374.

Densidad (habitantes por km²): 179.

Distribución por sexo (2000): mujeres, 51.83%, y hombres, 48.17 por ciento.

Distribución por edad (1997): media de 21 años; menores de 14 años, 37.4%; de 15 a 64 años, 57.98%, y de 65 años y más, 4.53 por ciento.

Capital: Aguascalientes. Habitantes (2000): 643,360.

Principales municipios (2000; núm. de habitantes): Aguascalientes, 643,360; Jesús María, 63,919; Calvillo, 51,235, y Rincón de Romos, 41,548.

Población indígena estimada (1997): 939 personas.

Lenguas indígenas: chontal, huichol, maya y totonaca, entre otras.

Población urbana y rural (2000): urbana, 80.25%, y rural, 19.75 por ciento.

Religiones (1997): católica, 96.04%; protestante, evangélica y otras, 3.0%, y sin religión, 0.96 por ciento.

Población económicamente activa (1997): 56.29 por ciento.

GOBIERNO

División política: once municipios.
Gobernador del estado: Felipe González González, del PAN.
Año de elección: 1998.
Año de la próxima elección de gobernador: 2004.
Gobiernos municipales (junio, 2000): PAN, 6; PRI, 5.

ECONOMÍA

Industria manufacturera (1998, miles de pesos a precios co-

rrientes): PIB, $11,271,299; productos alimenticios, bebidas y tabaco, $2,744,362; industria de la madera y productos de madera, $256,706; sustancias químicas, derivados del petróleo, caucho y plástico, $201,490; textiles, prendas de vestir e industria del cuero, $2,203,602; productos de minerales no metálicos, excepto derivados del petróleo y del carbón, $281,398, y productos metálicos, maquinaria y equipo, $4,031,817.

Agricultura (1998, hectáreas): superficie sembrada, 161,108; cosechada, 150,539. Principales cultivos (toneladas): maíz forrajero, 914,508.50; alfalfa, 692,962.01; maíz de grano, 91,470.40, y avena, 58,951.

Minería (1998): PIB (miles de pesos a precios de 1998), $47,989.

Otros recursos (silvicultura, 1998; m³ en rollo): producción forestal maderable, 5,392,165. Principales especies: pino, 28,000; táscate, 193,485; encino, 3,466,568, y manzanilla, madroño y mezquite, 1,704.112.

Ganadería (1998, cabezas): bovino, 114,201; porcino, 47,800; ovino, 32,000; caprino, 26,499; equino, 42,088; aves, 47,154,000, y colmenas, 6,650.

Turismo (1998): 66 establecimientos con 3,239 cuartos; promedio de turistas nacionales y extranjeros que se hospedaron, 637,914.

🎁 FINANZAS

PIB estatal (1998, millones de pesos): $40,366.

Deuda estatal (1998, millones de pesos): $197.

PIB estatal per cápita (1999): $5,607 dólares ($53,602.92 pesos).

Ingreso total estimado del estado (1998, pesos): $1,987,192,386.

Personal ocupado en el gobierno estatal (1998): 19,907.

⚒ COMUNICACIONES Y TRANSPORTE

Carreteras (1998, km): total, 1,934.4; troncales federales, 364.8; estatales, 618.9, y caminos rurales, 844.0.

Automóviles (1998): 102,984.

Vías de ferrocarril (1998, km): 236.84.

Aeropuertos (1998): ninguno.

Estaciones de televisión y radio (1998): televisión, seis, y radio, 18.

⚕ SALUD

Esperanza de vida al nacer (1997, años): mujeres, 77.3, y hombres, 71.5.

Nacimientos anuales (1998): 24,390.

Defunciones anuales (1997): 3,782.

Población derechohabiente (1998): 76 por ciento.

Hospitales y camas de hospital: públicos (1998), 117 unidades médicas con 809 camas censables y 525 no censables, y privados (1997), 13 unidades médicas con 236 camas censables y 31 no censables.

Personal médico: público (1998), 1,672, y particular, (1997), 776.

Tasas de natalidad y mortalidad infantil (1995): natalidad (por cada mil habitantes), 30.0, y mortalidad infantil (por cada mil nacimientos), 18.2.

📖 EDUCACIÓN

Escolaridad (1999): 8.2 grados.

Analfabetismo (1999): total, 31,160 personas (5.2 por ciento).

Matrícula (1999, miles): preescolar, 36.4; primaria, 149.6; capacitación para el trabajo, 12.1; secundaria, 54.0; media superior, 30.6; superior, 20.2, y posgrado, 1.2.

Maestros (1999): preescolar, 1,464; primaria, 4,853; capacitación para el trabajo, 327; secundaria, 3,574; media superior, 2,316; superior, 2,416, y posgrado, 22.

Escuelas (1999): preescolar, 564; primaria, 741; capacitación para el trabajo, 44; secundaria, 294; media superior, 132; superior, 28, y posgrado, 13.

Vista del acceso al jardín de San Marcos.

BAJA CALIFORNIA

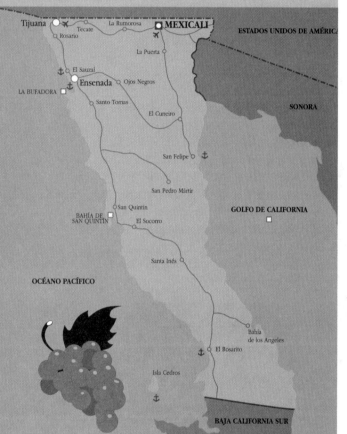

Tijuana · Tecate · La Rumorosa · **MEXICALI**
Rosario
La Puerta
El Sauzal
Ensenada · Ojos Negros
LA BUFADORA
Santo Tomás
El Cuneiro
San Felipe
San Pedro Mártir
San Quintín
BAHÍA DE SAN QUINTÍN · El Socorro
Santa Inés
OCÉANO PACÍFICO
Bahía de los Ángeles
El Rosarito
Isla Cedros

ESTADOS UNIDOS DE AMÉRICA
SONORA
GOLFO DE CALIFORNIA
BAJA CALIFORNIA SUR

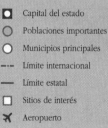

• **SITIOS DE INTERÉS**

Bahía de San Quintín, Ensenada, La Bufadora, Golfo de California (Mar de Cortés) y Tijuana.

• **REPRESENTACIÓN ESTATAL EN EL D.F.**

Miraflores 221, colonia del Valle, 03100 México, D.F. Teléfonos 5687-4033, 5687-2478 y 5687-0332. Fax 5523-6810.

Página web:

http://www.baja.gob.mx

◻ Capital del estado
◯ Poblaciones importantes
◯ Municipios principales
-·-· Límite internacional
— Límite estatal
◻ Sitios de interés
✈ Aeropuerto
⚓ Puertos principales

BASE GEOGRÁFICA

Extensión territorial (km²): 71,505 (3.7% de la superficie del país).

Límites: al norte, con Estados Unidos (estado de California); al este, con Estados Unidos (estado de Arizona), con el río Colorado como frontera; con Sonora, y con el Golfo de California; al sur, con Baja California Sur, y al oeste, con el Océano Pacífico.

Altitud (metros sobre el nivel del mar): máxima de 3,100 y mínima sobre el nivel del mar.

Ríos principales: Colorado, Tecate-Tijuana, Palmas, Guadalupe o San Carlos (éstos últimos varían notablemente según las condiciones climatológicas: fluyen como arroyos excepto en la estación lluviosa, cuando pueden transformarse en caudalosos torrentes).

Clima: predomina el cálido, con una marcada estación fría, excepto en el noroeste que lo tiene tipo mediterráneo templado subhúmedo, de verano cálido seco e invierno lluvioso. En las partes altas de la sierra es templado subhúmedo, con inviernos fríos. En la parte sur es seco y desértico, con temperaturas que oscilan entre 10ºC y 30ºC en un mismo día.

Vegetación: jojoba, cirio, biznaga, saguaro y gobernadora; en la sierra hay piñonero, pino y encino.

POBLACIÓN

Número de habitantes (2000): 2,487,700. Estimación para 2010: 2,936,141.

Densidad (habitantes por km²): 35.

Distribución por sexo (2000): mujeres, 49.79%, y hombres, 50.21 por ciento.

Distribución por edad (1997): media de 22 años; menores de 14 años, 34.06%; de 15 a 64 años, 62.07%, y de 65 años y más, 3.75 por ciento.

Capital: Mexicali. Habitantes (2000): 764,902.

Principales municipios (2000; núm. de habitantes): Tijuana, 1,212,232; Mexicali, 764,902; Ensenada, 369,573; Tecate, 77,444, y Playas de Rosarito, 63,549.

Población indígena estimada (1997): 39,975 personas.

Lenguas indígenas: mixteco, zapoteco, purépecha, triqui, náhuatl, mixteco de las Mixtecas baja y alta, yaqui, maya y otomí, entre otras.

Población urbana y rural (2000): urbana, 91.36%, y rural, 8.64 por ciento.

Religiones (1997): católica, 83.89%; protestante, evangélica y otras, 10.6%, y sin religión, 5.55 por ciento.

Población económicamente activa (1997): 58.85 por ciento.

 **GOBIERNO**

División política: cinco municipios.
Gobernador del estado: Alejandro González Alcocer, del PAN (gobernador sustituto, nombrado en 1998).
Fecha de la próxima elección de gobernador: julio de 2001.
Gobiernos municipales (junio, 2000): PAN, 3; PRI, 2.

 ECONOMÍA

Industria manufacturera (1998, miles de pesos a precios corrientes): PIB, $25,981,337; productos alimenticios, bebidas y tabaco, $4,039,871; productos textiles, prendas de vestir e industria del cuero, $860,149; industria de la madera y productos de madera, $1,478,951; productos de minerales no metálicos, excepto derivados del petróleo y del carbón, $1,308,085, y productos metálicos, maquinaria y equipo, $13,997,077.
Agricultura (1998, hectáreas): superficie sembrada, 252,335; cosechada, 248,664. Principales cultivos (toneladas): trigo grano, 469,955.48; jitomate, 462,419.74; alfalfa, 1,744,358.75; *rye grass,* 270,814, y algodón hueso, 139,308.
Minería (1998): PIB (miles de pesos a precios de 1998), $215,644. Volumen de la producción (1999, toneladas): oro, 0.964, y plata, 16.41.
Otros recursos (pesca; 1998, toneladas): volumen de la captura, 1,525.3. Principales especies: ostión, 877.0; almeja, 582.0; mejillón, 59.0; abulón, 4.5, y bagre, 2.8.
Ganadería (1998, cabezas): bovino, 176,852; caprino, 28,549; porcino, 21,998, y aves, 1,065,431.
Turismo (1998): 364 establecimientos con 16,911 cuartos; promedio de turistas nacionales y extranjeros que se hospedaron, 4,522,166.

 **FINANZAS**

PIB estatal (1998, millones de pesos): $119,779.
Deuda estatal (1998, millones de pesos): $1,612.
PIB estatal per cápita (1999): $6,235 dólares ($59,606.6 pesos).
Ingreso total del estado (1998, pesos): $10,616,342,000.
Personal ocupado en el gobierno estatal (1995): 5,480.

COMUNICACIONES Y TRANSPORTE

Carreteras (1998, km): total, 10,891.4; troncales federales, 2,535.3, y caminos rurales, 4,449.5.
Vías de ferrocarril (1998, km): 132.02.
Aeropuertos (1997): dos.
Puertos (1997): seis (El Sauzal, Ensenada, Isla Cedros, Rosarito, San Felipe y Venustiano Carranza).

Estaciones de televisión y radio (1998): televisión, 26, y radio, 68.

SALUD

Esperanza de vida al nacer (1997, años): mujeres, 77.6, hombres, 71.4.
Nacimientos anuales (1997): 56,831.
Defunciones anuales (1997): 10,541.
Población derechohabiente (1998): 78.3 por ciento.
Hospitales y camas de hospital (1998): públicos, 90 unidades médicas con 1,488 camas censables y 885 no censables, y privados, 62 unidades médicas con 618 camas censables.
Personal médico (1998): público, 2,829, y particular, 385.
Tasas de natalidad y mortalidad infantil (1995): natalidad (por cada mil habitantes), 26.4, y mortalidad infantil (por cada mil nacimientos), 20.3.

EDUCACIÓN

Escolaridad (1999): 8.7 grados.
Analfabetismo (1999): total, 62,426 personas (3.8 por ciento).
Matrícula (1999, miles): preescolar, 69.4; primaria, 343.9; capacitación para el trabajo, 17.1; secundaria, 118.6; media superior, 60.4; superior, 47.3, y posgrado, 4.3.
Maestros (1999): preescolar, 2,949; primaria, 11,704; capacitación para el trabajo, 586; secundaria, 7,648; media superior, 4,329; superior, 5,634, y posgrado, 706.
Escuelas (1999): preescolar, 897; primaria, 1,360; capacitación para el trabajo, 140; secundaria, 422; media superior, 170; superior, 85, y posgrado, 48.

© Carlos Hahn

Conjunto arquitectónico en Mexicali, B.C.

BAJA CALIFORNIA SUR

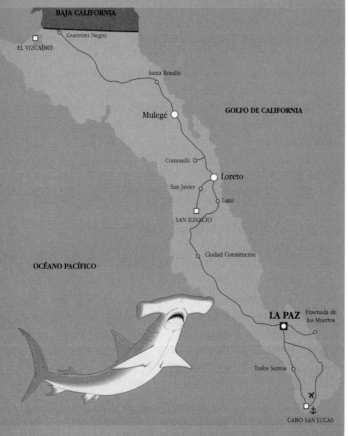

BAJA CALIFORNIA

Guerrero Negro

EL VIZCAÍNO

Santa Rosalía

Mulegé

GOLFO DE CALIFORNIA

Comondú

Loreto

San Javier

Ligui

SAN IGNACIO

Ciudad Constitución

OCÉANO PACÍFICO

LA PAZ — Ensenada de los Muertos

Todos Santos

CABO SAN LUCAS

Capital del estado
Poblaciones importantes
Municipios principales
Límite estatal
Sitios de interés
Aeropuerto
Puertos principales

• **SITIOS DE INTERÉS**
Cabo San Lucas, La Paz, pinturas rupestres de la Sierra de San Francisco, San Ignacio y santuario ballenero de El Vizcaíno.

• **REPRESENTACIÓN ESTATAL EN EL D.F.**
Tokio 35, colonia Juárez, 06600 México, D.F.
Teléfonos 5659-3808, 5659-3684 y 5659-1282.
Fax 5208-6182.
Página web:
http://www.bcs.gob.mx

 **BASE GEOGRÁFICA**

Extensión territorial (km²): 73,948 (3.6% de la superficie del país).

Límites: colinda al norte con Baja California; al este, con el Golfo de California, y al sur y al oeste, con el Océano Pacífico.

Altitud (metros sobre el nivel del mar): máxima de 2,080 (Sierra La Laguna) y mínima sobre el nivel del mar.

Ríos principales: las corrientes de Baja California Sur se consideran arroyos y no ríos pues se originan en precipitaciones torrenciales. Entre los principales arroyos destacan: Cadegmo, San Benito, San Ignacio, Mulegé, San Javier, Purísima, Santo Domingo y Comondú.

Clima: seco desértico en las partes bajas; sólo en la región de Los Cabos es subhúmedo. La temperatura máxima sobrepasa 40ºC en verano y la mínima desciende a menos de 0ºC en invierno.

Vegetación: en el bosque hay pino y encino; en el desierto y la llanura, chirindo, cardón, agaves (lechuguilla), mezquite y gobernadora.

POBLACIÓN

Número de habitantes (2000): 423,516. Estimación para 2010: 452,850.

Densidad (habitantes por km²): seis.

Distribución por sexo (2000): mujeres, 49.17%, y hombres, 50.83 por ciento.

Distribución por edad (1997): media de 23 años; menores de 14 años, 33.08%; de 15 a 64 años, 62.53%, y de 65 años y más, 4.3 por ciento.

Capital: La Paz. Habitantes (2000): 196,708.

Principales municipios (2000; núm. de habitantes): La Paz, 196,708; Los Cabos, 105,199; Comondú, 63,837, y Mulegé, 45,985.

Población indígena estimada (1997): 4,107 personas.

Lenguas indígenas: mixteco, zapoteco, náhuatl, triqui, purépecha, maya, yaqui, cora, otomí, mazahua, huichol, mayo, huasteco, totonaca, mixteco de la Mixteca baja, totonaca y tlapaneco.

Población urbana y rural (2000): urbana, 81.31%, y rural, 18.69 por ciento.

Religiones (1997): católica, 90.75%; protestante, evangélica y otras, 6.4%, y sin religión, 2.86 por ciento.

Población económicamente activa (1997): 55.91 por ciento.

 **GOBIERNO**

División política: cinco municipios.

Gobernador del estado: Leonel Efraín Cota Montaño, del PRD-PT.

Año de elección: 1999.

Año de la próxima elección de gobernador: 2005.

Gobiernos municipales (junio, 2000): PRD, 3; PAN, 1, y PRI, 1.

ECONOMÍA

Industria manufacturera (1998, miles de pesos a precios corrientes): PIB, $742,425; productos alimenticios, bebidas y tabaco, $448,608; textiles, prendas de vestir e industria del cuero, $97,176; industria de la madera y productos de madera, $29,018; productos de minerales no metálicos, excepto derivados del petróleo y del carbón, $69,644, y productos metálicos, maquinaria y equipo, $65,961.

Agricultura (1998, hectáreas): superficie sembrada, 44,954; cosechada, 41,942. Principales cultivos (toneladas): maíz, 54,035.0; alfalfa, 46,796.0; jitomate, 43,917.0, y chile, 30,332.0.

Minería (1998): PIB (miles de pesos a precios de 1998), $1,194,370.

Otros recursos (pesca; 1998, toneladas): captura, 88,070. Principales especies: calamar, 16,874; otras especies, 16,202; atún, 11,928, y sardina, 8,200.

Ganadería (1998, cabezas): bovino, 154,676; porcino, 23,141; ovino, 20,916; caprino, 116,682; equino, 11,892; aves, 228,238, y colmenas, 4,432.

Turismo (1998): 184 establecimientos con 9,171 cuartos; promedio de turistas que se hospedaron, 249,245.

FINANZAS

PIB estatal (1998, millones de pesos): $19,444.

Deuda estatal (1998, millones de pesos): $ 472.

PIB estatal per cápita (1999): $6,828 dólares ($65,275.68 pesos).

Ingreso total estimado del estado (1997, pesos): $1,442,317,717.

COMUNICACIONES Y TRANSPORTE

Carreteras (1998, km): total, 4,219.2; troncales federales, 1,197.8; estatales, 371.1, y caminos rurales, 45.6.

Automóviles (1998): 102,644.

Aeropuertos (1998): seis.

Puertos (1997): 15 (Adolfo López Mateos, Cabo San Lucas, Guerrero Negro, Isla San Marcos, La Paz, Loreto, Mulegé, Pichilingue, Puerto Escondido, Punta Negra, San Carlos, San Juan de la Costa, San José del Cabo, Santa María y Santa Rosalía).

Estaciones de televisión y radio (1998): televisión, 19, y radio, 24.

SALUD

Esperanza de vida al nacer (1997, años): mujeres, 78.1, y hombres, 72.0.

Nacimientos anuales (1998): 10,038.

Defunciones anuales (1997): 1,630.

Población derechohabiente (1998): 84 por ciento.

Hospitales y camas de hospital (1998): públicos, 114 unidades médicas con 471 camas censables y 395 no censables, y privados, ocho unidades médicas con 32 camas censables y 23 no censables.

Personal médico (1998): público, 966, y particular, 95.

Tasas de natalidad y mortalidad infantil (1995): natalidad (por cada mil habitantes), 25.9, y mortalidad infantil (por cada mil nacimientos), 14.6.

EDUCACIÓN

Escolaridad (1999): 8.4 grados.

Analfabetismo (1999): total, 13,525 personas (4.6 por ciento).

Matrícula (1999, miles): preescolar, 16.3; primaria, 59.2; capacitación para el trabajo, 12.3; secundaria, 22.8; media superior, 16.1; superior, 7.6, y posgrado, 0.3.

Maestros (1999): preescolar, 697; primaria, 2,213; capacitación para el trabajo, 211; secundaria, 1,482; media superior, 1,194; superior, 733, y posgrado, 147.

Escuelas (1999): preescolar, 285; primaria, 386; capacitación para el trabajo, 38; secundaria, 112; media superior, 49; superior, 15, y posgrado, 7.

© D.A.R.

Ballena gris en el Santuario de Baja California Sur.

CAMPECHE

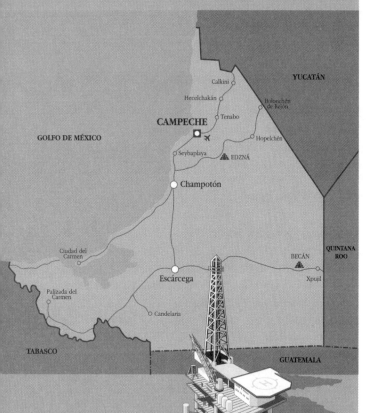

YUCATÁN

Calkini
Hecelchakán
Bolonchén de Rejón
Tenabo
CAMPECHE
GOLFO DE MÉXICO
Hopelchén
Seybaplaya
EDZNÁ
Champotón

Ciudad del Carmen
BECÁN
QUINTANA ROO
Escárcega
Xpujil
Palizada del Carmen
Candelaria

TABASCO

GUATEMALA

• SITIOS DE INTERÉS
Campeche, Ruta Río Bec, zona arqueológica Becán y zona arqueológica Edzná.

• REPRESENTACIÓN ESTATAL EN EL D.F.
Santa Rosalía 114, colonia del Valle, 03100 México, D.F. Teléfonos 5675-1869, 5575-5312, 5575-3527 y 5575-2902. Fax 5575-2483.
Página web:
http://www.campeche.gob.mx

◻ Capital del estado
○ Poblaciones importantes
○ Municipios principales
--- Límite internacional
— Límite estatal
🔺 Zona arqueológica
✈ Aeropuerto
⚓ Puertos principales

BASE GEOGRÁFICA

Extensión territorial (km²): 57,033 (2.9% de la superficie del país).

Límites: colinda al norte y noreste con Yucatán; al este, con Quintana Roo; al sur, con Guatemala; al suroeste, con Tabasco, y al oeste, con el Golfo de México.

Altitud (metros sobre el nivel del mar): máxima de 390 y mínima sobre el nivel del mar.

Ríos principales: Champotón, San Pedro, Palizada, Chumpán, Candelaria y Mamantel.

Clima: cálido subhúmedo con una temperatura media de 26°C. Tiene una precipitación anual de 1,100 mm en el norte y hasta 1,500 mm en el sur.

Vegetación: henequén; en la selva hay caoba, cedro, achiote y ciriote; frutales como guanábana, zapote, uspid, pitahaya, marañón, canistel y mamey; en la costa hay pastizales, manglares y tules.

POBLACIÓN

Número de habitantes (2000): 689,656. Estimación para 2010: 827,933.

Densidad (habitantes por km²): doce.

Distribución por sexo (2000): mujeres, 50.28%, y hombres, 49.72 por ciento.

Distribución por edad (1997): media de 21 años; menores de 14 años, 36.1%; de 15 a 64 años, 59.3%, y de 65 años y más, 4.48 por ciento.

Capital: Campeche. Habitantes (2000): 216,735.

Principales municipios (2000; núm. de habitantes): Campeche, 216,735; Carmen, 171,367; Champotón, 70,499, y Escárcega, 50,541.

Población indígena estimada (1997): 165,581 personas.

Lenguas indígenas: maya, chol, kanjobal, mame, tzeltal, kekchi, zapoteco, tzotzil, totonaca, náhuatl, chuj, chontal de Tabasco, zoque, mixteco, mixe, ixil, jacalteco, cakchiquel, chontal, popoluca, mazateco, huasteco, otomí, huichol, chontal de Oaxaca, purépecha, chinanteco y mayo, entre otras.

Población urbana y rural (2000): urbana, 70.97%, y rural, 29.03 por ciento.

Religiones (1997): católica, 73.72%; protestante, evangélica y otras, 17.8%, y sin religión, 8.44 por ciento.

Población económicamente activa (1997): 60.19 por ciento.

GOBIERNO

División política: once municipios.

Gobernador del estado: José Antonio González Curi, del PRI.

Año de elección: 1997.

Año de la próxima elección de gobernador: 2003.

Gobiernos municipales (octubre, 2000): PRI, 10; PAN, 1.

ECONOMÍA

Industria manufacturera (1998, miles de pesos a precios corrientes): PIB, $579,032; productos alimenticios, bebidas y tabaco, $387,049; industria de la madera y productos de madera, $35,430; papel, productos de papel, imprentas y editoriales, $31,065; productos de minerales no metálicos, excepto derivados del petróleo y del carbón, $44,318, y productos metálicos, maquinaria y equipo, $53,611.

Agricultura (1998, hectáreas): superficie sembrada, 210,996.1; cosechada, 192,634.3. Principales cultivos (toneladas): caña de azúcar, 324,624.0; maíz grano, 223,210.7; chile jalapeño, 99,081.3, y arroz palay, 72,160.8.

Minería (1998): PIB (miles de pesos a precios de 1998), $17,951,174. Volumen de la producción (1998, toneladas): caliza triturada, 119,252; kancab, 113,457; yeso triturado, 72,000; yeso a granel, 56,124, y sal de mar, 6,200.

Otros recursos (pesca; 1998, toneladas): volumen de la captura, 31,950.2. Principales especies: jaiba pulpo, 3,903.0; sierra, 3,348.5; camarón línea, 2,688.1; camarón siete barbas, 2,597.6, y charal, 2,241.0.

Ganadería (1998, cabezas): bovino, 521,867; porcino, 136,910; ovino, 40,105; caprino, 2,520; equino, 20,016; aves, 1,384,355 (además de 43,662 guajolotes), y colmenas, 121,986.

Turismo (1998): 148 establecimientos con 3,853 cuartos; promedio de turistas nacionales y extranjeros que se hospedaron, 951,099.

FINANZAS

PIB estatal (1998, millones de pesos): $ 36,970.

Deuda estatal (1998, millones de pesos): $222.

PIB estatal per cápita (1999): $9,027 dólares ($86,298.12 pesos).

Ingreso total estimado del estado (1997, pesos): $3,311,293,020.

Personal ocupado en el gobierno estatal (1998): 4,764.

COMUNICACIONES Y TRANSPORTE

Carreteras (1998, km): total, 3,971.36; troncales federales, 1,322.70; estatales, 921.40, y caminos rurales, 975.80.

Automóviles (1998): 29,793.

Vías de ferrocarril (1997, km): 415.66.

Aeropuertos (1998): dos.

Puertos (1997): diez (Campeche, San Francisco, Cayo Arcas, Ciudad del Carmen, Champotón, Isla Aguada, Laguna Azul, La Puntilla, Lerma, Seybaplaye).

Estaciones de televisión y radio (1998): televisión, once, y radio, 16.

SALUD

Esperanza de vida al nacer (1997, años): mujeres, 77.1, y hombres, 70.5.

Nacimientos anuales (1998): 19,129.

Defunciones anuales (1997): 2,563.

Población derechohabiente (1995): 61 por ciento.

Hospitales y camas de hospital: públicos (1998), 236 unidades médicas con 650 camas censables 650 y 752 no censables, y privados (1997), ocho unidades médicas con 70 camas censables y 42 no censables.

Personal médico (1998): público, 1,016, y particular, 73.

Tasas de natalidad y mortalidad infantil (1995): natalidad (por cada mil habitantes), 27.3, y mortalidad infantil (por cada mil nacimientos), 16.5.

EDUCACIÓN

Escolaridad (1999): 7.2 grados.

Analfabetismo (1999): total, 58,717 personas (13.2 por ciento).

Matrícula (1999, miles): preescolar, 29.2; primaria, 108.7; capacitación para el trabajo, 15.6; secundaria, 39.3; media superior, 22.6; superior, 13.7, y posgrado, 0.6.

Maestros (1999): preescolar, 1,243; primaria, 4,112; capacitación para el trabajo, 368; secundaria, 2,266; media superior, 1,821; superior, 1,160, y posgrado, 200.

Escuelas (1999): preescolar, 572; primaria, 878; capacitación para el trabajo, 76; secundaria, 225; media superior, 83; superior, 43, y posgrado, 17.

COAHUILA

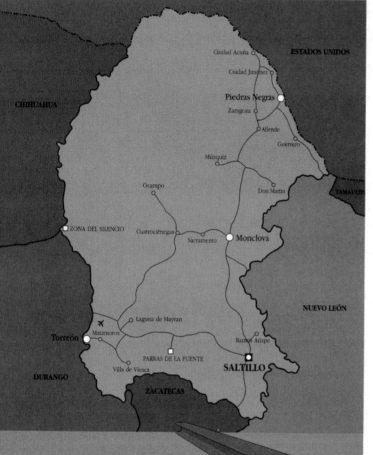

• SITIOS DE INTERÉS
Dunas de Bilbao, Parras de la Fuente, Puente de Ojuela, Saltillo, Torreón y Zona del Silencio.

• REPRESENTACIÓN ESTATAL EN EL D.F.
Prolongación Xicoténcatl 10, colonia Churubusco-Coyoacán, 04120 México, D.F.
Teléfono 5604-2217
Fax 5688-5262.
Página web:
http://www.coahuila.gob.mx

▣	Capital del estado
○	Poblaciones importantes
○	Municipios principales
---	Límite internacional
—	Límite estatal
▢	Sitios de interés
✈	Aeropuerto

BASE GEOGRÁFICA

Extensión territorial (km²): 150,615 (7.7% de la superficie del país).

Límites: colinda al norte con Estados Unidos (estado de Texas), con el río Bravo como frontera; al este, con Nuevo León; al sur, con Zacatecas y San Luis Potosí, y al oeste, con Chihuahua y Durango.

Altitud (metros sobre el nivel del mar): máxima de 3,710 y mínima de 200.

Ríos principales: Bravo, Nazas y Aguanaval. Como afluentes del río Bravo están los ríos San Diego, Álamos, Salinas y Nadadores.

Clima: variable según la altitud. En las llanuras del noroeste es cálido extremoso pero menos seco en la región de los bolsones, donde es seco desértico con temperatura media de 21°C y cambios bruscos de temperatura entre el día y la noche y una precipitación anual promedio de 200 mm.

Vegetación: en la sierra hay pino y encino; en los llanos, uña de gato, cardón, agaves (lechuguilla), gobernadora, yuca y biznaga.

POBLACIÓN

Número de habitantes (2000): 2,295,808. Estimación para 2010: 2,622,307.

Densidad (habitantes por km²): 15.

Distribución por sexo (2000): mujeres, 50.56%, y hombres, 49.44 por ciento.

Distribución por edad (1997): media de 22 años; menores de 14 años, 33.07%; de 15 a 64 años, 62.04%, y de 65 años y más, 4.81 por ciento.

Capital: Saltillo. Habitantes (2000): 577,352.

Principales municipios (2000; núm. de habitantes): Saltillo, 577,352; Torreón, 529,093; Monclova, 193,657, y Piedras Negras, 127,898.

Población indígena estimada (1997): 5,495 personas.

Lenguas indígenas: náhuatl, kikapú, mazahua, zapoteco, otomí, maya, tarahumara, totonaca, mixteco, purépecha, huasteco, yaqui, mixe, mazateco, cora, tepehuán, huichol y chinanteco, entre otras.

Población urbana y rural (2000): urbana, 89.42%, y rural, 10.58 por ciento.

Religiones (1997): católica, 85.98%; protestante, evangélica y otras, 10.4%, y sin religión, 3.65 por ciento.

Población económicamente activa (1997): 57.43 por ciento.

GOBIERNO

División política: 38 municipios.

Gobernador del estado: Enrique Martínez y Martínez, del PRI.

Año de elección: 1999.

Año de la próxima elección de gobernador: 2005.

Gobiernos municipales (junio, 2000): PRI, 35, y PAN, 3.

 ECONOMÍA

Industria manufacturera (1998, miles de pesos a precios corrientes): PIB, $43,392,232; productos alimenticios, bebidas y tabaco, $5,197,842; textiles, prendas de vestir e industria del cuero, $2,242,258; sustancias químicas, derivados del petróleo, caucho y plástico, $2,851,123; sustancias químicas, derivados del petróleo, caucho y plástico, $2,851,123; papel, productos del papel imprentas y editoriales, $424,483; productos de minerales no metálicos, excepto derivados del petróleo y del carbón, $5,230,355; industrias metálicas básicas, $9,286,782, y productos metálicos, maquinaria y equipo, $17,808,574.

Agricultura (1998, hectáreas): superficie sembrada, 310,632; cosechada, 289,631. Principales cultivos (toneladas): alfalfa, 1,503,780; pastos, 844,600; sorgo forrajero, 565,746, y avena forrajera, 364,038.

Minería (1998): PIB (miles de pesos a precios de 1998), $3,365,599. Volumen de la producción (1999, toneladas): plata, 77.58; plomo, 255; cobre, una; coque, 1,695,546; hierro, 2,513,284; barita, 31,081, y fluorita, 136,456.

Otros recursos (pesca; 1998, toneladas): volumen de la captura, 1,218. Principales especies: carpa, 1,163; bagre, 24; tilapia blanca, 20, y lobina negra, once.

Ganadería (1998, cabezas): bovino, 619,400; porcino, 71,972; ovino, 90,806; caprino, 807,550; equino, 54,510; aves, 10,748,966, y colmenas, 3,404.

Turismo (1998): 168 establecimientos con 6,781 cuartos; promedio de turistas nacionales y extranjeros que se hospedaron, 610,707.

 FINANZAS

PIB estatal (1998, millones de pesos): $116,353.

Deuda estatal (1998, millones de pesos): $649.

PIB estatal per cápita (1999): $6,462 dólares ($61,776.72 pesos).

Ingreso total estimado del estado (1997, pesos): $5,305,692,000.

Personal ocupado en el gobierno estatal (1998): 40,518.

COMUNICACIONES Y TRANSPORTE

Carreteras (1998, km): total, 8,529.2; troncales federales, 1,904.3; estatales, 1,840.1, y caminos rurales, 239.5.

Automóviles (1998): 217,716.

Vías de ferrocarril (1997, km): 2,209.86.

Aeropuertos (1998): uno.

Estaciones de televisión y radio (1998): televisión, 38, y radio, 69.

SALUD

Esperanza de vida al nacer (1997, años): mujeres, 77.2, y hombres, 71.3.

Nacimientos anuales (1997): 56,907.

Defunciones anuales (1997): 10,312.

Población derechohabiente (1998): 87.3 por ciento.

Hospitales y camas de hospital (1998): públicos, 336 unidades médicas con un número indeterminado de camas censables y 1,131 no censables, y privados, 36 unidades médicas con 592 camas censables y 90 no censables.

Personal médico (1998): público, 3,705, y particular, 392.

Tasas de natalidad y mortalidad infantil (1995): natalidad (por cada mil habitantes), 26.3, y mortalidad infantil (por cada mil nacimientos), 11.7.

EDUCACIÓN

Escolaridad (1999): 8.3 grados.

Analfabetismo (1999): total, 71,004 personas (4.5 por ciento).

Matrícula (1999, miles): preescolar, 82.2; primaria, 314.9; capacitación para el trabajo, 22.4; secundaria, 122.7; media superior, 68.4; superior, 55.3, y posgrado, 2.9.

Maestros (1999): preescolar, 3,130; primaria, 11,707; capacitación para el trabajo, 657; secundaria, 8,597; media superior, 5,542; superior, 5.472, y posgrado, 355.

Escuelas (1999): preescolar, 1,293; primaria, 1,854; capacitación para el trabajo, 95; secundaria, 453; media superior, 344; superior, 96, y posgrado, 35.

Vista de la sierra en Coahuila.

COLIMA

JALISCO

Minatitlán

VOLCANES DE COLIMA

Comala · Quesería
Cuauhtémoc

Villa de Álvarez

COLIMA

Santa Fé

Los Tepames

Manzanillo

Armería

Ixtlahuacán

OCÉANO PACÍFICO · Coyutlán

Tecomán

MICHOACÁN

- **SITIOS DE INTERÉS**
Colima, Manzanillo y
volcanes de Colima.

- **REPRESENTACIÓN**
ESTATAL EN EL D.F.
Louisiana 17, colonia
Nápoles, 03810 México, D.F.
Teléfonos y faxes 5687-2003,
5687-2376 y 5687-2379.
Página web:
http://www.colima-estado.
gob.mx

○ Capital del estado
○ Poblaciones importantes
○ Municipios principales
— Límite estatal
□ Sitios de interés
✈ Aeropuerto
⚓ Puertos principales

BASE GEOGRÁFICA

Extensión territorial (km²): 5,466 (0.3% de la superficie del país).

Límites: colinda al norte y al este con Jalisco; al sureste, con Michoacán, y al suroeste, con el Océano Pacífico.

Altitud (metros sobre el nivel del mar): máxima de 3,820 y mínima sobre el nivel del mar.

Ríos principales: Cihuatlán, Coahuayana o Tuxpan, Marabasco, Salado y Armería.

Clima: cálido subhúmedo. Tiene una temperatura de 17°C a 26°C en promedio, según la época del año. La precipitación anual va de los 700 mm a los 1,500 mm.

Vegetación: en la costa hay guayacán, guamúchil, chicalite, mezquite, crucillo y mangle; en la sierra hay arrayán, pino, roble y encino, y en los valles hay palma de coco, mango, papaya, limón y tamarindo.

POBLACIÓN

Número de habitantes (2000): 540,679. Estimación para 2010: 655,942.

Densidad (habitantes por km²): 99.

Distribución por sexo (2000): mujeres, 50.73%, y hombres, 49.27 por ciento.

Distribución por edad (1997): media de 22 años; menores de 14 años, 33.31%; de 15 a 64 años, 61.49%, y de 65 años y más, 5.17 por ciento.

Capital: Colima. Habitantes (2000; zona metropolitana): 210,271.

Principales municipios (2000; núm. de habitantes): Colima, 129,454; Manzanillo, 124,014; Tecomán, 99,296, y Villa de Álvarez, 80,817.

Población indígena estimada (1997): 2,224 personas.

Lenguas indígenas: náhuatl, purépecha, zapoteco y mixteco, entre otras.

Población urbana y rural (2000): urbana, 85.58%, y rural, 14.42 por ciento.

Religiones (1997): católica, 93.91%; protestante, evangélica y otras, 4.3%, y sin religión, 1.81 por ciento.

Población económicamente activa (1997): 60.58 por ciento.

GOBIERNO

División política: diez municipios.

Gobernador del estado: Fernando Moreno Peña, del PRI.

Año de elección: 1997.

Año de la próxima elección de gobernador: 2003.

Gob. municipales (octubre, 2000): PRI, 6; PAN, 3, y PAN-PRD, 1.

ECONOMÍA

Industria manufacturera (1998, miles de pesos a precios corrientes): PIB, $988,468; productos alimenticios, bebidas y tabaco, $514,977; textiles, prendas de vestir e industria del cuero, $43,513; industria de la madera y productos de madera, $52,323; sustancias químicas, derivados del petróleo, caucho y plástico, $157,770; productos de minerales no metálicos, excepto derivados del petróleo y del carbón, $127,398, y productos metálicos, maquinaria y equipo, $64,683.

Agricultura (1998, hectáreas): superficie sembrada, 167,885.60; cosechada, 163,566.10. Principales cultivos (toneladas): melón, 73,233; maíz, 57,859.87; sorgo forrajero, 53,643.70, y sandía, 32,283.

Minería (1998): PIB (miles de pesos a precios de 1998), $1,536,734. Volumen de la producción (1999, toneladas): hierro, 2,279,727.

Otros recursos (silvicultura; 1998, m³ en rollo): volumen de la producción forestal maderable, 1,478.191. Principales especies: pino, 820.357; oyamel, 3.404; ciprés, 94.742, y encino, 166.866.

Ganadería (1998, cabezas): bovino, 167,819; porcino, 18,385; ovino, 10,540; caprino, 8,349; equino, 17,372; aves, 1,025,679 (además de 2,357 guajolotes), y colmenas, 17,478.

Turismo (1998): 144 establecimientos con 5,382 cuartos; promedio de turistas nacionales y extranjeros que se hospedaron, 1,090,446.

FINANZAS

PIB estatal (1998, millones de pesos): $19,105.

Deuda estatal (1998, millones de pesos): $186.

PIB estatal per cápita (1999): $5,006 dólares ($47,857.36 pesos).

Ingreso total estimado del estado (1997, pesos): $1,639,325,768.

Personal ocupado en el gobierno estatal (1998): 4,782.

COMUNICACIONES Y TRANSPORTE

Carreteras (1998, km): total, 1,971.5; troncales federales, 392.2; estatales, 440.8, y caminos rurales, 35.2.

Automóviles (1998): 39,884.

Vías de ferrocarril (1997, km): 218.48.

Aeropuertos (1998): dos.

Puertos (1997): dos (Manzanillo y San Pedrito).

Estaciones de televisión y radio (1998): televisión, 13, y radio, 16.

SALUD

Esperanza de vida al nacer (1997, años): mujeres, 76.9, y hombres, 70.8.

Nacimientos anuales (1998): 12,732.

Defunciones anuales (1998): 2,341.

Población derechohabiente (1998): 62 por ciento.

Hospitales y camas de hospital (1998): públicos, 145 unidades médicas con 468 camas censables y 553 no censables, y privados, 14 unidades médicas con 130 camas censables y diez no censables.

Personal médico (1998): público, 956, y particular, 191.

Tasas de natalidad y mortalidad infantil (1995): natalidad (por cada mil habitantes), 26.3, y mortalidad infantil (por cada mil nacimientos), 15.6.

EDUCACIÓN

Escolaridad (1999): 7.8 grados.

Analfabetismo (1999): total, 27,868 personas (8.2 por ciento).

Matrícula (1999, miles): preescolar, 20.4; primaria, 74.3; capacitación para el trabajo, 11.9; secundaria, 29.7; media superior, 16.8; superior, 12.4, y posgrado, 0.6.

Maestros (1999): preescolar, 852; primaria, 2,867; capacitación para el trabajo, 565; secundaria, 2,298; media superior, 1,299; superior, 1,061, y posgrado, 216.

Escuelas (1999): preescolar, 339; primaria, 512; capacitación para el trabajo, 176; secundaria, 158; media superior, 63; superior, 36, y posgrado, 21.

Vista aérea de Manzanillo.

CHIAPAS

• SITIOS DE INTERÉS

Cataratas de Agua Azul, cañón del Sumidero, lagos de Montebello, San Cristóbal de las Casas, Tuxtla Gutiérrez y zonas arqueológicas de Bonampak, Palenque y Yaxchilán.

• REPRESENTACIÓN ESTATAL EN EL D.F.

Toledo 22, colonia Juárez, 06600 México, D.F. Teléfonos y faxes 5207-4902, 5207-2652 y 5207-4260.
Página web:
http://www.chiapas.gob.mx

- ☐ Capital del estado
- ◯ Poblaciones importantes
- ◯ Municipios principales
- --- Límite internacional
- — Límite estatal
- ☐ Sitios de interés
- ▲ Zona arqueológica
- ✕ Aeropuerto
- ⚓ Puertos principales

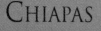 **BASE GEOGRÁFICA**

Extensión territorial (km²): 73,628 (3.8% de la superficie del país).

Límites: colinda al norte con Tabasco; al este, con Guatemala, con los ríos Usumacinta y Suchiate parcialmente como frontera; al sur, con el Océano Pacífico, y al oeste, con Veracruz y Oaxaca.

Altitud (metros sobre el nivel del mar): máxima de 4,110 y mínima sobre el nivel del mar.

Ríos principales: Chiapas cuenta con algunos de los ríos más caudalosos y largos del país. Destacan: el Grijalva o Grande que tiene entre sus afluentes a los ríos Blanco, La Angostura, Chiapilla, Copainalá, Pichucalco, Teapa, Tacotalpa, Tuljá, San Miguel Concordia, Santo Domingo, Suchiapa, La Venta. Están, además, el Usumacinta y sus afluentes: Lacantún, Jacaté, Tzendales, Lancajá, Cahmax, Zaquilá y Tintil. Otros ríos menos importantes son Huixtla, Huehuetán, Coatán, Cahuacán y Suchiate.

Clima: predominan el tropical húmedo y el subhúmedo, con temperaturas medias entre 20°C y 29°C según la región.

Vegetación: en las costas hay mangle, mezquite, palo fierro, quebracho, guácimo y ceiba; en la selva hay guapache, volador, ceiba, caoba y cedro rojo; en la sierra, pino, encino y cuajiote, y en la meseta hay framboyán, pastizales, cazahuate fresno y laurel.

 **POBLACIÓN**

Número de habitantes (2000): 3,920,515. Estimación para 2010: 4,573,041.

Densidad (habitantes por km²): 51.

Distribución por sexo (2000): mujeres, 50.73%, y hombres, 49.27 por ciento.

Distribución por edad (1997): media de 19 años; menores de 14 años, 39.80%; de 15 a 64 años, 55.87%, y de 65 años y más, 4.2 por ciento.

Capital: Tuxtla Gutiérrez. Habitantes (2000): 433,544.

Principales municipios (2000; núm. de habitantes): Tuxtla Gutiérrez, 433,544; Tapachula, 271,141; Ocosingo, 171,495, y San Cristóbal de las Casas, 132,317.

Población indígena (1997): 1,375,976 personas.

Lenguas indígenas: tzeltal, tzotzil, chol, tojolabal, zoque, kanjobal, mame, zapoteco, chuj, maya y jacalteco, entre otras.

Población urbana y rural (2000): urbana, 44.14%, y rural, 55.86 por ciento.

Religiones (1997): católica, 66.5%; protestante, evangélica y otras, 21.0%, y sin religión, 12.95 por ciento.

Población económicamente activa (1997): 56.22 por ciento.

Zona arqueológica de Palenque.

 GOBIERNO

División política: 118 municipios.

Gobernador electo del estado: Pablo Salazar Mendiguchía, de la Alianza por Chiapas.

Año de elección: 2000.

Fecha de la próxima elección de gobernador: 2006.

Gobiernos municipales (junio, 2000): PRI, 86; PRD, 19, y PAN, 5.

ECONOMÍA

Industria manufacturera (1998, miles de pesos a precios corrientes): PIB, $2,861,863; productos alimenticios, bebidas y tabaco, $2,135,031; textiles, prendas de vestir e industria del cuero, $97,694; industria de la madera y productos de madera, $136,877; papel, productos de papel, imprentas y editoriales, $94,372; sustancias químicas, derivados del petróleo, caucho y plástico, $209,608, y productos de minerales no metálicos, $83,313.

Agricultura (1998, hectáreas): superficie sembrada, 1,521,236.46; cosechada, 1,421,435.61. Principales cultivos (toneladas): caña de azúcar, 2,246,723; maíz, 1,755,858.60; plátano, 578,820, y café cereza, 337,024.

Minería (1998): PIB (miles de pesos a precios de 1998), $1,229,540. Volumen de la producción (1999, toneladas): azufre, 296,633.

Otros recursos (1998): a) silvicultura (m³ en rollo): producción forestal maderable, 117,955.014. Principales especies: coníferas, 114,084.573; preciosas, 3,499.103, y comunes tropicales, 371.338; **b) pesca (toneladas):** volumen de la captura, 22,043.60. Principales especies: atún, 2,811.82; tilapia, 2,768.79; tiburón, 2,635.01, y camarón de estero, 1,455.11.

Ganadería (1998, cabezas): bovino, 2,501,844; porcino, 972,507; ovino, 224,180; aves, 27,462,641 (además de 275,726 guajolotes), y colmenas, 75,041.

Turismo (1998): 430 establecimientos con 10,860 cuartos; promedio de turistas nacionales y extranjeros que se hospedaron, 742,520.

FINANZAS

PIB estatal (1998, millones de pesos): $59,903.

Deuda estatal (1998, millones de pesos): $1,067.

PIB estatal per cápita (1999): $2,045 dólares ($19,550.2 pesos).

Ingreso total estimado del estado (1997, pesos): $969,943,908.

Personal ocupado en el gobierno estatal (1998): 21,112.

COMUNICACIONES Y TRANSPORTE

Carreteras (1998, km): total, 20,461.37; pavimentadas, 4,617.86; revestidas, 15,019.91, y en terracería, 823.60.

Automóviles (1998): 106,267.

Vías de ferrocarril (1998, km): 547.8.

Aeropuertos (1998): seis.

Puertos (1997): uno (Puerto Madero).

Estaciones de televisión y radio (1998): televisión, 37, y radio, 47.

SALUD

Esperanza de vida al nacer (1997, años): mujeres, 75.4, y hombres, 69.0.

Nacimientos anuales (1997): 131,882.

Defunciones anuales (1997): 15,512.

Población derechohabiente (1998): 23.3 por ciento.

Hospitales y camas de hospital (1998): públicos, 1,015 unidades médicas con 1,525 camas censables y 1,537 no censables, y privados, 59 unidades médicas con 521 camas censables y 102 no censables.

Personal médico: público (1998), 3,668, y particular (1997), 388.

Tasas de natalidad y mortalidad infantil (1995): natalidad (por cada mil habitantes), 40.0, y mortalidad infantil (por cada mil nacimientos), 14.5.

EDUCACIÓN

Escolaridad (1999): 5.7 grados.

Analfabetismo (1999): total, 599,224 personas (24.3 por ciento).

Matrícula (1999, miles): preescolar, 182.6; primaria, 734.7; capacitación para el trabajo, 12.5; secundaria, 174.5; media superior, 106.4; superior, 38.7, y posgrado, 2.0.

Maestros (1999): preescolar, 9,521; primaria, 28,591; capacitación para el trabajo, 866; secundaria, 8,829; media superior, 6,059, superior, 3,475, y posgrado, 108.

Escuelas (1999): preescolar, 5,857; primaria, 8,549; capacitación para el trabajo, 219; secundaria, 1,209; media superior, 375; superior, 85, y posgrado, 20.

CHIHUAHUA

SONORA

ESTADOS UNIDOS

COAHUILA

DURANGO

SINALOA

● **SITIOS DE INTERÉS**

Bahuichivo, Basaseáchic,
Barranca del Cobre,
Chihuahua, Hidalgo del
Parral y zona arqueológica
de Paquimé.

● **REPRESENTACIÓN
ESTATAL EN EL D.F.**

Río Pánuco 108, colonia
Cuauhtémoc, 06500
México, D.F.
Teléfonos 5208-0295,
5208-0317 y 5208-0405.
Fax 5208-0405.
Página web: http://www.
chihuahua.gob.mx

◉	Capital del estado
○	Poblaciones importantes
◎	Municipios principales
---	Límite internacional
—	Límite estatal
☐	Sitios de interés
▲	Zona arqueológica
✈	Aeropuerto

BASE GEOGRÁFICA

Extensión territorial (km²): 245,962 (12.6% de la superficie del país).

Límites: colinda al norte con Estados Unidos (estados de Nuevo México y Texas), con el río Bravo como frontera; al este, con Coahuila; al sur, con Durango; al suroeste, con Sinaloa, y al oeste, con Sonora.

Altitud (metros sobre el nivel del mar): máxima de 3,300.

Ríos principales: Bravo, Conchos, Papigóchic, Mayo, Urique, San Miguel, Bavispe, Basaseáchic, Chinipas, Besonapa y Moris, entre otros.

Clima: es diverso debido a la variedad geográfica del territorio. En la montaña, es templado con invierno frío y una temperatura media de 15°C; en la vertiente occidental y en las barrancas es menos húmedo que en la montaña, templado o cálido; en la vertiente interior es también menos húmedo; en la meseta es seco y extremoso, con una precipitación media anual entre 200 mm y 300 mm.

Vegetación: en el centro y noroeste hay caña vaquera, zacates, espadaña y celoadilla; en la montaña hay cedro blanco, abeto, oyamel, pino y encino, y en la meseta hay mezquite, gobernadora, agaves (lechuguilla), ocotillo y guayule.

POBLACIÓN

Número de habitantes (2000): 3,047,867. Estimación para 2010: 3,532,257.

Densidad (habitantes por km²): doce.

Distribución por sexo (2000): mujeres, 50.41%, y hombres, 49.59 por ciento.

Distribución por edad (1997): media de 22 años; menores de 14 años, 33.75%; de 15 a 64 años, 61.74%, y de 64 años y más, 4.46 por ciento.

Capital: Chihuahua. Habitantes (2000): 670,208.

Principales municipios (2000; núm. de habitantes): Juárez, 1,217,818; Chihuahua, 670,208; Cuauhtémoc, 124,279, y Delicias, 116,132.

Población indígena estimada (1997): 129,259 personas.

Lenguas indígenas: tarahumara, tepehuán, mazahua, guarijío, pima, mixteco, náhuatl, zapoteco, otomí, maya, purépecha, huasteco, totonaca, chinanteco, mixe, yaqui, tzotzil, mazateco, huichol y mayo, entre otras.

Población urbana y rural (2000): urbana, 82.55%, y rural, 17.45 por ciento.

Religiones (1997): católica, 85.74%; protestante, evangélica y otras, 9.6%, y sin religión, 4.68.

Población económicamente activa (1997): 58.76 por ciento.

Detalle de la zona arqueológica de Paquimé.

⚖ GOBIERNO

División política: 67 municipios.
Gobernador del estado: Patricio Martínez García del PRI.
Año de elección: 1998.
Año de la próxima elección de gobernador: 2004.
Gobiernos municipales (junio, 2000): PRI, 46; PAN, 19, y PRD, 2.

ECONOMÍA

Industria manufacturera (1998, miles de pesos a precios corrientes): PIB, $35,536,231; productos alimenticios, bebidas y tabaco, $3,749,048; textiles, prendas de vestir e industria del cuero, $4,279,625; industria de la madera y productos de madera, $2,568,114; papel, productos de papel, imprentas y editoriales, $940,507; productos de minerales no metálicos, excepto los que son derivados del petróleo y del carbón, $1,701,221, y productos metálicos, maquinaria y equipo, $19,580,524.

Agricultura (1998, hectáreas): superficie sembrada, 1,064,598; cosechada, 908,926. Principales cultivos (toneladas): alfalfa, 673,114; maíz, 579,101; maíz forrajero, 550,239, y chile, 436,265.

Minería (1998): PIB (miles de pesos a precios de 1998), $1,267,782. Volumen de la producción (1999, toneladas): oro, 0.873; plata, 339.57; plomo, 67,875; cobre, 12,609, y zinc, 139,083.

Otros recursos (1998): a) silvicultura (m³ en rollo): volumen de la producción forestal maderable, 1,156,592. Principales especies: pino, 1,054,838; encino, 101,657, y tazcate, 97; **b) pesca (toneladas):** volumen de la captura, 680.9. Principales especies: carpa, 356.4; mojarra tilapia, 95.6; bagre, 57.1; lobina negra, 17.2, y charal, 1.5.

Ganadería (1998, cabezas): bovino, 1,178,698; porcino, 206,770; ovino, 59,830; caprino, 212,058; equino, 145,989; aves, 4,985,157, y colmenas, 18,427.

Turismo (1998): 298 establecimientos con 11,530 cuartos; promedio de turistas nacionales y extranjeros que se hospedaron, 2,769,490.

FINANZAS

PIB estatal (1998, millones de pesos): $152,384.
Deuda estatal (1998, millones de pesos): $1,646.
PIB estatal per cápita (1999): $6,502 dólares ($62,159.12 pesos).
Ingreso total estimado del estado (1997, pesos): $6,424,295,057.
Personal ocupado en el gobierno estatal (1998): 6,011.

COMUNICACIONES Y TRANSPORTE

Carreteras (1998, km): total, 12,672.6; carreteras libres, 4,719.0; carreteras de cuota, 509.7, y caminos rurales, 7,443.9.
Automóviles (1999): 532,676.
Vías de ferrocarril (1997, km): 2,654.47.
Aeropuertos (1998): dos.
Estaciones de televisión y radio (1998): televisión, 40, y radio, 83.

✚ SALUD

Esperanza de vida al nacer (1997, años): mujeres, 77.2, y hombres, 70.9.
Nacimientos anuales (1997): 77,309.
Defunciones generales (1997): 15,508.
Población derechohabiente (1998): 80 por ciento.
Hospitales y camas de hospital (1998): públicos, 552 unidades médicas con 2,678 camas censables y 1,843 no censables, y privados, 46 unidades médicas con 977 camas censables 977 y 174 no censables.
Personal médico (1998): público, 4,253, y particular, 221.
Tasas de natalidad y mortalidad infantil (1995): natalidad (por cada mil habitantes), 25.9, y mortalidad infantil (por cada mil nacimientos), 16.1.

📖 EDUCACIÓN

Escolaridad (1999): 7.7 grados.
Analfabetismo (1999): total, 105,088 personas (5.1 por ciento).
Matrícula (1999, miles): preescolar, 93.1; primaria, 447.1; capacitación para el trabajo, 21.4; secundaria, 139.8; media superior, 78.5; superior, 52.0, y posgrado, 3.1.
Maestros (1999): preescolar, 4,232; primaria, 16,485; capacitación para el trabajo, 734; secundaria, 7,666; media superior, 4,999; superior, 4,358, y posgrado, 347.
Escuelas (1999): preescolar, 1,793; primaria, 3,178; capacitación para el trabajo, 142; secundaria, 644; media superior, 335; superior, 60, y posgrado, 25.

DISTRITO FEDERAL

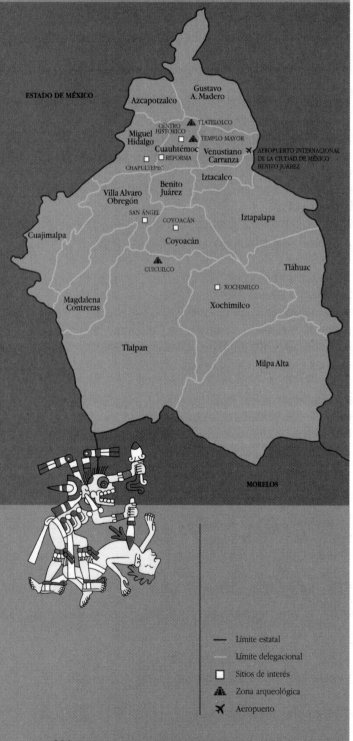

ESTADO DE MÉXICO

Azcapotzalco

Gustavo A. Madero

CENTRO HISTÓRICO

Miguel Hidalgo

TLATELOLCO

TEMPLO MAYOR

Cuauhtémoc

REFORMA

Venustiano Carranza

AEROPUERTO INTERNACIONAL DE LA CIUDAD DE MÉXICO BENITO JUÁREZ

CHAPULTEPEC

Iztacalco

Villa Alvaro Obregón

Benito Juárez

SAN ÁNGEL

COYOACÁN

Iztapalapa

Cuajimalpa

Coyoacán

CUICUILCO

Tláhuac

XOCHIMILCO

Magdalena Contreras

Xochimilco

Tlalpan

MORELOS

Milpa Alta

— Límite estatal
— Límite delegacional
☐ Sitios de interés
⚠ Zona arqueológica
✈ Aeropuerto

BASE GEOGRÁFICA

Extensión territorial (km²): 1,525 (0.1% de la superficie del país).

Límites: colinda al norte, este y oeste con el Estado de México, y al sur, con Morelos.

Altitud (metros sobre el nivel del mar): máxima de 3,937 y mínima de 2,240 (al noroeste). Las principales cumbres son el Cerro La Cruz del Marqués (Ajusco), con 3,930, el volcán Tláloc, con 3,690, y el Cerro Pelado, con 3,620.

Ríos principales: la mayoría de los ríos y arroyos han sido desviados de sus cauces naturales por medio de canales o han sido entubados. Tal es el caso de los ríos San Joaquín, Tlalnepantla, La Piedad, Churubusco, Becerra, Consulado y Mixcoac. Sus principales riachuelos son Los Remedios y el de la Magdalena Contreras.

Clima: predomina el templado subhúmedo. La temperatura mínima es de 3°C, la promedio de 15.6°C y la máxima de 23°C. Año más frío: 1925 (14.2°C promedio). Año más caluroso: 1995 (17°C promedio). Su precipitación anual es de 770 mm. Año más lluvioso: 1976 (1,161.5 mm). Año más seco: 1945 (460.3 mm). Al suroeste la mayor altitud determina que la temperatura media descienda hasta 11°C; en esa zona, la precipitación aumenta a 1,200 mm anuales.

Vegetación: en la sierra hay zacatán, oyamel, cedro blanco, pino y encino; en los lomeríos bajos se encuentra tecojote, capulín, agave, nopal y encino. El 75% del territorio de la entidad está deforestado. Las áreas verdes (1997 en m²): 32,833,000. Las áreas naturales protegidas (1997 en hectáreas): 11,538.2.

POBLACIÓN

Número de habitantes (2000): 8,591,309. Estimación para 2010: 9,055,411.

Densidad: 5,639 habitantes por km².

Distribución por sexo (2000): mujeres, 52.43%, y hombres, 47.57 por ciento.

Distribución por edad (1997): media de 26 años; menores de 14 años, 26.86%; de 15 a 64 años, 67.21%, y de 65 años y más, 5.85 por ciento.

Tasa de crecimiento promedio anual (1990-1995): 0.5 por ciento.

Capital: Ciudad de México. Habitantes (2000; zona metropolitana): 17,800,000.

Principales delegaciones (2000; núm. de habitantes): Iztapalapa, 1,771,673; Gustavo A. Madero, 1,233,922; Álvaro Obregón, 685,327, y Coyoacán, 639,021.

Tasa global de fecundidad (1997): 1.9 hijos por mujer.

Inmigrantes a la entidad (1997): 32.1 por ciento.

Migrantes internacionales (1997): 1.0% respecto a la población residente.

Relación divorcios/matrimonio (1997): 11.7 divorcios por 100 matrimonios.

Edad mediana a la primera unión (1997): 20 años.

Población indígena estimada (1997): 163,340 personas.

Lenguas indígenas: náhuatl, otomí, mixteco, zapoteco, mazahua, mazateco, totonaca, mixe, maya, chinanteco, purépecha, tlapaneco, huasteco, triqui, tzeltal, tzotzil, popoloca y cuicateco, entre otras.

Población urbana y rural (2000): urbana, 99.76%, y rural, 0.24 por ciento.

Religiones (1997): católica, 91.48%; protestante, evangélica y otras, 5.5%, y sin religión, 3.06 por ciento.

⚖️ GOBIERNO

División política: 16 delegaciones (Álvaro Obregón, Azcapotzalco, Benito Juárez, Coyoacán, Cuajimalpa de Morelos, Cuauhtémoc, Gustavo A. Madero, Iztacalco, Iztapalapa, Magdalena Contreras, Miguel Hidalgo, Milpa Alta, Tláhuac, Tlalpan, Venustiano Carranza y Xochimilco).

Jefe de gobierno electo: Andrés M. López Obrador, del PRD.

Año de elección: 2000.

Fecha de la próxima elección para jefe de gobierno: 2006.

Delegaciones gobernadas (diciembre, 2000): PRD, 10 y PAN, 6.

🌐 ECONOMÍA

Unidades económicas (1998): 379,669.

Personal ocupado (1998): 2,929,913.

IIndustria manufacturera (1998, miles de pesos a precios corrientes): PIB, $143,621,727; productos alimenticios, bebidas y tabaco, $29,167,862; textiles, prendas de vestir e industria del cuero, $11,731,658; industria de la madera y productos de madera, $2,519,430; papel, productos de papel,

Edificio del World Trade Center.

Auditorio Nacional

imprentas y editoriales, $11,482,698; sustancias químicas, derivados del petróleo, caucho y plástico, $31,548,701; productos de minerales no metálicos, excepto derivados del petróleo y del carbón, $3,590,801; industrias metálicas básicas, $2,902,942; productos metálicos, maquinaria y equipo, $43,767,109, y productos de otras industrias manufactureras, $6,910,525.

Industria maquiladora de exportación (1999): establecimientos, 29; personal ocupado, 2,505 personas.

Construcción (1999): valor de la producción, $27,499 millones de pesos corrientes; personal ocupado en la industria, 83,858 personas.

Agricultura (1998, hectáreas): superficie sembrada, 25,418.30; cosechada, 25,411.30. Principales cultivos (toneladas): nopales, 270,422; avena forrajera, 33,046.7, y maíz forrajero, 19,642.

Minería (1998): PIB (miles de pesos a precios de 1998), $315,105.

Ganadería (1998, cabezas): bovino, 20,400; porcino, 36,623; ovino, 26,400; caprino, 1,060, y aves, 225,900.

Silvicultura (1998, m³ en rollo): coníferas, 16,891; oyamel, 15,669, y pino, 1,222; no maderable, 19,515 toneladas.

Turismo (1999): 592 establecimientos con 44,127 cuartos; visitantes nacionales y extranjeros hospedados, 17,250,000 (71% nacionales y 28.5% extranjeros). Discoteques y salones de baile, 40; centros nocturnos turísticos, 14; bares turísticos, 88; restaurantes turísticos, 845; agencias de viajes, 340.

Abasto y distribución (1998): mercados fijos, 312; mercados sobre ruedas (1997), 59.

🔨 SEGURIDAD Y JUSTICIA

Delitos (1999, promedio diario): 623.

Homicidios (1999, promedio diario): 2.41.

Robo a transeúnte (1999, promedio diario): 135.60.

Robo de vehículos (1999, promedio diario): 123.

Violaciones (1999, promedio diario): 4.

Presuntos delincuentes (1998): fuero federal, 1,745, y fuero común, 16,228.

Delincuentes sentenciados (1998): fuero federal, 1,233, y fuero común, 14,468.

Policías (1998): preventivos, 33,955; auxiliares, 40,000, y bancaria industrial, 15,000.

Centros de readaptación social (1997): ocho; número de internos, 13,901.

 VIVIENDA

Número de viviendas (2000): 2,131,366.

Ocupantes por vivienda (2000): 4.01.

Con energía eléctrica (1995): 99.8 por ciento.

Con agua entubada (1995): 97.9 por ciento.

Con drenaje (1995): 97.8 por ciento.

Con excusado (1995): 87.6 por ciento.

EMPLEO

Población económicamente activa (1998): 57.2%; 39.2% en sector servicios; 20.9% en comercio y 19.4% en la industria de la transformación.

Tasa de desempleo abierto (1999): general, 3.1%; hombres, 3.1% y mujeres, 3.4 por ciento.

Conflictos de trabajo (1998): 23,978.

Emplazamientos a huelga (1998): 3,758.

Huelgas estalladas (1998): 43.

Bolsa Mexicana de Valores.

FINANZAS

PIB estatal (1998, millones de pesos): $800,357.

Deuda estatal (1998, millones de pesos): $ 7,255.

PIB estatal per cápita (1999): $7,334 dólares ($70,113.04 pesos).

Ingreso total estimado de la entidad (1997, pesos): $35,419,878,900.

Personal ocupado en el gobierno local (1999): 276,517.

Tasa de inflación anual (1999): 11.9 por ciento.

Distribución del ingreso (1996): 20% más pobre, 5.9%; 20% más rico, 50.5%; coeficiente de gini, 0.4245.

Estructura del gasto de los hogares (1996): alimentos y bebidas, 34.6%; vivienda y servicios, 11.6%; transporte, 15.7%, y educación y esparcimiento, 16.4 por ciento.

 COMUNICACIONES Y TRANSPORTE

Carreteras (1997, km): 602; carpeta asfáltica, 115,500,000 m².

Flota vehicular de carga (1999): 58,893.

Flota vehicular de pasaje (1999): 22,845.

Accidentes de tránsito (1997): 14,253; muertos, 706, y heridos, 6,764.

Vialidad en Santa Fe.

Vías de ferrocarril (1997, km): 274.76.

Sistema de Transporte Colectivo (Metro): poco menos de 200 km de red, con 10 líneas y 167 estaciones (incluyendo la Línea B inaugurada en 1999, con 13 estaciones que ascenderán a 21 si se consideran las ocho que estarán en el Estado de México); plantilla de personal: poco más de 13 mil trabajadores (66.3% de base).

Aeropuertos: 1; pasajeros de la aviación (1997), 18,946,000.

Estaciones de televisión y radio (1998): televisión, 10, y radio, 68.

Líneas telefónicas (1998): 28 por cada 100 habitantes

SALUD

Esperanza de vida al nacer (1997, años): mujeres, 77.9, y hombres 72.0.

Nacimientos anuales (1997): 181,803.

Defunciones anuales (1997): 46,884.

Población derechohabiente (1998): 9,984,336 personas.

Servicio de Transporte Colectivo METRO.

Hospitales y camas de hospital: públicos (1997), 232 unidades médicas con 16,285 camas censables y 6,223 no censables, privados (1998), 246 unidades médicas con 5,700 camas censables y 978 no censables.

Personal médico (1997): público, 28,973, y particular, 6,200.

Tasas de natalidad y mortalidad infantil (1995): natalidad (por cada mil habitantes), 23.1, y mortalidad infantil (por cada mil nacimientos), 20.7.

Consultas generales por mil habitantes (1998): 1,837.50.

Intervenciones quirúrgicas por mil habitantes (1998): 53.70.

Nacimientos atendidos (por mil mujeres en edad fértil, 1998): 62.8.

Usuarias activas de métodos de planificación familiar (1998): 391.9 por mil mujeres en edad fértil.

Trabajadores asegurados por el IMSS (1999): total, 2,226,285; permanentes, 2,004,269 y eventuales, 222,016.

📖 EDUCACIÓN

Escolaridad (1999): 10.2 grados.

Analfabetismo (1999): 147,664 personas (2.5%).

Matrícula (1999, miles): preescolar, 288.8; primaria, 1,030.7; capacitación para el trabajo, 154.2; secundaria, 490.3; media superior, 390.2; superior, 355.3, y posgrado, 43.7.

Maestros (1999): preescolar, 11,915; primaria, 39,216; capacitación para el trabajo, 5,567; secundaria, 34,606; media superior, 26,887, superior, 49,547, y posgrado, 5,049.

Escuelas (1999): preescolar, 3,108; primaria, 3,390; capacitación para el trabajo, 640; secundaria, 1,317; media superior, 625; superior, 311, y posgrado, 205.

Población de 15 años y más según nivel de instrucción (1995): sin instrucción, 3.9%; primaria incompleta, 10.4%; primaria completa, 14.9%, y postprimaria, 70.3 por ciento.

• SITIOS DE INTERÉS

Bosque de Chapultepec: Museo Nacional de Antropología, Castillo de Chapultepec, Papalote Museo del Niño y el bosque en sí mismo.

Centro histórico: Plaza de la Constitución (Zócalo), Catedral Metropolitana, Palacio Nacional, Templo Mayor, Plaza de Santo Domingo, Antiguo Palacio de la Inquisición (Museo de la Medicina Mexicana), Antiguo Colegio de San Ildelfonso, Secretaría de Educación Pública (murales de Diego Rivera), Templo de Nuestra Señora del Pilar la Enseñanza, Casa de los Azulejos, Templo y exconvento de San Francisco, Palacio de Iturbide, Palacio de Minería, Palacio de Bellas Artes y Museo Franz Mayer.

Ciudad Universitaria: Centro Cultural Universitario y Museo Universum.

Coyoacán y San Angel: Jardín del Centenario, Museo Frida Kahlo, Museo del exconvento del Carmen y Plaza de San Jacinto.

Paseo de la Reforma: Columna de la Independencia.

Tlalpan: Plaza de Armas y alrededores.

Villa de Guadalupe: Antigua Basílica y Capilla del Pocito.

Xochimilco: Templo de San Bernardino de Sena, canales y Museo Dolores Olmedo Patiño.

• SECRETARÍAS

La Secretaría de Gobierno se encuentra en Plaza de la Constitución y Pino Suárez, primer piso, colonia Centro, 06068 México, D.F. Teléfonos 5542-8058 y 5510-1324. Fax 5522-8635.

Página web: http://www.df.gob.mx (o el acceso anterior, http://www.ddf.gob.mx; los dos códigos llevan a la misma página).

Columna de la Independencia en Paseo de la Reforma.

DURANGO

CHIHUAHUA

COAHUILA

Guanaceví

Indice

Mapimí

Gómez Palacio

San Pedro

Ciudad Lerdo

Topia

Tepehuanes

Nazas

Comonfort

Santiago
Papasquiaro

PEÑÓN
BLANCO

Cuencamé

San Miguel de Cruces

Canatlán

San Juan del Rio

Guadalupe Victoria

DURANGO

Vicente Guerrero

SINALOA

Nombre de Dios

EL SALTO

Suchil

ZACATECAS

Mezquital

NAYARIT

JALISCO

• **SITIOS DE INTERÉS**

El Salto, Durango, Peñón
Blanco y Puente de Ojuela.

• **REPRESENTACIÓN
ESTATAL EN EL D.F.**

Ámsterdam 108, colonia
Hipódromo-Condesa, 06170
México, D.F.
Teléfonos 5286-8686
y 5286-0251.
Fax 5286-0332.

Página web:
http://www.durango.gob.mx

◻ Capital del estado
○ Poblaciones importantes
○ Municipios principales
— Límite estatal
◻ Sitios de interés
✈ Aeropuerto

 BASE GEOGRÁFICA

Extensión territorial (km²): 122,792 (6.3% de la superficie del país).

Límites: colinda al norte y noroeste, con Chihuahua; al este, con Coahuila y Zacatecas; al sur, con Jalisco y Nayarit, y al oeste, con Sinaloa.

Altitud (metros sobre el nivel del mar): máxima de 3,340.

Ríos principales: Huamayo, San Lorenzo, Culiacán Piaxtla, Tamazula, Florido, San Juan, Nazas, Oro, Ramos, San Pedro, Presidio, Baluarte y Acaponeta.

Clima: variable en función de las diferentes altitudes. En la mayor parte es seco y extremoso, con lluvias escasas durante todo el año. En los valles próximos al Bolsón de Mapimí, la precipitación media anual es de 200 mm a 500 mm. En lo alto de la sierra es templado, con lluvias en verano; en invierno hay heladas y nevadas alcanzando una temperatura media de 16ºC y una precipitación media de 800 mm.

Vegetación: en el Bolsón de Mapimí hay agaves (pulqueros, mezcaleros y lechuguillas) y ocotillo; en la sierra hay bosques de coníferas, cedros, encinos y madroños; en los llanos semidesérticos hay agaves diversos, nopal, peyote y biznaga.

POBLACIÓN

Número de habitantes (2000): 1,445,922. Estimación para 2010: 1,642,332.

Densidad (habitantes por km²): doce.

Distribución por sexo (2000): mujeres, 51.19%, y hombres, 48.81 por ciento.

Distribución por edad (1997): media de 21 años; menores de 14 años, 36.37%; de 15 a 64 años, 57.93%, y de 65 años y más, 5.6 por ciento.

Capital: Durango. Habitantes (2000): 490,524.

Principales municipios (2000; núm. de habitantes): Durango, 490,524; Gómez Palacio, 272,806; Ciudad Lerdo, 112,272, y Pueblo Nuevo, 45,257.

Población indígena estimada (1997): 31,416 personas.

Lenguas indígenas: tepehuán, huichol, náhuatl, tarahumara, mazahua, cora, otomí, totonaca, zapoteco, maya, purépecha, huasteco, mixteco, chinanteco, yaqui, mayo, mixe y triqui, entre otras.

Población urbana y rural (2000): urbana, 63.78%, y rural, 36.22 por ciento.

Religiones (1997): católica, 92.94%; protestante, evangélica y otras, 5.0%, y sin religión, 2.1 por ciento.

Población económicamente activa (1997): 51.05 por ciento.

GOBIERNO

División política: 39 municipios.
Gobernador del estado: Ángel Sergio Guerrero Mier, del PRI.
Año de elección: 1998.
Año de la próxima elección de gobernador: 2004.
Gobiernos municipales (junio, 2000): PRI, 31; PAN, 4; PT, 3, y PRD, 1.

ECONOMÍA

Industria manufacturera (1998, miles de pesos a precios corrientes): PIB, $10,008,372; productos alimenticios, bebidas y tabaco, $3,193,486; textiles, prendas de vestir e industria del cuero, $1,097,343; industria de la madera y productos de madera, $2,665,747; papel, productos de papel, imprentas y editoriales, $389,334, y productos metálicos, maquinaria y equipo, $1,857,967.
Agricultura (1998, hectáreas): superficie sembrada, 685,505.0; cosechada, 588,142.1. Principales cultivos (toneladas): alfalfa, 1,431,035.5; maíz forrajero, 609,098.9; sorgo forrajero, 281,904.9, y avena forrajera, 252,455.5.
Minería (1998): PIB (miles de pesos a precios de 1998), $808,273. Volumen de la producción (1999, toneladas): oro, 4.72; plata, 326.05; plomo, 10,504; cobre, 2,628; zinc, 12,542, y fluorita, 12,000.
Otros recursos (silvicultura; 1998, m³ en rollo): volumen de la producción forestal maderable: 1,718,008. Principales especies: pino, 1,579,182; táscate, 2,730, y encino, 134,769.
Ganadería (1998, cabezas): bovino, 1,335,858; porcino, 217,678; ovino, 106,702; caprino, 297,118; equino, 210,479; aves, 17,086,017, y colmenas, 17,135.
Turismo (1998): 128 establecimientos con 3,232 cuartos; promedio de turistas nacionales y extranjeros que se hospedaron, 508,517.

FINANZAS

PIB estatal (1998, millones de pesos): $46,424.
Deuda estatal (1998, millones de pesos): $838.
PIB estatal per cápita (1999): $4,276 dólares ($40,878.56 pesos).
Ingreso total estimado del estado (1997, pesos): $3,072,475,060.

COMUNICACIONES Y TRANSPORTE

Carreteras (1998, km): total, 10,536.7; troncales federales, 2,267.5; estatales, 727.9, y caminos rurales, 215.3.
Automóviles (1998): 102,789.

Vías de ferrocarril (1998, km): 379.
Aeropuertos (1998): uno.
Estaciones de televisión y radio (1998): televisión, 10, y radio, 23.

SALUD

Esperanza de vida al nacer (1997, años): mujeres, 77.0, y hombres, 70.1.
Nacimientos anuales (1997): 48,023.
Defunciones anuales (1997): 6,121.
Población derechohabiente (1998): 67 por ciento.
Hospitales y camas de hospital (1998): públicos, 494 unidades médicas con 1,172 camas censables y 1,488 no censables, y privados, 33 unidades médicas con 357 camas censables y 19 no censables.
Personal médico (1998): público, 2,323, y particular, 74.
Tasas de natalidad y mortalidad infantil (1995): natalidad (por cada mil habitantes), 34.7, y mortalidad infantil (por cada mil nacimientos), 3.9.

EDUCACIÓN

Escolaridad (1999): 7.0 grados.
Analfabetismo (1999): 51,896 personas (5.6 por ciento).
Matrícula (1999, miles): preescolar, 49.8; primaria, 233.2; capacitación para el trabajo, 20.4; secundaria, 80.2; media superior, 46.3; superior, 22.6, y posgrado, 1.2.
Maestros (1999): preescolar, 2,553; primaria, 10,520; capacitación para el trabajo, 336; secundaria, 5,617; media superior, 3,535; superior, 2,609, y posgrado, 190.
Escuelas (1999): preescolar, 1,385; primaria, 2,692; capacitación para el trabajo, 30; secundaria, 766; media superior, 167; superior, 55, y posgrado, 16.

Zona agrícola próxima a Durango, Dgo.

GUANAJUATO

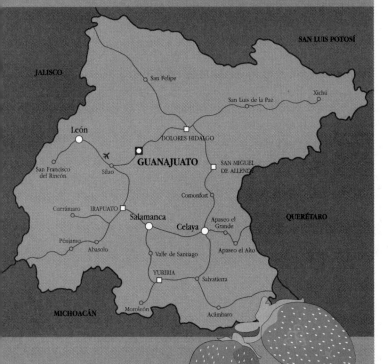

• SITIOS DE INTERÉS

Dolores Hidalgo, Guanajuato,
Irapuato, León, San Miguel de
Allende y Yuriria.

**• REPRESENTACIÓN
ESTATAL EN EL D.F.**

Arquímedes 3, piso 8, colonia
Polanco, 11560 México, D.F.
Teléfonos 5280-2620,
5280-2870, 5280-2995
y 5280-2033.
Fax 5280-3261.

Página web:
http://www.guanajuato.
gob.mx

◙	Capital del estado
◯	Poblaciones importantes
◌	Municipios principales
—	Límite estatal
▢	Sitios de interés
✈	Aeropuerto

BASE GEOGRÁFICA

Extensión territorial (km²): 31,032 (1.6% de la superficie del país).

Límites: colinda al norte con San Luis Potosí; al este, con Querétaro; al sur, con Michoacán, y al oeste, con Jalisco.

Altitud (metros sobre el nivel del mar): máxima de 3,180 y mínima 800.

Ríos principales: Lerma, Laja, Santa María, Xichú y Moctezuma.

Clima: predomina el templado subhúmedo, con lluvias en verano. Por la irregularidad del relieve las temperaturas disminuyen a menos de 18°C en las partes elevadas y en las partes bajas llegan a 22°C. Al norte es seco, con 500 mm de precipitación anual; en el Bajío es superior a 700 mm.

Vegetación: en la sierra hay pino y encino; en los lomeríos centrales hay matorrales con cactáceas y agave azul (cultivado), y en la región lacustre, plantas forrajeras, encinos y ahuehuetes.

POBLACIÓN

Número de habitantes (2000): 4,656,761. Estimación para 2010: 5,640,303.

Densidad (habitantes por km²): 150.

Distribución por sexo (2000): mujeres, 52.30%, y hombres, 47.70 por ciento.

Distribución por edad (1997): media de 20 años; menores de 14 años, 37.92%; de 15 a 65 años, 57.30%, y de 65 años y más, 4.72 por ciento.

Capital: Guanajuato. Habitantes (2000): 141,215.

Principales municipios (2000; núm. de habitantes): León, 1,133,576; Irapuato, 440,039; Celaya, 382,140, y Salamanca, 226,864.

Población indígena estimada (1997): 18,978 personas.

Lenguas indígenas: chontal de Tabasco, chontal, zoque, zapoteco del Istmo, tepehuán, pame, lacandón, kikapú, chinanteco de Ojitán, chatino, amusgo, chichimeca jonaz, otomí, mazahua, náhuatl, purépecha, zapoteco y mixteco maya, entre otras.

Población urbana y rural (2000): urbana, 67.21%, y rural, 32.79 por ciento.

Religiones (1997): católica, 96.54%; protestante, evangélica y otras, 2.6%, y sin religión, 0.86 por ciento.

Población económicamente activa (1997): 52.99 por ciento.

GOBIERNO

División política: 46 municipios.

Gobernador electo del estado: Juan Carlos Romero Hicks, del PAN

Año de eleccion: 2000.

Fecha de la próxima elección de gobernador: 2006.

Gobiernos municipales (octubre, 2000): PAN, 29; PRI, 13; PRD, 3, y PCD, 1.

ECONOMÍA

Industria manufacturera (1998, miles de pesos a precios corrientes): PIB, $22,322,312; productos alimenticios, bebidas y tabaco, $5,223,834; textiles, prendas de vestir e industria del cuero, $5,676,676; papel, productos de papel, imprentas y editoriales, $512,815; sustancias químicas, derivados del petróleo, caucho y plástico, $5,587,453, y productos metálicos, maquinaria y equipo, $3,159,474.

Agricultura (1998, hectáreas): superficie sembrada, 998,288; cosechada, 957,640. Principales cultivos (toneladas): alfalfa, 2,758,863; sorgo grano, 1,501,356; maíz grano, 993,741, y trigo grano, 309,332.

Minería (1998): PIB (miles de pesos a precios de 1998), $351,316. Volumen de la producción (1999, toneladas): oro, 2.80; plata, 184.69; plomo, 143; cobre, 206; zinc, 77, y azufre, 14,618.

Otros recursos (1998): a) silvicultura (m³ en rollo): volumen de la producción forestal maderable, 30,969. Principales especies: pino, 1,629; encino, 28,824, y pingüica, 516; **b) Pesca (toneladas):** volumen de la captura, 4,486. Principales especies: carpa, 2,452; tilapia, 1,452, y charal, 282.

Ganadería (1998, cabezas): bovino, 820,850; porcino, 1,068,635; ovino, 233,896; caprino, 495,850; aves, 19,152,364, y colmenas, 31,900.

Turismo (1998): 339 establecimientos con 13,259 cuartos; promedio de turistas nacionales y extranjeros que se hospedaron, 1,989,640.

FINANZAS

PIB estatal (1998, millones de pesos): $113,427.

Deuda estatal (1998, millones de pesos): $590.

PIB estatal per cápita (1999): $3,508 dólares ($33,536.48 pesos).

Ingreso total estimado del estado (1998, pesos): $6,901,825,110.

Personal ocupado en el gobierno estatal (1997): 11,158.

 COMUNICACIONES Y TRANSPORTE

Carreteras (1998, km): total, 3,758.3; troncales federales, 596.5; estatales, 2,427.5, y caminos rurales, 11.9.

Estatua monumental de El Pípila, *en Guanajuato, Gto.*

Automóviles (1998): 245,897.

Vías de ferrocarril (1998, km): 1,050.

Aeropuertos (1998): dos.

Estaciones de televisión y radio (1998): televisión, 9, y radio, 55.

SALUD

Esperanza de vida al nacer (1997, años): mujeres, 76.7, y hombres, 70.3.

Nacimientos anuales (1995): 138,450.

Defunciones anuales (1997): 21,492.

Población derechohabiente (1998): 48.5 por ciento.

Hospitales y camas de hospital: públicos (1998), 578 unidades médicas con 2,517 camas censables y 2,617 no censables, y privados (1997), 164 unidades médicas con 1,787 camas censables y 247 no censables.

Personal médico (1998): público, 4,646, y particular (1997), 537.

Tasas de natalidad y mortalidad infantil (1995): natalidad (por cada mil habitantes), 31.6, y mortalidad infantil (por cada mil nacimientos), 24.9.

EDUCACIÓN

Escolaridad (1999): 6.6 grados.

Analfabetismo (1999): 392,282 personas (13.0 por ciento).

Matrícula (1999, miles): preescolar, 207.0; primaria, 747.9; capacitación para el trabajo, 12.9; secundaria, 255.4; media superior, 115.5; superior, 47.3, y posgrado, 4.1.

Maestros (1997): preescolar, 8,243; primaria, 25,371; capacitación para el trabajo, 370; secundaria, 12,297; media superior, 9,956; superior, 6,154, y posgrado, 815.

Escuelas (1999): preescolar, 4,011; primaria, 4,682; capacitación para el trabajo, 51; secundaria, 1,438; media superior, 627; superior, 165, y posgrado, 43.

GUERRERO

MICHOACÁN
MÉXICO
MORELOS
PUEBLA
OAXACA
GRUTAS DE CACAHUAMILPA
Ixcateopan
Teipan
Taxco de Alarcón
Iguala
Teloloapan
Chilapa
IXTAPA
ZIHUATANEJO
Petatlán
CHILPANCINGO
Tixtla
Tecpan de Galeana
OCÉANO PACÍFICO
Nuxco
Coyuca de Benitez
Tierra Colorada
Igualapa
LAGUNA DE COYUCA
Tres Palos
Acapulco de Juárez
Marquelia
Ometepec

- **SITIOS DE INTERÉS**

Acapulco, Ixtapa-Zihuatanejo,
grutas de Cacahuamilpa,
Laguna de Coyuca y Taxco.

- **REPRESENTACIÓN
ESTATAL EN EL D.F.**

Arquímedes 147, colonia
Polanco, 11560 México D.F.
Teléfonos 5254-1561,
5254-1145, 5254-1288,
5254-1627 y 5254-1469.
Fax 5254-5909.

Página web:
http://www.guerrero.gob.mx

◨ Capital del estado
○ Poblaciones importantes
◉ Municipios principales
— Límite estatal
□ Sitios de interés
✈ Aeropuerto
⚓ Puertos principales

BASE GEOGRÁFICA

Extensión territorial (km²): 64,791 (3.2% de la superficie del país).

Límites: colinda al Noroeste y norte con Michoacán; al norte, con México y Morelos; al noreste, con Puebla; al este, con Oaxaca, y suroeste, con el Océano Pacífico.

Altitud (metros sobre el nivel del mar): máxima de 3,550 y mínima sobre el nivel del mar.

Ríos principales: Balsas con sus afluentes Amacuzac, Tepecoacuilco, Cocula, Teloloapan, Poliutla y Cutzamala, y los ríos tributarios Tlapaneco, Tetela, Cañón del Zopilote, Ajuchitlán, Cuirio, Placeres del Oro, Amuco y San Antonio. Otros ríos: Chontalcuatlán, San Jerónimo, Atoyac, Ixtapa, Petatlán, Nexpa, Papagayo, Cuetzala y Copala.

Clima: el estado presenta diversos, en función de la altitud. Predomina el templado subhúmedo en las partes altas de la entidad y el cálido húmedo en las bajas. La depresión del Balsas registra las temperaturas máximas (hasta 45°C) y las precipitaciones mínimas (866 mm en promedio).

Vegetación: en los valles hay framboyán, fresno y cazahuate; en la costa hay palma de coco, mangle, piña, plátano, cítricos y tule; en la parte alta hay pino y encino, y en las zonas media y baja, cedro rojo, lináloe, huapinol, guanacaste y nanche.

POBLACIÓN

Número de habitantes (2000): 3,075,083. Estimación para 2010: 3,560,324.

Densidad (habitantes por km²): 47.

Distribución por sexo (2000): mujeres, 51.73%, y hombres, 48.27 por ciento.

Distribución por edad (1997): media de 20 años; menores de 14 años, 38.38%; de 15 a 64 años, 55.46%, y de 65 años o más, 6.10 por ciento.

Capital: Chilpancingo. Habitantes (2000): 192,509.

Principales municipios (2000; núm. de habitantes): Acapulco de Juárez, 721,011; Chilpancingo, 192,509; Iguala, 123,883, y Chilapa de Álvarez, 102,716.

Población indígena estimada (1997): 548,001 personas.

Lenguas indígenas: náhuatl, mixteco, tlapaneco, amusgo, zapoteco, popoloca y mazahua.

Población urbana y rural (2000): urbana, 55.36%, y rural, 44.64 por ciento.

Religiones (1997): católica, 90.31%; protestante, evangélica y otras, 8.0%, y sin religión, 0.88 por ciento.

Población económicamente activa (1997): 61.69 por ciento.

Puerto de Acapulco.

 GOBIERNO

División política: 76 municipios.

Gobernador del estado: René Juárez Cisneros, del PRI.

Año de elección: 1999.

Año de la próxima elección de gobernador: 2005.

Gobiernos municipales (junio, 2000): PRI, 61; PRD, 14, y PAN, 1.

ECONOMÍA

Industria manufacturera (1998, miles de pesos a precios corrientes): PIB, $3,318,882; productos alimenticios, bebidas y tabaco, $1,879,290; productos textiles, prendas de vestir e industria del cuero, $365,747; industria de la madera y productos de madera, $294,336; papel, productos de papel, imprentas y editoriales, $61,905, y productos de minerales no metálicos, excepto derivados del petróleo y del carbón, $195,673.

Agricultura (1998, hectáreas): superficie sembrada, 563,659; cosechada, 560,341. Principales cultivos (toneladas): maíz 1,134,587; mango, 183,300; copra, 98,483; café, 67,535; melón, 63,667, y plátano, 57,806. Es el primer productor nacional de jamaica, con 1,408 toneladas.

Minería (1998): PIB (miles de pesos a precios de 1998), $242,837. Volumen de la producción (1999, toneladas): oro, 0.608; plata, 26.82; plomo, 3,234; cobre, 257, y zinc, 12,192.

Otros recursos (1998): a) silvicultura (m³ en rollo): volumen de la producción forestal maderable, 256,242. Principales especies: pino, 237,473; oyamel, 11,729; encino, 2,861; y cedro blanco, 1,056; **b) pesca (toneladas):** volumen de la captura, 4,924.4. Principales especies: tilapia, 1,072.0; charal, 438.3; cuatete, 435.6, y guachinango, 280.1.

Ganadería (1998, cabezas): bovino, 1,485,749; porcino, 953,297; ovino, 52,841; caprino, 697,920; equino, 542,086; aves, 6,861,638, y colmenas, 138,687.

Turismo (1998): 280 establecimientos con 21,689, cuartos; promedio de turistas nacionales y extranjeros que se hospedaron, 2,371,622.

FINANZAS

PIB estatal (1998, millones de pesos): $59,272.

Deuda estatal (1998, millones de pesos): $1,310.

PIB estatal per cápita (1999): $2,523 dólares ($24,119.88 pesos).

Ingreso total estimado del estado (1997, pesos): $5,976,763,100.

Personal ocupado en el gobierno estatal (1998): 64,830.

COMUNICACIONES Y TRANSPORTE

Carreteras (1998, km): total, 12,333.0; troncales federales, 2,221.0; estatales, 1,222.3, y terracería, 1,221.4.

Automóviles (1998): 169,116.

Vías de ferrocarril (1997, km): 93.65.

Aeropuertos (1998): dos.

Puertos (1997): cinco (Acapulco, Ixtapa, Puerto Marqués, Vicente Guerrero y Zihuatanejo).

Estaciones de televisión y radio (1998): televisión, 22, y radio, 44.

SALUD

Esperanza de vida al nacer (1997, años): mujeres, 76.3, y hombres, 69.0.

Nacimientos anuales (1997): 122,069.

Defunciones anuales (1997): 11,173.

Población derechohabiente (1998): 34.1 por ciento.

Hospitales y camas de hospital (1998): públicos, 934 unidades médicas con 1,544 camas censables y 2,469 no censables, y privados, 74 unidades médicas con 629 camas censables y 94 no censables.

Personal médico: (1998) público, 3,120, y particular (1997), 306.

Tasas de natalidad y mortalidad infantil (1995): natalidad (por cada mil habitantes), 49.5, y mortalidad infantil (por cada mil nacimientos), 6.3.

EDUCACIÓN

Escolaridad (1999): 6.2 grados.

Analfabetismo (1999): total, 417,350 personas (22.7 por ciento).

Matrícula (1999, miles): preescolar, 141.9; primaria, 561.9; capacitación para el trabajo, 13.4; secundaria, 169.8; media superior, 88.9; superior, 43.4, y posgrado, 1.2.

Maestros (1999): preescolar, 7,169; primaria, 23,875; capacitación para el trabajo, 468; secundaria, 9,485; media superior, 6,701; superior, 2,347, y posgrado, 112.

Escuelas (1999): preescolar, 3,362; primaria, 5,371; capacitación para el trabajo, 156; secundaria, 1,059; media superior, 248; superior, 71, y posgrado, 16.

HIDALGO

SITIOS DE INTERÉS

Actopan, Atotonilco el Grande, Epazoyucan, Huasca, Pachuca, San Miguel Regla y zona arqueológica de Tula.

REPRESENTACIÓN ESTATAL EN EL D.F.

Rubén Darío 281 esquina con Arquímedes, piso 15, Torre Chapultepec, colonia Bosques de Chapultepec, 11580 México, D.F.
Teléfonos y faxes 5281-1561, 62 y 67.
Página web:
http://www.hidalgo.gob.mx

Mapa (leyenda):
- ◻ Capital del estado
- ◯ Poblaciones importantes
- ◯ Municipios principales
- — Límite estatal
- ◻ Sitios de interés
- ⛰ Zona arqueológica

BASE GEOGRÁFICA

Extensión territorial (km²): 20,664 (1.1% de la superficie del país).

Límites: colinda al norte con San Luis Potosí; al noreste, con Veracruz; al sureste, con Puebla; al sur, con Tlaxcala y el Estado de México, y al oeste, con Querétaro.

Altitud (metros sobre el nivel del mar): máxima de 3,400 y mínima de 154.

Ríos principales: Tula y Amajac, San Juan, Moctezuma, Actopan y Metztitlán.

Clima: en la Huasteca es templado subhúmedo, en las partes altas de la sierra; en la parte sur es seco con lluvias escasas. Tiene una precipitación media anual de 300 mm.

Vegetación: en la Huasteca hay framboyán, palo de rosa, copal, caoba y ébano; en la sierra, abeto, enebro, encino, pino y oyamel, y en el altiplano, mezquite, huizache, agaves (pulqueros, mezcaleros y lechuguillas), nopal y damiana.

POBLACIÓN

Número de habitantes (2000): 2,231,392. Estimación para 2010: 2,577,716.

Densidad (habitantes por km²): 108.

Distribución por sexo (2000): mujeres, 51.79%, y hombres, 48.21 por ciento.

Distribución por edad (1997): media de 20 años; menores de 14 años, 37.71%; de 15 a 64 años, 56.60%, y de 65 años o más, 5.6 por ciento.

Capital: Pachuca. Habitantes (2000): 244,688.

Principales municipios (2000; núm. de habitantes): Pachuca, 244,688; Tulancingo, 121,946; Huejutla, 108,017, y Tula, 86,782.

Población indígena estimada (1997): 607,042 personas.

Lenguas indígenas habladas (1995): náhuatl, otomí, tepehuán, zapoteco, totonaca, huasteco, mixteco, mazahua, maya, purépecha, mazateco, mixe, tlapaneco, tzotzil, chinanteco, tzeltal, popoloca, popoluca y chontal de Oaxaca, entre otras.

Población urbana y rural (2000): urbana, 49.58%, y rural, 50.42 por ciento.

Religiones (1997): católica, 93.92%; protestante, evangélica y otras, 5.5%, y sin religión, 0.59 por ciento.

Población económicamente activa (1997): 56.99 por ciento.

GOBIERNO

División política: 84 municipios.

Gobernador del estado: Manuel Ángel Núñez Soto, del PRI.

Año de elección: 1999.

Año de la próxima elección de gobernador: 2005.
Gobiernos municipales (junio, 2000): PRI, 65; PAN, 10; PRD, 6, y PT, 3.

ECONOMÍA

Industria manufacturera (1998, miles de pesos a precios corrientes): PIB, $13,424,886; productos alimenticios, bebidas y tabaco, $1,258,295; productos textiles, prendas de vestir e industria del cuero, $2,302,280; sustancias químicas, derivados del petróleo, caucho y plástico, $1,862,030; productos de minerales no metálicos, excepto derivados del petróleo y del carbón, $3,354,827; industrias metálicas básicas, $101,208, y productos metálicos, maquinaria y equipo, $4,124,211.

Agricultura (1998, hectáreas): superficie sembrada, 598,832; cosechada, 495,010. Principales cultivos (toneladas): alfalfa verde, 2,719,820; maíz, 502,201; praderas, 365,825; avena forraje 160,368; caña de piloncillo, 132,069, y cebada grano, 91,192.

Minería (1998): PIB (miles de pesos a precios de 1998), $901,763. Volumen de la producción (1999, toneladas): oro, 0.216; plata, 80.14; plomo, 4,767; cobre, 619; zinc, 30,525, y azufre, 58,707.

Otros recursos (silvicultura; m³ en rollo): volumen de la producción forestal maderable, 104,919. Principales especies: pino, 72,294; oyamel, 6,797, y encino, 23,477.

Ganadería (1998, cabezas): bovino, 555,698; porcino, 413,208; ovino, 767,932; caprino, 322,875; equino, 167,498; aves 8,421,661 (además de 164,922 guajolotes), y colmenas, 33,959.

Turismo (1998): 175 establecimientos con 4,744 cuartos; promedio de turistas nacionales y extranjeros que se hospedaron, 215,432.

FINANZAS

PIB estatal (1998, millones de pesos): $49,036.
Deuda estatal (1998, millones de pesos): $10.0
PIB estatal per cápita (1999): $3,071 dólares ($29,358.76 pesos).
Ingreso total estimado del estado (1997, pesos): $4,334,029,358.
Personal ocupado en el gobierno estatal (1998): 5,972.

COMUNICACIONES Y TRANSPORTE

Carreteras (1998, km): total, 5,404.204; troncales federales, 1,012.534; estatales, 1,034.39, y caminos rurales, 3,357.28.
Aeropuertos (1998): 1. **Automóviles (1998):** 178,719.

Vías de ferrocarril (1998, km): 879.48.
Estaciones de televisión y radio (1998): televisión, 16, y radio, 20.

SALUD

Esperanza de vida al nacer (1997, años): mujeres, 76.4, y hombres, 69.6.
Nacimientos anuales (1997): 71,753.
Defunciones anuales (1997): 9,781.
Población derechohabiente (1998): 36 por ciento.
Hospitales y camas de hospital (1988): públicos, 695 unidades médicas con 1,403 camas censables y 2,086 no censables, y privados, 66 unidades médicas con 507 camas censables y 58 no censables.
Personal médico: (1998) público, 2,704, y particular (1997), 496.
Tasas de natalidad y mortalidad infantil (1995): natalidad (por cada mil habitantes), 36.3, y mortalidad infantil (por cada mil nacimientos), 17.6.

EDUCACIÓN

Escolaridad (1999): 6.4 grados.
Analfabetismo (1999): total, 222,682 personas (15.4%).
Matrícula (1999, miles): preescolar, 80.2; primaria, 378.7; capacitación para el trabajo, 15.6; secundaria, 139.9; media superior, 65.8; superior, 33.4, y posgrado, 0.9.
Maestros (1999): preescolar, 4,201; primaria, 15,005; capacitación para el trabajo, 582; secundaria, 7,164; media superior, 4,642; superior, 2,949, y posgrado, 131.
Escuelas (1999): preescolar, 2,816; primaria, 3,176; capacitación para el trabajo, 119; secundaria, 965; media superior, 259; superior, 62, y posgrado, 6.

Termoeléctrica en Tula.

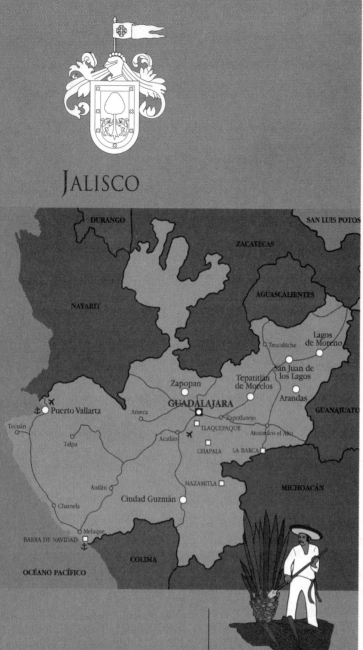

JALISCO

◉	Capital del estado
○	Poblaciones importantes
○	Municipios principales
—	Límite estatal
☐	Sitios de interés
✈	Aeropuerto
⚓	Puertos principales

BASE GEOGRÁFICA

Extensión territorial (km²): 79,085 (4.0% de la superficie del país).

Límites: colinda al norte con Nayarit, Zacatecas y Aguascalientes; al este, con San Luis Potosí y Guanajuato; al sureste, con Michoacán; al sur, con Colima, y al oeste, con el Océano Pacífico.

Altitud (metros sobre el nivel del mar): máxima de 4,430 y mínima sobre el nivel del mar.

Ríos principales: Lerma, Santiago, Verde Grande, Bolaños, Ameca Ixtapa, Tomatlán Tecuán, Tuxpan, Ameca, Cihuatlán y Armería.

Clima: semiseco hacia el norte y noreste, con precipitación anual de menos de 700 mm. En las partes altas de la sierra es templado con precipitaciones que van de 700 mm a 1,000 mm. Alrededor de Chapala y en la zona centro es semicálido, con temperaturas mayores de 18°C todo el año y precipitaciones entre 800 mm y 1,200 mm. A lo largo de la costa es cálido, con temperaturas entre 22°C y 26°C y precipitación entre 1,000 mm y 1,500 mm anuales.

Vegetación: en la costa hay nanche, palma de coco, palo bobo, cazahuate, capomo y ciriote; en la sierra hay abeto, oyamel, pino, encino y enebro; en los valles hay grandes cantidades de agave azul cultivado (Agave Tequilana Weber Azul), mezquite, palo dulce y pochote.

POBLACIÓN

Número de habitantes (2000): 6,321,278. Estimación para 2010: 7,274,851.

Densidad (habitantes por km²): 80.

Distribución por sexo (2000): mujeres, 51.63%, y hombres, 48.37 por ciento.

Distribución por edad (1998): media de 22 años; menores de 14 años, 35.22%; de 15 a 64 años, 59.65%, y de 65 años y más, 5.0 por ciento.

Capital: Guadalajara. Habitantes (2000; zona metropolitana): 3,545,801.

Principales municipios (2000; núm. de habitantes): Guadalajara, 1,647,720; Zapopan, 1,002,239; Tlaquepaque, 475,472, y Tonalá, 336,109.

Población indígena estimada (1997): 37,470 personas.

Lenguas indígenas: huichol, náhuatl, purépecha, otomí y mixteco.

Población urbana y rural (2000): urbana, 84.56%, y rural, 15.44 por ciento.

Religiones (1997): católica, 95.86%; protestante, evangélica y otras, 3.0%, y sin religión, 1.14 por ciento.

Población económicamente activa (1997): 58.30 por ciento.

Vista de Guadalajara, Jalisco.

 **GOBIERNO**

División política: 124 municipios.

Gobernador del estado: Alberto Cárdenas Jiménez, del PAN.

Año de elección: 1995.

Fecha de la próxima elección de gobernador: 12 de noviembre del 2000.

Gobiernos municipales (junio, 2000): PRI, 70; PAN, 40; PRD, 11; PT, 2, y PVEM, 1.

 ECONOMÍA

Industria manufacturera (1998, miles de pesos a precios corrientes): PIB, $52,156,871; productos alimenticios, bebidas y tabaco, $24,354,326; sustancias químicas, derivados del petróleo, caucho y plástico, $6,372,559; productos de minerales no metálicos, excepto derivados del petróleo y del carbón, $1,401,437; industrias metálicas básicas, $1,058,352, y productos metálicos, maquinaria y equipo, $10,059,370.

Agricultura (1998, hectáreas): superficie sembrada, 1,426,863; cosechada, 1,325,020. Principales cultivos (toneladas): maíz forrajero, 2,903,728; maíz grano, 2,739,068; sorgo forrajero, 297,625, y trigo, 143,224.

Minería (1998): PIB (miles de pesos a precios de 1998), $603,905. Volumen de la producción (1999, toneladas): oro, 0.091; plata, 68.69; plomo, 53; cobre, siete; zinc, tres, y fierro, 811,460.

Otros recursos (1988): a) silvicultura (m³ en rollo): volumen de la producción forestal maderable, 891,000. Principales especies: pino, 610,990; oyamel, 6,938, y encino, 227,461; **b) pesca (toneladas):** volumen de la captura, 15,362.07. Principales especies: carpa, 2,176.17; mojarra, 4,028.80, y guachinango, 652.43.

Ganadería (1998, cabezas): bovino, 3,130,610; porcino, 2,234,659; ovino, 160,417; caprino, 465,954; aves, 66,059,395, y colmenas, 237,669.

Turismo (1998): 889 establecimientos con 42,275 cuartos; promedio de turistas nacionales y extranjeros que se hospedaron, 5,431,302.

 **FINANZAS**

PIB estatal (1998, millones de pesos): $223,310.

Deuda estatal (1998, millones de pesos): $4,514.

PIB estatal per cápita (1999): $4,777 dólares ($45,668.12 pesos).

Ingreso total estimado del estado (1997, pesos): $10,910,453,425.

Personal ocupado en el gobierno estatal (1998): 88,502.

 **COMUNICACIONES Y TRANSPORTE**

Carreteras (1998, km): total, 24,598.72; troncales federales, 2,573.46; estatales, 2,612.79, y caminos rurales, 4,773.90.

Automóviles (1998): 659,648.

Vías de ferrocarril (1997, km): 1,108.23.

Aeropuertos (1998): dos.

Puertos (1998): dos (Barra de Navidad y Puerto Vallarta).

Estaciones de televisión y radio (1998): televisión, 22, y radio, 75.

SALUD

Esperanza de vida al nacer (1997, años): mujeres, 76.9, y hombres, 71.1.

Nacimientos anuales (1998): 165,737.

Defunciones anuales (1997): 30,722.

Población derechohabiente (1998): 59.5 por ciento.

Hospitales y camas de hospital: públicos (1998), 622 unidades médicas con 4,352 camas censables y 3,668 no censables, y privados (1998), 107 unidades médicas con 2,227 camas censables 2,227 y 824 no censables.

Personal médico: (1998) público, 7,491, y particular (1998), 1,003.

Tasas de natalidad y mortalidad infantil (1995): natalidad (por cada mil habitantes), 28.4, y mortalidad infantil (por cada mil nacimientos), 17.1.

EDUCACIÓN

Escolaridad (1999): 7.4 grados.

Analfabetismo (1999): 309,737 personas (7.3 por ciento).

Matrícula (1999, miles): preescolar, 218.2; primaria, 955.0; capacitación para el trabajo, 65.6; secundaria, 340.5; media superior, 173.8; superior, 105.9, y posgrado, 7.4.

Maestros (1999): preescolar, 8,827; primaria, 33,056; capacitación para el trabajo, 2,784; secundaria, 19,411; media superior, 12,603; superior, 10,292, y posgrado, 963.

Escuelas (1999): preescolar, 3,399; primaria, 5,977; capacitación para el trabajo, 525; secundaria, 1,499; media superior, 418; superior, 142, y posgrado, 47.

MÉXICO

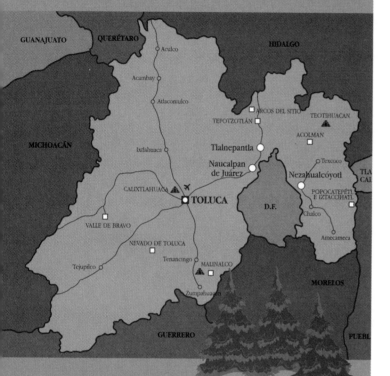

• SITIOS DE INTERÉS

Acolman, Arcos del Sitio, Malinalco, Nevado de Toluca, Toluca, Tepotzotlán, Valle de Bravo, volcanes Popocatépetl e Iztaccíhuatl, zona arqueológica de Calixtlahuaca y zona arqueológica de Teotihuacan.

• REPRESENTACIÓN ESTATAL EN EL D.F.

Explanada 910, colonia Lomas de Chapultepec, 11000 México, D.F. Teléfonos 5202-0273 y 5202-7575. Faxes 5520-1407 y 5540-7383.

Página web:
http://www.edomexico.gob.mx

◙	Capital del estado
○	Poblaciones importantes
○	Municipios principales
—	Límite estatal
□	Sitios de interés
▲	Zona arqueológica
✈	Aeropuerto

BASE GEOGRÁFICA

Extensión territorial (km²): 21,419 (1.1% de la superficie del país).

Límites: colinda al norte con Querétaro e Hidalgo; al este, con Hidalgo, Tlaxcala y Puebla; al sur, con Morelos, Distrito Federal y Guerrero, y al oeste, con Michoacán.

Altitud (metros sobre el nivel del mar): máxima de 5,428 y mínima en la depresión del Balsas (presa Vicente Guerrero).

Ríos principales: el Estado de México es un centro de dispersión hidrográfica. Pertenece a cuatro cuencas: la del Pánuco, mediante los ríos Arroyo Zarco, Tepeji y Tlautla Prieto; la del Balsas, mediante los ríos San Jerónimo, Chontalcuatlán y Chalma; la del río Lerma, que nace en su mismo territorio, y la Cuenca de México, a la cual contribuye con algunas corrientes menores y numerosos arroyos estacionales.

Clima: predomina el templado subhúmedo, con lluvias en verano y una temperatura media entre 10°C y 16°C. La precipitación anual es de 500 mm a 1,500 mm.

Vegetación: en la sierra hay zacatonal, oyamel, cedro blanco, pino y encino; en los valles hay pastizales, ocotillo, vara dulce, nopal y damiana.

POBLACIÓN

Número de habitantes (2000): 13,083,359. Estimación para 2010: 15,562,764.

Densidad (habitantes por km²): 611.

Distribución por sexo (2000): mujeres, 51.56%, y hombres, 48.44 por ciento.

Distribución por edad (1997): media de 22 años; menores de 14 años, 33.50%; de 15 a 64 años, 62.90%, y de 65 años y más, 3.5 por ciento.

Capital: Toluca. Habitantes (2000; zona metropolitana): 1,019,197.

Principales municipios (2000; núm. de habitantes): Ecatepec, 1,620,303; Nezahualcóyotl, 1,224,924; Naucalpan, 852,511, y Tlalnepantla, 720,755.

Población indígena estimada (1997): 589,787 personas.

Lenguas indígenas: huichol, mayo, yaqui, ixcateco, chichimeca jonaz, tojolabal, tepehuán, chinanteco de Valle Nacional, zapoteco de Ixtlán, chontal de Tabasco, quiché, jacalteco, cora, pame y aguacateco, entre otras.

Población urbana y rural (2000): urbana, 86.30%, y rural, 13.70 por ciento.

Religiones (1997): católica, 92.71%; protestante, evangélica y otras, 5.6%, y sin religión, 1.72 por ciento.

Población económicamente activa (1997): 54.04 por ciento.

Nevado de Toluca.

⚖ GOBIERNO

División política: 122 municipios.
Gobernador del estado: Arturo Montiel Rojas, del PRI.
Año de elección: 1999.
Año de la próxima elección de gobernador: 2005.
Gobiernos municipales (octubre, 2000): PRI, 68; PRD, 22; PAN, 30, PT, 1, y PCD, 1.

🌐 ECONOMÍA

Industria manufacturera (1998, miles de pesos a precios corrientes): PIB, $120,932,814; productos alimenticios, bebidas y tabaco, $23,887,550; textiles, prendas de vestir e industria del cuero, $9,073,581; sustancias químicas, derivados del petróleo, caucho y plástico, $21,701,535; productos de minerales no metálicos, $7,778,360, y productos metálicos, maquinaria y equipo, $43,282,116.

Agricultura (1998, hectáreas): superficie sembrada, 899,347.77; cosechada, 878,488.75. Principales cultivos (toneladas): pradera, 3,064,007; maíz grano, 1,591,533.96; maíz forrajero, 1,535,755.20, y avena forrajera, 1,481,033.15.

Minería (1998): PIB (miles de pesos a precios de 1998), $1,257,200. Volumen de la producción (1999, toneladas): oro, 0.563; plata, 88.64; plomo, 3,586; cobre, 1,213, y zinc, 11,579.

Otros recursos (1998): a) silvicultura (m³ en rollo): volumen de la producción maderable, 406,463. Principales especies: pino, 281,485; oyamel, 98,605; cedro blanco, 4,035, y encino, 13,262; **b) pesca (toneladas):** volumen de la captura, 4,919.7. Principales especies: carpa, 3,640.6; trucha arcoiris, 504.8, y mojarra tilapia, 471.8.

Ganadería (1998, cabezas): bovino, 709,234; porcino, 698,364; ovino, 937,100; caprino, 171,444; equino, 188,521; aves, 19,848,617, y colmenas, 38,319.

Turismo (1998): 380 establecimientos con 13,869 cuartos; la ocupación hotelera es de 54.61 por ciento.

📦 FINANZAS

PIB estatal (1998, millones de pesos): $364,688.
Deuda estatal (1998, millones de pesos): $19,629.
PIB estatal per cápita (1999): $7,334 dólares ($70,113.04 pesos).
Ingreso total estimado del estado (1997, pesos): $22,884,814,100.
Personal ocupado en el gobierno estatal (1998): 35,959.

📡 COMUNICACIONES Y TRANSPORTE

Carreteras (1998, km): total, 9,794.04; troncales federales, 1,042.40; estatales, 4,160.15, y caminos rurales, 2,380.40.
Automóviles (1998): 623,846.
Vías de ferrocarril (1998, km): 799.7.
Aeropuertos (1998): dos.
Estaciones de radio y televisión (1998): televisión, 14, y radio, 23.

⚕ SALUD

Esperanza de vida al nacer (1997, años): mujeres, 77.1, y hombres, 70.6.
Nacimientos anuales (1997): 327,782.
Defunciones anuales (1997): 51,525.
Población derechohabiente (1998): 39 por ciento.
Hospitales y camas de hospital (1998): públicos, 1,433 unidades médicas con 7,083 camas censables y 4,559 no censables, y privados, 397 unidades médicas con 2,809 camas censables y 395 no censables.
Personal médico (1998): público, 10,550, y particular, 1,041.
Tasas de natalidad y mortalidad infantil (1995): natalidad (por cada mil habitantes), 27.1, y mortalidad infantil (por cada mil nacimientos), 26.8.

📖 EDUCACIÓN

Escolaridad (1999): 8.2 grados.
Analfabetismo (1999): total, 563,483 personas (6.5 por ciento).
Matrícula (1999, miles): preescolar, 325.0; primaria, 1,911.0; capacitación para el trabajo, 72.8; secundaria, 703.0; media superior, 306.4; superior, 167.6, y posgrado, 8.3.
Maestros (1999): preescolar, 12,748; primaria, 61,861; capacitación para el trabajo, 2,607; secundaria, 36,514; media superior, 21,512; superior, 18,302, y posgrado, 1,717.
Escuelas (1999): preescolar, 5,180; primaria, 6,977; capacitación para el trabajo, 381; secundaria, 2,812; media superior, 860; superior, 191, y posgrado, 58.

MICHOACÁN

Capital del estado
Poblaciones importantes
Municipios principales
Límite estatal
Sitios de interés
Zona arqueológica
Aeropuerto
Puertos principales

BASE GEOGRÁFICA

Extensión territorial (km²): 58,585 (3.0% de la superficie del país).

Límites: colinda al noroeste y norte con Jalisco; al norte, con Guanajuato y Querétaro; al este, con el Estado de México y Guerrero; al sur, con Guerrero y el Océano Pacífico, y al oeste, con Colima y Jalisco.

Altitud (metros sobre el nivel del mar): máxima de 3,840 y mínima sobre el nivel del mar.

Ríos principales: Lerma (que recibe las aguas de los ríos Tlalpujahua, Angulo, Cachivi y Duero), Balsas (con su tributario Tepalcatepec), Cupatitzio, Temazcaltepec, Cutzamala, Carácuaro y Tacámbaro.

Clima: destaca el cálido subhúmedo, con temperatura media de 26ºC. En Tierra Caliente es cálido seco y las temperaturas alcanzan 32ºC en verano y 25ºC en invierno. En los valles, sierras y mesetas es templado, con temperaturas medias entre 17ºC y 20ºC.

Vegetación: en la sierra hay oyamel, pino, encino y madroño; en la costa hay mangle, cocotero, cuajiote, huizache, pizón y cueramo; en la planicie, agave azul (cultivado).

POBLACIÓN

Número de habitantes (2000): 3,979,177. Estimación para 2010: 4,739,485.

Densidad (habitantes por km²): 68.

Distribución por sexo (2000): mujeres, 52.22%, y hombres, 47.78 por ciento.

Distribución por edad (1997): media de 20 años; menores de 14 años, 37.8%; de 15 a 64 años, 56.0%, y de 65 años y más, 6.1 por ciento.

Capital: Morelia. Habitantes (2000): 619,958.

Principales municipios (2000; núm. de habitantes): Morelia, 619,958; Uruapan, 265,211; Lázaro Cárdenas, 170,878, y Zamora, 161,191.

Población indígena estimada (1997): 309,726 personas.

Lenguas indígenas: purépecha, mazahua, náhuatl, otomí y mixteco.

Población urbana y rural (2000): urbana, 65.40%, y rural, 34.60 por ciento.

Religiones (1997): católica, 92.14%; protestante, evangélica y otras, 5.8%, y sin religión, 2.05 por ciento.

Población económicamente activa (1997): 52.90 por ciento.

GOBIERNO

División política: 113 municipios.

Gobernador del estado: Víctor Manuel Tinoco Rubí, del PRI.

Año de elección: 1996.

Año de la próxima elección de gobernador: 2001.

Gobiernos municipales (junio, 2000): PRI, 77; PRD, 27; PAN, 8, y PT, 1.

 ECONOMÍA

Industria manufacturera (1998, miles de pesos a precios corrientes): PIB, $11,036,167; productos alimenticios, bebidas y tabaco, $2,866,830; industria de la madera y productos de madera, $941,281; sustancias químicas, derivados del petróleo, caucho y plástico, $1,897,641, y industrias metálicas básicas, $3,223,575.

Agricultura (1998, hectáreas): superficie sembrada, 1,124,378; cosechada, 1,033,242. Principales cultivos (toneladas): caña de azúcar, 1,823,965; maíz grano, 1,165,980; sorgo grano, 948,409; aguacate, 765,945, y alfalfa, 239,560.

Minería (1998): PIB (miles de pesos a precios de 1998), $422,199. Volumen de la producción (1999, toneladas): oro, 0.001; plata, 0.079; coque, 524,299, y fierro, 1,147,622.

Otros recursos (pesca; 1998, toneladas): volumen de la captura, 13,918. Principales especies: tilapia, 7,806; carpa, 1,690; charal, 262, y otras, 1,000.

Ganadería (1998, cabezas): bovino, 1,895,739; porcino, 965,849; ovino, 185,606; caprino, 468,170; equino, 207,443; aves, 6,799,770 (además de 15,645 guajolotes), y colmenas, 65,263.

Turismo (1998): 410 establecimientos con 12,595 cuartos; promedio de turistas nacionales y extranjeros que se hospedaron, 3,025,891.

FINANZAS

PIB estatal (1998, millones de pesos): $81,894.

Deuda estatal (1998, millones de pesos): $283.

PIB estatal per cápita (1999): $2,635 dólares ($25,190.6 pesos).

Ingreso total estimado del estado (1997, pesos): $1,151,018,062.

COMUNICACIONES Y TRANSPORTE

Carreteras (1998, km): total, 12,995; troncales federales, 2,292.15; estatales, 2,531.90, y caminos rurales, 148.80.

Automóviles (1998): 267,443.

Vías de ferrocarril (1998, km): 1,326.74.

Aeropuertos (1998): cuatro.

Puertos (1998): uno (Lázaro Cárdenas).

Estaciones de televisión y radio (1998): televisión, 30, y radio, 46.

SALUD

Esperanza de vida al nacer (1997, años): mujeres, 77.0, y hombres, 70.2.

Nacimientos anuales (1998): 123,161.

Defunciones anuales (1997): 18,656.

Población derechohabiente (1998): 34.1 por ciento.

Hospitales y camas de hospital (1998): públicos, 826 unidades médicas con 1,946 camas censables y 2,989 no censables, y privados, 51 unidades médicas con 949 camas censables y 81 no censables.

Personal médico (1998): público, 3,977, y particular, 313.

Tasas de natalidad y mortalidad infantil (1995): natalidad (por cada mil habitantes), 34.9, y mortalidad infantil (por cada mil nacimientos), 12.0.

EDUCACIÓN

Escolaridad (1999): 6.5 grados.

Analfabetismo (1999): total, 363,363 personas (14.7 por ciento).

Matrícula (1999, miles): preescolar, 125.0; primaria, 683.5; capacitación para el trabajo, 28.5; secundaria, 193.4; media superior, 83.6; superior, 48.3, y posgrado, 1.3.

Maestros (1999): preescolar, 6,376; primaria, 27,133; capacitación para el trabajo, 1,244; secundaria, 10,742; media superior, 6,103; superior, 3,825, y posgrado, 242.

Escuelas (1999): preescolar, 3,382; primaria, 5,889; capacitación para el trabajo, 284; secundaria, 1,172; media superior, 249; superior, 59, y posgrado, 19.

© Carlos Hahn

Morelia, Centro Histórico.

MORELOS

DISTRITO FEDERAL

MÉXICO

MÉXICO

Huitzilac

TEPOZTLÁN

Totolapan

Tlayacapan

Atlatlahuacan

CUERNAVACA

Jiutepec   Yautepec

Tetela
del Volcán

Temixco

YECAPIXTLA   Ocuituco

XOCHICALCO

Cuautla

Miacatlán

Zacualpan

Ticuman   Ayala

Tetecala

Mazatepec

Zacatepec   Tlaltizapán

Jantetelco

Jonacatepec

Puente de Ixtla

Tuxquilenango

Jojutla

TEQUESQUITENGO

Tepalcingo

Tehuixtla

Axochiapan

PUEBLA

GUERRERO

○ Capital del estado
○ Poblaciones importantes
○ Municipios principales
— Límite estatal
□ Sitios de interés
▲ Zona arqueológica

• SITIOS DE INTERÉS

Cuernavaca, Ruta de los
conventos, Tepoztlán,
Tequesquitengo y zonas
arqueológicas de Xochicalco
y Yecapixtla.

• REPRESENTACIÓN
ESTATAL EN EL D.F.

Elefante 82, colonia del Valle,
03100 México D.F.
Teléfonos 5524-5304,
5524-9053 y 5524-9450.
Fax 5524-9032.
Página web:
http://www.edomorelos.
gob.mx

BASE GEOGRÁFICA

Extensión territorial: 4,961 km² (0.25% de la superficie del
país).
Límites: colinda al norte con el Distrito Federal; al noroeste
con el Estado de México; al suroeste y oeste con Guerrero,
y al este y sureste, con Puebla.
Altitud (metros sobre el nivel del mar): máxima de 5,482 m
y mínima de 1,500 metros.
Ríos principales: Atoyac, Nepa, Tepalcingo, Balsas, Amacuzac, Cuautla, Yautepec, Apatlaco y Coatlán.
Climas: predomina el cálido subhúmedo con una tempora-
da de lluvias de junio a septiembre y una temperatura media
de 20ºC. En la región del Popocatépetl hay clima polar de
alta montaña; en las laderas el clima es templado húmedo,
y en los valles, cálido subhúmedo.
Vegetación: amate, sauce, ahuehuete, laurel, helecho, abetos, cedro, pino, oyamel, palo blanco, encino y madroño.

POBLACIÓN

Número de habitantes (2000): 1,552,878. Estimación para
2010: 1,877,274.
Densidad (habitantes por km²): 313.
Distribución por sexo (2000): mujeres, 51.90%, y hombres,
48.10 por ciento.
Distribución por edad (1997): media de 22 años; menores de
14 años, 34.2%; de 15 a 64 años, 60.89%; de 64 años y más,
4.80 por ciento.
Capital: Cuernavaca. Habitantes (2000; zona metropolitana):
601,080.
Principales municipios (2000; núm. de habitantes): Cuernavaca, 337,966; Jiutepec, 170,428; Cuautla, 153,132, y Temixco, 92,686.
Población indígena estimada (1997): 114,159 personas.
Lenguas indígenas: náhuatl, mixteco, tlapaneco, zapoteco,
otomí, mazahua, totonaca, popoloca y maya.
Población urbana y rural (2000): urbana, 85.43%, y rural,
14.57 por ciento.
Religiones (1997): católica, 84.46%; protestante, evangélica y
otras, 11.2%, y sin religión, 4.36 por ciento.
Población económicamente activa (1997): 59.18 por ciento.

GOBIERNO

División política: 33 municipios.
Gobernador electo del estado: Sergio Estrada Cajigal, del PAN.
Año de eleccion: 2000.
Fecha de la próxima elección de gobernador: 2006.

Gobiernos municipales (octubre, 2000): PRI, 15; PRD, 8; PAN, 8; PCM, 1 y PVEM, 1.

 ECONOMÍA

Industria manufacturera (1998, miles de pesos a precios corrientes): PIB, $10,691,087; productos alimenticios, bebidas y tabaco, $3,013,975; textiles, prendas de vestir e industria del cuero, $835,940; sustancias químicas, derivados del petróleo, caucho y plástico, $2,644,964; productos de minerales no metálicos, excepto derivados del petróleo y del carbón, $811,131, y productos metálicos, maquinaria y equipo, $2,977,018.

Agricultura (1998, hectáreas): superficie sembrada, 135,975; cosechada, 133,931. Principales cultivos (toneladas): caña de azúcar, 1,567,637; sorgo grano, 136,439; maíz grano, 99,590, y cebolla, 57,976.

Minería (1998): PIB (miles de pesos a precios de 1998), $104,691. Volumen de la producción (1999, toneladas): plata, 0.530; plomo, 2, y zinc, 1.

Otros recursos (1998, m³ en rollo): volumen de la producción forestal maderable, 790. Principales especies: oyamel, 549; cedro blanco, 136, y pino, 105.

Ganadería (1998, cabezas): bovino, 105,442; porcino, 78,702; ovino, 18,354; caprino, 24,683; equino, 40,745; aves, 25,388,336, y colmenas, 24,826.

Turismo (1998): establecimientos de preparación y servicio de alimentos y bebidas, 570; visitantes a museos y zonas arqueológicas, 512,344.

FINANZAS

PIB estatal (1998, millones de pesos): $47,857.

Deuda estatal (1998, millones de pesos): $395.

PIB estatal per cápita (1999): $3,797 dólares ($36,299.32 pesos).

Ingreso total estimado del estado (1997, pesos): $3,927,806,893.

Personal ocupado en el gobierno estatal (1998): 10,314.

COMUNICACIONES Y TRANSPORTE

Carreteras (1998, km): total, 1,997.90; troncales federales, 461; estatales, 1,002.40, y caminos rurales, 11.90.

Automóviles (1998): 160,407.

Vías de ferrocarril (1997, km): 259.14.

Aeropuertos (1998): uno.

Estaciones de televisión y radio (1998): televisión, seis, y radio, 22.

SALUD

Esperanza de vida al nacer (1997, años): mujeres, 77.2, y hombres, 70.7.

Nacimientos anuales (1997): 38,153.

Defunciones anuales (1997): 6,704.

Población derechohabiente (1998): 47.3 por ciento.

Hospitales y camas de hospital: públicos (1998), 260 unidades médicas con 767 camas censables y 961 no censables, y privados (1997), 77 unidades médicas con 443 camas censables y 71 no censables.

Personal médico: público (1998), 1,781, y particular (1997), 497.

Tasas de natalidad y mortalidad infantil (1995): natalidad (por cada mil habitantes), 23.7, y mortalidad infantil (por cada mil nacimientos), 22.0.

EDUCACIÓN

Escolaridad (1999): 8.1 grados.

Analfabetismo (1999): total, 99,675 personas (10.0 por ciento).

Matrícula (1999, miles): preescolar, 47.6; primaria, 215.9; capacitación para el trabajo, 15.2; secundaria, 87.7; media superior, 48.0; superior, 25.2, y posgrado, 1.3.

Maestros (1999): preescolar, 1,806; primaria, 7,237; capacitación para el trabajo, 894; secundaria, 4,785; media superior, 3,720; superior, 2,385, y posgrado, 237.

Escuelas (1999): preescolar, 830; primaria, 986; capacitación para el trabajo, 176; secundaria, 369; media superior, 152; superior, 51, y posgrado, 12.

© Carlos Hahn

Palacio de Cortés, en Cuernavaca.

NAYARIT

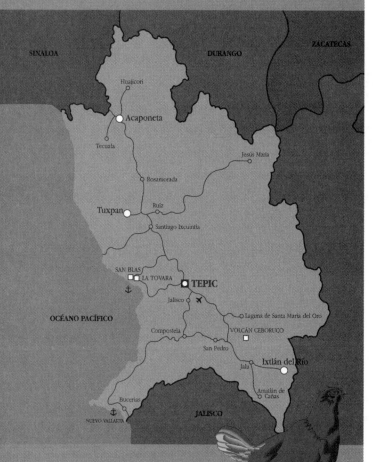

• SITIOS DE INTERÉS
La Tovara, Mexcaltitán,
San Blas, Tepic y volcán
Ceboruco.

**• REPRESENTACIÓN
ESTATAL EN EL D.F.**
Prolongación Uxmal 1006,
colonia Santa Cruz Atoyac,
03310 México D.F.
Teléfonos 5604-9689
y 5604-9783.
Fax 5688-1007.

Página web:
http://www.nayarit.uan.mx

◨ Capital del estado
◯ Poblaciones importantes
◉ Municipios principales
— Límite estatal
◻ Sitios de interés
✈ Aeropuerto
⚓ Puertos principales

BASE GEOGRÁFICA

Extensión territorial (km²): 27,103 (1.4% de la superficie del país).

Límites: colinda al norte con Durango y Sinaloa; al este y sur, con Jalisco, y al oeste, con el Océano Pacífico.

Altitud (metros sobre el nivel del mar): máxima de 2,760 y mínima sobre el nivel del mar.

Ríos principales: Teacapan o Cañas, Acaponeta, San Pedro o Mezquital, San Blas, Santiago, Chila y Ameca.

Clima: predomina el cálido húmedo, con temperatura media de 22.5°C y una precipitación promedio anual de 2,425 mm (verano y otoño). En las partes altas de las montañas es templado subhúmedo, con una precipitación anual entre 800 mm y 900 mm.

Vegetación: palma de coco, coco de aceite, cacahuananche, jiote, capono, palo blanco y pochote, tolote, guapinol, guayaba, ceiba, guamúchil, roble, enebro, madroño, pino y encino.

POBLACIÓN

Número de habitantes (2000): 919,739. Estimación para 2010: 1,035,478.

Densidad (habitantes por km²): 34.

Distribución por sexo (2000): mujeres, 50.61%, y hombres, 49.39 por ciento.

Distribución por edad (1997): media de 21 años; menores de 14 años, 35.98%; de 15 a 64 años, 58.12%, y de 65 años y más, 5.8 por ciento.

Capital: Tepic. Habitantes (2000): 305,025.

Principales municipios (2000; núm. de habitantes): Tepic, 305,025; Santiago Ixcuintla, 95,311; Compostela, 65,804, y Bahía de Banderas, 59,782.

Población indígena estimada (1997): 46,727 personas.

Lenguas indígenas: huichol, cora, tepehuán, náhuatl, purépecha, mazahua, zapoteco y mixteco.

Población urbana y rural (2000): urbana, 64.21%, y rural, 35.79 por ciento.

Religiones (1997): católica, 91.70%; protestante, evangélica y otras, 5.6%, y sin religión, 2.71 por ciento.

Población económicamente activa (1997): 53.36 por ciento.

GOBIERNO

División política: 20 municipios.

Gobernador del estado: Antonio Echevarría Domínguez del PAN-PRD-PT-PRS.

Año de elección: 1999.

Año de la próxima elección de gobernador: 2005.

Gobiernos municipales (junio, 2000): PRI, 14, y PAN, 6.

ECONOMÍA

Industria manufacturera (1998, miles de pesos a precios corrientes): PIB, $1,928,334; productos alimenticios, bebidas y tabaco, $1,605,199; textiles, prendas de vestir e industria del cuero, $38,676; industria de la madera y productos de madera, $160,587; productos de minerales no metálicos, $31,958, y productos metálicos, maquinaria y equipo, $44,873.

Agricultura (1998, hectáreas): superficie sembrada, 369,805.91; cosechada, 345,919.98. Principales cultivos (toneladas): caña de azúcar, 1,953,536.21; maíz grano, 234,901.32; mango, 220,370.76, y sorgo grano, 219,090.65.

Minería (1998): PIB (miles de pesos a precios de 1998), $30,649. Volumen de la producción (1999, toneladas): oro, 0.046; plata, 0.673, y plomo, 1.

Otros recursos (1998): a) silvicultura (m³ en rollo): volumen de la producción forestal maderable, 23,906. Principales especies: pino, 16,378; mangle, 2,451; encino, 1,965, y caoba y cedro rojo, 200; **b) pesca (toneladas):** volumen de la captura, 12,136. Principales especies: camarón, 4,129; lisa, 321; mojarra, 754, y ostión, 520.

Ganadería (1998, cabezas): bovino, 647,348; porcino, 199,615; ovino, 20,196; caprino, 97,314; equino, 68,314; aves, 11,273,910, y colmenas, 16,774.

Turismo (1998): 274 establecimientos con 9,230 cuartos.

FINANZAS

PIB estatal (1998, millones de pesos): $19,761.

Deuda estatal (1998, millones de pesos): $101.

PIB estatal per cápita (1999): $3,008 dólares ($28,756.48 pesos).

Ingreso total estimado del estado (1997, pesos): $2,653,663.

Personal ocupado en el gobierno estatal (1998): 5,934.

COMUNICACIONES Y TRANSPORTE

Carreteras (1998, km): total, 3,113.6; troncales federales, 557.5; estatales, 710.1, y caminos rurales, 29.9.

Automóviles (1998): 53,548.

Vías de ferrocarril (1998, km): 394.20.

Aeropuertos (1998): uno.

Puertos (1998): cuatro (Cruz Huanacaxtle, Nuevo Vallarta, Puerto Balleto y San Blas).

Estaciones de televisión y radio (1998): televisión, nueve, y radio, 21.

SALUD

Esperanza de vida al nacer (1997, años): mujeres, 77.5, y hombres, 70.6.

Nacimientos anuales (1997): 25,809.

Defunciones anuales (1997): 4,103.

Población derechohabiente (1998): 56.3 por ciento.

Hospitales y camas de hospital (1998): públicos, 379 unidades médicas con 693 camas censables y 863 no censables, y privados, 14 unidades médicas con 142 camas censables y once no censables.

Personal médico (1998): público, 1,464, y particular, 194.

Tasas de natalidad y mortalidad infantil (1995): natalidad (por cada mil habitantes), 30.7, y mortalidad infantil (por cada mil nacimientos), 8.5.

EDUCACIÓN

Escolaridad (1999): 7.2 grados.

Analfabetismo (1999): 61,741 personas (10.3 por ciento).

Matrícula (1999, miles): preescolar, 34.4; primaria, 136.2; capacitación para el trabajo, 6.4; secundaria, 56.8; media superior, 32.9; superior, 25.0, y posgrado, 0.3.

Maestros (1999): preescolar, 1,719; primaria, 5,534; capacitación para el trabajo, 234; secundaria, 4,203; media superior, 2,446; superior, 1,456, y posgrado, 31.

Escuelas (1999): preescolar, 973; primaria, 1,203; capacitación para el trabajo, 90; secundaria, 451; media superior, 213; superior, 25, y posgrado, 9.

Artesanía huichola.

NUEVO LEÓN

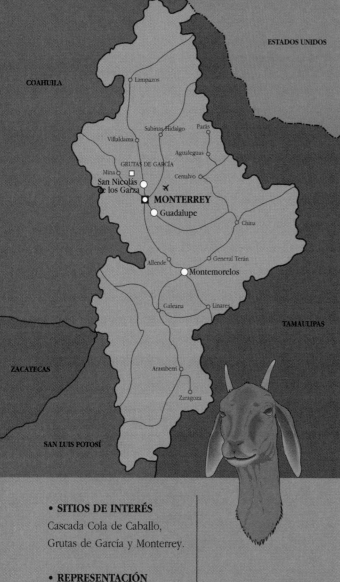

COAHUILA

ESTADOS UNIDOS

Lampazos

Sabinas Hidalgo — Parás

Villaldama

Agualeguas

GRUTAS DE GARCÍA

Mina — Cerralvo

San Nicolás de los Garza

MONTERREY

Guadalupe

China

General Terán

Allende

Montemorelos

Galeana — Linares

TAMAULIPAS

ZACATECAS

Aramberri

Zaragoza

SAN LUIS POTOSÍ

• **SITIOS DE INTERÉS**

Cascada Cola de Caballo,
Grutas de García y Monterrey.

• **REPRESENTACIÓN
ESTATAL EN EL D.F.**

Filomeno Mata 12, colonia
Centro, 06000 México D.F.
Teléfonos 5521-4241 al 43.
Fax 5510-2140.

Página web:

http://www.nl.gob.mx

□ Capital del estado
○ Poblaciones importantes
◉ Municipios principales
-·- Límite internacional
— Límite estatal
■ Sitios de interés
✈ Aeropuerto

BASE GEOGRÁFICA

Extensión territorial (km²): 64,742 (3.3% de la superficie del país).

Límites: colinda al norte con Coahuila, Estados Unidos (estado de Texas), con el río Bravo como frontera, y Tamaulipas; al este, con Tamaulipas; al sur, con Tamaulipas y San Luis Potosí, y al oeste, con San Luis Potosí y Coahuila.

Altitud (metros sobre el nivel del mar): máxima de 3,700 y mínima entre 100 y 200.

Ríos principales: Bravo y Salado, este último con sus tributarios Candela, Sabina, Los Álamos, San Juan, Salinas, Pesquería, Hualahuises, Pablillo, Potosí y Purificación.

Clima: en las partes bajas y al occidente de la Sierra Madre Oriental predomina el cálido y seco extremoso, con una temperatura promedio de 27.6°C y una precipitación media de 300 mm. En las partes altas es templado subhúmedo, con una temperatura entre 10°C y 18°C y frecuentes nevadas invernales.

Vegetación: en la ladera hay barreta; en la sierra, zacatonales, oyamel, cedro, pino y encino; en la llanura hay agaves (mezcaleros y lechuguilla), cenizo, gobernadora, yuca, uña de gato, hoja sen y damiana.

POBLACIÓN

Número de habitantes (2000): 3,826,240. Estimación para 2010: 4,391,850.

Densidad (habitantes por km²): 59.

Distribución por sexo (2000): mujeres, 50.34%, y hombres, 49.66 por ciento.

Distribución por edad (1997): media de 24 años; menores de 14 años, 30.36%; de 15 a 64 años, 64.98%, y de 65 años y más, 4.65 por ciento.

Capital: Monterrey. Habitantes (2000; zona metropolitana): 3,110,457.

Principales municipios (2000; núm. de habitantes): Monterrey, 1,108,499; Guadalupe, 668,780; San Nicolás de los Garza, 495,540, y Apodaca, 282,941.

Población indígena estimada (1997): 7,043 personas.

Lenguas indígenas: náhuatl, otomí, huasteco, zapoteco, mixteco, mazahua, maya, totonaca, purépecha, tarahumara, mixe, mazateco, yaqui, huichol, tzeltal, tzotzil, chinanteco, cora, chontal de Oaxaca y kikapú, entre otras.

Población urbana y rural (2000): urbana, 93.41%, y rural, 6.59 por ciento.

Religiones (1997): católica, 88.03%; protestante, evangélica y otras, 9.4%, y sin religión, 2.53 por ciento.

Población económicamente activa (1997): 57.53 por ciento.

GOBIERNO

División política: 51 municipios.
Gobernador del estado: Fernando Canales Clariond, del PAN.
Año de elección: 1997.
Año de la próxima elección de gobernador: 2003.
Gobiernos municipales (octubre, 2000): PRI, 34; PAN, 16 y PRD, 1.

ECONOMÍA

Industria manufacturera (1998, miles de pesos a precios corrientes): PIB $64,927,040; productos alimenticios, bebidas y tabaco, $11,206,248; sustancias químicas, derivados del petróleo, caucho y plástico, $7,367,375; productos de minerales no metálicos, excepto derivados del petróleo y del carbón, $10,008,579; productos de industrias metálicas básicas, $5,626,457, y productos metálicos, maquinaria y equipo, $23,374,449.

Agricultura (1998, hectáreas): superficie sembrada, 386,388; cosechada, 323,053. Principales cultivos (toneladas): praderas cultivadas, 2,716,855; sorgo forrajero, 312,856; naranja, 224,978, y papa, 94,833.

Minería (1998): PIB (miles de pesos a precios de 1998), $687,368. Volumen de la producción (1999, toneladas): azufre, 24,631, y barita, 102,993.

Otros recursos (silvicultura, 1998; m³ en rollo): volumen de la producción forestal maderable, 32,443.6. Principales especies: pino, 23,238.7; oyamel, 3,202.0, y encino, 2,032.4.

Ganadería (1998, cabezas): bovino, 392,584; porcino, 236,946; ovino, 71,895; caprino, 450,000; aves, 11,983,000, y colmenas, 14,600.

Turismo (1998): 105 establecimientos con 7,938 cuartos; promedio de turistas nacionales y extranjeros que se hospedaron, 2,542,279.

FINANZAS

PIB estatal (1998, millones de pesos): $239,101.
Deuda estatal (1998, millones de pesos): $8,163.
PIB estatal per cápita (1999): $8,420 dólares ($80,495.2 pesos).
Ingreso total estimado del estado (1997, pesos): $16,898,736,010.

COMUNICACIONES Y TRANSPORTE

Carreteras (1998, km): total, 7,248.3; troncales federales, 1,617.7; estatales, 3,028.6, y caminos rurales, 46.1.
Automóviles (1998): 563,077.

Vías de ferrocarril (1998, km): 1,218.48.
Aeropuertos (1998): tres.
Estaciones de televisión y radio (1998): televisión, 12, y radio, 64.

SALUD

Esperanza de vida al nacer (1997, años): mujeres, 77.9, y hombres, 72.2.
Nacimientos anuales (1997): 86,893.
Defunciones anuales (1997): 15,603.
Población derechohabiente (1998): 81 por ciento.
Hospitales y camas de hospital (1998): públicos, 537 unidades médicas con 3,593 camas censables y 2,027 no censables, y privados, 48 unidades médicas con 1,266 camas censables y 323 no censables.
Personal médico: público, 5,563, y particular, 402.
Tasas de natalidad y mortalidad infantil (1995): natalidad (por cada mil habitantes), 24.2, y mortalidad infantil (por cada mil nacimientos), 13.4.

EDUCACIÓN

Escolaridad (1999): 9.5 grados.
Analfabetismo (1999): 90,285 personas (3.5 por ciento).
Matrícula (1999, miles): preescolar, 116.6; primaria, 470.4; capacitación para el trabajo, 25.4; secundaria, 195.9; media superior, 120.8; superior, 105.4, y posgrado, 9.3.
Maestros (1999): preescolar, 4,905; primaria, 18,425; capacitación para el trabajo, 662; secundaria, 12,798; media superior, 8,073; superior, 7,987, y posgrado, 1,219.
Escuelas (1999): preescolar, 1,713; primaria, 2,600; capacitación para el trabajo, 131; secundaria, 730; media superior, 365; superior, 117, y posgrado, 50.

Monterrey y su famoso Cerro de la Silla.

OAXACA

• SITIOS DE INTERÉS

Bahías de Huatulco,
Coixtlahuaca, Lagunas de
Chacahua, Oaxaca, Puerto
Escondido, Tehuantepec,
Teposcolula, Yanhuitlán, y
zonas arqueológicas de Mitla
y Monte Albán.

• REPRESENTACIÓN
ESTATAL EN EL D.F.

Av. Coyoacán 939, colonia del
Valle, 03100 México D.F.
Teléfono 5559-2416.
Fax 5575-2621.
Página web:
http://www.oaxaca.gob.mx

▣	Capital del estado
◯	Poblaciones importantes
◯	Municipios principales
—	Límite estatal
▢	Sitios de interés
▲	Zona arqueológica
✈	Aeropuerto
⚓	Puertos principales

BASE GEOGRÁFICA

Extensión territorial (km²): 93,147 (4.8% de la superficie del país).

Límites: colinda al norte con Puebla y Veracruz; al este, con Chiapas; al sur, con el Océano Pacífico, y al oeste, con Guerrero.

Altitud (metros sobre el nivel del mar): máxima de 3,750 y mínima sobre el nivel del mar.

Ríos principales: Verde, Tonameca, de la Arena, Zimatlán, Tehuantepec, Petros, Chiapa, Papaloapan, Cajonos, de la Lana, Jaltepec, Coatzacoalcos y Encajonado.

Clima: tiene casi todos los del país. En los valles centrales y la Mixteca alta es templado subhúmedo o seco extremoso; en lo alto de la sierra es templado, con inviernos fríos; en el istmo es cálido subhúmedo, con vientos siempre fuertes; en la cañada y la llanura costera es cálido húmedo.

Vegetación: En los valles hay framboyán, casuarina, palo mulato, ahuehuete, cazahuate, salvia, huamanche tomillo, hinojo y laurel; en la sierra hay pino ocotero, fresno, oyamel, encino; en la costa hay palma de coco, mangle, coquito, guayacán, piña y zapote. En diferentes regiones del estado abunda el agave espadín (mezcalero).

POBLACIÓN

Número de habitantes (2000): 3,432,180. Estimación para 2010: 3,889,426.

Densidad (habitantes por km²): 37.

Distribución por sexo (2000): mujeres, 52.0%, y hombres, 48.0 por ciento.

Distribución por edad (1997): media de 20 años; menores de 14 años, 38.4%; de 15 a 64 años, 55.1% y de 65 años y más, 6.2 por ciento.

Capital: Oaxaca. Habitantes (2000; zona metropolitana): 380,000.

Principales municipios (2000; núm. de habitantes): Oaxaca, 256,848; San Juan Bautista, 133,675; Juchitán de Zaragoza, 78,493, y Salina Cruz, 76,392.

Población indígena estimada (1997): 1,938,867 personas.

Lenguas indígenas: zapoteco, mixteco, mazateco, chinanteco, mixe, chatino, triqui, huave, cuicateco, náhuatl, zoque, chontal de Oaxaca, chocho y mazahua, entre otras.

Población urbana y rural (2000): urbana, 44.68%, y rural, 55.32 por ciento.

Religiones (1997): católica, 87.67%; protestante, evangélica y otras, 8.4%, y sin religión, 3.95 por ciento.

Población económicamente activa (1997): 66.55 por ciento.

⚖️ GOBIERNO

División política: 570 municipios.
Gobernador del estado: José Luis Murat Cazab, del PRI.
Año de elección: 1998.
Año de la próxima elección de gobernador: 2004.
Gobiernos municipales (junio, 2000): otros, 419; PRI, 113; PRD, 29, y PAN, 9.

🌐 ECONOMÍA

Industria manufacturera (1998, miles de pesos a precios corrientes): PIB, $7,429,394; productos alimenticios, bebidas y tabaco, $3,752,532; industria de la madera y productos de madera, $365,029; sustancias químicas, derivados del petróleo, caucho y plástico, $1,793,437, y productos de minerales no metálicos, excepto derivados del petróleo y del carbón, $728,952.
Agricultura (1998, hectáreas): superficie sembrada, 1,113,652; cosechada, 1,065,275. Principales cultivos (toneladas): café, 3,719,355; pastos, 3,098,050, y maíz grano, 735,624.
Minería (1998): PIB (miles de pesos a precios de 1998), $314,224. Volumen de la producción (1999, toneladas): oro, 0.153; plata, 6.99; plomo, 52; cobre, cinco, y azufre, 36,482.
Otros recursos (silvicultura, 1998; m³ en rollo): volumen de la producción forestal maderable, 667,321. Principales especies: pino, 643,459, y oyamel, 7,157.
Ganadería (1998, cabezas): bovino, 1,610,749; porcino, 823,514; ovino, 510,676; caprino, 1,074,956; equino, 199,630; aves, 3,240,028, y colmenas, 62,382.
Turismo (1998): 502 establecimientos con 13,790 cuartos; promedio de turistas nacionales y extranjeros que se hospedaron, 1,081,085.

💰 FINANZAS

PIB **estatal (1998, millones de pesos):** $52,500.
Deuda estatal (1998, millones de pesos): 362.
PIB **estatal per cápita (1999):** $2,029 dólares ($19,397.24 pesos).
Ingreso total estimado del estado (1997, pesos): $15,563,321,672.
Personal ocupado en el gobierno estatal: 19,356.

📡 COMUNICACIONES Y TRANSPORTE

Carreteras (1998, km): total, 16,113.40; pavimentadas, 4,067.40; revestidas, 8,426.30, y en terracería, 3,619.70.
Automóviles (1998): 80,060.

Vías de ferrocarril (1998, km): 287.8.
Aeropuertos (1998): cinco.
Puertos (1997): cuatro (Bahías de Huatulco, Puerto Ángel, Puerto Escondido y Salina Cruz).
Estaciones de televisión y radio (1998): televisión, 31, y radio, 45.

⚕️ SALUD

Esperanza de vida al nacer (1997, años): mujeres, 75.0, y hombres, 67.9.
Nacimientos anuales (1997): 117,195.
Defunciones anuales (1997): 18,425.
Población derechohabiente (1998): 27 por ciento.
Hospitales y camas de hospital: públicos (1998), 1,075 unidades médicas con 1,502 camas censables y 2,850 no censables, y privados (1997), 48 unidades médicas con 387 camas censables y 79 no censables.
Personal médico (1998): público, 3,206, y particular, 382.
Tasas de natalidad y mortalidad infantil (1995): natalidad (por cada mil habitantes), 35.2, y mortalidad infantil (por cada mil nacimientos), 16.0.

📖 EDUCACIÓN

Escolaridad (1999): 5.7 grados.
Analfabetismo (1999): total, 487,293 personas (22.0 por ciento).
Matrícula (1999, miles): preescolar, 131.8; primaria, 626.3; capacitación para el trabajo, 14.3; secundaria, 197.3; media superior, 84.5; superior, 45.5, y posgrado, 0.7.
Maestros (1999): preescolar, 5,769; primaria, 24,510; capacitación para el trabajo, 288; secundaria, 9,100; media superior, 3,740; superior, 2,460, y posgrado, 346.
Escuelas (1999): preescolar, 3,200; primaria, 5,112; capacitación para el trabajo, 64; secundaria, 1,534; media superior, 210; superior, 54, y posgrado, 15.

© Carlos Hahn

Vista de la ciudad de Oaxaca.

PUEBLA

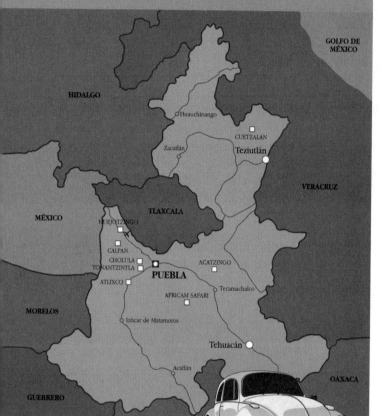

• SITIOS DE INTERÉS
Acatzingo, Áfricam Safari,
Atlixco, Calpan, Cuetzalan,
Cholula, Huejotzingo, Puebla
y Tonantzintla.

**• REPRESENTACIÓN
ESTATAL EN EL D.F.**

Insurgentes Sur 421, edificio
B, despacho 100, colonia
Condesa, 06100 México D.F.
Teléfonos 5584-2034
y 5584-8471.
Fax 5574-8092.
Página web:
http://www.puebla.gob.mx

Capital del estado
Poblaciones importantes
Municipios principales
Límite estatal
Sitios de interés
Aeropuerto

BASE GEOGRÁFICA

Extensión territorial (km²): 34,155 (1.7 % de la superficie del país).

Límites: colinda al norte y al este con Veracruz; al sureste, con Oaxaca; al suroeste, con Guerrero, y al oeste, con Morelos, Estado de México, Tlaxcala e Hidalgo.

Altitud (metros sobre el nivel del mar): máxima de 5,757 y mínima de 500.

Ríos principales: Pantepec, Vinazco, Nautla, San Marcos, Necaxa y Xoloco, Atoyac y Zahuapan, Tlapelmala, Valiente, Quetzolapa, Capulines y Atzala, San Martín Texmelucan, Zahuapan, Huehuetlán, Nexapa, Xamilpan y Mixteco.

Clima: tiene casi todos los climas del país, predominando el templado húmedo.

Vegetación: en la ladera oriental de la Sierra Madre hay canchán, ojoh y palo de agua; en los valles de sierras semicálidas hay cuajiote, copal y cuachalote; en las partes altas de la Sierra Norte de Puebla, pino, encino, oyamel y palo mulato; en la meseta, mezquite y huizache.

POBLACIÓN

Número de habitantes (2000): 5,070,346. Estimación para 2010: 5,832,363.

Densidad (habitantes por km²): 148.

Distribución por sexo (2000): mujeres, 51.87%, y hombres, 48.03 por ciento.

Distribución por edad (1997): media de 20 años; menores de 14 años, 38.31%; de 15 a 64 años, 56.39%, y de 65 y más, 5.3 por ciento.

Capital: Puebla. Habitantes (2000; zona metropolitana): 1,844,957.

Principales municipios (2000; núm. de habitantes): Puebla, 1,346,176; Tehuacán, 225,943; San Martín Texmelucan, 121,093, y Atlixco, 117,019.

Población indígena estimada (1997): 998,697 personas.

Lenguas indígenas: náhuatl, totonaca, popoloca, mazateco, otomí, mixteco, zapoteco, tepehuán, maya, cuicateco, mixe, chinanteco y tlapaneco, entre otras.

Población urbana y rural (2000): urbana, 68.43%, y rural, 31.57 por ciento.

Religiones (1997): católica, 91.42%; protestante, evangélica y otras, 6.4%, y sin religión, 2.16 por ciento.

Población económicamente activa (1997): 65.78 por ciento.

GOBIERNO

División política: 217 municipios.

Gobernador del estado: Melquiades Morales Flores, del PRI.

Año de elección: 1998.

Año de la próxima elección de gobernador: 2004.

Gobiernos municipales (junio, 2000): PRI, 183; PAN, 16; PRD, 14; PT, 2, y PVEM, 2.

ECONOMÍA

Industria manufacturera (1998, miles de pesos a precios corrientes): PIB, $36,727,995; productos alimenticios, bebidas y tabaco, $6,205,007; textiles, prendas de vestir e industria del cuero, $5,004,747; industria de la madera y productos de madera, $1,595,738; industrias metálicas básicas, $1,739,596; sustancias químicas, derivados del petróleo, caucho y plástico, $2,243,809, y productos metálicos, maquinaria y equipo, $17,936,251.

Agricultura (1998, hectáreas): superficie sembrada, 978,848; cosechada, 932,696. Principales especies: caña de azúcar, 1,440,975; alfalfa, 881,799; maíz, 780,354, y avena forrajera, 246,433.

Minería (1998): PIB (miles de pesos a precios de 1998), $366,739.

Otros recursos (pesca; 1988, toneladas): volumen de la captura, 5,560.5. Principales especies: carpa, 3,801.7; trucha arcoiris, 506.0, y mojarra tilapia, 321.8.

Ganadería (1998, cabezas): bovino, 653,561; porcino, 1,247,982; ovino, 429,083; caprino, 830,779; equino, 401,312; aves, 53,225,903, y colmenas, 84,430.

Turismo (1998): 294 establecimientos con 9,669 cuartos; promedio de turistas nacionales y extranjeros que se hospedaron, 1,752,477.

FINANZAS

PIB estatal (1998, millones de pesos): $131,277.

Deuda estatal (1998, millones de pesos): $657.

PIB estatal per cápita (1999): $3,346 dólares ($31,987.76 pesos).

Ingreso total estimado del estado (1997, pesos): $8,485,302,100.

Personal ocupado en el gobierno estatal (1998): 19,356.

COMUNICACIONES Y TRANSPORTE

Carreteras (1998, km): total, 8,353.97; troncales federales, 1,481.97; troncales y ramales, 630.768.

Vías de ferrocarril (1997, km): 1,057.16.

Aeropuertos (1998): dos.

Estaciones de televisión y radio (1998): televisión, 8, y radio, 39.

SALUD

Esperanza de vida al nacer (1997, años): mujeres, 75.6, y hombres, 68.4.

Nacimientos anuales (1997): 156,943.

Defunciones anuales (1997): 26,458.

Población derechohabiente (1998): 41 por ciento.

Hospitales y camas de hospital (1998): públicos, 915 unidades médicas con 2,968 camas censables y 3,036 no censables, y privados, 101 unidades médicas con 1,388 camas censables y 181 no censables.

Personal médico (1998): público, 5,297, y particular, 208.

Tasas de natalidad y mortalidad infantil (1995): natalidad (por cada mil habitantes), 30.5, y mortalidad infantil (por cada mil nacimientos), 33.2.

EDUCACIÓN

Escolaridad (1999): 6.7 grados.

Analfabetismo (1999): total, 488,462 personas (15.2 por ciento).

Matrícula (1999, miles): preescolar, 215.7; primaria, 824.8; capacitación para el trabajo, 23.4; secundaria, 269.7; media superior, 133.4; superior, 92.4, y posgrado, 7.7.

Maestros (1999): preescolar, 8,690; primaria, 26,319; capacitación para el trabajo, 879; secundaria, 14,962; media superior, 10,626; superior, 9,049, y posgrado, 1,497.

Escuelas (1999): preescolar, 4,148; primaria, 4,503; capacitación para el trabajo, 151; secundaria, 1,789; media superior, 778; superior, 265, y posgrado, 76.

© Carlos Hahn

Puebla, Pue.

QUERÉTARO

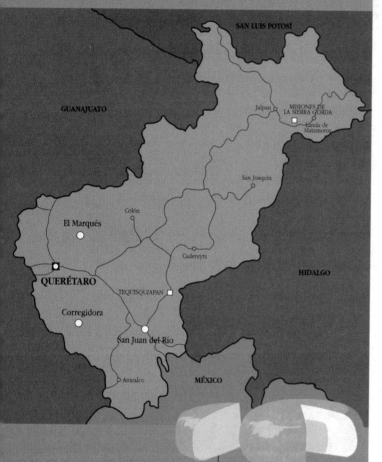

SAN LUIS POTOSÍ

GUANAJUATO

Jalpan

MISIONES DE LA SIERRA GORDA

Landa de Matamoros

San Joaquín

Colón

El Marqués

QUERÉTARO

Cadereyta

HIDALGO

TEQUISQUIAPAN

Corregidora

San Juan del Río

Amealco

MÉXICO

- Capital del estado
- Poblaciones importantes
- Municipios principales
- Límite estatal
- Sitios de interés

• SITIOS DE INTERÉS

Misiones de la Sierra Gorda,
San Juan del Río, Querétaro y
Tequisquiapan.

• REPRESENTACIÓN
ESTATAL EN EL D.F.

Torre WTC, Montecito 38, piso
20, oficinas 33 a 35, colonia
Nápoles, 03810 México D.F.
Teléfonos 5488-0480 al 83.
Fax 5488-0483.
Página web:
http://www.queretaro.gob.mx

 BASE GEOGRÁFICA

Extensión territorial (km²): 12,114 (0.6% de la superficie del país).

Límites: colinda al norte con San Luis Potosí; al este, con Hidalgo; al sur, con México y Michoacán, y al oeste, con Guanajuato.

Altitud (metros sobre el nivel del mar): máxima de 3,360 y mínima de 500.

Ríos principales: Moctezuma, San Juan, Extoraz, Santa María, Querétaro, Pueblito, Juriquilla y Lerma.

Clima: predomina el templado subhúmedo, con temperaturas medias entre 17°C y 18°C y precipitaciones anuales entre 500 mm y 600 mm.

Vegetación: en la Sierra de Amealco hay encino, pino, oyamel, roble y capulín; en la Sierra Gorda encontramos piñonero, chaparral y laurel; en las llanuras centrales, garambuyo, nopal, órgano, cardón y biznaga, y en la Sierra Madre, framboyán, palo de rosa, helechos y cedro rojo.

POBLACIÓN

Número de habitantes (2000): 1,402,010. Estimación para 2010: 1,719,669.

Densidad (habitantes por km²): 116.

Distribución por sexo (2000): mujeres, 51.69%, y hombres, 48.31 por ciento.

Distribución por edad (1997): media de 21 años; menores de 14 años, 36.28%; de 15 a 64 años, 59.00%; de 64 años y más, 4.6 por ciento.

Capital: Querétaro. Habitantes (2000): 639,839.

Principales municipios (2000; núm. de habitantes): Querétaro, 639,839; San Juan del Río, 179,300; Corregidora, 74,345, y El Marqués, 71,464.

Población indígena estimada (1997): 67,768 personas.

Lenguas indígenas: otomí, náhuatl, mazahua y zapoteco.

Población urbana y rural (2000): urbana, 64.45%, y rural, 35.55 por ciento.

Religiones (1997): católica, 96.66%; protestante, evangélica y otras, 2.2%, y sin religión, 1.14 por ciento.

Población económicamente activa (1997): 55.88 por ciento.

 GOBIERNO

División política: 18 municipios.

Gobernador del estado: Ignacio Loyola Vera, del PAN.

Año de elección: 1997.

Año de la próxima elección de gobernador: 2003.

Gobiernos municipales (octubre, 2000): PRI, 13, y PAN, 5.

 ECONOMÍA

Industria manufacturera (1998, miles de pesos a precios corrientes): PIB, $21,644,220; productos alimenticios, bebidas y tabaco, $5,486,769; papel, productos de papel, imprentas y editoriales, $1,459,955; industrias metálicas básicas, $81,224; sustancias químicas, derivados del petróleo, caucho y plástico, $4,494,721, y productos metálicos, maquinaria y equipo, $8,020,616.

Agricultura (1998, hectáreas): superficie sembrada, 170,156; cosechada, 164,309. Principales cultivos (toneladas): maíz grano, 207,578; alfalfa verde, 316,926; maíz forrajero, 93,905, y sorgo grano, 72,577.

Minería (1998): PIB (miles de pesos a precios de 1998), $116,804. Volumen de la producción (1999, toneladas): oro, 0.863; plata, 41.86; plomo, 2,173, y cobre, 437.

Otros recursos (pesca; 1998, toneladas): volumen de la captura, 473.53. Principales especies: tilapia, 48.16; carpa, 23.16, y trucha, 2.36.

Ganadería (1998, cabezas): bovino, 255,355; porcino, 189,686; ovino, 92,454; caprino, 91,901; equino, 48,949; aves, 21,839,369, y colmenas, 6,922.

Turismo (1998): 126 establecimientos con 5,732 cuartos; promedio de turistas nacionales y extranjeros que se hospedaron, 1,253,450.

 FINANZAS

PIB estatal (1998, millones de pesos): $ 61,892.

Deuda estatal (1998, millones de pesos): $1,216.

PIB estatal per cápita (1999): $5,803 dólares ($55,476.68 pesos).

Ingreso total estimado del estado (1997, pesos): $3,452,652,391.

Personal ocupado en el gobierno estatal (1998): 4,830.

COMUNICACIONES Y TRANSPORTE

Carreteras (1998, km): total, 3,257.32; troncales federales, 565.50; estatales, 772, y caminos rurales, 59.30.

Vías de ferrocarril (1998, km): 443.59.

Aeropuertos (1998): uno.

Estaciones de televisión y radio (1998): televisión, cinco, y radio, 19.

SALUD

Esperanza de vida al nacer (1997, años): mujeres, 76.8, y hombres, 70.0.

Nacimientos anuales (1997): 38,223.

Defunciones anuales (1997): 5,698.

Población derechohabiente (1998): 68 por ciento.

Hospitales y camas de hospital (1998): públicos, 223 unidades médicas con 752 camas censables y 1,031 no censables, y privados, 20 unidades médicas con 248 camas censables y 54 no censables.

Personal médico (1998): público, 1,726, y particular, 162.

Tasas de natalidad y mortalidad infantil (1995): natalidad (por cada mil habitantes), 33.3, y mortalidad infantil (por cada mil nacimientos), 22.6.

EDUCACIÓN

Escolaridad (1999): 7.6 grados.

Analfabetismo (1999): total, 92,194 personas (10.7 por ciento).

Matrícula (1999, miles): preescolar, 57.7; primaria, 220.7; capacitación para el trabajo, 11.9; secundaria, 82.0; media superior, 37.8; superior, 24.2, y posgrado, 1.6.

Maestros (1999): preescolar, 2,559; primaria, 7,060; capacitación para el trabajo, 198; secundaria, 3,754; media superior, 2,618; superior, 2,597, y posgrado, 209.

Escuelas (1999): preescolar, 1,304; primaria, 1,394; capacitación para el trabajo, 24; secundaria, 386; media superior, 104; superior, 43, y posgrado, 20.

© Carlos Hahn

Querétaro, Centro Histórico.

QUINTANA ROO

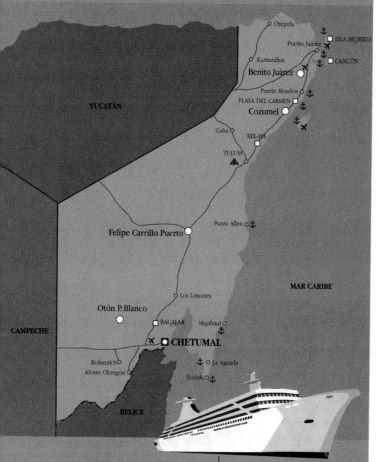

MAR CARIBE

CAMPECHE

YUCATÁN

BELICE

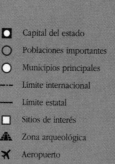

• SITIOS DE INTERÉS

Bacalar, Cancún, Cozumel,
Chetumal, Isla Mujeres,
Playa del Carmen, X'Caret,
Xel-Ha y zona arqueológica
de Tulum.

• REPRESENTACIÓN
ESTATAL EN EL D.F.

Álvaro Obregón 161,
colonia Roma, 06700
México D.F.
Teléfonos 5207-2880,
5207-2940 y 5525-8569.
Fax 5525-2207.

⬤	Capital del estado
◯	Poblaciones importantes
◉	Municipios principales
---	Límite internacional
—	Límite estatal
☐	Sitios de interés
⛰	Zona arqueológica
✈	Aeropuerto
⚓	Puertos principales

BASE GEOGRÁFICA

Extensión territorial (km²): 39,201 (2.0% de la superficie del país).

Límites: colinda al norte con el Golfo de México; al este, con el Mar Caribe; al sur, con Belice, con el río Hondo como frontera; al oeste, con Campeche, y al noroeste, con Yucatán.

Altitud (metros sobre el nivel del mar): máxima de 230 y mínima sobre el nivel del mar.

Ríos principales: Azul y Hondo.

Clima: predominan el cálido húmedo y cálido subhúmedo, con lluvias en verano y parte del otoño. La temperatura media anual es 27°C; en verano llega a 35°C. La precipitación anual varía entre 800 mm y 1,600 mm.

Vegetación: en la selva hay árboles maderables como caoba, cedro rojo, ceiba oyaxclu y, en menor cantidad (por causa de la sobreexplotación), árboles de maderas preciosas muy apreciadas como chechén y pucté. Está en el mismo caso el chicozapote (árbol del chicle). Hay también naranjos, mameyes y plátanos. En la costa hay acacias, palo de tinte y mangle.

POBLACIÓN

Número de habitantes (2000): 873,804. Estimación para 2010: 1,039,089.

Densidad (habitantes por km²): 22.

Distribución por sexo (2000): mujeres, 51.87%, y hombres, 48.03 por ciento.

Distribución por edad (1997): media de 21 años, menores de 14 años, 36.32%; de 15 a 64 años, 61.0%, y de 65 años y más, 2.53 por ciento.

Capital: Chetumal. Habitantes (2000): 208,014.

Principales municipios (2000; núm. de habitantes): Benito Juárez, 419,276; Otón P. Blanco, 208,014; Solidaridad, 63,478, y Felipe Carrillo Puerto, 60,305.

Población indígena estimada (1997): 220,520 personas.

Lenguas indígenas: maya, mame, kanjobal, náhuatl, totonaca, tzotzil, zapoteco, chol, tzeltal, mixe, zoque, mixteco, chontal de Tabasco, chinanteco y otomí, entre otras.

Población urbana y rural (2000): urbana, 82.56%, y rural, 17.54 por ciento.

Religiones (1997): católica, 75.04%; protestante, evangélica y otras, 16.7%, y sin religión, 8.22 por ciento.

Población económicamente activa (1997): 64.77 por ciento.

GOBIERNO

División política: ocho municipios.

Gobernador del estado: Joaquín Hendricks Díaz, del PRI.

Año de elección: 1999.

Año de la próxima elección de gobernador: 2005.

Gobiernos municipales (junio, 2000): 8, todos por el PRI.

ECONOMÍA

Industria manufacturera (1998, miles de pesos a precios corrientes): PIB, $1,246,794; productos alimenticios, bebidas y tabaco, $748,567; industria de la madera y productos de madera, $162,501; papel, productos de papel, imprentas y editoriales, $75,339; productos de minerales no metálicos, $165,629, y productos metálicos, maquinaria y equipo, $45,666.

Agricultura (1998, hectáreas): superficie sembrada, 123,928; cosechada, 103,337. Principales cultivos (toneladas): caña de azúcar 1,183,010; maíz grano, 44,828; chile jalapeño, 15,200; naranja, 10,407.

Minería (1998): PIB (miles de pesos a precios de 1998), $121,701.

Otros recursos (silvicultura, 1998; m³ en rollo): volumen de la producción forestal maderable, 37,620. Principales especies: cedro y caoba, 10,602; duras, 14,759, y blandas, 12,259.

Ganadería (1998, cabezas): bovino, 122,059; porcino, 185,531; ovino, 48,100; caprino, 2,637; aves, 3,224,049; guajolotes, 34,833, y colmenas, 110,454.

Turismo (1998): 517 establecimientos con 39,644 cuartos; promedio de turistas nacionales y extranjeros que se hospedaron, 4,408,628.

FINANZAS

PIB estatal (1998, millones de pesos): $46,570.

Zona residencial en Cancún.

Deuda estatal (1998, millones de pesos): $1,010.

PIB estatal per cápita (1999): $8,944 dólares ($85,504.64 pesos).

Ingreso total estimado del estado (1997, pesos): $2,209,206,350.

Personal ocupado en el gobierno estatal (1998): 3,745.

COMUNICACIONES Y TRANSPORTE

Carreteras (1998, km): total, 5,070; troncales federales, 1,041; estatales, 937, y caminos rurales, 212.

Automóviles (1998): 54,936.

Aeropuertos (1998): cuatro.

Puertos (1997): 15 (Banco Plata, Cancún, Chetumal, Holbox, Isla Cozumel, Isla Mujeres, La Aguada, Majahual, Playa del Carmen, Puerto Aventuras, Puerto Juárez, Puerto Morelos, Punta Allen, Punta Venado y Xcalak).

Estaciones de televisión y radio (1998): televisión, 17, y radio, 18.

SALUD

Esperanza de vida al nacer (1997, años): mujeres, 77.7, y hombres, 71.2.

Nacimientos anuales (1998): 21,279.

Defunciones anuales (1997): 2,053.

Población derechohabiente (1998): 73.4 por ciento.

Hospitales y camas de hospital (1998): públicos, 186 unidades médicas con 462 camas censables y 566 no censables, y privados, 27 unidades médicas con 215 camas censables y 33 no censables.

Personal médico (1998): público, 1,026, y particular, 42.

Tasas de natalidad y mortalidad infantil (1995): natalidad (por cada mil habitantes), 28.0, y mortalidad infantil (por cada mil nacimientos), 18.2.

EDUCACIÓN

Escolaridad (1999): 7.9 grados.

Analfabetismo (1999): total, 45,856 personas (8.9 por ciento).

Matrícula (1999, miles): preescolar, 31.7; primaria, 130.2; capacitación para el trabajo, 11.2; secundaria, 44.2; media superior, 27.3; superior, 8.6, y posgrado, 0.2.

Maestros (1999): preescolar, 1,273; primaria, 4,427; capacitación para el trabajo, 279; secundaria, 2,746; media superior, 1,973; superior, 808, y posgrado, 66.

Escuelas (1999): preescolar, 518; primaria, 726; capacitación para el trabajo, 45; secundaria, 228; media superior, 81; superior, 18, y posgrado, 4.

SAN LUIS POTOSÍ

ZACATECAS

NUEVO LEÓN

Cedral

Real de Catorce
Matehuala

TAMAULIPAS

El Naranjo

ZACATECAS

San Juanico
SAN LUIS POTOSÍ

Cárdenas
Río Verde   Ciudad Valles

JALISCO

Tamuín

Santa María del Río

Aquismón

GUANAJUATO

Tamazunchale

QUERÉTARO   VERACRUZ

HIDALGO

☐ Capital del estado
○ Poblaciones importantes
◉ Municipios principales
— Límite estatal
☐ Sitios de interés
✈ Aeropuerto

• SITIOS DE INTERÉS

La Huasteca potosina, Real de Catorce y San Luis Potosí.

• REPRESENTACIÓN ESTATAL EN EL D.F.

Montecito 38, piso 8, oficinas 25 a 27, Torre WTC, colonia Nápoles, 03810 México D.F. Teléfonos 5488-0611 al 13. Fax 5488-0621.

Página web: http://www.slp.gob.mx

🗺 BASE GEOGRÁFICA

Extensión territorial (km²): 63,778 (3.1 de la superficie del país).

Límites: colinda al norte con Nuevo León y Zacatecas; al noreste, con Tamaulipas; al sureste, con Veracruz; al sur, con Hidalgo, Querétaro y Guanajuato; al suroeste, con Jalisco, y al oeste, con Zacatecas.

Altitud (metros sobre el nivel del mar): máxima de 3,180 y mínima de 100.

Ríos principales: Pánuco, Verde, Santa María del Oro, Tamuín, Naranjos, Mesillas, Valles, Choy, Moctezuma y Tempoal.

Clima: la mayor parte lo tiene seco, con cierta humedad y menos de 750 mm de precipitación anual. En la planicie costera es cálido húmedo todo el año, con una temperatura media superior a 20°C y precipitaciones superiores a 1,000 mm.

Vegetación: en el desierto del Salado hay yuca, agaves (pulqueros y lechuguilla), palma china, garambullo, órgano y peyote; en el norte y centro hay nopal, ixtle, guayule, canchilla y mezquite; en las sierras templadas, pino y encino.

👥 POBLACIÓN

Número de habitantes (2000): 2,296,363. Estimación para 2010: 2,719,779.

Densidad (habitantes por km²): 36.

Distribución por sexo (2000): mujeres, 50.05%, y hombres, 49.95 por ciento.

Distribución por edad (1997): media de 20 años; menores de 14 años, 38.87%; de 15 a 64 años, 55.62%, y de 65 y más, 5.4 por ciento.

Capital: San Luis Potosí. Habitantes (2000; zona metropolitana): 849,309.

Principales municipios (2000; núm. de habitantes): San Luis Potosí, 669,353; Soledad, 179,956; Ciudad Valles, 146,411, y Tamazunchale, 88,991.

Población indígena estimada (1997): 336,206 personas.

Lenguas indígenas: náhuatl, huasteco, pame, otomí, zapoteco, chichimeca jonaz, maya, mazahua, mixteco, purépecha, totonaca, mixe, mazateco, triqui, mayo y tlapaneco, entre otras.

Población urbana y rural (2000): urbana, 59.02%, y rural, 40.98 por ciento.

Religiones (1997): católica, 91.83%; protestante, evangélica y otras, 6.9%, y sin religión, 1.28 por ciento.

Población económicamente activa (1997): 54.13 por ciento.

⚖ GOBIERNO

División política: 58 municipios.

Gobernador del estado: Fernando Silva Nieto, del PRI.

Año de elección: 1997.

Año de la próxima elección de gobernador: 2003.

Gobiernos municipales (agosto, 2000): PRI, 30; PAN, 7; PRD, 1, y Nava, 1.

ECONOMÍA

Industria manufacturera (1998, miles de pesos a precios corrientes): PIB, $16,406,580; productos alimenticios, bebidas y tabaco, $4,317,792; sustancias químicas, derivados del petróleo, caucho y plástico, $1,211,419; industrias metálicas básicas, $3,975,200, y productos metálicos, maquinaria y equipo, $4,071,477.

Agricultura (1998, hectáreas): superficie sembrada, 677,893.30; cosechada, 580,140. Principales cultivos (toneladas): caña de azúcar, 3,223,590; maíz grano, 192,225.36; alfalfa verde, 667,800, y naranja, 272,863.50.

Minería (1998): PIB (miles de pesos a precios de 1998), $998,587. Volumen de la producción (1999, toneladas): oro, 0.041; plata, 42.47; plomo, 2,070; cobre, 3,161; zinc, 47,756, y fluorita, 412,809.

Otros recursos (1998): a) silvicultura (m³ en rollo): volumen de la producción forestal maderable, 16,902.2. Principales especies: pino, 3,488.8; liquidámbar, 2,804.0; encino, 9,077.9, y cedro rojo, 195.0; **b) pesca (toneladas):** volumen de la captura, 622.85. Principales especies: tilapia, 133.99; bagre, 21.86; carpa, 354.52; lobina, 4.51, y acamaya/langostino, 2.56.

Ganadería (1998, cabezas): bovino, 930,116; porcino, 169,894; ovino, 574,132; caprino, 881,529; equino, 148,818; aves, 8,483,645, y colmenas, 44,989.

Turismo (1998): 182 establecimientos con 6,293 cuartos; promedio de turistas nacionales y extranjeros que se hospedaron, 1,266,360.

FINANZAS

PIB estatal (1998, millones de pesos): $60,611.

Deuda estatal (1998, millones de pesos): $661.

PIB estatal per cápita (1999): $3,311 dólares ($31,653.16 pesos).

Ingreso total estimado del estado (1997, pesos): $4,152,669,000.

Personal ocupado en el gobierno estatal (1998): 13,346.

COMUNICACIONES Y TRANSPORTE

Carreteras (1998, km): total, 8,703.17; troncales federales, 2,620.80; estatales, 1,384.60, y caminos rurales, 85.40.

Automóviles (1998): 151,173.

Vías de ferrocarril (1998, km): 1,311.

Aeropuertos (1998): dos.

Estaciones de televisión y radio (1998): televisión, 22, y radio, 31.

SALUD

Esperanza de vida al nacer (1997, años): mujeres, 76.8, y hombres, 70.3.

Nacimientos anuales (1998): 63,964.

Defunciones anuales (1998): 9,987.

Población derechohabiente (1998): 49 por ciento.

Hospitales y camas de hospital (1998): públicos, 500 unidades médicas con 1,265 camas censables y 1,451 no censables, y privados, 38 unidades médicas con 556 camas censables y 59 no censables.

Personal médico (1998): público, 2,237, y particular, 429.

Tasas de natalidad y mortalidad infantil (1995): natalidad (por cada mil habitantes), 31.3, y mortalidad infantil (por cada mil nacimientos), 17.0.

EDUCACIÓN

Escolaridad (1999): 7.1 grados.

Analfabetismo (1999): total, 182,715 personas (12.3 por ciento).

Matrícula (1999, miles): preescolar, 102.5; primaria, 372.8; capacitación para el trabajo, 13.2; secundaria, 141.7; media superior, 55.2; superior, 32.0, y posgrado, 1.3.

Maestros (1999): preescolar, 5,471; primaria, 14,419; capacitación para el trabajo, 718; secundaria, 9,591; media superior, 4,687; superior, 4,306, y posgrado, 84.

Escuelas (1999): preescolar, 2,835; primaria, 3,554; capacitación para el trabajo, 110; secundaria, 1,563; media superior, 292; superior, 62, y posgrado, 17.

San Luis Potosí, Centro Histórico.

© Carlos Hahn

SINALOA

SONORA

CHIHUAHUA

Choix

El Fuerte

Ahome

Ocoroni

LOS MOCHIS

Sinaloa de Leyva

Topolobampo

Guasave

Guamúchil

Badiraguato

DURANGO

Altata

CULIACÁN

COSALA

El Dorado

GOLFO DE BAJA CALIFORNIA

San Ignacio

COPALA

Mazatlán

Concordia

El Rosario

Escuinapa

NAYARIT

Teacapán

• **SITIOS DE INTERÉS**
Cosala, Copala, Los Mochis
y Mazatlán.

• **REPRESENTACIÓN
ESTATAL EN EL D.F.**
Santa Rosalía 116, colonia del
Valle, 03100 México D.F.
Teléfonos 5575-3807,
5575-3847 y 5575-0321,
ext.127. Fax. 5575-6339.
Página web:
http://www.sinaloa.gob.mx

Capital del estado
Poblaciones importantes
Municipios principales
Límite estatal
Sitios de interés
Zona arqueológica
Aeropuerto
Puertos principales

BASE GEOGRÁFICA

Extensión territorial (km²): 58,359 (2.9% de la superficie del país).

Límites: colinda al norte con Sonora y Chihuahua; al este, con Durango y Nayarit; al sur, con Nayarit y el Océano Pacífico, y al oeste, con el Golfo de California.

Altitud (metros sobre el nivel del mar): máxima de 3,520 y mínima sobre el nivel del mar.

Ríos principales: El Fuerte, Sinaloa, Huamaya y Tamazula (que se unen para formar el río Culiacán), San Lorenzo, Piaxtla, Baluarte, Presidio, Urique, Batopilas, Choix, Álamos, Elota y Quelite.

Clima: es cálido semiseco en la llanura, con temperatura media entre 24ºC y 25ºC y precipitación anual de 600 mm que aumenta hasta 1,400 mm al sur de la entidad.

Vegetación: en la sierra encontramos encino, pino y ocotero; en las costas hay tule, mangle y guamúchil, y en las llanuras hay huizache, coco de aceite, yute, roble, palo blanco, madroño y pastizales.

POBLACIÓN

Número de habitantes (2000): 2,534,835. Estimación para 2010: 2,579,696.

Densidad (habitantes por km²): 43.

Distribución por sexo (2000): mujeres, 50.39%, y hombres, 49.61 por ciento.

Distribución por edad (1997): media de 21 años; menores de 14 años, 36.27%; de 15 a 64 años, 59.34%, y de 65 años y más, 4.33 por ciento.

Capital: Culiacán. Habitantes (2000): 744,859.

Principales municipios (2000; núm. de habitantes): Culiacán, 744,859; Mazatlán, 380,265; Ahome, 358,663, y Guasave, 277,201.

Población indígena estimada (1997): 104,095 personas.

Lenguas indígenas: mayo, mixteco, zapoteco, triqui, náhuatl, tarahumara, maya, tlapaneco y yaqui, entre otras.

Población urbana y rural (2000): urbana, 67.29%, y rural, 32.71 por ciento.

Religiones (1997): católica, 89.98%; protestante, evangélica y otras, 4.9%, y sin religión, 5.14 por ciento.

Población económicamente activa (1997): 58.20 por ciento.

GOBIERNO

División política: 18 municipios.
Gobernador del estado: Juan S. Millán Lizárraga, del PRI.
Año de elección: 1998.
Año de la próxima elección de gobernador: 2004.

Gobiernos municipales (junio, 2000): PRI, 14; PAN, 3, y PRD, 1.

 ECONOMÍA

Industria manufacturera (1998, miles de pesos a precios corrientes): PIB, $5,669,929; productos alimenticios, bebidas y tabaco, $4,272,807; papel, productos de papel, imprentas y editoriales, $358,177; productos de minerales no metálicos, $223,993, y productos metálicos, maquinaria y equipo, $424,203.

Agricultura (1998, hectáreas): superficie sembrada, 1,368,969; cosechada, 1,235,893. Principales cultivos (toneladas): maíz, 2,618,850; caña de azúcar, 1,844,977; sorgo, 398,203, y trigo, 271,849.

Minería (1998): PIB (miles de pesos a precios de 1998), $229,943. Volumen de la producción (1999, toneladas): oro, 0.651; plata, 49.26; plomo, 2,246; cobre, 186, y zinc, 17.

Pesca (1998, toneladas): volumen de la captura, 131,826. Principales especies: atún, 50,844; sardina bocona industrial, 27,499; sardina crinuda industrial, 17,496, y camarón de alta mar, 12,119.

Ganadería (1998, cabezas): bovino, 1,629,198; porcino, 423,594; ovino, 56,724; caprino, 151,907; equino, 121,229; aves, 42,505,849, y colmenas, 54,916.

Turismo (1998): 286 establecimientos con 14,779 cuartos; promedio de turistas nacionales y extranjeros que se hospedaron, 1,353,746.

FINANZAS

PIB estatal (1998, millones de pesos): $64,592.

Deuda estatal (1998, millones de pesos): $1,990.

PIB estatal per cápita (1999): $3,733 dólares ($35,687.48 pesos).

Ingreso total estimado del estado (1997, pesos): $7,721,280,558.

Personal ocupado en el gobierno estatal (1998): 9,034.

COMUNICACIONES Y TRANSPORTE

Carreteras (1998, km): total, 16,396.9; pavimentadas, 3,232.9; revestidas 5,926.8, y en terracería, 7,237.2.

Automóviles (1998): 150,619.

Vías de ferrocarril (1998, km): 1,176.1.

Aeropuertos (1998): cuatro.

Puertos (1997): seis (Altata, El Sábalo, Escuinapa, Mazatlán, Teacapán y Topolobampo).

Estaciones de televisión y de radio (1998): televisión, 15, y radio, 49.

SALUD

Esperanza de vida al nacer (1997, años): mujeres, 77.5, y hombres, 71.2.

Nacimientos anuales (1998): 73,756.

Defunciones anuales (1997): 9,969.

Población derechohabiente (1998): 60 por ciento.

Hospitales y camas de hospital (1998): públicos, 393 unidades médicas con 1,799 camas censables y 1,706 no censables, y privados, 56 unidades médicas con 548 camas censables y 136 no censables.

Personal médico (1998): público, 3,378, y particular, 297.

Tasas de natalidad y mortalidad infantil (1995): natalidad (por cada mil habitantes), 30.6, y mortalidad infantil (por cada mil nacimientos), 5.9.

EDUCACIÓN

Escolaridad (1999): 8.2 grados.

Analfabetismo (1999): total, 129,504 personas (7.7 por ciento).

Matrícula (1999, miles): preescolar, 96.5; primaria, 360.2; capacitación para el trabajo, 36.6; secundaria, 146.4; media superior, 99.8; superior, 64.9, y posgrado, 1.1.

Maestros (1999): preescolar, 4,543; primaria, 13,907; capacitación para el trabajo, 1,075; secundaria, 9,963; media superior, 5,970; superior, 4,699, y posgrado, 302.

Escuelas (1999): preescolar, 2,399; primaria, 3,181; capacitación para el trabajo, 112; secundaria, 731; media superior, 301; superior, 79, y posgrado, 28.

© Michael Calderwood

Presa Huites.

SONORA

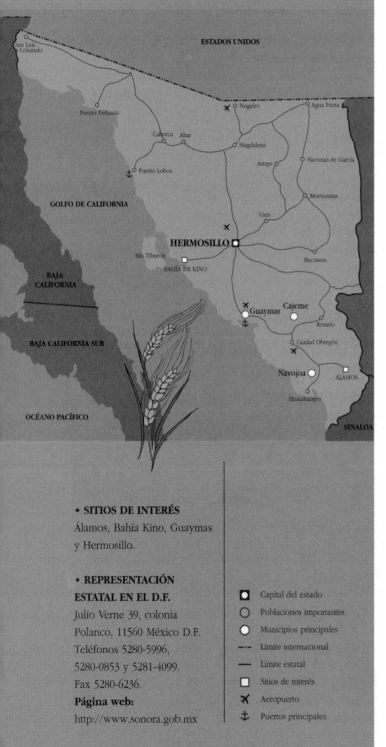

ESTADOS UNIDOS

San Luis Colorado

Puerto Peñasco

Caborca · Altar

Nogales

Agua Prieta

GOLFO DE CALIFORNIA

Puerto Lobos

Magdalena

Arizpe

Nacozari de García

Moctezuma

Ures

HERMOSILLO

Isla Tiburón

BAHÍA DE KINO

Bacanera

BAJA CALIFORNIA

Guaymas · Cajeme

Rosario

Ciudad Obregón

BAJA CALIFORNIA SUR

Navojoa · ÁLAMOS

Huatabampo

OCÉANO PACÍFICO

SINALOA

• SITIOS DE INTERÉS
Álamos, Bahía Kino, Guaymas y Hermosillo.

• REPRESENTACIÓN ESTATAL EN EL D.F.
Julio Verne 39, colonia Polanco, 11560 México D.F.
Teléfonos 5280-5996, 5280-0853 y 5281-4099.
Fax 5280-6236.
Página web:
http://www.sonora.gob.mx

◨	Capital del estado
○	Poblaciones importantes
○	Municipios principales
-·-	Límite internacional
—	Límite estatal
◻	Sitios de interés
✈	Aeropuerto
⚓	Puertos principales

 ## BASE GEOGRÁFICA

Extensión territorial (km²): 180,605 (9.2% de la superficie del país).

Límites: colinda al norte con Estados Unidos (estados de Arizona y Nuevo México); al este, con Chihuahua; al sur, con Sinaloa; al oeste, con el Golfo de California, y al noroeste, con Baja California.

Altitud (metros sobre el nivel del mar): máxima de 2,620 y mínima sobre el nivel del mar.

Ríos principales: Colorado, Sonoíta, Magdalena, Sonora y Yaqui.

Clima: extremoso. En la planicie es seco desértico, con temperaturas que alcanzan hasta 46°C en verano y menos de 0°C en invierno; la precipitación media anual no es superior a 400 mm. En lo alto de la sierra es templado subhúmedo, con precipitaciones que alcanzan 1,000 mm en el sureste de la entidad.

Vegetación: en la llanura encontramos cactáceas, palo fierro, mezquites, guamis, palo verde, rodadora y jojoba; en la sierra hay abetos, pinos y encinos.

POBLACIÓN

Número de habitantes (2000): 2,213,370. Estimación para 2010: 2,507,558.

Densidad (habitantes por km²): doce.

Distribución por sexo (2000): mujeres, 50.11%, y hombres, 49.89 por ciento.

Distribución por edad (1997): media de 23 años; menores de 14 años, 33.28%; de 15 a 64 años, 61.67%, y de 65 años y más, 5.04 por ciento.

Capital: Hermosillo. Habitantes (2000): 608,697.

Principales municipios (2000; núm. de habitantes): Hermosillo, 608,697; Cajeme, 355,679; Nogales, 159,103, y San Luis Río Colorado, 145,276.

Población indígena estimada (1997): 265,960 personas.

Lenguas indígenas: mayo, yaqui, mixteco, guarijío, zapoteco, maya, seri, triqui, tarahumara y pima, entre otras.

Población urbana y rural (2000): urbana, 83.09%, y rural, 16.91 por ciento.

Religiones (1997): católica, 90.31%; protestante, evangélica y otras, 6.5%, y sin religión, 3.21 por ciento.

Población económicamente activa (1997): 55.93 por ciento.

 ## GOBIERNO

División política: 72 municipios.
Gobernador del estado: Armando López Nogales, del PRI.
Año de elección: 1997.

Año de la próxima elección de gobernador: 2003.

Gobiernos municipales (octubre, 2000): PRI, 46; PAN, 15; PRD, 9; PT, 1, y PRD-PT-PAS, 1.

ECONOMÍA

Industria manufacturera (1998, miles de pesos a precios corrientes): PIB, $19,112,562; productos alimenticios, bebidas y tabaco, $5,882,015; textiles, prendas de vestir e industria del cuero, $1,271,223; productos de minerales no metálicos, $1,088,967, y productos metálicos, maquinaria y equipo, $7,805,437.

Agricultura (1998, hectáreas): superficie sembrada, 615,403; cosechada, 579,119. Principales cultivos (toneladas): trigo, 1,376,949; maíz grano, 330,917; vid, 300,753, y alfalfa, 205,875.

Minería (1998): PIB (miles de pesos a precios de 1998), $1,872,701. Volumen de la producción (1999, ton.): oro, 8.27; plata, 117.97; plomo, 2; cobre, 322,307, y fierro, 90,350.

Pesca (1998, toneladas): volumen de la captura, 189,243. Principales especies: sardina, 39,872; camarón de cultivo, 6,641; camarón de alta mar, 6,299, y corvina, 2,496.

Ganadería (1998, cabezas): bovino, 1,473,622; porcino, 143,118; ovino, 17,025; caprino, 24,206; equino, 89,507; aves, 11,352,497, y colmenas, 33,291.

Turismo (1998): 275 establecimientos con 10,719 cuartos; promedio de turistas nacionales y extranjeros que se hospedaron, 3,616,756.

FINANZAS

PIB estatal (1998, millones de pesos): $99,682.

Deuda estatal (1998, millones de pesos): $4,178.

PIB estatal per cápita (1999): $5,658 dólares ($54,090.48 pesos).

Ingreso total estimado del estado (1997, pesos): $5,844,443,000.

Personal ocupado en el gobierno estatal (1998): 8,766.

COMUNICACIONES Y TRANSPORTE

Carreteras (1998, km): total, 23,736.5; troncales federales, 2,251.5; estatales, 3,674.5, y caminos rurales, 17,810.5.

Vías de ferrocarril (1998, km): 2,014.

Aeropuertos (1997): cinco.

Puertos (1997): seis (Guaymas, Puerto Peñasco, Puerto Libertad, R. Sánchez Taboada, Santa Clara y Yávaros).

Estaciones de televisión y radio (1998): televisión, 46, y radio, 99.

SALUD

Esperanza de vida al nacer (1997, años): mujeres, 77.2, y hombres, 71.2.

Nacimientos anuales (1998): 56,566.

Defunciones anuales (1998): 11,803.

Población derechohabiente (1998): 70.5 por ciento.

Hospitales y camas de hospital (1998): públicos, 332 unidades médicas con 2,280 camas censables y 1,771 no censables, y privados, 40 unidades médicas con 525 camas censables y 87 no censables.

Personal médico (1998): público, 3,501, y particular, 696.

Tasas de natalidad y mortalidad infantil (1995): natalidad (por cada mil habitantes), 26.7, y mortalidad infantil (por cada mil nacimientos), 14.6.

EDUCACIÓN

Escolaridad (1999): 8.3 grados.

Analfabetismo (1999): total, 67,872 personas (4.5 por ciento).

Matrícula (1999, miles): preescolar, 69.5; primaria, 308.9; capacitación para el trabajo, 26.4; secundaria, 121.0; media superior, 81.0; superior, 57.3, y posgrado, 1.2.

Maestros (1999): preescolar, 3,054; primaria, 11,504; capacitación para el trabajo, 698; secundaria, 6,689; media superior, 5,494; superior, 4,504, y posgrado, 379.

Escuelas (1999): preescolar, 1,390; primaria, 1,880; capacitación para el trabajo, 144; secundaria, 622; media superior, 307; superior, 77, y posgrado, 27.

Vista del puerto de Guaymas.

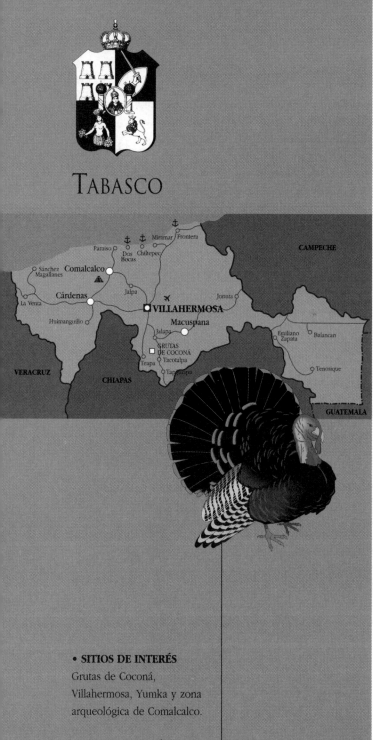

TABASCO

• SITIOS DE INTERÉS

Grutas de Coconá,
Villahermosa, Yumka y zona
arqueológica de Comalcalco.

• REPRESENTACIÓN
ESTATAL EN EL D.F.

Torre Omega, Campos
Elíseos 345, piso 7, colonia
Chapultepec-Polanco,
11560 México D.F.
Teléfonos y faxes 5280-8119,
5280-7993, 5280-7744
y 5280-4367.
Página web:
http://www.tabasco.gob.mx

- ◻ Capital del estado
- ○ Poblaciones importantes
- ◉ Municipios principales
- --·-- Límite internacional
- ── Límite estatal
- ◻ Sitios de interés
- ⛩ Zona arqueológica
- ✈ Aeropuerto
- ⚓ Puertos principales

 BASE GEOGRÁFICA

Extensión territorial (km²): 24,612 (1.3% de la superficie del país).

Límites: colinda al nortoeste con el Golfo de México; al noreste, con Campeche; al sureste, con Guatemala; al sur, con Chiapas, y al oeste, con Veracruz.

Altitud (metros sobre el nivel del mar): máxima de 1,620 y mínima sobre el nivel del mar.

Ríos principales: Tabasco está integrado por dos cuencas: la del Grijalva, con sus afluentes Ixtacomitán, de la Sierra, Teapa o Tacotalpan, Tulijá, Tepetitlán y Chilapa, y la del Usumacinta con los afluentes de San Pedro, Chocoljá, Palizada, San Pedro y San Pablo. Fluyen además el Tonalá y el Tancochapa o Pedregal.

Clima: cálido húmedo, con temperatura media anual de 25ºC; mínima de 10ºC y máxima de 42ºC. Su precipitación anual llega a los 2,750 mm.

Vegetación: cocoteros, coco, majagua; al sur y sureste hay ceiba, guapaque, cedro, caoba, pastizales y frutales como cacao, mamey, zapote, naranjo, tamarindo, guanábana, plátano y limonero.

☷ POBLACIÓN

Número de habitantes (2000): 1,889,367. Estimación para 2010: 2,226,286.

Densidad (habitantes por km²): 77.

Distribución por sexo (2000): mujeres, 50.82%, y hombres, 49.18 por ciento.

Distribución por edad (1997): media de 20 años; menores de 14 años, 37.9%; de 15 a 64 años, 58.2%, y de 65 años y más, 3.7 por ciento.

Capital: Villahermosa. Habitantes (2000): 519,873

Principales municipios (2000; núm. de habitantes): Centro, 519,873; Cárdenas, 216,903; Comalcalco, 164,640, y Huimanguillo, 158,335.

Población indígena estimada (1997): 120,380 personas.

Lenguas indígenas: chontal de Tabasco, chol, tzeltal, maya, zapoteco, náhuatl, tzotzil, mixteco, mixe, totonaca, chontal de Oaxaca, tojolabal y chinanteco, entre otras.

Población urbana y rural (2000): urbana, 53.86%, y rural, 46.14 por ciento.

Religiones (1997): católica, 74.61%; protestante, evangélica y otras, 17.8%, y sin religión, 7.56 por ciento.

Población económicamente activa (1997): 57.77 por ciento.

 GOBIERNO

División política: 17 municipios.

Gobernador del estado: Roberto Madrazo Pintado, del PRI.

Año de elección: 1994.

Fecha de la próxima elección de gobernador: 15 de octubre del 2000.

Gobiernos municipales (junio, 2000): 17, todos por el PRI.

 **ECONOMÍA**

Industria manufacturera (1998, miles de pesos a precios corrientes): PIB, $2,236,054; productos alimenticios, bebidas y tabaco, $1,370,959; papel, productos de papel, imprentas y editoriales, $60,553; sustancias químicas, derivados del petróleo, caucho y plástico, $401,276; productos de minerales no metálicos, excepto derivados del petróleo y del carbón, $248,484, y productos metálicos, maquinaria y equipo, $103,295.

Agricultura (1998, hectáreas): superficie sembrada, 295,717; cosechada, 252,262. Principales cultivos (toneladas): maíz, 107,357; naranja, 92,391; sandía, 30,770; caña de azúcar, 1,697,758, y plátano, 276,138.

Minería (1998): PIB (miles de pesos a precios de 1998), $6,242,392. Volumen de la producción (1999, toneladas): azufre, 376,880.

Otros recursos (1998): a) silvicultura (m³ en rollo): volumen de la producción forestal maderable, 3,572. Principales especies: caoba y cedro rojo, 355; barí, macullí, canshan, guayacán y ceiba, 3,217 y **b) pesca (toneladas):** volumen de la captura, 50,684. Principales especies: ostión, 9,292; tilapia, 5,488; cintilla, 2,907, y bandera, 2,723.

Ganadería (1998, cabezas): bovino, 1,544,670; porcino, 267,066; ovino, 47,440; equino, 75,045; guajolotes, 466,585; aves, 3,311,146, y colmenas, 3,158.

Turismo (1998): 124 establecimientos con 4,459 cuartos; promedio de turistas nacionales y extranjeros que se hospedaron, 340,152.

 FINANZAS

PIB estatal (1998, millones de pesos): $41,440.

Deuda estatal (1998, millones de pesos): $605.

PIB estatal per cápita (1999): $3,178 dólares ($30,381.68 pesos).

Ingreso total del estado (1997): $6,033,582,994.

Personal ocupado en el gobierno estatal (1998): 32,887.

COMUNICACIONES Y TRANSPORTE

Carreteras (1998, km): total, 5,682.30; troncales federales, 607.85; estatales, 2,347.70, y caminos rurales, 302.

Automóviles (1998): 93,237.

Vías de ferrocarril (1998, km): 315.

Aeropuertos (1998): uno.

Puertos (1997): cinco (Chiltepec, Dos Bocas, Frontera, Sánchez Magallanes y Villahermosa).

Estaciones de televisión y radio (1998): televisión, 13, y radio, 32.

SALUD

Esperanza de vida al nacer (1997, años): mujeres, 77.1, y hombres, 70.7.

Nacimientos anuales (1998): 50,233.

Defunciones anuales (1997): 7,196.

Población derechohabiente (1998): 49 por ciento.

Hospitales y camas de hospital (1998): públicos, 447 unidades médicas con 1,383 camas censables y 2,896 no censables, y privados, 43 unidades médicas con 310 camas censables y 57 no censables.

Personal médico (1998): público, 3,175, y particular, 331.

Tasas de natalidad y mortalidad infantil (1995): natalidad (por cada mil habitantes), 32.7, y mortalidad infantil (por cada mil nacimientos), 17.0.

EDUCACIÓN

Escolaridad (1999): 7.7 grados.

Analfabetismo (1999): total, 124,440 personas (10.4 por ciento).

Matrícula (1999, miles): preescolar, 85.4; primaria, 309.3; capacitación para el trabajo, 11.2; secundaria, 116.9; media superior, 75.7; superior, 38.6, y posgrado, 0.5.

Maestros (1999): preescolar, 3,578; primaria, 10,049; capacitación para el trabajo, 320; secundaria, 5,745; media superior, 4,030; superior, 2,447, y posgrado, 131.

Escuelas (1999): preescolar, 1,805; primaria, 2,168; capacitación para el trabajo, 87; secundaria, 600; media superior, 186; superior, 41, y posgrado, siete.

Jaguar de Tabasco, en cautiverio.

© Carlos Hahn

TAMAULIPAS

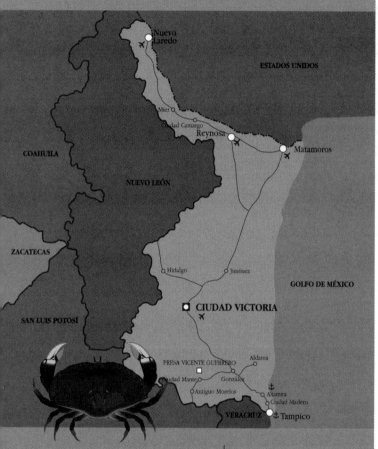

ESTADOS UNIDOS

Nuevo Laredo

Mier

Ciudad Camargo

Reynosa

Matamoros

COAHUILA

NUEVO LEÓN

ZACATECAS

Hidalgo

Jiménez

GOLFO DE MÉXICO

CIUDAD VICTORIA

SAN LUIS POTOSÍ

PRESA VICENTE GUERRERO

Aldama

Ciudad Mante

González

Antiguo Morelos

Altamira

Ciudad Madero

VERACRUZ

Tampico

• SITIOS DE INTERÉS

Playas de Miramar, Ciudad Victoria, presa Vicente Guerrero y Tampico.

• REPRESENTACIÓN ESTATAL EN EL D.F.

Paseo de la Reforma 195, piso 4, colonia Cuauhtémoc, 06500 México D.F.
Teléfonos 5566-3027, 5566-3447 y 5566,3055.
Fax. 5566-3150.

Página web:
http://www.tamaulipas.gob.mx

▣	Capital del estado
◯	Poblaciones importantes
◯	Municipios principales
--·--	Límite internacional
——	Límite estatal
▢	Sitios de interés
✈	Aeropuerto
⚓	Puertos principales

BASE GEOGRÁFICA

Extensión territorial (km²): 79,686 (4.1% de la superficie del país).

Límites: colinda al norte con Estados Unidos (estado de Texas), con al río Bravo como frontera; al este, con el Golfo de México; al sur, con Veracruz; al suroeste, con San Luis Potosí, y al oeste, con Nuevo León.

Altitud (metros sobre el nivel del mar): máxima de 3,280 y mínima sobre el nivel del mar.

Ríos principales: Bravo (con sus afluentes Salado y Sabinas), San Fernando, Purificación y Guayalejo.

Clima: hacia la vertiente oriental de la sierra es templado húmedo. En verano el calor sobrepasa 40ºC. En la planicie es seco, con escasas lluvias durante todo el año y la precipitación media anual varía entre 600 mm y 800 mm. Al sur, en la Huasteca, es cálido subhúmedo.

Vegetación: en la llanura hay órganos y otras cactáceas, mezquite, gobernadora, pastizales, damiana, yuca y agave azul (cultivado); en la costa hay mangle y tule; en la llanura costera hay palo brasil; en la sierra, pino y encino; en la Huasteca hay trepadoras.

POBLACIÓN

Número de habitantes (2000): 2,747,114. Estimación para 2010: 3,092,475.

Densidad (habitantes por km²): 34.

Distribución por sexo (2000): mujeres, 50.78%, y hombres, 49.22 por ciento.

Distribución por edad (1997): media de 23 años; menores de 14 años, 32.65%; de 15 a 64 años, 62.45%, y de 65 y más, 4.85 por ciento.

Capital: Ciudad Victoria. Habitantes (2000): 262,686.

Principales municipios (2000; núm. de habitantes): Reynosa, 419,776; Matamoros, 416,428; Nuevo Laredo, 310,277, y Tampico, 294,789.

Población indígena estimada (1997): 12,780 personas.

Lenguas indígenas: náhuatl, huasteco, totonaca, zapoteco, otomí, mazahua, maya, mixteco, purépecha, tarahumara, mixe, chinanteco, tepehuán, mazateco y popoluca, entre otras.

Población urbana y rural (2000): urbana, 85.43%, y rural, 14.57 por ciento.

Religiones (1997): católica, 85.05%; protestante, evangélica y otras, 11.5%, y sin religión, 3.48 por ciento.

Población económicamente activa (1997): 60.06 por ciento.

⚖ GOBIERNO

División política: 43 municipios.
Gobernador del estado: Tomás Yarrington Rubalcaba, del PRI.
Año de elección: 1998.
Año de la próxima elección de gobernador: 2004.
Gobiernos municipales (junio, 2000): PRI, 40; PRD, 2, y otros, 1.

🌐 ECONOMÍA

Industria manufacturera (1998, miles de pesos a precios corrientes): PIB, $20,982,550; productos alimenticios, bebidas y tabaco, $3,369,102; textiles, prendas de vestir e industria del cuero, $713,543; papel, productos de papel, imprentas y editoriales, $736,585; sustancias químicas, derivados del petróleo, caucho y plástico, $5,305,396; productos de minerales no metálicos, excepto derivados del petróleo y del carbón, $607,136, y productos metálicos, maquinaria y equipo, $9,214,238.
Agricultura (1998, hectáreas): superficie sembrada, 1,570,250; cosechada, 1,411,142. Principales cultivos (toneladas): sorgo, 2,346,249; caña de azúcar, 2,305,220, y maíz, 344,049.
Minería (1998): PIB (miles de pesos a precios de 1998), $997,586. Volumen de la producción (1999, toneladas): azufre, 15,694.
Otros recursos (1998): a) silvicultura (m³ en rollo): volumen de la producción forestal maderable, 80,182. Principales especies: pino, 5,271; encino, 1,672; palo brasil, barreta, chicharrita, ébano y otras, 73,239 y **b) pesca (toneladas):** volumen de la captura, 31,917.9. Principales especies: camarón, 14,020.5; lisa, 2,658.3, y jaiba, 2,610.0.
Ganadería (1998, cabezas): bovino, 1,075,621; porcino, 198,057; ovino, 109,383; caprino, 244,720; equino, 75,268; aves, 780,512, y colmenas, 25,074.
Turismo (1998): 410 establecimientos con 14,113 cuartos; promedio de turistas nacionales y extranjeros que se hospedaron, 2,017,398.

📦 FINANZAS

PIB estatal (1998, millones de pesos): $104,389.
Deuda estatal (1998, millones de pesos): $271.
PIB estatal per cápita (1999): $5,138 dólares ($49,119.28 pesos).
Ingreso total estimado del estado (1997, pesos): $6,250,878,000.
Personal ocupado en el gobierno estatal (1998): 6,877.

Zona petrolera en Tampico.

🚂 COMUNICACIONES Y TRANSPORTE

Carreteras (1998, km): total, 7,469.04; troncales federales, 2,176.74; estatales, 1,569.44, y caminos rurales, 2,829.26.
Automóviles (1998): 414,963.
Vías de ferrocarril (1998, km): 968.45.
Aeropuertos (1997): cinco.
Puertos (1997): cuatro (Altamira, El Mezquital, La Pesca y Tampico).
Estaciones de televisión y radio (1998): televisión, 36, y radio, 91.

⚕ SALUD

Esperanza de vida al nacer (1997, años): mujeres, 77.7, y hombres, 71.3.
Nacimientos anuales (1998): 63,474.
Defunciones anuales (1997): 11,450.
Población derechohabiente (1998): 75 por ciento.
Hospitales y camas de hospital (1998): públicos, 404 unidades médicas con 2,266 camas censables y 1,505 no censables, y privados, 73 unidades médicas con 937 camas censables y 99 no censables.
Personal médico (1998): público, 3,307, y privado, 837.
Tasas de natalidad y mortalidad infantil (1995): natalidad (por cada mil habitantes), 29.8, y mortalidad infantil (por cada mil nacimientos), 10.0.

📖 EDUCACIÓN

Escolaridad (1999): 8.1 grados.
Analfabetismo (1999): total, 105,358 personas (5.7 por ciento).
Matrícula (1999, miles): preescolar, 81.7; primaria, 351.8; capacitación para el trabajo, 28.2; secundaria, 140.5; media superior, 76.8; superior, 84.2, y posgrado, 4.1.
Maestros (1999): 3,614; primaria, 13,426; capacitación para el trabajo, 770; secundaria, 7,686; media superior, 5,629; superior, 7,070, y posgrado, 226.
Escuelas (1999): preescolar, 1,410; primaria, 2,434; capacitación para el trabajo, 139; secundaria, 581; media superior, 260; superior, 118, y posgrado, 46.

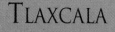

TLAXCALA

HIDALGO

PUEBLA

Tlaxco
Atotonilco

Calpulalpan

Atlangatepec

EDO. DE MÉXICO

Hueyotlipan

Apizaco

Panotla
Huamantla
Tequixquitla

TLAXCALA
Santa Ana Chiautempan

CACAXTLA
Tepeyanco

Zacatelco

PUEBLA

Tenancingo

• SITIOS DE INTERÉS

Atlihuetzía, Huamantla, Tlaxcala y zona arqueológica de Cacaxtla.

• REPRESENTACIÓN ESTATAL EN EL D.F.

San Idelfonso 40, colonia Centro, 06020 México D.F. Teléfonos 5702-9110 y 5702-9746.
Fax 5702-8181.
Página web:
http://www.tlaxcala.gob.mx

◻ Capital del estado
◯ Poblaciones importantes
⬤ Municipios principales
— Límite estatal
◻ Sitios de interés
▲ Zona arqueológica

 **BASE GEOGRÁFICA**

Extensión territorial (km²): 4,052 (0.2% de la superficie del país).

Límites: colinda al norte con Hidalgo; al noreste, sur, sur-oeste, este y oeste, con Puebla, y presenta al oeste, con el Estado de México.

Altitud (metros sobre el nivel del mar): máxima de 4,420 y mínima en el Gran Llano de Huamantla.

Ríos principales: Atotonilco, El Salto, Corral Viejo, Atoyac, Zahuapan, Apizaco, Hondo, Tequisquiatl, Totolac y Cañada de la Calera.

Clima: predomina el templado subhúmedo. En primavera y verano se presentan calores moderados, con temperaturas menores de 30ºC.

Vegetación: en los valles y planicies hay forrajeras, especies agrícolas y pastizales; en la montaña alta, pino, encino, oyamel y zacatón.

POBLACIÓN

Número de habitantes (2000): 961,912. Estimación para 2010: 1,158,695.

Densidad (habitantes por km²): 237.

Distribución por sexo (2000): mujeres, 51.30%, y hombres, 48.70 por ciento.

Distribución por edad (1997): media de 20 años; menores de 14 años, 36.47%; de 15 a 64 años, 58.47%, y de 65 años y más, 5.21 por ciento.

Capital: Tlaxcala. Habitantes (2000; zona metropolitana): 130,634.

Principales municipios (2000; núm. de habitantes): Tlaxcala, 73,184; Apizaco, 67,644; Huamantla, 66,380, y Chiautempan, 57,450.

Población indígena estimada (1997): 34,632 personas.

Lenguas indígenas: náhuatl, otomí, totonaca, zapoteco, mixteco, mazateco, maya, huasteco, purépecha, mazahua, popoloca, mixe, cuicateco, chinanteco, chontal de Oaxaca, tzeltal, tlapaneco y tzotzil, entre otras.

Población urbana y rural (2000): urbana, 80.94%, y rural, 19.06 por ciento.

Religiones (1997): católica, 94.16%; protestante, evangélica y otras, 4.9%, y sin religión, 0.96 por ciento.

Población económicamente activa (1997): 59.04 por ciento.

GOBIERNO

División política: 60 municipios.

Gobernador del estado: Alfonso Sánchez Anaya del PRD-PT-PVEM.

Año de elección: 1998.

Año de la próxima elección de gobernador: 2004.

Gobiernos municipales (junio, 2000): PRI, 46; PRD, 7; PT, 3; PAN, 2, y PVEM, 2.

ECONOMÍA

Industria manufacturera (1998, miles de pesos a precios corrientes): PIB, $5,329,552; productos alimenticios, bebidas y tabaco, $1,186,956; textiles, prendas de vestir e industria del cuero, $802,313; sustancias químicas, derivados del petróleo, caucho y plástico, $1,281,741; productos de minerales no metálicos, excepto derivados del petróleo y del carbón, $767,477; productos de industrias metálicas básicas, $154,770, y productos metálicos, maquinaria y equipo, $830,101.

Agricultura (1998, hectáreas): superficie sembrada, 243,113; cosechada, 240,282. Principales cultivos (toneladas): maíz grano, 174,936.5; maíz forrajero, 256,587.0; trigo, 73,163.9, y avena, 57,921.6.

Minería (1998): PIB (miles de pesos a precios de 1998), $15,339.

Otros recursos (1998): a) silvicultura (m³ en rollo): volumen de la producción forestal maderable, 24,661. Principales especies: pino, 12,421; oyamel, 10,380; encino, 1,605, y otras, 255 y **b) pesca (toneladas):** volumen de la captura, 705.6. Principales especies: carpa barrigona, 398.8; carpa espejo, 216.9; carpa herbívora, 40.9, y otras, 49.0.

Ganadería (1998, cabezas): bovino, 125,539; porcino, 132,300; ovino, 143,152; caprino, 73,822, y aves, 421,859.

Turismo (1998): 82 establecimientos con 1,942 cuartos; promedio de turistas nacionales y extranjeros que se hospedaron, 291,519.

FINANZAS

PIB estatal (1998, millones de pesos): $18,382.

Deuda estatal: ND.

PIB estatal per cápita (1999): $2,894 dólares ($ 27,666.64 pesos).

Ingreso total estimado del estado (1998, pesos): $3,132,633,769.

COMUNICACIONES Y TRANSPORTE

Carreteras (1997, km): total, 2,484; pavimentadas, 1,249, y revestidas, 1,235.

Automóviles (1998): 42,048.

Vías de ferrocarril (1998, km): 306.50.

Aeropuertos (1997): ninguno.

Estaciones de televisión y radio (1998): televisión, cinco, y radio, cinco.

SALUD

Esperanza de vida al nacer (1997, años): mujeres, 77.0, y hombres, 70.8.

Nacimientos anuales (1998): 29,650.

Defunciones anuales (1997): 4,651.

Población derechohabiente (1998): 42.4 por ciento.

Hospitales y camas de hospital (1997): públicos, 167 unidades médicas con 436 camas censables y 727 no censables, y privados, 37 unidades médicas con 203 camas censables y 34 no censables.

Personal médico (1997): público, 1,087, y privado, 77.

Tasas de natalidad y mortalidad infantil (1995): natalidad (por cada mil habitantes), 31.6, y mortalidad infantil (por cada mil nacimientos), 28.7.

EDUCACIÓN

Escolaridad (1999): 7.8 grados.

Analfabetismo (1999): total, 49,168 personas (7.9 por ciento).

Matrícula (1999, miles): preescolar, 32.6; primaria, 142.3; capacitación para el trabajo, 8.4; secundaria, 59.7; media superior, 33.7; superior, 15.3, y posgrado, 0.8.

Maestros (1999): preescolar, 1,399; primaria, 5,212; capacitación para el trabajo, 194; secundaria, 3,349; media superior, 2,157; superior, 1,388, y posgrado, 174.

Escuelas (1999): preescolar, 622; primaria, 699; capacitación para el trabajo, 51; secundaria, 272; media superior, 138; superior, 30, y posgrado, 13.

© Carlos Hahn

Vista de la ciudad de Tlaxcala.

VERACRUZ

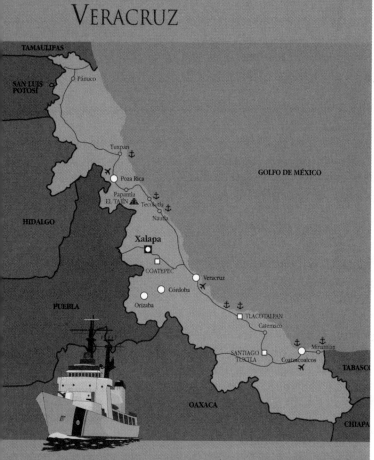

TAMAULIPAS

SAN LUIS POTOSÍ

Pánuco

Tuxpan ⚓

Poza Rica ✈

Papantla
EL TAJÍN 🏛 Tecolutla ⚓

Nautla

HIDALGO

Xalapa ◻

COATEPEC

Córdoba

Veracruz ✈

Orizaba

PUEBLA

TLACOTALPAN ⚓

Catemaco

SANTIAGO TUXTLA

Coatzacoalcos ⚓

Minatitlán ⚓ ✈

OAXACA

GOLFO DE MÉXICO

TABASCO

CHIAPAS

• SITIOS DE INTERÉS

Coatepec, Lago de Catemaco, Los Tuxtlas, Orizaba, Punta Antón Lizardo, Santiago Tuxtla, Tlacotalpan, Xalapa y zonas arqueológicas de Cempoala y El Tajín.

• REPRESENTACIÓN ESTATAL EN EL D.F.

Marsella 77, colonia Juárez, 06600 México D.F. Teléfonos 5208-7633, 5208-7479, 5208-7513 y 5208-7815. Fax. 5208-7907.
Página web:
http://www.veracruz.gob.mx

◻ Capital del estado
○ Poblaciones importantes
○ Municipios principales
— Límite estatal
◻ Sitios de interés
🏛 Zona arqueológica
✈ Aeropuerto
⚓ Puertos principales

🗺 BASE GEOGRÁFICA

Extensión territorial (km²): 72,005 (3.7% de la superficie del país).

Límites: colinda al norte con Tamaulipas; al este, con el Golfo de México y Tabasco; al sureste, con Chiapas; al sur, con Oaxaca; al oeste, con Puebla e Hidalgo, y al noroeste, con San Luis Potosí.

Altitud (metros sobre el nivel del mar): máxima de 5,747 y mínima sobre el nivel del mar.

Ríos principales: Pánuco, Tempoal, Topila, Tuxpan, Cazones, Nautla, Tecolutla, Antigua, Papaloapan, Jamapa, Coatzacoalcos, Actopan, Blanco, Tonto, Playa Vicente, San Juan Evangelista, Uzpanapa y Tonal.

Clima: predomina el tropical húmedo, con lluvias en verano o todo el año; en el centro, debido a su relieve, varía del tropical húmedo, con temperaturas arriba de 20ºC y precipitación anual entre 2,000 mm y 3,000 mm, hasta el polar de alta montaña, en la cima nevada del Pico de Orizaba, pasando por el subhúmedo de los llanos de Perote.

Vegetación: en la llanura hay manglar, pastizal, platanar, palmero, mango, naranjo, limonero, cedro, encino, pino y oyamel; en la Huasteca, pastizal, framboyán, selva, palma y maguey.

👥 POBLACIÓN

Número de habitantes (2000): 6,901,111. Estimación para 2010: 7,457,680.

Densidad (habitantes por km²): 96.

Distribución por sexo (2000): mujeres, 51.63%, y hombres, 48.37 por ciento.

Distribución por edad (1997): media de 22 años; menores de 14 años, 34.63%; de 15 a 64 años, 60.02%, y de 65 años y más, 5.32 por ciento.

Capital: Xalapa. Habitantes (2000): 390,058.

Principales municipios (2000; núm. de habitantes): Veracruz, 457,119; Xalapa, 390,058; Coatzacoalcos, 267,037, y Córdoba, 176,952.

Población indígena estimada (1997): 1,427,832 personas.

Lenguas indígenas: náhuatl, totonaca, huasteco, popoluca, zapoteco, chinanteco, otomí, mazateco, tepehuán, mixteco, zoque, mixe, maya, tzotzil, chontal de Oaxaca y chol, entre otras.

Población urbana y rural (2000): urbana, 59.05%, y rural, 40.95 por ciento.

Religiones (1997): católica, 84.01%; protestante, evangélica y otras, 11.7%, y sin religión, 4.24 por ciento.

Población económicamente activa (1997): 56.70 por ciento.

Playa Mocambo, en Veracruz, Ver.

 GOBIERNO

División política: 210 municipios.
Gobernador del estado: Miguel Alemán Velasco, del PRI.
Año de elección: 1998.
Año de la próxima elección de gobernador: 2004.
Gobiernos municipales (junio, 2000): PRI, 103; PRD, 59; PAN, 39; PT, 6; PVEM, 2, y otros, 1.

ECONOMÍA

Industria manufacturera (1998, miles de pesos a precios corrientes): PIB, $27,810,555; productos alimenticios, bebidas y tabaco, $12,336,801; sustancias químicas, derivados del petróleo, caucho y plástico, $8,065,592; productos de minerales no metálicos, $1,525,686, y industrias metálicas básicas, $3,387,685.
Agricultura (1998, hectáreas): superficie sembrada, 1,570,826.41; cosechada, 1,490,469.57. Principales cultivos (toneladas): caña de azúcar, 19,168,585; naranja, 1,605,870.90, y maíz, 951,292.72.
Minería (1998): PIB (miles de pesos a precios de 1998), 1,520,911. Volumen de la producción (1999, toneladas): azufre, 36,094.
Otros recursos (1998): a) silvicultura (m³ en rollo): volumen de la producción forestal maderable, 129,990. Principales especies: pino, 102,855; oyamel, 528; encino, 8,801, y caoba, 7,137 y **b) pesca (toneladas):** volumen de la captura, 130,529. Principales especies: tilapia, 20,643; ostión, 8,788, y lebrancha, 4,246.
Ganadería (1998, cabezas): bovino, 4,087,605; porcino, 1,040,007; ovino, 330,774; caprino, 113,263; equino, 397,770; aves, 21,045,751 (además de 107,136 guajolotes), y colmenas 153,513.
Turismo (1998): 1,034 establecimientos con 29,833 cuartos; promedio de turistas nacionales y extranjeros que se hospedaron, 7,665,842.

FINANZAS

PIB estatal (1998, millones de pesos): $148,512.
Deuda estatal (1998, millones de pesos): $23.

PIB estatal per cápita (1999): $2,740 dólares ($26,194.4 pesos).
Ingreso total estimado del estado (1997, pesos): $13,424,942,000.
Personal ocupado en el gobierno estatal (1998): 41,390.

COMUNICACIONES Y TRANSPORTE

Carreteras (1998, km): total, 15,861.8; troncales federales, 3,161.3; estatales, 2,246.3, y caminos rurales, 84.7.
Automóviles (1998): 308,659.
Vías de ferrocarril (1998, km): 1,675.3.
Aeropuertos (1998): cinco.
Puertos (1997): nueve (Alvarado, Nautla, Coatzacoalcos, Minatitlán, Pajaritos, Tecolutla, Tlacotalpan, Tuxpan y Veracruz).
Estaciones de televisión y radio (1998): televisión, 18, y radio, 95.

SALUD

Esperanza de vida al nacer (1997, años): mujeres, 76.6, y hombres, 70.0.
Nacimientos anuales (1997): 213,098.
Defunciones anuales (1997): 31,705.
Población derechohabiente (1998): 41.2 por ciento.
Hospitales y camas de hospital: públicos (1998), 1,455 unidades médicas con 4,220 camas censables, y 3,793 no censables, y privados (1997), 115 unidades médicas con 991 camas censables y 112 no censables.
Personal médico: público (1998), 8,143, y particular (1997), 711.
Tasas de natalidad y mortalidad infantil (1995): natalidad (por cada mil habitantes), 34.2, y mortalidad infantil (por cada mil nacimientos), 11.8.

EDUCACIÓN

Escolaridad (1999): 7.0 grados.
Analfabetismo (1999): total, 766,535 personas (15.6 por ciento).
Matrícula (1999, miles): preescolar, 221.1; primaria, 1,086.1; capacitación para el trabajo, 44.8; secundaria, 363.1; media superior, 200.1; superior, 86.9, y posgrado, 2.4.
Maestros (1999): preescolar, 12,665; primaria, 44,717; capacitación para el trabajo, 1,827; secundaria, 17,964; media superior, 12,781; superior, 8,676, y posgrado, 949.
Escuelas (1999): preescolar, 7,105; primaria, 10,081; capacitación para el trabajo, 375; secundaria, 2,308; media superior, 1,060; superior, 189, y posgrado, 64.

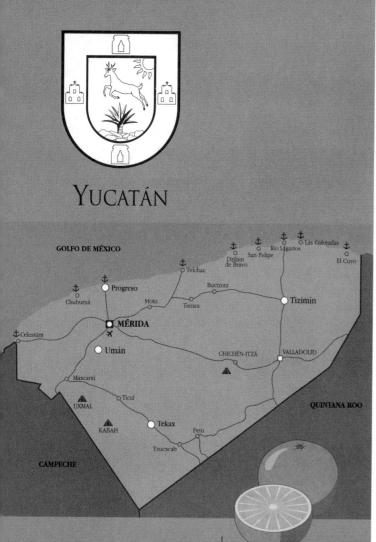

YUCATÁN

GOLFO DE MÉXICO

CAMPECHE

QUINTANA ROO

- Chuburná
- Progreso
- Celestúm
- MÉRIDA
- Umán
- Maxcanú
- UXMAL
- Ticul
- KABAH
- Tekax
- Tzucacab
- Peto
- Motu
- Temax
- Buctzotz
- Telchac
- Dzilam de Bravo
- San Felipe
- Río Lagartos
- Las Coloradas
- El Cuyo
- Tizimín
- CHICHÉN-ITZÁ
- VALLADOLID

• SITIOS DE INTERÉS

Grutas de Balamcanché,
Mérida, reserva de la biosfera
de Sian Ka'an, Ruta Puuc,
Valladolid y zonas
arqueológicas de Chichén
Itzá, Kabah y Uxmal.

**• REPRESENTACIÓN
ESTATAL EN EL D.F.**

Río Atoyac 9, colonia
Cuauhtémoc, 06500
México D.F.
Teléfonos 5207-7783,
5208-2041 y 5208-7207.
Fax. 5208-7267.

Página web:
http://www.yucatan.gob.mx

◨	Capital del estado
○	Poblaciones importantes
◉	Municipios principales
—	Límite estatal
□	Sitios de interés
▲	Zona arqueológica
✈	Aeropuerto
⚓	Puertos principales

BASE GEOGRÁFICA

Extensión territorial (km²): 43,577 (1.95% de la superficie del país).

Límites: colinda al norte con el Golfo de México; al este y sureste, con Quintana Roo, y al sur y suroeste, con Campeche.

Altitud (metros sobre el nivel del mar): máxima de 210 (Cerro Benito Juárez) y mínima sobre el nivel del mar.

Ríos principales: Yucatán carece de ríos superficiales.

Clima: predomina el tropical con lluvias en verano; su temperatura media anual es 26°C, con una estación de secas y una lluviosa. La precipitación anual es de 1,290 mm.

Vegetación: en las planicies hay mora, henequén, nopal y pastizales; en la costa, manglar, achiote, ceiba, cedro y caoba.

POBLACIÓN

Número de habitantes (2000): 1,655,707. Estimación para 2010: 1,901,783.

Densidad (habitantes por km²): 38.

Distribución por sexo (2000): mujeres, 50.87%, y hombres, 49.13 por ciento.

Distribución por edad (1997): media de 22 años; menores de 14 años, 33.78%; de 15 a 64 años, 60.68%, y de 65 años y más, 5.52 por ciento.

Capital: Mérida. Habitantes (2000): 703,324.

Principales municipios (2000; núm. de habitantes): Mérida, 703,324; Tizimín, 63,993; Valladolid, 56,742, y Umán, 49,105.

Población indígena estimada (1997): 871,191 personas.

Lenguas indígenas: maya, mixe, zapoteco, chol, náhuatl, tzeltal, mixteco, tzotzil, popoluca, chontal, purépecha, otomí, totonaca, huichol, mayo, mazahua, mazateco, popoloca, huasteco y chatino, entre otras.

Población urbana y rural (2000): urbana, 81.32%, y rural, 18.68 por ciento.

Religiones (1997): católica, 84.73%; protestante, evangélica y otras, 12.4%, y sin religión, 2.88 por ciento.

Población económicamente activa (1997): 62.10 por ciento.

GOBIERNO

División política: 106 municipios.

Gobernador del estado: Víctor Cervera Pacheco, del PRI.

Año de elección: 1995.

Año de la próxima elección de gobernador: 2001.

Gobiernos municipales (junio, 2000): PRI, 93; PAN, 9, y PRD, 4.

ECONOMÍA

Industria manufacturera (1998, miles de pesos a precios corrientes): PIB, $6,459,523; productos alimenticios, bebidas y tabaco, $3,413,552; textiles, prendas de vestir e industria del cuero, $1,043,921; productos de minerales no metálicos, $834,751, y productos metálicos, maquinaria y equipo, $398,979.

Agricultura (1998, hectáreas): superficie sembrada, 850,454.5; cosechada, 744,019.5. Principales cultivos (toneladas): pastos, 2,773,742.3; naranja dulce, 179,283.4; maíz grano, 117,849.6, y henequén, 23,749.0.

Minería (1998): PIB (miles de pesos a precios de 1998), $105,181.

Otros recursos (1998): a) silvicultura (m³ en rollo): volumen de la producción forestal maderable, 1,302 y **b) pesca (toneladas):** volumen de la captura, 35,339. Principales especies: pulpo, 10,676; mero, 6,692, y armado, 1,112.

Ganadería (1998, cabezas): bovino, 619,690; porcino, 835,179; ovino, 49,524; caprino, 1,733; equino, 12,412; aves, 15,572,170 (además de 401,482 guajolotes), y colmenas, 266,855.

Turismo (1998): 198 establecimientos con 7,206 cuartos.

FINANZAS

PIB estatal (1998, millones de pesos): $45,837.

El castillo de Chichen Itzá.

Deuda estatal (1998, millones de pesos): $317.

PIB estatal per cápita (1999): $3,807 dólares ($36,394.92 pesos).

Ingreso total estimado del estado (1997, pesos): $1,890,784,382.

Personal ocupado en el gobierno estatal (1998): 8,575.

COMUNICACIONES Y TRANSPORTE

Carreteras (1998, km): total, 8,947.8; troncales federales, 1,360.0; estatales, 1,989.6, y caminos rurales, 1,894.3.

Automóviles (1998): 130,865.

Vías de ferrocarril (1998, km): 605.

Aeropuertos (1998): uno.

Puertos (1997): once (Celestúm, Chuburná, Dzilam de Bravo, El Cuyo, Las Coloradas, Progreso, Río Lagartos, San Felipe, Sisal, Telchac y Yukalpetén).

Estaciones de televisión y radio (1998): televisión, doce, y radio, 30.

SALUD

Esperanza de vida al nacer (1997, años): mujeres, 76.0, y hombres, 70.5.

Nacimientos anuales (1998): 39,009.

Defunciones anuales (1998): 7,740.

Población derechohabiente (1998): 55 por ciento.

Hospitales y camas de hospital (1998): públicos, 321 unidades médicas con 1,421 camas censables y 986 no censables, y privados, 37 unidades médicas con 485 camas censables y 69 no censables.

Personal médico (1998): público, 2,578, y particular, 690.

Tasas de natalidad y mortalidad infantil (1995): natalidad (por cada mil habitantes), 25.9, y mortalidad infantil (por cada mil nacimientos), 17.4.

EDUCACIÓN

Escolaridad (1999): 6.8 grados.

Analfabetismo (1999): total, 155,337 personas (14.5 por ciento).

Matrícula (1999, miles): preescolar, 62.0; primaria, 252.9; capacitación para el trabajo, 22.8; secundaria, 92.3; media superior, 51.8; superior, 28.6, y posgrado, 1.7.

Maestros (1999): preescolar, 2,533; primaria, 8,909; capacitación para el trabajo, 910; secundaria, 6,795; media superior, 4,226; superior, 2,983, y posgrado, 108.

Escuelas (1999): preescolar, 977; primaria, 1,407; capacitación para el trabajo, 199; secundaria, 466; media superior, 222; media superior, 79, y posgrado, 23.

ZACATECAS

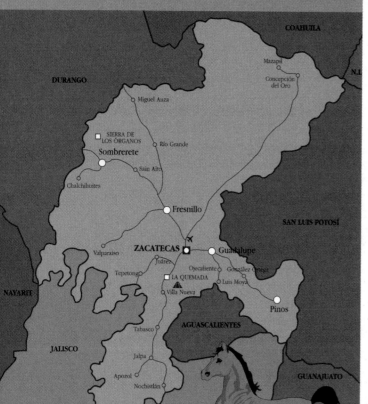

• SITIOS DE INTERÉS

Sierra de los Órganos,
Sombrerete, Zacatecas y
zonas arqueológicas de Alta
Vista y La Quemada.

• REPRESENTACIÓN
ESTATAL EN EL D.F.

Bahía Coqui 73, colonia
Verónica Anzures, 11300
México, D.F.
Teléfonos 5260-3939
y 5260-3585.
Fax 5260-3734.
Página web:
http://www.zacatecas.gob.mx

◉	Capital del estado
○	Poblaciones importantes
○	Municipios principales
—	Límite estatal
□	Sitios de interés
⏏	Zona arqueológica
✈	Aeropuerto

BASE GEOGRÁFICA

Extensión territorial (km²): 73,829 (3.8% de la superficie del país).

Límites: colinda al norte con Coahuila; al este, con San Luis Potosí; al sur, con Jalisco y Aguascalientes, y al oeste, con Jalisco y Durango.

Altitud (metros sobre el nivel del mar): máxima de 3,040 (Sierra de Mazapil) y mínima de 1,200 en el Cañón de Juchipila).

Ríos principales: Valparaíso, Jerez o Colotlán, Santiago, Aguanaval, Juchipila, San Pedro, Las Nieves, Mezquital del Oro, Espantitos, Calvillo, Huaynamota Jerez y Tlaltenango.

Clima: predomina el seco semidesértico, con una temperatura media de 18ºC y una precipitación anual inferior a los 800 mm.

Vegetación: en los valles hay huizache, guayule, gobernadora, nopal, mezquite, agaves (mezcaleros y lechuguilla) y pastizales; en la sierra hay bosques mixtos de pino y encino.

POBLACIÓN

Número de habitantes (2000): 1,351,207. Estimación para 2010: 1,592,974.

Densidad (habitantes por km²): 18.

Distribución por sexo (2000): mujeres, 51.87%, hombres, 48.13 por ciento.

Distribución por edad (1997): media de 20 años; menores de 14 años, 38.69%; de 15 a 64 años, 55.30%, y de 65 años y más, 5.9 por ciento.

Capital: Zacatecas. Habitantes (2000; zona metropolitana): 232,581.

Principales municipios (2000; núm. de habitantes): Fresnillo, 182,744; Zacatecas, 123,700; Guadalupe, 108,881, y Pinos, 64,153.

Población indígena estimada (1997): 1,317 personas.

Lenguas indígenas: tepehuán, náhuatl, huichol, purépecha, otomí, mazahua, mixteco, maya, zapoteco, huasteco, tarahumara, totonaca, chinanteco, cora, yaqui y chontal de Oaxaca, entre otras.

Población urbana y rural (2000): urbana, 53.35%, y rural, 46.65 por ciento.

Religiones (1997): católica, 97.39%; protestante, evangélica y otras, 1.7%, y sin religión, 0.87 por ciento.

Población económicamente activa (1997): 55.50 por ciento.

GOBIERNO

División política: 57 municipios.
Gobernador del estado: Ricardo Monrreal Ávila, del PRD.

Año de elección: 1998.

Año de la próxima elección de gobernador: 2004.

Gobiernos municipales (junio, 2000): PRI, 33; PAN, 10; PRD, 10, y PT, 3.

ECONOMÍA

Industria manufacturera (1998, miles de pesos a precios corrientes): PIB, $1,571,796; productos alimenticios, bebidas y tabaco, $856,853; productos textiles, prendas de vestir e industria del cuero, $106,434; industria de la madera y productos de madera, $100,374; productos de minerales no metálicos, excepto derivados del petróleo y del carbón, $146,580, y productos metálicos, maquinaria y equipo, $248,489.

Agricultura (1998, hectáreas): superficie sembrada, 1,295,944; cosechada, 1,245,583. Principales cultivos (toneladas): avena forrajera, 466,416; frijol grano, 330,175, y alfalfa, 297,527.

Minería (1998): PIB (miles de pesos a precios de 1998), $1,527,475. Volumen de la producción (1999, toneladas): oro, 1.10; plata, 861.39; plomo, 23,010; cobre, 22,496; zinc, 87,681, y fierro, 10,680.

Otros recursos (pesca; 1998, toneladas): volumen de la captura, 6,858. Principales especies: carpa, 2,159; tilapia, 4,559; bagre, 100, y lobina, 40.

Ganadería (1998, cabezas): bovino, 1,141,793; porcino, 296,382; ovino, 362,034; caprino, 631,781; equino, 237,772; aves, 1,454,272 (además de 35,102 guajolotes), y colmenas, 51,725.

Turismo (1998): 160 establecimientos con 4,412 cuartos; promedio de turistas nacionales y extranjeros que se hospedaron, 619,195.

FINANZAS

PIB estatal (1998, millones de pesos): $29,215.

Deuda estatal (1998, millones de pesos): $98.

PIB estatal per cápita (1999): $2,711 dólares ($25,917.16 pesos).

Ingreso total estimado del estado (1997): $2,431,253,417.

Personal ocupado en el gobierno estatal (1998): 14,006.

COMUNICACIONES Y TRANSPORTE

Carreteras (1998, km): total, 9,866.9; troncales federales, 1,496.0; estatales, 1,282.9, y caminos rurales, 6,565.0.

Automóviles (1998): 75,885.

Vías de ferrocarril (1998, km): 675.3.

Aeropuertos (1998): uno.

Estaciones de televisión y radio (1998): televisión, 16, y radio, 18.

SALUD

Esperanza de vida al nacer (1997, años): mujeres, 76.8, y hombres, 70.7.

Nacimientos anuales (1998): 39,172.

Defunciones anuales (1997): 6,511.

Población derechohabiente (1998): 41 por ciento.

Hospitales y camas de hospital (1998): públicos, 364 unidades médicas con 691 camas censables y 799 no censables, y privados, 20 unidades médicas con 130 camas censables y 34 no censables.

Personal médico (1998): público, 1,471, y particular, 429.

Tasas de natalidad y mortalidad infantil (1995): natalidad (por cada mil habitantes), 30.2, y mortalidad infantil (por cada mil nacimientos), 16.5.

EDUCACIÓN

Escolaridad (1999): 6.8 grados.

Analfabetismo (1999): total, 71,742 personas (8.3 por ciento).

Matrícula (1999, miles): preescolar, 56.6; primaria, 223.1; capacitación para el trabajo, 9.1; secundaria, 75.0; media superior, 31.4; superior, 17.0, y posgrado, 0.9.

Maestros (1999): preescolar, 2,917; primaria, 8,910; capacitación para el trabajo, 398; secundaria, 4,502; media superior, 2,137; superior, 1,533, y posgrado, 344.

Escuelas (1999): preescolar, 1,552; primaria, 2,295; capacitación para el trabajo, 73; secundaria, 1,016; media superior, 125; superior, 36, y posgrado, 17.

© Carlos Hahn

Zacatecas, Centro Histórico.

VII. MÉXICO Y EL MUNDO

ÍNDICE

MIGRACIÓN DE MEXICANOS A ESTADOS UNIDOS

MEXICANOS EN ESTADOS UNIDOS Y CANADÁ; LA DOBLE NACIONALIDAD

EL TRATADO DE LIBRE COMERCIO DE AMÉRICA DEL NORTE

EL TRATADO DE LIBRE COMERCIO CON LA UNIÓN EUROPEA

DIRECTORIO DE EMBAJADAS Y CONSULADOS

MIGRACIÓN DE MEXICANOS A ESTADOS UNIDOS

A lo largo de la historia, millones de mexicanos llegaron a Estados Unidos en busca de asilo o trabajo. A partir de 1994, la frontera empezó a cerrarse lo que desvió las rutas de ingreso hacia las montañas y desiertos lo que aumentó la mortandad de migrantes.

México y Estados Unidos comparten 3,118 kilómetros de frontera, una de las colindancias internacionales más largas y dinámicas del mundo. Entre los indicadores más elocuentes de esta realidad están los 310 millones de personas que cruzan la frontera al año. En este punto se han reflejado los cambios que viven ambos países. Durante décadas enteras fue una frontera abierta (era muy fácil cruzarla sin documentos); desde 1994 Estados Unidos, con sus políticas migratorias, fue restringiendo el paso a personas sin documentos y entre las consecuencias más evidentes está un aumento en el número de migrantes muertos.

INMIGRACIÓN LEGAL E ILEGAL DE MÉXICO A ESTADOS UNIDOS, 1901-1997

AÑOS	LEGALES	LEGALIZADOS*	AÑOS	ILEGALES **
1901-1910	49,642			
1911-1920	219,004			
1921-1930	459,287			
1931-1940	22,319			
1941-1950	60,589			
1951-1960	299,811			
1961-1970	453,937			
1971-1980	640,294			
1981-1990	693,213	1,653,300	1980	1,131,000
1991-1995	353,702	1,487,900	1990	1,321,000
1996	163,572		1995	2,150,000
1997	146,865		1996	2,700,000

* Emigrantes mexicanos que obtuvieron la nacionalidad americana como resultado de la amnistía de 1986 dada por la ley Simpson-Rodino.
** Estimados.

Fuente: Jorge Bustamante en http://www.duke.edu y U.S. Census Bureau, 1999.

CARACTERÍSTICAS DE EMIGRANTES MEXICANOS EN ESTADOS UNIDOS, 1994-1995

CARACTERÍSTICAS	1994	1995
SEXO	%	%
Hombres	94.5	95.5
Mujeres	5.5	4.5
EDAD		
12 a 24	33.6	33.0
25 a 34	36.8	35.3
35 a 44	17.9	21.2
45 y más	11.7	10.4
CONDICIÓN ECONÓMICA ANTES DE EMIGRAR		
Sí trabajó	67.3	60.2
No trabajó	32.7	39.8
LOCALIDAD DE RESIDENCIA		
Rural	42.4	45.3
Urbana	57.6	54.7
LUGAR DE RESIDENCIA		
Tradicional*	47.9	52.0
Norte	32.2	22.6
Centro	10.6	15.1
Sur	9.3	10.3
LUGAR DE DESTINO		
California	43.9	50.5
Texas	29.2	27.3
Otros estados	27.0	22.2
SITUACIÓN MIGRATORIA		
Ilegales	54.1	63.7
Legales	45.9	36.3

* Estados de Jalisco, Oaxaca y Michoacán.

Fuente: Banamex-Accival, 1998.

Garita fronteriza en Tijuana, B.C.

En los últimos cinco años el número de personas deportadas ha crecido considerablemente (más del millón y medio). Sin embargo, para conocer el número efectivo de personas devueltas a México habría que determinar el conteo doble, ya que muchos indocumentados vuelven a intentar cruzar tan pronto son regresados a México.

Migrantes en espera del momento "oportuno" de cruzar la frontera en Tijuana, B.C.

Para la sociedad mexicana la migración sirvió como válvula de escape a las tensiones causadas por la falta de empleos bien pagados; para la estadounidense ha representado mano de obra barata, con la cual pudo fortalecer amplios sectores de la economía. Una y otra condiciones han creado una cultura de la migración y redes sociales que la facilitaron.

La mayoría de los emigrantes mexicanos son hombres entre los 25 y 34 años, provenientes principalmente de los estados de Jalisco, Oaxaca, Michoacán y Guanajuato.

NÚMERO DE DEPORTACIONES EN LA FRONTERA SUDOESTE DE ESTADOS UNIDOS, 1995-1999

	1995	1996	1997	1998	1999
Total	1,271,390	1,505,020	1,368,707	1,514,565	1,536,947
Arizona	248,423	331,658	302,574	463,601	563,835
California	561,548	550,688	430,099	472,672	407,538
Texas	461,419	622,674	636,034	578,292	565,574

Fuente: http://www.stopgatekeeper.org

"La carrera", inmediata al cruce ilegal en la frontera de Ciudad Juárez, Chih.

ESTADOS CON LA PRINCIPAL POBLACIÓN EMIGRANTE DOCUMENTADA E INDOCUMENTADA, 1992-2000

ESTADO	POBLACIÓN ESTATAL (1995)	TASA DE MIGRACIÓN 1992-1997	MIGRANTES (92-96)	MIGRANTES 1998	MIGRANTES 1999	MIGRANTES 2000*
Durango	1,431,748	7.18%	111,676	17,439	17,700	17,966
Zacatecas	1,336,496	6.69%	89,411	14,922	15,146	15,373
Guanajuato	4,406,568	5.31%	233,988	39,807	40,404	41,010
San Luis Potosí	2,200,763	5.16%	113,559	19,201	19,499	19,791
Nayarit	896,702	4.88%	43,759	7,372	7,483	7,595
Jalisco	5,991,176	4.83%	289,373	49,256	49,995	50,745
Aguascalientes	862,720	4.20%	36,234	6,130	6,222	6,315
Guerrero	2,916,567	3.99%	116,371	19,834	20,132	20,434
Michoacán	3,870,604	3.39%	131,213	22,393	22,729	23,070
Morelos	1,442,662	2.78%	40,106	6,736	6,837	6,939
Chihuahua	2,793,537	2.77%	75,425	13,043	13,239	13,437
Colima	488,024	2.50%	12,200	2,080	2,112	2,143
Querétaro	1,250,476	2.47%	30,886	5,204	5,282	5,361
Hidalgo	2,112,473	2.47%	52,178	8,791	8,923	9,057
Tamaulipas	2,527,328	2.24%	56,612	9,491	9,634	9,778
Oaxaca	3,228,895	2.24%	72,327	12,126	12,308	12,493
Puebla	4,624,365	2.11%	97,574	16,428	16,674	16,925

* Proyección.

Fuente: *Letras Libres*, 2000.

El reto del río Bravo, en tiempo de aguas y en tiempo de secas.

Los estados de Durango y Zacatecas presentan hoy las tasas de migración más altas del país. Por otro lado, en números absolutos, Guanajuato y Jalisco son aquéllos con el mayor número de población migrante.

La migración ha generado una intensa y lucrativa actividad económica sobre todo para los denominados "coyotes" o "polleros", quienes cobran a los indocumentados alrededor de $800 dólares, por persona, para llevarlos a Phoenix, capital de Arizona, y hasta $1,500 dólares si el destino del indocumentado es Chicago. Estas redes de contactos se extienden hasta Centroamérica. La travesía normalmente se realiza en condiciones difíciles y si la situación así lo determina, los "polleros" abandonan a su suerte a sus transportados, sin ningún miramiento.

En años recientes hizo su aparición una ruta nueva y más barata de emigrar ilegalmente a Estado Uni-dos, por la frontera con Canadá, en virtud de que la vigilancia en aquella zona es relativamente baja y es más fácil cruzar desde allí que desde México. En estos casos, los "polleros" mexicanos transportan indocumentados por avión hasta Vancouver. Al llegar son transportados a la frontera con Estados Unidos que se encuentra a media hora de esa ciudad.

EFECTOS ECONÓMICOS DE LA MIGRACIÓN

México fue en 1995 el país que tuvo mayores ingresos por concepto de remesas de emigrantes a sus familias. En 1996 los ingresos por este concepto se estimaron en cinco mil millones de dólares. Durante 1997 el flujo de divisas por concepto de remesas alcanzó los $4,864 millones de dólares.

MONTO ACUMULADO DE TRANSFERENCIAS POR ENTIDAD FEDERATIVA, 1992-1996	
ESTADOS	**MILLONES DE DÓLARES**
Total	**$17,788**
Michoacán	$2,883
Jalisco	$2,260
Guanajuato	$1,815
Guerrero	$1,085
Distrito Federal	$943
Puebla	$854
Estado de México	$783
Oaxaca	$765
Morelos	$640
San Luis Potosí	$587
Zacatecas	$551
Aguascalientes	$551
Sinaloa	$534
Durango	$373
Veracruz	$373
Hidalgo	$338
Querétaro	$338
Colima	$320
Chihuahua	$320
Nayarit	$284
Tamaulipas	$231
Nuevo León	$178
Baja California	$142
Otros*	$640

* Incluye los estados de: Baja California Sur, Colima, Chiapas, Campeche, Quintana Roo, Sonora, Tabasco, Tlaxcala y Yucatán.

Fuentes: CONAPO, 1999 y Banco de México, 1999.

Las remesas enviadas por los trabajadores migrantes son de importancia vital para la economía del país. En 1996 igualaron en 30% al gasto nacional en educación y poco menos de 65% del presupuesto de salud.

Una idea recurrente en Estados Unidos es que los inmigrantes mexicanos son una carga excesiva para el fisco y los programas públicos de asistencia social de ese país. Sin embargo, se han hecho estudios que demuestran que los inmigrantes mexicanos tienden a utilizar menos los servicios de asistencia social que los estadounidenses. Hay, por otro lado, variaciones en el costo que esto tiene para los diferentes estados. De acuerdo a un estudio la carga fiscal más considerable se da en California donde alcanza $829 millones de dólares al año.

LOS PELIGROS DE EMIGRAR A ESTADOS UNIDOS

Desde 1996, han muerto cerca de mil mexicanos indocumentados al intentar cruzar la frontera.

TOTAL DE MUERTES A LO LARGO DE LA FRONTERA MÉXICO-ESTADOS UNIDOS, 1996-2000						
	1996	1997	1998	1999	2000*	TOTAL
Muertes	68	129	323	356	106	982

* Cifras hasta el 18 de abril de 2000.

Fuente: *Reforma*, 2000.

La actitud beligerante y racista de algunos policías y habitantes fronterizos del lado estadounidense han orillado a los migrantes a tomar grandes riesgos. El desierto de Sonora-Arizona se ha convertido en un punto de cruce donde se pierden muchas vidas de mexicanos que lo cruzan en busca de empleo a los Estados Unidos.

La Fundación para la Asistencia Rural Legal de California, organización que realiza trabajo de documentación y defensa de los migrantes, ha registrado desde 1995 un total de 542 muertes en los 224 kilómetros de frontera que hay entre San Diego y Yuma. El Operativo Guardián ha aumentado el número de muertes porque bloqueó varios puntos de cruce y empujó a los emigrantes a las partes más inhóspitas.

MUERTES DE MIGRANTES AL INTENTAR CRUZAR LA FRONTERA ENTRE SAN DIEGO Y YUMA, 1995-2000						
AÑO	1995	1996	1997	1998	1999	2000*
Total	61	59	89	147	111	75
Ahogados	30	10	22	52	30	27
Clima	5	34	50	70	64	38
Accidentes	21	15	16	21	16	10
Homicidios	5	0	1	4	1	0

* Cifras hasta el 28 de junio del 2000.

Fuente: http://www.stopgatekeeper.org

MIGRACIÓN Y DERECHOS HUMANOS

Las violaciones a los derechos humanos han sido una constante en la historia de la migración. En años recientes, por la labor diplomática de México y por el apoyo de organismos civiles de protección de los derechos humanos en ambos lados de la frontera, el tema ha cobrado mayor importancia y forma parte de la agenda de la opinión pública en ambos países.

VIOLACIONES A LOS DERECHOS HUMANOS EN AMBOS LADOS DE LA FRONTERA, 1998		
TIPO DE VIOLACIÓN	EN ESTADOS UNIDOS	EN MÉXICO
Total	157	45
Reclusión	39	0
Golpes e insultos	27	7
Incomunicación	32	0
Privación de la libertad	4	18
Separación familiar forzada	14	0
Retención de documentos	14	0
Robo, cohecho y extorsión	0	12
Otros	27	8

Fuente: *Letras Libres*, 2000.

Un "pollero" guía a un grupo de indocumentados.

PROGRAMAS DE PROTECCIÓN AL MIGRANTE

ORGANIZACIONES GUBERNAMENTALES

PROGRAMA PAISANO. COORDINACIÓN NACIONAL.
Homero 1832, colonia Chapultepec Morales,
11510 México, D.F.
Tels.: 5387-2486 y 5387-2487.
http://www.paisano.gob.mx

GRUPOS BETA DE PROTECCIÓN A MIGRANTES
Teléfonos:
Mexicali, B.C. (65) 54-08-47 y 52-42-17
Tecate, B.C. (665) 424-49 y 437-80
Tijuana, B.C. (66) 82-94-54 y 83-30-68
Comitán, Chis. (963) 257-51
Tapachula, Chis. (962) 579-86
Agua Prieta, Son. (633) 840-73
Nogales, Son. (631) 612-14 y 613-01
Villahermosa, Tab. (934) 201-10
Matamoros, Tamps. (88) 12-34-68 y 12-36-64

PROGRAMA PARA LAS COMUNIDADES MEXICANAS EN EL EXTERIOR
Ricardo Flores Magón 2, colonia Guerrero,
06995 México, D.F.
Tels. 5117-4280 y 5117-4276
Correo electrónico: sarvizu@ser.gob.mx

CENTROS DE ATENCIÓN MÉDICA A MIGRANTES
Teléfonos:
Mexicali, B.C. (65) 57-28-20
Tijuana, B.C. (66) 88-03-25
Chihuahua, Chih. (14) 13-05-95
Ciudad Juárez, Chih. (16) 13-55-10 y 13-56-69
Ojinaga, Chih. (145) 317-24 y 316-64
Saltillo, Coah. (84) 15-93-49 y 15-92-89
Piedras Negras, Coah. (878) 258-33 y 316-64
Caborca, Son. (637) 243-90 y 244-42
Santa Ana, Son. (632) 413-25
Ciudad Victoria, Tamps. (13) 12-08-14
Matamoros, Tamps. (88) 17-49-30 y 17-19-16
Nuevo Laredo, Tamps. (87) 12-99-17 y 12-00-62
Reynosa, Tamps. (89) 23-78-31 y 23-79-36.

SEGURO MÉDICO PARA MIGRANTES
Instituto Mexicano del Seguro Social (IMSS)
Teléfonos:
Todo México 01 (800) 905-96-00

Los Angeles, California 1 (800) 981-24-86
Chicago, Illinois 1 (800) 79-69-49
Houston, Texas 1 (888) 202-27-20

CENTRO DE ATENCIÓN AL INDÍGENA MIGRANTE
Rodríguez Puebla 32, colonia Centro, 06000 México, D.F.
Tel.: 5702-6976
Correo electrónico: catim@hotmail.com
http://www.de.gob.mx/secretarias/catim

Los consulados de México en Estados Unidos también ofrecen diversos servicios a emigrantes y a mexicanos en general. (☞ Consulados de México en Estados Unidos)

En espera de que llegue la noche para cruzar.

ORGANIZACIONES NO GUBERNAMENTALES Y CENTROS DE ESTUDIO SOBRE MIGRACIÓN

EN MÉXICO

ALBERGUE BELÉN-CASA DEL MIGRANTE
Tapachula, Chiapas
Responsable: padre Flor María Rigoni
Servicios: asistencia
Tel.: (962) 548-12
Fax: (962) 677-70
Correo electrónico: casami@prodigy.net.mx

ALBERGUE JUVENIL DEL DESIERTO
Mexicali, Baja California
Responsable: Blanca Villaseñor
Servicios: asistencia
Tel.: (65) 54-53-64
Fax: (65) 54-60-45
Correo electrónico: albergue@telnor.net

CASA DEL MIGRANTE EQUIPO DIOCESANO MIGRATORIO
Nuevo Laredo, Tampaulipas
Responsable: Elizabeth Rangel
Servicios: asistencia
Tel.: (87) 12-81-45
Fax: (87) 14-26-54

CASA DEL MIGRANTE DE CIUDAD JUÁREZ
Ciudad Juárez, Chihuahua
Responsable: padre Francisco Pelizzari
Servicios: asistencia
Tel./fax: (16) 87-06-76

CASA DEL MIGRANTE-CENTRO SCALABRINI
Tijuana, Baja California
Responsable: padre Jesús Olivares
Servicios: asistencia
Tel.: (66) 82-51-80
Fax: (66) 82-63-58

CASA YMCA DEL MENOR MIGRANTE
Tijuana, Baja California
Responsable: Oscar Escalada
Servicios: asistencia
Tel/fax: (66) 86-22-12

CENTRO DE APOYO AL TRABAJADOR MIGRANTE
Mexicali, Baja California
Responsable: María Rosario Ayala
Servicios: asistencia, investigación y defensa
Tel./fax: (65) 53-48-82

CENTRO DE DERECHOS HUMANOS "FRAY MATÍAS DE CÓRDOBA"
Tapachula, Chiapas
Responsable: Ana Isabel Soto
Servicios: asistencia, investigación y defensa
Tel.: (962) 556-86
Fax: (962) 548-12
Correo electrónico: cdhac@tap.com.mx

CENTRO DE ESTUDIOS FRONTERIZOS Y DE PROMOCIÓN DE DERECHOS HUMANOS
Reynosa, Tampaulipas
Responsable: Arturo Solís
Servicios: asistencia, investigación y defensa
Tel.: (89) 22-24-41
Fax: (89) 51-06-51
Correo electrónico: cefprodh@mail.giga.com

COLEGIO DE LA FRONTERA NORTE
Tijuana, Baja California
Responsable: Jorge Bustamante Fernández
Servicios: investigación
Tel.: (66) 31-35-35
Fax: (66) 34-24-01
Correo electrónico: jorge.a.bustamante.1@nd.edu

COLEGIO DE LA FRONTERA SUR
Tapachula, Chiapas
Responsable: Hugo Manuel Ángeles Cruz
Servicios: investigación
Tel.: (962) 810-77
Fax: (962) 810-15
Correo electrónico: hangeles@tap.ecosur.mx

COMISIÓN EPISCOPAL PARA LA PASTORAL SOCIAL
México, Distrito Federal
Responsable: padre Alberto Athié
Servicios: difusión y asistencia
Tel.: 5563-1604
Fax: 5563-3968

COMISIÓN EPISCOPAL PARA LA MOVILIDAD HUMANA
Departamento de Migración
México, Distrito Federal
Responsable: hermana Maruja Padre Juan Samaniego
Servicios: difusión
Tel.: 5563-1604
Fax: 5563-3968
Correo electrónico: marjua@data.net.mx

FAMILIA FRANCISCANA INTERNACIONAL-MÉXICO
México, Distrito Federal
Responsable: Paz Gutiérrez

© Dante Bucio

Servicios: difusión
Tels.: 5617-0686 y 5617-4181
Correo electrónico: ffimex@laneta.apc.org

FRENTE AUTÉNTICO DE LOS TRABAJADORES
México, Distrito Federal
Responsable: Bertha Luján
Servicios: defensa laboral a migrantes
Tel.: 5556-9315
Fax: 5556-9316
Correo electrónico: fat@laneta.apc.org

FRONTERAS COMUNES
México, Distrito Federal
Responsable: Víctor Osorio
Servicios: investigación
Tel.: 5703-2554
Fax: 5592-8136
Correo electrónico: frontcomunes@laneta.apc.org

MISIONEROS DE SAN CARLOS SCALABRINIANOS
México, Distrito Federal
Responsable: padre Miguel Álvarez
Servicios: asistencia
Tel.: 5606-6923
Fax: 5606-8847

SIN FRONTERAS
México, Distrito Federal
Responsable: Fabianne Venet
Servicios: asistencia, defensa, difusión e investigación
Tel.: (52) 5554-6480 y 5555-4635
Fax: (52) 5554-7180
Correo electrónico: sinfronteras@laneta.apc.org

© Dante Bucio

EN ESTADOS UNIDOS

CALIFORNIA RURAL LEGAL ASSISTANCE FOUNDATION
Ocean Side, California
Responsable: Claudia Smith
Servicios: defensa, investigación y difusión
Tels.: 001(800) 622-26-52 y (760) 966-05-11
Correo electrónico: hn0608@handsnet.org

FRENTE INDÍGENA OAXAQUEÑO BINACIONAL
Los Angeles, California
Responsable: Gaspar Rivera
Servicios: defensa, traducción y difusión
Tel./fax: (213) 821-10-43
Correo electrónico: riverasa@usc.edu

IMMIGRATION AND LAW ENFORCEMENT MONITORING PROJECT
(ILMEP)
El Paso, Texas
Responsable: Fernando García
Servicios: defensa, investigación y difusión
Correo electrónico: ilemp@hotmail.com

Mexicanos en Estados Unidos y Canadá; la doble nacionalidad

Las comunidades de mexicanos en Estados Unidos y Canadá han modificado el mapa demográfico, social y político de América del Norte. Entre las consecuencias están las reformas legales que permiten a los mexicanos tener dos nacionalidades.

La presencia de mexicanos en Estados Unidos crece significativamente. Es una comunidad con bajo promedio de escolaridad, de bajos ingresos y con escasa influencia política. Pese a lo anterior, su nivel de vida es mejor que en México lo que explica que aun cuando aumentan los obstáculos no frena el flujo migratorio. (☞ Población, Migración de mexicanos a Estados Unidos, Directorio de embajadas y consulados)

DEMOGRAFÍA

La población hispana en Estados Unidos representa 11.7% del total (el adjetivo "hispano" se acostumbra en ese país para todo aquel que tenga ascendencia española o de algún país de América Latina), 65.2% es mexicana. En la década de los noventa la población hispana creció 35%, debido sobre todo a una mayor tasa de natalidad y a la gran migración proveniente de América Latina; el resto lo hizo sólo 8 por ciento. Según estimaciones de la Oficina del Censo de Estados Unidos (U.S. Census Bureau), para 2030 la población

hispana se habrá duplicado y será la minoría más grande del país (la población blanca se habrá reducido a 60.5% del total).

POBLACIÓN HISPANA EN ESTADOS UNIDOS, 1999

CATEGORÍA	TOTAL	%
Población total en Estados Unidos	271,743,000	100
Población total de hispanos	31,688,000	11.7
Mexicanos	**20,652,000**	**7.6**
Centro y sudamericanos	4,536,000	1.7
Puertorriqueños	3,039,000	1.1
Otros	2,091,000	0.7
Cubanos	1,370,000	0.5

Fuente: U.S. Census Bureau, 1999.

El número de mexicanos en Estados Unidos supera a la población total de Chile (14.4 millones) y se acerca a la de Perú (23.9 millones).

POBLACIÓN TOTAL E HISPANA EN ESTADOS UNIDOS, 1980-2030

AÑOS	1980	1990	2000	2010	2020	2030
Población total	226,546,000	248,143,000	271,743,000	296,511,000	321,487,000	345,730,000
Tasa de crecimiento anual (1,000 hab)	11.1	10.2	8.4	8.1	7.8	6.7
Población hispana	14,609,000	22,372,000	31,688,000	41,139,000	52,652,000	65,570,000
Porcentaje de la población*	6.4%	8.9%	11.7%	13.8%	16.3%	18.9%

* Relación porcentual de la población hispana con respecto al total.

Fuente: U.S. Census Bureau, 1999.

POBLACIÓN MEXICANA EN ESTADOS UNIDOS (DISTRIBUCIÓN POR EDAD Y SEXO), 1999					
EDAD	MUJERES	%	HOMBRES	%	TOTAL
Total	10,058,000	48.70	10,594,000	51.30	20,652,000
De 0 a 4 años	1,252,000	49.64	1,270,000	50.35	2,522,000
De 5 a 19 años	2,989,000	48.10	3,225,000	51.89	6,214,000
De 20 a 24 años	882,000	46.51	1,013,000	53.42	1,896,000
De 25 a 29 años	901,000	47.62	992,000	52.43	1,892,000
De 30 a 34 años	850,000	47.43	942,000	52.56	1,792,000
De 35 a 44 años	1,395,000	49.15	1,443,000	50.84	2,838,000
De 45 a 54 años	802,000	48.78	842,000	51.21	1,644,000
De 55 a 64 años	504,000	53.16	444,000	46.83	948,000
De 65 a 74 años	313,000	52.78	280,000	47.21	593,000
De 75 a 84 años	146,000	56.15	114,000	43.84	260,000
Más de 85 años	24,000	45.28	29,000	54.71	53,000

Fuente: U.S. Census Bureau, 1999.

La población mexicana en Estados Unidos es marcadamente joven. Destacan dos grupos de edad: los niños y adolescentes de 5 a 19 años y los adultos de 35 a 44 años. Por otro lado, entre estos grupos el número de hombres es mayor al de mujeres debido, en gran medida, a que los hombres tienden a emigrar solos.

En las ciudades de California se concentra un gran número de mexicanos, la mitad de ellos nacidos en territorio mexicano. En San Diego trabajan cotidianamente gran número de mexicanos que viven en Tijuana.

Los hispanos en general y los mexicanos en particular se concentran principalmente en los estados de California y Texas, que reúnen a 33% y 20% de los hispanos en Estados Unidos respectivamente. Cabe señalar que en estos dos estados habita 75% de los mexicanos en ese país. En California 50% de los mexicanos nació en México y en Texas, 25 por ciento.

POBLACIÓN MEXICANA EN CIUDADES DE ESTADOS UNIDOS, 1999			
CIUDAD	POBLACIÓN	MEXICANOS	%
El Paso	515,342	340,871	66.1
Santa Ana	293,742	174,797	59.5
San Antonio	935,927	483,307	51.6
Corpus Christi	257,453	119,864	46.5
Los Ángeles	3,485,398	925,141	26.5
Houston	1,630,672	357,508	21.9
Dallas	1,006,831	183,430	18.2
San Diego	1,110,549	193,080	17.3
Chicago	2,783,726	348,040	13.7
San Francisco	723,959	38,326	5.2
Nueva York	7,322,564	55,698	0.76
Miami	358,548	1,981	0.50

Fuente: *Letras Libres*, mayo 2000.

En ciudades texanas como San Antonio y El Paso, y en Santa Ana, California, la población es mayoritariamente de origen mexicano, por lo que se ha incrementado su presencia en la actividad económica, política y social en esas zonas.

EDUCACIÓN

Los mexicanos tienen los índices educativos más bajos de la población hispana. Sólo un grupo reducido cuenta con educación superior y la mayoría sólo llega a la educación media superior. En contraste, los cubanos, pese a ser el grupo menos numeroso, concentran el mayor número de hispanos con educación superior.

NIVEL EDUCATIVO DE LOS MEXICANOS EN ESTADOS UNIDOS (DISTRIBUCIÓN POR SEXO), 1999*

NIVEL EDUCATIVO (EQUIVALENCIAS)	MUJERES	%	HOMBRES	%
Total	4,935,000	49.25	5,085,000	50.75
Primaria	1,590,000	32.21	1,689,000	33.21
Secundaria	900,000	18.23	859,000	16.89
Preparatoria	1,277,000	25.87	1,351,000	26.56
Carrera técnica	817,000	16.55	826,000	16.24
Licenciatura	266,000	5.39	266,000	5.23
Maestría o más	84,000	1.70	94,000	1.84

* En personas mayores de 25 años.

Fuente: U.S. Census Bureau, 1999.

ECONOMÍA

La mano de obra mexicana en Estados Unidos tiende a concentrarse en los sectores de producción y servicios para los hombres y en el sector público (principalmente intendencia) para las mujeres. Del total de mexicanos, 37% obtiene ingresos entre $5 mil y $15 mil dólares al año, condición por debajo del nivel de ingresos de la población no hispana, ingreso que se ubica entre $25 mil y $35 mil dólares al año.

OCUPACIÓN DE LOS MEXICANOS EN ESTADOS UNIDOS POR SECTOR Y SEXO, 1999*

TIPO DE EMPLEO	MUJERES	HOMBRES
Total	3,314,000	5,250,000
Trabajo en sector público (intendencia)	822,000	817,000
Apoyo administrativo	730,000	255,000
Ventas	439,000	349,000
Operadores, ensambladores e inspectores	324,000	582,000
Ejecutivos, administradores y gerentes	269,000	271,000
Profesionistas	248,000	195,000
Trabajo doméstico	108,000	7,000
Producción de precisión y reparación	100,000	1,148,000
Controladores, ayudantes y obreros	92,000	612,000
Granjas, bosque y pesca	75,000	572,000
Apoyo técnico y relacionados	70,000	60,000
Transportes	36,000	381,000

* Personas mayores de 15 años.

Fuente: U.S. Census Bureau, 1999.

El índice de desempleo de los mexicanos en Estados Unidos es de 7% y supera la tasa de desempleo general (4.5%) estadounidense. De los mexicanos residentes en Estados Unidos, 27% vive por debajo del nivel de pobreza ($16,660

dólares anuales para una familia de cuatro en 1998) mientras que el porcentaje de la población total en esa situación es 12.7 por ciento. Esta proporción es mucho menor que en México, en donde 44% está en la pobreza.

NIVEL DE INGRESO DE LOS MEXICANOS EN ESTADOS UNIDOS, 1999*

INGRESOS EN DÓLARES AL AÑO	POBLACIÓN	%
Total	11,129,000	100
De $1 a $2,499 o menos	971,000	8.72
De $2,500 a $4,999	810,000	7.27
De $5,000 a $9,999	2,072,000	18.61
De $10,000 a $14,999	2,055,000	18.46
De $15,000 a $19,999	1,502,000	13.49
De $20,000 a $24,999	1,104,000	9.92
De $25,000 a $34,999	1,291,000	11.60
De $35,000 a $49,999	742,000	6.66
De $50,000 a $74,999	413,000	3.71
De $75,000 en adelante	168,000	1.50

* Personas mayores de 15 años.

Fuente: U.S. Census Bureau, 1999.

POLÍTICA

La participación política de los hispanos en Estados Unidos es reducida. En el caso de los mexicanos se debe a su baja escolaridad y a que provienen de una cultura política diferente. La comunidad cubana, por el contrario, es el grupo hispano más reducido (un millón 370 mil) pero tiene una gran influencia en política interna y externa.

El número de hispanos con registro para votar es minoritario y no todos ellos votan.

POBLACIÓN HISPANA REGISTRADA PARA VOTAR, 1994 Y 1996

AÑO	TOTAL	EMPADRONADOS	%	VOTARON	%
1994	17,476,000	5,473,000	31.3	3,522,000	20.2
1996	18,426,000	6,573,000	35.7	4,928,000	26.7

Fuente: U.S. Census Bureau, 1999.

En 1996 la población blanca empadronó a 67.7% de su población, de la cual votó el 56 por ciento. En las elecciones de ese año 59.4% del voto hispano se concentró en personas con ingresos mayores a $75 mil dólares anuales.

La cámara baja del Congreso estadounidense, integrada por 435 representantes, cuenta sólo con 14 de origen hispano. De ellos, la mayoría representa a ciudades y condados de Texas y California. Todos a excepción de dos son del Partido Demócrata, que históricamente agrupa a la mayoría de los políticos hispanos. En la legislatura 1996-2000 no hay senadores de origen hispano.

NIVEL DE INGRESO DE LOS MEXICANOS EN CANADÁ, 1996*		
INGRESOS ANUALES**	POBLACIÓN	%
Total	14,815	100
Personas sin ingresos	2,210	14.91
Menos de $5,000	3,035	20.48
De $5000 a $9,999	2,055	13.87
De $10,000 a $19,999	3,050	20.58
De $20,000 a $29,999	1,855	12.52
De $30,000 a $39,999	1,020	6.88
De $40,000 a $49,999	650	4.38
De $50,000 a $59,000	425	2.86
De $60,000 en adelante	515	3.47

* Personas mayores de 15 años.
** Cifras en dólares canadienses.

Fuente: Statistics Canada, 1999.

La mayoría de los mexicanos en Canadá se dedica a las ventas u otros servicios, aunque hay otro grupo importante en los negocios y las finanzas. Es evidente la alta proporción de mujeres con mayor nivel educativo.

El 59.1% de los mexicanos que viven en Canadá tiene carrera técnica, licenciatura o maestría. Esto explica sus niveles de ingreso y el tipo de empleos que tienen. Con relación a Estado Unidos, los mexicano-canadienses conforman una migración muy diferente.

El ingreso anual promedio de los mexicanos en Canadá es de $13,716 dólares americanos ($19,614 dólares canadienses).

DOBLE NACIONALIDAD

Los mexicanos residentes en el extranjero, principalmente en Estados Unidos, registraban hasta principios de 1998 tasas relativamente bajas de naturalización, lo que se interpretaba como prueba de su deseo de mantener vivas sus raíces y apegarse a su cultura, valores y tradiciones de origen. Por otro lado, podía deberse al temor a quedarse sin la nacionalidad mexicana, que se perdía por la adquisición voluntaria de una extranjera.

El 20 de marzo de 1998 entró en vigor una reforma a la Constitución mexicana que hace posible contar con doble nacionalidad. Bajo esta ley pueden acogerse a este beneficio los ciudadanos en las siguientes situaciones:

1) Mexicanos por nacimiento que tengan derecho a otra nacionalidad o vayan a adquirirla.

2) Mexicanos por nacimiento que con anterioridad a la entrada en vigor de la reforma constitucional hayan adquirido una nacionalidad extranjera y deseen recuperar la de origen.

3) Hijos de padre o madre mexicana que posean otra nacionalidad.

Las personas que adquirieron otra nacionalidad de manera voluntaria y deseen recuperar la mexicana tienen de plazo hasta el 20 de marzo del 2003 para hacerlo. La Secretaría de Relaciones Exteriores es la dependencia autorizada para expedir la declaración de nacionalidad mexicana. La revisión e integración de la documentación se realiza en cualquier consulado de manera gratuita.

Requisitos:

1. Ser mayor de 18 años.
2. Llenar la solicitud respectiva (DNN-2).
3. Presentar acta de nacimiento.

Si el interesado nació en México, presentará el acta de nacimiento mexicana en original o certificada, expedida por el Registro Civil o por un cónsul mexicano. Si el acta fue levantada en un registro civil extranjero, ésta deberá ser legalizada por el cónsul mexicano más próximo al lugar de expedición o apostillada por las autoridades correspondientes y traducida, en su caso, al español por un traductor autorizado en México. El acta deberá inscribirse en la oficina central del Registro Civil de la entidad federativa de la República mexicana que corresponda al domicilio del solicitante. Podrán, así, presentar copia certificada por el Registro Civil mexicano de que se efectuó la inscripción.

Cuando el registro de nacimiento del solicitante o de los padres sea extemporáneo (después de un año de nacido), el solicitante deberá anexar cualquiera de los siguientes documentos:

a) Copia de la partida parroquial del bautismo cotejada con el original por un notario público (en la parroquia correspondiente), si dicho acto se realizó durante el primer año de edad.

b) Copia certificada del acta de matrimonio de los padres expedida por el Registro Civil, si éstos se casaron en territorio mexicano y antes del nacimiento del solicitante.

c) Copia certificada del acta de nacimiento de un hermano mayor si nació en territorio mexicano y fue registrado en tiempo.

d) Copia certificada del acta de nacimiento del padre o madre mexicana del interesado, si fue registrado en tiempo.

e) Constancia expedida por la Secretaría de Gobernación con la fecha de internación al país del padre o de la madre extranjeros, si ésta antecede a la fecha de nacimiento del interesado.

Si el interesado nació en los Estados Unidos podrá presentar copia certificada del acta de nacimiento u original y fotocopia del certificado o de la declaración de nacionalidad mexicana o de la carta de naturalización del padre o de la madre mexicanos.

4. Presentar original y fotocopia del documento que acredite la adquisición de otra nacionalidad, pasaporte extranjero o carta de naturalización vigentes (en ningún caso se retendrá el documento original del interesado).

5. Presentar original y fotocopia de una identificación oficial reciente, expedida en México, que contenga la fotografía y firma del solicitante (credencial para votar con fotografía, cédula profesional, titulo profesional, pasaporte mexicano vigente, credencial de trabajo, etc.).

6. Entregar dos fotografías de frente, recientes, rectangulares, iguales y tamaño pasaporte.

7. Realizar el pago de derechos, el cual se hará al recibir la Declaración de Nacionalidad Mexicana.

La doble nacionalidad representa algunos beneficios: igualdad jurídica con los otros mexicanos, facultad de conservar y adquirir todos los derechos o bienes adquiridos como mexicanos (como bienes inmuebles en playas, fronteras o ejidos), realizar cualquier tipo de actividad o inversión, inclusive en áreas que están reservadas a mexicanos por nacimiento (comunicaciones, servicios de radiodifusión, y telecomunicaciones, gas y petróleo, transporte, etc.).

También supone restricciones. Los mexicanos con doble nacionalidad no podrán desempeñarse en el Servicio Exterior Mexicano ni en los órganos colegiados de las instituciones de seguridad nacional, Ejército, Marina Nacional de Guerra o Fuerza Aérea. Tampoco pueden ser presidente de la República, diputados, Ministros de la Suprema Corte de Justicia de la Nación o Gobernantes de las entidades federativas. Es decir todos aquellos puestos relacionados con la soberanía, la independencia o la seguridad de la nación y del Estado.

Fuente: SRE, en http://www.sre.gob.mx

Secretaría de Relaciones Exteriores (SRE)

Dirección: Eje Central Lázaro Cárdenas 252, colonia Guerrero, 06500 México, D.F.

Teléfonos: 5782-3660 / 3765 / 4144, ext. 3011.

Faxes: 5327-3025 / 3044, 57823800.

Página web: http://www.sre.gob.mx

Correo electrónico: srejur@sre.gob.mx

Departamento de Nacionalidad y Naturalización

Teléfono: 5117-2190, ext. 4060.

Horario de atención: 9:00 AM a 6.00 PM.

Como resultado de esta modificación se pensó que aumentaría considerablemente el número de personas con doble nacionalidad. Después de todo, más de cinco millones de mexicanos en Estados Unidos conservan la nacionalidad mexicana y una parte podría, si lo quisiera, adquirir la ciudadanía norteamericana. También podrían hacerlo los hijos de mexicanos nacidos en el exterior.

POBLACIÓN MEXICANA EN ESTADOS UNIDOS		
CATEGORÍA	TOTAL	AÑO
Población de origen mexicano (nacionales mexicanos y estadounidenses)	20,652,000	1999
Población nacida en Estados Unidos de origen mexicano	11,587,000	1990
Naturalizados	1,258,195	1998
Ciudadanos mexicanos	5,973,000	1997
Inmigrantes indocumentados	2,700,000	1996

Fuente: IFE, 1998 y U.S. Census Bureau, 1999.

Las expectativas no se cumplieron. Hasta septiembre de 1999 México había expedido solamente 11,461 declaraciones de Nacionalidad Mexicana por Nacimiento. Por otro lado, ese mismo año se naturalizaron como mexicanos 1,964 personas.

EL VOTO DE LOS MEXICANOS EN EL EXTRANJERO

Con las reformas a la Constitución del 22 de agosto de 1996 se hizo posible el voto de los mexicanos en el extranjero (se suprimió la limitación de carácter geográfico).

El Instituto Federal Electoral (IFE) calcula que existen 9.904 millones de ciudadanos mexicanos en el extranjero con derecho formal a votar. Alrededor de 99% de ellos (9.8 millones) radica en Estados Unidos.

Tras un estudio realizado por el IFE se concluyó que era "técnicamente viable" organizar las elecciones en el extranjero. El proyecto no prosperó en el Congreso de la Unión, donde el PRI se opuso (58 votos contra 31 del PRD y del PAN) impidiendo de esa manera, que se llevara a cabo la reforma legislativa necesaria que hubiera hecho posible el derecho a votar en el extranjero en el 2000.

EL TRATADO DE LIBRE COMERCIO
DE AMÉRICA DEL NORTE

Con el Tratado de Libre Comercio de América del Norte (TLCAN) disminuyó la desconfianza mexicana hacia Estados Unidos. En el balance positivo estaría el aumento del comercio y la inversión; en el negativo, los bajos salarios que se siguen pagando y que mantienen los factores que crean la migración al norte.

El TLCAN fue una parte fundamental de la estrategia del gobierno de Carlos Salinas de Gortari (1988-1994). Entre sus propósitos se contaron los de fomentar el comercio y atraer inversiones para, en consecuencia, crear empleos, mejorar el nivel de vida y reducir los motivos que alientan la migración de mexicanos. Desde otra perspectiva, el TLCAN ancló las reformas económicas iniciadas en los ochenta, reorientó la política exterior mexicana a favor de Estados Unidos e insertó a México en la globalización.

Con este tratado ha crecido, en efecto, el comercio con los vecinos del norte, se han atraído capitales y creado empleos. Sin embargo, también se hicieron concesiones en inversión y comercio que respondieron particularmente a los intereses de Estados Unidos y Canadá.

ANTECEDENTES

Para el gobierno mexicano, el TLCAN fue parte central de una estrategia de desarrollo económico orientada a promover exportaciones, atraer capitales y garantizar certidumbre.

Para Estados Unidos, el TLCAN se insertó en una de sus tres estrategias comerciales, la de los tratados de libre comercio (las otras dos son la liberalización multilateral en el marco de la Organización Mundial de Comercio y las medidas unilaterales). Entre sus motivaciones políticas estuvieron apoyar al régimen vigente en México y propiciar el crecimiento económico, lo que repercutiría positivamente en la economía estadounidense. Acordar el tratado aseguraría la permanencia de las reformas económicas y demostraría que

las élites mexicanas habían aceptado las tesis estadounidenses sobre la mejor forma de organización económica (en esencia, el respeto al libre mercado y la propiedad privada).

El tercer socio, Canadá, se unió para no quedar fuera de los tratados entre Estados Unidos y otros países de América. Excluirse lo habría dejado en desventaja frente a Estados Unidos, con riesgo de perder el terreno ganado con el Acuerdo de Libre Comercio entre Canadá y Estados Unidos (ALCCEU).

© Miguel Castillo

Escena durante las negociaciones del TLCAN.

LAS NEGOCIACIONES

El 10 de junio de 1990 se firmó el compromiso para negociar un acuerdo de libre comercio entre México y Estados Unidos. El 5 de febrero de 1991 se anunció la intención de establecer una zona norteamericana de libre comercio entre México, Estados Unidos y Canadá y las pláticas iniciaron formalmente el 12 de junio, en Toronto, Canadá.

Por parte de México, las negociaciones fueron dirigidas por Jaime Serra Puche (secretario de Comercio y Fomento Industrial); Herminio Blanco Mendoza (jefe de la Unidad de Negociación del Tratado de Libre Comercio) y Jaime Zabludovsky Kuper (coordinador general de la misma). El gobierno creó la Comisión Intersecretarial de Libre Comercio para coordinar a las entidades de la administración pública durante las negociaciones. Esta comisión estaba integrada por la Secofi, la SHCP, la SPP (esta secretaría fue extinguida en el curso de la negociación), la STYPS, el Banco de México, la Sedesol, la SEP y la Presidencia de la República. También se formó el consejo asesor, foro de consulta con representantes de los sectores público, laboral, agropecuario, empresarial y académico. La Coordinadora de Organismos Empresariales de Comercio Exterior (COECE) fue el organismo que más participó en las negociaciones.

Se negoció en varios grupos:

1. Reglas de origen
2. Acceso a mercados
3. Sector agropecuario
4. Sector automotriz
5. Sector textil
6. Sector energético
7. Compras del sector público
8. Salvaguardas
9. Prácticas desleales
10. Normas
11. Normas sanitarias y fitosanitarias
12. Comercio transfronterizo de servicios
13. Telecomunicaciones
14. Servicios financieros
15. Transporte terrestre
16. Movilidad temporal de personal
17. Inversión
18. Propiedad intelectual
19. Solución de controversias

La inclusión de servicios, inversión y propiedad intelectual en los términos del TLCAN fue una condición puesta por las grandes empresas en Estados Unidos a su gobierno para apoyarlo en las negociaciones comerciales internacionales (como la Ronda Uruguay del Acuerdo General sobre Aranceles Aduaneros y Comercio, GATT y el ALCCEU). El tema de la agricultura merece atención especial, pues Estados Unidos había luchado, sin éxito, por incluirlo en el GATT desde hacía varias décadas. Su liberalización constituyó un avance frente al resto del mundo.

El TLCAN se firmó el 17 de diciembre de 1992, en las capitales de los tres países firmantes. Su entrada en vigor se pospuso hasta el 1º de enero de 1994 por las controversias y oposición que suscitó en Estados Unidos. Fue necesario hacer tratados paralelos sobre medio ambiente, condiciones laborales e importaciones excesivas. México y Canadá los aceptaron a condición de no modificar el texto del acuerdo y, salvo algunas excepciones como el comercio de azúcar, cítricos y otros productos que Estados Unidos quiso defender frente a las posibles importaciones mexicanas, el TLCAN permaneció intacto.

OBJETIVOS Y DISPOSICIONES INSTITUCIONALES

Los objetivos del TLCAN son: fomentar el comercio de bienes y servicios; establecer reglas comerciales claras; fortalecer la competitividad; crear nuevas oportunidades de empleo; mejorar las condiciones laborales y los niveles de vida; aumentar sustancialmente los niveles de inversión; proteger los derechos de propiedad intelectual en los tres países. Aunque no se tocó el asunto de la migración en las negociaciones, el gobierno mexicano defendió el acuerdo como un instrumento que, a la larga, la disminuiría.

El TLCAN creó una Comisión de Libre Comercio y un Secretariado. La Comisión de Libre Comercio está integrada por representantes de cada país a nivel de secretaría de Estado. Su deber es supervisar la puesta en práctica del tratado, vigilar su desarrollo, resolver las controversias sobre su interpretación o aplicación, y supervisar a los comités y grupos de trabajo establecidos de acuerdo con el tratado. La Comisión se reúne al menos cada año en sesión ordinaria, y es presidida sucesivamente por cada país signatario.

El Secretariado del TLCAN es establecido y supervisado por la Comisión, y está integrado por secciones mexicana, estadounidense y canadiense. Se encarga de administrar la solución de controversias del tratado, proporciona asistencia a la Comisión y apoya a varios comités y grupos de trabajo no relacionados con la solución de controversias.

SECCIONES DE LA COMISIÓN DE LIBRE COMERCIO		
SECCIÓN CANADIENSE	SECCIÓN MEXICANA	SECCIÓN ESTADOUNIDENSE
Royal Bank Centre 90 Sparks Street Suite 705 Ottawa, Ontario K1P 5B4 Teléfono: (613) 992-9388 Telefax: (613) 992-9392	Blvd. Adolfo López Mateos 3025 2º Piso, Héroes de Padierna 10700, México, D.F. Teléfono: (52) 5629-9630 Telefax: (52) 5629-9637 www.nafta-sec-alena.org	14th Street y Constitution Avenue, N.W. Habitación 2061 Washington, D.C. 20230 Teléfono: (202) 482-5438 Telefax: (202) 482-0148

Los acuerdos paralelos también crearon instituciones. El Entendimiento sobre Acciones de Emergencia permite que una de las partes restrinja el comercio a ciertas importaciones si éstas amenazan una industria específica. También establece un Grupo de Trabajo que reporta a la Comisión de Libre Comercio. Lo forman representantes de los tres países y se reúne al menos una vez al año.

El Acuerdo sobre Cooperación Laboral creó una Comisión Laboral Trinacional encargada de la cooperación y las consultas en la materia. La comisión tiene un consejo ministerial formado por los secretarios del Trabajo de los tres países, un secretariado de coordinación internacional bajo el mando del consejo, y tres oficinas administrativas nacionales que son punto de contacto y facilitan el intercambio de información.

El Acuerdo Sobre Cooperación Ambiental llevó a la creación de una Comisión de Cooperación Ambiental que se encarga de supervisar el cumplimiento del acuerdo, servir como foro de discusión, promover la cooperación y solucionar las disputas sobre la interpretación y puesta en marcha del acuerdo. La forman un consejo, un secretariado central y un comité asesor conjunto. El consejo está formado por funcionarios a nivel secretario de Estado de cada país, y se reúne al menos una vez al año. El secretariado provee el apoyo técnico, administrativo y operativo. El comité incluye a cinco miembros de cada país, asesora al consejo y se reúne al menos una vez al año.

UNA VISIÓN AGREGADA

El TLCAN ha sido un éxito desde el punto de vista numérico. Sin embargo, desde la perspectiva de las relaciones comerciales internacionales de México no ha disminuido la concentración de éstas en el mercado de Estados Unidos. En 1999, el 82.4% del comercio de México se hizo con Estados Unidos. La balanza con ese país ha sido positiva desde 1995, y con Canadá, negativa desde 1998.

Las importaciones de Canadá crecieron 28.8% de 1998 a 1999 y las de Estados Unidos en 13 por ciento. Entre 1998 y 1999 las exportaciones a Canadá se incrementaron 52.2% y a Estados Unidos en un 17.2 por ciento.

COMERCIO TOTAL DE MÉXICO, 1993-2000 (MILLONES DE DÓLARES)

	1993	1994	1995	1996	1997	1998	1999
Total	$117,198.60	$140,163.00	$151,993.70	$185,472.50	$220,045.10	$242,832.60	$253,355.80
Estados Unidos	$88,145.50	$106,435.60	$120,101.20	$148,110.10	$176,187.00	$196,182.30	$205,549.10
Canadá	$2,774.00	$3,103.50	$3,361.70	$3,915.60	$4,124.20	$3,809.20	$4,731.10

Fuente: http://www.naftaworks.org

BALANZA COMERCIAL DE MÉXICO, 1993-2000 (MILLONES DE DÓLARES)

	1993	1994	1995	1996	1997	1998	1999
Total	-$13,534.5	-$18,528.7	$7,087.5	$6,535	$428.7	-$7,913.5	-$5,360.5
Estados Unidos	-$2,443.8	-$3,145.4	$12,444.2	$13,037.9	$12,182.6	$9,665.6	$15,253.2
Canadá	$393.3	-$137.8	$613.2	$428.5	$188.1	-$771.3	-$637.6

Fuente: http://www.naftaworks.org

IMPORTACIONES TOTALES DE MÉXICO, 1993-2000 (MILLONES DE DÓLARES)

	1993	1994	1995	1996	1997	1998	1999
Total	$65,366.50	$79,345.90	$72,453.10	$89,468.80	$109,808.20	$125,373.00	$142,063.90
Estados Unidos	$45,294.70	$54,790.51	$53,828.50	$67,536.10	$82,002.20	$93,258.40	$105,356.50
Canadá	$1,175.40	$1,620.70	$1,374.30	$1,743.60	$1,968.10	$2,290.20	$2,948.90

Fuente: http://www.naftaworks.org

EXPORTACIONES TOTALES DE MÉXICO, 1993-2000 (MILLONES DE DÓLARES)

	1993	1994	1995	1996	1997	1998	1999
Total	$51,832.00	$60,817.10	$79,540.60	$96,003.80	$110,236.90	$117,459.50	$136,703.40
Estados Unidos	$42,850.90	$51,645.10	$66,272.70	$80,574.00	$94,184.80	$102,923.90	$120,609.60
Canadá	$1,568.70	$1,482.80	$1,987.40	$2,172.00	$2,156.10	$1,518.90	$2,311.30

Fuente: http://www.naftaworks.org

COMERCIO E INVERSIÓN EXTRANJERA DIRECTA POR SECTORES DE LA ECONOMÍA

La característica más sobresaliente del comercio, desde el punto de vista sectorial es el enorme desequilibrio en favor de las manufacturas. De 1993 a 1999, las exportaciones manufactureras fueron las que más crecieron (263%), a diferencia de las agrícolas (172%), las industriales extractivas (122%), y en particular las ganaderas, que disminuyeron 24 por ciento.

Las manufacturas representaron 90.5% de las exportaciones en 1998 y 90.1% hasta noviembre de 1999. Éstas incluyen, en primer lugar y muy por encima del resto, productos metálicos, maquinaria y equipo. Les siguieron las industrias extractivas, con 6% y 6.7%, respectivamente.

En cuanto a importaciones, las manufacturas representaron 92.9% y 93.8%, respectivamente, y crecieron en 196% de 1993 a 1999. Las industrias extractivas sólo representaron 0.7 y 0.6% de las importaciones, la agricultura 3.4%, y la silvicultura el 2.8 por ciento.

Las industrias manufactureras cuyo comercio se ha desarrollado de manera vertiginosa incluyen, además de la automotriz (175% de 1993 a 1998), la textil (250% de 1993 a 1998), la eléctrica y electrónica (120% de 1993 a 1998), los plásticos y el caucho (108% de 1993 a 1997), y los alimentos y las bebidas (más de 40% de 1993 a 1997).

Productos agrícolas industrializados que se exportan desde el estado de Sonora.

EXPORTACIÓN POR GRANDES GRUPOS DE LA CLASIFICACIÓN INDUSTRIAL INTERNACIONAL UNIFORME (CIIU), 1993-1999 (MILLONES DE DÓLARES)							
	1993	1994	1995	1996	1997	1998	1999
Total	$51,886.00	$60,882.20	$79,541.50	$95,999.70	$110,431.40	$117,459.60	$124,471.90
Industrias manufactureras	$42,500.10	$51,075.30	$6,738.00	$81,013.70	$95,565.40	$106,550.40	$112,164.40
Industrias extractivas	$6,763.60	$6,994.40	$7,974.80	$11,191.70	$10,840.20	$6,865.20	$8,291.80
Agricultura y silvicultura	$1,961.00	$2,221.00	$3,323.50	$3,197.30	$3,408.40	$3,435.80	$3,374.50
Ganadería, apicultura, caza y pesca	$543.20	$457.40	$692.70	$395.00	$419.80	$360.90	$413.80
Otros productos no clasificados	$118.10	$134.10	$167.60	$202.00	$197.60	$247.30	$227.40

Fuente: INEGI, 2000a.

IMPORTACIÓN POR GRANDES GRUPOS DE LA CLASIFICACIÓN INDUSTRIAL INTERNACIONAL UNIFORME (CIIU), 1993-1999 (MILLONES DE DÓLARES)							
	1993	1994	1995	1996	1997	1998	1999
Total	$65,366.50	$79,345.90	$72,453.10	$89,468.80	$109,807.80	$125,373.10	$128,884.00
Industrias manufactureras	$61,569.60	$74,424.90	$67,500.10	$81,137.50	$101,506.00	$116,431.30	$120,882.90
Agricultura y silvicultura	$2,324.30	$2,993.30	$2,478.90	$4,346.20	$3,659.60	$4,280.70	$3,591.50
Industrias extractivas	$390.00	$438.10	$600.50	$649.00	$854.40	$916.10	$812.40
Ganadería, apicultura, caza y pesca	$308.70	$378.10	$164.70	$324.70	$513.20	$492.20	$410.90
Otros productos no clasificados	$774.00	$1,111.60	$1,708.80	$3,011.40	$3,274.60	$3,252.70	$3,186.20

Fuente: INEGI, 2000a.

Las exportaciones según grupos de manufacturas están dominadas por los productos metálicos, maquinaria y equipo, en la cual se encuentra la industria automotriz y los aparatos eléctricos y electrónicos.

La mayor parte de las importaciones se hace en el grupo de productos metálicos. Los productos químicos, los textiles y los productos plásticos y de caucho también tienen un papel importante, aunque mucho menor.

EXPORTACIÓN POR GRUPOS DE LA INDUSTRIA MANUFACTURERA SEGÚN LA CLASIFICACIÓN INDUSTRIAL INTERNACIONAL UNIFORME (CIIU), 1993-1999 (MILLONES DE DÓLARES)

	1993	1994	1995	1996	1997	1998	1999
Total	$42,500.10	$51,075.30	$67,383.00	$81,013.70	$95,565.40	$106,550.00	$112,164.00
Productos metálicos, maquinaria y equipo	$28,352.40	$35,324.40	$44,680.70	$55,736.10	$65,165.90	$74,782.50	$80,920.70
Textiles, artículos de vestir y cuero	$2,770.20	$3,255.80	$4,899.00	$6,339.40	$8,814.60	$9,844.30	$10,269.10
Química	$2,343.90	$2,756.40	$392.10	$4,011.30	$4,403.20	$4,609.50	$4,510.70
Alimentos, bebidas y tabaco	$1,589.60	$1,895.50	$2,528.60	$2,930.30	$3,324.70	$3,507.50	$3,530.40
Siderurgia	$1,398.50	$1,534.70	$3,087.60	$3,084.50	$3,654.50	$3,282.40	$2,556.60
Productos minerales no metálicos	$1,125.10	$1,214.80	$1,404.40	$1,717.80	$2,025.40	$2,289.60	$2,372.50
Productos plásticos y de caucho	$1,005.30	$1,064.40	$1,217.60	$1,416.40	$1,707.00	$1,800.50	$1,936.90
Minerometalurgia	$1,024.00	$1,085.10	$1,081.10	$1,704.90	$1,703.10	$1,656.50	$1,431.70
Papel, imprenta e industria editorial	$662.30	$561.60	$871.60	$895.40	$1,063.10	$1,163.90	$1,219.00
Industria de la madera	$573.80	$586.10	$619.50	$860.90	$1,047.30	$1,057.10	$1,019.00
Derivados del petróleo	$719.00	$544.50	$652.80	$664.00	$683.00	$561.10	$707.70
Petroquímica	$214.10	$262.90	$339.90	$247.10	$277.80	$174.30	$160.60
Otras industrias manufactureras	$721.90	$989.20	$1,308.30	$1,405.60	$1,695.80	$1,821.20	$1,529.50

Fuente: INEGI, 2000a.

IMPORTACIÓN POR GRUPOS DE LA INDUSTRIA MANUFACTURERA SEGÚN LA CLASIFICACIÓN INDUSTRIAL INTERNACIONAL UNIFORME (CIIU), 1993-1999 (MILLONES DE DÓLARES)

	1993	1994	1995	1996	1997	1998	1999
Total	$61,659.60	$74,424.90	$67,500.10	$81,137.50	$101,506.00	$116,431.00	$120,883.00
Productos metálicos, maquinaria y equipo	$35,674.70	$43,489.60	$39,709.00	$47,462.40	$59,708.00	$69,689.30	$74,044.70
Química	$4,855.30	$5,817.80	$5,520.50	$6,884.20	$8,225.90	$9,157.00	$9,038.20
Textiles, artículos de vestir e industria del cuero	$3,525.00	$4,167.40	$3,617.70	$4,602.90	$6,148.80	$7,441.40	$7,983.10
Productos plásticos y de caucho	$3,403.70	$3,972.40	$4,157.00	$5,274.80	$6,470.00	$7,069.60	$7,392.10
Alimentos, bebidas y tabaco	$3,356.20	$3,989.00	$2,616.30	$3,115.50	$3,587.00	$3,931.10	$3,690.90
Siderurgia	$3,312.30	$3,930.80	$3,693.10	$4,542.40	$5,469.40	$6,234.70	$5,772.20
Papel, imprenta e industria editorial	$2,366.30	$3,039.30	$2,898.70	$2,887.30	$3,280.30	$3,536.10	$3,562.00
Derivados del petróleo	$1,368.20	$1,275.40	$1,242.60	$1,625.70	$2,514.90	$2,318.70	$2,311.10
Minerometalurgia	$967.50	$1,194.40	$1,203.50	$1,407.20	$1,813.30	$2,281.70	$2,213.80
Productos minerales no metálicos	$819.60	$1,009.80	$910.00	$1,264.20	$1,462.20	$1,538.40	$1,546.80
Petroquímica	$600.30	$758.40	$920.20	$942.10	$1,217.00	$1,187.90	$1,263.00
Industria de la madera	$570.60	$694.60	$350.00	$390.00	$460.70	$544.20	$596.60
Otras industrias manufactureras	$749.90	$1,086.20	$661.70	$738.80	$1,148.50	$1,501.10	$1,468.30

Fuente: INEGI, 2000a.

INVERSIÓN EXTRANJERA DIRECTA DE ESTADOS UNIDOS Y CANADÁ, 1994-1998 (MILLONES DE DÓLARES)

	1994	1995	1996	1997	1998*
Total	$10,493.10	$8,077.10	$7,396.40	$10,795.60	$4,470.60
Estados Unidos	$4,825.10	$5,265.40	$4,966.50	$6,460.60	$3,153.40
Canadá	$740.40	$168.70	$482.00	$202.50	$123.20

* Cifras preliminares para 1998.

Fuente: http://www.inegi.gob.mx

INVERSIÓN EXTRANJERA DIRECTA POR SECTOR DE LA ECONOMÍA, 1994-1998 (MILLONES DE DÓLARES)

	1994	1995	1996	1997	1998*
Total	$10,493.10	$8,077.10	$7,396.40	$10,795.60	$4,470.00
Industria manufacturera	$6,063.70	$4,672.40	$4,508.80	$6,695.50	$3,530.00
Comercio	$1,249.40	$978.50	$704.10	$1,751.90	$438.40
Servicios comunales	$1,149.40	$383.70	$446.40	$600.50	$198.20
Servicios financieros	$950.80	$1,063.40	$1,194.60	$859.20	$130.70
Transporte y comunicaciones	$709.60	$861.10	$405.30	$666.00	$131.90
Construcción	$259.40	$25.80	$24.80	$107.50	$20.00
Minería y extracción	$87.60	$79.00	$82.80	$100.70	$12.20
Electricidad y agua	$15.20	$2.10	$1.10	$4.50	$4.80
Agropecuario	$8.00	$11.10	$28.50	$9.80	$4.40

* Cifras preliminares para 1998.

Fuente: http://www.inegi.gob.mx

La situación de dependencia se suscita de manera similar en relación a la inversión extranjera directa (IED), pues la mayoría proviene de Estados Unidos y se dirige sobre todo a la industria manufacturera. De acuerdo con las cifras provisionales para 1998, la IED destinada a dicho sector fue casi 80% del total.

La IED se ha concentrado en el Distrito Federal. En 1997, 55% se aplicó a dicha entidad, y sólo algunos estados del norte se beneficiaron por su participación en este rubro. Esta concentración se explica en función del tamaño de la población, la infraestructura, y los ingresos de los habitantes de la zona metropolitana de la ciudad de México.

INVERSIÓN EXTRANJERA DIRECTA POR ENTIDAD FEDERATIVA, 1994-1998 (MILLONES DE DÓLARES)

	1994	1995	1996	1997	1998*
Total	$10,493.10	$8,077.10	$7,396.40	$10,795.60	$4,470.00
Distrito Federal	$7,571.90	$4,383.10	$4,644.30	$5,928.40	$1,841.50
Nuevo León	$909.80	$675.20	$317.30	$2,189.60	$159.40
Baja California	$227.10	$531.70	$423.80	$631.60	$638.10
Tamaulipas	$348.70	$389.20	$329.00	$279.00	$313.80
Chihuahua	$300.10	$526.90	$513.60	$474.10	$571.40
Estado de México	$322.60	$585.20	$378.50	$259.80	$182.00
Resto de los estados	$812.90	$985.80	$789.90	$1,033.10	$763.80

* Cifras preliminares para 1998

Fuente: http://www.inegi.gob.mx

COMERCIO EXTERIOR DE MAQUILADORAS, 1992-1999 (MILLONES DE DÓLARES)

	1992	1993	1994	1995	1996	1997	1998	1999*
Total	$46,196.00	$51,885.00	$60,882.00	$79,542.00	$95,999.00	$110,431.00	$117,459.00	$124,471.00
Maquiladoras	$18,680.00	$21,853.00	$26,269.00	$31,103.00	$36,920.00	$45,166.00	$53,083.00	$58,149.00
Resto	$27,516.00	$30,033.00	$34,613.00	$48,438.00	$59,079.00	$65,266.00	$64,376.00	$66,322.00

* Enero a noviembre

Fuente: INEGI, 2000a.

EXPORTACIÓN DE MAQUILADORAS POR GRUPOS DE LA INDUSTRIA MANUFACTURERA, SEGÚN TIPO DE BIEN, 1998-1999 (MILES DE DÓLARES)

	1998	1999
Total	$48,245,845	$58,102,099
Productos metálicos, maquinaria y equipo	$37,186,156	$45,413,115
Textiles, artículos de vestir e industria del cuero	$5,430,469	$6,393,308
Productos plásticos y de caucho	$991,880	$1,127,479
Fabricación de otros productos minerales no metálicos	$718,012	$887,003
Química	$631,368	$740,290
Papel, imprenta e industria editorial	$515,510	$665,763
Siderurgia	$584,291	$644,358
Industria de la madera	$433,285	$477,421
Alimentos, bebidas y tabaco	$341,788	$457,450
Minerometalurgia	$118,776	$163,797
Derivados del petróleo	$0	$0
Petroquímica	$0	$0
Otras industrias manufactureras	$1,294,310	$1,132,115

Fuente: INEGI, 2000a.

Si bien la evidencia confirma que el TLCAN crea condiciones para atraer inversión, no garantiza una distribución homogénea por sectores o regiones.

El desarrollo de las industrias maquiladoras ha sido notable a raíz del TLCAN. Representó 46% del comercio total del país (en 1992 era 40%), y puede tomarse como uno de los indicadores de la integración de la economía mexicana a la norteamericana.

Los productos metálicos, la maquinaria y el equipo son la categoría más importante.

EMPLEO Y MIGRACIÓN

El comercio con Norteamérica sí ha contribuido a la creación de empleos en México. Sin embargo, los salarios y el nivel de vida de los empleados y obreros siguen siendo muy bajos y es dudoso que con el tipo de empleos creados hasta ahora disminuya la migración internacional (la diferencia salarial con Estados Unidos sigue siendo enorme).

El número de maquiladoras creció 550% entre 1980 y 1999, y 163% entre 1994 y 1999.

El valor agregado real de las maquiladoras creció 1,089% entre 1981 y 1998, y 188% entre 1994 y 1998.

MAQUILADORAS. NÚMERO DE ESTABLECIMIENTOS, 1980-1999

AÑO	1980	1981	1982	1983	1984	1985	1986	1987	1988	1989
Total nacional	620	605	585	600	672	760	890	1,125	1,396	1,655
AÑO	1990	1991	1992	1993	1994	1995	1996	1997	1998*	1999
Total nacional	1,703	1,914	2,075	2,114	2,085	2,130	2,411	2,717	2,983	3,408

* Cifras preliminares a partir de 1998. Las cifras de 1999 incluyen hasta noviembre.

Fuente: INEGI, 2000b.

MAQUILADORAS. VALOR AGREGADO REAL, 1981-1998 (MILLONES DE PESOS A PRECIOS DE 1994)

AÑO	1981	1982	1983	1984	1985	1986	1987	1988	1989
Total nacional	$3,525	$4,315	$4,652	$5,550	$5,969	$8,108	$9,326	$11,018	$13,920
AÑO	1990	1991	1992	1993	1994	1995	1996	1997	1998*
Total nacional	$15,004	$15,963	$16,908	$18,353	$20,388	$23,378	$25,994	$32,350	$38,396

* Cifras preliminares a partir de 1998.

Fuente: INEGI, 2000b.

MAQUILADORAS. NÚMERO DE PERSONAL OCUPADO, 1980-1999

AÑO	1980	1981	1982	1983	1984	1985	1986	1987	1988	1989
Total nacional	119,546	130,973	127,048	150,867	199,684	211,968	249,833	305,253	369,489	429,725
Estados fronterizos	106,032	115,975	112,731	133,940	175,627	184,514	210,902	249,086	296,359	337,467
AÑO	1990	1991	1992	1993	1994	1995	1996	1997	1998*	1999
Total nacional	446,436	467,352	505,698	542,074	583,044	648,263	753,708	905,528	1,008,031	1,207,282
Estados fronterizos	402,432	413,840	443,360	465,568	500,812	545,659	617,499	729,587	804,447	927,069

* Cifras preliminares a partir de 1998. Las cifras de 1999 incluyen hasta noviembre.

Fuente: INEGI, 2000b.

El crecimiento de empleos fue de 1,009% entre 1980 y 1999, y de 207% entre 1994 y 1999.

MAQUILADORAS, PERSONAL OCUPADO EN NOVIEMBRE DE 1999

	NÚMERO	%
Obreros mujeres	544,631	45.1
Obreros hombres	430,423	35.6
Técnicos de producción	145,772	12.1
Empleados administrativos	86,456	7.2

Fuente: INEGI, 2000b.

Para dimensionar estas cifras hay que agregar que de 16,658,503 personas ocupadas en la economía mexicana en 1998, 25.3% pertenecían al sector manufacturero. Ese mismo año había 4,213,566 empleos en el sector de manufacturas.

Maquiladoras en la frontera.

Como 77% de las maquiladoras se encuentra en los estados fronterizos de Baja California, Chihuahua, Tamaulipas, Coahuila, Sonora y Nuevo León la región norte del país se ha convertido en un gran polo de atracción para los mexicanos que buscan empleo. El crecimiento urbano de esa región ha sido tan acelerado que rebasa con mucho la oferta de servicios públicos. Además, las industrias maquiladoras están muy desvinculadas del resto de la economía nacional (sólo usan 2% de insumos mexicanos) y porque inducen la inmigración hacia una zona donde predominan los hábitos de consumo de productos estadounidenses.

Mientras la población de todo México creció 10% de 1990 a 1995, las ciudades fronterizas lo hicieron en 22 por ciento. De acuerdo con un estudio, casi la mitad de los trabajadores de las maquiladoras mantienen la intención de irse a Estados Unidos, lo que se explica por la desproporción de

SUELDOS, SALARIOS Y PRESTACIONES REALES POR PERSONA OCUPADA POR AÑO, 1980-1998 (PESOS A PRECIOS DE 1994)

	SUELDOS DE EMPLEADOS	SALARIOS DE OBREROS	SALARIOS DE TÉCNICOS DE PRODUCCIÓN	PRESTACIONES SOCIALES
1980	$37,931	$14,558	$29,816	$4,796
1981	$35,828	$14,466	$28,931	$4,809
1982	$39,805	$15,117	$29,420	$5,569
1983	$34,288	$11,783	$25,048	$4,366
1984	$35,027	$11,387	$25,307	$4,255
1985	$26,328	$11,078	$25,367	$4,169
1986	$37,553	$10,389	$24,728	$4,260
1987	$38,015	$10,267	$25,889	$4,439
1988	$37,190	$9,659	$24,674	$4,345
1989	$38,534	$9,628	$25,887	$5,168
1990	$38,869	$9,387	$25,056	$5,606
1991	$37,016	$9,125	$23,404	$5,607
1992	$36,996	$9,007	$23,739	$6,038
1993	$39,667	$9,064	$24,079	$5,957
1994	$39,734	$9,554	$24,934	$6,346
1995	$40,258	$8,666	$24,070	$5,982
1996	$37,708	$7,956	$22,588	$5,818
1997*	$37,818	$8,377	$22,186	$5,786
1998	$41,149	$8,461	$22,847	$5,890

* Cifras provisionales a partir de 1997.

Fuente: INEGI, 2000b.

MAQUILADORAS, ESTABLECIMIENTO POR ENTIDAD FEDERATIVA, NOVIEMBRE DE 1999 (PARTICIPACIÓN PORCENTUAL)

BAJA CALIFORNIA	CHIHUAHUA	TAMAULIPAS	COAHUILA	SONORA	NUEVO LEÓN	OTRAS ENTIDADES
33.5	12.5	10.7	8.1	8	4	23.2

Fuente: INEGI, 2000b.

los salarios mínimos entre ambos países (entre 13:1 y 14:1). Se estima que la migración podrá detenerse cuando la relación sea de 4:1 o 5:1.

Es igualmente grave que de 1980 a 1998 los sueldos y salarios reales en las maquiladoras disminuyeran 17% y los salarios de los obreros, 42 por ciento. Este es un indicador del alto costo social asociado con la integración económica a Estados Unidos. Debe agregarse que los salarios que pagan las empresas trasnacionales son mayores en 50% al promedio nacional.

Lo cierto es que no se ha reducido la migración, cuya tradición, redes de organización y puntos de origen pertenecen a zonas caracterizadas por la falta de inversión, mano de obra calificada y acceso a mercados. Entre lo más paradójico del fenómeno migratorio actual está el hecho de que el Distrito Federal, no obstante haber recibido más de la mitad de la inversión extranjera directa, se convirtió en una de las nuevas entidades que más emigrantes expulsó (junto con Puebla, Oaxaca y Guerrero).

Por otro lado cuando se negoció el TLCAN existía un temor generalizado a la migración causada por el libre comercio agrícola. Sin embargo, las predicciones no se cumplieron porque buena parte de la producción de maíz y frijol se destina al autoconsumo de familias y se encuentra desvinculada del mercado nacional.

En suma, el TLCAN no ha resultado ser una solución real a la migración, que sigue dirigiéndose al norte, pero tampoco provocó la temida migración en masa del campo a las zonas urbanas.

INDICADORES DE COMPETITIVIDAD

La competitividad se mide por un conjunto de indicadores que determinan las ventajas de una economía para el establecimiento de empresas dedicadas al comercio exterior. Entre ellos estarían las tasas de interés reales, la productividad y el costo de la mano de obra.

TASAS DE INTERÉS REALES ANUALES, 1988-1999 (%)

	MÉXICO	ESTADOS UNIDOS	CANADÁ	ESPAÑA	COREA	JAPÓN
1988	2.5	3.1	5.5	6.2	2.7	—
1989	24.2	4.2	6.7	8.4	43.0	1.4
1990	6.3	1.8	7.6	8.9	0.5	3.7
1991	5.1	2.7	4.9	8.4	0.7	4.5
1992	9.5	0.8	4.5	8.4	5.3	3.2
1993	12.0	0.5	3.2	7.5	2.6	1.9
1994	11.0	1.9	5.4	4.4	2.8	1.6
1995	3.4	3.3	5.4	5.5	4.1	1.6
1996	7.1	2.0	2.1	5.1	3.7	0.0
1997	7.8	3.8	2.8	4.0	5.0	-1.2
1998	7.0	3.7	4.0	3.6	10.9	0.1
1999	5.0	3.5	0.0	1.0	—	0.0

* Cifras preliminares a partir de 1998.

Fuente: http://www.inegi.gob.mx

La productividad en la industria manufacturera establecida en México ha crecido más que en Estados Unidos, Canadá, Japón y el Reino Unido desde 1993. Los salarios y las remuneraciones han disminuido durante ese periodo, por lo que sería pueril concluir que la industrialización de México ha recibido un impulso resonante con el TLCAN.

SALARIO MEDIO DE LOS OBREROS EN LA INDUSTRIA MANUFACTURERA EN VARIOS PAÍSES, 1993-1999 (DÓLARES POR HORA-HOMBRE A PRECIOS CORRIENTES)

	MÉXICO	ESTADOS UNIDOS	FRANCIA	CHILE
1993	$2.1	$11.7	$7.5	$1.4
1994	$2.1	$12.0	$7.8	$1.6
1995	$1.3	$12.3	$8.8	$1.9
1996	$1.3	$12.7	$8.7	$2.1
1997	$1.6	$13.1	$7.9	$2.3
1998	$1.6	$13.4	$8.0	$2.2
1999	$1.9	$13.8	—	$2.1

* Cifras preliminares a partir de 1998.

Fuente: http://www.inegi.gob.mx

PRODUCTIVIDAD DE LA MANO DE OBRA EN LA INDUSTRIA MANUFACTURERA EN PAÍSES SELECCIONADOS, 1993-1999

	MÉXICO	ESTADOS UNIDOS	CANADÁ	JAPÓN	ALEMANIA	COREA	REINO UNIDO	COLOMBIA
1993	100.0	100.0	100.0	100.0	100.0	100.0	100.0	100.0
1994	109.9	103.2	104.5	103.3	117.4	110.1	104.1	106.1
1995	115.3	108.5	107.9	108.0	123.2	121.2	103.2	113.9
1996	125.7	114.0	107.6	112.2	136.4	134.3	102.1	113.9
1997	130.9	120.3	108.3	117.5	151.3	146.9	102.6	124.5
1998*	136.4	125.4	110.0	112.6	152.1	157.7	102.4	127.0
1999	138.9	133.2	113.9	116.3	157.7	191.6	105.7	—

* Cifras preliminares a partir de 1998.

Fuente: http://www.inegi.gob.mx

COSTOS UNITARIOS COMPARATIVOS* DE LA MANO DE OBRA EN LA INDUSTRIA MANUFACTURERA, 1993-1999

	MÉXICO	ESTADOS UNIDOS	CANADÁ	JAPÓN
1993	$100.0	$100.0	$100.0	$100.0
1994	$93.8	$99.7	$91.8	$107.7
1995	$56.2	$97.1	$92.7	$115.2
1996	$52.3	$95.5	$95.6	$98.3
1997	$57.4	$93.2	$91.7	$86.8
1998**	$56.5	$91.7	$88.6	$83.1
1999	$62.7	$88.9	$86.0	$92.0

* Se refiere al costo de la mano de obra por unidad de producto.

** Cifras preliminares a partir de 1998.

Fuente: http://www.inegi.gob.mx

CONCLUSIÓN

El TLCAN ha cumplido con las metas de fomentar el comercio y atraer inversiones. También ha establecido un marco jurídico que promueve el desarrollo de la inversión extranjera directa de acuerdo a las oportunidades de comercio y no a los vaivenes políticos.

Sin embargo, no ha cumplido de manera satisfactoria las expectativas sobre creación de empleos bien pagados y distribución de inversiones. De hecho, el Tratado ha reforzado condiciones que perpetúan el desarrollo desequilibrado y los bajos ingresos y, por lo tanto, la migración y el atraso en algunos sectores económicos.

El Tratado de Libre Comercio
con la Unión Europea

El TLCUE es innovador por ser el primero entre la UE y un país de América Latina, porque une a los dos mercados más grandes del mundo (Europa y América del Norte) y porque al firmarlo México se obligó a respetar la democracia y los derechos humanos.

Tras cinco años de conversaciones, el 1º de julio del 2000 entró en vigor el "Acuerdo de Asociación Económica, Concertación Política y Cooperación entre la Comunidad Europea y sus Estados Miembros, por una parte, y los Estados Unidos Mexicanos, por otra". El largo título del comúnmente llamado "Tratado de Libre Comercio con la Unión Europea" (TLCUE) revela que, a diferencia de otros, éste incluye temas políticos y de desarrollo económico y social.

La Unión Europea (UE) es un grupo de 15 naciones que ha ido integrándose a lo largo de casi medio siglo buscando la concordia entre diferentes partidos, la creación de una "red de seguridad" para los sectores y regiones menos favorecidos y la eliminación *de facto* de las fronteras, permitiendo la libre circulación de bienes, servicios y personas. El acuerdo con México incorpora capítulos relativos a cada uno de esos aspectos. En lo político incluye un diálogo regular en los distintos niveles de gobierno para formar alianzas a nivel internacional. La preocupación por los sectores menos favorecidos busca que México sea un país socialmente estable y se traduce en la disponibilidad de importantes fondos europeos para programas de desarrollo económico y social en México.

Este tratado es único por cuatro razones: es el primero entre la UE y un país de América Latina, es el más amplio que ha negociado la UE, nunca antes México había firmado un acuerdo que obligara a respetar la democracia y los derechos humanos y, finalmente, es el primer nexo entre los dos mercados más grandes del mundo: Europa y América del Norte.

Las razones del acuerdo

A primera vista no parece lógico que la UE, un mercado con 375.1 millones de consumidores y un ingreso anual per cápita de $21,832 dólares, quiera estrechar lazos políticos y comerciales con México, país que en 1999 tenía un ingreso per cápita de $4,900 dólares al año. Tampoco hay una frontera común, y el comercio entre los firmantes sólo fue de $11,700 millones de dólares en 1998 (equivalente a 6% del intercambio por conducto del Tratado de Libre Comercio con América del Norte, TLCAN).

El interés europeo viene de una rápida disminución de su comercio con México desde 1994, cuando entró en vigor el TLCAN. Los europeos tampoco querían quedar fuera del mercado continental en atención a la promesa del presidente estadounidense Bill Clinton en torno a la creación del Área de Libre Cambio de las Américas (ALCA) para 2005. Así, en 1995 la UE diseñó un plan quinquenal para estrechar relaciones con América Latina, lo que incluía acuerdos con México, el Mercosur y Chile. En esta estrategia México era pieza fundamental porque el TLCAN abre una puerta de entrada a Estados Unidos. Otro aliciente eran los acuerdos de libre comercio de México con ocho naciones, lo que aumentaba su atractivo para las empresas europeas.

Un factor menos entendido es que iniciar negociaciones con México en vez de con Chile o el Mercosur era más fácil por el reducido impacto que México tiene en la economía de la UE. En la política exterior de la UE (sobre todo a partir de 1995), los intereses de los agricultores y los sindicatos ejercen gran influencia. El Mercosur y Chile, importantes exportadores de productos agropecuarios, fueron rechazados por algunos Estados miembros de la UE temerosos de la competencia de granos y cárnicos a precios menores a los europeos. Por el contrario, las exportaciones de México a la UE son en 98% no-agropecuarias.

México, con su economía ya estrechamente vinculada a la de Estados Unidos, aspiraba por su parte a una diversificación. Aunque el volumen de comercio con Europa es pequeño, México logra ventajas políticas al ser el único país en el mundo (junto con Israel) con libre acceso a los dos mayores mercados del planeta. Esta posición privilegiada no durará mucho tiempo. La UE inició negociaciones comerciales para un acuerdo similar con el Mercosur el 6 de abril del 2000, y la inminente ALCA podría otorgar a toda América el nivel de acceso que México tiene ahora con Estados Unidos. México tiene, pues, alrededor de cinco años para afianzar su posición de primer acceso a la UE y ganar las preferencias europeas.

EL CONTENIDO DEL ACUERDO

El 2 de mayo de 1995 se firmó en París uno de los documentos del nuevo acuerdo. La prensa anunció erróneamente que el acuerdo completo había sido firmado. El procedimiento de negociación "a la europea" consiste en que primero se firman las grandes líneas y después se negocian los detalles; México, en cambio, acostumbra firmar cuando todos los detalles están definidos. Fue hasta el 8 de diciembre de 1997 que se firmaron en Bruselas tres documentos:

1) El "Acuerdo Global" o "Acuerdo de Asociación Económica, Concertación Política y Cooperación entre la Comunidad Europea y sus Estados Miembros, por una parte, y los Estados Unidos Mexicanos, por otra". Su objetivo es "fortalecer las relaciones entre las Partes sobre la base de la reciprocidad y del interés común. A tal fin, el Acuerdo institucionalizará el diálogo político, fortalecerá las relaciones comerciales y económicas a través de la liberalización del comercio de conformidad con las normas de la OMC, y reforzará y ampliará la cooperación". Tiene 60 artículos agrupados bajo ocho títulos. El artículo 1° es la famosa Cláusula Democrática, que dice: "el respeto a los principios democráticos y a los derechos humanos fundamentales, tal como se enuncian en la Declaración Universal de los Derechos Humanos, inspira las políticas internas e internacionales de las Partes, constituye un elemento esencial del presente Acuerdo". En 29 artículos se cubren los diferentes programas de cooperación que la UE está dispuesta a apoyar (financieramente y con capital humano) en México. Como puntos novedosos se incluyen la cooperación en la promoción de los derechos humanos, la democracia, así como la cooperación UE-México en programas de desarrollo en Centroamérica.

2) El "Acuerdo Interino sobre Comercio y Cuestiones Relacionadas con el Comercio entre la Comunidad Europea, por una parte, y los Estados Unidos Mexicanos, por otra". Contiene 19 artículos agrupados bajo cuatro títulos; en el artículo 1° vuelve a aparecer la Cláusula Democrática. Objetivo de este Acuerdo es "establecer un marco para fomentar el desarrollo de los intercambios de bienes, incluyendo una liberalización bilateral y preferencial, progresiva y recíproca del comercio de bienes que tenga en cuenta la sensibilidad de determinados productos y de conformidad con las normas pertinentes de la Organización Mundial del Comercio (OMC)". Este Acuerdo dejará de existir en cuanto terminen los procedimientos legales de cada Estado miembro para ratificar el Acuerdo Global (lo que se tiene previsto para el tercer trimestre de 2000).

3) El "Acta Final". Incluye la "Declaración Conjunta entre la Comunidad Europea y sus Estados Miembros y los Estados Unidos Mexicanos" sobre el comercio de servicios, el movimiento de capital y pagos, y la protección de la propiedad intelectual. Todos estos temas requieren deliberación por separado de cada uno de los 15 Estados miembros de la UE. Su liberalización requiere mayor tiempo que el comercio de bienes.

Tras la firma en diciembre de 1997 de estos tres documentos, la UE tomó once meses para articular sus directivas de negociación comercial, las cuales tuvieron que ser aprobadas por unanimidad entre los 15 miembros. Con esas directivas o "Mandato de Negociación", la Comisión Europea, brazo ejecutivo de la UE, concluyó en doce meses más las negociaciones comerciales con el equipo negociador mexicano, dirigido por el embajador Jaime Zabludovsky Kupper.

LA DEMOCRACIA Y LOS DERECHOS HUMANOS

La firma de los documentos básicos se retrasó casi tres años por los trámites burocráticos y por el acalorado debate suscitado por la reticencia del gobierno mexicano a aceptar la llamada "Cláusula Democrática". La administración del presidente Zedillo temía un ataque a la soberanía nacional. Este temor se expresó el 23 de diciembre de 1996, cuando la

Secretaría de Relaciones Exteriores (SRE) se opuso a que la UE financiara un proyecto de la Academia Mexicana de Derechos Humanos. El donativo de $410,000 dólares estaba destinado al monitoreo de los gastos de campaña de los partidos en la elección de Jefe de Gobierno del Distrito Federal. La consternación que este acto causó entre los Estados de la UE se extendió al Parlamento Europeo, que pidió explicaciones a la Comisión Europea, por haber cedido ante lo que calificaron de "gobierno sospechoso". La fiereza con la que la SRE defendió su decisión se debilitaba por las cambiantes razones que ofrecía, entre ellas que el tema de derechos humanos y democracia no figuraba en el Acuerdo de 1991. Después de muchos forcejeos México aceptó la Cláusula Democrática. Simultáneamente, el Parlamento Europeo decidió posponer la ratificación del Acuerdo Global hasta tener elementos que confirmaran la seriedad del gobierno mexicano en relación a los derechos humanos. Algunos parlamentos nacionales quisieron esperar hasta que hubiera prueba de que en México podían realizarse elecciones confiables (Italia ratificó al último, el 18 de julio de 2000).

Si se viola esta cláusula, el acuerdo puede ser "repudiado", como indica el artículo 58 del Acuerdo Global. Otro aspecto importante es que la UE puede apoyar a organismos no gubernamentales, sin que medie opinión de los gobiernos, en materia de derechos humanos y educación cívica para la democracia. Los órganos de la UE también pueden solicitar aclaraciones a sus contrapartes mexicanas sobre las frecuentes denuncias que pudieran hacer las ONG mexicanas, y viceversa.

Por otro lado, ninguna de las partes tiene claro cómo denunciar la violación de la "Cláusula Democrática". Independientemente de ello, las ONG mexicanas siguen recurriendo directamente al Parlamento Europeo para hacerse oír.

LOS RESULTADOS DE LA NEGOCIACIÓN COMERCIAL

La negociación sobre libre comercio se inició cuando la UE se aseguró, a través de tres estudios de impacto económico y de compatibilidad con la OMC, que el comercio abierto con México no representaba ningún peligro para su industria. Las autoridades mexicanas, por su parte, dicen haber realizado estudios de impacto económico que, sin embargo, se negaron a publicar. Esta falta de información sobre las metas a lograr por una de las partes dificulta la evaluación de los resultados de la negociación comercial. Sin embargo, el experimentado equipo de negociadores mexicanos obtuvo resultados calificados por ellos mismos como muy satisfactorios. Éstos se presentan en cerca de 2,300 páginas, dispo-

nibles en el sitio internet de la Subsecretaría de Negociaciones Comerciales Internacionales de Secofi (www.secofi-snci.gob.mx). El contenido se agrupa en once capítulos: acceso a mercados, reglas de origen, normas técnicas, normas fitosanitarias, salvaguardas, inversiones y pagos relacionados, comercio de servicios, licitaciones públicas, competencia, propiedad intelectual y resolución de controversias.

Para detener su pérdida de mercado en México frente a Estados Unidos, la UE ordenó a la Comisión Europea que obtuviera lo que llamaron "paridad TLCAN en tiempo real" (les fue otorgada al final de la negociación). Esto significa que México otorgó un calendario similar de eliminación de aranceles aduanales para los miembros del TLCAN y para los de la UE. Como un gesto de reconocimiento a la asimetría del desarrollo económico entre la UE y México, los europeos aceptaron abrir su mercado más rápido que México.

En suma, todos los bienes industriales europeos (esencialmente los no-agropecuarios) entrarán libremente a México a partir de 2007. En sentido contrario, los bienes mexicanos dejan de pagar arancel en 2003. En términos de volumen de comercio, esto significa que 52% de los bienes europeos entrarán a México sin arancel desde 2003, y de ese año a 2007 el arancel máximo para el resto será de 5%. En comercio de servicios (bancarios, corredurías de seguros, etc.), la UE afirma que se dará a los mexicanos un trato incluso mejor que el otorgado a Estados Unidos. México también hace cálculos optimistas.

Sin embargo, en la práctica no resultará tan sencillo como ambas partes aseguran. Por ejemplo, uno de los principales productos de exportación de México son los automotores y sus partes. Clasificados como producto industrial, en teoría pueden acceder a la UE sin arancel a partir de 2003. Empero, tienen que cumplir con las "reglas de origen", que definen la cantidad de piezas necesarias para calificar al producto entero como "hecho en México". En este particular, la UE exige un 60% del total. El problema es que hoy día los automotores mexicanos incluyen partes hechas en todo el mundo y sólo pocas se manufacturan aquí, donde se ensambla el vehículo. México obtuvo una concesión temporal a ese respecto por la cual tiene cinco años para cumplir con ese 60 por ciento. Durante ese tiempo, teóricamente, se habrá de desarrollar la industria proveedora establecida en México.

Otro tema que tomó largo tiempo en resolverse fue el del acceso de los productos agropecuarios mexicanos. La UE no tenía ningún interés en abordar el tema y hubiera podido evitarlo en vista de que las exportaciones agrícolas mexicanas en 1999 fueron de apenas 72 millones de dólares, ni siquiera 1% del total del comercio. Sin embargo, los representantes de la Secretaría de Agricultura, Ganadería y Desarrollo Rural obtuvieron que la UE aprobara una serie de cuo-

EXPORTACIONES DE MÉXICO A LA UE, 1993-1997

PAÍS	EXPORTACIONES (MILLONES DE DÓLARES)					PARTIC.%	TASAS DE CRECIMIENTO %			
	1993	1994	1995	1996	1997	1997	1994	1995	1996	1997
Bélgica/Lux.	$226.10	$271.10	$489.40	$411.20	$375.20	9.4	19.9	80.5	-16	-8.7
Dinamarca	$17.90	$21.60	$7.60	$18.60	$30.60	0.8	20.7	-64.8	144.7	64.5
Alemania	$430.40	$394.70	$515.40	$640.90	$718.80	18	-8.3	30.6	24	12.2
Grecia	$5.60	$5.00	$8.40	$8.90	$10.70	0.3	-10.7	68	6	20.2
España	$917.80	$857.90	$796.90	$906.90	$939.00	23.5	-6.5	-7.1	13.8	3.5
Francia	$456.20	$517.80	$483.50	$425.90	$429.90	10.8	13.5	-6.6	-11.9	0.9
Irlanda	$121.00	$111.60	$70.50	$146.10	$113.00	2.8	-7.8	-36.8	107.2	-22.7
Italia	$84.30	$86.10	$197.30	$139.90	$273.40	6.9	2.1	129.2	-29.1	95.4
Holanda	$193.20	$174.40	$177.10	$191.80	$261.70	6.6	-9.7	1.5	8.3	36.4
Austria	$43.70	$10.10	$12.80	$10.00	$15.80	0.4	-76.9	26.7	-21.9	58
Portugal	$72.40	$60.00	$81.40	$56.80	$97.30	2.4	-17.1	35.7	-30.2	71.3
Suecia	$16.80	$23.90	$30.40	$19.60	$52.80	1.3	42.3	27.2	-35.5	169.4
Finlandia	$1.50	$4.60	$1.90	$1.50	$5.10	0.1	206.7	-58.7	-21.1	240
Reino Unido	$201.70	$267.30	$481.00	$531.90	$664.20	16.7	32.5	79.9	10.6	24.9
Europa (15)	$2,788.70	$2,805.90	$3,353.50	$3,509.80	$3,987.60	100	0.6	19.5	4.7	13.6

Fuente: Delegación de la Comisión Europea en México con datos de Secofi-Banxico, 2000.

IMPORTACIONES DE MÉXICO DE LA UE, 1993-1997

PAÍS	EXPORTACIONES (MILLONES DE DÓLARES)					PARTIC.%	TASAS DE CRECIMIENTO %			
	1993	1994	1995	1996	1997	1997	1994	1995	1996	1997
Bélgica/Lux.	$278.70	$346.70	$218.00	$247.30	$343.70	3.5	24.4	-37.1	-28.7	39.0
Dinamarca	$130.20	$130.90	$70.90	$70.70	$96.40	1.0	0.5	-45.8	-46	36.4
Alemania	$2,852.40	$3,100.90	$2,687.10	$3,173.70	$3,902.30	39.3	8.7	-13.3	2.3	23.0
Grecia	$22.80	$23.70	$10.40	$9.70	$17.20	0.2	3.9	-56.1	-59.1	77.3
España	$1,155.30	$1,338.30	$694.10	$629.50	$977.70	9.9	15.8	-48.1	-53	55.3
Francia	$1,105.30	$1,526.90	$979.20	$1,019.10	$1,182.40	11.9	38.2	-35.9	-33.3	16.0
Irlanda	$151.30	$137.70	$181.10	$239.10	$265.90	2.7	-9.0	31.5	73.6	11.2
Italia	$834.90	$1,021.40	$771.50	$999.10	$1,326.00	13.4	22.3	-24.5	-2.2	32.7
Holanda	$241.60	$240.10	$217.90	$225.10	$261.90	2.6	-0.6	-9.2	-6.2	16.3
Austria	$105.80	$121.10	$87.50	$113.10	$139.40	1.4	14.5	-27.7	-6.6	23.3
Portugal	$12.20	$20.70	$18.80	$21.60	$34.10	0.3	69.7	-9.2	4.3	57.9
Suecia	$265.30	$277.10	$200.70	$228.80	$354.30	3.6	4.4	-27.6	-17.4	54.9
Finlandia	$50.10	$66.10	$63.50	$84.70	$100.60	1.0	31.9	-3.9	28.1	18.8
Reino Unido	$593.00	$706.60	$531.80	$679.40	$915.30	9.2	19.2	-24.7	-3.8	34.7
Europa (15)	$7,798.70	$9,058.10	$6,732.20	$7,740.60	$9,917.30	100.0	16.1	-25.7	-14.5	28.1

Fuente: Delegación de la Comisión Europea en México con datos de Secofi-Banxico, 2000.

tas de productos en los que México es competitivo como son las flores cortadas, la miel, las fresas y los mariscos, lo que podría permitir el crecimiento de la exportación hasta $353 millones de dólares.

EXPORTACIONES DE MÉXICO A LA UE EN 20 PRODUCTOS PRINCIPALES, 1997

PRODUCTO	MONTO (MILES DE DÓLARES)	% PARTICIPACIÓN
Aceites crudos de petróleo	$836,438.30	23.8
Motores de cilindrada superior a 1,000 cm³	$304,667.20	8.6
Cobre sin refinar	$147,536.00	4.2
Café sin descafeinar	$122,133.80	3.4
Partes y componentes para computadoras	$97,737.70	2.7
Aceites de petróleo	$66,856.40	1.9
Plata en bruto	$61,117.00	1.7
Azúcar refinada	$66,327.30	1.6
Película fotográfica	$51,926.00	1.4
Penicilinas	$48,867.00	1.3
Productos laminados de hierro/acero	$40,723.10	1.1
Moluscos	$37,673.60	1
Minerales y sus concentrados	$36,676.80	1
Tereftalato de dimetilo	$35,413.70	1
Tubos para oleoductos	$35,249.60	1
Cerveza de malta	$35,222.50	1
Trigo duro	$33,137.10	0.9
Garbanzos	$32,411.20	0.9
Dispositivos semiconductores	$30,817.90	0.8
Azúcar	$28,558.50	0.8

Fuente: Delegación de la Comisión Europea en México con datos de Secofi-Banxico, 2000.

IMPORTACIONES DE MÉXICO DE LA UE EN 20 PRODUCTOS PRINCIPALES, 1997

PRODUCTO	MONTO (MILES DE DÓLARES)	% PARTICIPACIÓN
Partes y accesorios de vehículos	$233,934.40	3
Leche en polvo o en pastillas	$190,151.10	2.4
Máquinas o aparatos con función propia	$169,623.80	2.1
Partes para motor	$124,729.30	1.6
Partes para la fabricación de maquinas de escribir y calculadoras	$104,654.30	1.3
Medicamentos	$91,927.90	1.1
Ejes con diferencial (vehículos)	$81,008.20	1
Partes y accesorios para vehículo	$79,164.00	1
Partes para aparatos de radiotelefonía	$66,537.00	0.8
Gasolina	$62,689.90	0.8
Partes para calderas	$62,163.50	0.8
Trenes de laminación	$58,557.70	0.7
Máquinas para hilar textiles	$57,927.60	0.7
Productos laminados de acero inoxidable	$55,787.10	0.7
Cajas de fundición (placas para modelos)	$54,836.20	0.7
Partes para aparatos de corte-seccionamiento	$51,612.80	0.6
Semilla de nabo o colza	$48,847.30	0.6
Impresos en español	$46,698.80	0.6
Motores de émbolo alternativo	$46,203.30	0.6
Manufacturas de plástico	$42,782.20	0.5

Fuente: Delegación de la Comisión Europea en México con datos de Secofi-Banxico, 2000.

Tanto la Secretaría de Comercio y Fomento Industrial (Secofi) como la UE insisten en la importancia del clima de inversión en México. La Secofi destaca la ventajosa posición de México y anticipa que "empresas de todo el mundo vendrán a establecerse a México para aprovechar nuestro acceso preferencial a otros mercados". Esta "triangulación" es particularmente interesante para las empresas europeas que desean aumentar su presencia en Estados Unidos. Lo mismo puede decirse para las empresas de Estados Unidos que quieran exportar a la UE desde México.

Al 1º de julio de 2000, lo relativo al comercio de bienes era el único aspecto del TLCUE listo para entrar en vigor. Todo lo demás (diálogo político y fondos de cooperación al desarrollo) dependía de la ratificación de los textos por cada uno de los parlamentos nacionales de la UE. El procedimiento de aprobación por el lado mexicano se concretó el 16 de marzo de 2000, cuando el Senado aprobó el resultado de la negociación comercial. Al ratificar Italia el 18 de julio, el Acuerdo Global entrará en vigor el 1° de septiembre de 2000. El Consejo Conjunto México-UE se reunirá en octubre o noviembre, para darle validez retroactivamente (como hizo con el Acuerdo Interino, que entró en vigor el 1° de julio de 1999, aunque la reunión del Consejo fue el 14 de julio de ese mismo año).

Directorio de embajadas de México

Alemania
Kurfürstendamm 72, D-10709 Berlín
Tel.: (4930) 327-7110;
fax: (4930) 3277-1121
Emb. Roberto Friedrich Heinze
E-mail: rfaemb@edina.xnc.com

Arabia Saudita
Diplomatic Quarter, Culture Center,
Bldg. 22S, Al Kendi Passage,
3rd Floor, 11693 Riyadh.
Tel.: (9661) 482-8218; fax: (9661) 482-8379
E.N. Óscar de la Torre Amezcua
E-mail: embamex@embamex.org.sa

Argelia
21 Rue Comandant Azzouz
(Ex Géneral Laperrine). AP 329,
El Bihar, Argel
Tels.: (2132) 92-4023 / 2773;
fax: (2132) 92-3451
Emb. Francisco Correa Villalobos
E-mail: mexiquearl@wissal.dz

Argentina
Larrea 1230, 1117, Buenos Aires
Tels.: (5411) 4821-7172 / 7170 / 7136 /
1366; fax: (5411) 4821-7251 / 0117
Emb. Jaime Genovevo Figueroa
Zamudio
E-mail: embamexarg@interlink.com.ar

Australia
14 Perth Avenue, Yarralumla,
ACT 2600, Canberra
Tels.: (612) 6273-3963 / 3947 / 3905;
fax: (612) 6273-1190
Emb. Raphael Steger Cataño
E-mail: embmex@enternet.com.au

Austria
Türkenstrasse 15, 1090, Viena
Tels.: (431) 310-7383 / 86; fax: (431)
310-7387
Emb. Olga Pellicer y Silva
E-mail: embamex@embamex.or.at

Bélgica
Av. Franklin Roosvelt 94, 1050,
Bruselas
Tel.: (322) 629-0777;
fax: (322) 646-8768
Emb. Manuel Rodríguez Arriaga
E-mail:
embamexbel@pophost.eunet.be

Belice
18 North Park Street. AP 754, Belice
Tels.: (5012) 30-193 / 194, 31-854;
fax: (5012) 78-742
Emb. Enrique Hubbard Urrea
E-mail: embamexbze@btl.net

Bolivia
Av. Sánchez Bustamante 509, Zona
Calacoto, Casilla Postal 430, La Paz
Tel.: (5912) 77-1824; fax: (5912) 78-6085
Emb. Margarita Diéguez Armas
E-mail: embamex@kolla.net

Brasil
SES. Av. das Naçoes QD. 805,
Lote 18, 70412-900, Brasilia, D.F.
Tels.: (5561) 244-1011 / 1211 / 1411;
fax: (5561) 244-1755
Emb. Jorge Eduardo Navarrete López
E-mail: embamexbra@brnet.com.br

Canadá
45 O´Connor Street, Suite 1500 K1P
1A4, Ottawa, Ont.
Tel.: (613) 233- 8988;
fax: (613) 235-9123
Emb. Ezequiel Padilla Couttolenc
E-mail: info@embamexcan.com

Colombia
Calle 82 Nº 9-25. AP 92300,
Santafé de Bogotá
Tels.: (571) 256-6213 / 6347, 218-1346/
2386, 236-6304, 691-7675;
fax: (571) 218-5999
Emb. Andrés Valencia Benavides
E-mail: emcolmex@cable.net.co

Corea
33-6 Hannam-Dong, Yonsang-ku,
140-210, Seúl
Tels.: (822) 798-1694 / 95;
fax: (822) 790-0939
Emb. Rogelio Granguillhome Morfín
E-mail: srecor@uriel.net

Costa Rica
Ave. 7a. Nº 1371. AP 10107-1000
San José
Tel.: (506) 257-0633; fax: (506) 258-2437
Emb. Carlos Pujalte Piñeiro
E-mail: embamex@sol.racsa.co.cr

Cuba
Calle 12. Nº 518. Esq. A, 7ª. Avenida,
Miramar, Playa 6. AP 6826, La Habana
Tels.: (537) 24-2383 / 2498 / 2553 /
2583 / 2909; fax: (537) 24-2717 / 2294
E.N. Marco Antonio Loustanau
Caballero
E-mail: embamexc@ceniai.inf.cu

Chile
Félix De Amesti 128, Las Condes,
6761649, Santiago
Tel.: (562) 206-6133;
fax: (562) 206-6147 / 46
Emb. Otto René Granados Roldán
E-mail: embamex@ia.cl

China
Sanlitun Dongwujie 5 Chao Yang,
100600, Beijing
Tels.: (8610) 6532-2070 / 1947 / 2574;
fax: (8610) 6532-3744
Emb. Cecilio Garza Limón
E-mail: embmxchn@public.bta.net.cn

Dinamarca
Strandvejen 64E, Hellerup DK-2900,
Copenhague
Tel.: (45) 3961-0500;
fax: (45) 3961-0512
Emb. Héctor Vasconcelos y Cruz
E-mail: embmxdin@inet.uni2.dk

Ecuador
Av. 6 de Diciembre Nº 36-165 y
Naciones Unidas. AP 17-11-06371,
Quito
Tels.: (5932) 92-3770 /71, 25-4467;
fax: (5932) 44-8245
Emb. Manuel Martínez del Sobral
y Penichet
E-mail: embmxec1@uio.satnet.net

Egipto
17, Calle Port Said, 5º piso.
APT. 502-503, 11431, Maadi,
El Cairo
Tels.: (202) 358-0258 / 0259;
fax: (202) 358-1752
Emb. Héctor Cárdenas Rodríguez
E-mail: mexemb@idsc.gov.eg ;
oficial@embamexcairo.com

El Salvador
Calle Circunvalación y Pasaje 12 Col.
San Benito. AP 432, San Salvador
Tels.: (503) 243-3458 / 3190 / 0445 /
2037; fax: (503) 243-0437
Emb. Antonio Guillermo Villegas
Villalobos
E-mail: embamex@sv.cciglobal.net
embesalvador@ser.gob.mx

España
Carrera de San Jerónimo 46, 28014,
Madrid
Tel.: (3491) 369-2814;
fax: (3491) 420-2292
Emb. Juan José Bremer de Martino
E-mail: embamex@embamex.es

Estados Unidos
1911 Pennsylvania Ave. N.W.,
20006 Washington, DC
Tels.: (202) 728-1600, 736-1000 / 02;
fax: (202) 728-1698, 797-8458
Emb. Jesús Reyes Heroles González
Garza
E-mail: mexembusa@aol.com
consulwas@aol.com.sec.cons

Federación Rusa
Bolshoi Levshinski Pereulok 4,
119034, Moscú
Tels.: (7095) 201-2593 / 5631 / 2328
fax: (7095) 230-2042
Emb. Luciano Eduardo Joublanc
Montaño
E-mail: embmxru@glasnet.ru

Filipinas
Ramón Magsaysay Center 18th Floor,
1680 Roxas Blvd. P.O.
Box 1622 MCC, Makati Metro,
Malate Manila
Tels.: (632) 526-7461 / 62 / 64;
fax: (632) 526-7425
Emb. Enrique Michel Santibáñez
E-mail: ebmexfil@mnl.sequel.net
emmexfil@info.com.ph

Finlandia
Simonkatu 12 "A" 7º piso,
00100, Helsinki
Tel.: (3589) 586-0430;
fax: (3589) 694-9411
Emb. María Cristina de la Garza
Sandoval
E-mail:
mexican.embassy@co.inet.fi

Francia
9, Rue de Longchamp, 75116, París
Tel.: (331) 5370-2770;
fax: (331) 4755-6529
E. N. Porfirio Thierry Muñoz-Ledo
Chevannier
E-mail: embamex_francia@wanadoo.fr

Gran Bretaña
42 Hertford Street, Mayfair Londres,
W1Y 7TF, Reino Unido
Tel.: (44020) 7499-8586; fax: (44020)
7495-4035, 7235-5480
Emb. Santiago Oñate Laborde
E-mail: mexuk@easynet.co.uk
consullondon@easynet.co.uk

Grecia
Platia Philikis Eterias 14, 5º piso
Kolonaki, 106 73, Atenas
Tels.: (301) 729-4780 / 82; fax: (301)
729-4783
Emb. Ariel Buira Seira
E-mail: embamex2@compulink.gr

Guatemala
15 Calle 3-20, 7º Nivel, Zona 10,
Edificio Centro Ejecutivo. AP 1455
Guatemala
Tels.: (502) 333-7254 al 58;
fax: (502) 333-7615
Emb. Salvador Arriola y Barrenechea
E-mail: embamex@gold.guate.net

HAITÍ
Delmas 60, N° 2-Musseau En Face de
la Villa D' accueil, Pétion-Ville. Boite
Postale 327 Puerto Príncipe, Haití
Tels.: (509) 257-8100 / 9584 / 6783,
256-6528; fax: (509) 257-4256
Emb. Carlos Ferrer Argote
E-mail: embmxhai@yahoo.com

HONDURAS
Av. República de México, casa 2402,
Col. Palmira. AP 769, Tegucigalpa
Tels.: (504) 232-0138 / 0141 / 4039 /
6471; fax: (504) 232-4719
Emb. Benito Andión Sancho
E-mail: mexhond@hondudata.hn

HUNGRÍA
Verhalom u. 12-16, III.31.33 H-1023,
Budapest II
Tels.: (361) 326-0447 / 0486 / 0676 /
0677; fax: (361) 326-0485
Emb. Jorge Chen Charpentier
E-mail: embamexhu@matavnet.hu

INDIA
B-33 Friends Colony (West) 110 065,
Nueva Delhi
Tels.: (9111) 693-2860 al 62;
fax: (9111) 693-2864
Emb. Pedro González-Rubio Sánchez
E-mail: embamex@giasdl01.vsnl.net.in

INDONESIA
Menara Mulia Suite 2306, Jl.Gatot
Subroto Kav. 9-11, 12930, Jakarta
Tel.: (6221) 520-3980;
fax: (6221) 520-3978
Emb. Sergio Ley López
E-mail: embmexic@rad.ned.id
E-mail: embamex@apadana.com

IRÁN
Africa Ave., Golfam St. 41, 19156,
Teherán
Tels.: (9821) 205-7588 / 86, 201-2921;
fax: (9821) 205-7589
E.N. Juan José Huerta Flores

IRLANDA
43 Ailesbury Road, Ballsbrige 4,
Dublín
Tels.: (3531) 260-0699 / 0627 / 2019 /
2015; fax: (3531) 260-0411
Emb. Daniel Dultzin Dubin
E-mail: embasmex@indigo.ie

ISRAEL
Hemered Street 25, 5th Floor, Trade
Tower, 68125, Tel-Aviv
Tels.: (9723) 516-3938 / 3532 / 3683;
fax: (9723) 516-3711
Emb. Juan Antonio Mateos Cicero
E-mail: embamex@netvision.net.il

ITALIA
Via Lazzaro Spallanzani 16, 00161,
Roma
Tel.: (3906) 440-1151;
fax: (3906) 440-3876
Emb. Mario Moya Palencia
E-mail: emexpart@tin.it

JAMAICA
PCJ Building (PH) 36
Trafalgar Road, Kingston 10,
Jamaica
Tels.: (876) 926-6891 / 4242,
929-8859 / 8862;
fax: (876) 929-7995
Emb. José Luis Vallarta Marrón
E-mail: mexicoj@kasnet.com

JAPÓN
2-15-1 Nagata-cho, Chiyoda-Ku
100-0014,Tokio
Tels.: (813) 3581-1131 al 35;
fax: (813) 3581-4058
Emb. Manuel Uribe Castañeda
E-mail: embamex@twics.com
embamex@mb.neweb.ne.jp

KENIA
Kibagare Way, Loresho. P.O. Box
14145 y 41139, Nairobi
Tel.: (2542) 58-2593 / 2850 / 3009;
fax: (2542) 581-500
Emb. Leandro Arellano Reséndiz
E-mail: embmexke@form-net.com
embkenia@ser.gob.mx
emke@nbnet.co.ke

LÍBANO
Secteur 2, Rue 53, Imm. 90
(Mansour Building).
P.O. Box 11-3318, Beirut,
P.O.Box 70-1150 Antelias
Tel.: (9614) 41-8871;
fax: (9614) 41-8873
E.N. Federico Chabaud Magnus
E-mail: embamex@dm.net.lb

MALASIA
Menara Tan & Tan, Suite 22-05
(22nd Floor), 207, Jalan Tun Razak,
50400, Kuala Lumpur
Tel.: (603) 2164-6362;
fax: (603) 2164-0964
Emb. Ricardo Villanueva Hallal
E-mail: embamex@po.jaring.my

MARRUECOS
6 Rue Kadi Mohamed Brebri.
AP 1789, Souissi Rabat
Tels.: (2127) 63-1969 / 70;
fax: (2127) 63-1971
Emb. Francisco Cruz González
E-mail: embamexmar@elan.net.ma

NAMIBIA
Post Street Mall 39, 3° piso Southern
Life Tower, 9000, Windhœk
Tels.: (264) (61) 22-9082 / 7905 / 07;
fax: (264) (61) 22-9180
E.N. Nicolás Escalante Barret
E-mail: embamexn@iwwn.com.na

NICARAGUA
Km. 4.5 Carretera a Masaya,
25 Varas Arriba, Altamira contigua
Optica Matamoros. AP 834, Managua
Tels.: (505) 278-4919 al 21;
fax: (505) 278-2886
Emb. Ricardo Galán Méndez
E-mail: mexni@ibw.com.ni

NORUEGA
Karenslyst Allé 2, 0244, Oslo
Tels.: (47) 2243-1165 / 1477; fax: (47)
2244-4352
Emb. Marcelo Vargas Campos
E-mail: mexico@online.no

NUEVA ZELANDIA
111-115 Customhouse Quay, Level 8.
AP 11-510 Wellington
Tel.: (644) 472-0555; fax: (644) 496-3559
Emb. Jorge Álvarez Fuentes
E-mail: embmex@central.co.nz

PAÍSES BAJOS
Nassauplein 17, 2585 EB, La Haya
Tel.: (3170) 345-2569;
fax: (3170) 356-0543
Emb. José Ignacio Pichardo Pagaza
E-mail: embamex@bart.nl

PANAMÁ
Edif. Plaza Credicorp Bank Panamá,
piso 27, Av. Nicanor de Obarrio,
Calle 50. AP 8373 Zona 7
Corregimiento de Bella Vista,
Panamá
Tels.: (507) 210-1523 al 25;
fax: (507) 210-1526
Emb. Alfredo Pérez Bravo
E-mail: embamex@pan.gbm.net

PARAGUAY
Calle Denis Roa 1559, Barrio Ycua
Sati. AP 1184, Asunción
Tel.: (59521) 66-3154, 60-6310 / 8645;
fax: (59521) 66-3161
Emb. Sergio Romero Cuevas
E-mail: embamex@rieder.net.net.py

PERÚ
Av. Jorge Basadre 710,
Distrito de San Isidro, Lima
Tels.: (511) 221-1100 / 1173;
fax: (511) 440-4740
Emb. José Ignacio Piña Rojas
E-mail: embmexper@tsi.com.pr

POLONIA
UL. Staroscinska 1-B Apt. 4-5, 02-516,
Varsovia
Tel.: (4822) 646-8800;
fax: (4822) 646- 4222
Emb. Lorenzo Vignal Seelbach
E-mail: embamex@ikp.pl

PORTUGAL
Rua Braamcamp 40-9°.
Esp, 1250, Lisboa
Tel.: (351) 2138-39680;
fax: (351) 2138-39670
Emb. José Antonio Álvarez Lima
E-mail: embamex.port@mail.telepac.pt

REPÚBLICA CHECA
Nad Kazankou 8, Troja 171 00,
Praga 7
Tels.: (4202) 855-5554 / 0090,
854-1471, 855-1539;
fax: (4202) 855-0477, 855-1167
Emb. Gonzalo Aguirre Enrile
E-mail: mexnet@mexnet.anet.cz

REPÚBLICA DE SUDÁFRICA
1 Hatfield Square, Third Floor,
1101, Burnett Street, Hatfield 0083.
AP 9077, 0001 Pretoria
Tels.: (2712) 362-2822 al 29;
fax: (2712) 362-1380
Emb. Ignacio Villaseñor Arano
E-mail: embamexza@mweb.co.za

REPÚBLICA DOMINICANA
Arzobispo Meriño 265. AP 87-Z,
Santo Domingo
Tels.: (809) 687-6444 / 6641 / 6889;
fax: (809) 687-7872
Emb. Amanda Mireya Terán Munguía
E-mail: embamex@codetel.net.do

RUMANIA
Str. Armeneasca 35, Sect. 2,
70228, Bucarest
Tels.: (401) 210-4728 / 4417 / 4577;
fax: (401) 210-4713
Emb. Enrique Fernández Zapata
E-mail: embamex@xnet.ro

SANTA SEDE
Vía Ezio 49, 3° piso, 00192,
El Vaticano, Italia
Tels.: (3906) 323-0360 / 3085,
322-5069, 323-5284;
fax: (3906) 323-0361
Emb. Horacio Sánchez Urzueta
E-mail: embamex-s.sede@mclink.it

SINGAPUR
152, Beach Road 06-07 / 08, 6th Floor,
The Gateway East Tower, 189721,
Singapur
Tel.: (65) 298-2678; fax: (65) 293-3484
Emb. Eduardo Ramos Gómez
E-mail: singmx@singnet.com.sg

SUECIA
Grevgatan 3, 114 53, Estocolmo
Tel.: (468) 663-5170; fax: (468) 663-2420
Emb. Javier Barros Valero
E-mail: embamex@algonet.se

SUIZA
Bernastrasse 57, 3005, Berna
Tel.: (4131) 357-4747;
fax: (4131) 375-4748 / 49
Emb. Enrique Manuel Loaeza y Tovar
E-mail: embamex1@swissonline.ch

TAILANDIA
21 / 60-62 Thai Wah Tower I, 20th
Floor, South Sathorn Roa, Yannawa,
10120 Bangkok
Tels.: (662) 285-0995 / 0815 al 18;
fax: (662) 285-0667
Emb. Antonio Dueñas Pulido
E-mail: mexthai@loxinfo.co.th

TRINIDAD Y TOBAGO
Algico Plaza, 4th Floor 91-93
St. Vincent Street. P.O. Box 272,
Puerto España
Tels.: (868) 627-6988 / 7047 / 6941;
fax: (868) 627-1028
Emb. Isabel Téllez Rosete
E-mail: embamex@carib-link.net

TURQUÍA
Resit Galip Caddessi Rabat Sokak 16,
06680 G.O.P. Ankara
Tels.: (90312) 446-0336 / 0630 / 0669
fax: (90312) 446-2521
Emb. Enrique Buj Flores
E-mail:
embamex@dominet.in.com.tr

URUGUAY
Andes 1365, piso 7, Edif. "Torre
Independencia" 11100, Montevideo
Tels.: (5982) 902-2700 / 0791 / 1695;
fax: (5982) 902-1232
Emb. Gustavo Iruegas Evaristo
E-mail:
embmexur@netgate.com.uy

VENEZUELA
Guaicaipuro, Edificio "Forum" piso 5,
Urbanización El Rosal.
Apdo.Post. 61372, Caracas 1060-A
Tels.: (582) 952-5777 / 4673 / 7064 /
8594 / 4457; fax: (582) 952-3003
Emb. Jesús Puente Leyva
E-mail: embamex_ven@eldish.net

YUGOSLAVIA
Cara Dusana 58 / 5 piso,
11000 Belgrado
Tels.: (38111) 63-8111 / 8822,
62-9227;
fax: (38111) 62-9566
Emb. Carlos A. Rodríguez y Quezada
E-mail: embamex@net.yu

DIRECTORIO DE EMBAJADAS ACREDITADAS EN MÉXICO

ALEMANIA
Emb. Werner Reichenbaum
Lord Byron 737, colonia Polanco,
11560 México, D.F.
Tels.: 5280-7419, 5283-2200;
fax: 5281-2588
E-mail: embal@mail.internet.com.mx
info@embajada-alemana.org.mx
Página web:
http://www.embajada-alemana.org.mx

ANGOLA
Emb. E.N. Alfonso Evaristo Eduardo
Schiller 503, colonia Polanco,
11590 México, D.F.
Tels.: 5545-5883 / 4618 / 4471;
fax: 5545-2733
Página web:
http://www.palanca-negra.org

ARABIA SAUDITA
Emb. Hassan Talaat Nazer
Paseo de las Palmas 2075,
colonia Lomas de Chapultepec,
11000 México, D.F.
Tels.: 5251-0789, 5-596-0173;
fax: 5251-8587 / 0833

ARGELIA
Emb. Abdelatif Debabeche
Sierra Madre 540, colonia Lomas de
Chapultepec, 11000 México, D.F.
Tels.: 5520-6950 / 8656;
fax: 5540-7579

ARGENTINA
Emb. Victorio José María Taccetti
M. Avila Camacho 1,
Plaza Inverlat, 7° piso, colonia Lomas
de Chapultepec, 11000
México D.F.
Tels.: 5520-9430 / 31 / 32;
fax: 5540-5011

AUSTRALIA
Emb. Robert Hamilton
Ruben Darío 55, colonia Polanco,
11580 México, D.F.
Tel.: 5531-5225; fax: 5203-8431,
5255-5513 / 2163
E-mail: dfat@ozem.org.mx

AUSTRIA
Emb. Helga Winkler-Campagna
Sierra Tarahumara 420, colonia Lomas
de Chapultepec, 11000 México, D.F
Tels.: 5251-9792 / 1606;
fax: 5245-0198
E-mail: austria@mail.internet.com.mx
obmexico@data.net.mx
Página web: http://www.emba-
jadadeaustria.com.mx

BÉLGICA
Emb. Dirk Lettens
Alfredo Musset 41, colonia Polanco,
11550 México, D.F.
Tel.: 5280-0758; fax: 5280-0208
E-mail:
ambelmex@mail.internet.com.mx

BELICE
Emb. Salvador Amin Figueroa
Bernardo de Gálvez 215, colonia
Lomas de Chapultepec, 11000
México. D.F.
Tels.: 5520-1274 / 1346; fax: 5520-6089
E-mail: embelize@dfl.telmex.net.mx

BOLIVIA
Emb. Jorge Ágreda Valderrama
Insurgentes Sur 263, 6° piso,
colonia Roma, 06700 México, D.F.
Tels.: 5564-5415, 5264-6169;
fax: 5564-5298
E-mail: arukipa@data.net.mx

BRASIL
Emb. Francisco de Paula de Almeida
Nogueira Junqueira
Lope de Armendáriz 130, colonia
Lomas Virreyes, 11000 México D.F.
Tels.: 5520-4523, 5202-8432 / 7500;
fax: 5520-4929
E-mail: embrasil@ienlaces.com.mx

BULGARIA
Emb. Pavel Vladimirov Peitchev
Paseo de la Reforma 1990, colonia
Lomas de Chapultepec, 11000
México, D.F.
Tels.: 5596-3283 / 95;
fax: 5596-1012

CANADÁ
Emb. Stanley Edward Gooch
Schiller 529, colonia Polanco, 11560
México D.F.
Tel.:5724-7900; fax: 5724-7980 / 82
Página web: http://www.canada.org.mx

CHILE
Emb. Luis Maira Aguirre
Andrés Bello 10, 18° piso, colonia
Polanco, 11560 México, D.F.
Tels.: 5280-9681 / 82 / 89;
fax: 5280-9703
E-mail: echilmex@data.net.mx

CHINA
Emb. Shen Yunao
Av. Río Magdalena 172, Colonia
Tizapán San Ángel, 01090
México, D.F.
Tels.: 5550-0823, 5616-0609;
fax: 5616-0460
E-mail: embchina@data.net.mx

CHIPRE
Emb. Alexandros N. Vikis
Sierra Gorda 370, colonia Lomas
de Chapultepec, 11000 México, D.F.
Tels.: 5202-7600 / 3096;
fax: 5520-2693
E-mail: chipre@data.net.mx
Página web:
http://www.geocities.com/Athens/
Oracle/6413

COLOMBIA
Emb. Claudia María Villegas Villegas
Paseo de la Reforma 1620, colonia
Lomas de Chapultepec,
11000 México, D.F.
Tel.: 5202-7299; fax: 5520-9669
E-mail: colmex@spin.com.mx

COSTA RICA
Emb. Gonzalo J. Facio
Río Po 113, colonia Cuauhtémoc,
06500 México, D.F.
Tels.: 5525-7764 / 65 / 66;
fax: 5511-9240
E-mail: embcrica@ri.redint.com
Página web: http://www.rree.go.cr

CUBA
Emb. E.N. Irma González Cruz
Presidente Masaryk 554, colonia
Polanco, 11560 México, D.F.
Tels.: 5280-8140 / 8039 /0202;
fax: 5280-0839

DINAMARCA
Emb. Peter Branner
Tres Picos 43, colonia Chapultepec
Morales, 11560 México, D.F.
Tels.: 5255-4145 / 3405; fax: 5545-5797
E-mail: embdinamarca@mexis.com
Página web: http://www.um.dk

ECUADOR
Emb. Medardo Cevallos Balda
Tennyson 217, colonia Polanco,
11560 México, D.F.
Tels.: 5545-3141 / 6013, 5250-4990;
fax: 5254-2442
E-mail: mewamex@internet.com.mx

EGIPTO
Emb. Ahmed Khaled Hamdy
Alejandro Dumas 131, colonia
Polanco, 11560 México, D.F.
Tels.: 5281-0698 / 0823; fax: 5282-1294

EL SALVADOR
Emb. Eduardo Cálix López
Temístocles 88, colonia Polanco,
11560 México, D.F.
Tels.: 5281-5725 / 23; fax: 5280-0657
E-mail: embesmex@webtelmex.net.mx

ESPAÑA
Emb. José Ignacio Carbajal Garate
Galileo 144, colonia Polanco, 11550
México, D.F.
Tels.: 5282-2271 / 2974 / 2459 / 2763 /
2982; fax: 5282-1520 / 5582-1302

ESTADOS UNIDOS
Emb. Jeffrey S. Davidow
Paseo de la Reforma 305, colonia
Cuauhtémoc, 06500 México, D.F.
Tels.: 5209-9100 exts.3505, 3529;
fax 5207-0091
Página web:
http://www.usembassy-mexico.gov

FEDERACIÓN RUSA
Emb. Konstantin N. Mozel
José Vasconcelos 204, colonia
Hipódromo Condesa,
06140 México, D.F.
Tels.: 5273-1305 / 5516-0870;
fax: 5273-1545

FILIPINAS
Emb. Delia P. Meñez-Rosal
Av. De las Palmas 1950, colonia
Lomas de Chapultepec, 11000
México D.F.
Tels.: 5251-9759 / 9760;
fax: 5251-9754
E-mail:
ambamexi@mail.internet.com.mx

FINLANDIA
Emb. Hannu Uusi-Videnuja
Monte Pelvoux 111, 4º piso, colonia
Lomas de Chapultepec, 11000
México, D.F.
Tels.: 5540-6036 / 37 / 38;
fax: 5540-0114
E-mail: finemmex@intmex.com
Página web:
http://www.finlandia.org.mx

FRANCIA
Emb. Bruno Delaye
Campos Eliseos 339, Colonia Polanco,
11560 México, D.F.
Tel.: 5282-9700;
fax: 5282-9703
http://www.francia.org.mx
http://www.emb-fr.org.mx

GRAN BRETAÑA
Emb. Adrián Charles Thorpe
Río Lerma 71, colonia Cuauhtémoc,
06500 México, D.F.
Tel.: 5207-2089 / 2233;
fax: 5207-7672
Página web:
http://www.embajadabritanica.com.mx

GRECIA
Emb. Efstratios Doukas
Paseo de las Palmas 2060, colonia
Lomas de Reforma, 11930 México, D.F.
Tels.: 5596-6333 / 6038;
fax: 5251-3001 / 0211
E-mail: grecemb@dfl.telmex.net.mx

GUATEMALA
Emb. Claudio Riedel Telge
Explanada 1025, colonia Lomas de
Chapultepec, 11000 México, D.F
Tels.: 5520-9249 / 6680, 5540-7520.;
fax: 5202-1142
E-mail: embaguate@mexis.com
Página web:
http://ourworld.compuserve.com/
homepages/embaguate-mexico

HAITÍ
Emb. E.N. André L. Dortonne
Córdoba 23-A, colonia Roma, 06700
México, D.F.
Tels.: 5511-4505 / 4390 / 06;
fax: 5533-3896

HONDURAS
Emb. Roberto Ramón Reyes Mazzoni
Alfonso Reyes 220, colonia Hipódromo
Condesa, 06170 México, D.F.
Tels.: 5211-5747 / 5250; fax: 5211-5425
E-mail:
emhonmex@mail.internet.com.mx

HUNGRÍA
Emb. József Kosarka
Paseo de las Palmas 2005, colonia
Lomas de Chapultepec, 11000
México, D.F.
Tels.: 5596-1822 / 0523; fax: 5596-2378
E-mail: huembmex@attmail.com
Página web:
http://www.hung@dfl.telmex.net.mx

INDIA
Emb. Ganesh Sankaranarayana Iyer
Musset 325, colonia Polanco, 11560
México, D.F.
Tels.: 5531-1002, 5545-1491;
fax: 5254-2349
E-mail: indembmx@dfl.telmex.net.mx

INDONESIA
Emb. Barnabas Suebu
Julio Verne 27, colonia Polanco, 11560
México, D.F.
Tels.: 5280-6363 / 5748 / 3449; fax:
5280-7062
E-mail: indones@infosel.net.mx

IRÁN
Emb. Seyed Reza Tabatabaei Shafiei
Paseo de la Reforma 2350, colonia
Lomas Altas, 11950 México, D.F.
Tels.: 5596-5771 / 5576 / 5399;
fax: 5251-0731

IRAQ
Emb. Falih A. Huzman
Paseo de la Reforma 1875, colonia Lomas
de Chapultepec, 11000 México, D.F.
Tel.: 5596-0933; fax: 5596-0254

ISRAEL
Emb. Moshe Melamed
Sierra Madre 215, colonia Lomas de
Chapultepec, 11000 México, D.F.
Tels.: 5201-1500 / 1505;
fax: 5201 1555

ITALIA
Emb. Bruno Cravras Melchiori
Paseo de las Palmas 1994, colonia
Lomas de Chapultepec, 11000
México, D.F.
Tels.: 5596-3655; fax: 5596-7710 / 2472
E-mail: embitaly@data.net.mx
Página web:
http://pentanet.com.mx/Embitaly

JAMAICA
Emb. Cordell Yvonne Wilson
Monte Líbano 885, colonia Lomas de
Chapultepec, 11000 México, D.F.
Tels.: 5520-1421 / 1814 / 9313;
fax: 5520-4704
E-mail:
embjamaicamex@infosel.net.mx

JAPÓN
Emb. Katsuyuki Tanaka
Paseo de la Reforma 395, colonia
Cuauhtémoc, 06500 México, D.F.
Tels.: 5514-5459 / 4307, 5211-0028;
fax: 5514-1070, 5207-7743
E-mail:
embjapmx@mail.internet.com.mx
Página web:
http://www.embjapon.com.mx

LÍBANO
Emb. Nouhad Mahmoud
Julio Verne 8, colonia Polanco, 11560
México, D.F.
Tels.: 5280-5614 / 6794; fax: 5280-8870

MALASIA
Emb. Tengku Idriss bin Tengku Ibrahim
Calderón de la Barca 215, colonia
Polanco, 11550 México, D.F.
Tels.: 5254-1118 / 1120; fax: 5254-1295
E-mail: mwmexico@mpsnet.com.mex

MARRUECOS
Emb. Mohamed Ayachi
Paseo de las Palmas 2020, colonia
Lomas de Chapultepec, 11000
México, D.F.
Tels.: 5245-1786 / 90; fax: 5245-1791
E-mail: sifamex@infosel.net.mx

NICARAGUA
Emb. Edgar Escobar Fornos
Payo de Rivera 120, colonia Lomas de
Chapultepec, 11000 México, D.F.
Tels.: 5540-5625 / 26, 5520-2270;
fax: 5520-6960, 5520-2449
E-mail: embanic@dfl.telmex.net.mx

NORUEGA
Emb. Bjomar S. Utheim
Blvd. Virreyes 1460, colonia Lomas de
Chapultepec, 11000 México, D.F.
Tels.: 5540-3486 / 87 / 5220 / 5221;
fax: 5202-3019
E-mail: noruega@data.net.mx

NUEVA ZELANDIA
Emb. Bronwen Elizabeth Chang
José Luis Lagrange 103, 10º piso
colonia Polanco, 11510 México, D.F.
Tel.: 5281-5486; fax: 5281-5212
E-mail: quiguimexico@compuset.com
nlgovmex@nlgovmex.net.mx

PAÍSES BAJOS
Emb. Robert Arthur Vornis
Vasco de Quiroga 3000, 7º piso,
colonia Santa Fe,
01210 México, D.F.
Tel.: 5258-9921; fax: 5258-8138
E-mail: nlgomex@nlgovmex.com

PALESTINA*
Rep.: Fawzi Yousif
Lope de Vega 146, 5º piso,
colonia Polanco, 11570 México, D.F.
Tel.: 5255-2904,; fax: 5531-3821
Página web:
http://www.palestina.com.mx
*Representación diplomática.

PANAMÁ
Emb. Dionisio de Gracia Guillén
Horacio 1501, colonia Polanco, 11560
México, D.F.
Tels.: 5557-6159; fax: 5395-4269
E-mail:embpanmx@mail.internet.com.mx

PAQUISTÁN
Amir Mohammad Khan
Hegel 512, colonia Polanco, 11570
México, D.F.
Tels.: 5203-3636 / 1242; fax: 5203-9907

PARAGUAY
Emb. Efraín Enríquez Gamón
Homero 415, 1º piso, colonia Polanco,
11570 México, D.F.
Tels.: 5545-0405 / 0403; fax: 5531-9905

PERÚ
Emb. Pablo H. Portugal Rodríguez
Paseo de la Reforma 2601, colonia
Lomas de Reforma, 11020 México, D.F.
Tels.: 5570-2443, 5254-0239,
5259-2484; fax: 5259-0530
E-mail: embaperu@data.net.mx

POLONIA
Emb. Gabriel Beszlej
Cracovia 40, colonia San Angel, 01000
México, D.F.
Tels.: 5550-4700 / 4878; fax: 5616-0822
E-mail: dkfrybes@mail.cpesa.com.mx

PORTUGAL
Emb. Antonio Chambers de Antas de
Campos
Alejandro Dumas 311, colonia
Polanco, 11550 México, D.F.
Tel.: 5545-6213; fax: 5203-0790

REPÚBLICA CHECA
Emb. Libor Secka
Cuvier 22, colonia Nueva Anzures,
11590 México, D.F.
Tels.: 5531-2544 / 2777; fax: 5531-1837
E-mail: mexico@embassy.mzv.cz

REPÚBLICA DE COREA
Emb. Jin-Yup Chu
Lope de Armendáriz 110, colonia
Lomas Virreyes, 11000 México, D.F.
Tels.: 5202-9866 / 7160;
fax: 5540-7446
E-mail: emcormex@inet.net.mx

REPÚBLICA DOMINICANA
Emb. Pablo A. Mariñez Álvarez
Galileo 101, colonia Polanco, 11560
México, D.F.
Tels / Fax: 5280-4689 / 4713 / 5374
E-mail: embadomi@data.net.mx
Página web:
http://www.embajadadominicana.com.
mx

REPÚBLICA ESLOVACA
Emb. Miroslav Jenca
Julio Verne 35, colonia Polanco,
11560 México, D.F.
Tels.: 5280-6544 / 6669; fax: 5280-6294
E-mail: embslob@mpsnet.com.mx

REPÚBLICA DEMOCRÁTICA POPULAR DE COREA
E.N. Kim Son Uk
Eugenio Sue 332,
colonia Polanco, 11560 México, D.F.
Tels / Fax: 5545-1871, 5203-0019

REPÚBLICA SAHARAUI
Emb. E.N. Bachari Saleh Ahmed
Herschel 48, colonia Anzures,
Tels / Fax: 5545-9425 /
5254-7285
11590 México, D.F.
E-mail: saharaui@dfl.telmex.net.mx

RUMANIA
Emb. George Lulian Stancov
Sófocles 311, colonia Polanco,
11560 México, D.F.;
Tels.: 5280-0197 / 0447
fax: 5280-0343
E-mail:
ambromaniel@supernet.com.mx

SANTA SEDE
Emb. Leonardo Sandri
Juan Pablo II 118,
colonia Guadalupe Inn,
01020 México, D.F;

Tels.: 5663-4115 / 61 / 3999
fax: 5663-5308

SUDÁFRICA
Emb. Pieter A. Swanepoel
Andrés Bello 10, Edificio Forum,
9° piso,
colonia Polanco, 11560
México, D.F.
Tels.: 5282-9260 al 65; fax: 5282-9259
E-mail: safrica@dfl.telmex.net.mx

SUECIA
Emb. Karin Ehmbom-Palmquist
Paseo de Las Palmas 1375, colonia
Lomas de Chapultepec, 11000
México, D.F.
Tels.: 5540-6393 al 97;
fax: 5540-3253
E-mail:
embsuecia@internet.com.mx

SUIZA
Emb. Marcus Kaiser
Paseo de las Palmas 405, 11° piso,
colonia Lomas de Chapultepec, 11000
México, D.F.
Tel.: 5520-3003; fax: 5520-8685
E-mail: vertreunh@mex.rep.admin.ch

TAILANDIA
Emb. Abinant Na Ranong
Sierra Vertientes 1030,
colonia Lomas de Chapultepec,
11000 México, D.F.
Tels.: 5596-1290 / 8446;
fax: 5596-8446 / 8236
E-mail:
thaimex@infosel.net.mx

TURQUÍA
Emb. Ergüin Pelit
Schiller 326, 5° piso, colonia
Chapultepec Morales, 11570
México, D.F.
Tels.: 5203-8984, 5254-0262;
fax: 5203-8622
E-mail:
turkem@mail.internet.com.mx

URUGUAY
Emb. Carlos Gianelli Derois
Hegel 149, 1° piso, colonia
Chapultepec Morales, 11560
México, D.F.
Tels.: 5531-0880 / 70, 5254-1163,
5254-1163;
fax: 5545-3342
E-mail: uruazt@ort.org.mx

VENEZUELA
Emb. E.N. Raúl Itriago Toro
Schiller 326, colonia Chapultepec
Morales, 11570 México, D.F.
Tels.: 5203-4233 / 4435 / 4587 /
2573 / 3412;
fax: 5203-8614
E-mail:
embvenco@dfl.telmex.net.mx

VIETNAM
Emb. Trinh Huy Quang
Sierra Ventana 255,
colonia Lomas de Chapultepec,
11000 México, D.F.
Tels.: 5540-1632 / 7587;
fax: 5520-8689 / 1612

YUGOSLAVIA
Emb. Dusan Vasic
Av. Montañas Rocallosas Ote. 515,
colonia Lomas de Chapultepec,
11000 México, D.F.
Tels.: 5520-0524 / 2523;
fax: 5520-9927
E-mail:
ambayumex@spin.com.mx

ORGANISMOS INTERNACIONALES EN MÉXICO

ALTO COMISIONADO DE LAS NACIONES UNIDAS PARA LOS REFUGIADOS (ACNUR)
Encargado:
Roberto Rodríguez Casasbuenas
Séneca 129, colonia Polanco, 11540
México, D.F.
Tels.: 5280-1383 / 2072;
fax: 5280-2133

BANCO INTERAMERICANO DE DESARROLLO (BID)
Encargado: Jairo Sánchez Méndez
Horacio 1855, 6° piso, colonia
Polanco, 11510 México, D.F.
Tels.: 5580-4739 / 2122 / 6247;
fax: 5580-6083
E-mail: cof/cme@iadb.org
Página web: http://www.iadb.org

BANCO MUNDIAL (BM)
Encargado: Oliver Lafourcade
Insurgentes Sur 1605, 24° piso,
Torre Mural, colonia San José
Insurgentes, 03900 México, D.F.
Tels.: 5480-4200;
fax: 5480-2222 / 4271 / 4282

CENTRO DE COOPERACIÓN REGIONAL PARA LA EDUCACIÓN DE ADULTOS EN AMÉRICA Y EL CARIBE (CREFAL)
Encargado:
Juan Franciso Millán Soberanes
Quinta Eréndira s/n,
61600 Pátzcuaro, Mich.
Tels.: (434) 214-75, 227-30;
fax: 200-92
Shakespeare 133;
colonia Anzures; 11590
México, D.F.
Tels.: 5250-4019, 5545-3640 /
8541 / 5922;
fax: 5255-4177

CENTRO DE ESTUDIOS MONETARIOS LATINOAMERICANO (CEMLA)
Encargado:
Sergio Ghigliazza García
Durango 54, colonia Roma, 06700
México, D.F.
Tels.: 5533-0300 al 09, 5511-4020;
fax: 5514-6554, 5207-70-24 / 2847,
5514-6554

CENTRO DE INFORMACIÓN DE LAS NACIONES UNIDAS MÉXICO, CUBA Y REPÚBLICA DOMINICANA (CINU)
Encargado:
Juan Miguel Díez
Presidente Masaryk 29, 6° piso,
colonia Chapultepec Morales,
Tels.: 5250-1364 / 1555 ext. 196 a 198;
fax: 5203-8638
E-mail: infounic@un.org.mx
Página web:
http://www.cinu.org.mx
http://serpiente.dgsca.UNAM.mx/cinu

CENTRO INTERNACIONAL DE MEJORAMIENTO DE MAÍZ Y TRIGO (CIMMYT)
Encargado:
Timothy G. Reeves
El Batán Municipio de Texcoco,
carretera México-Veracruz km. 45,
56130 Texcoco, Estado de México.
Tel.: 5804-2004; fax: 5804-7558
E-mail: cimmyt@cgiar.org
Página web:
http://www.cimmyt.mx

COMISIÓN ECONÓMICA PARA AMÉRICA LATINA Y EL CARIBE (CEPAL)
Encargado:
Rómulo Caballeros
Presidente Masaryk 29,
13° piso,
colonia Chapultepec Morales, 11570
México, D.F.
Tels.: 5250-1256 / 1555 exts. 123
y 124;
fax: 5531-1151
E-mail: cepal@un.org.mx
Página web:
http://www.un.org.mex/cepal

COMISIÓN MÉXICO-ESTADOS UNIDOS PARA EL INTERCAMBIO EDUCATIVO Y CULTURAL (COMEXUS)
Encargado:
Eduardo Andere Martínez
Londres 16 Planta Baja,
colonia Juárez, 06600
México, D.F.
Tel.: 5592-2861;
fax: 5208-8943

CONFERENCIA INTERAMERICANA DE SEGURIDAD SOCIAL (CISS)
Encargado:
Mario Luis Fuentes Alcalá
San Ramón s/n.
colonia San Jerónimo Lídice, Unidad Independencia, 10100
México, D.F.
Tels.: 5595-0177 / 0011 ext. 1180 / 99;
fax: 5683-8524

CORPORACIÓN FINANCIERA INTERNACIONAL (CFI)
Encargado:
Manuel Núñez
Montes Urales Sur 706-202,
colonia Lomas de Chapultepec,
11000 México, D.F.
Tel.: 5520-6191;
fax: 5520-5659

FACULTAD LATINOAMERICANA DE CIENCIAS SOCIALES (FLACSO)
Encargado:
Germán Pérez Fernández del Castillo
Carretera al Ajusco 377, Km 1.5,
colonia Héroes de Padierna, 14200
México, D.F.
Tels.: 5631-7016 / 7246 / 7891;
fax: 5631-6609

FONDO DE DESARROLLO DE LAS NACIONES UNIDAS PARA LA MUJER (UNIFEM)
Encargada:
Guadalupe Espinosa
Presidente Masaryk 29, 10 piso,
colonia Chapultepec Morales, 11570
México, D.F.
Tel.: 5250-1555 exts. 162 y 165;
fax: 5203-1894

FONDO DE LAS NACIONES UNIDAS PARA LA INFANCIA (UNICEF)
Encargado:
José Carlos Cuentas-Zavala
Paseo de la Reforma 645, colonia
Lomas de Chapultepec, 11000
México, D.F.
Tels.: 5202-3233 / 1965;
fax: 5520-0527

FONDO DE POBLACIÓN DE LAS NACIONES UNIDAS (FNUAP)
Encargado:
Rainer F. Rosenbaum
Presidente Masaryk 29, 7º piso,
colonia Chapultepec Morales,
11570 México, D.F.
Tels.: 5203-1874, 5545-2737;
fax: 5254-7235

FONDO MONETARIO INTERNACIONAL (FMI)
Encargado:
Johannes F. Van Houten
Av. 5 de Mayo 20, 1º piso,
Centro Histórico, 06059
México, D.F.
Tel.: 5237-2456;
fax: 5237-2555

GRUPO DE PAÍSES LATINOAMERICANOS Y DEL CARIBE EXPORTADORES DE AZÚCAR (GEPLACEA)
Encargado:
Luis Eduardo Zedillo Ponce de León
Paseo de la Reforma 1030,
colonia Lomas de Chapultepec,
11000 México, D.F.
Tels.: 5520-9683 / 9711 / 12 / 18;
fax 5520-5089 / 9677

INSTITUTO INDIGENISTA INTERAMERICANO (III)
Encargado:
José Manuel del Val Blanco
Av. De las Fuentes 106, colonia
Jardines del Pedregal, 01900
México, D.F.
Tels.: 5595-8410 / 4324,
5668-1953 / 54;
fax: 5668-2213
E-mail: ininin@data.net.mex

INSTITUTO INTERAMERICANO DE COOPERACIÓN PARA LA AGRICULTURA (IICA)
Encargado:
Juan José Salazar Cruz
Av. Insurgentes Sur 1106, 5º piso,
colonia Del Valle, 03100
México, D.F.
Tels.: 5559-8519 / 8963 / 8477
/ 8716;
fax: 5559-8887

INSTITUTO LATINOAMERICANO DE LA COMUNICACIÓN EDUCATIVA (ILCE)
Encargado:
Guillermo Keley Salinas
Calle del Puente 45, colonia
Ejidos de Huipulco, 14380
México, D.F.
Tels.: 5594-4061 / 9266, 5 671-7404;
fax: 5594-9683

INSTITUTO PANAMERICANO DE GEOGRAFÍA E HISTORIA (IPGH)
Encargado:
Carlos Carvallo Yañez
Ex-Arzobispado 29, colonia
Observatorio, 11860
México, D.F.
Tels.: 5515-1910, 5277-5791 / 5888;
fax: 5271-6172
E-mail: ipgh@laneta.apc.org
Página web:
http://www.spin.com.mx/-ipghj/

ORGANISMO INTERNACIONAL REGIONAL DE SANIDAD AGROPECUARIA (OIRSA)
Encargado:
Tuxpan 45-penthouse, colonia Roma
Sur, 06760 México, D.F.
Tels.: 5264-7461, 5584-7291;
fax: 5564-6905
E-mail:
ointerna@infosel.net.mx
Página web:
http://www.oirsa.org.sv

ORGANISMO PARA LA PROSCRIPCIÓN DE LAS ARMAS NUCLEARES EN AMÉRICA LATINA Y EL CARIBE (OPANAL)
Encargado:
Enrique Román Morey
Sierra Tarahumara 715-A, colonia
Lomas de Chapultepec, 11000
México, D.F.
Tels.: 5251-9607 / 09 / 11; fax: 5251-0049
E-mail: opanaler@data.net.mx
info@opanal.org.
Página web: http://www.opanal.org.

ORGANIZACIÓN DE AVIACIÓN CIVIL INTERNACIONAL (OACI)
Encargado:
Raymond Ibarra Villa
Presidente Mazaryk 29, 3º piso,
colonia Chapultepec Morales, 11570
México, D.F.
Tels.: 5250-3211; fax: 5203-2757
E-mail: icao_nacc@un.org.mx

ORGANIZACIÓN DE ESTADOS AMERICANOS (OEA)
Encargada:
Edith Márquez Rodríguez
Shakespeare 133, colonia Anzures,
11590 México, D.F.
Tels.: 5545-3640, 5250-4019;
fax: 5255-4177

ORGANIZACIÓN DE ESTADOS IBEROAMERICANOS (OEI)
Encargada:
Patricia Pernas Guarneros
Amatlán 108, int. 4, colonia Condesa,
06140 México, D.F.
Tels.: 5211-8278, 5553-4953

ORGANIZACIÓN DE LAS NACIONES UNIDAS PARA EL DESARROLLO INDUSTRIAL (ONUDI)
Encargado:
Dino Cannas
Presidente Masaryk 29, 10º piso,
colonia Chapultepec Morales, 11570
México, D.F.
Tels.: 5531-2177, 5250-4152;
fax: 5250-4152

ORGANIZACIÓN DE LAS NACIONES UNIDAS PARA LA AGRICULTURA Y LA ALIMENTACIÓN (FAO)
Encargado:
Augusto Simoes López Neto
Cerro de Mayka 115, colonia Lomas
de Chapultepec, 11000 México, D.F.
Tels.: 5540-6747, 5202-5436;
fax: 5520-5755

ORGANIZACIÓN DE LAS NACIONES UNIDAS PARA LA EDUCACIÓN, LA CIENCIA Y LA CULTURA (UNESCO)
Encargado:
Jorge Nieto Montesinos
Av. Presidente Masaryk 526, 3º piso,
colonia Polanco, 11560
México, D.F.
Tel.: 5230-7600;
fax: 5230-7602

ORGANIZACIÓN DE PARTIDOS POLÍTICOS DE AMÉRICA LATINA (OPPAL)
Encargado:
Enrique Román Morey
Temístocles 78, colonia Polanco,
11560 México, D.F.
Tels.: 5-280-4923 / 5189 / 5064;
fax: 5-280-2965

ORGANIZACIÓN INTERNACIONAL DEL TRABAJO (OIT)
Encargado:
Jean Maninat
Darwin 31, colonia Anzures, 11590
México D.F.
Tel.: 5250-3224; fax: 5250-8892

ORGANIZACIÓN PANAMERICANA DE LA SALUD, ORGANIZACIÓN MUNDIAL DE LA SALUD (OPS/OMS)
Encargado:
Henri Eugène Jouval
Paseo de las Palmas 530, colonia
Lomas de Chapultepec, 11000
México, D.F.
Tels.: 5202-8200; fax: 5520-8868

ORGANIZACIÓN PARA LA COOPERACIÓN Y DESARROLLO ECONÓMICO (OCDE)
Encargada:
Gabriela Ramos
San Fernando 37, Edificio Infotec,
colonia Toriello Guerra, 14050
México, D.F.
Tel.: 5528-1038; fax: 5606-1307
E-mail: mexico.contac@oecd.org

PROGRAMA DE LAS NACIONES UNIDAS PARA EL DESARROLLO (PNUD)
Encargado:
Bruno Guandalini
Av. Presidente Masaryk 29, 8º piso,
colonia Chapultepec Morales, 11570
México, D.F.
Tels.: 5250-1243 / 1555; fax: 5255-0095

PROGRAMA DE LAS NACIONES UNIDAS PARA EL MEDIO AMBIENTE (PNUMA)
Encargado:
Ricardo Sánchez Sosa
Boulevard de Los Virreyes 155,
colonia Lomas Virreyes, 11000
México, D.F.
Tels.: 5202-4841 / 4955 / 7493 / 7529 /
5165 / 5180; fax: 5202-0950 / 7768

PROGRAMA DE LAS NACIONES UNIDAS PARA LA FISCALIZACIÓN INTERNACIONAL DE DROGAS (PNUFID)
Encargado:
José Villa del Castillo
Presidente Masaryk 29, 9º piso,
colonia Chapultepec Morales, 53950
México, D.F.
Tels.: 5255-3476, 5531-4770;
fax: 5545-2970

CONSULADOS GENERALES DE MÉXICO EN ESTADOS UNIDOS Y CANADÁ

PROTECCIÓN CONSULAR

Los consulados generales de México en Estados Unidos y Canadá, así como todas las representaciones consulares de México en el extranjero, cuentan con un Departamento de Protección, cuya finalidad es velar por el respeto a los derechos de los mexicanos en el extranjero.

Su labor consiste principalmente en atender lo concerniente a los aspectos: derechos humanos, penal, laboral, familiar, civil y administrativo. La ayuda que estas representaciones consulares brindan son: asesoría, orientación y apoyo en la solución de problemas.

CONSULADOS GENERALES DE MÉXICO EN ESTADOS UNIDOS

ALBUQUERQUE
Cónsul titular:
Jaime Paz y Puente Gutiérrez
400 Gold Ave. Sw. Suite 100, 87102
Albuquerque, NM
Tels.: (505) 247-2147 / 2139;
fax: (505) 842-9490
E-mail:
consulmexalb@twrol.com

ATLANTA
Cónsul general:
Teodoro Maus Reisbaum
2600 Apple Valley Rd., 30319
Atlanta, GA
Tel.: (404) 266-2233;
fax: (404) 266-2302 / 09
E-mail: tsuam@aol.com

AUSTIN
Cónsul general:
Rogelio Gasca Neri
200 East 6th. St., Suite 200,
78701 Austin, TX
Tel.: (512) 478-2866;
fax: (512) 478-8008
E-mail:
consulmx@onr.com

BROWNSVILLE
Cónsul titular:
Berenice Rendón Talavera
724 E. Elizabeth St., 78520
Brownsville, TX. P.O. Box 1711
Tels.: (956) 542-4431 / 2051;
fax: (956) 542-7267
E-mail: conmexbro@aol.com

BOSTON
Cónsul titular:
Carlos Rico Ferrat
20 Park Plaza,
5th Floor Suite 506, 02116
Boston, MA
Tel.: (617) 426-4181;
fax: (617) 695-1957
E-mail: cmexico@star.net

CALEXICO
Cónsul titular: Rita Vargas Torregrosa
331 West Second St., 92231 Calexico,
CA. P.O. Box 2478
Tels.: (760) 357-3863 / 4132;
fax: (760) 357-6284
E-mail: consulmexcal@earthlink.net

CHICAGO
Cónsul Alterno:
Juan Manuel Calderón Jaimes
300 North Michigan Ave., 2nd, 4th
Floor, 60601 Chicago, IL.
Tel.: (312) 855-1380;
fax: (312) 855-9257 / 0315 / 9955
E-mail: chomex@worldnet.att.net

CORPUS CHRISTI
Cónsul titular:
María Eugenia López Gutiérrez
800 North Shoreline Blvd.,
Suite 410 North Tower, 78401
Corpus Christi, TX
Tel.: (361) 882-3375;
fax: (361) 882-9324
E-mail: consulat@davlin.net

DALLAS
Cónsul general:
Luis Ortíz Monasterio Castellanos
8855 N. Stemmons Freeway, 75247
Dallas, TX
Tel.: (214) 630-7341;
fax: (214)630-3511
E-mail: consuldall@aol.com / consulmex@airmail.net

DEL RIO
Cónsul Encargado:
José Antonio Fernández y Álvarez
2398 South Park Plaza Bldg.,
Spur 239, 78840.
P.O. Box 1275 Del Rio, TX
Tels.: (830) 775-2352,
774-5031, 703-8821;
fax: (830) 774-6497
E-mail: consul@delrio.com

DENVER
Cónsul general:
Carlos Barros Horcasitas
48 Steele St., 80206 Denver, CO
Tels.: (303) 331-1110 / 1112;
fax: (303) 331-1872
E-mail:
mexico@terapath.com

DETROIT
Cónsul titular:
Salvador Monroy y Gutiérrez
The Penobscot Building 645, Griswold
Ave. 43th Floor, Suite 4372, 48226
Detroit, MI
Tels.: (313) 964-4515 / 4534 / 4628;
fax: (313) 964-4522
E-mail: cmexico653@aol.com

DOUGLAS
Cónsul titular:
Miguel Escobar Valdés
1201 "F" Ave., 85607
Douglas, AZ
Tels.: (520) 364-3107 / 3142;
fax: (520) 364-1379
E-mail: conmex@c2i2.com

EL PASO
Cónsul general:
Armando Ortiz Rocha
910 East San Antonio Ave.,
79901 El Paso, TX
Tel.: (915) 533-8555;
fax: (915) 532-7163
E-mail:
pressepa@swbell.net

EAGLE PASS
Cónsul titular:
Jorge Ernesto Espejel Montes
140 Adams St. 78852. P.O. Box 4230,
Eagle Pass, TX
Tels.: (830) 773-9255 / 56;
fax: (830) 773-9397
E-mail:
consulmx@admin.hilconet.com

FILADELFIA
Cónsul titular:
Juan Manuel Lombera López Collada
111 South Independence Mall East
Suite 310,
The Bourse Building,
19106 Filadelfia, PA
Tels.: (215) 922-3834 / 4262;
fax: (215) 923-7281

FRESNO
Cónsul titular:
Enrique Antonio Romero Cuevas
830 Van Ness Ave., 93721
Fresno, CA
Tels.: (559) 233-9770 / 3065;
fax: (559) 233-5830 / 6156
E-mail: consufresn@aol.com

HOUSTON
Cónsul general:
Rodulfo Figueroa Aramoni
10103 Fondren Rd. Suite 555, 77096
Houston, TX
Tel.: (713) 271-6800;
fax: (713) 771-3201, 772-1229
E-mail: cgdemex@pointecom.net

LAREDO
Cónsul titular:
Daniel Hernández Joseph
1612 Farragut St., 78040 P.O.
Box 659 Laredo, TX
Tels.: (956) 723-6369 / 0990
/ 6360;
fax: (956) 723-1741
E-mail: conslar@imtonline.com

LOS ANGELES
Cónsul general:
José Luis Bernal Rodríguez
2401 West 6th St., 90057
Los Angeles, CA
Tels.: (213) 351-6800 al 07;
fax: (213) 389-9249
E-mail:
lanmex01@worldnet.att.net

MC ALLEN
Cónsul titular:
Eréndira Araceli Paz Campos
600 South Broadway St., 78501
McAllen, TX
Tels.: (956) 686-0243, 868-0244,
685-0554, 630-1777;
fax: (956) 686-4901
E-mail: consumex@aol.com

MIAMI
Cónsul general:
Oscar Elizundia Treviño
1200 N.W. 78 Ave., Suite 200, 33126
Miami, FL
Tel.: (305) 716-4977;
fax: (305) 593-2758
E-mail: conmexmia@worldnet.att.net

MIDLAND
Cónsul titular:
Lucinda Garza Cárdenas
511 W.Ohio, Suite 121, 79701,
Midland, Tx.
Tels.: (915) 687-2334 / 2335;
fax: (915) 687-3952
E-mail: conmidlan@texasonline.net

NUEVA ORLEANS
Cónsul general:
Carlos Alejandro de la Canal Knapp
World Trade Center Building, 2 Canal
St. Suite 2240, 70130
Nueva Orleans, LA
Tels.: (504) 522-3596 / 97 / 3601 /
08 / 97 / 98; fax: (504) 525-2332
E-mail: acknola@bellsouth.net

NUEVA YORK
Cónsul general:
Jorge Pinto Mazal
27 East 39th St., 10016
Nueva York, NY
Tel.: (212) 217-6400;
fax: (212) 217-6493
E-mail: conmxny@quicklink.com

NOGALES
Cónsul titular:
Roberto Rodríguez Hernández
571 N. Grand Ave., 85621 Nogales, AZ
Tels.: (520) 287-2521 / 3381 / 86;
fax: (520) 287-3175
E-mail: consumex@dakotacom.net

ORLANDO
Cónsul titular:
Martín Torres Gutiérrez Rubio
100 Washington St., 32801
Orlando, FL
Tel.: (407) 422-0514;
fax: (407) 422-9633
E-mail: conslmx@magicnet.net

OXNARD
Cónsul titular:
Luz Elena Inés Bueno Zirión
Transportation Center 210
East, 4th St., Room 206-A, 93030
Oxnard, CA
Tels.: (805) 483-4684 / 8066 / 3432;
fax: (805) 385-3527
E-mail: consulmexoxnard@cs.com

PHOENIX
Cónsul general:
Salvador Cassian Santos
1990 W. Camelback Rd Suite 110,
85015 Phoenix, AZ
Tels.: (602) 242-7398 / 8569,
249-2363, 433-2294;
fax: (602) 242-2957
E-mail: consulphoenix@msn.com
conmexpho@msn.com

PORTLAND
Cónsul titular:
Alma Patricia Soria Ayuso
1234 Southwest Morrison, 97205
Portland, ON
Tels.: (503) 274-1450 / 42;
fax: (503) 274-1540
E-mail: cmexpot@aracnet.com

SACRAMENTO
Cónsul general:
José Ignacio Campillo García
1010 8th St., 95814 Sacramento, CA
Tel.: (916) 441-3287;
fax: (916) 441-3176
E-mail: consulsac1@quicknet.com

SALT LAKE CITY
Cónsul titular: Anacelia Pérez Charles
230 West 400 South, 2nd Floor, 84101
Salt Lake City, UT
Tels.: (801) 521-8502 / 03; fax:
(801)521-0534
E-mail: conslc@burgoyne.com

SAN ANTONIO
Cónsul general:
Carlos Manuel Sada Solana
127 Navarro St., 78205 San Antonio, TX
Tels.: (210) 227-9145 / 46 / 56;
fax: (210) 227-1817 / 7518
E-mail: cgmexsat@texas.net

SAN BERNARDINO
Cónsul titular:
Juan José Salgado Saavedra
532 North "D" St., 92401 San
Bernardino, CA
Tels.: (909) 889-9836 / 37 / 08,
384-8115;
fax: (909) 889-8285
E-mail: conmex@gte.net

SAN DIEGO
Cónsul general:
Gabriela Patricia Torres Ramírez
1549 India St., 92101
San Diego, CA
Tel.: (619) 231-8414;
fax: (619) 231-4802 / 3561
E-mail: mexconsd@electriciti.com

SAN FRANCISCO
Cónsul general:
Carlos Tello Macías
870 Market St., Suite 528,
94102 San Francisco, CA
Tels.: (415) 782-9511, 392-6576,;
fax: (415) 392-3233
E-mail: consulgral@consulmexsf.com

SAN JOSÉ
Cónsul titular:
Sergio Ernesto Casanueva Reguart
540 North First St.,
90112 San José, CA
Tels.: (408) 294-3414;
fax: (408) 294-4506
E-mail: consulmx@accesscom.com

SAN LUIS
Cónsul titular:
Luis Arturo Puente Ortega
1015 Locust St., Suite 922, 63101
San Luis, MO
Tels.: (314) 436-3233 / 3065;
fax: (314) 436-2695
E-mail:
conmxslu@primary.net

SANTA ANA
Cónsul titular:
Miguel Ángel Isidro Rodríguez
828 North Broadway,
St., 92701-3424 Santa Ana, CA
Tels.: (714) 835-3069 / 2749;
fax: (714) 835-3472
E-mail: Staconsul@aol.com

SEATTLE
Cónsul titular:
Mariano Lemus Gas
2132 Third Ave., 98121 Seattle, WA
Tels.: (206) 448-3526 / 6819
/ 8435 / 8971; fax: (206) 448-4771
E-mail: comexico1@uswest.net

TUCSON
Cónsul titular:
Carlos A. Torres García
553 South Stone Ave., 85701
Tucson, AZ
Tels.: (520) 882-5595 / 96, 623-0146;
fax: (520) 882-8959
E-mail: cmextuc@azstarnet.com / con-
tucson@ser.gob.mx

WASHINGTON
Cónsul titular:
Juan Carlos Cue Vega
2827 16th St., N.W., 20009
Washington, DC
Tels.: (202) 736-1000 al 1002;
fax: (202) 797-8458
E-mail: consulwas@asl.com

CONSULADOS GENERALES DE MÉXICO EN CANADÁ

MONTREAL
Cónsul general:
Jaime García-Amaral
2000 Mansfield, Suite 1015,
Montreal, P.Q.,
H3A 2Z7 Canadá
Tel.: (514) 288-2502;
fax: (514) 288-8287
E-mail: comexmt@mmic.net

TORONTO
Cónsul encargado:
Enrique Palos Soto
199 Bay St., Suite 4440
Commerce Court West Toronto
Ontario M5l 1E9,
AP 266 Commerce Court Postal
Station, Canadá
Tels.: (416) 368 -2875 / 8184 / 1847 /
0310 / 2650 / 8490;
fax: (416) 368-8342
E-mail: consulad@interlog.com

VANCOUVER
Cónsul general:
Guadalupe Albert Llorente
710-1177 West Hastings St.,
Vancouver B.C., V6E 2K3 Canadá
Tels.: (604) 684-3547 / 1859;
fax: (604) 684-2485
E-mail: mexico@direct.ca

Fuentes consultadas

i. Base física

Geografía

Libros y documentos

Coll Hurtado, Atlántida, 2000, *México: una visión geográfica*, México, UNAM-Plaza y Valdés.
Earthbooks, 1990, *Earth Facts*, United States of America, Earthbooks.
Enciclopedia de México, 1986, *Todo México. Compendio enciclopédico 1985*, México, Enciclopedia de México.
Hammond, 1996, *New Century World Atlas*, United States of America, Hammond.
INEGI, 1998a, *Agenda estadística de los Estados Unidos Mexicanos 98*, México, INEGI.
—, 1998b, *Anuario estadístico de los Estados Unidos Mexicanos*, México, INEGI.
INEGI-Semarnap, 1999, *Estadísticas del medio ambiente 1997*, México, INEGI.
Porrúa, 1993, *Nuevo atlas Porrúa de la República mexicana*, México, Porrúa.
—, 1995, *Diccionario Porrúa: historia, biografía y geografía de México*, México, Porrúa.
Rand McNally World Atlas, 2000, United States of America, Rand McNally & Company.
The Economist, 1999, *Pocket World in Figures 1999*, London, The Economist.

Internet

Cenapred, en http://www.semarnap.gob.mx
Comisión Nacional del Agua, en http://www.cna.gob.mx
INEGI, en http://www.inegi.gob.mx
Servicio Meteorológico Nacional, en http://www.cna.gob.mx/SMN.html
UNESCO, en http://www.unesco.org/whc

Medio ambiente

Libros y documentos

Comisión Mundial del Medio Ambiente y del Desarrollo, 1988, *Nuestro futuro común*, Madrid, Alianza Editorial.
Comisión Nacional del Agua, 1999, *Compendio básico del agua en México*, México.
—, 1999, *Situación del subsector agua potable, alcantarillado y saneamiento a diciembre de 1998*, México.
Conabio, 1998, "Biodiversidad" en *La diversidad biológica de México: estudio de país*, México.
Instituto Nacional de Ecología, 1999, *Tercer informe sobre la calidad del aire en ciudades mexicanas*, México, datos preliminares.
INEGI, 1994, *Estadísticas ambientales*, México, INEGI.
—, 1997, *Estadísticas ambientales*, México, INEGI.
Meadows, D.H. *et al*, 1972, *The Limits to Growth*, New York, University Books.
Neyra, L. y L. Durand, 1998, "Biodiversidad" en *La diversidad biológica de México: estudio de País*, México, Conabio.
Ortiz, M., M. Anaya y J. Estrada, 1994, *Evaluación, cartografía y políticas preventivas de la degradación de la tierra*, México, Colegio de Postgraduados, Universidad Autónoma de Chapingo y Comisión Nacional de Zonas Áridas.
Sedesol, 1994, *Dirección General de Residuos Sólidos*, México, mimeo.
Semarnap, 1999, *Dirección General de Manejo Forestal*, México, Semarnap.
Zedillo, Ernesto, 1999, *v Informe de Gobierno*.

Internet

Instituto Nacional de Ecología, 2000, en http://www.ine.gob.mx

ii. Historia y sociedad

Historia

Libros y documentos

Cosío Villegas, Daniel, Ignacio Bernal y Luis González, 1974, *Historia mínima de México*, México, El Colegio de México.
INEGI, 1998, *Agenda estadística de los Estados Unidos Mexicanos 1998*, México, INEGI.
Meyer, Lorenzo y Héctor Aguilar Camín, 1990, *A la sombra de la Revolución Mexicana*, México, Cal y Arena.
Porrúa, 1995, *Diccionario Porrúa: historia, biografía y geografía de México*, México, Porrúa.

Internet y CD-ROM

Universidad de Guadalajara, 1999, en http://mexico.udg.mx/Historia/datos.html
Enciclopedia Microsoft® Encarta® 99, © 1993-1998 Microsoft Corporation.

Población

Libros y documentos

Conapo, 1998, *La situación demográfica de México 1998*, México, Conapo.
—, 1999, *La situación demográfica de México 1999*, México, Conapo.
INEGI, 1988, *Agenda estadística de los Estados Unidos Mexicanos 98*, México, INEGI.
—, 1999a, *Estadísticas históricas de México*, México, INEGI.
—, 1999b, *Encuesta nacional de la dinámica demográfica 1997*, México, INEGI.
—, 2000, *xii Censo General de Población y Vivienda 2000. Resultados preliminares*, México, INEGI.
INEGI-Semarnap, 1999, *Estadísticas del medio ambiente 1997*, México, INEGI.
The Economist, 1999, *Pocket World in Figures 1999*, London, The Economist.
United Nations Population Fund, 1999, *The State of World Population 1999*, UNPF.

Revistas

Demos. Carta demográfica sobre México 1998, 1999, México.

Internet

Fretts, Ruth C. y Thomas T. Perls, en http://www.sciam.com/1998

Pueblos indígenas

Libros y documentos

INEGI, 1998, *Anuario estadístico de los Estados Unidos Mexicanos*, México, INEGI.
Olivera, 1982, *La población y las lenguas indígenas en México en 1970*, México, UNAM.
Scheffler, Lilian, 1982, *Grupos indígenas de México*, México, SDN.

Revista

Demos. Carta demográfica sobre México 1996, 1997, México.

Internet

Instituto Nacional Indigenista, 1999, en http://www.sedesol.gob.mx/ini.htm

Lenguas

Libros y documentos

Atlas lingüístico de México, 1988, México, SEP-INAH-Planeta.
Wright, John W. (ed.), 1997, *The New York Times 1998 Almanac*, New York, Penguin Books.

Internet y CD-ROM

Enciclopedia Microsoft® Encarta® 99, "Español de América" y "Lenguas aborígenes de Hispanoamérica", © 1993-1998 Microsoft Corporation.
Grimes F., Barbara, 1999, en *Ethnologue* http://www.sil.org/ethnologue
Linguasphere, en http://www.linguasphere.org

Religiones en México

Libros y documentos

Blancarte J., Roberto (coord.), 1995, *Religión, iglesias y democracia*, México, La Jornada Ediciones.
Blancarte J. Roberto y Rodolfo Casillas (comps.), 1999, *Perspectivas del fenómeno religioso*, México, Secretaría de Gobernación-Flacso.
INEGI, 1999, *Encuesta nacional de la dinámica demográfica 1997*, INEGI, México.
Porrúa, 1995, *Diccionario Porrúa: historia, biografía y geografía de México*, México, Porrúa.

Revistas y periódicos

Encuesta Mundial de Valores, 2000, en *Reforma*.

Internet

Church Forum, en http://www.churchforum.org
Conferencia del Episcopado Mexicano, en http://www.iglesia.org.mx
Secretaría de Gobernación, 2000, en http://www.gobernacion.gob.mx
"Santos de México", en http://www.sanctus.com

Educación

Libros y documentos

Conacyt, 1999, *Indicadores de actividades científicas y tecnológicas*, México, Conacyt.
INEGI, 1998a, *Anuario estadístico de los Estados Unidos Mexicanos 1997*, México, INEGI.
—, 1998b, *Agenda estadística de los Estados Unidos Mexicanos 1998*, México, INEGI.
—, 1999, *Mujeres y hombres en México*, México, INEGI.
—, 2000, *Estadísticas educativas de hombres y mujeres 2000*, México, INEGI.
Mullis, Ina V.S., *et al.*, 1997, *Mathematics Achievement in the Primary School Years: IEA's Third International Mathematics and Science Study*, Boston, Center for the Study of Testing, Evaluation, and Educational Policy.
Secretaría de Educación Pública, 1999a, *Perfil de la educación en México*, México, SEP.
—, 1999b, *Informe de labores 1998-1999*, México, SEP.
Zedillo, Ernesto, 1999, *v Informe de Gobierno*.

Revistas y periódicos

El Universal, 2000a, "Acapara UNAM recursos: ANUIES", 14 de febrero.
Latapí Sarre, Pablo, 2000, "La política del avestruz" en *Proceso*, 21 de mayo.

Internet

Asociación Nacional de Universidades e Instituciones de Educación Superior, en http://www.anuies.mx
INEGI, en http://www.inegi.gob.mx
Observatorio Ciudadano de Educación, 2000, en http://www.observatorio.org
Secretaría de Educación Pública, en http://www.sep.gob.mx

Salud

Libros y documentos

Conapo, 1999, *La situación demográfica de México 1999*, México, Conapo.
INEGI, 1988a, *Agenda estadística de los Estados Unidos Mexicanos 98*, México, INEGI.

—, 1998b, *Anuario estadístico de los Estados Unidos Mexicanos*, México, INEGI.
—, 1999a, *Encuesta nacional de la dinámica demográfica 1997*, México, INEGI.
—, 1999b, *Estadísticas históricas de México*, México, INEGI.
The Economist, 2000, *Pocket World in Figures 2000*, London, The Economist.
Zedillo, Ernesto, 1999, *v Informe de Gobierno*.

Revistas y periódicos

Dirección General de Estadística e Informática de la Secretaría de Salud, 1999, "Principales resultados de la estadística sobre mortalidad por accidentes en México, 1997" en *Salud pública de México*, enero-febrero.

Internet

INEGI, en http://www.inegi.gob.mx
Registro Hispatológico de Neoplasias México, 1999, en http://www.internet.uson.mx/webpers/platt/cancer.htm
Secretaría de Salud y Asistencia, en http://www.ssa.gob.mx

sida

Libros y documentos

Bronfman, Mario, 1995, "Hábitos sexuales de los migrantes mexicanos" en *sida en México, migración, adolescencia y género*, México, Ipesa-Conasida.
Bronfman, Mario, y Gisela Sejenovich y Patricia Uribe, 1998, *Migración y sida en México y América Central*, México, Ángulos del SIDA.
Conapo, 1998, *La situación demográfica de México 1998*, México, Conapo.
Zedillo, Ernesto, 1999, *v informe de Gobierno*.

Revistas y periódicos

Serrano Carreto, Enrique, 1997, "La evolución del SIDA" en *Demos. Carta demográfica 1996*, México.

Internet y CD-ROM

Amigos Contra el SIDA, en http://www.aidssida.org
Conasida, 1999, en http://www.ssa.gob.mx/conasida
Enciclopedia Microsoft® Encarta® 99, "Síndrome de Inmunodeficiencia Adquirida", © 1993-1998 Microsoft Corporation.
INEGI, en http://www.inegi.gob.mx
Secretaría de Salud y Asistencia, en http://www.ssa.gob.mx
UNAIDS, 2000, "Report on the Global HIV/AIDS Epidemic" en http://www.unaids.org

Mujeres

Libros y documentos

Asociación Mexicana Contra la Violencia hacia las Mujeres, 1998, "Casos atendidos por maltrato doméstico en 1998", México, Covac.
—, 1998, "Violencia contra las mujeres" en *Universidad de México*, Número extraordinario II.
Asociación Nacional de Universidades e instituciones de Educación Superior, 1998, *Anuario estadístico de la ANUIES, 1990-1997*, México, ANUIES.
Comisión Nacional de la Mujer, 1999, *Las mujeres en la toma de decisiones: su participación en la administración pública federal*, México, Conmujer.
Fernández Poncela, Ana María, 1995, "Participación social y política de las mujeres" en *Las mujeres en México al final del milenio*, México, El Colegio de México.
García, Brígida y Orlandina de Oliveira, 1994, *Trabajo femenino y vida familiar en México*, México, El Colegio de México.
Gobierno del Distrito Federal, 1999, *Prontuario estadístico de la mujer en el Distrito Federal*, México, GDF.
INEGI, 1999a, *Estadísticas históricas de México*,

México, INEGI.

—, 1999b, *Mujeres y hombres en México*, México, INEGI.

—, 1999c, *Encuesta nacional de la dinámica demográfica 1997*, México, INEGI.

—, 2000, *XII Censo General de Población y Vivienda. Resultados preliminares*, México, INEGI.

Oliveira, Orlandina de, Marina Airza y Marcela Eternod, 1998, "Trabajo e inequidad de género" en *La condición femenina: una propuesta de indicadores. Informe Final*, México, Somede-Conapo.

Programa Nacional de la Mujer, 1998, "Informe de avances de ejecución", 8 de marzo.

—, 2000, "Informe de avances de ejecución", 8 de marzo.

Salinas Beristáin, Laura, 1995, *Los derechos humanos de la mujer en las leyes nacionales mexicanas*, México, Comité Nacional Coordinador para la IV Conferencia Mundial sobre la Mujer.

Secretaría de Gobernación, 1999, *Programa nacional contra la violencia intrafamiliar 1999-2000*, México.

REVISTAS Y PERIÓDICOS

Castillo Alba, Silvia y Claudia Díaz Olavarrieta, 1996, "El síndrome de la mujer maltratada" en *Revista Ecuatoriana de Neurología*, N° 5.

Díaz Olavarrieta, Claudia y Julio Sotelo, 1996, "Domestic Violence in Mexico" en *JAMA*, June.

Oliveira, Orlandina de y Marina Ariza, 2000, "Género, trabajo y exclusión social en México" en *Estudios Demográficos y Urbanos*, enero-abril.

INTERNET

Cámara de Diputados, en http://www.camaradediputados.gob.mx

INEGI, en http://www.inegi.gob.mx

Senado de la República, en http://www.senado.gob mx

Suprema Corte de Justicia, en http://www.scjn.gob.mx

PAREJA Y SEXUALIDAD

LIBROS Y DOCUMENTOS

Beltrán, Ulises, *et al.*, 1996, *Los mexicanos de los noventa*, México, Instituto de Investigaciones Sociales UNAM.

Conapo, 1998, *La situación demográfica de México 1998*, México, Conapo.

—, 1999, *La situación demográfica de México 1999*, México, Conapo.

Conasida, 1994, *Comportamiento sexual en la ciudad de México. Encuesta 1992-1993*, México, Conasida.

Durex, 1999, *Global Sex Survey 1998*, Durex.

Grupo de Información en Reproducción Elegida, 1998, *El ABC del aborto*, México, GIRE.

INEGI, 1999, *Hombres y mujeres de México*, México, INEGI.

Langer, Ana y Kathryn Tolbert (eds.), 1996, *Mujer: sexualidad y salud reproductiva en México*, México, The Population Council-Edamex.

REVISTAS Y PERIÓDICOS

Brito, Alejandro, 2000, "Costumbres sexuales y cambio de valores" en *La Jornada, Suplemento Letra S*, 2 de marzo.

Del Río-Chiriboga, Carlos y Patricia Uribe Zúñiga, 1993, "Prevención de enfermedades de transmisión sexual y SIDA mediante el uso del condón" en *Salud pública de México*, septiembre-octubre.

Hernández Girón, Carlos, *et al.*, 1999, "Características del comportamiento sexual en hombres de la ciudad de México" en *Salud pública de México*, marzo-abril.

Uribe Zúñiga, Patricia, *et al.*, 1995, "Prostitución y SIDA en la ciudad de México" en *Salud pública de México*, noviembre-diciembre.

Zozaya, Manuel, 1997, "La práctica bisexual en el medio rural" en *La Jornada, Suplemento Letra S*, 2 de octubre.

INTERNET

GIRE, 2000, en http://www.gire.org.mx

UNICEF, 1998, en http://www.unicef.org

World Sex Guide, 2000, en http://www.worldsexguide.org

III. SEGURIDAD E INSEGURIDAD

FUERZAS ARMADAS

LIBROS Y DOCUMENTOS

Benítez Manaut, Raúl, 1997, "La contención de los grupos armados, el narcotráfico y el crimen organizado en México: el rol de las fuerzas armadas", ponencia presentada en la conferencia *Organized Crime and Democratic Governability in Mexico and the United States*, Universidad de Georgetown 14 y 15 de julio.

—, 2000, "Las fuerzas armadas a fin de siglo", ponencia presentada en la reunión de *Latin American Scholars Association*, Miami, marzo.

Camp, Roderic, 1992, *Generals in the Palacio. The Military in Modern Mexico*, Nueva York, Oxford University Press.

Chant Christopher, 1990, *Sea Forces of the World*, Nueva York, Crescent Books.

Estado Mayor Presidencial, documento inédito sin título ni fecha.

Garfias Magaña, Luis, 1979, *El ejército mexicano*, México, SDN.

Isacson, Adam y Joy Olson, 1999, *Just the Facts. 1999 Edition*, Washington, Latin American Working Group.

International Institute for Strategic Studies, 1999, *The Military Balance*, London, IISS.

Secretaría de Hacienda y Crédito Público, 2000, *Presupuesto de Egresos de la Federación*, México.

Sierra, Jorge Luis, 2000, "El gasto militar mexicano", manuscrito inédito.

The World Navies, 1992, New York, Crescent Books.

Zedillo, Ernesto, 1999, V *Informe de Gobierno*.

REVISTAS Y PERIÓDICOS

América Vuela, números 25 (1995), 36 (1996) y 56 (1999).

Beltrán del Río, Pascal, 1999, "Los presidentes y el Estado Mayor Presidencial" en *Proceso*, 4 de julio.

INTERNET

Secretaría de la Defensa Nacional, en http://www.sedena.gob.mx

ENCUESTAS

Sorava (Estudios y Servicios, S.A. de C.V.), 1998, "Encuesta en D.F., Guadalajara y Monterrey sobre percepción de valores democráticos", 6, 7 y 8 de agosto.

Reforma, 1999, "Opinión en 25 entidades sobre el gabinete", 2 de diciembre.

SERVICIOS DE INTELIGENCIA

LIBROS Y DOCUMENTOS

Aguayo Quezada, Sergio, 1990, "Los usos, abusos y retos de la seguridad nacional mexicana, 1946-1990" en Sergio Aguayo Quezada y Bruce Michael Bagley (comps.), *En busca de la seguridad perdida. Aproximaciones a la seguridad nacional mexicana*, México, Siglo XXI.

—, 1997, "Servicios de inteligencia y transición a la democracia en México" en Sergio Aguayo Quezada y Bruce Michael Bagley (comps.), *Las seguridades de México y Estados Unidos en un momento de transición*, México, Siglo XXI.

—, 1998, *El panteón de los mitos: Estados Unidos y el nacionalismo mexicano 1946-1997*, México, El Colegio de México-Grijalbo.

Camp, Roderic Ai, 1992, *Biografías de políticos mexicanos 1935-1985*, México, Fondo de Cultura Económica.

—, 1992, *Generals in the Palacio. The Military in Modern Mexico*, Nueva York, Oxford University Press.

Secretaría de Hacienda y Crédito Público, 1989-2000, *Presupuestos de Egresos de la Federación*, México.

Se consultó el Archivo General de la Nación volúmenes varios del "Fondo Gobernación: Dirección General de Investigaciones Políticas y Sociales".

PRINCIPALES CORPORACIONES POLICIACAS

LIBROS Y DOCUMENTOS

Gobierno del Distrito Federal, 2000, *Decreto de presupuesto de egresos*, México, GDF.

Policía Federal Preventiva, 1999, *Programa de desarrollo*, México, PFP.

Secretaría de Seguridad Pública, 1998, *La Secretaría de Seguridad Pública*, México, SSP.

Sistema Nacional de Seguridad Pública, 1997, *Carpeta informativa del Sistema Nacional de Seguridad Pública*, México, Secretaría de Gobernación.

REVISTAS Y PERIÓDICOS

Reforma, 1999, 9 de julio, 19 de agosto y 19 de noviembre.

INTERNET

Gobierno de la Ciudad de México, en http://www.ddf.gob.mx

Procuraduría General de Justicia del D.F., en http://www.pgjdf.gob.mx

Procuraduría General de la República, 1999, en http://www.pgr.gob.mx

Secretaría de Gobernación, en http://www.gobernacion.gob.mx

CONFLICTO EN CHIAPAS Y LAS OTRAS GUERRILLAS

LIBROS Y DOCUMENTOS

Centro de Derechos Humanos "Fray Bartolomé de las Casas", 1998a, "Presentación ante la Comisión Interamericana de Derechos Humanos. Situación de Chiapas", México, 5 de octubre.

—, 1998b, "Informe especial elaborado para la Comisión Interamericana de Derechos Humanos", México, octubre.

Centro de Derechos Humanos "Miguel Agustín Pro Juárez", 1998, *Chiapas. La guerra en curso*, México, febrero.

Coordinación de Organismos no Gubernamentales por la Paz (Conpaz), *et al.*, 1996, *Militarización y violencia en Chiapas*, México.

Reygadas Robles y Rafael Gil, 1998, *Abriendo veredas. Iniciativas públicas y sociales de las redes de organizaciones civiles*, México, Convergencia de Organismos Civiles por la Democracia.

REVISTAS Y PERIÓDICOS

Aguayo, Sergio y Helena Hofbauer, 1999, "Chiapas: el laberinto de los derechos humanos" en *Este País*, julio.

Chávez, Elías, 1999, "El origen del EPR no está en la guerrilla de los 70" en *Proceso*, 3 de enero.

Cherem S., Silvia, 2000, "El legado de Samuel Ruiz. Los indígenas reaccionaron para sobrevivir" en *Reforma, Suplemento Enfoque*, 9 de enero.

Gachuzo, Germán, 2000, "Causa controversia nuevo grupo de PGR" en *Reforma*, 23 de abril.

Zebadúa, Emilio, 1998, "Elecciones en conflicto" en *La Jornada, Suplemento Masiosare*, 22 de marzo.

INTERNET

Comité Estatal Electoral de Chiapas, en http://www.cee-chiapas.org.mx

Congreso del Estado de Chiapas, en http://www.chiapas.gob.mx/congreso/index.htm

Fernández Christlieb, Paulina, 1997, en http://spin.com.mx/~floresu/FZLN/archivo/cronología.htm

Instituto Federal Electoral, 2000, en http://www.ife.org.mx

Servicio Internacional para la Paz, en http://www.sipaz.org

NARCÓTICOS

LIBROS Y DOCUMENTOS

Centros de Integración Juvenil, 1999, *El consumo de drogas ilícitas en México. Población general, estudiantes, menores trabajadores, pacientes usuarios de drogas*, México, CIJ.

Gobierno del Distrito Federal, 1999, *Síntesis de algunas acciones de gobierno*, GDF.

Procuraduría General de la República, 1999, *Sistema estadístico uniforme para el control de drogas. Esfuerzo de México*. México, PGR.

Procuraduría General de la República, 2000, *Informe de labores del Programa Nacional para el Control de las Drogas*, PGR.

Secretaría de Salud. Consejo Nacional Contra las Adicciones, 1999, *El consumo de drogas en México: diagnóstico, tendencias y acciones*, México.

REVISTAS Y PERIÓDICOS

Campuzano, Margarita, 2000, "La adicción americana" en *Letras Libres*, marzo.

Monge, Raúl y Ricardo Ravelo, 1999, "Los cárteles se recomponen" en *Proceso*, 15 de agosto.

INTERNET

Procuraduría General de la República, en http://www.pgr.gob.mx

Sánchez Huesca Ricardo y otros, 1998, en http://www.cij.gob.mx

U.S. Department of State, 2000, en http://www.state.gov/www/global/narcotics_law

CRIMINALIDAD

LIBROS Y DOCUMENTOS

Alvarado, Arturo, 2000, "La cuestión de la seguridad pública", en Gustavo Garza (comp.), *Atlas de la Ciudad de México*, México, El Colegio de México-Gobierno del Distrito Federal.

Fundación Arturo Rosenblueth, 2000, *Inseguridad y violencia*, México, Fundación Arturo Rosenblueth.

Gobierno del Distrito Federal, 1999, *Síntesis de algunas acciones de gobierno*, México, GDF.

Policía Federal Preventiva, 1999, *Programa de Desarrollo*, México, PFP.

—, 2000, *Informe del Grupo de Coordinación en Carreteras*, México, PFP.

REVISTAS Y PERIÓDICOS

El Universal, 1999, 17 de septiembre, 22 de noviembre y 7 de diciembre.

—, 2000, 12, 13 y 26 de enero y 25 de febrero.

Reforma, 1998, 24 de mayo.

—, 1999, 17 de agosto y 17 y 30 de noviembre.

INTERNET Y CD-ROM

Procuraduría General de Justicia del D.F., en http://www.pgjdf.gob.mx

Procuraduría General de la República, en http://www.pgr.gob.mx

Secretaría de Salud, 2000, *La violencia: un problema de salud pública*, México, Secretaría de Salud, Asesores en Sistemas Integrales de Salud S.A. de C.V. y Centro de Estudios para la Prevención de la Violencia, (CD-ROM).

TRÁFICO DE ARMAS

LIBROS Y DOCUMENTOS

Embajada de Estados Unidos, 2000, *Tráfico de armas portátiles y armamento ligero*, México.

Lumpe, Lora, 1997, "The US Arms Both Sides of Mexico's Drug War" en *Covert Action Quartely*, summer.

Procuraduría General de la República, 1998, *Sistema estadístico uniforme para el control de drogas*, México, PGR.

Zedillo, Ernesto, 1999, V *Informe de Gobierno*.

REVISTAS Y PERIÓDICOS

El Financiero, 1996, 28 de julio.

El Universal, 1999, 26 de julio.

Martínez, Oscar, 2000, "Un arsenal latente" en *Reforma, Suplemento Enfoque*, 11 de junio.

Reforma, 1997, 13 de agosto.

—, 1999, 10 de junio, 13 de septiembre y 27 de diciembre.

INTERNET

NGO Committee on Disarmament, en http://www.igc.apc.org/disarm/index.html

Secretaría de la Defensa Nacional, en http://www.sedena.gob.mx

IV. ECONOMÍA, INFRAESTRUCTURA Y COMUNICACIONES

ECONOMÍA

LIBROS Y DOCUMENTOS
Banco de México, 2000, *Informe anual 1999*, México, Banco de México.
Boltvinik, Julio, 1999, *Pobreza y distribución del ingreso en México*, México, El Colegio de México.
Conapo, 1999, *La situación demográfica de México 1999*, México, Conapo.
Cortés, Fernando, 1999, *Procesos sociales y desigualdad económica en México*, México, El Colegio de México.
García Reyes, Miguel y Ma. Mercedes Agudelo de Latapí, 1997, *Ajuste estructural y pobreza*, México, Fondo de Cultura Económica-ITESM.
Heyman, Timothy, 1999, *Mexico for the Global Investor*, México, Milenio.
INEGI, 1998a, *Anuario estadístico de los Estados Unidos Mexicanos*, México, INEGI.
—, 1998b, *Agenda estadística de los Estados Unidos Mexicanos 98*, México, INEGI.
INEGI-Semarnap, 1999, *Estadísticas del medio ambiente 1997*, México, INEGI-Semarnap.
Lustig, Nora, 1998, *Mexico, the Remaking of an Economy*, Washington, Brookings Institution Press.
Martínez Ostos, Raúl, 1996, *Crisis bancarias, burbujas racionales y regulación financiera: lecciones para el caso de México*, México, mimeo.
Programa de Naciones Unidas para el Desarrollo, 2000, *Informe sobre desarrollo humano 2000*, Madrid, PNUD.
The Economist, 1999, *Pocket World in Figures 1999*, London, The Economist.
—, 2000, *Pocket World in figures 2000*, Londres, The Economist.
The Economist Intelligence Unit, 1999, *Mexico: Country Profile 1999-2000*, London, EIU.
—, 2000a, *Mexico: Country Profile 2000*, Londres, EIU.
—, 2000b, *Mexico: Country Report (2th quarter 2000)*, Londres, EIU.
United Nations Development Programme, 1999, *Human Development Report 1999*, New York, Oxford University Press.
World Bank, 1999, *World Development Report 1999-2000*, Banco Mundial.
Zaid, Gabriel, 1990, *La economía presidencial*, México, Editorial Vuelta.
Zedillo, Ernesto, 1999, *v informe de Gobierno*.

REVISTAS Y PERIÓDICOS
Boltvinik, Julio, 2000, "El error de Levy" en *La Jornada*, 25 de febrero.
El Universal, 1999, "Cayó 47.6% salario mínimo en 5 años", 7 de octubre.
Este País, 1999, "Desarrollo social. Pobreza en México", septiembre.
INEGI, 1998c, "Sector informal en México" en *Notas*, Núm. 5.
Reforma, 2000, "Resaltan contrastes en economía mexicana", 4 de abril.

INTERNET
INEGI, 2000, en http://www.inegi.gob.mx
IPAB, 1999, en http://www.ipab.org.mx
Secretaría de Energía, 2000, en http://www.energia.gob.mx

TRANSPORTE Y COMUNICACIONES

LIBROS Y DOCUMENTOS
Cámara Nacional de la Industria Editorial Mexicana, 1998, *Resumen de la encuesta sobre la actividad editorial en 1996 que presenta ACNielsen*, México, Caniem.
Fundación Manuel Buendía, 1999, *Recuento de daños 1998. Un acercamiento al estado de las libertades de expresión e información en México*, México, Fundación Manuel Buendía.
Guía Roji, 1999, *Por las carreteras de México*, México, Guía Roji.
INEGI-Semarnap, 1997, *Estadísticas del medio ambiente 1997*, INEGI, México.

Medios publicitarios mexicanos, 2000, *Tarifas y datos. Medios impresos*, México, MPM.
Székely, Gabriel, 2000, *Ericsson en el tercer milenio en México*, México, Ericsson-Planeta.
The Economist, 1999, *Pocket World in Figures 1999*, Londres, The Economist.
United Nations Development Programme, 1999, *Human Development Report 1999*, Nueva York, Oxford University Press.
Zedillo, Ernesto, 1999, *v Informe de Gobierno*.

REVISTAS Y PERIÓDICOS
Huerta, César, 1999, "Es la televisión juguete favorito" en *Reforma*, 25 de septiembre.
Newsweek, 1999, octubre.
Reforma y *The Wall Street Journal*, 1999, "El desafío de competir en la era digital" en *Reforma*, 22 de septiembre.
Reforma, 1999, 3 de agosto y 25 de septiembre.
Zaid, Gabriel, 1999, "Las cuentas del libro en México" en *Letras Libres*, febrero.

INTERNET
Aeroméxico, 1999, en http://www.aeromexico.com.mx
Comisión Federal de Telecomunicaciones, 2000, en http://www.cft.gob.mx
INEGI, 2000, en http://www.inegi.gob.mx
Instituto Mexicano del Transporte, 1999, en http://www.imt.mx
Network Information Center, en http://www.nic.mx
OCDE, 1999, en http://www.ocde.org.
Satmex, 1999, en http://www.satmex.com.mx
Secretaría de Comunicaciones y Transportes, en http://www.sct.gob.mx
"Statistics", en http://www.crashpages.com

SECTOR PRIVADO

LIBROS Y DOCUMENTOS
Musacchio, Humberto, 1999, *Milenios de México: diccionario enciclopédico de México*, México, Raya en el Agua.
Porrúa, 1995, *Diccionario de geografía, biografía e historia*, México, Porrúa.

REVISTAS Y PERIÓDICOS
Expansión, 1999, "Las 500 de Expansión", 2 de agosto.
—, 2000, "Los 100 empresarios más importantes de México", 24 de mayo.
Grupo de Economistas Asociados, 2000, "Empleo y remuneraciones en el sector público y privado" en *Este País*, abril.

INTERNET
Asociación de Banqueros de México, en http://www.abm.com.mx
Asociación Mexicana de Instituciones de Seguros, en http://www.amis.com.mx
Asociación Mexicana de Intermediarios Bursátiles, en http://www.amib.com.mx
Cámara Nacional de Comercio de la Ciudad de México, en http://www.ccmexico.com.mx
Confederación de Cámaras Nacionales de Comercio, en http://www.concanaco.com.mx
Confederación Patronal de la República Mexicana, en http://www.coparmex.org.mx
Consejo Coordinador Empresarial, en http://www.cce.org.mx
Consejo Nacional Agropecuario, en http://www.cna.org.mx
Sistema de Información Empresarial, en http://www.siem.gob.mx

SINDICATOS

LIBROS Y DOCUMENTOS
Aguilar, Javier, 1998, *Estructura de la población trabajadora y de los sindicalizados en México al final del siglo XX*, México, mimeo.
Bensusán, Graciela, Carlos García y Marisa von Bülow, 1996, *Relaciones laborales en las pequeñas y medianas empresas de México*, México, Fundación Friedrich Ebert-Juan Pablos.
Bensusán, Graciela, 1998, "Los determinantes institucionales de la flexibilidad laboral en México" en Francisco Zapata (comp.), *¿Flexibles y productivos?*, México, El Colegio de México.
—, 1999, *El modelo mexicano de regulación laboral*, México, Plaza y Valdés.
Confederación de Trabajadores de México-Secretaría de Educación Pública y Comunicación Social-FES, 1995, *Productividad, nuevas relaciones laborales, industria maquiladora y estrategia sindical*, México, mimeo.
INEGI, 1994, *XII Censo de transportes y comunicaciones*, México, INEGI.
INEGI y Secretaría del Trabajo y Previsión Social, 1995, *Encuesta nacional de empleo, salarios, tecnología y capacitación en el sector manufacturero 1992*, México, INEGI.
—, 1998, *Encuesta nacional de empleo, salarios, tecnología y capacitación en el sector manufacturero 1995*, México, INEGI.
—, 1998, *Encuesta nacional a trabajadores manufactureros 1993*, México, INEGI.
Organización para la Cooperación y el Desarrollo Económico, 1997, *Estudios económicos de la OCDE*, México, OCDE.
Zedillo, Ernesto, 1997-1999, *Informe de Gobierno*.

REVISTAS Y PERIÓDICOS
Bensusán, Graciela, 1997, "Contratos de protección en México" en *Nexos*, junio.
De la Garza, Enrique y F. Herrera, 1995, "Las transformaciones del sindicalismo en México" en *Cuadernos de trabajadores*, octubre.
Quintero, Cirila, 1998, "Sindicalismo en las maquiladoras fronterizas, balance y perspectivas" en *Estudios Sociológicos*, México, El Colegio de México, Nº XVI.

INTERNET Y CD-ROM
INEGI, 1984-1999, *Encuesta nacional de ingresos y gastos de los hogares*, México, en http://www.inegi.gob.mx..
Secretaría del Trabajo y Previsión Social, en http://www.stps.gob.mx

V. POLÍTICA, GOBIERNO Y TRANSICIÓN DEMOCRÁTICA

ELECCIONES, PARTIDOS Y AGRUPACIONES POLÍTICAS

LIBROS Y DOCUMENTOS
Gómez Tagle, Silvia, 1997, *La transición inconclusa: 30 años de elecciones en México*, México, El Colegio de México.
Molinar Horcasitas, Juan, 1991, *El tiempo de la legitimidad*, México, Cal y Arena.

INTERNET
Federal Research Division of the Library of Congress, en http://lcweb2.loc.gov/frd/cs/mxtoc.html
Instituto Federal Electoral, en http://www.ife.org.mx
Secretaría de Gobernación, en http://www.gobernacion.gob.mx

ELECCIONES DEL 2000

LIBROS Y DOCUMENTOS
Banamex, 2000, *2000, año electoral*, México, Banamex-Accival.
INEGI, 2000, *XII Censo General de Población y Vivienda 2000. Resultados preliminares*, México, INEGI.

REVISTAS Y PERIÓDICOS
El Universal, 1999, diciembre. *La Jornada*, 2000, 5 de junio. *Milenio*, 2000, 26 de junio.
Reforma, 2000a, "Registra IFE más de 12 mil observadores electorales", 9 de junio.
—, 2000b, "Calculan para partidos más de 2 mil millones", 17 de julio.
—, 2000c, "Ejércitos en acción" en Suplemento *Enfoque*, 2 de julio.
—, 2000d, "Gana México urbano y educado (Encuesta de salida)", 3 de julio.
—, 2000e, 10 de julio.

INTERNET
Consejo Estatal Electoral de Nuevo León, 2000, en http://www.cee-nl.org.mx
Consejo Estatal Electoral de San Luis Potosí, 2000, en http://www.electoralslp.org.mx
Consejo Estatal Electoral de Sonora, 2000, en http://www.ceesonora.org.mx
Instituto Electoral de Querétaro, 2000, en http://www.ieq.org.mx
Instituto Electoral del Distrito Federal, 2000, en http://www.iedf.org.mx
Instituto Estatal Electoral de Colima, 2000, en http://www.angelfire.com/co3/ieec
Instituto Estatal Electoral de Guanajuato, 2000, en http://www.ieeg.org.mx
Instituto Estatal Electoral de Morelos, 2000, en http://www.ieemorelos.org.mx
Instituto Estatal Electoral del Estado de México, 2000, en http://www.ieem.org.mx
Instituto Federal Electoral, 2000, en http://www.ife.org.mx

PODER EJECUTIVO

LIBROS Y DOCUMENTOS
Carpizo, Jorge, 1983, *El presidencialismo mexicano*, México, Siglo XXI.
Porrúa, 1995, *Diccionario Porrúa: historia, biografía y geografía de México*, México, Porrúa.
Secretaría de Hacienda y Crédito Público, 1999, "Proyecto de Presupuesto de Egresos de la Federación 2000 (Documento de Divulgación)", Subsecretaría de Egresos, noviembre.

INTERNET Y CD-ROM
Enciclopedia Microsoft® Encarta® 99, "Gobernantes de México", © 1993-1998 Microsoft Corporation.
Presidencia de la República, en http://www.presidencia.gob.mx

PODER LEGISLATIVO

LIBROS Y DOCUMENTOS
Sayeg Helú, Jorge, 1983, *El poder legislativo mexicano*, México, ENEP-UNAM.
Weldon, Jeffrey, 1999, "Executive-Legislative Relations in Mexico in the 1990s", ponencia presentada en la conferencia *Dilemmas of Change in Mexican Politics*, Centro de Estudios Mexico-Estados Unidos, Universidad de California, San Diego, 8 y 9 de octubre.

REVISTAS Y PERIÓDICOS
Casar, María Amparo, 2000a, "Legislatura sin mayoría: cómo va el *score*" en *Nexos*, enero.
—, 2000b, "Divididos y no venceran", *El Universal*, Suplemento *Bucareli 8*, 16 de enero.

INTERNET
Cámara de Diputados, en http://www.camaradediputados.gob.mx
Senado de la República, en http://www.senado.gob.mx

PODER JUDICIAL

LIBROS Y DOCUMENTOS
INEGI, 1998, *Cuaderno de estadísticas judiciales Núm. 6*, México, INEGI.
ITAM, 1998, *Anuario de derecho público*, México, ITAM.
Poder Judicial de la Federación, 1999, *¿Qué es el Poder Judicial de la Federación?*, México, Poder Judicial Federal.
Sánchez Bringas, Enrique, 1995, *Derecho constitucional*, México, Porrúa.
Sarre, Miguel, 1999, "Seguridad comunitaria y justicia penal en México", ITAM, junio.

REVISTAS Y PERIÓDICOS
Este País, 1999, "Encuesta nacional sobre desconfianza en la impartición de justicia", septiembre.
Reforma, 2000a, "Mover las piezas... sin seguir las reglas", 16 de enero
—, 2000c, "Ascensos de urgencia", 20 de junio.

INTERNET
Consejo de la Judicatura Federal, en http://www.cjf.gob.mx
Suprema Corte de Justicia, 1999-2000, en http://www.scjn.gob.mx
Tribunal Electoral, 2000, en http://www.trife.gob.mx

LOS PRESUPUESTOS DE LA FEDERACIÓN

LIBROS Y DOCUMENTOS

Secretaría de Hacienda y Crédito Público, 1978, "Ley Orgánica de la Contaduría Mayor de Hacienda" en *Diario Oficial*, 29 de diciembre.

—, 1999a, "Proyecto de Presupuesto de Egresos de la Federación 2000 (Documento de Divulgación)", Subsecretaría de Egresos, noviembre.

—, 1999b, "Presupuesto de Egresos de la Federación para el ejercicio fiscal del año 2000" en *Diario Oficial*, 31 de diciembre.

—, 1999c, "Ley de Ingresos de la Federación para el ejercicio fiscal del año 2000" en *Diario Oficial*, 31 de diciembre.

—, Cuentas públicas de 1983 a 1998.

—, Presupuestos de Egresos de 1983 al 1998.

Weldon, Jeffrey A., 2000, "The Legal and Partisan Framework of the Legislative Delegation of the Budget in Mexico" en *Legislative Politics in Latin America*, Cambridge University Press.

REVISTAS Y PERIÓDICOS

Aguayo, Sergio, 1997, "El Presupuesto Federal bajo la lupa: la 'Partida Secreta'" en *Reforma*, 18 de agosto.

Castellanos, Antonio, 2000, "Recorte de 7 mil 623.7 millones de pesos al gasto" en *La Jornada*, 1º de marzo.

DERECHOS HUMANOS

LIBROS Y DOCUMENTOS

Comisión Interamericana de Derechos Humanos, 1998, *Informe sobre la situación de los derechos humanos en México*, OEA.

Zedillo, Ernesto, 1999, *V Informe de Gobierno*.

INTERNET

Amnistía Internacional, en http://www.a-i.es/hmpg.htm

Comisión Interamericana de Derechos Humanos, en http://www.oas.org

Comisión Nacional de Derechos Humanos, en http://www.cndh.org.mx

Human Rights Watch, en http://www.hrw.org

Organización de las Naciones Unidas, en http://www.unhchr.ch

ORGANIZACIONES NO GUBERNAMENTALES

LIBROS Y DOCUMENTOS

Aguayo Quezada, Sergio y Luz Paula Parra Rosales, 1997, *Las organizaciones no gubernamentales de derechos humanos en México. Entre la democracia participativa y la electoral*, México, Academia Mexicana de Derechos Humanos.

Armijo, Natalia y Sergio García, 1995, *Organismos no gubernamentales: definición, presencia y perspectivas*, México, Foro de Apoyo Mutuo.

Centro Mexicano para la Filantropía, 1996, *Directorio de instituciones filantrópicas 1995-1996*, México, CEMEFI.

Secretaría de Gobernación, 1994, *Directorio de organizaciones civiles*, México, Segob.

REVISTAS Y PERIÓDICOS

Aguayo Quezada, Sergio, 1992, "Del anonimato al protagonismo" en *Foro Internacional*, México, El Colegio de México, enero-marzo.

Diario Oficial de la Federación, 1999, "Anexo 14 de la resolución miscelánea fiscal 1999", 26 de marzo y 24 de mayo

INTERNET

Centro Mexicano para la Filantropía, 2000, en http://www.cemefi.org

VI. LAS 32 ENTIDADES FEDERATIVAS

LIBROS Y DOCUMENTOS

Conapo, 1999, *Escenarios de prospectiva sociodemográfica en México 1995-2050*, México, Conapo.

INEGI, 1998, *Agenda estadística de los Estados Unidos Mexicanos*, México, INEGI.

—, 1999a, *Encuesta nacional de la dinámica demográfica 1997. Metodología y tabulados*, México, INEGI.

—, 1999b, *Anuario estadístico de las 32 entidades federativas*, México, INEGI.

—, 1999c, *Estadísticas históricas de México*, México, INEGI.

—, 2000d, *XII Censo General de Población y Vivienda 2000. Resultados preliminares*, México, INEGI.

Michelin, 1999, *México, Francia, Michelin*.

Secretaría de Educación Pública, 1999, *Informe de labores 1998-1999*, México, SEP.

Standar & Poor's, 2000, *Evaluación de los estados mexicanos*, México, Standard & Poor's.

INTERNET Y CD-ROM

Cámara de diputados, en http://www.camaradediputados.gob.mx

Conformación política municipal de México, en http://ammac.org.mx

Crystal Multimedia, 1998, "Nuestro México, un recorrido histórico, geográfico y cultural" (CD-ROM).

INEGI, en http://www.inegi.gob.mx

Presidencia de la República, en http://www.presidencia.gob.mx

VII. MÉXICO Y EL MUNDO

MIGRACIÓN DE MEXICANOS A ESTADOS UNIDOS

LIBROS Y DOCUMENTOS

Banamex-Accival, 1998, *México social 1996-1998*, México, Banamex-Accival.

Banco de México, 2000, *Informe anual 1999*, México, Banco de México.

Kaufman, Susan, 1998, "The U.S.-Mexico Relationship" en *Mexico under Zedillo*, United States of America, Lynne Rienner Publishers.

Tuirán, Rodolfo, 2000, *Migración México-Estados Unidos. Presente y Futuro*, México, Conapo.

U.S. Census Bureau, 1999, *Statistical Abstract of the United States*, Washington, DC, U.S. Department of Commerce.

REVISTAS Y PERIÓDICOS

Campuzano, Margarita, 2000, "La migración a Estados Unidos" en *Letras Libres*, mayo.

INTERNET

Bustamante, Jorge, en Duke University http://www.duke.edu

California Rural Legal Assistence Foundation, en http://www.stopgatekeeper.org

Servicio de Inmigración y Naturalización de los Estados Unidos, en http://www.ins.usdoj.gov/graphics/index.htm

Secretaría de Relaciones Exteriores, en http://www.sre.gob.mx

MEXICANOS EN ESTADOS UNIDOS Y CANADÁ; LA DOBLE NACIONALIDAD

LIBROS Y DOCUMENTOS

Carpizo, Jorge y Diego Valadés, 1998, *El voto de los mexicanos en el extranjero*, México, UNAM.

Instituto Federal Electoral, 1998, *Informe de la Comisión de Coordinación y Apoyo... para que los ciudadanos mexicanos residentes en el extranjero puedan ejercer el derecho al sufragio, con relación al desarrollo y resultados de los estudios realizados*, México, IFE.

U.S. Census Bureau, 1999, *Statistical Abstract of the United States*, Washington, DC, U.S. Department of Commerce.

REVISTAS Y PERIÓDICOS

Campuzano, Margarita, 2000, "La migración a Estados Unidos" en *Letras Libres*, mayo.

The Economist, 2000, 20 de mayo.

Zebadúa, Emilio, 2000, "La frontera del voto" en *Letras Libres*, mayo.

INTERNET

Congreso de Estados Unidos, en http://www.congress.gov

Secretaría de Relaciones Exteriores, en http://www.sre.gob.mx

Servicio de Inmigración y Naturalización de los Estados Unidos, en http://www.ins.usdoj.gov

Statistics Canada, en http://www.statcan.ca

U.S. Census Bureau, 1999, en http://www.census.gov/statab/www

EL TRATADO DE LIBRE COMERCIO CON AMÉRICA DEL NORTE

LIBROS Y DOCUMENTOS

INEGI, 1999, *Sistema de cuentas nacionales de México. Producto interno bruto (PIB) por entidad federativa 1993-1996*, México, INEGI.

—, 2000a, *Estadísticas del comercio exterior de México. Información preliminar*, México, INEGI.

—, 2000b, *Industria maquiladora de exportación. Estadísticas económicas*, México, INEGI.

—, 2000c, *Resultados oportunos. Censos económicos de 1999*, México, INEGI.

Tratado de Libre Comercio de América del Norte. Texto oficial, 1998, Vol. I, México, Porrúa.

REVISTAS Y PERIÓDICOS

Guillén Romo, Héctor, 2000, "La globalización del consenso de Washington" en *Comercio exterior*, Vol. 50.

Inside U.S. Trade, 1993, "Summary of NAFTA Side Accords", 16 de agosto.

INTERNET

Oficina de Secofi-NAFTA de la Embajada de México en Washington, en http://www.naftaworks.org

INEGI, en http://www.inegi.gob.mx

Secretariado del TLCAN, en http://www.naftasec-alena.org

EL TRATADO DE LIBRE COMERCIO CON LA UNIÓN EUROPEA

LIBROS Y DOCUMENTOS

Delegación de la Comunidad Europea en México, 1999, *Mexico. Country Strategy Paper (2000-2006)*, Comunidad Europea en México.

I.M., Destler, 1998, "The Controversial Pivot: the US Congress and North America" en Robert A. Pastor y Rafael Fernández de Castro (eds.), Washington, DC, Brookings Institution Press.

REVISTAS Y PERIÓDICOS

Marthoz, Jean-Paul y Marcela Szymanski, 1998, "México y los derechos humanos: puesta en escena internacional" en *Este País*, febrero.

—, 1999, "El Incentivo de la soberanía" en *Este País*, enero.

INTERNET

Delegación de la Comisión Europea en México, en http://www.delegacion-europea.org

Comisión Europea, "Dirección General de Comercio" en http://www.europa.eu.int/comm/trade/bilateral/mexico/fta.htm

Secretaría de Comercio y Fomento Industrial-Subsecretaría de Negociaciones Comerciales Internacionales, en http://www.secofi-snci.gob.mx

Instituto de Relaciones Europeo-Latinoamericanas (IRELA), 2000, http://www.irela.org.

Szymanski, Marcela, 2000, "The New Agreement between Mexico and the European Union: the First Free Trade Link Uniting Europe and Nafta" en http://www.inta.gatech.edu/eucenter/wpapers2000/pdf/grant/szymanski_grant.pdf

DIRECTORIO DE EMBAJADAS Y CONSULADOS

DOCUMENTOS

Secretaría de Relaciones Exteriores, 1999, *Directorio de representaciones diplomáticas y consulares de México*, SRE.

INTERNET

Presidencia de la República, en http://www.presidencia.gob.mx

Senado de la República, en http://www.senado.gob.mx

Secretaría de Relaciones Exteriores, en http://www.sre.gob.mx

ÍNDICE ANALÍTICO

ABORTO, 129
encuesta de mujeres mexicanas
acerca del, 129
legislación del, 129
motivos, 129

ACCIDENTES AÉREOS, 211
principales, 1972-1999, 212

ACCIDENTES Y SUICIDIOS, 109
mortalidad por, 109
evolución de la, 110
por grupos de edad, 110
registro de, 110

ACTIVIDADES RELIGIOSAS, 79
inmuebles destinados a, 79

ACUERDO GENERAL SOBRE TARIFAS Y ARANCELES (GATT), 57

ADMINISTRACIÓN PÚBLICA FEDERAL, 266-269

ADMINISTRACIONES PORTUARIAS INTEGRALES (API), 208

ADVENTISTAS DEL SÉPTIMO DÍA, 87

AEROPUERTOS, 210
internacionales, 213
nacionales, 213
pistas clandestinas, 211
principales, 212
privatización, 210

AEROPUERTOS Y SERVICIOS AUXILIARES (ASA), 210

AGRUPACIONES POLÍTICAS NACIONALES (APN), 247
financiamiento, 247

AGUA:
consumo en el Valle de México, 41
disponibilidad per cápita, 40
disponibilidad por región, 41
precipitación pluvial media en México, 40

AGUASCALIENTES, 314
base geográfica, 314

comunicaciones y transporte, 315
economía, 314
educación, 315
finanzas, 315
gobierno, 315
población, 314
salud, 315

ALCOHOLISMO, 111

ALIANZA POR EL CAMBIO, 59

ALTIPLANICIE MEXICANA, 23

ALTO COMISIONADO DE LAS NU PARA LOS DERECHOS HUMANOS, 307

AMAPOLA, 162
producción y erradicación, 163

AMNISTÍA INTERNACIONAL, 308
cifras y hechos, 308
creación, 308

ANALFABETISMO EN MÉXICO, 93, 199
funcional, 93
por grupo de edad y sexo, 93, 119
tasa de, por entidad federativa, 93

ANFETAMINAS, 162, 163

ANGLICANISMO, 85-86

ANTICONCEPCIÓN DE EMERGENCIA, 128

ANTICONCEPTIVOS:
para uso posterior a la relación sexual, 129

APARATO CIRCULATORIO
enfermedades del, 108
mortalidad por, 108

ARANCELES:
y medidas proteccionistas, evolución, 193

ÁREAS NATURALES PROTEGIDAS (ANP), 43

ARMAS DE FUEGO, 174
decomisadas, a narcotraficantes, 174
mercado negro de, 175
por otros delitos, 174, 175
procedencia de, 175

ARQUIDIÓCESIS, 83

ASOCIACIÓN DE BANQUEROS DE MÉXICO (ABM), 229

ASOCIACIÓN MEXICANA DE INSTITUCIONES DE SEGUROS (AMIS), 229

ASOCIACIÓN MEXICANA DE INTERMEDIARIOS BURSÁTILES (AMIB), 229

ASOCIACIONES RELIGIOSAS EN MÉXICO, 79-80
creyentes por iglesia y por estados, 79
personalidad jurídica, 80

BAJA CALIFORNIA, 316
base geográfica, 316
comunicaciones y transporte, 317
economía, 317
educación, 317
finanzas, 317
gobierno, 317
población, 316
salud, 317

BANCO DE MÉXICO, 54, 98
funciones, 189

BANCO MUNDIAL, 56, 199
fuerza laboral infantil según el, 181

BANCO NACIONAL DE CRÉDITO RURAL, 189

BANCO NACIONAL DE COMERCIO EXTERIOR, 189

BANCO NACIONAL DE OBRAS Y SERVICIOS PÚBLICOS, 189

BANCOS COMERCIALES, 190
y Programa de Capacitación Temporal, 190

BIBLIA, LA, 80, 81, 85, 86, 87

BOLSA MEXICANA DE VALORES, 191
índice de cotizaciones (1987-2000), 191, 192

BOSQUES, 35
principales de México, 27
superficie administrada, 43

CALENDARIO ELECTORAL 2000, 249

CÁMARA DE DIPUTADOS:
integración, 256

CÁMARA DE REPRESENTANTES DE E.U., 391
representantes de origen hispano, 391

CÁMARA NACIONAL DE COMERCIO DE LA CIUDAD DE MÉXICO (CANACO), 230

CÁMARA NACIONAL DE LA INDUSTRIA DE LA TRANSFORMACIÓN (CANACINTRA), 230

CÁMARA NACIONAL DE LA INDUSTRIA EDITORIAL MEXICANA, 222

CAMINOS Y AUTOTRANSPORTES, 203
infraestructura, 203
porcentajes 1990-1999, 203
privatización, 203

CAMINOS Y PUENTES FEDERALES DE INGRESO (CAPUFE), 203

CAMPECHE, 320
base geográfica, 320
comunicaciones y transporte, 321
economía, 321
educación, 321
finanzas, 321
gobierno, 320
población, 320
salud, 321

CÁNCER, 108-109, 112

mortalidad, por 108

en hombres, 109

en mujeres, 109

sarcoma de Kaposi, 112

SIDA y, 112

CANDIDATOS PRESIDENCIALES, 251, 252, 254

perfil, 252

perfil del elector y, 254

CÁRTELES, 164

aseguramiento de bienes y pistas destruidas, 105

CATOLICISMO, 80

estados con mayoría, 79

orígenes, 80

principales fiestas, 80, 81

sacramentos y mandamientos, 80

CENOTES, 23, 24

CENTRO DE INVESTIGACIÓN Y SEGURIDAD NACIONAL (CISEN), 51, 146

presupuesto, 146, 147

productos que genera, 147

CHIAPAS, 326

base geográfica, 326

comunicaciones y transporte, 327

economía, 327

educación, 327

elecciones, 160, 161

finanzas, 327

gobernadores, 1993-2000, 158

gobierno, 327

grupos paramilitares, 158

población, 326

religiones en, 1960-1997, 159

salud, 327

CHIHUAHUA, 328

base geográfica, 328

comunicaciones y transporte, 329

economía, 329

educación, 329

finanzas, 329

gobierno, 329

población, 328

salud, 329

CLUB DE ROMA, 34

COAHUILA, 322

base geográfica, 322

comunicaciones y transporte, 323

economía, 323

educación, 323

finanzas, 323

gobierno, 322

población, 322

salud, 323

COCAÍNA, 162

aseguramiento de, 1991-1999, 163, 165

consumo de, 166

tipos de, 166

CÓDIGO PENAL, 243

COLIMA, 324

base geográfica, 324

comunicaciones y transporte, 325

economía, 325

educación, 325

finanzas, 325

gobierno, 324

población, 324

salud, 325

COMERCIO, 193

exterior, 193-194

con respecto del PIB, 194

informal, 193

COMISIÓN DE CONCORDIA Y PACIFICACIÓN (COCOPA), 155, 159

miembros de la, 1995 y 2000, 159

COMISIÓN DE LIBRE COMERCIO, 395, 396

COMISIÓN DE SEGUIMIENTO Y VERIFICACIÓN (COSEVER), 160

COMISIÓN DE VIGILANCIA DE LA CÁMARA, 297

COMISIÓN INTERAMERICANA DE DERECHOS HUMANOS (CIDH), 59, 307-308

fundación y estructura, 307

miembros, 307

procedimiento, 308

COMISIÓN NACIONAL BANCARIA Y DE VALORES, 189

COMISIÓN NACIONAL DE ARBITRAJE MÉDICO (CONAMED), 105

calidad del servicio médico y, 105

COMISIÓN NACIONAL DE DERECHOS HUMANOS (CNDH), 57, 59, 158, 300

comisiones estatales, 304-306

consejo ciudadano, 301

de la ONU, 307

fundación y estructura, 307

procedimiento, 307

estructura, 301

indicadores de protección, 302

presidencia, 301

programas de la, manejo de quejas, 303

visitadurías generales, 301

COMISIÓN NACIONAL DE INTERMEDIACIÓN (CONAI), 155, 159

COMISIÓN NACIONAL DEL AGUA (CNA), 42

COMISIONES LEGISLATIVAS, 281

ordinarias, 281

con tareas específicas, 281

COMISIONADOS PARA LA PAZ Y LA RECONCILIACIÓN, 157

COMUNICACIONES, 213

crecimiento, 213

con respecto al PIB, 213

internet, 222

libros, 211

publicaciones periódicas, 220

radio y televisión, 218

satélites, 217

servicio postal, 216

telefonía y radiocomunicación, 23

CONCILIO VATICANO II, 80, 82

CONDÓN, 125

uso del, 125, 128

en México, 131

margen de seguridad, 131

CONFEDERACIÓN DE CÁMARAS INDUSTRIALES (CONCAMIN), 230

CONFEDERACIÓN DE CÁMARAS NACIONALES DE COMERCIO, SERVICIOS Y TURISMO (CONCANACO), 230

CONFEDERACIÓN PATRONAL DE LA REPÚBLICA MEXICANA (COPARMEX), 230

CONFEDERACIÓN DE TRABAJADORES DE MÉXICO (CTM), 54

CONFERENCIA DE LAS NACIONES UNIDAS SOBRE MEDIO AMBIENTE Y DESARROLLO, 39

CONFERENCIA EPISCOPAL MEXICANA (CEM), 83

funciones, 83

CONFLICTO EN CHIAPAS Y OTRAS GUERRILLAS, 154-161

costos sociales, 156

negociaciones, 156

CONGRESO DEL TRABAJO, 232, 233

CONGRESO DE LA UNIÓN, 278

facultades, 279

integración del, 279

organización y funcionamiento, 280-281

presupuesto del, 283

reseña histórica, 280

sesiones, 280

CORTE INTERAMERICANA DE DERECHOS HUMANOS, 307, 308

CONSEJO COORDINADOR EMPRESARIAL (CCE), 229

presidentes, 229

CONSEJO DE LA JUDICATURA FEDERAL, 289, 290

asuntos resueltos en el, 291

integración del, 292

sanciones impuestas por el, 291

CONSEJO NACIONAL AGROPECUARIO, 231

CONSEJO NACIONAL CONTRA LAS ADICCIONES (CONADIC), 167

CONSEJO NACIONAL DE CIENCIA Y TECNOLOGÍA (CONACYT), 56

CONSEJO NACIONAL DE FOMENTO EDUCATIVO (CONAFE), 103

CONSEJO NACIONAL DE POBLACIÓN (CONAPO), 67

CONSEJO NACIONAL DE
PREVENCIÓN Y CONTROL DEL
SIDA (CONASIDA), 116, 124,
130

CONSTITUCIÓN DE APATZINGÁN,
49

CONVENCIÓN MARCO DE LAS
NACIONES UNIDAS SOBRE
CAMBIO CLIMÁTICO, 39
países signatarios, 39

CONVENCIÓN SOBRE LA
PROTECCIÓN DEL PATRIMONIO
CULTURAL, 33

CONVERGENCIA POR LA
DEMOCRACIA, 244, 246
fundadores, 246

COPA MUNDIAL DE FUTBOL, 56

CRACK, 162
consumo, 166

CRIMINALIDAD, 168-173
características de las personas
asesinadas en el DF, 172
crecimiento, 108
en el DF, 171
giros comerciales asaltados con más
frecuencia en el DF, 172

CUENTA CORRIENTE, 195
de capital, 196
saldo, 196

CUENTA PÚBLICA, 297

CUERPO DE DEFENSAS RURALES,
136

CUERPO DE GUARDIAS
PRESIDENCIALES, 140

CUMBRE MUNDIAL SOBRE MEDIO
AMBIENTE Y DESARROLLO, 34

CUMBRES O ELEVACIONES:
de México, 29
en el mundo, las mayores, 28

DECENA TRÁGICA, 53

DECLARACIÓN AMERICANA DE
DERECHOS HUMANOS, 308

DEFORESTACIÓN, 37

DEGRADACIÓN DEL SUELO, 36
superficie afectada por la, 37

DELITOS, DETENIDOS POR, 165
disposición a denunciar los, 169
estados con mayor número de
denuncias, 171
los diez estados con mayor número
de, 171
promedio diario de, en el DF, 171
promedio diario por tipo de,
en el DF, 171
razones por las que no se
denuncian, 169

DEMOCRACIA SOCIAL PARTIDO
POLÍTICO NACIONAL (PDS), 244,
246
candidato presidencial, 246
dirigente, 246
fundador, 246

DERECHOS HUMANOS, 300-309

DESARROLLO HUMANO, ÍNDICE
DE, 198

DESERTIZACIÓN, 36

DESINCORPORACIÓN BANCARIA,
189
ingresos por, 191
rescate bancario e, 191

DEUDA EXTERNA, 196-198
bruta (1994-1999), 197

DIÓCESIS, 83

DIPUTADOS FEDERALES, 254
circunscripciones y distritos, 254
resultados, 256
cómputos por entidad federativa,
255
por el principio de mayoría relativa,
255
resultados nacionales, 255

DIRECCIÓN FEDERAL DE
SEGURIDAD, 54, 57

DISTRIBUCIÓN DEL INGRESO,
198, 200
desarrollo, calidad de vida y, 198
pobreza y, 199, 200

DISTRIBUCIÓN DEL PODER
POLÍTICO EN MÉXICO, 259

DISTRITO FEDERAL, 170, 17,
330
base geográfica, 330
características de las personas
asesinadas en el, 172
comunicaciones y transporte, 332
economía, 331
educación, 333
empleo, 332
finanzas, 332
giros comerciales asaltados
con más frecuencia, 172
gobierno, 331
población, 330
promedio diario de delitos, 171
promedio diario por tipo de delito,
171
salud, 332
seguridad y justicia, 331
vivienda, 332

DIVORCIO(S), 126
índices de, 126

DROGAS ILÍCITAS, 162
consumo de, 166
precios de, 166

DURANGO, 334
base geográfica, 334
comunicaciones y transporte, 335
economía, 335
educación, 335
finanzas, 335
gobierno, 335
población, 334
salud, 335

ECONOMÍA, 177-201

ECONOMÍA DE MÉXICO, 177
antecedentes históricos, 177
estructura económica, 177
inflación, 180, 181
fuerza de trabajo, 181
estructura, 181
sectores económicos, 182
agricultura, 182
construcción, 186
energía, 186
financiero y banca pública,
ganadería, 182
industria manufacturera, 184, 185
mercado de valores, 191
minería, 185
pesca, 183
sector externo, 193
silvicultura, 183
turismo, 192

ECONOMÍA INFORMAL, 193

EDUCACIÓN EN MÉXICO, 90-103
características por tipo y nivel, 93-102
comunicativa, 103
calidad educativa, 95
doctorado, 101
especial, 103
gasto nacional en, 90, 91
por nivel educativo, 90
público por nivel educativo, 90
indígena, 103
institutos tecnológicos, 98
maestría, 100
media superior, 97
matrícula de la, 97
principales indicadores, 97
militar, 136
normal, 98
para adultos, 102
preescolar, 93
primaria, 94
calidad de la, 95
logros académicos, 95
posgrado, 100
logros académicos, 96
principales indicadores, 92
con respecto al PIB, 92
privada, 102
secundaria, 94
calidad de la, 95
superior, 97
principales indicadores, 98

"EFECTO INVERNADERO", 38
cambio climático y, 38-40

EJÉRCITO MEXICANO, 144, 164
armas decomisadas por el, 174
niveles jerárquicos del, 144
principales funciones del, 144

EJÉRCITO ZAPATISTA DE
LIBERACIÓN NACIONAL,
57, 73, 154, 156, 160, 161
estructura conocida, 157

ELECCIONES, 241, 248-283
del 2000, 248
elección presidencial, 251
locales concurrentes, 258
observadores electorales, 263
para diputados, 254
para senadores, 256
perfil de candidatos, militantes
y simpatizantes, 252
resultados por estado, 253
visitantes internacionales, 263
votación por región, 253

voto diferenciado, 253
federales, 1961-1997, 242
  participación electoral, 242
presidenciales, 1952-1994, 242
  competitividad electoral, 241
  resultados, 251

Empresarios más importantes (2000), 227

"El Niño", fenómeno de, 23

Encuesta Nacional de la Dinámica Demográfica, 78

Enfermedades de transmisión sexual (ets), 130
  impacto económico, 130
  incidencia, 131
  uso de condón y, 131

Enfermedades transmisibles, 108
  mortalidad por, 108

Entidades paraestatales de control directo presupuestario, 268-269
  asa, 268
  Capufe, 269
  cfe, 269
  Diconsa, 269
  Ferronales, 269
  imss, 268
  issste, 268
  Lotería Nacional para
  la Asistencia Pública, 268
  lyfc, 269
  Pemex, 269

Español, 74
  evolución, 75

Estado Mayor Presidencial (emp), 54, 140
  jefes del, 140
  organización, 141

Ferrocarriles, 207
  carga movida por, 207, 208

Financiera Nacional Azucarera, 189

Fiscalía Especial para Delitos Electorales, 243

Flujos de capital, y deuda externa, 196

Fondo Bancario de Protección al Ahorro (fobaproa), 59, 190

Fondo Monetario Internacional, 56, 57, 196, 197

Fondo Mundial para la Naturaleza, 35
  clasificación de ecosistemas por el, 35

Fondo Nacional contra el sida (Fonsida), 116

Frente Democrático Nacional (fdn), 57, 245, 246

Fuero común, 170
  delitos del, 170-171
    cometidos en el país (1998), 170
    modalidades, 170

Fuero federal, 169
  delitos del, 169, 170

Fuerza Aérea Mexicana (fam), 138
  aeronaves, 140
  equipo, 138
  misión, 138
  organización operativa, 138
  regiones aéreas, 139

Fuerzas Armadas, 133-145
  apoyo de Estados Unidos
  a las, 145
  división operativa, 134
  estructura, 133
  misión, 133
  niveles jerárquicos de mando, 134
  organización operativa, 134
  presupuesto, 133
  principales unidades del Ejército, 134
  regiones militares y sus zonas, 135
  relaciones con Estados Unidos, 144
  titulares, 134
  venta de equipo militar
  estadounidense a las, 145

Gabinetes, 1917-2000, 272-277

Gasto en educación, 90-103
  nacional, 91
  y federal con respecto al pib, 92
  público por nivel educativo, 90

Gilberto, huracán, 57

Goma de opio, 162

Grado de marginación por entidad federativa, 201

Grupo Aéreo Presidencial, flota del, 141

Grupo Especial de Reacción Inmediata (geri), 152

Grupos Aeromóviles de Fuerzas Especiales (gafe), 133

Grupos guerrilleros, 161

Guanajuato, 336
  base geográfica, 336
  comunicaciones y transporte, 337
  economía, 337
  educación, 337
  finanzas, 337
  gobierno, 336
  población, 336
  salud, 337

Guardias Presidenciales, 54

Guerra de Tres Años, 50

Guerrero, 338
  base geográfica, 338
  comunicaciones y transporte, 339
  economía, 339
  educación, 339
  finanzas, 339
  gobierno, 339
  población, 338
  salud, 339

Guerrillas, 161

Hachis (hashish), 162

Hare Krishna, 89

Heroína, 162

Hidalgo, 340
  base geográfica, 340
  comunicaciones y transporte, 341
  economía, 341
  educación, 341
  finanzas, 341
  gobierno, 340
  población, 340
  salud, 341

Homosexuales, 130, 131

Human Rights Watch, 309
  cifras y hechos, 309

Huracanes, 31, 32
  Gilberto, 57
  Mitch, 59
  principales, en México, 32

Iglesia Católica en México, 83
  arquidiócesis, 83
  diócesis, 83
  división territorial, 83
  estructura organizacional, 83
  personalidad jurídica, 80
  prelaturas, 84
  regiones pastorales, 83

Iglesia de la Ciencia Cristiana, 87

Iglesia de los Santos de los Últimos Días (mormones), 87

Importaciones, 193
  y exportaciones, principales (1994-1999), 194

Índice de libertad política, 241

Instituto Federal Electoral (ife), 244, 248
  consejo general, 244
  creación, 243
  estructura orgánica, 249
  funciones, 244
  padrón electoral y lista nominal, 248
  presupuesto, 249

Instituto Nacional de Ecología, 42

Instituto Nacional para la Educación de los Adultos (inea), 102

Instituto Nacional Indigenista (ini), 69, 72

Instituto para la Protección del Ahorro Bancario (ipab), 190

International Council on Human Rights Policy, 303

Internet, 222-225
  desigualdad en, 223

usuarios en el mundo, 223
usuarios por países, 223

INVENTARIO NACIONAL DE RECURSOS FORESTALES, 35

INVERSIÓN EXTRANJERA, 196
directa, 196

ISLAS PRINCIPALES EN MÉXICO, 27

JALISCO, 342
base geográfica, 342
comunicaciones y transporte, 343
economía, 343
educación, 343
finanzas, 343
gobierno, 343
población, 342
salud, 343

JUDAÍSMO, 86

JUICIO DE AMPARO, 285

KAPOSI, SARCOMA DE, 112, 114

LAGOS PRINCIPALES EN MÉXICO, 26

"LA NIÑA", FENÓMENO DE, 23

LENGUAJES:
Braille, 76
de señas, 76
principales del mundo, 74

LENGUAS, 74
español, 74
indígenas, 69, 70, 75-76
hablantes, 71

LESBIANAS, 130

LEY(ES), 265, 278
de Asocaciones Religiosas y Culto Público, 80
de Inversiones Extranjeras, 196
de Reforma, 50, 52
electorales, 243
Federal de Instituciones y Procedimientos Electorales (cofipe), 243
Federal de Organizaciones Políticas y Procesos Electorales, 243
Federal Electoral, promulgación, 243
General de Equilibrio Ecológico y Protección al Ambiente, 38

LIBROS, 221
editados, 222
gasto en, en países seleccionados, 221
por tema, 222

LIBROS DE TEXTO GRATUITOS, 90
distribución, 91

LUZ DEL MUNDO, IGLESIA DE LA, 88

LVII LEGISLATURA, 281
composición de los grupos parlamentarios, 281
Cámara de Diputados, 282
Cámara de Senadores, 281
senadores independientes, 281
evaluación, 281

MADRES SOLTERAS, 126

MARIGUANA, 162
producción y erradicación, 163

MARTYROLOGIUM ROMANUM, 80

MATRIMONIO
edad promedio para contraer, 125
femenino, edad del, 125
opiniones a favor, 126
y la unión libre, 125

MEDIO AMBIENTE, 34

MENONITAS, 87

METANFETAMINAS, 162, 163
consumo, 166

MÉTODOS ANTICONCEPTIVOS, 109, 126-129
escolaridad y, 126, 127
modernos, 128
condón femenino, 128
condón o preservativo, 128
dispositivo intrauterino (DIU), 128
espermaticidas, 128
inyecciones o ampolletas, 128
pastillas o píldoras anticonceptivas, 128
salpingoclasia, 128
vasectomía, 128
residencia y, 126, 127
tradicionales, 127
Billings (o moco cervical), 127
retiro, 127
ritmo, 127
temperatura basal, 127

uso de, 124
conocimiento por mujeres en edad fértil, 127
entre mujeres en edad fértil, 1976-1977, 127

MEXICANOS EN CANADÁ, 391-393
doble nacionalidad y, 392
nivel de ingresos, 392
ocupación, por sector y sexo, 391
población de, 391

MÉXICO:
áreas naturales protegidas, 42
aspectos geológicos, 29
biodiversidad, 35
crecimiento, 67
clima, 21
cronología, 47
época colonial, 48-49
época prehispánica, 47
la Revolución, 53
porfirismo, 52
división política, 20
educación en, 90-103
analfabetismo y, 93
eficiencia terminal, 94
gasto, 90-91
grado de escolaridad y, 93
institutos tecnológicos, 98
logros académicos, 95
media superior, 97
normal, 98
posgrado, 100
preescolar, 93
primaria, 94
privada, 102
secundaria, 94
superior, 97
tipos y modalidades, 102
universidades, 98
fechas conmemorativas, 45
huracanes, 31
independiente, 49
indicadores sociales, 199
islas, 27
longitud de la línea de costas, 19
migraciones, 68
política ambiental, 42
posición geográfica, 19
precipitación pluvial, 40
principales ciudades, 66
principales cumbres, 29
principales islas, 27
principales lagos y lagunas, 26
promedio de vida, 199
regiones fisiográficas, 24
regiones naturales, 23
relieve, 27

ríos y lagos, 24-26
sismos, 30
superficie, 19
volcanes y erupciones, 31
zona económica exclusiva, 19

MÉXICO, ESTADO DE, 344
base geográfica, 344
comunicaciones y transporte, 345
economía, 345
educación, 345
finanzas, 345
gobierno, 345
población, 344
salud, 345

MICHOACÁN, 346
base geográfica, 346
comunicaciones y transporte, 347
economía, 347
educación, 347
finanzas, 347
gobierno, 346
población, 346
salud, 347

MICRONEGOCIOS, POR SECTOR DE ACTIVIDAD, 193

MIGRACIÓN DE MEXICANOS A ESTADOS UNIDOS, 381
características, 381
efectos económicos, 383
estados con la principal población emigrante, 382
inmigración legal e ilegal, 381
número de deportaciones, 382
número de muertes, 384
peligros, 384
población hispana, 388
programa de protección, 385
violación de derechos humanos, 384

MIGRACIÓN Y SIDA, 117

MORELOS, 348
base geográfica, 348
comunicaciones y transporte, 349
economía, 349
educación, 349
finanzas, 349
gobierno, 348
población, 348
salud, 349

MORFINA, 162

MORTALIDAD:
general, tasa de, 107

infantil, 107
  estados con mayor, 108
  tasa de, 107
por accidentes y sucidios, 109-111
por enfermedades del aparato
  circulatorio, 108
principales causas, 108-111
  alcoholismo, 111
  cáncer, 108
  enfermedades del aparato
    circulatorio, 108
  tabaquismo, 111

MUJERES, 118-123
discriminación salarial, (1995), 120
en puestos de decisión, 121
estructura porcentual por género, 118
inscritas en licenciatura (1980-1998),
  119
mercado de trabajo, 119-120
nivel de escolaridad, 119
ocupaciones, 1997, 120
población total por sexo
  (1970-2000), 118
primera unión, edad media, 125
tasa global de fecundidad (tgf), 126
violencia contra las, 121
  magnitud del fenómeno, 122
  nivel de escolaridad y, 122
  ocupación y, 123

MUXES, 131

NACIONAL FINANCIERA, 189

NARCÓTICOS, 162-167
cárteles, 164
consumo, 165, 166
ganancias generadas, 162
precios de algunos, 166
producción, 163
tráfico, 163
tratamiento y, 167
violencia y, 164

**NARCOTRÁFICO, 57, 164, 167,
168**
combate al, 144, 164
ganancias del, 163

NAYARIT, 350
base geográfica, 350
comunicaciones y transporte, 351
economía, 351
educación, 351
finanzas, 351
gobierno, 350
población, 350
salud, 351

NIVEL EDUCATIVO, 90, 119
de la mujer mexicana, 119
  violencia familiar y, 122
gasto por, 90
tasa global de fecundidad y, 126

NUEVO LEÓN, 352
base geográfica, 352
comunicaciones y transporte, 353
economía, 353
educación, 353
finanzas, 353
gobierno, 353
población, 353
salud, 353

OAXACA, 354
base geográfica, 354
comunicaciones y transporte, 355
economía, 355
educación, 355
finanzas, 355
gobierno, 355
población, 354
salud, 354

**OFERTA Y DEMANDA AGREGADAS,
VARIACIÓN PORCENTUAL, 180**

OMBUDSMAN, 300, 303

**ÓRDENES Y COMUNIDADES
RELIGIOSAS, 84**

**ORGANIZACIÓN DE ESTADOS
AMERICANOS (OEA), 55**

**ORGANIZACIÓN INTERNACIONAL
DEL TRABAJO (OIT), 193**

**ORGANIZACIÓN MUNDIAL DE LA
SALUD (OMS), 109, 111**

**ORGANIZACIÓN METEOROLÓGICA
MUNDIAL, 39**

**ORGANIZACIÓN PARA LA
COOPERACIÓN Y EL DESARROLLO
ECONÓMICO, 58, 213**

**ORGANIZACIONES NO
GUBERNAMENTALES (ONG), 154,
300, 304, 307, 310-311**
número de, registradas ante SHCP, 310
por entidad federativa, 311
tipo de actividad, 310

**ÓRGANO SUPERIOR DE
FISCALIZACIÓN, 297, 298**

**ÓRGANOS DE MEDIACIÓN.
VÉASE COMISIÓN NACIONAL
DE INTERMEDIACIÓN
(CONAI) Y COMISIÓN DE
CONCORDIA Y PACIFICACIÓN
(COCOPA), 159**

**PANEL INTERGUBERNAMENTAL
SOBRE CAMBIO CLIMÁTICO, 39**

PAPA(S):
Juan Pablo II, 56, 58, 81, 84
significados, 81

PAREJA Y SEXUALIDAD, 124-131

**PARQUE AERONÁUTICO DE LAS
LÍNEAS AÉREAS, 210**
accidentes y, 211
antigüedad, 211

PARQUE VEHICULAR, 204
contaminación ambiental y, 204

**PARTIDO ALIANZA SOCIAL (PAS),
246**
candidato presidencial, 246
dirigente, 246

**PARTIDO AUTÉNTICO DE LA
REVOLUCIÓN MEXICANA (PARM),
244, 246**
candidato a la presidencia, 246
dirigente, 246

PARTIDO COMUNISTA (PC), 56

**PARTIDO DE ACCIÓN NACIONAL
(PAN), 54, 244, 245**
candidatos a la presidencia, 245
dirigentes, 245

**PARTIDO DE CENTRO
DEMOCRÁTICO (PCD), 244, 246**
candidato presidencial, 246
dirigente, 246
fundador, 246

**PARTIDO DEL TRABAJO (PT),
244, 245**
candidatos a la presidencia, 245
dirigentes, 245

**PARTIDO DE LA REVOLUCIÓN
DEMOCRÁTICA (PRD), 57, 244,
245**
candidatos a la presidencia, 245
dirigentes, 245

**PARTIDO DE LA REVOLUCIÓN
MEXICANA. VÉASE PARTIDO
REVOLUCIONARIO INSTITUCIONAL**

**PARTIDO DE LA SOCIEDAD
NACIONALISTA (PSN), 244, 246**
candidato presidencial, 246
dirigente, 246

**PARTIDO NACIONAL
REVOLUCIONARIO. VÉASE
PARTIDO REVOLUCIONARIO
INSTITUCIONAL**

**PARTIDO REVOLUCIONARIO
INSTITUCIONAL (PRI), 54, 244,
245**
candidatos a la presidencia, 245
fundación, 245
presidentes de partido, 245

**PARTIDO VERDE
ECOLOGISTA DE MÉXICO (PVEM),
244, 245**
candidatos a la presidencia, 245
dirigente, 245
fundación, 245

**PARTIDOS POLÍTICOS, 244-247,
250**
costo del voto, 250
financiamiento, 247
  para actividades ordinarias, 251
  público, 250
topes de gastos de campaña, 250

**PATRIMONIO DE LA HUMANIDAD,
33**
zonas declaradas, 33

PERIÓDICOS, 220
tiraje diario, 221

**"PÍLDORA DEL DÍA SIGUIENTE",
128**

PLAN DE:
Agua Prieta, 53
Ayala, 53
Ayutla, 50
Guadalupe, 53
Iguala, 49
Tacubaya, 50
la Noria, 52
San Luis Potosí, 52
Tuxtepec, 52

PLANIFICACIÓN FAMILIAR, 109
fecundidad y, 126

métodos anticonceptivos y, 126-129
salud reproductiva y, 109

POBLACIÓN HISPANA EN E.U., 388
demografía, 388
economía, 390
educación y, 389
nivel de ingresos, 390
ocupación, 390
por categoría, 388, 393
por ciudades, 389
por edad y sexo, 389
registrada para votar, 390
sentimientos antimexicanos, 391
total, 388

POBLACIÓN NACIONAL, 60
comparación entre, y superficie, 64
crecimiento anual, 61
densidad por estados, 64
distribución geográfica, 62
en el siglo XXI, 67
esperanza de vida al nacer,
por sexo, 62
estructura por edad y sexo, 63
evolución, 60
indicadores de fecundidad
y mortalidad, 67
migraciones, 67
nacimientos y defunciones, 62
países con mayor, 60
población total y tendencias, 60
principales indicadores, 61
de distribución y crecimiento, 64
tasa de mortalidad infantil, 61, 67
tasas de crecimiento, 67
urbana y rural, estructura, 65

POBREZA, 199
distribución del ingreso y, 200
evolución, 199
extrema, 199
línea de, población por debajo
de la, 199

PODER EJECUTIVO, 264-277
facultades, 265-266
leyes enviadas por el,
aprobación, 282
limitaciones al, 266
titulares, 270-277

PODER JUDICIAL, 284-293
competencia del, 284
desconfianza en el, 293
eficiencia del, 292
evolución del, 284
titulares del, 285

PODER LEGISLATIVO, 278-283

POLICÍA FEDERAL PREVENTIVA (PFP), 59, 148
estructura orgánica, 148
organización por funciones, 149
unidades básicas, 149

PORFIRISMO, 52

PRELATURAS, 84

PRESERVATIVO. VÉASE CONDÓN

PRESUPUESTO DE EGRESOS, 298, 299
evolución, 298

PRESUPUESTOS DE LA FEDERACIÓN, 294-299
cuenta pública, 297
de egresos, 294
discrecionalidad y reforma, 294
etapas, 295
tiempos de presentación
y aprobación, 296

PRIMERA CONFERENCIA MUNDIAL SOBRE EL MEDIO AMBIENTE, 34

PRINCIPALES INDICADORES, ECONÓMICOS, 179
educativos, 92

PROCURADURÍA FEDERAL DE PROTECCIÓN AL AMBIENTE, 42

PROCURADURÍA GENERAL DE JUSTICIA DEL DISTRITO FEDERAL (PGJDF), 151
estructura orgánica, 151
ministerios públicos, 151

PROCURADURÍA GENERAL DE LA REPÚBLICA (PGR), 149, 164, 169
división operativa, 150
equipo aéreo, 150
estructura orgánica, 149
tratados bilaterales, 151
unidades especiales, 150

PRODUCTO INTERNO BRUTO (PIB), 177, 178, 179
crecimiento del, 179
deuda externa como porcentaje del PIB, 197
per cápita, de países seleccionados, 179

per cápita, de México, 198
por componente de demanda, 179
por sector, 179
variación porcentual por actividad
económica (1994-1999), 180

PROGRAMA DE LAS NACIONES UNIDAS PARA EL MEDIO AMBIENTE, 39

PROGRAMA DE REESTRUCTURACIÓN FINANCIERA DE LAS AUTOPISTAS CONCESIONADAS, 203

PROGRAMA DE RESULTADOS ELECTORALES PRELIMINARES (PREP), 249

PROGRAMA NACIONAL DE REFORESTACIÓN (PRONARE), 43

PROSTITUCIÓN:
enfermedades de transmisión
sexual y, 130
infantil, 130
perfil sociodemográfico, 130

PROTESTANTISMO, 84

PSICOTRÓPICOS (ANFETAMINAS Y METANFETAMINAS), 162
aseguramiento de, 1994-1999, 163

PUBLICACIONES PERIÓDICAS, 220

PUEBLA, 356
base geográfica, 356
comunicaciones y transporte, 357
economía, 357
educación, 357
finanzas, 357
gobierno, 356
población, 356
salud, 357

PUEBLOS INDÍGENAS, 68-77
demografía, 68
desarrollo social, 70
indicadores socioeconómicos, 71
migración, 72
situación jurídica, 72

PUENTE DE CALDERÓN, BATALLA DE, 49

QUERÉTARO, 358
base geográfica, 358
comunicaciones y transporte, 359

economía, 359
educación, 359
finanzas, 359
gobierno, 358
población, 358
salud, 359

QUINTANA ROO, 360
base geográfica, 360
comunicaciones y transporte, 361
economía, 361
educación, 361
finanzas, 361
gobierno, 360
población, 360
salud, 361

RADIO, 219
estaciones de, 219

RED DE CARRETERAS, 203
longitud y características, 203

REGIONES PASTORALES, 83

REGISTRO CIVIL, 50

RELIGIONES EN MÉXICO, 78-89
católica, 78
no católicas, 84-89
Adventistas del Séptimo Día, 87
bautistas, 85
de la ciencia cristiana, 87
de los Santos de los Últimos Días
(mormones), 87
dianética, 88
episcopales y anglicanos, 85
Hare Krishna, 89
judíos, 86
La Luz del Mundo, 88
menonitas, 87
New Age (Nueva Era), 88
presbiterianos, 85
protestantismo, 84
sectas, 86
Testigos de Jehová, 87

RESCATE BANCARIO, 190
costo fiscal, 190

RESCATE FINANCIERO DE 1995, 197

RESERVAS INTERNACIONALES, 198

RESIDUOS, 38
cambio climático y, 38
generación de, por personas, 38
peligrosos, 38-40

RESULTADOS ELECTORALES, 251
de Campeche, 259
de Colima, 259
de diputados por el principio de
mayoría relativa, 255
de Guanajuato, 258
de Morelos, 258
de Nuevo León, 259
de Querétaro, 259
de la elección presidencial, 251
de San Luis Potosí, 259
por estado, 253
de Sonora, 259
votación por región, 253
voto diferenciado, 253
del Distrito Federal, 258
del Estado de México, 259
para senadores, 256
por mayoría relativa, 257
por circunscripción,
de diputados, 256

REZAGO EDUCATIVO, 93

RÍOS:
más largos del mundo, 26
principales de México, 25

SALARIO MÍNIMO:
evolución, 200

SALUD, 104-111
condiciones de, en México, 107
gasto público, 104
indicadores de, en el mundo, 105
infantil, 107
principales indicadores, 107
reproductiva, 109

SAN LUIS POTOSÍ, 362
base geográfica, 362
comunicaciones y transporte, 363
economía, 363
educación, 363
finanzas, 363
gobierno, 362
población, 362
salud, 363

SATÉLITES, 217-218
Morelos I y II, 217
Satmex V, 217
Solidaridad I y II, 217, 218

**SECRETARÍA DE GOBERNACIÓN,
147**

**SECRETARÍA DE DESARROLLO
SOCIAL, 42**

**SECRETARÍA DE DESARROLLO
URBANO Y ECOLOGÍA, 42**

**SECRETARÍA DEL MEDIO
AMBIENTE, RECURSOS NATURALES
Y PESCA (SEMARNAP), 42**
gasto programable, 43

**SECRETARÍA DE LA DEFENSA
NACIONAL (SDN), 133, 164**
presupuesto, 133

**SECRETARÍA DE MARINA, 141,
164**
división operativa, 141
equipo, 143
misión, 141
niveles jerárquicos, 144
organización, 143
regiones navales, 141
titulares, 141
zonas y sectores navales, 142

SECRETARÍA DE SALUD, 42, 124

**SECRETARÍA DE SEGURIDAD
PÚBLICA DEL DISTRITO FEDERAL
(SSP), 152**
direcciones generales de región, 152
división orgánica, 152

**SECRETARÍAS DE ESTADO, 266-
268**

SECTAS, 86

SECTOR CARRETERAS, 203
principales indicadores operativos,
205

SECTOR FERROVIARIO, 208
carga movida, 208
indicadores, 208

SECTOR MARÍTIMO, 209
capacidad de carga, 209
embarcaciones nacionales, 209
indicadores del, 209
principales puertos, 210

SECTOR PRIVADO, 226-231
empresas más grandes, 227
organizaciones empresariales,
228-231
participación económica, 226

SECUESTRO(S), 169
número de, por estado,
denunciados, 170

SEGURIDAD PRIVADA, 172
empresas de, 172
servicios de, 173
productos y, 173

**SENADO, COMISIONES
ORDINARIAS, 281**
integración, 256

**SENADORES POR
MAYORÍA RELATIVA,
CÓMPUTO POR ENTIDAD
FEDERATIVA, 257**

SEÑALES DE TRÁNSITO, 205
informativas, 205
preventivas, 205
restrictivas, 205

SERVICIO POSTAL, 216
principales indicadores, 217

**SERVICIOS DE INTELIGENCIA,
146-147**

SERVICIOS MÉDICOS, 104-111
calidad de los, 105
principales indicadores, 106
privados, 106
principales indicadores, 107

SEXUALIDAD EN MÉXICO, 124
inicio, 124

SINALOA, 364
base geográfica, 365
comunicaciones y transporte, 365
economía, 365
educación, 365
finanzas, 365
gobierno, 364
población, 364
salud, 365

SINDICATOS, 232-239
agremiación, 233
estructura organizativa, 232
tipos de, y estrategias, 236-238

**SÍNDROME DE
INMUNODEFICIENCIA
ADQUIRIDA (SIDA),
112-117, 124**
definición y origen, 112
detección, 112
por prueba ELISA, 112
en el mundo, 114, 115
y modos de transmisión, 115
en México, 115

entidades con mayor números
de casos, 115
fase retroviral aguda, 112
infecciones, casos y muertes, 115
migración y, 117
sintomatología, 112
tasas de incidencia anual, 115
transmisión, 112
vía perinatal, 114
vía sanguínea, 114
vía sexual, 114, 115
tratamiento y prevención, 114, 116
costos del, 116
discriminación y, 116
riesgo real y, 116

**SISTEMA DE INFORMACIÓN
EMPRESARIAL MEXICANO (SIEM),
228**

**SISTEMA EDUCATIVO NACIONAL,
90**

**SISTEMA FINANCIERO MEXICANO,
ESTRUCTURA, 189**

**SISTEMA NACIONAL DE ÁREAS
NATURALES PROTEGIDAS, 43**
cobertura, 43
presupuesto destinado, 43

**SISTEMA NACIONAL DE
INVESTIGACIONES (SNI), 101**

**SISTEMA NACIONAL DE SALUD,
104-111**
esperanza de vida y , 107
instituciones que lo integran, 104
mortalidad y, 107-108
población derechohabiente, 104
principales recursos y servicios, 105

SOLVENTES VOLÁTILES, 166

SONORA, 366
base geográfica, 366
comunicaciones y transporte, 367
economía, 367
educación, 367
finanzas, 367
gobierno, 366
población, 366
salud, 367

SUELO DEGRADACIÓN DEL, 36

SUICIDIOS, 109
causas de, 110
registro de, 1991-1998, 110

SUPREMA CORTE DE JUSTICIA, 284, 285

facultades, 286
integración, 288
movimientos, 286
presidentes de la, 1917-2000, 287

TABAQUISMO Y ALCOHOLISMO, 111

TABASCO, 368

base geográfica, 369
comunicaciones y transporte, 369
economía, 369
educación, 360
finanzas, 369
gobierno, 368
población, 368
salud, 369

TAMAULIPAS, 370

base geográfica, 370
comunicaciones y transporte, 371
economía, 371
educación, 371
finanzas, 371
gobierno, 371
población, 370
salud, 371

TASAS DE INTERÉS

variación porcentual, 191

TELEFONÍA, 213, 214

celular, 214
concesionarios, 216
claves de acceso, 215
costo promedio anual, 215
servicio de radiolocalización, 214
tarifas, 214

TELÉFONOS DE MÉXICO (TELMEX), 213

TELÉGRAFOS, 216

indicadores, 217

TELEVISIÓN, 219

participación de audiencia por, 220

TESOBONOS, 178

TESTIGOS DE JEHOVÁ, 87

TITULARES DEL EJECUTIVO:

1821-1911, 271
1911-2000, 271

TLAXCALA, 372

base geográfica, 372
comunicaciones y transporte, 373
economía, 373
educación, 373
finanzas, 373
gobierno, 372
población, 372
salud, 373

TRÁFICO DE ARMAS, 174-175

TRANSPORTE, 203-213

aéreo, 210
ferroviario, 208
infraestructura, 203
marítimo, 208
principales carreteras, 204
y comunicaciones, 202

TRANSPORTE AÉREO, 210

carga transportada, 211
distancias aéreas internacionales, 213
indicadores del, 211

TRATADO(S):

Braceros, 55
de Bucareli, 54
de Córdoba, 49
de Guadalupe, 50
de Libre Comercio de América del Norte, 58
de Tlatelolco, 55
de Soledad, 51

TRATADO DE LIBRE COMERCIO CON LA UNIÓN EUROPEA (TLCUE), 404-409

contenido del acuerdo, 405
democracia y derechos humanos, 405
razones del acuerdo, 404
resultados de la negociación comercial, 406

TRATADO DE LIBRE COMERCIO DE AMÉRICA DEL NORTE (TLCAN), 394-403

antecedentes, 394
comercio e inversión extranjera directa, 397
empleo y migración, 400-402
indicadores de competitividad, 402
objetivos y disposiciones institucionales, 395
una visión agregada, 396

TRIBUNAL(ES):

Colegiados deCircuito, 288
facultades, 288
movimientos, 288
de lo Contencioso Electoral, 243
Penal Electoral, 243
unitarios de circuito, 288
facultades jurisdiccionales, 288
movimientos, 288

TRIBUNAL ELECTORAL, 292

facultades, 292
integración, 292

TURISMO, 192

indicadores, 192
ingresos por, 192

UNIÓN EUROPEA (UE), 404

exportaciones de México a la, 407
en 20 productos principales, 408
importaciones de México de la, 407
en 20 productos principales, 408

UNIÓN LIBRE, 125

opiniones a favor, 126

UNIÓN NACIONAL DE TRABAJADORES (UNT), 59, 232, 235

UNIVERSIDADES:

privadas, 98
públicas, 98
financiamiento y costo por alumno, 99

VACUNACIÓN:

cobertura de, 107

mortalidad infantil y, 107

VERACRUZ, 374

base geográfica, 374
comunicaciones y transporte, 375
economía, 375
educación, 375
finanzas, 375
gobierno, 375
población, 374
salud, 375

VÍAS FÉRREAS, 207

VOLCANES, 29

episodios eruptivos (poligenéticos), 31
monogenéticos, 31
principales, en México, 31

VOTO DE LOS MEXICANOS EN EL EXTRANJERO, 393

YUCATÁN, 376

base geográfica, 376
comunicaciones y transporte, 377
economía, 377
educación, 377
finanzas, 377
gobierno, 376
población, 376
salud, 377

ZACATECAS, 378

base geográfica, 378
comunicaciones y transporte, 379
economía, 379
educación, 379
finanzas, 379
gobierno, 378
población, 378
salud, 379

ZONAS DECLARADAS PATRIMONIO DE LA HUMANIDAD, 33

ZONAS URBANAS, 40

contaminación y, 40
máximos anuales por contaminantes, 40

ÍNDICE ONOMÁSTICO

Aguilar, Gerónimo de, 47
Aguirre, Ramón, 57
Albores Guillén, Roberto, 158
Alemán Valdés, Miguel, 54, 274
Alvarado, Pedro de, 47, 48
Álvarez, Luis H., 245
Álvarez Pineda, Alfonso, 47
Anaya, Alberto, 245
Ángel Conchello, José, 245
Arbenz, Jacobo, 54
Arizmendi Esquivel, Felipe (obispo), 159
Ávila Camacho, Manuel, 54, 140, 141
Baker Eddy, Mary, 87
Barragán Barragán, José, 244
Benavente, Toribio de, 48
Bernal, Marco Antonio, 155, 157
Borrego Estrada, Genaro, 245
Bravo Mena, Luis Felipe, 245
Buendía, Manuel, 57
Calderón Cardoso, José Antonio, 246
Calderón Hinojosa, Felipe, 245
Camacho Solís, Manuel, 155, 157, 245
Camarena, Enrique, 57
Cantú Escalante, Jesús, 244
Carbajal Moreno, Gustavo, 245
Cárdenas, Cuauhtémoc, 57, 59, 251
Cárdenas, Lázaro, 54, 295
Cárdenas Gracia, Jaime, 244
Carpizo, Jorge, 301
Carranza, Venustiano, 53, 272
Castillo Peraza, Carlos, 245
Castro, Fidel, 54
Cervantes Aguirre, Enrique, 158
Cervera Pacheco, 283
Clouthier, Manuel J., 57, 245
    muerte, 57
Christlieb Ibarrola, Adolfo, 245
Coldwell, Pedro Joaquín, 157
Colosio, Luis Donaldo, 58
Comonfort, Ignacio, 50
Córdoba, Hernández de, 47
Corona del Rosal, Alfonso, 245
Cortés, Hernán, 47
Cortés, Martín, 48
Creel Miranda, Santiago, 258
De la Cruz, Juana Inés (sor), 48
De la Huerta, Adolfo, 54, 272
De la Madrid, Miguel, 56, 178, 191, 194, 196, 276
De la Vega Domínguez, Jorge, 245
De las Casas, Bartolomé, 48
De Oliveira, Orlandina, 121
Delgado Rannauro, Dante, 246
Díaz Olavarrieta, Claudia, 121
Díaz Ordaz, Gustavo, 55, 275
Díaz, Porfirio, 52

Domínguez, Miguel, 48
Echeverría Álvarez, Luis, 56, 177, 196, 275, 295
Elías Calles, Plutarco, 54, 272, 295
Estrada Cajigal, Sergio, 258
Fernández de Cevallos, Diego, 245
Figueroa, Rubén, 58
Fox Quesada, Vicente, 59, 251
Franco, Francisco, 54
Gálvez, José de, 48
García, Amalia, 245
García, Brígida, 121
García Paniagua, Javier, 245
Gaulle, Charles de, 55
Gómez, Pablo, 245
Gómez Marín, Manuel, 54, 245
González, Manuel, 52
González Fernández, José Antonio, 245
González Hinojosa, Manuel, 245
González Luna, Efraín, 245
González Morfín, Efraín, 245
González Schmall, Jesús, 245
González Torres, Jorge, 245
González Torres, José, 245
Grijalva, Juan de, 47
Guerrero, Gonzalo, 47
Guerrero, Vicente, 49, 50
Gutiérrez, Eulalio, 53
Gutiérrez Lascuráin, Juan, 245
Guzmán, Carlos, 245
Habsburgo, Maximiliano de, 51
Helms, Jesse, 57
Hernández Llamas, Héctor, 157
Hidalgo y Costilla, Miguel, 49
Huerta, Victoriano, 53
Ituarte Servín, Alonso, 245
Iturbide, Agustín de, 49
Jaramillo, Rubén, 55
Jiménez Palacio, Aurora, 278
Joaquín Flores, Eusebio, 88
Juan Pablo II, 56, 58
Juárez, Benito, 50
Kennedy, John F., 55
Knox, John, 85
Labastida Ochoa, Francisco, 59, 245, 251
Latapí Sarre, Pablo, 95
León de la Barra, Francisco, 53
León Toral, José de, 54
Lerdo de Tejada, Sebastián, 52
Leyva Velázquez, Gabriel, 245
Limón Maurer, Ignacio, 245
Lombardo Toledano, Vicente, 54
López de Santa Anna, Antonio, 49, 50
López Mateos, Adolfo, 275
López Moreno, Javier, 158
López Obrador, Andrés Manuel, 59, 258

López Portillo, José, 56, 177, 196, 275
Lugo Verduzco, Adolfo, 245
Lujambio Irazábal, Alonso, 244
Lutero, Martín, 85
Madero, Francisco I., 52
Madero, Pablo Emilio, 245, 246
Madrazo, Carlos A., 245
Madrazo Cuéllar, Jorge, 149, 157, 158, 301
Madrazo Pintado, Roberto, 190
Marín, Luis, 48
Martínez, Ifigenia, 57
Martínez Domínguez, Alfonso, 245
Medina Plascencia, Carlos, 58
Mendoza, Antonio de, 48
Menón, Simón, 87
Merino Huerta, Mauricio, 244
Michelena, Mariano, 48
Mier y Terán, Manuel, 49
Mina, Francisco Xavier, 49
Moctezuma, Esteban, 155, 157
Molinar Horcasitas, Juan, 244
Morelos y Pavón, José María, 49
Moreno Uriegas, Ma. de los Ángeles, 245
Morrow, Dwight, 54
Muñoz Ledo, Porfirio, 57, 245
Napoleón III, 51
Narváez, Pánfilo de, 47
Nava, Salvador, 55, 57
Nixon, Richard, 55
Obeso, García, 48
Obregón, Álvaro, 53, 54, 272
O'Donojú, Juan, 49
Ojeda Paullada, Pedro, 245
Olachea Avilés, Agustín, 245
Olid, Cristóbal de, 48
Olmos, Andrés de (fray), 48
Oñate Laborde, Santiago, 245
Ortega, Lauro, 245
Ortiz Arana, Fernando, 245
Ortiz de Domínguez, María Josefa, 48
Ortiz Rubio, Pascual, 54, 273
Palacios Alcocer, Mariano, 245
Pascacio Gamboa, Rafael, 245
Paz, Octavio, 57
Pedraza, Francisco, 245
Pérez Canchola, José Luis, 57
Peschard Mariscal, Jackeline, 244
Pichardo Pagaza, Ignacio, 245
Pino Suárez, José María, 53
Portes Gil, Emilio, 54, 272
Portillo, José López, 56
Posadas Ocampo, Juan José, 58
Rabasa, Emilio, 157
Ramírez de Funleal, Sebastián, 48
Rankin, Melinda, 85

Reyes Heroles, Jesús, 245
Rincón Gallardo, Gilberto, 246
Riojas Santana, Gustavo, 245
Robledo Rincón, Eduardo, 158
Robles Garnica, Roberto, 245
Robles, Rosario, 59
Roccatti, Mireille, 59, 301
Rodríguez, Abelardo L., 273
Rodríguez Barrera, Rafael, 245
Romero Hicks, Juan Carlos, 258
Roque Villanueva, Humberto, 245
Ruffo Appel, Ernesto, 57
Ruiz Cortines, Adolfo, 54, 245, 274
Ruiz Ferro, Julio César, 158
Ruiz Massieu, José Francisco, 58
Ruiz, Samuel (obispo), 155, 156
Sahagún, Bernardino de (fray), 48
Salazar Mendiguchía, Pablo, 158
Salinas de Gortari, Carlos, 57, 58, 178, 190, 194, 196, 276
Sánchez Taboada, Rodolfo, 245
Sánchez Vite, Manuel, 245
Sandoval, Gonzalo de, 48
Sansores Pérez, Carlos, 245
Santa María, Vicente de, 48
Sauri Riancho, Dulce Ma., 245
Sentíes, Julio, 245
Setzer Marseille, Helrad Elmar, 158
Silva-Herzog Flores, Jesús, 258
Smith, Joseph, 87
Soberanes, José Luis, 59, 301
Soto, Cecilia, 245
Toral, León, 54
Torres, José Antonio, 49
Truman, Harry, 54
Valencia, Martín de, 48
Vallejo, Demetrio, 55
Vasconcelos, José, 54
Velázquez, Diego de, 47
Velázquez, Fidel, 59
Vicencio Tovar, Abel, 245
Victoria, Guadalupe, 49
Villa Francisco, 53, 54
Yves Limantour, José, 52
Williams, Roger, 85
Woldenberg, José, 244
Zapata, Emiliano, 53, 54
Zapata, Fausto, 57
Zaragoza, Ignacio, 51
Zebadúa González, Emilio, 244
Zedillo Ponce de León, Ernesto, 58, 59, 190, 194, 277
Zuloaga, Félix, 50
Zumárraga, Juan de (fray), 48

Esta obra se terminó de imprimir en octubre de 2000, en Cía. Editorial
Ultra, S.A. de C.V., Centeno 162, Col. Granjas Esmeralda, México, D.F.
La edición consta de 50,000 ejemplares.

Avance de las telecomunicaciones en México

Aportación de Telmex para el desarrollo del país

Las telecomunicaciones constituyen el sistema nervioso de esta nueva civilización digital en la que el desarrollo tecnológico avanza a gran velocidad, acelerando la interacción de diversos sectores económicos y sociales en una rápida convergencia.

El entorno en que vivimos actualmente está caracterizado por una industria de las telecomunicaciones dinámica y globalizadora, que influye profundamente en el desarrollo de las naciones. Para incorporar a nuestro país a esta era digital, en 1990 Teléfonos de México empezó una nueva etapa, con el objetivo de impulsar la modernización de las telecomunicaciones en nuestro país, manteniendo siempre la tecnología más avanzada, para ofrecer los productos y servicios que la sociedad demanda, con la mejor calidad y a precios competitivos.

En diciembre de 1990, Telmex fue privatizada y la nueva administración asumió el compromiso de dotar al país de una infraestructura de telecomunicaciones de vanguardia y en constante modernización y crecimiento.

Este reto implicaba la consecución de los siguientes objetivos: modernizar la planta telefónica (la empresa contaba con centrales electromecánicas con más de 60 años de uso); reconstruir la planta exterior; crecer para atender la demanda insatisfecha; ampliar la cobertura geográfica para enlazar a más poblaciones rurales; ofrecer un servicio de telefonía pública eficiente; desarrollar la telefonía móvil; optimizar la arquitectura de la red; digitalizar las centrales locales y de larga distancia; construir una infraestructura de fibra óptica que cubriera el territorio nacional, las zonas de alto tráfico y permitiera tener una red avanzada para el manejo de datos, así

como la universalización de los servicios de la empresa haciéndolos accesibles al mayor número de mexicanos.

A partir de su privatización y al primer semestre del 2000, Telmex había invertido ya más de 22 mil millones de dólares en su modernización y crecimiento, transformándose en una empresa de clase mundial, gracias a su infraestructura tecnológica, con capacidad para transmitir señales de voz, datos e imágenes, y certificada con estándares internacionales de calidad y eficiencia.

Pocas empresas de comunicaciones se han modernizado tan radicalmente y en tan poco tiempo como Telmex, en un proceso en el que además del crecimiento y la modernización, se tenía que preparar la red para la interconexión con otras compañías, para dar lugar a los procesos de competencia que se avecinaban.

Al cierre del primer semestre de 2000, Telmex había alcanzado la cifra de 20 millones 382 mil 540 servicios en operación, adelantándose seis meses al compromiso de lograr veinte millones de servicios al finalizar el año 2000 (Plan 20/20). Del total de estos servicios, 11 millones 495 mil 112 correspondían a líneas alámbricas, 7 millones 637 mil 298 inalámbricas (celulares), 528 mil 633 cuentas de acceso a Internet y 721 mil 497 líneas para la transmisión de datos. En 1990 había 5 millones 355 mil líneas en servicio.

Asimismo, al primer semestre de 2000 la cobertura de servicios de telecomunicaciones a nivel nacional era ya del 98.6 por ciento, cifra que también fue superada seis meses antes de lo proyectado, y más de 105 mil poblaciones.

A través de su red de telefonía pública, Telmex busca ampliar las posibilidades de comunicación de sus clientes, mediante una plataforma moderna y confiable. Al primer semestre de 2000 la red de telefonía pública alcanzó un total de un millón 220 mil 420 aparatos en operación, incluyendo a TELNOR y TELCEL. En 1990 habla tan sólo 92 mil aparatos públicos.

La modernización tecnológica de TELMEX está sustentada en la digitalización de la red y en el uso intensivo de fibra óptica. En la actualidad el 99 por ciento de la red local está digitalizada, en tanto que la red de larga distancia es cien por ciento digital. En 1990 el índice de digitalización era apenas del 30.9 por ciento.

TELMEX tiene una red de fibra óptica, incluyendo la local, de más de 62 mil 850 kilómetros, lo cual la sitúa entre las más importantes en el contexto internacional. Además, dicha red cuenta con centrales telefónicas duplicadas y centros de monitoreo y supervisión las 24 horas del día, los 365 días del año, para evitar interrupciones en las comunicaciones en caso de desastres, con lo que se garantiza la continuidad del servicio.

En resumen, en diez años TELMEX se transformó de una compañía telefónica con instalaciones obsoletas e insuficientes, en una moderna empresa privada de telecomunicaciones, con una nueva cultura laboral y de servicio abierta a la competencia en todos los mercados.

NUEVOS SERVICIOS. SOLUCIÓN INTEGRAL

TELMEX se ha preparado para proporcionar servicios integrales de telecomunicaciones a la medida de las necesidades de sus clientes, desde los servicios de telefonía rural en las poblaciones más alejadas de los centros urbanos, hasta los avanzados servicios que requieren las corporaciones multinacionales con grandes necesidades de comunicación a nivel mundial.

TELMEX brinda a los clientes empresariales respuesta a sus necesidades de desarrollo y expansión para aumentar su competitividad a través de soluciones globales de telecomunicaciones, al integrar diversos servicios y productos que conforman su red de telecomunicaciones, entre los que se encuentran los siguientes:

- Servicios de larga distancia, con la más amplia cobertura, seguridad, calidad y precio competitivo.
- Servicios de Acceso y valor agregado, a través de UNINET, la red pública multimedia de audio, datos y video.
- Integración de servicios, a cargo de RED UNO, líder en ingeniería de redes.
- Acceso a Internet.
- Acceso de tecnología digital alámbrica.
- LADA enlaces.
- Accesos inalámbricos.
- Accesos satelitales.
- Comercio electrónico.

TELMEX cuenta con la Red Universal, que representa la plataforma tecnológica que permite proporcionar al mercado mexicano la nueva generación de productos requeridos para el desarrollo empresarial. Integra los servicios de voz, datos, video e Internet que TELMEX proporciona y ofrece a sus clientes con la capacidad necesaria para desarrollar las nuevas aplicaciones y exigencias del ámbito comercial y de servicio al cliente.

La competitividad de la Red Universal de TELMEX se basa en la aplicación de tecnología de punta para la transmisión de datos sobre la red nacional de fibra óptica que integra la mayor diversidad de medios de acceso: alámbricos, inalámbricos y múltiples opciones de ancho de banda. Esta red incorpora toda una gama de protocolos de comunicación y ofrece una alta capacidad para todo tipo de aplicaciones, garantizando la disponibilidad, calidad y seguridad de las operaciones.

Identificar y eliminar las barreras que evitan que la gente tenga acceso a las telecomunicaciones ha sido el modelo de negocios de TELMEX, es decir, se trabaja para proporcionar una mayor accesibilidad a los servicios de telecomunicaciones a todos los segmentos de la población en todo el territorio nacional.

A través de servicios digitales, como Identificador de Llamadas, Llamada en Espera, Tres a la Vez, Sígueme y Buzón de Voz, TELMEX otorga un valor agregado al uso tradicional de las líneas.

Otros servicios que TELMEX ofrece son: Video Enlace Digital, audiotexto, servicio Lada 800, aerocomunicación y servicio conmutado (conexión a la red pública de datos), entre los más importantes.

Una de las estrategias de crecimiento de TELMEX es la de ampliar el acceso a Internet en hogares y negocios. El objetivo es dar más y mejores servicios y utilizar totalmente la capacidad de la red de fibra óptica, para establecer la supercarretera de la información.

Internet representa para TELMEX la oportunidad de ofrecer a sus clientes el medio de acceso a la información y comunicación en la era digital.

Los servicios y precios de TELMEX son los mejores. El cambio en la empresa ha sido muy importante y se refleja en la calidad de los servicios que proporciona a sus clientes.

Asimismo, como parte de su nuevo concepto integral de atención al cliente, las más de 360 oficinas comerciales que tiene TELMEX en todo el país se transformaron en modernos Centros de Atención.

TELMEX se ha esforzado para hacer de sus servicios, desde la telefonía básica hasta los más avanzados en telecomunicaciones, una herramienta cotidiana en la vida personal y de negocios de sus clientes, buscando siempre satisfacer sus expectativas con estándares internacionales de calidad.

Reconocimientos a la calidad de Telmex

En los últimos años, la infraestructura de Telmex ha recibido los siguientes reconocimientos que avalan que la empresa opera con los más estrictos estándares mundiales de calidad y eficiencia.

En septiembre de 1997, el Centro Nacional de Supervisión de la Red de Larga Distancia (CNS), ubicado en la ciudad de Querétaro, recibió el Certificado de Calidad ISO 9002 por parte del Instituto Mexicano de Normalización y Certificación A.C.

En enero de 1998, este mismo organismo otorgó a la Red Inteligente de Telmex, la cual permite diseñar y ofrecer servicios de valor agregado, la Certificación ISO 9001. Cabe destacar que es la primera vez, a nivel mundial, que una red de este tipo recibe este reconocimiento avalado internacionalmente.

En junio de ese mismo año la Gerencia de Desarrollo de la Red de Señalización por Canal Común No. 7 recibió la Certificación ISO 9002, y en agosto la Gerencia de Desarrollo de la Red Internacional también obtuvo la Certificación ISO 9002.

Durante 1999, el Sistema Administrativo de Calidad en beneficio de las clientes corporativos de Telmex (Telecorp) obtuvo el Certificado de Calidad ISO 9002, este acontecimiento fue en marzo, y en septiembre, también el área de Operación y Mantenimiento de la Red de Larga Distancia de Telmex recibió el Certificado de Calidad ISO 9002.

Durante el año 2000 Telmex alcanzó, entre otros, los siguientes reconocimientos:

En abril, el área de Evaluación Tecnológica obtuvo la Certificación ISO 9001.

En mayo, la Certificación ISO 9001 fue recibida por el área de Explotación de Larga Distancia.

En julio, la Certificación ISO 9001 fue otorgada al área de Planeación e Ingeniería.

También en el mes de julio, la Gerencia de Soporte a Usuarios (Mesa de Ayuda de Sistemas) recibió el Certificado ISO 9002

En agosto, Telmex recibió del Comité Técnico Nacional de Normalización de Sistemas de Calidad (Cotennsiscal) el reconocimiento como la primera empresa mexicana en contar con una Certificación de Calidad Multisitio en ISO 9000.

También en el mes de agosto de 2000, la Subdirección de Atención a Operadores de Telecomunicaciones, a través de la cual Telmex atiende en forma integral cualquier requerimiento comercial, técnico y de servicios de todos los operadores de telecomunicaciones en el país, obtuvo el Certificado ISO 9002.

Estos reconocimientos ratifican el compromiso de Telmex por operar dentro de los más estrictos estándares de calidad, utilizando tecnología de punta, y orientados a garantizar la satisfacción total de sus clientes.

Competencia

El entorno en que vivimos está caracterizado por una industria de las telecomunicaciones convergente y globalizadora, de la que Telmex forma parte activa. Se trabaja en el desarrollo de las telecomunicaciones en mercados muy abiertos y competidos, manteniendo la infraestructura con la mejor tecnología que permite incorporar a nuestro país a esta nueva civilización de la era digital, de la manera más rápida y efectiva.

En México sólo una empresa de telecomunicaciones tiene este compromiso: Telmex.

La infraestructura instalada por Telmex constituye la plataforma fundamental en que se sustenta la competencia de larga distancia en el país. Si no hubiera una infraestructura básica y una plataforma como la de Telmex, no sería posible la interconexión de los nuevos operadores.

La interconexión de las compañías competidoras de Telmex, que inició el 1 de enero de 1997 en la ciudad de Querétaro, fue realizada por la empresa en forma exitosa en cada una de las ciudades incluidas en el calendario de las Reglas de Larga Distancia, en el cual se estableció el compromiso de fechas de interconexión por ciudades. Este logro sin precedentes a nivel mundial fue reconocido por las autoridades mexicanos y extranjeras.

Alianzas. Internacionalización

El objetivo de Telmex al establecer alianzas es convertirse en un jugador de clase mundial, optimizando el uso de su infraestructura, participando en nuevos mercados e incrementando el tráfico de servicios de voz, datos, y video.

Telmex se ha transformado de una empresa orientada a servicios de voz, en una capaz de proporcionar productos y servicios de multimedia. Asimismo, ha complementado sus capacidades en Internet, a fin de desarrollar una estrategia que le permita satisfacer las crecientes demandas de acceso y contenido. En julio de 1998 la Empresa adquirió una participación accionarla del 20.9 por ciento del capital social de Prodigy Communications Corporation (Prodigy) de los Estados Unidos de Norteamérica. Prodigy se ha consolidado en el mercado de pequeños negocios ofreciendo hospedaje y diseño de páginas, servicios de valor agregado y comercio electrónico.

La internacionalización de Telmex ha sido intensa y se ha enfocado principalmente al mercado hispano de los Estados Unidos de Norteamérica, y en Latinoamérica tiene presencia en Puerto Rico, Brasil, Ecuador, Guatemala, Argentina, Colombia, Chile y Venezuela.

En asociación con Microsoft, TELMEX presentó el portal T1msn para toda Hispanoamérica.

La estrategia del portal T1msn consiste en incluir a un creciente número de creadores de contenido general y local, a fin de enriquecer su oferta. A través de este Portal, los usuarios de habla hispana tienen a su disposición servicios y aplicaciones informáticas además de opciones avanzadas de búsqueda y compras en línea.

Entre las operaciones internacionales de TELMEX destacan: la adquisición de la mayoría accionaría de TELGUA; la compra de Comm South Companies; el control de Topp Telecom; la compra de Cellular Communications en Puerto Rico; participación en Conecel; la obtención de una licencia para ofrecer servicios de telefonía inalámbrica en España, a través de First Mark y la adquisición de Algar Leste en Brasil, país en el que se concretó una alianza estratégica con Bell Canada International y SBC, para ofrecer telefonía celular en el corredor Sao Paulo-Río de Janeiro, así como en Colombia y Venezuela.

AMÉRICA MÓVIL

En septiembre de 2000, se realizó la escisión de los negocios celulares y la mayoría de las inversiones internacionales de TELMEX antes señaladas, creando la nueva empresa América Móvil, S.A. de C.V., el proveedor de servicios inalámbricos más grande de Latinoamérica, con inversiones en empresas de telecomunicaciones en varios países.

América Móvil tendrá mayor flexibilidad para continuar su dinámica de expansión vía asociaciones, alianzas y fusiones, así como a través de los mercados financieros internacionales.

CAPACITACIÓN DEL PERSONAL

El personal de TELMEX es sin duda el más calificado en el ramo de las telecomunicaciones en México. Uno de los activos más valiosos de la empresa es el recurso humano. Durante los últimos años, los poco más de 47 mil empleados de la empresa se han incorporado a la carrera tecnológica.

El Instituto Tecnológico de Teléfonos de México, INTTELMEX, fue constituido en 1991 con el objetivo de crear una estrategia de actualización del recurso humano paralela a la estrategia de modernización tecnológica de la empresa, estableciendo una organización especializada en entrenamiento y formación a fin de anticipar las necesidades de adiestramiento, garantizar la transferencia de conocimiento tecnológico y el desarrollo de las habilidades de comercialización y ventas necesarias en el proceso competitivo, permitiendo el máximo desarrollo de su planta laboral.

De 1991 a 1999, el número de asistentes a cursos impartidos por INTTELMEX fue de 822 mil 279 hombres-curso, lo que representa un promedio de 2 cursos por empleado por año con una duración promedio de 9 días de capacitación, parámetros competitivos a nivel internacional.

En TELMEX, la capacitación de los trabajadores es un proceso continuo sin el cual no podría ser aprovechada de manera integral la tecnología de punta con que cuenta la empresa y que le permite llevar los servicios de vanguardia en telecomunicaciones a cada vez más mexicanos. La inversión en la capacitación del recurso humano es fundamental en todo momento para TELMEX.

RETOS. FUTURO

Para la empresa crecer significa que cada vez más personas estén comunicadas entre sí y con el mundo. Para ello se continuarán desarrollando los productos y servicios de telecomunicaciones con valor agregado que satisfagan sus necesidades.

Los compromisos para el futuro son continuar con el esfuerzo y dedicación diaria y realizar las inversiones necesarias, para que TELMEX siga siendo una empresa de telecomunicaciones de vanguardia y motor del rápido desarrollo de este sector.

La empresa continuará con el propósito de mantener su liderazgo en el sector de las telecomunicaciones, con base en la inversión permanente en tecnología así como el desarrollo e integración de nuevos productos y servicios.

Los retos que enfrenta TELMEX hacia el futuro son grandes. Sin embargo, al conjuntar el compromiso de sus trabajadores, la experiencia y talento de sus ejecutivos, el uso de la tecnología más avanzada, los esfuerzos comerciales, el desarrollo de nuevos mercados dentro y fuera de México, así como la solidez financiera, permiten prever que los años por venir serán promisorios para los clientes y accionistas de la empresa.

H. AYUNTAMIENTO CONSTITUCIONAL DE XALAPA, VER.
2001 — 2004
Reynaldo Escobar Pérez
PRESIDENTE MUNICIPAL

Proyecto de Gobierno

● *Calidad total en el servicio público municipal:* sectorizar el municipio en 4 Delegaciones Políticas y desconcentrar los recursos humanos y económicos municipales hacia ellas.

● **Extenso programa de obra pública:** pavimentación y conservación de calles; ampliación de la red de drenaje; construcción de banquetas y guarniciones; creación y mantenimiento de parques y jardines, canchas deportivas y espacios culturales y recreativos en las 289 colonias y las 5 congregaciones de la capital veracruzana.

● *Optimización de los Servicios Básicos:* garantizar el suministro de agua potable; iluminar hasta el último rincón de Xalapa; impulsar una nueva cultura de la limpieza para agilizar el servicio de recolección de basura; promover la educación ambiental integral.

● *Fortalecimiento del Desarrollo Social:* amplio apoyo a la Educación con el otorgamiento de 10 mil becas anuales, 20 mil desayunos diarios y 10 mil paquetes de útiles escolares; promoción de la Salud con atención especial a niños, mujeres, discapacitados y personas de la tercera edad e impulso al Deporte Popular.

● *Jóvenes:* creación de la Dirección de Atención a la Juventud, para fomentar actividades de educación, recreación, cultura y deportes.

● *Promoción del Empleo y Autoempleo:* impulsar un importante proyecto de capacitación para el trabajo y autoempleo a través de microcréditos que se otorgarón a la comunidad.

● *Otra Cultura Vial:* mejorar el servicio de tránsito y vialidad a partir de su municipalización, mediante un plan estratégico de ingeniera vial.

...hagamos de cada ser humano una flor hermosa...

PROGRAMA DE DESARROLLO HUMANO PARA LA COMUNIDAD EDUCATIVA

Un programa de desarrollo de habilidades interpersonales para todas las edades, desde preescolar hasta nivel universitario, diseñado para ser parte del currículum escolar.

Orientado a la solución de problemas y a lograr la armonía, tanto entre los alumnos como con los maestros, ayuda a generar confianza, seguridad y autoestima. Permite aprender mejor e integrar los conocimientos con actitudes positivas, lo que les dará hoy mismo los valores para su vida futura.

- **Optimismo inteligente**
- **Manejo de conflictos**

- **Autoestima**
- **Manejo de tensiones**

- **Comunicación**
- **Creatividad y trabajo en equipo**

- **Actitudes constructivas**
- **Salud integral**

- **Metas, tiempo y hábitos**
- **Amor por el servicio**

- **Calidad de vida**
- **Valores**

Diseñado en México para América Latina, actualmente es estudiado en nueve países por más de 63,000 alumnos.

INFORMACIÓN:

Kubli y Asociados S.C.
Paseo Provenzal 3611, Lomas del Paseo
Monterrey, N.L. CP 64920
Teléfonos: (8) 349 2967 • 365 4254
Correo electrónico: ejak48@aol.com

Árbol Editorial S.A. de C.V.
Av. Cuauhtémoc 1430, Col. Sta. Cruz Atoyac
México D.F. 03310
Teléfono: 5 605 7677
Correo electrónico: arboleditor@mexis.com

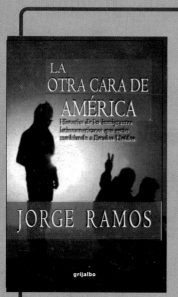

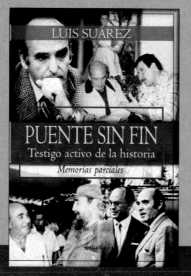